경제법론 V

홍 명 수

景仁文化社

발 간 사

4권을 출간한 지 6년 만에 그동안 발표했던 글들을 모아서 다섯 번째 '경제법론'을 내놓게 되었다. 5권 출간이 다소 늦어졌다. 온 세상을 뒤덮은 팬데믹 탓으로 돌릴 수 있겠지만, 이를 핑계 삼아 연구에 집중하는 마음이 예년에 비해 못하지 않았나 자책할 수밖에 없을 것 같다. 전부 21편인데, 모아 보니 정책적인 논의가 많았다. 경제법 연구자로서 경쟁정책은 언제나 중심에 있지만, 국가가 추구하는 다른 정책과의 관계는 갈수록 중요한 문제로 부각되고 있음을 부인하기 어렵다. 또한 거대 플랫폼의 등장은 경쟁정책에 관한 사고의 폭이 확장될 필요가 있음을 보여주고 있다. 이러한 요구에 충실하였는지는 스스로 의문이고, 여전히 아쉬움이 남지만, 앞으로 남겨진 과제로서 이어가고자 한다.

책을 펴내면서 경인문화사의 한정희 대표님께 많은 도움을 받았다. 이 자리를 빌려 감사의 마음을 전한다.

2022년 10월
남가좌동 연구실에서
홍명수

차 례

제3편 거래 공정화/중소기업 보호

제4편 규제 산업

제1편
경쟁정책

1. 분배정책과 경쟁정책

I. 서론

국가의 성격 또는 존재 의의가 복지국가로[1] 발전하는 과정에서 국가가 추구하는 정책은 다양한 목표와 가치 실현에 관련되고 있으며, 포괄하는 범위는 점점 확대되고 있다. 자유방임적 사고에 머무르지 않는 한, 국가가 추구하는 경제정책도 이와 다르지 않으며, 상충되는 목표를 실현하는 과정에서 정책 간 발생하는 충돌은 더 이상 예외적인 것이 아니다. Mestmäcker는 국가의 회피할 수 없는 경제정책의 목표로서 물가 안정, 실업률 감소, 국제수지 균형, 지속적인 경제 성장을 제시하고, 이들을 각각 사각형의 꼭짓점에 위치한 것으로 묘사하며 동시적 달성이 지난한 과제임을 지적하였다.[2] 이러한 상황에서는 정책적 우선순위의 결정이나 정책 간 관계 설정이 중요할 수밖에 없으며, 이에 대한 고려 없이 각 세부적 정책의 추진이 실효성 있는 결과로 이어지기는 어려울 것이다. 물론 현안으로서 주어지는 구체적인 문제들은 경제사회적 조건과 시대적 요구에 따라서 변화할 것이고, 이에 대한 이해로부터 경제정책의 구체적인 추진 방향이 도출될 것이다.

우리나라에서 경제정책의 우선적 과제를 설정하는 것과 관련하여 분배와 성장의 문제는 주요 이슈로 부각되고 있으며, 특히 2017년에 치러진

---

[1] 2차 세계대전 이후 복지국가가 확대되고 불가역적으로 자리 잡게 된 것을 관리되는 새로운 자본주의의 관점에서 분석하는 것으로, Phillip Armstrong, Andrew Glyn & John Harrison, 김수행 역, 1945년 이후의 자본주의, 동아출판사, 1993, 210면 이하 참조.

[2] Ernst-Joachim Mestmäcker, 早川 勝 譯, 市場經濟秩序における法の課題, 法律文化社, 1997, 104면.

대통령 선거는 상호 대립하는 사고를 집약적으로 드러내는 장이 되었다. 경제정책의 초점을 국민경제의 성장에 맞출 것인지 아니면 최우선의 정책 과제로서 심화되고 있는 빈부격차의 해소를 우위에 둘 것인지 간에는 정책 지향점에서 분명한 차이가 있으며, 쉽사리 좁혀지기 어려운 논쟁으로 이어진다. 또한 이러한 대립은 분배(재분배)와 성장이 동시에 달성하기 어려운 목표이고 따라서 어느 하나가 정책적으로 우선할 수밖에 없다는 인식을 전제하지만, 분배 또는 재분배정책이 경제 성장을 방해하지 않으며, 따라서 정책목표로서 양자의 충돌을 부인하는 사고도 존재한다. 이러한 관점은 논쟁의 지점을 분배와 경제성장의 관계 일반으로 옮기는 것이며, 이로써 요소 소득의 분배, 자본주의 경제의 성장 조건과 메커니즘, 재분배정책의 수단과 시장의 관계 등을 포괄하는 범위로 논쟁은 확대될 것이다.

당시 선거에서 승리한 정부는 선거 과정에서 그리고 집권 후 정책의 추진 과정에서 '소득주도 성장'이라는 표제를 통하여 이상의 문제에 관한 입장을 드러냈다.[3] 주지하다시피, 여기서 소득은 균등화 정책을 통하여 증가된 소득분을 의미하며, 이것이 성장을 견인할 수 있다는 사고는 분배와 성장이 상충되지 않으며, 동시에 추구할 수 있는 목표로서 관련된다는 정책 기조를 뒷받침하고 있다. 물론 이러한 정책 실현이 합리적으로 예측할 수 있는 범위 안에 있는지는 논쟁의 대상이며, 아마도 실증적인 연구를 통해 의미 있는 결과가 우리 미래에 주어질 것이다.

한편 적극적인 분배정책의 추진 과정에서 경제성장 외의 다른 경제정책과의 관계를 어떻게 이해할 것인지도 새로운 문제로 제기되고 있다. 이러한 문제 인식은 특히 두 가지 측면에서 주의를 요하는데, 우선 분배정책의

---

3) 문재인 정부 출범 후 발족한 국정자문위원회는 부채 주도 성장, 낙수효과에만 기댄 성장, 낡은 성장 전략으로는 성장과 분배의 악순환이 가속화되고 사회 불평등이 심화되었으며, 일자리 창출을 통해 가계소득 증대, 소비 증대, 내수 확대 및 건실한 성장으로 이어지는 소득 주도 성장만이 성장과 분배의 선순환을 실현할 수 있다는 것을 국정과제의 기본원칙으로 제시하였다. 국정자문위원회, 문재인 정부 국정운영 5개년 계획, 2017, 144면.

실현 나아가 현재의 정책 기조에 따라서 분배가 성장으로 귀결될 수 있는 조건으로서 다른 경제정책의 의의를 살펴볼 필요가 있으며, 또한 정책 간 충돌이 나타날 경우에 이를 조정할 필요성도 있을 것이다. 이와 같은 관계 적 고찰에 있어서 경쟁정책은 특별한 중요성을 갖는다. 무엇보다 시장경 제를 경제질서의 기본원리로 하는 경우에 경쟁정책은 경제정책의 근간을 이루며,4) 분배정책도 시장경제질서에서 본질적으로 벗어나는 것을 의도하 지 않는다는 점에서 경쟁정책에 대한 고려를 피할 수 없을 것이다. 이하에 서의 논의는 분배정책과 경쟁정책의 관계 일반에 관한 논의에서 출발한 다. 여기서는 분배정책과 경쟁정책이 충돌하는 지점을 살펴보고, 또한 공 동의 목표를 추구하는 과정에서 상호 관련성을 갖는 맥락 또한 검토할 것 이다(II). 이어서 양자가 상호 미칠 수 있는 영향을 구체적으로 살펴보기 위하여, 분배정책의 실현 내지 보완의 측면에서 경쟁정책이 기여할 수 있 는 바를 분석하고(III), 또한 경쟁법의 운영 과정에서 분배정책적 관점이 수용될 수 있는 여지를 검토할 것이다(IV).

II. 분배정책과 경쟁정책의 관련성

1. 경쟁보호와 경쟁자보호

분배정책을 소득이나 부의 격차를 인위적으로 해소하는 것으로 이해할 경우에,5) 이를 경쟁정책에 수용하는 것에 대해 부정적인 사고가 일반적이

---

4) 경쟁정책은 질서 형성과 관련되는 것이므로 다른 경제정책에 대하여 규범적 우 월성을 인정할 수 있다고 보는 것으로, Meinrad Dreher, "Das Rang des Wettbewerbs im europäischen Gemeinschaftsrecht", Wirtschaft und Wettbewerb, 1998, 656면 참조.

5) Theodore Lowi의 분류에 따르면, 배분정책(distributive policy)은 국민에게 권리 나 이익 또는 서비스를 배분하는 내용의 정책을 말하고, 사회간접자본의 구축,

다. 이는 경쟁보호와 경쟁자보호로 대비하여 일정한 경쟁정책의 타당성을 검토할 경우에 분명하게 드러난다. EU의 'Guidance on Article 102 Enforcement Priorities'(102조 지침) para. 6은 "위원회는 단순히 경쟁자를 보호하는 것이 아니라 효율적인 경쟁을 보호하는 것이 중요하다는 것을 유념하여야 한다"고 규정함으로써, 경쟁법에 반하는 행위를 판단하는 기본원칙을 제시하고 있다. 동 규정이 의미하는 것은 특정한 행위로부터 경쟁자가 불이익을 받는 경우에도 그 자체로 경쟁정책적 우려를 낳는 것은 아니며, 그 행위가 경쟁에 영향을 미칠 경우에만 경쟁법상 문제가 될 수 있다는 것이다. 이러한 사고는 구체적인 사건에서 경쟁 내지 경쟁제한에 초점을 맞추는 것으로 이끌며, 이윤 압착을 가격남용으로 규제하였던 Deutsche Telekom 사건에서 유럽법원이 "TFEU 제102조는 시장지배적 사업자가 자신과 동등하게 효율적인 실제 경쟁자 및 잠재적 경쟁자를 시장에서 배제하는 효과를 갖는 가격 정책을 금지한다"고 판시한 것은[6] 이러한 사고가 구체화되는 전형을 보여준다.

물론 경쟁 보호와 경쟁자 보호의 경계가 언제나 명확하지 않으며, 일정한 판단에 대한 비판의 논거로 경쟁자 보호가 원용될 경우조차도 두 관점의 대비가 뚜렷하게 드러나지 않을 수 있다. 예를 들어 유럽 1심법원이 Microsoft의 행위가 시장지배적 지위남용에 해당한다고 본 판결에[7] 대하여 미국에서 개진된 비판의 하나는 동 판결이 경쟁이 아닌 경쟁자 보호의

기업 또는 농민 등에 대한 지원, 교육 서비스의 제공 등이 포함된다. 재분배정책 (redistributive policy)은 고소득층으로부터 저소득층으로의 소득이전을 목적으로 하는 정책으로서 누진세와 같은 조세제도와 저소득층에 대한 사회보장지출 등이 이에 해당하고, 넓은 의미에서는 소득분배의 실질적 변경을 주된 목적으로 하는 정책을 모두 포괄한다. 정정길, 정책학원론, 대명출판사, 1998, 69-72면 참조. 여기서는 실질적으로 소득불균형 개선을 목적으로 하는 모든 정책을 총칭하는 의미로 분배정책이라는 표현을 쓰기로 한다.

6) Deutsche Telekom v. Commission, Case C-280/08 P [2010] ECR I-9555, para. 177.
7) Case T-201/04 Microsoft Corp. v. Commission [2007] ECR II-3601.

입장에서 이루어졌다는 것이었고, 이에 대하여 EU기능조약 제102조가 결
코 경쟁자 보호를 목적으로 하지 않는다는 충분히 예상할 수 있는 반론이
제시되었다.[8] 이와 같은 논쟁 양상은 경쟁자 보호의 문제가 구체적 사실
관계의 이해나 경쟁정책의 실현에서 나타나게 되는 당사자 간에 입장의
차이를 반영한 것일 뿐이고, 나아가 경쟁자 보호로서 경쟁정책을 이해하
고 있다는 비판은 실질적으로 경쟁 보호의 범위와 정도에 의문을 표하는
수식에 불과하며, 오히려 경쟁 보호로서의 경쟁정책에 일반적인 동의가
있음을 보여주는 것일 수 있다. 경쟁자 보호가 아닌 경쟁 보호를 경쟁정책
의 기조로 삼을 경우에, 경쟁자 보호에 관련되는 일정한 가치가 경쟁법의
영역에 반영될 가능성은 제한될 것이다. 물론 경쟁법상 중소기업과 같은
일정한 경제주체의 보호를 위한 규정이 수용되는 경우도 있다. 그러나 이
경우에도 이러한 보호를 통한 경쟁력 향상이 궁극적으로 경쟁에 기여할
수 있다는 사고에 의하여 정당성이 인정된다는 점에서[9] 본질적으로 경쟁
보호의 사고에서 벗어나는 것은 아니다.[10]

소득 또는 부의 분배는 인위적인 조치를 통하여 경제주체 간 격차의 해
소를 목적으로 하며, 이러한 조치의 정당성은 기존의 소득 내지 부의 격차
가 형평성을 잃고 있다는 가치 판단을 전제한다. 당연히 예상되는 것이지
만, 이러한 판단의 객관적인 기준을 제시하는 것은 용이하지 않다.
Keynes는 '일반이론'에서 1930년대를 대상으로 "나 자신으로서는 소득과
부의 불평등을 정당화하는 사회적 및 심리적 이유가 있다고 생각하지만,

---

8) 미국 법무부의 Barnett 보좌관의 비판과 이에 대한 Whish & Bailey의 반론에 관
   하여, Richard Whish & David Bailey, Competition Law, Oxford Univ. Press,
   2012, 195-196면 참조.
9) Fritz Rittner & Meinrad Dreher, Europäisches und deutsches Wirtschaftsrecht,
   C. F. Müller, 2008, 477면.
10) "중소기업의 보호는 넓은 의미의 경쟁정책의 한 측면을 의미하므로, 중소기업의
    보호는 경쟁질서의 범주 내에서 경쟁질서의 확립을 통하여 이루어져야 한다." 헌
    법재판소 1996. 12. 26. 96헌가18 결정.

그것이 오늘날 존재하는 것 같은 큰 격차를 정당화할 수는 없다"고 하였
다.[11] 이러한 기술은 상당한 설득력을 보여주지만, 내용적으로 불평등에
관한 자신의 인식에 동의를 구하는 것 이상은 아니다. 물론 지니계수나 10
분위지수와 같은 불평등을 파악하기 위한 지표가 계발되고, Piketty가 행
한 것과 같은 시계열적 분석이 이에 대한 이해에 도움이 될 수 있지만, 형
평성 관점에서 국가 개입의 타당성을 충족하는 조건은 궁극적으로 정치적
원리에 의하여 지배되는 공동체 구성원의 합의 과정을 통하여 도출될 수
밖에 없을 것이다.

경쟁자 보호가 아닌 경쟁 보호로서 경쟁정책에 대한 이해는 분배정책의
기초로서 형평성의 관점이 경쟁정책의 실현과정에 유입되는데 한계가 있
음을 의미하며, 이러한 점에서 경쟁정책과 분배정책의 관련성은 제한될
것이다.

2. 분산화(dispersion)와 경쟁정책

이상의 논의는 경쟁정책의 고유한 관점에서 분배 문제에 대한 접근이
제한될 수 있음을 보여준다. 그렇지만 부 나아가 경제적 자원의 불균등에
대한 고려가 경쟁정책적 관점에서 전적으로 배제되는 것은 아니다. 시장
지배력의 남용이 문제가 되었던 Hoffmann-La Roche 사건에서 유럽법원
은 시장에서 지배력을 갖고 있는 사업자의 존재로 인하여 경쟁의 정도가 약
화된 시장의 구조적 특징을 지적하였다.[12] 흔히 잔존경쟁(Restwettbewerb,
remaining competition)으로 특징지을 수 있는 시장 상황에서는 지배력을
갖고 있는 사업자가 존재한다는 것 자체만으로 당해 시장에서 경쟁의 여
지가 축소될 수 있으며,[13] 이러한 이해로부터 경제력의 차이가 경쟁정책

11) John Keynes, 조순 역, 고용, 이자 및 화폐의 일반이론, 비봉출판사, 1997, 378면.
12) Case 85/76 [1979] ECR 461, para. 91.
13) Gerhard Wiedemann hrsg., Handbuch des Kartellrechts, Verlag C. H. Beck,

상 갖게 되는 의미가 구체화 된다. 즉 경제주체 간에 경제적 자원의 불균등한 분포는 분배정책의 기초로서 형평성과 구별되는 경쟁에 부정적 영향을 미칠 수 있다는 경쟁정책의 고유한 관점에서 고려 대상이 될 수 있다.

이러한 사고는 경쟁정책의 구체적 실현에 있어서도 의미를 가질 수 있다. 특히 단독행위로서 위반행위에 대한 경쟁법의 집행 과정에서 취해지는 구조적 조치는 독점 또는 시장지배력을 강제적으로 분산시키는 방식으로 구체화된다. 이러한 조치의 경쟁정책상 정당성은 경쟁제한 효과를 근본적으로 해소하는 방안이 될 수 있다는 것에 있으며, 이를 통하여 나타나는 시장 구조의 변화는 경쟁 사업자 간에 경제력이 보다 균등하게 분포되는 방향으로 이루어질 것이다. 비교법적으로 미국의 Sherman법상 반독점 행위로서 규제된 Standard Oil 사건에서[14] 연방대법원은 40여년에 걸친 Standard Oil 그룹의 성장 과정은 산업 발전의 정상적인 방식(normal methods)이 아닌 트러스트, 지주회사 등 인위적인 방식의 결합으로 석유 산업에 있어서 지배력을 유지하고자 하는 의도와 목적을 갖고 이루어졌고, 다른 사업자를 거래에서 배제하고 석유의 유통을 통제하고자 하였다는 점에서 Sherman법 제1조와 제2조에 위반되는 것으로 판단하였다. 이에 대한 제재로서 연방대법원은 Standard Oil Co. of New Jersey가 소유한 33개 자회사의 주식을 자회사의 원 주주에게 이전하도록 하는 방식으로 그룹을 해체하였는데, Sherman법 위반행위를 해소하고 장래에 그 효과가 지속될 수 있도록 하는 실효적인 조치로서 의의가 있었다. 특히 연방대법원은 "Sherman법의 목적이 재산권을 파괴하는 것이 아니라 보호하는(protect, not destroy) 것에 있다"는[15] 점을 강조함으로써, 당해 조치가 갖는 의의

1999, 766면(Georg-Klaus de Bronett).

14) Standard Oil Co. of New Jersey v. U. S., 221 U.S. 1(1911). 경쟁규범에 의한 직접적인 분산정책에 관한 최초의 선례로서 Standard Oil 사건을 다루고 있는 것으로, Wernhard Möschel, Entflechtung im Recht der Wettbewerbsbeschränkungen, J. C. B. Mohr, 1979, 70면 이하 참조.

15) 221 U.S. 1(1911), 78면.

를 경제질서에 부합하는 것으로 이해하고 있다는 점에도 주목할 필요가
있다.

이와 같이 경쟁사업자 간에 경제력의 불균등은 경쟁정책 측면에서 주의
를 촉구하는 계기가 될 수 있으며, 이를 해소하는 방향으로 구체적인 집행
이 이루어질 수도 있다. 이러한 점은 동일한 현상에 대한 상이한 접근, 즉
분배정책과 경쟁정책 각각의 관점에서 불균등에 대한 이해가 이루어질 수
있으며, 따라서 두 정책이 상호보완적 영향을 미칠 수 있음을 시사한다.
정책 결정 과정에서 다른 정책의 추진과 실현 결과에 대한 이해는 중요한
고려 요소가 될 수 있으며, 정책이 지향하는 결과의 유사성에 비추어 협력
적인 관점에서 정책 상호 간에 대한 이해가 필요할 수도 있다.

3. 성장과 경쟁정책

경제정책의 기본 방향을 결정함에 있어서 성장과 분배를 어떻게 실현할
것인지는 핵심적인 과제이며, 어느 한 정책을 고려 대상에서 배제하기는
어렵다. 9차 개헌 이후 들어선 모든 정부가 제시한 경제정책에서 두 정책
은 주요 관심 대상으로 다루어졌고, 명목상 어느 하나를 배제한 예는 없었
다. 그렇지만 분배정책과 성장정책 간에 상충되는 측면이 있음을 부인할
수는 없을 것이다. 한 국가에서 생산활동에 따른 소득의 분배에 관련된 분
배정책과 부가가치 총합의 지속적인 증대를 추구하는 성장정책은 정책의
지향점에서 분명한 차이가 있다. GDP와 같은 거시지표로 구체화 되는 총
량적 증가는 생산요소의 투입 증대, 특히 투자의 확대를 통해서 이루어질
수 있는데, 생산요소 간에 분배 또는 부의 불평등의 완화를 위하여 경제적
으로 열위에 있는 자에 대한 재분배는 투자 증가에 부정적 영향을 미칠
수 있다. 결국 국민경제가 구체적으로 처한 현실로부터 우선하는 정책이
결정되고, 이러한 정책기조 위에서 양 정책의 구체적인 추진과 충돌되는
부분에 대한 조정이 이루어질 것이다.

문재인 정부의 경제정책에서도 성장과 분배는 핵심적인 주제로 다루어
졌으며, 그 과정에서 '소득주도 성장'이라는 표제로 집약되는 새로운 정책
방향이 제시되었다.16) 물론 이론적인 측면에서 소득주도 성장론은 총수요
의 증가를 통한 성장을 상정하고 있다는 점에서 Keynes적 사고와도 이어
지며, 그 자체로 새로운 이론적 구성으로 볼 것은 아니다. 그러나 소득주
도 성장론은 단지 이론적 모색이 아니라 실천적인 프로그램으로 제시되었
다는 점에서 의미가 있으며, 당연히 이에 관한 다양한 차원에서의 비판도
제기되었다. 동 이론은 임금 소득의 증대가 유효수요의 증가를 낳을 것이
고, 이는 총생산의 증가로 이어져 국민경제가 성장하는 선순환 구조를 상
정한다. 자본에 대한 노동의 몫의 증가는 소득 불균형의 완화를 의미하는
것이고, 결국 분배정책의 추구가 경쟁 성장에 지장을 초래하지 않고 오히
려 성장의 유효한 방법이 될 수 있다는 함의를 드러내고 있다.17) 이와 같
은 정책 제시가 성장과 분배의 동시적 달성이라는 정치적 프로파간다로서
유력할 수 있지만, 추가적인 논의가 필요한 부분이 있음을 부인하기는 어
렵다. 우선 규범적 측면에서 소득 불균형의 해소는 헌법상 사회적 기본권
의 보장과 맥을 같이 한다는 점에 주의를 요한다. 헌법에서 주어지고 있는
최소한의 인간다운 생활을 할 권리로서 소득 불균형의 해소를 성장론에
종속시킬 경우에 기본권적 의의는 제한될 수 있으며,18) 이러한 접근이 규

---

16) 이러한 정책은 그 이면에 불평등이 성장을 저해할 수 있다는 사고와도 관련된다.
    소득불평등이 성장에 부정적 영향을 미칠 수 있는 근거를 중산층의 과중한 조세
    부담에 따른 성장 저해, 불평등이 야기할 수 있는 정치사회적 불안정성, 인적 자
    본 형성의 한계 등에서 구하고 있는 것으로, 이정우, 불평등의 경제학, 후마니타
    스, 2011, 494-495면 참조.
17) 노동 몫을 높이는 노동친화적 소득분배정책이 경제성장에 기여한다는 정책적 함
    의를 제시하고 있는 것으로, 홍장표, "한국의 노동소득분배율 변동이 총수요에 미
    치는 영향: 임금주도 성장모델의 적용 가능성", 사회경제평론 제43호, 2014,
    131-133면 참조.
18) 홍명수, "헌법상 경제질서와 사회적 시장경제론의 재고", 서울대학교 법학 제54권
    제1호, 2013, 102면.

범적으로 승인될 수 있기 위한 조건에 관한 논의가 선행될 필요가 있다. 동 이론이 상정하고 있는 성장 메커니즘이 유효할지에 대한 이론 자체의 의문도 실천적인 관점에서 뒤따른다. 소득주도 성장론에서 임금 몫의 증대는 자본과의 상대적인 차원에서 결정되는 것이고, 임금 소득의 증대와 이에 따른 소비수요의 증가가 유효수요의 증대로 이어질 수 있지만, 다른 한편으로 이에 대한 자본의 대응 방식도 염두에 둘 필요가 있다. 실질임금의 증대에 상응하여 고용을 줄일 수도 있으며, 무엇보다 비용 증대로 인한 수익률의 하락은 투자의 감소로 이어져 소비수요와 투자수요로 구성되는 유효수요의 하락으로 나타날 수도 있다. 즉 소득주도 성장론이 유효하기 위해서는 이러한 효과를 상회하는 소비수요의 증가가 제시되어야 한다. 소득주도 성장론을 제시하는 과정에서 이와 같은 내재적 비판이 간과되지는 않았을 것이다. 그렇지만 상이한 이론적 가능성이 주어지고 있는 상황에서 결국 소득주도 성장론은 실증적인(empirical) 문제로 전환하게 된다. 이와 관련하여 최근 Ostry 등이 행한 재분배와 불균등 그리고 성장에 관한 연구는 시사하는 바가 크다. 동 연구에 의하면, 10년의 기간에 걸친 분석에서 소득불균등과 경제성장 간에는 강한 부의(negative) 상관성이 존재하고, 재분배와 경제성장 간에는 약한 정의(positive) 상관성이 존재하는 것으로 나타났다.[19] 이러한 분석의 결과를 절대적으로 받아들일 수 없지만, 일정한 시사점을 얻을 수는 있을 것이다. 특히 재분배와 경제성장 간에 정의 상관성의 정도가 약하다는 것은 재분배의 정책적 효과가 경제성장으로 이어지기 위한 다양한 변수가 존재할 수 있음을 의미하는 것이기도 하다. 결국 분배정책의 추진이 경제성장으로 이어질 수 있도록 다양한 조건을 충족하기 위한 정책 혼합(mixed policy)이 불가피하며, 이 과정에서 분배가 경제적 유인체계 그리고 따라서 경제성장에 직접적 영향을 미칠 수 있다는 점에[20] 대한 이해가 전제되어야 할 것이다.

---

19) Jonathan D. Ostry, Andrew Berg, and Charalambos G. Tsangarides, Redistribution, Inequality, and Growth, IMF Discussion Note, 2014, 16면.

경쟁정책에 있어서 경제성장에 대한 고려가 필수적인 것은 아니지만, 국내법으로 운영되는 경쟁법의 집행 과정에서 경제성장의 측면이 사실상의 영향을 미칠 수 있다는 점을 부인하기 어렵다. 문제는 이에 대한 경쟁 정책적 관점이 일의적이지 않으며, 분배정책과 성장에 관한 논의와 유사하게 상반되는 시각이 존재한다는 것이다. 이러한 논의에서 한 축을 이루는 것은 자본주의의 발전 동력은 기업가의 혁신에 있으며, 독점적 지위에 있거나 규모가 큰 기업의 경우 이러한 혁신에 유리할 수 있으므로 자본주의 발전 측면에서 긍정적일 수 있다는 사고와 관련된다. Schumpeter에 기원하는 이러한 사고체계는[21] 경쟁정책적으로도 의미 있는 시사점을 제공한다. 즉 독점적 지위에 있는 기업이 자본주의 경제의 핵심적인 동력으로서 혁신의 주된 원천이 될 수 있다는 점은 궁극적으로 소비자 후생의 제고를 목적으로 하는 경쟁정책의 관점에서 긍정적으로 평가될 수도 있다. 물론 이러한 시각에 대한 유력한 반론이 가능하다. 비록 대기업의 R&D 투자 비중이 절대적으로 높은 상황에 있지만,[22] 흔히 x비효율의 원인으로 일컬어지는 기업 내 관료화의 문제는 주로 안정적으로 시장을 확보하고 경쟁의 위험에서 벗어나 있는 독점적 지위의 기업에서 발생하며, 기업이 처한 치열한 경쟁 상황이 오히려 혁신의 유인으로 강하게 작용할 수도 있다. 무엇보다 Schumpeter 이론에서 혁신의 의의는 대기업과 필연적으로 관련되기 보다는 자본주의의 본질에 관한 이해를 반영한다는 점을 염두에 둘 필요가 있다. Marx에게서 자본은 잉여가치를 전유하며, 자본의 유기적 구성의 고도화는 자본주의의 비관적 전망을 함축하는 이윤율 저하 법칙으

---

20) 위의 글, 9면 참조.

21) Robert P. Merges & Richard R. Nelson, "Market Structure and Technical Advance: The Role of Patent Scope Decisions", Thomas M. Jorde & David J. Teece ed., Antitrust, Innovation, and Competitiveness, Oxford Univ. Press, 1992, 185면 이하 참조.

22) 예를 들어 2017년 상반기 500대 기업의 R&D 투자에서 삼성전자가 차지하는 비중은 37.8%이었다. 조선비즈, 2018. 3. 17.

로 귀결된다. Schumpeter는 Marx적인 이해가 혁신의 주체로서 기업가의
역할을 동태적으로 파악하지 못함으로써 자본주의 발전의 과정을 올바르
게 이해하지 못하였다는 점을 지적한 것이고,[23] 이때 혁신의 주체로서 기
업가 정신의 담지자를 대기업에 한정하였던 것은 아니다. 이와 같이
Schumpeter적 사고의 일면적 수용을 비판하는 입장에서는 경제성장의 동
력을 내재화시킨다는 점에서 본래의 의미에서 경쟁정책이 혁신 내지 경제
성장의 기초로서 여전히 의미를 갖게 된다.

　이상의 소득주도 성장론 그리고 혁신과 경제발전에 관한 논의는 이론적
인 다툼을 넘어서 실천적인 과제로서 이해될 필요가 있다. 두 논의에서 경
제성장의 기초가 되는 보다 균등한 소득분배와 경쟁적인 기업 환경의 조
성은 분산화된 경제 구조라는 공통된 결론으로 이어지며, 이를 통하여 소
득주도 성장론과 경쟁정책의 관련성이 구체화될 수 있다. 이러한 이해는
문재인 정부가 소득주도 성장과 혁신성장을 결합한 것에서도 확인할 수
있다. 즉 수요측면에서의 소득주도 성장과 공급측면에서의 혁신 성장이
경제성장의 기본 방식으로 제시되었으며,[24] 이와 같은 정책적 결합은 분
배정책과 경쟁정책의 관련이 실천적인 과제가 될 수 있음을 보여주는 것
이다. 따라서 소득주도 성장이 실현되기 위한 조건을 파악하고 이를 충족
하기 위한 정책적 고려를 행할 경우,[25] 경쟁정책의 실현도 고려 범위에
포함될 필요가 있다.

---

23) Joseph A. Schumpeter, "Science and Ideology", The American Economic
　　Review, Vol. 39, No. 2, 1949, 354-355면 참조.
24) 조선일보, 2017. 9. 26.
25) 소득주도 성장정책의 보완과제로서 소득-소비-생산의 선순환 구조를 저해하는 위
　　험 요인의 해소와 혁신성장의 추진을 제시하고 있는 것으로, 김민창, "소득주도성
　　장 관련 주요쟁점 및 보완과제", 입법 및 정책과제 제8호, 2017, 9면 참조.

4. 경제민주화와 경쟁정책

정치 원리로서 민주주의는 국가의 주권이 국민에 있고, 국민에 의하여 정치가 행해지는 것을 말하며, 공동체 구성원의 의사가 균등하게 반영되는 시스템을 조건으로 한다. 반면 시장경제질서에 의하고 있는 경제에서는 경제적 자원의 생산과 배분을 경제주체들의 자율적 조정에 의하는 시장의 기능이 경제운영에 있어서 핵심적 역할을 수행한다. 경제질서 원리로서 경제주체의 자율적 조정은 이에 대한 국가의 개입을 원칙적으로 배제하는 것을 의미하지만, 경제주체 간에 불가피하게 발생하는 경제력의 차이가 자율적 조정 과정에 일정한 영향을 미칠 가능성은 남아있게 되며, 이러한 가능성까지 포함하고 있다는 점에서 정치 원리로서의 민주주의와는 구별된다. 따라서 경제민주화는 그 함의로서 이질적인 원리 간의 결합을 상정한다.

경제민주화는 경제적 영역에 민주주의 원리를 반영하는 것을 의미하지만, 이러한 결합의 구체적인 내용이나 방식에 대해서 견해가 일치되고 있는 것은 아니다. 우선 경제민주화를 시장기구가 정상적으로 작동하기 위한 보완의 관점에서 이해할 수 있으며,[26] 연혁적으로 정치적 이념의 기본적 사고가 경제 영역으로 확대되고 이와 같은 사고의 확대가 시장 기능의 보호를 위한 법체계 발전에서 핵심적 역할을 수행하였다는 점은[27] 이러한 이해의 타당성을 뒷받침한다. 또한 복지나 경제적 약자에 대한 배려와 같은 시장 원리에 의해서 실현되기 어려운 가치를 추구하는 이념적 도구로서 경제민주화를 파악할 수도 있으며,[28] 이때 경제민주화는 정치적 영역

---

26) 경제민주화를 경제주체 간 의사결정 권한 분산의 의미로 파악하는 견해도 이에 해당할 것이다. 김문현, "한국헌법상 국가와 시장", 국가, 경제 그리고 공법, 한국공법학회, 2012, 12-13면 참조.

27) David J. Gerber, Law and Competition in Twentieth Century Europe, Oxford Univ. Press, 2001, 17면.

28) 김종철, "헌법과 양극화에 대한 법적 대응", 「법과 사회」 제31호, 2006, 23면 이

에서의 기본 원리를 시장 영역에 수용하는 방식으로서 의미를 갖게 된다. 그러나 정치와 경제의 상호작용성을 고려할 때, 경제민주화가 일방적인 의미를 갖는 것으로만 이해하는 것에는 한계가 있을 것이다. 민주주의 이념 내지 방식을 경제 영역에 적용하려는 시도는 시장 기능이 정상적으로 작동하고 있는 상황에서도 필요할 수 있으며, 경제 영역에서 민주적 원리의 도입은 정치적 민주화의 실질적 기초를 강화하는 측면이 있다는 점을[29] 고려하면, 양자의 결합은 내용상 상호보완적 함의를 갖는 가치적 결합으로 보는 것이 타당할 것이다.

이러한 이해에 비추어 경제민주화를 추구하는 과정에서 분배정책이 핵심적인 의의를 갖고 있음은 분명하지만, 경쟁정책 또한 경제민주화에 일정한 기여를 할 수 있다는 점에도 주의를 요한다. 무엇보다 정치와 경제 영역에서 경제민주화의 상호작용적 의의는 경쟁이 기능적으로 기여할 수 있는 바를 시사한다. 경쟁정책의 실현에 의하여 경쟁 기능을 보호하는 것은 공동체 구성원의 정치적 의사 결정 과정에서 균등한 참여 보장의 실질적인 기초가 될 수 있으며, 이러한 관점에서 경쟁법을 통한 국가의 시장 개입의 의의는 민주주의 체제의 기반 보장과 같은 상위의 목표에 관련될 수 있다.[30] 이와 관련하여 미국 연방대법원이 Northern Pacific Railway 사건에서 언급한 다음과 같은 판시사항은 주목할 만한 것이다. "서면법은 경쟁의 제한 없는 상호 작용이 경제적 자원의 최적 배분, 최저 가격, 최고의 품질 그리고 최대의 물적 진보를 낳을 것이고, 동시에 민주주의적 정치 사회 제도의 보장으로 이어지는 환경을 제공할 것이라는 전제에 기초한

하 및 김대환, 한국 노사관계의 진단과 처방: 합리화의 길, 까치글방, 2007, 126면 참조.

29) 자본주의의 확대가 민주주의의 의의를 제한하는 결과를 낳고 있다고 보는, Ralph Miliband, "The Socialist Alternative", Journal of Democracy vol. 3, no. 3, 1992, 118-119면 참조.

30) Jörg Philipp Terhechte, 김환학 역, "경쟁의 민주적 기능", 국가, 경제 그리고 공법, 한국공법학회, 2012, 42-43면 참조.

다."[31] 동 판결에서 지적한 것처럼 시장에서의 경쟁 기능과 정치 영역에서의 민주적 시스템이 밀접히 관련된다면, 경쟁정책의 기여는 경제민주화 나아가 민주주의 원리의 실현에 있어서도 의미를 가질 수 있을 것이다.

나아가 미디어나 정보통신 산업에 속한 일정한 시장에서는 이러한 관련성이 관념적인 차원에 머물지 않고, 경쟁제한적 효과의 구체적인 예로서 드러날 수 있다는 점에 주목을 요한다. 예를 들어 미디어시장에서의 경쟁은 소비자 후생을 극대화하는 시장 기능의 발휘로서 평가할 수 있지만, 다른 한편으로 민주주의의 기초라 할 수 있는 언론의 자유와 다양성을 실현할 수 있는 조건의 충족을 의미한다.[32] 이와 같은 구체적 관련성은 당해 시장의 경쟁 평가에서 고려되어야 할 요소가 확대될 수 있음을 시사하는 것이다.[33] 이러한 이해는 최근 시장지배적 지위남용의 한 유형으로 언급되고 있는 검색 남용에 대해서도 적용될 수 있다.[34] 검색 엔진을 활용하여 검색 서비스를 제공하는 시장에서 남용은 검색 대상인 상품시장에서 경쟁제한 효과를 낳을 수 있는데, 문제가 되는 시장이 언론시장인 경우에는 검색 남용이 민주주의적 가치의 훼손과 직접적으로 연결될 수 있다.

---

31) Northern Pacific Railway v. U.S., 356 U.S. 1(1958).
32) 이와 같은 이중적 의의에 관하여, Christian Kirchner, "Zur Ökonomik rechtlicher Probleme von Fusionen und Kooperationen auf dem deutschen Pressemarkt", DIW vol. 74, 2005, 34면 참조.
33) 언론산업에서 집중도를 평가함에 있어서 전통적인 소비자 후생(consumer welfare)이 아닌 시민 후생(citizen welfare) 개념의 도입을 제안하고 있는 것으로, Stigler Committee on Digital Platforms, Final Report, 2019, 184면 참조.
34) EU 경쟁법에서의 사례를 보면, 검색 시장(수평적)에서 90% 이상의 점유율을 갖고 있는 구글은 수직적으로 특화된 google shopping, google flights와 같은 서비스를 제공하였는데, 유럽 위원회는 이러한 행위가 수직적 검색 서비스를 제공하는 다른 사업자와의 경쟁 관계에서 소비자를 해하거나 혁신을 저해할 수 있다고 판단하였다. IP/13/371. 25 April 2013. 검색 남용에 관하여 Alison Jones & Brenda Sufrin, EU Competition Law, Oxford Univ. Press, 2011, 396면 이하 참조.

Ⅲ. 분배정책의 실현과 경쟁정책

1. 분배정책의 실현 방식과 규제

분배정책을 실현하기 위하여 다양한 방식이 활용될 수 있다. 소득 또는 부의 불균등을 개선하기 위해서는 고소득층으로부터 저소득층으로의 이전이 직간접적으로 이루어질 수밖에 없으므로, 이해의 충돌을 피하기 어렵다. 따라서 어떠한 수단을 취할 경우에도 실효성 있는 정책 효과를 얻기 위해서 이해관계의 사전적 조정이 요구될 것이다.

이러한 과정이 원활하게 전개될 수 있도록 이해관계자 그룹이 동동의 의사결정기구를 구성하는 방안이 모색되었으며, 독일의 공동결정제도(Mitbestimmung)는 대표적인 예가 될 것이다. 공동결정제도는 2차 세계대전 이후 도입된 제도로서 최초의 제도는 석탄·철강산업에서 기업의 사회화를 요구하는 노동자와 이를 저지하고자 한 사용자 간의 타협의 산물로 나타났다.[35] 1947년 석탄·철강산업에서 연합국 군정 하에 설립된 네 개의 주식회사 형태의 영업수행회사(Betriebsführungsgesellschaft)의 감시기구에 동수의 노동자대표의 참가를 보장한 것이 공동결정제도의 효시로 이해되고 있다.[36] 이어서 1951년 광산공동결정법(Montanmitbestimmungs gesetz)과 1952년 경영조직법(Betriebsverfassungsgesetz)이 제정되었으며, 감사회에 노사 양측이 동수로 참여하고 감사회는 이사의 선출 권한을 갖는 것을 주 내용으로 하는 공동결정제도가 만들어졌다.[37] Armstrong 등은 독일의 공동결정제도를 복지국가의 실현 방식의 하나로 이해하고 있으

---

35) Fritz Rittner, Unternehmerfreiheit und Unternehmensrecht, C.H.Beck, 1998, 5-6면 참조.
36) Fritz Rittner, Wirtschaftsrecht, C.F.Müller, 1987, 157면.
37) 그 과정에서 입법적 관철을 둘러싸고 벌어진 논의에 대해서는, Knut W. Mörr, Die Republik der Wirtschaft - Teil I Von der Besatzungszeit bis zur Groβen Koalition, Mohr Siebeck, 1999, 119-123면 참조.

며,[38] 비록 동 제도 자체가 비교법적으로 확산된 것은 아니지만, 이해관계자의 자율적 조정 방식의 활용은 다양한 형태로 실현되고 있다. 예를 들어 우리나라에서 1999년 「경제사회발전노사정위원회법」 제정에 의하여 설치된 노사정위원회는 근로자, 사용자, 정부, 공익을 각각 대표하는 위원으로 구성되며, 「최저임금법」 제12조에 근거한 최저임금위원회도 근로자, 사용자, 공익을 대표하는 위원으로 구성된다. 경제적 이해의 충돌을 해결하기 위한 민간기구 형태로서 자율적 조정 기구의 존재도 눈여겨볼 부분이다. 예를 들어 식품 유통 부문에서 발생하는 불공정거래행위에 대처하기 위해 공급업자 및 소매업자 등이 참여하여 2013년 EU 차원에서 설립된 자율규제체계인 'Supply Chain Initiative'(SCI),[39] 미국 프랜차이즈 산업에서 가맹점주뿐만 아니라 가맹본부도 참여하여 가맹사업에 필요한 원자재의 공동 구매 사업을 행하고 발생하는 이익은 조합원에게 배분하는 방식으로 운영되어 가맹본부와 가맹점의 공동의 이익을 추구하는 수단으로 기능하고 있는 구매협동조합(purchasing cooperative)[40] 등은 이해 당사자의 참여에 의한 자율적 분쟁 해결의 틀로서 일정한 시사점을 제공한다.

가능한 방식으로 저소득층이나 지원 대상인 그룹에 대하여 공법적 또는 사법적 청구권을 부여하는 입법적 방식도 고려할 수 있다. 국내 사회보장법의 연혁을 보면, 국가의 시혜에서 이를 향유하는 주체의 권리로서 변화하는 과정을 거쳐 왔으며, 특히 1999년 제정된 「국민기초생활보장법」은 국민의 권리로서 최저생계보장을 규범화한 입법으로 사회보장법제의 새로운 지평을 연 것으로 평가되고 있다.[41] 이와 같은 권리 부여 방식은 실질

---

38) Phillip Armstrong, Andrew Glyn & John Harrison, 주 1)의 책, 216-219면 참조.

39) Kommission, Mitteilung gegen unlautere Handelspraktiken in B2B, 2013, 4면.

40) Suzie Loonam, "Purchaing Cooperatives: Opportunities and AND Challenges", 2010, in https://www.franchise.org/purchasing-cooperatives-opportunities-and-challenges.

41) 김복기, "경제위기(생활위기)의 상시화와 사회안전망으로서 사회보장법의 과제", 서울대학교 법학연구소, 한국자본주의의 발전과 법의 역할, 2016, 129-133면 참조.

적인 이익 보호를 도모할 수 있다는 점에서 의의가 있지만, 다른 한편으로
이와 같이 권리 관계를 명확히 하는 것은, Coase의 사고에 의할 경우 이
해 당사자들 사이에서 자율적으로 갈등을 조정할 수 있는 계기를 제공할
수 있다는 점에서도[42] 긍정적인 효과를 기대할 수 있다.

자율 조정 방식이나 권리 부여 방식 외에 국가의 사적 영역에 대한 개
입으로서 규제를 통한 방식이 일반적으로 활용된다. 사인의 경제사회적
행동에 영향을 미치는 모든 국가적 행위를 총칭하는 의미로서 규제를 이
해할 경우에,[43] 소득분배에 영향을 미치는 규제는 다양하게 존재하며, 특
히 간접적인 영향까지 고려할 경우에 그 범위는 매우 넓게 파악될 것이다.
예를 들어 「중소기업제품 구매촉진 및 판로지원에 관한 법률」은 중소기업
보호의 정책적 목적을 추구하기 위하여 제한 없는 경쟁을 상정하는 일반
입찰 방식에 일정한 변경을 가하여 공공부문에서 수요하는 일정한 제품의
조달은 중소기업자 간의 경쟁입찰 방식에 의하는 제도를 도입하고 있다.
이와 같은 규제는 대기업의 참여를 제한함으로써 중소기업의 경쟁력 향상
을 목적으로 도입된 것이며, 이로써 대기업과 중소기업 간에 경제적 자원
의 배분을 의도적으로 조정하고 있다. 전술한 것처럼 소득분배는 기본적
으로 형평성 관점에서 이루어지고, 이에 기초한 판단을 통해 제도화에 이
르게 될 것이다. 다만 Baldwin 등이 지적한 것처럼 사인에 영향을 미치는
규제는 국가적 행위뿐만 아니라 민간부문에서 이루어지는 결정 과정을 통
해서도 가능하다는 점에 주의를 요한다. 예를 들어 「대·중소기업 상생협
력 촉진에 관한 법률」상 중소기업을 위한 사업영역 지정은 중소기업자단
체가 중소기업중앙회의 심사를 거쳐 신청하도록 되어 있는데, 이러한 경

---

42) Robert Cooter & Thomas Ulen, Law & Economics, Pearson, 2008, 88-89면 참조.
43) Robert Baldwin, Martin Cave & Martin Lodge, Understanding Regulation,
   Oxford Univ. Press, 2012, 3면. 여기서는 좁은 의미에서의 규제는 국가의 명령적
   행위만을 의미하며, 가장 넓은 의미에서의 규제는 국가뿐만 아니라 회사, 사업자
   협회, 자율적 기구 등에 의해 사인의 행위에 영향을 미치는 모든 메커니즘을 포함
   하는 것으로 이해하고 있다.

우 국가 행위에 상응하는 판단 과정에 대한 통제가 민간 부문에서 이루어
지는 절차에도 반영될 필요가 있을 것이다.

2. 분배정책의 실현으로서 좋은 규제(good regulation)

분배정책이 정부의 규제 형식으로 이루어질 경우에 헌법상 국가 작용의
통제 원칙으로서 비례 원칙의 적용을 받게 될 것이다. 오늘날 비례 원칙의
적용은 급부행정까지 포괄한다는 데 이론은 없다. 특히 많은 경제적 자원
을 향유하는 자로부터 이를 불충분하게 향유하는 자에게 직간접적인 방식
으로 경제적 자원을 이전하는 것을 내용으로 하는 분배정책은 일방에 대
해서는 자신이 향유하고 있는 이익을 제한하는 의미를 가질 수밖에 없기
때문에, 비례 원칙에 따른 심사가 필수적으로 요구된다. 구체적으로 목적
의 정당성, 수단의 적합성, 침해의 최소성, 법익의 균형성 등의 세부 원칙
의 적용을 통하여 규제의 타당성이 검토될 것이다.

이러한 검토 과정은 불가피한 것이지만, 이에 의하여 당연히 좋은 규제
로서의 평가로 이어질 수 있는 것은 아니다. 적법한 규제인지 여부와 좋은
규제인지 여부는 별개의 문제이며, 분배정책과 같이 실행 과정에서 다양
한 이해관계의 충돌이 예상되고, 또한 목적의 실현 여부가 명확하지 않을
수 있는 경우에는 좋은 규제에 대한 요구가 보다 크게 작용한다. 그렇지만
좋은 규제의 판단은 어려우며, 무엇보다 판단 기준이 명확하지 않다는 점
이 이러한 판단의 한계가 되고 있다. 이러한 사고는 오늘날 좋은 규제와
관련하여 지배적인 기준이 되고 있는 비용-편익 분석을 통한 이익 극대화
에 대한 비판적인 입장과 관련된다.[44] 비용-편익 분석은 효율성에 우선적
가치를 두고 있는 접근 방식이지만, 규제는 다양한 이념과 가치 실현에 관
련된다는 점을 염두에 두어야 한다. 물론 좋은 규제의 판단과 관련하여 효

---

44) 위의 책, 25-26면 참조.

율성이 고려 대상으로 전혀 의미 없는 것은 아니며, 다만 효율성을 단일한 판단 기준으로 삼는 것은 적절치 않은 것으로 이해할 필요가 있다.

따라서 좋은 규제의 판단은 복합적인 기준에 의할 수밖에 없으며, 이와 관련하여 Baldwin 등이 제시하고 있는 다섯 가지의 기준은 참고할 만하다. 이에 의하면, 구체적으로 1) 규제가 법적 권한의 범위 안에서 행해질 것, 2) 규제기관에게 규제에 관한 책무(Accountability)가 부여될 것, 3) 규제가 적법절차(fair, accessible and open)에 따라 이루어질 것, 4) 규제기관이 충분한 전문성(sufficient expertise)을 갖고 있을 것, 그리고 5) 규제가 효율적으로 이루어질 것 등이 좋은 규제의 판단기준에 해당한다.[45] 물론 이들 각각의 기준에 따른 구체적 판단이 수월한 것은 아니다. 예를 들어 다섯 번째 기준으로서 효율성을 판단할 경우에 다른 대안적 방식의 효율성과 비교가 필요한데, 이 자체가 용이하지 않을 뿐만 아니라, 특히 분배정책과 관련된 규제에서 이러한 판단은 분배정책이 전제하고 있는 가치 판단을 배제한 채 분석을 수행하기 어려울 것이다.

이상에서 언급한 좋은 규제의 기준은 분배정책 실현을 위한 규제에서도 유효하다는 점에 의문은 없다. 또한 이러한 기준을 구체화함에 있어서 경쟁정책적 관점이 일정한 기여를 할 수 있는데, 규제를 통한 경제적 자원의 인위적 배분을 의미하는 분배정책은 시장 기능의 제한 또는 대체를 의미하며, 따라서 시장의 기능에 기초하여 형성된 사고체계로서 경쟁정책은 이러한 기능에 대한 이해를 제공할 수 있다는 점에서 유력한 의미가 있다.

3. 좋은 규제를 위한 경쟁정책의 역할

좋은 규제의 판단은 결정적으로 해당 규제가 목적의 실현을 위한 최선의 방식인지와 관련된다. 경제학적 관점에서 적어도 분배정책에 따른 최

---

45) 위의 책, 27-32면 참조.

선의 방식에 관하여는 대체로 견해가 일치되고 있는데, 분배정책을 실현하기 위한 수단으로 누진세와 같은 조세 방식이 일정한 그룹에게 직접적으로 권리를 부여하는 방식보다 실효성이 크다는 것이다. 이러한 판단의 근거는 전자의 경우 조세에 따른 효과가 보편적으로 발생할 수 있지만, 후자의 경우 효과가 직접적이지 못하고, 의도하지 않은 효과가 부수적으로 발생할 수도 있다. 또한 피규제자들의 대응으로 애초에 의도하였던 효과의 왜곡이 일어날 수 있다는 점도 지적된다.[46]

이러한 판단의 이면에는 시장에 대한 이해가 자리하고 있으며, 전술한 것처럼 이는 시장의 기능에 관한 체계적 이해의 틀을 갖추고 있는 경쟁정책이 기여할 수 있는 지점이기도 하다. 규제 도입 시에 규제 상황과 규제가 이루어지지 않은 상황 간의 비교 형량은 필수적이며, 이때 규제가 없는 경우는 시장이 기능하는 것을 의미하는 것이므로 이러한 비교는 본질적으로 특정한 상황에서 규제와 시장의 비교로 구체화 될 것이다. 즉 규제가 없을 경우에 시장의 성과와 규제가 행해질 경우의 규제 효과 간에 형량이 필요하다. 중요한 것은 이러한 형량이 종합적으로, 즉 부정적 효과까지 포함하여 이루어져야 한다는 것인데, 시장에 의할 경우에 규제 목적 측면에서 부정적인 효과 그리고 규제가 이루어질 경우에 규제 목적의 실현 외에 예상되는 부정적인 효과가 모두 형량의 대상이 되며, 이로부터 규제의 도입과 실행에 있어서 적절한 판단이 도출될 수 있을 것이다.[47]

---

46) Robert Cooter & Thomas Ulen, 주 42)의 책, 111-113면 참조.
47) Robert Baldwin, Martin Cave & Martin Lodge, 주 43)의 책, 23면 참조. 한편 행정규제기본법 제7조 제1항은 규제의 신설이나 강화 시 규제영향분석을 하여야 하고, 이때 필수적으로 고려되어야 할 요소로서, 규제의 신설 또는 강화의 필요성(1호), 규제 목적의 실현 가능성(2호), 규제 외의 대체 수단 존재 여부 및 기존규제와의 중복 여부(3호), 규제의 시행에 따라 규제를 받는 집단과 국민이 부담하여야 할 비용과 편익의 비교 분석(4호), 경쟁 제한적 요소의 포함 여부(5호), 규제 내용의 객관성과 명료성(6호), 규제의 신설 또는 강화에 따른 행정기구·인력 및 예산의 소요(7호), 관련 민원사무의 구비서류 및 처리절차 등의 적정 여부(8호) 등을 제시하고 있다.

한편 많은 경우 분배정책은 직접적인 소득의 이전 방식에 의하지 않고 다른 산업정책과 결합하여 실현되며, 이때 정책적 결합은 좋은 규제의 판단에도 반영될 것이다. 이와 관련하여 미국의 반독점법 현대화 위원회 (AMC: Antitrust Modernization Commission)가 보고서를 통하여 지적한 사항은 유력한 의미가 있다. 동 보고서는 "일반적으로 공공정책으로서 가격, 비용, 진입에 관한 산업규제보다 자유시장경쟁이 선호되어야 한다. 경제적 규제(economic regulation)는 특정 산업에서의 자연독점의 존재 또는 경쟁이 달성할 수 없는 중요한 이익을 경제적 규제가 달성할 수 있는, 상대적으로 드물게 존재하는(relatively rare) 시장에서의 실패를 치유하기 위하여 활용되어야 한다. 일반적으로 의회는 경쟁이 달성할 수 없는 중요한 사회적 이익을 경제적 규제가 달성할 수 있다고 하는 주장에 대하여 회의적이어야 한다"[48] 그리고 "정부가 경제적 규제를 채택할 경우에, 그 경제적 규제와 함께 경쟁법을 가능한 최대한도로 지속적으로 적용하여야 한다. 특히 규제가 경쟁적 목표를 달성하기 위하여 경쟁의 존재나 시장의 힘의 작용에 의존할 경우에 경쟁법은 반드시 적용되어야 한다"고[49] 기술하고 있다. 이러한 지적이 갖는 의미는 규제의 도입과 실행 과정에서 지속적으로 경쟁정책적 고려가 유지되어야 한다는 것이며, 이는 분배정책을 위한 규제에 있어서도 동일하게 이해되어야 한다.

AMC가 경쟁정책적 관점에서 규제에 대하여 회의적인 시각을 가져야 한다는 지적은 규제 입법 과정의 중요성을 보여주는 것이기도 하다. 규제의 입법은 규제와 경쟁정책이 만나는 최초의 시점이자, 문제가 된 규제 도입 후 이를 시정하는데 따르는 어려움을 고려할 때 가장 중요한 시점이기도 하다.[50] 즉 분배정책을 실현하고자 하는 규제의 도입 시 경쟁정책적

---

48) Antitrust Modernization Commission, Report and Recommendations, 2007, 338면.
49) 위의 책, 338면.
50) "시장의 지배와 경제력 남용의 방지 등을 위한 경제규제 행정 영역에서는, 규제 대상인 경쟁시장이 갖는 복잡다양성과 유동성으로 인해 사전에 경제분석 등을 거

관점에서 적극적으로 관여할 필요가 있으며, 이는 분배정책의 실현 측면에서도 긍정적이다. 이와 관련하여 고려되어야 할 사항 중 하나는 이러한 과정에서 전문가의 역할이다. 전문가는 누구를 위하여 복무하는가라는 질문에 전문가는 특정한 그룹의 이익을 위하여 전문성을 왜곡하지 않아야 한다는 식으로 답할 수 있지만, 이러한 윤리적 답변이 전문가 역할과 관련하여 발생하는 문제에 대한 답으로서 충분한 것은 아니며, 어떠한 의미에서 이를 은폐하는 것일 수도 있다. Ulrich Beck이 언급한 위험 사회(risk society)에서 전문가의 중립성에 대한 신뢰는 줄어들고, 사회의 전문가에 대한 존중은 감소하고 있다.[51] 그럼에도 불구하고 규제와 관련하여 전문가 역할의 중요성은 여전하며, 전문가가 기여하는 바를 투명하게 하고 대중과의 소통을 강화하는 방향으로의 개선이 필요할 것이다. 경쟁정책과 관련하여, 이러한 문제는 다른 관점에서도 이해할 수 있다. 어느 사회에서나 경쟁정책 전문가는 한정되어 있으며, 이들의 전문성에 접근할 수 있는 기회는 제한되어 있다. 이러한 상황은 경쟁정책 전문가들이 로비에 취약할 수 있는 구조로 이어질 수도 있다.[52] 전술한 것처럼 시장과 규제의 비교 형량이 종합적으로 요구되는 분배정책의 실현과정에서 경쟁정책 전문가들의 역할의 중요성을 부인하기 어려우며, 다양한 이해관계의 충돌하는 상황에서 이들의 전문성이 중립적이고 공익적으로 발휘될 수 있도록 하는 제도적 장치의 마련도 필요할 것이다.

쳤다 하여 장래의 규제 효과가 확실히 담보되기는 어렵고, 만약 규제의 시기가 늦춰져 시장구조가 일단 왜곡되면 그 원상회복이 어려울 뿐 아니라 그 과정에서 중소사업자들이 중대한 피해를 입을 우려가 있으므로, 장래의 불확실한 규제 효과에 대한 예측판단을 기초로 한 규제 입법 및 그에 따른 규제 행정이 이루어질 수밖에 없게 된다." 대법원 2015. 11. 19. 선고 2015두295 판결.

51) Robert Baldwin, Martin Cave & Martin Lodge, 주 43)의 책, 30면 참조.

52) Philip Marsden, "Lobbying for Climate Change in EU Competition Policy-Just Don't Talk about The Weather", Concurrences N 1-2009, 11-13면 참조.

IV. 경쟁법상 분배정책의 반영

1. 경쟁제한성 심사와 독점규제법 제1조의 목적

경쟁의 보호를 목적으로 하는 독점규제법상 위반행위는 일부 불공정거래행위에 해당하는 행위유형을 제외하고 경쟁제한성에 기초하여 위법성을 판단한다. 물론 경쟁 보호 이외의 다른 목적이 독점규제법 영역에서 전혀 고려되지 않는 것은 아니다. 예를 들어 독점규제법 제118조나 제40조 제2항은 중소기업에 대한 법적용의 예외를 두고 있으며, 이러한 조항은 중소기업에게 경쟁력을 향상시킬 수 있는 기회를 제공하기 위하여 중소기업에 대한 경쟁법 적용을 일정 범위에서 유보하는 것은 궁극적으로 경쟁정책에 부합할 수 있다는 사고에 기초한다.53) 또한 동법 제117조는 지식재산권에 의한 권리의 정당한 행사에 대한 적용제외를 인정하고 있는데, 이 역시 발명의 촉진을 통하여 후생의 증진을 목적으로 하는 지식재산권정책이 반영된 결과로 이해할 수 있다.

그렇지만 일부 행위를 제외한 독점규제법 위반행위에 대한 위법성 심사는 경쟁제한성 측면에서 이루어지며, 제2장에서 다루었던 형평성과 같은 판단 기준이 동 심사과정에 원용되지는 않는다. 경쟁제한성 외의 다른 가치가 수용되는 것은 규제기관이나 수범자 모두에게 위법성 판단의 혼선을 낳을 수 있으며, 질서 원리로서의 경쟁의 의의를 제한할 수 있다. 그렇지만 일련의 대법원 판결은 위법성 판단 과정에 독점규제법 제1조에 열거되어 있는 목적 규정을 원용하고 있는데, 예를 들어 제주도관광협회 사건에서 대법원은 "사업자단체에 의한 가격결정행위가 일정한 거래분야의 경쟁이 감소하여 사업자단체의 의사에 따라 어느 정도 자유로이 가격의 결정에 영향을 미치거나 미칠 우려가 있는 상태를 초래하는 행위, 즉 법 제26

---

53) Fritz Rittner & Meinrad Dreher, 주 9)의 책, 477면.

조 제1항 제1호, 제19조 제1항 제1호의 사업자단체의 가격을 결정·유지 또는 변경하는 행위에 의하여 일정한 거래분야의 경쟁을 실질적으로 제한하는 행위에 해당하더라도, 이로 인하여 경쟁이 제한되는 정도에 비하여 법 제19조 제2항 각 호에 정해진 목적 등에 이바지하는 효과가 상당히 커서 소비자를 보호함과 아울러 국민경제의 균형 있는 발전을 도모한다는 법의 궁극적인 목적에 실질적으로 반하지 아니하는 예외적인 경우에 해당한다면, 부당한 가격제한행위라고 할 수 없다"고[54] 판시하였다. 이러한 태도는 경쟁제한성에 기초한 위법성 심사 원칙을 넘어서는 것이며, 독점규제법 제1조에 규정된 목적 규정을 위법성 심사의 기준으로 원용할 수 있는지에 관한 논쟁을 야기하고 있다.

  법리적 측면에서 보면, 독점규제법 제1조의 규범적 효력을 부인할 수는 없으며, 따라서 동조에 규정된 목적 규정의 적용이 가능한 것으로 볼 여지가 있다. 특히 이러한 적용 법리는 제1조의 국민경제의 균형 발전과 같은 목적 규정을 통하여[55] 국민경제의 균형에 포섭될 수 있는 다양한 가치, 예를 들어 형평성과 같은 정책 목표가 반영되는 통로가 될 수도 있을 것이다. 이에 대하여 판례가 취하고 있는 법리는 경쟁제한적인 위법행위를 규제하는 독점규제법의 고유한 의의를 제한하게 될 것이고, 이로써 경쟁정책에 부정적인 영향을 미칠 수 있다는 점에 근거한 비판이 가능하다. 또한 법리적 측면에서도 제1조에 대한 대법원의 이해에 의문을 제기할 수 있다. 제1조의 구조는 경쟁의 촉진을 직접적 목적으로 하고, 이에 의하여 창의적 기업활동, 소비자 보호, 국민경제의 균형 발전 등의 궁극적 목적을 달성하는 구조를 취하고 있다. 즉 궁극적 목적의 달성을 위하여 직접적 목적인 경쟁의 촉진을 경유하도록 하고 있으므로, 국민경제의 균형 발전과

---

54) 대법원 2005. 9. 9. 선고 2003두11841 판결.
55) 독점규제법 제1조가 국민경제의 균형 발전을 중요한 정책 목적의 하나로 하고 있는 것을 한국 경쟁법의 중요한 특징으로 지적하고 있는 것으로서, Alison Jones & Brenda Sufrin, 주 34)의 책, 18면 참조.

같은 궁극적 목적 실현에 기여하더라도 경쟁의 촉진에 의하는 경우와 경쟁을 제한하는 행위에 의하는 경우를 동일하게 평가할 수 있는지는 의문이다. 이러한 점에서 대법원이 취하고 있는 궁극적 목적의 적극적 적용에는 신중할 필요가 있을 것이다.

2. 경제력집중 억제를 위한 규제와 경쟁법

주지하다시피 독점규제법은 1986년 제1차 개정에 의하여 경제력집중 억제를 위한 규제를 도입하여 대규모기업집단에 대한 사전적 규제체계를 구축하고 있으며, 부당한 지원행위나 부당한 사익편취에 대한 규제도 경제력집중 억제의 관점에서 이루어지고 있다. 이와 같은 규제체계는 재벌로 대표되는 우리나라에 고유한 경제현실을 반영한 것으로 독점규제법의 중요한 특징을 이룬다.

이때 경제력집중은 개별 시장에서의 시장집중을 넘어서는 것으로, 산업 전체 또는 국민경제 전체에서 특정한 기업 또는 기업집단이 차지하는 비중으로 파악되는 일반집중 또는 기업 또는 기업집단의 지배권이 소수의 자연인이나 가족에게 집중되는 개념인 소유집중의 의미로 이해되고 있다. 따라서 독점규제법상 경쟁제한성과 다른 상이한 규제 기준이 도입된 것으로 볼 수 있다. 특히 일반집중의 경우 특정 기업 또는 기업집단에 경제적 자원이 집중된 현상을 국민경제적 차원에서 판단하여 도출한 개념이므로, 형평성 관점에서 이루어지고 있는 부의 불균등한 분포에 대한 이해와 유사한 측면이 있다.

구체적으로 보면, 독점규제법 제4장에서 경제력집중 억제를 위한 규제는 기본적으로 자산총액과 같은 기준에 의하여 상호출자, 순환출자, 채무보증 등의 사전적 규제를 행하고 있으며, 이때의 자산총액 기준은 일반집중의 측면에서 우려를 낳을 수 있는 수준을 형식적으로 정한 것이다. 반면 부당 지원행위 등에 대한 위법성 판단과 관련하여 대법원은 "지원객체의 관련시장에서 경쟁이 저해되거나 경제력 집중이 야기되는 등으로 공정한 거래가 저해될 우려가 있는지 여부를 기준으로 한다"고56) 판시하고 있는데, 여기서의 경제력집중은 실질적인 판단에 의하게 될 것이다.

독점규제법상 경제력집중에 대한 규제와 관련하여 분배정책적 관점이 반영될 수 있는지는 일반집중의 판단에 있어서57) 이러한 관점이 유효한지에 관한 문제로 구체화될 수 있다. 이와 관련하여 독점규제법에 경제력집중 억제를 위한 규제가 도입된 연혁을 상기할 필요가 있을 것이다. 재벌이 존재하고 있는 경제 현실에서 개별 시장에서의 규제만으로 경쟁적인 시장 구조가 형성될 것으로 기대하기 어렵다는 인식에 따라서 일반집중이나 소유집중을 직접적으로 문제 삼는 규제체계를 형성하기 위하여 경제력집중 억제를 위한 규제가 도입된 것이며,58) 이러한 점에서 일반집중 등의 의의는 개별 시장에서의 경쟁제한의 문제와 밀접히 관련될 수밖에 없다. 즉 재벌 규제가 경쟁정책을 실현하는 규범체계인 독점규제법에 도입된 것의 의의가 일반집중을 판단함에 있어서 전제되어야 하며, 이러한 점에서 비록 판단 과정에서의 유사성이 있다 하더라도 부의 불균등과 같은 형평성의 관점이 경제력집중의 문제에 직접적으로 반영하는 것에는 신중할 필요가 있을 것이다.

3. 불공정성 판단과 경쟁법

단독행위 규제가 시장지배적 지위남용행위와 불공정거래행위로 이원화되어 있고, 또한 불공정거래행위의 위법성 판단 기준을 경쟁제한성과 불

---

56) 대법원 2004. 3. 12. 선고 2001두7220 판결; 대법원 2004. 10. 14. 선고 2001두 2881 판결.
57) 대규모기업집단에 대한 사전적 규제에서 형식적으로 정하는 자산총액 기준 또는 부당 지원행위에 있어서 위법성 기준의 타당성 판단 모두에 관련된다.
58) 홍명수, "대규모기업집단 정책의 현황과 과제", 서울대학교 경쟁법센터, 공정거래 법의 쟁점과 과제, 2010, 136-137면 참조.

공정성으로 이원적으로 구성하고 있는 것은 독점규제법의 중요한 특징을 이룬다. 불공정성에 기초하여 불공정거래행위의 위법성을 판단하는 것과 관련하여 공정거래위원회는 이러한 판단이 요구되는 행위 유형을 사전에 정하는 유형별 접근을 하고 있다. 구체적인 판단 기준으로서 "상품 또는 용역의 가격과 질 이외에 바람직하지 않은 경쟁수단을 사용함으로써 정당한 경쟁을 저해하거나 저해할 우려"에 따른 경쟁수단의 불공정성 그리고 "거래상대방의 자유로운 의사결정을 저해하거나 불이익을 강요함으로써 공정거래의 기반이 침해되거나 침해될 우려"에 따른 거래내용의 불공정성을 제시하고, 전자에는 부당한 고객유인, 사원판매 등의 거래강제, 사업활동 방해가 해당하고, 후자에는 거래상 지위남용이 해당하는 것으로 보고 있다.

현행 독점규제법상 불공정거래행위 규제와 공정거래위원회가 취하고 있는 접근 방식에 대해서는 다양한 관점에서 비판이 있었다. 불공정거래행위를 독점규제법에서 규제 대상으로 삼는 것이 적절한지, 독점규제법에 의할 경우에도 현재와 같이 경쟁제한성과 함께 이원적인 위법성 판단에 의하게 되는 불공정거래행위 규제체계가 타당한지, 불공정성에 기초한 위법 판단이 이루어지는 행위 유형을 사전에 정하는 것이 타당한지, 불공정성에 기초한 위법 유형을 공정거래위원회에 의한 공법적 규제 대상으로 삼는 것이 적절한지 등에 대한 논의가 지속되고 있다. 이러한 논의는 의미 있는 것이지만, 어느 경우에나 논의 과정에서 경쟁의 공정과 자유에 관련된 법규범이 서로를 배척하는 것이 아니라 상호보완적인 역할을 수행한다는[59] 이해가 전제될 필요가 있을 것이다.

이상의 문제 외에 새로운 문제 제기가 공정의 관점에서 이루어지고 있다. 국정자문위원회가 발표한 '문재인 정부 국정운영 5개년 계획'은 공정사회, 공정경제 등 거의 대부분의 분야에서 공정을 정책 기조로 삶고 있음

---

59) Fritz Rittner, Meinrad Dreher & Michael Kulka, Wettbewerbs- und Kartellrecht, C.F.Müller, 2014, 41면 참조.

을 보여주고 있다. 특히 주목할 것은 동 보고서가 공정과 관련하여 Rawls
의 견해를 원용하고 있는 것인데, "John Rawls의 '정의론'에 따르면, '사상
체계의 제1 덕목이 진리라면, 사회제도의 제1 덕목은 정의'이고, 정의로운
제도만이 공정한 사회를 만들 수 있고, 정의로운 제도의 설계와 운영이 바
로 정치와 정부의 가장 중요한 역할"이라고 기술하고 있다.[60] 주지하다시
피 정의론에서 Rawls는 정의의 원칙으로서 제1원칙인 평등한 자유의 원칙
그리고 제2원칙인 차등의 원칙과 기회균등의 원칙을 제시하고 있으며, 또
한 다른 저작에서 공정의 개념과 정의의 개념은 동일하다는 견해를 피력
하고 있다.[61] Rawls의 사고가 반영된 공정의 개념을 정책 기조로서 원용
하고 있는 국정자문위원회의 보고서가 갖는 의미가 무엇인지,[62] 그리고
독점규제법상 불공정성 판단에 어떠한 영향을 미칠지, 구체적으로 공정
개념의 새로운 구성이 필요한지 또는 공정 개념의 확대가 요구되는 것인
지에 대한 판단이 용이하지 않으며, 불공정거래행위 규제 영역에서 추가
적인 과제가 될 것이다.

　이러한 문제는 독점규제법뿐만 아니라 법질서 전체에 부과되는 과제라
는 점도 이해될 필요가 있다. 계약법 영역에서 보면, Flume가 지적한 것
처럼 계약자유의 보장이 계약의 공정성까지 담보하지는 못한다는 것은[63]
계약법의 오랜 딜레마로 남아 있으며, 계약 공정의 원칙이 근대 사법의 수
정 원칙으로 자리한 것은 이러한 고민의 결과로 이해할 수 있다. 우리가

60) 국정자문위원회, 주 3)의 글, 10면.
61) John Rawls, 황경식 등 역, 공정으로서의 정의, 서광사, 2006, 11면 참조.
62) Rawls의 정의 개념이 자유주의, 평등주의, 공리주의적 요소를 종합한 것에서 의
　　의를 두고 있는 것으로, 이정우, 주 16)의 책, 29-30면 참조. 이와 같은 상이한 가
　　치의 종합은 내재해 있는 가치의 충돌과 조정의 문제를 남길 것이다. 이와 관련
　　하여 현 한국 사회에서 공정의 문제를 비례 원리와 보편 원리의 충돌의 관점에서
　　분석한 것으로, 천관율, "문재인 정부를 흔든 공정의 역습", 시사인 제546호,
　　2018, 20-27면 참조.
63) Werner Flume, Allgemeiner Teil des Bürgerlichen Rechts(zweiter Band) - Das
　　Rechtsgeschäft, Springer-Verlag, 1992, 10면.

Flume의 문제의식으로부터 얼마나 더 나아갔을까? EU 차원에서의 논의를
보면, 사법상의 기본원칙, 예를 들어 선량한 풍속, 신의성실, 형평성, 계약
체결상 신뢰의 원칙 등에 의하여 불공정거래행위에 대한 일정한 수준의
보호를 기대할 수 있지만, 사업자 입장에서 이러한 원칙에 기초하여 법원
을 통한 소송이 실효적인 구제방법인지는 의문으로 보고 있다.[64] 이러한
관점에서 경쟁법의 역할에 대한 이해를 재고할 필요가 있을 것이다. 앞에
서 경쟁의 공정과 자유의 상호보완적 기능에 대하여 언급하였듯이, 거래
상 발생하는 불공정성의 문제는 경쟁의 자유와 무관하기 어렵다. 이러한
점에서 경쟁법은 불공정성을 파악하고 경쟁의 관점에서 이를 시정하는데
유용한 법체계로 기능할 수 있으며, 이는 경쟁법이 불공정성 문제에 보다
적극적으로 대응하도록 하는 근거가 될 수 있다.[65] 일반적으로 경쟁법의
단일한 목적을 효율성으로 보고 이 외의 다른 목적이 관련되는 것에 소극
적인 이유로서, 경쟁정책의 일관성과 객관성 그리고 법적 확실성을 기하
기 어렵다는 점이 지적된다.[66] 그러나 경쟁정책과의 관련성이 드러나는
사안을 경쟁법 영역에서 의도적으로 배제하는 것은 경쟁정책의 실현에 오
히려 부정적인 영향을 미칠 수도 있다.

---

64) Kommission, Mitteilung gegen unlautere Handelspraktiken in B2B, 2013, S. 8.
65) Kommission, Grünbuch über unlautere Handelspraktiken, 2013, 2-6면 참조. 또
한 미국 FTC법 제5조 후단에서 불공정하거나 기만적인 행위(unfair or deceptive
acts or practices)를 규제 대상으로 하고, FTC는 동 행위의 판단 기준으로 1) 소
비자의 오인을 유발할 가능성이 있어야 하고, 2) 이는 구체적 상황에서 합리적 인
간의 관점에서 판단되어야 하며, 3) 상품에 관한 소비자 행위 또는 결정에 영향을
미칠 수 있는 실질적인 것이어야 한다는 세 가지를 제시하고 있다는 것(FTC,
Policy Statement on Deception, 1983. 10. 14.)을 참고할 수 있다.
66) Ben Van Rompuy, Economic Efficieny: The Sole Concern of Modern Antitrust
Policy? Non-efficiency Considerations under Article 101 TFEU, Kluwer, 2012,
60-65면 참조.

V. 결론

경제주체들의 소득 불균형에 초점을 맞추고 극단적 불균형의 시정을 목표로 하는 분배정책과 경쟁자 보호가 아니라 질서로서의 경쟁 보호를 목적으로 하는 경쟁정책 간에는 정책 목표의 설정이나 실현 방식에 있어서 분명한 차이가 있다. 그렇지만 양자가 정책적으로 결합할 수 있는 여지가 전혀 없는 것은 아니며, 특히 양자의 상호 영향에 대한 이해는 정책 실현에 있어서 중요한 의미를 갖는다. 경쟁정책에 있어서 경제력 분산화의 추구는 분배 정책적으로도 유의미한 것이며, 소득주도 성장이나 경제 민주화의 기반을 형성함에 있어서 경쟁정책이 의미 있는 기여를 할 수 있다는 점도 염두에 둘 필요가 있다.

두 정책의 상호 관련성은 구체적인 정책 실현 과정에서도 고려되어야 되며, 이에 대한 주의가 지속적으로 주어져야 한다. 분배정책의 실현에 있어서 경쟁정책에 대한 고려는 시장경제를 기본으로 하는 경제질서의 원리 측면에서 당연히 요구되는 것이지만, 분배정책이 추구하는 목표를 이루기 위하여 적합한 수단을 모색하는 차원에서도 필요한 것이다. 경쟁정책의 실현에 있어서도 분배정책 또는 구체적 정책의 지도 원리로서 공정의 관점이 반영될 여지가 있다. 무엇보다 이미 경쟁법 영역에서 제도화된 경제력집중 억제를 위한 규제나 불공정성에 근거한 규제에서 이러한 관점을 구체화하는 문제가 앞으로의 과제로 주어지고 있다.

2. 플랫폼 중립성과 경쟁정책

I. 서론

플랫폼은 중개의 의미로서 오래전부터 사용된 용어이지만, 21세기 들어 새로운 사업모델 또는 성장의 동력 내지 전략적인 목표로서 의미가 확대되고 있다. 새롭게 더해진 의미를 포함하여 적절한 개념화 시도가 나타나고 있으며, 이를 통합하는 개념도 제시되고 있다. 예를 들어 Woodward & Baldwin은 기술적 측면에 초점을 맞추어 플랫폼에 관한 일반화된 정의를 제시하고 있는데, 이에 의하면 플랫폼은 "다른 요소들 간의 연결을 제한함으로써 시스템 내의 다양성과 진화의 가능성을 지원하는 안정된 요소들의 집합"을[1] 의미한다. 이러한 정의는 플랫폼이 폐쇄성과 개방성을 모두 갖고 있으며, 다양성을 통제하면서 한편으로 스스로 발전할 수 있는 지원 체계의 구축이 핵심적인 기능임을 시사한다.

플랫폼 자체의 진화 과정은 이러한 기능이 강화되고, 확대되어왔음을 보여준다. 물론 이러한 현상이 가능했던 배경에는 디지털화로 대표되는 기술적 변화가 자리하고 있다. 전자적인 방식에 의한 정보의 처리와 저장 및 송수신이 급격히 확산되면서 전통적인 경제활동의 상당한 비중이 온라인으로 대체되고 있으며, 이로 인한 연결성 향상은 플랫폼의 기능이 새로운 차원에서 실행될 수 있는 환경의 조성으로 이어졌다.[2] 이러한 현상은

---

[1] Carliss Y. Baldwin and C. Jason Woodard, "The Architecture of Platforms: A Unified View", Annabelle Gawer, Platforms, Markets and Innovation, Edward Elgar Publishing, 2009, 17면 이하 참조.

[2] Irving Wladawsky-Berger, "The Rise of the Platform Economy", The Wall Street Journal, 2016. 2. 15. 참조.

플랫폼의 여러 유형 중에서도 거래(transaction) 플랫폼에서 특히 두드러졌는데, 1990년대 이후 인터넷 기반의 플랫폼들은 다수 이용자들과의 연결 가능성을 확보함으로써 이들이 담당하는 거래 규모는 비약적으로 증가하게 되었다.

　플랫폼을 중심으로 한 거래 양상의 변화에 앞서 관심을 기울인 그룹은 온라인 비즈니스에 선도적으로 참여하였던 사업자들이며, 이들의 대응은 (거래) 플랫폼을 단지 새로운 거래 방식의 도입을 넘어서 새로운 사업 모델의 등장으로 이해하는 계기를 제공하였다. 플랫폼은 흔히 파이프 산업에서 플랫폼 산업으로의 전환으로(Shift from pipes to platforms) 일컬어지는 산업의 변화를 대표한다. 이러한 구분을 유의미하게 시도한 Choudary는 전자의 경우 상품의 제조에 의해 가치가 창출되어 소비까지 이어지는 흐름이 선형적인데(linear) 비하여, 후자에 있어서는 상호의존적인 이용자 그룹 간의 교류에 의하여 가치가 창출된다는 점에서 네트워크적이라고(networked) 분석한다.[3] 흔히 생산자와 소비자로 대표되는 이용자 그룹을 중개하는 플랫폼은 일방적인 가치 흐름의 전달자 역할에 머무는 것이 아니라, 집단 지성, 네트워크 효과, 이용자 생성 콘텐츠 그리고 자기 개선 시스템의 가능성 등과 같은 기능에 의해 새로운 가치를 창출한다.[4] 물론 새로운 사업모델로서 플랫폼이 그 자체로 경제적 성공을 보장하는 것은 아니다. 플랫폼에 대한 이해의 부족으로 쇠퇴한 전통적인 사업자들이 언급되지만,[5] 길지 않은 기간에 실패한 플랫폼의 사례도 어렵지

---

3) Sangeet Paul Choudary, "Why Business Models fail: Pipes vs. Platforms", Wired Magazine, 2013.

4) Te Fu Chen, "Building a Platform of Business Model 2.0 to Creating Real Business Value with Web 2.0 for Web Information Services Industry", International Journal of Electronic Business Management 7(3), 2009, 168-180면 참조.

5) 노키아가 애플보다 먼저 스마트폰 시장에 진출하였음에도 불구하고 플랫폼 경쟁력에 밀려서 동 시장에서 패퇴하였던 것을 언급한 것으로, 김창욱·강민형·강한수·윤영수·한일영, 기업생태계와 플랫폼 전략, SERI, 2012, 1면.

않게 확인할 수 있다. 플랫폼이 다수 이용자들을 유인하고 연결할 수 있는 기술적, 경제적 조건을 충분히 갖추지 못하거나, 사업모델로서의 수익 실현에 실패한 경우, 플랫폼은 더 이상 지속성을 갖기 어려울 것이다.[6] 다른 한편으로 이와 같은 실패의 예는 성공적으로 살아남기 위한 플랫폼의 조건, 플랫폼 경쟁에서 작동하는 주요 경쟁 요소들 나아가 경쟁 우위를 갖게 된 플랫폼의 지배력의 본질을 이해하는 데도 도움이 된다.

Bonchek & Choudary는 플랫폼이 성공적인 중개자가 되기 위해 데이터가 핵심적인 역할을 한다고 보고 있다.[7] 플랫폼에서의 데이터는 이용자들의 참여를 유인하는 가장 중요한 요소이며, 동시에 다양한 이용자 그룹의 참여는 데이터의 양과 질적 확대를 낳는다. 이러한 선순환 구조를 구축한 플랫폼의 경쟁 우위는 지속될 가능성이 크고, 이른바 빅데이터로 대표되는 정보처리 수준의 급격한 향상 등은 이러한 구조를 고착시키는 요인으로 작용할 것이다. 이와 같이 플랫폼의 고유한 기능이 지배력 형성의 주된 요인으로 작용한다는 것은 지배력 남용 문제를 포함한 경쟁법적 관심을 촉구하는 계기가 되지만, 내재적 불가피성을 감안하여 플랫폼에 특별한 의무를 부과하려는 움직임이 일게 된 배경이기도 하다.[8]

이러한 움직임은 '플랫폼 중립성'이라는 표현을 통해서 스스로의 정당성과 지향하는 바를 제시하고 있다. 그러나 동 개념은 플랫폼에 관한 다양한 논쟁의 귀결로서 등장하였다기 보다는 논의의 한복판에 던져져 오히려 논쟁을 촉발한 듯한 인상을 준다. 현 시점에서 실제 규제와 관련하여 플랫폼 중립성 논쟁이 기여한 바를 규제의 타당성이나 실효성 어느 측면에서도

---

6) 참여자를 충분히 확보한 플랫폼의 경우에도 검색엔진 서비스 시장에서 경쟁에 밀려 실패한 예로 구글의 경쟁력에 뒤처진 야후의 예를 드는 것으로, 위의 책, 57면 참조.

7) Mark Bonchek & Sangeet Paul Choudary, "Three Elements of a Successful Platform Strategy", Harvard Business Review, 2013. 1. 31.

8) Elizabeth Warren, "Here's how we can break up Big Tech", Medium, 2019. 3. 8.

찾기는 힘들다. 그렇지만 이러한 논의가 플랫폼에 대한 이해를 높이는 데 도움이 되고 있다는 것은 분명하며, 더욱이 플랫폼 중립성이 이미 사회적 의제로 자리 잡은 상황에서 지배력 형성 메커니즘에 대한 이해가 축적되어 있는 경쟁법 영역에서 이 문제를 피해가기는 어려울 것이다. 경쟁법에서 플랫폼 중립성 문제에 대한 접근은 두 가지 차원에서 요구된다. 우선 경쟁정책적 관점에서 플랫폼 중립성을 어떻게 이해할 것인지, 즉 경쟁정책이 플랫폼 중립성의 긍정적 또는 부정적 판단에 어떠한 영향을 미치는지를 살펴볼 필요가 있다. 그렇지만 플랫폼 중립성의 긍정적 또는 부정적 판단이 플랫폼에 관한 경쟁법 적용 문제의 종결을 의미하는 것은 아니다. 각 판단의 기초가 되었던 사고는 경쟁법 적용, 특히 지배력 남용 문제를 다룸에 있어서 일정한 영향을 미칠 것이며, 이에 관한 이해가 정리될 필요가 있다. 이하에서는 우선 플랫폼의 의의와 중립성 논쟁을 살펴보고(II), 이에 기초하여 플랫폼에 대한 경쟁법 적용 가능성을 검토할 것이다(III).

II. 플랫폼의 의의와 중립성

1. 플랫폼 및 플랫폼 중립성의 의미

(1) 논의의 기초로서 플랫폼 개념

플랫폼은 서로 다른 목적을 가진 이용자 그룹을 중개하는 과정이 이루어지는 특정한 공간 또는 그 과정에서 제공되는 서비스를 지칭하는 의미로 사용된다. Moazed & Johnson이 적절히 지적한 것처럼, "플랫폼은 생산 수단을 소유하지 않고, 연결 수단을 만들어 낸다."[9] 즉 이용자 그룹의

---

9) Alex Moazed & Nicholas L. Johnson, Modern Monopolies: What It Takes to Dominate the 21st Century Economy, Macmillan, 2016, 30면.

중개 역할이 플랫폼 기능의 핵심이며, 플랫폼 이해의 기초가 된다. 과거 플랫폼이 갖고 있던 고유한 의미에 새로운 기능이 추가되고 개념의 변화나 확대가 이루어지고 있는 상황을 고려할 때, 이 이상의 개념적 요소를 요구하지 않고 개방적인 태도를 취하는 것이 타당할 수 있다. 그렇지만 여기서의 논의는 플랫폼에게 일정한 의무를 부과하는 함의를 갖는 플랫폼 중립성에 관한 것이고, 이러한 논의가 실질적인 것이 되기 위해서는 논의의 전제로서 유지될 필요가 있는 요소들의 검토가 필요할 것이다.

우선 플랫폼의 중개 기능은 개념적으로 이해를 달리하는 당사자가 있어야 한다는 점에서, 당연히 둘 이상의 분리 가능한 이용자 그룹의 존재를 필요로 한다. 나아가 서로 다른 이용자 그룹의 중개가 특정한 기술적 조건에 상응하는 방식으로 이루어질 것이 요구되는지, 즉 온라인 방식으로 중개가 이루어지는 경우에 한정해서 논의를 전개할 것인지도 문제가 된다. 두 개의 그룹을 연결하는 서비스의 제공은 오랜 연원을 갖는 것이고, 지금도 오프라인 방식으로 이루어지는 중개의 예를 쉽게 찾을 수 있다. 그렇지만 온라인 플랫폼에서 나타나는 특징적인 양상, 예를 들어 데이터의 집중과 지속적인 창출 그리고 이를 통한 지배력의 구축과 네트워크 효과를 통한 확대 경향 나아가 일정한 생태계의 형성과 같은 특징을 보여주는 예는 드물다. 이러한 점에서 플랫폼 중립성 문제에 관한 논의에 한해서, 그 대상이 되는 플랫폼은 온라인 플랫폼에 제한하는 것이 논의의 실질을 기하는 데 도움이 될 것이다.

플랫폼의 유형적 이해가 어느 정도 반영되어야 하는지도 살펴볼 문제이다. 플랫폼은 중개되는 거래의 내용에 따라 분류할 수 있으며, 플랫폼이 제공하는 서비스의 특징에 따른 유형화도 가능할 것이다. 플랫폼의 기능에 초점을 맞춘다면 후자가 보다 유용할 수 있는데, 이러한 접근 방식에 의할 경우 플랫폼은 대체로 거래 플랫폼, 혁신 플랫폼, 통합 플랫폼 및 투자 플랫폼으로 구분할 수 있다.[10) 거래 플랫폼은 가장 일반적인 유형의 플랫폼으로서 온라인 구매 및 판매를 중개하는 역할을 수행한다. 혁신 플랫폼은 일련의 공통 표준을 포함하는 기술적 토대를 제공하고, 이를 기반으로 제3자가 새로운 상품을 개발하여 소비자나 다른 사업자에게 판매하는 형태의 플랫폼을 말하며, Microsoft와 Intel이 대표적이다. 통합 플랫폼은 거래 및 혁신 플랫폼의 기능을 통합한 것을 말하는데, 이로 인하여 나타나는 시너지 효과는 거대 플랫폼의 형성으로 이어질 수 있으며, Google이나 Apple 등이 전형적인 예가 될 것이다. 투자 플랫폼은 자체적으로 플랫폼을 운영하지 않으면서 다른 플랫폼 사업에 투자하는 경우를 말하며, 대표적으로 2019년부터 사업을 개시한 PLAT가 이에 해당한다.[11] 이상의 네 가지 유형의 플랫폼들은 구체적으로 제공되는 서비스의 내용에 차이를 보이고 있지만, 이용자 그룹을 연결하는 중개 기능을 수행하는 점에서 공통되며, 이로부터 지배력이 형성될 가능성 측면에서도 유사하다. 특히 통합 플랫폼처럼 거래와 기술적 개발을 종합하는 플랫폼의 출현과 이들이 거대 플랫폼으로 성장하고 있는 상황을 고려할 때, 플랫폼이 제공하는 서비스에 따른 구별이 지속적으로 의미를 가질 수 있을지는 의문이다. 논의 과정에서 거래 플랫폼의 성격을 갖고 있는 플랫폼이 전제될 수 있지만, 이는 논의의 편의 이상을 의미하는 것은 아니다. 즉 특정한 유형의 플랫폼을 중립성 논의에서 배제할 것은 아니며, 오히려 통합 플랫폼의 일부가 거대 플랫폼으로[12] 성장하고 있는 상황에 대해서는 특별한 주의가 요구될 것이다.

---

10) Nick Srnicek은 최근 출현한 플랫폼 지형을 검토하면서, 광고 플랫폼, 클라우드 플랫폼, 산업 플랫폼, 제품 플랫폼, 린 플랫폼(우버, 에어비앤비 등 자산소유에 따른 비용을 줄이면서 수익을 내려는 시도) 등으로 나누고 있다. Nick Srnicek, 심성보 역, 플랫폼 자본주의, 킹콩북, 2020, 55-56면.

11) Peter C. Evans & Annabelle Gawer, The Rise of the Platform Enterprise, The Center for Global Enterprise, 2016, 14-18면 참조.

12) 일반적으로 거대 플랫폼은 구글, 애플, 페이스북, 아마존의 빅4(GAFA)를 가리키는 말로 통용된다. 이들은 전 세계적인 플랫폼 기업으로서 시장에 영향을 미치고 다른 플랫폼을 압도하고 있으며, 이러한 상황이 이들에 대한 경쟁법적 주의를 환기시키고 있음은 분명하다(이들 빅4의 플랫폼으로서의 성장과 현재의 지위와 관련하여, Scott Galloway, 이경식 역, 플랫폼 제국의 미래, 비즈니스북스, 2017,

플랫폼의 본질적 기능인 이용자 그룹들의 중개를 넘어서 플랫폼에 의해 창출되고 있는 추가적 기능을 플랫폼의 요소로서 고려할 것인가도 논의될 필요가 있다. 특히 주목할 것은 플랫폼에 의해 나타나는 네트워크 효과이다. 이용자의 증가가 다른 이용자의 가치 증대로 이어지는 것을 의미하는 네트워크 효과는 플랫폼에 의해 만들어지고, 또한 플랫폼은 이에 의존한다.13) 물론 모든 플랫폼이 네트워크 효과를 낳는 것은 아니지만, 모든 플랫폼이 네트워크 효과를 낳기 위해 노력하고 있으며, 그 결과는 플랫폼의 성패에 결정적인 요인으로 작용한다. 플랫폼이 네트워크 효과를 낳기 위해 사용하는 대표적인 전략으로 교차보조 전략이 언급된다.14) 특정한 이용자 그룹을 보조함으로써 전체적인 거래의 증가를 모색하는 교차보조는 이미 플랫폼의 운영 방식의 하나로 일반화되고 있다. 이를 포함하여 지속적으로 이용자를 끌어들일 수 있는 유인체계를 플랫폼의 아키텍처와 알고리즘에 구현하는 것이 중요하며,15) 더불어 플랫폼의 중개 과정에서 새롭게 창출되는 가치가 적절하게 배분되고 또한 지속될 수 있다는 신뢰가 이용자들에게 주어지는 것이 강력한 유인으로 작용할 것이다.16) 나아가 이를 안정화하기 위해, 플랫폼은 플랫폼에서 중개되는 서비스와 전후방으로 관련되는 사업자를 아우르는, 때로는 오프라인까지 범위를 넓혀 자신을 중심으로 한 생태계의 구축을 지향한다.17) 대부분의 성공한 플랫폼에서

15-31면 참조.

13) Nick Srnicek, 주 10)의 책, 51면.

14) Geoffrey G. Parker & Marshall W. Van Alstyne, "Two-Sided Network Effects: A Theory of Information Product Design", Management Science 51(10), 2005, 1498면에서는 교차 보조전략이 네트워크의 규모를 증대시킬 수 있는 것으로 분석하고 있다.

15) 2010년대 구글이 야후와 빙을 제치고 세계 검색시장에서 압도적인 점유율을 차지한 것은 PageRank 알고리즘을 적용한 검색의 품질 개선에 힘입은 바가 크다는 분석으로, 김창욱·강민형·강한수·윤영수·한일영, 주 5)의 책, 37면 참조.

16) David S. Evans & Richard L. Schmalensee, Matchmakers: The New Economics of Multisided Platforms, Harvard Business Review Press, 2016, 35-37면 참조.

이러한 양상은 일반적으로 나타나고 있기 때문에, 이를 플랫폼에 고유한 일정한 경향으로 파악하는 것도 가능하다. 더욱이 플랫폼의 네트워크 효과와 생태계 구축은 플랫폼의 지배력의 강화 내지 확대와 궤를 같이한다. 이러한 점에서 일반적인 관점에서 플랫폼을 개념적으로 정의할 때 요구되는 것은 아니라 할지라도, 적어도 플랫폼의 중립성 문제를 다룸에 있어서는 플랫폼으로부터 연원하는 네트워크 효과나 생태계 구축과 같은 내재적 경향을 전제하지 않을 수 없을 것이다.

(2) 플랫폼 중립성의 의미

플랫폼이 중립적이어야 한다는 것은 플랫폼의 기능, 특히 본질적 기능이라 할 수 있는 중개와 관련하여 플랫폼 운영자에 대한 규범적 요구로서 플랫폼에 참가하는 이용자에 대한 비차별적 취급을 의미한다. 사실 차별적 취급은 그 자체로 경쟁법적 이슈로서 기존의 법체계에서 이미 다루어지고 있는 문제이지만, 특별한 규범적 요구로서 구체화되고 있는 것은 플랫폼의 고유한 성격 그리고 내적 경향으로 이해되는 지배력의 확장 문제와 깊이 관련된다.

의문의 여지 없이 플랫폼이 경제적 실체로서 그리고 새로운 사업모델의 핵심으로 자리하게 된 원인은 새로운 가치를 창출하는 플랫폼의 기능에 있다. 즉 거래 당사자들이 개별적으로 얻게 되는 가치의 총합보다 플랫폼은 더 많은 가치를 창출한다는 것에 플랫폼의 의의가 있으며,[18] 이는 플

17) 기업생태계의 존재 목적은 서로 연결되어 가치를 제공하는 제품 및 서비스의 집합체인 가치 복합체(value complex)를 생산하는 것이며, 이와 관련하여 플랫폼은 가치 복합체의 구성 요소들이 함께 공유하면서 또한 이에 의한 매개를 통해 상호 연결되는 '기반 요소'를 의미한다고 보고, 이에 해당하는 예로 Windows가 다양한 애플리케이션, PC 본체, 주변기기 등을 연결시키는 플랫폼으로서의 역할을 수행하고 플랫폼을 중심으로 연결된 참여자들은 공동 운명체가 된 것을 들고 있는 것으로, 김창욱·강민형·강한수·윤영수·한일영, 주 5)의 책, 6-7면 참조.
18) 최계영, 디지털 플랫폼의 경제학 I: 빅데이터·AI 시대 디지털 시장의 경쟁 이슈,

랫폼의 지속적인 확대를 이끈 주된 동인이 될 것이다. 이러한 가치의 창출은 상당 부분 거래비용의 절감을 통해서 이루어진다. 일반적으로 거래비용은 탐색비용, 교섭비용, 집행비용으로 구성되며, 플랫폼에 의한 중개는 이러한 각 단계의 비용을 줄이는 방향으로 작용한다. 구체적으로 이용자가 참여하는 방식을 결정하는 아키텍처의 구축, 특히 탐색비용의 현저한 감축을 통해 이용자가 유인될 수 있도록 설계된 알고리점의 구성, 거래 과정에서 양방향적인 소통 구조의 제공과 지불 방식을 포함한 간명한 이행 수단의 확보 등은 거래비용의 절감에 기여한다. 이와 같이 플랫폼은 거래비용을 낮추는 방향으로 진화하여 왔지만, 플랫폼에 의한 가치 창출이 이에 한정되는 것은 아니다. 넷플릭스의 예를 보면, 콘텐츠 제공자와 이용자의 상호작용이 단일한 플랫폼 안에서 가능하도록 하는 구조, 무엇보다 이용자들이 콘텐츠를 검색하고 이용하면서 만들어 내는 흐름이 반영되는 알고리즘을 통하여 양방향적인 정보의 순환 구조가 형성되고, 이에 의해 이용자의 수요가 직접적으로 반영된 콘텐츠의 제작이 가능하게 됨으로써 거래 과정을 넘어서 새로운 가치 창출이 실현되고 있다.[19]

이와 같은 가치의 창출뿐만 아니라 이를 배분하는 것 역시 플랫폼의 핵심적 기능에 해당한다. 즉 플랫폼 운영자는 플랫폼을 통해 창출된 가치를 이용자들에게 배분하는 기능을 수행하며, 이러한 기능이 적절하게 행사되지 못할 경우에 이용자들의 지속적인 참여와 나아가 전후방으로 다양한 서비스가 결합된 생태계의 구축을 기대하기는 어려울 것이다.[20] 이러한 메커니즘은 플랫폼이 스스로 적절한 가치 배분에 주의를 기울일 유인으로 작용할 것이며, 직관적으로 시장 기능에 의한 자율적 통제와 같은 의미로

KISDI Premium Report, 2020, 20면.
19) 정승애·임대근, "넷플릭스의 초국가적 유통 전략과 그 비판: 콘텐츠 비즈니스 모델과 모순적 로컬라이제이션을 바탕으로", 글로벌문화콘텐츠학회 동계학술대회, 2018, 200-201면 참조.
20) 송태원, "인터넷 플랫폼 시장에서 경쟁제한의 우려와 규제방안에 대한 고찰", 경제법연구 제17권 제1호, 2018, 108면.

다가선다. 특히 플랫폼 간 경쟁이 유의미한 상황에서 이러한 기능은 실현될 가능성이 클 것이다. 그렇지만 플랫폼이 지배력을 가지고 있는 상황을 염두에 두면, 가치 배분의 자율적 통제 기능을 신뢰하는 것이 여의치 않을수 있으며, 이러한 경우에 대한 특별한 주의가 촉구될 수 있다. 플랫폼 운영자가 자신의 지배력에 기초하여 가치 배분을 스스로에게 유리하게 행하는 경우, 즉 플랫폼이 지대추구적인 행태를 보이고 이를 견제할 수 있는메커니즘의 작동을 기대하기 어려운 경우에 이에 대한 규범적 대응이 촉구될 수 있으며,21) 이를 정당화하는 원리로서 중립성 원칙은 구체적인 의미를 갖게 된다.

플랫폼의 지대추구적 행태는 대체로 플랫폼을 통하여 중개되는 서비스제공에 플랫폼 스스로 관여하는 방식으로 나타난다. 물론 중립성은 개념적으로 이용자들 간에 비차별적인 대우를 의미하는 것이지만, 실제 중립성이 문제가 되는 것은 대부분 플랫폼이 중개되는 서비스 제공에 직간접적으로 참여하는 경우이다. 이러한 점에서 플랫폼이 자신의 서비스를 위해 차별할 수 없다는 것은22) 플랫폼 중립성 문제의 핵심을 이룬다. 플랫폼 운영자는 아키텍처의 구축이나 검색 엔진의 알고리즘 조정 등 다양한방식으로 이용자를 차별적으로 취급함으로써 자신의 이익의 극대화를 추구할 수 있다. 이러한 행태에 대한 문제의식은 대체로 공유되고 있지만, 플랫폼 중립성 원칙을 규범적으로 정립하는 것에 대하여 의견은 나뉘고있다.

이하에서 구체적으로 살펴볼 것이지만, 문제가 되는 플랫폼 행태에 대한 기존 법체계의 대응 가능성 또는 중립성 원칙의 규범적 요구가 플랫폼의 자율적 진화를 제한하는 등의 부정적 효과를 낳을 수 있는지에 관한입장의 차이는 플랫폼 중립성을 논쟁적 개념으로 만드는 중요한 요인이

---

21) 최계영, 주 18)의 책, 34-35면 참조.
22) Friso Bostoen, "Platform Neutrality: Hipster Antitrust or Logical Next Step? (Part I)", KU LEUVEN, 2017. 12. 12.

다. 물론 어느 입장이든지 간에 플랫폼의 진화가 궁극적으로 소비자의 후생에 기여하는 방향으로 이루어져야 한다는 것을 부인하지는 않는다. 그렇지만 2010년대 중반부터 플랫폼에 관한 비판적 사고가 유력하게 등장하기 시작하였다는 점은 참고할 필요가 있다. 이러한 사고의 흐름이 플랫폼 중립성 논쟁과 동일한 맥락에서 전개되고 있는 것은 아니지만, 그렇다고 전혀 무관계한 것으로 볼 것은 아니다. 플랫폼 비판은 다양한 측면에서 제기되고 있으며, 대체로 플랫폼의 거대화와 이에 수반하여 나타나는 부정적 현상에 초점을 맞추고 있다. 즉 거대 플랫폼에 집중된 권력에 의한 민주주의적 가치의 침해, 플랫폼에 장기간 머물게 되는 개인의 수동화, 플랫폼을 중심으로 한 생태계 안에서 다수의 저임금 노동자의 고착화 등의 문제가 제기되고 있다.[23] 이러한 문제 제기는 거대 플랫폼에 대한 주의를 환기시키고, 플랫폼에 대한 규제가 사회적 의제로서 다루어지는 계기를 마련하였다. 플랫폼 중립성 논쟁도 이러한 논의 환경 안에서 이루어지고 있다는 점에서 비판적 논의로부터 일정한 영향을 받는 것을 피할 수는 없을 것이다. 그렇지만 플랫폼 중립성 논쟁에서 플랫폼의 지배력 또는 이용자 및 거래의 규모 자체를 문제 삼거나 그 자체를 억제해야 한다는 방향으로 의제 설정이 이루어지고 있지 않다는 점에서 위에서 언급한 플랫폼 비판과는 차이가 있다는 점도 염두에 두어야 한다.

2. 플랫폼 중립성 논쟁

(1) 플랫폼 중립성 긍정설

플랫폼 중립성을 긍정하는 입장에서 동 개념은 플랫폼에 대한 규제 법리를 제시할 목적으로 사용된다. 이때의 규제는 사전적 규제와 사후적 규

---

23) Eve Smith, "The techlash against Amazon, Facebook and Google—and what they can do", The Economist, 2018. 1. 20. 및 Nick Srnicek, 주 10)의 책, 82-87면 참조.

제를 모두 포함하며,[24] 사후적 규제에서 가장 핵심적 역할은 거래 과정에서의 비차별적 의미를 내포하는 중립성 개념에 비추어 경쟁법이 수행할 것으로 예상된다.[25] 사전적 규제는 본질적으로 문제가 되고 있는 행위에 대한 사후적 규제가 충분하지 않고, 또한 사전 규제를 행할 만한 적절한 근거를 기존 법체계에서 찾기 어렵다는 정책적 판단이 전제된 것이므로, 입법적 시도를 정당화할 수 있는 법리적 근거가 요구된다. 사후적 규제의 경우에 기존의 규제법리의 수정이나 보완을 통하여 새롭게 나타나고 있는 문제에 대응할 수 있지만, 이것이 충분치 않을 경우에 해당 법률이 추구하는 목적과 문제가 된 행위의 평가에 기초하여 새로운 규제 근거를 마련하는 방식을 택할 수도 있다. 어느 경우에나 플랫폼 중립성 개념의 긍정은 기존 법체계가 플랫폼 중립성 문제에 충분히 대응하지 못하고 있다는 판단에 기초한다.

플랫폼 중립성을 긍정하는 입장은 무엇보다 플랫폼에 의해 형성된 시장 구조에 주목한다. 앞에서 살펴본 것처럼 이용자 그룹의 참여와 소통을 조직화 하는 아키텍처의 구축, 이용자 그룹들 간의 중개 과정을 디자인하는 알고리즘의 조정 등은 전적으로 플랫폼의 자율에 의하게 된다. 해당 플랫폼이 지배력을 갖게 되고, 더욱이 네트워크 효과가 발휘되어 수확체증의 원칙의 작용으로 지배력이 지속적으로 유지 또는 상승할 것으로 예상되는 상황에서 플랫폼 운영자가 플랫폼 운영의 각 단계와 기능에 관해 전적으로 행사하는 권한은 자신의 지배력을 행사할 수 있는 수단이 될 수도 있다. 이러한 우려가 구체적으로 드러났던 Google 사건에서 문제가 되었던 행위는 Google 자신이 운영하는 가격비교 사이트인 'Google Shopping'을

---

24) 홍대식, "모바일 생태계에서의 플랫폼 중립성 확보를 위한 경쟁규제 방안", 방송통신연구 제81호, 2012, 12면.
25) 경쟁법 외에도 소비자법, 개인정보보호법 등이 플랫폼 중립성 개념에 기초한 규제가 가능한 법 영역이 될 수 있다. 정찬모, "인터넷 플랫폼의 중립성 규제: 인터넷아키텍처에 입각한 경쟁정책과 기본권의 조화", 선진상사법률연구 제73호, 2016, 142-143면 참조.

다른 경쟁 사이트에 비하여 유리하도록 자신의 검색엔진의 알고리즘을 조정한 것이었다. 주지하다시피 문제가 된 행위에 관하여 미국은 적법한 것으로 그리고 EU는 반경쟁적인 것으로 각각 상이한 판단을 내렸다.[26] 어느 판단이 보다 타당한지는 별론으로 하고, 이러한 문제가 발생하게 된 배경에는 검색엔진의 조정 권한이 전적으로 Google에 귀속되고 있는 구조가 존재한다는 것에 주목할 필요가 있다. 이는 지배력을 갖고 있는 모든 플랫폼에 공통되는 특징이며, 이러한 구조 하에서 시장지배적 지위남용 행위의 규제가 실효성이 있을 지에 의문이 들 수 있다.

AI에 의한 정보처리 능력의 급격한 향상과 빅데이터 시대의 도래로 대표되는 기술적 조건의 변화에도 주목할 필요가 있다. 플랫폼은 이용자 데이터에 기반하지만, 이용자의 참여와 활동에 의해 데이터가 지속적으로 생성되고 축적되는 공간이 된다.[27] 여기서도 수확체증의 법칙이 작용하여 지배력을 갖고 있는 플랫폼의 데이터는 비약적으로 증가할 가능성이 크고, 이는 플랫폼 지배력의 새로운 원천으로 작용할 것이다.[28] 비록 시장지배적 지위가 아닌 지위의 남용을 문제 삼는 법체계 안에 있지만, 플랫폼에 거대한 규모의 데이터가 축적되고 있는 과정은 이전에 규범적으로 고려될 수 없었던 그리고 간과하기 어려운 새로운 현상이다. 미래의 경제 활동에서 데이터가 어느 정도의 의미를 갖게 될지의 예측은 섣부른 것일 수 있지만, 빅데이터의 활용 가능성이 기술적으로 확보되어 가고 있는 상황은 분명 주목할 만한 것이다. 빅데이터는 개념적으로 일반적인 데이터베이스 소프트웨어가 저장, 관리, 분석할 수 있는 범위를 초과하는 규모의 데이터를 의미하지만, 단순히 규모 측면에서의 의미를 넘어서 방대한 규모의 데

---

26) Statement of the Federal Trade Commission Regarding Google's Search Practices In the Matter of Google Inc., FTC File Number 111-0163, 2013. 1. 3. Google Search (Shopping) Case, 2017. 6. 27, para. 593-596.

27) Nick Srnicek, 주 10)의 책, 47-48면 참조.

28) 최계영, 주 18)의 책, 17-18면 참조.

이터를 탐색, 고속 캡처, 분석 등에 의하여 경제적으로 필요한 가치가 있는 결과물로 추출할 수 있도록 기술과 시스템 설계 방식에 초점을 맞춘 개념으로 진화하고 있다.29) 이와 같은 빅데이터의 특성은 개별 단계에서의 기술적 요구 사항의 충족을 통하여 구체화 되고 있는데, 즉 수집 영역에서 실시간의 대용량 데이터의 수집, 저장 영역에서 데이터 저장과 관리에 따른 비용의 절감, 처리 영역에서 다차원 데이터의 고속 연산, 분석 영역에서 검증된 통계적 기법 기반의 고급 분석, 표현 및 활용 영역에서 대용량 데이터의 요약적·직관적 표현, 관리 영역에서 오픈 소스를 보완하는 관리도구의 제공과 비즈니스 로직 관리 체계의 정립 등으로 구현되고 있다.30) 이와 같은 빅데이터의 기술적·시스템적 특징은 개별적으로는 가치가 미미하고 분산되어 있는 정보를 취합·재구성하여 새로운 수요와 가치를 창출하는 방향으로 나아가고 있으며, 이러한 현상이 빅데이터의 보유주체인 플랫폼에 의해 주도될 경우에, 이는 일정한 의무의 부과를 적극적으로 고려하도록 하는 요인이 될 수 있다.

플랫폼은 기존의 서비스를 대상으로 중개 기능을 수행하며, 또한 플랫폼 안에서 새로운 서비스를 만들고 이에 대한 수요를 실현하는 방식으로 기능한다. 어느 경우에나 다양한 참가자들을 예정할 수 있고, 이들을 아우르는 생태계가 구축되어 지속적인 혁신이 가능한 시스템이 만들어 질 수 있으며, 이는 플랫폼의 긍정적 기능으로 평가될 수 있는 요소이다. 그러나 플랫폼 운영자가 플랫폼을 통해 거래되는 서비스의 공급자로 나설 경우에 이러한 생태계에 교란이 발생할 수 있다. 자신의 플랫폼을 통하여 거래되는 서비스 제공에 직간접적으로 참여할 경우 해당 플랫폼에게 동 서비스에 유리한 거래 환경을 조성할 유인이 발생하고, 이것이 알고리즘의 조정 등에 의해 실현될 우려가 존재한다.31) 플랫폼이 지배력을 갖고 있는 경우

---

29) 신동희, 인간과 빅데이터의 상호작용, 성균관대학교 출판부, 2014, 18-22면 참조.
30) 위의 책, 48-49면 참조.
31) 김창욱·강민형·강한수·윤영수·한일영, 주 5)의 책, 21면 참조.

에 이러한 가능성이 자율적인 기제, 즉 플랫폼 간 경쟁에 의해 플랫폼이
정보의 제공과 가치의 분배에 합리적으로 임할 수밖에 없는 상황 등에 의
하여 억제될 것을 기대하기는 어려우며, 이러한 경우 플랫폼의 지배력은
플랫폼 안에서 거래되거나 관련되는 서비스 시장으로 확장될 수 있다.

위에서 언급한 가능성은 특히 플랫폼 운영에 관한 규칙의 통제 권한이
전적으로 플랫폼 운영자에게 귀속되는 것에 의해 배가될 수 있다. 플랫폼
운영자는 플랫폼의 아키텍처 구축과 알고리즘의 조정 등에 의해 플랫폼에
이용자 참여와 활동에 관한 규칙을 설정하게 된다.[32] 이러한 권한이 플랫
폼 운영자에게 귀속되는 것 자체가 문제될 것은 아니며, 미국 FTC가 지적
한 것처럼 플랫폼의 알고리즘 설정 등은 플랫폼 간 경쟁의 중요 요소로서
고려될 수 있다. 그러나 자신이 설정한 규칙의 적용을 받는 플레이어로 스
스로 참여할 경우에, 동등한 경쟁 조건이 보장되는 규칙의 설정을 플랫폼
에 기대할 수 있는지에 대한 우려를 피하기 어렵다.

끝으로 동태적 관점에서의 문제 제기도 유력하다. 플랫폼이 창출하는
새로운 가치는 서비스 공급자들이 단기간에 거래 상대방 그룹과 소통하는
구조에 의해 지속적으로 경쟁에 노출됨으로써 경쟁력이 배양될 수밖에 없
는 시스템 구축에 힘입은 바가 크다. 이 과정에서 이용자들의 자율성이 중
요하며, 대부분의 플랫폼은 이를 끊임없이 강조한다.[33] 그렇지만 이때의
혁신은 플랫폼이 구축한 아키텍처 안에서 이루어질 수밖에 없고, 이러한
점에서 플랫폼은 혁신의 경로를 지배하는 것으로 볼 수 있다.[34] 혁신 경

---

32) "플랫폼은 게임의 규칙을 제어하고 지배한다." Nick Srnicek, 주 10)의 책, 53면.
33) 이러한 활동과 관련하여 플랫폼은 자신이 중립적인 위치에 있는 것처럼 행위하지
    만, 플랫폼은 현재 그리고 처음부터 중립적이지 않음을 지적하는 것으로,
    Anupam Chander & Vivek Krishnamurthy, "The Myth of Platform Neutrality", 2
    GEO. L. TECH. REV, 2018, 416면.
34) 기존 거대 플랫폼의 R&D는 자신의 위치를 강화시키는 형태의 기술혁신을 추구하
    며, 이는 소비자 혜택이 극대화되는 사회적으로 최적인 혁신 경로가 아닐 수 있다
    는 지적으로, 김창욱·강민형·강한수·윤영수·한일영, 주 5)의 책, 30면.

로의 지배는 현재의 지배 상태가 향후에도 계속되고 강화될 것이라는 예측을 넘어서, 궁극적으로 소비자 후생에 부정적인 혁신 경쟁을 제한하는 방향으로 작용할 수도 있다는 우려를 낳는다. 혁신 경로의 지배 또는 혁신 경쟁의 제한이 경쟁법 안에서 실효성 있게 규제되기 어렵다면,[35] 이 역시 플랫폼 중립성 개념을 뒷받침하는 근거가 될 수 있다.

(2) 플랫폼 중립성 부정설

플랫폼 중립성을 부정하는 견해는 우선 이미 중립성의 규범화에 전체적 또는 부분적으로 성공한 망 중립성과의 비교를 통하여 동 개념이 부적절한 것임을 지적한다. 망 중립성으로부터 플랫폼 중립성으로 이어지는 중립성 개념의 확장은 정보통신 산업의 구조적 변화, 무엇보다 통신망을 지배하는 ISP(internet service provider)의 산업 내 중요성이 축소되고 플랫폼 운영자 등의 역할이 강조되고 있는 변화를 반영한 것으로 이해된다.[36] 그렇지만 이와 같은 중립성 개념의 확장이 적절한지에 의문이 따랐다. 특히 망과 비교하여 플랫폼이 향유하는 지배력의 성격, 지배력이 남용되는 방식, 지배력 남용에 대한 규제 가능성 등에 있어서 차이가 부각되었고, 이는 플랫폼 중립성을 부정하는 방향으로 논의를 이끌었다.

망 중립성의 인정은 망이 기본적으로 가지고 있는 특성 그리고 망 보유자가 제공하는 서비스의 특성과 지배력의 원천에 기인한 바가 크다. 통신망을 예로 들면, 망의 설치 과정에서 공적 투자의 비중이 절대적인 특성, 망 자체의 공공재적 성격, 망 보유 및 운영 주체가 민간 부문으로 전환된

---

35) 경쟁법에서 시장의 획정과 관련하여 향후 전개될 발전 과정과 장래에 나타날 발전의 성과를 함축하는 동태적 개념이 필요하며, '혁신 시장'의 개념이 적절한 분석 틀이 될 수 있음을 시사하는 것으로, Richard Whish & David Bailey, Competition Law, Oxford Univ. press, 2012, 39면 참조.
36) 임용, "플랫폼과 민주주의: 중립성에 대한 오해와 진실", 서울대학교 인공지능정책 이니셔티브, 2019, 10-11면 참조.

이후에도 계속되고 있는 지배력, 망을 통해 제공되는 서비스의 보편적 서
비스로서의 특성 등이 망중립성의 주된 근거가 되었다.[37] 이러한 특성이
규제산업 영역에서는 대체로 망 보유자의 위치에 있는 기간통신사업자에
대한 비대칭적 규제의 기초가 되었고, 경쟁법 영역에서는 망 보유에 기초
한 지배력 남용의 우려를 실효적으로 방지하기 위한 법리적 또는 입법적
대응으로 구체화 되었다. 특히 후자와 관련하여 필수설비론은 망 보유자
에 대한 특별한 의무 부과의 법리적 기초를 제공하였다.[38] 대체로 플랫폼
중립성에 대해 부정적인 입장은 플랫폼의 고유한 특성이나 플랫폼 운영자
의 지배적 지위의 성격이 이상에서 살펴본 망중립성과 차이가 있음을 강
조한다. 플랫폼의 경우, 거대 플랫폼조차도 공적 투자가 아닌 민간 부문의
이니셔티브 하에 혁신적인 아이디어를 통해 형성된 것이어서, 지배력 원
천의 측면에서 망과는 기본적인 성격을 달리한다. 플랫폼은 현재 지배력
을 가지고 있는 경우에도 끊임없는 경쟁에 노출되어 있으며, 필수설비론
의 관점에서 대체가능성과 복제가능성이 부인되는 통신망의 경우와 달리
플랫폼은 이러한 요건을 충족하지 않기 때문에 특별한 의무의 부담 주체
가 될 수 있는지에 의문이 따른다.[39]

또한 플랫폼 서비스 자체가 갖고 있는 특성이 중립성의 요구에 적절치
않을 수 있다는 점도 지적되고 있다. 플랫폼 경쟁은 균질화된 서비스의 대
량 제공 방식으로 전개되는 것이 아니라 서비스 내용의 차별성을 경쟁의
핵심 요소로 하게 되는데, 중립성 요구와 같은 일정한 기준의 강제는 플랫
폼 서비스의 본질적 특성에 반하는 결과를 가져오고, 이는 행위자의 자율

---

37) 김윤정, "새로운 통신환경 하에서 플랫폼 중립성의 함의와 규제방법", 경제규제와
   법 제6권 제1호, 2013, 193-194면 참조.
38) 2001년 독점규제법 시행령 개정에 의하여 제5조 제3항 제3호 및 제4항 제3호에 필
   수설비론이 입법적으로 반영되었다. 전기통신사업법상 필수설비론의 영향을 받은
   규제들과 독점규제법 시행령상 필수설비론의 반영에 관하여, 홍명수, "필수설비론
   의 발전과 통신산업의 자유화", 비교사법 제11권 제2호, 2004, 695면 이하 참조.
39) 김윤정, 주 37)의 글, 196-197면 참조.

에 기반하는 시장의 역동성을 침해할 수 있다.[40] 나아가 플랫폼에 의해 제공되는 서비스가 정보재로서의 특징을 갖고 있다는 점에도 주목할 필요가 있다. 대체로 거래 당사자 사이에 정보가 불균등한 상황에서 정보는 상품으로 등장하게 되며, 정보재적 상품의 경우 상품이 제공하는 효용을 소비자가 사전에 알기 어렵고, 공급자가 제공하는 정보에 전적으로 의존할 수밖에 없게 된다. 이를 회피하기 위하여 상품에 관한 정보를 사전에 충분히 제공할 경우 상품으로서의 효용과 가치가 감소하게 되어 거래의 성립이 불가능하게 될 수도 있다.[41] 이러한 상품적 특성은 플랫폼 운영자에게 특별한 의무를 부과하는 것에 신중할 필요가 있음을 시사하는 것이다.

또한 Moazed가 플랫폼은 생산 수단의 소유 없이 중개 수단을 만든다고 언급한 것처럼, 플랫폼의 지배력은 자신이 제공하는 서비스의 혁신성에 기인한다는 점도 중립성을 부인하는 관점에서 중요한 고려 요소가 된다. 필수적인 생산요소로서 망의 개방은 이를 기반으로 제공되는 서비스 시장의 경쟁을 촉진하고 궁극적으로 소비자 후생의 증대를 낳을 수 있지만, 혁신의 성과이자 지속적인 혁신의 동력으로 기능하는 플랫폼의 개방은 오히려 혁신을 저해하는 방향으로 작용할 수 있다.[42]

경쟁법을 포함한 기존의 법제도 하에서 지배적 지위에 있는 플랫폼의 부정적 행태에 대한 통제 가능성이 충분하다는 사고도 플랫폼 중립성에 대해 소극적인 입장을 뒷받침한다.[43] 경쟁법에 한정해서 보면, 시장지배적 지위에 있는 사업자의 남용행위에 대한 규제가 이루어지고 있으며, 플

---

40) 임용, 주 36)의 글, 11-12면 참조.
41) Robert Cooter & Thomas Ulen, Law & Economics, Pearson, 2008, 120-121면.
42) Marvin Ammori, "실패한 비유: 망 중립성 대 검색 및 플랫폼 중립성", 경쟁법연구, 제33권, 2016, 397-398면 참조. 또한 중립성 요구가 오히려 플랫폼 간 경쟁을 제한하고 초기 투자 유인을 저해할 수 있다는 지적으로, 임용, 주 35)의 글, 15-16면 참조.
43) "전통적인 경쟁법으로 이러한 문제를 다룰 수 있다. 플랫폼 중립성이라는 새로운 개념은 불필요하며 어쩌면 비생산적일 수 있다." Marvin Ammori, 위의 글, 399면.

랫폼 운영자가 이러한 지위에 해당할 경우 경쟁법에 의한 규제를 통해 문제가 된 행위의 시정이 가능할 것이다. 플랫폼 중립성을 부인하더라도 플랫폼이 경쟁법 내에서 단독행위 규제의 예외가 된다거나 플랫폼에 의한 남용 행위가 문제 되지 않는다고 보는 것은 아니며, 이러한 규제로서 충분하기 때문에 별도의 규범적 규율을 시사하는 플랫폼 중립성이 요구되지 않는다고 본다. 나아가 플랫폼의 운용 방식이나 거래 행태가 새로운 것이어서 기존 경쟁법에 의한 실효적 규제에 한계가 있다는 지적에 대해서도, 기존 경쟁법에 충분히 포섭되기 어려운 행태를 규제하기 위해 강화된 규제를 법리적 또는 입법적으로 모색하는 것은 오히려 플랫폼을 중심으로 전개되는 자율적 진화 과정이 억제되는 것과 같은 과잉규제의 문제를 낳을 수 있다는 반론을 전개한다.[44)]

III. 플랫폼과 경쟁정책

1. 경쟁정책적 관점에서 플랫폼 중립성

플랫폼 중립성 개념을 긍정하든 또는 부정하든지 간에, 어떠한 입장에서도 지배력을 가지고 있는 플랫폼이 자신의 지위를 남용하여 경쟁제한적

---

44) 과다집행(false positive)은 규제기관이나 법원이 실제 친경쟁적 행위임에도 불구하고 이를 반경쟁적 행위로 잘못 판단하는 경우에 발생한다. 이에 따른 집행은 피규제자인 사업자에게 손해를 미칠 뿐만 아니라 소비자의 이익도 침해할 수 있다. Richard Whish & David Bailey, 주 34)의 책, 193면. Trinko 사건에서 미국 연방대법원은 "오류가 있는 추론과 이에 따른 잘못된 처벌은 특별히 큰 비용을 발생시킨다. 왜냐하면 이러한 처벌은 반독점법이 보호하고자 하는 행위를 오히려 위축시킬 것이기 때문이다. 잘못된 과다집행에 따른 비용은 셔먼법 2조의 책임을 부당하게 확장하지 말 것을 요구한다"고 판시하였다. Verizon Communications Inc. v. Law Offices of Curtis Trinko, 540 U.S. 398(2004), 414.

인 문제를 낳을 수 있다는 점을 부인하지는 않는다. 플랫폼 중립성 개념의 모호성 또는 구체적 내용의 불명확성을 지적하는 견해도 플랫폼에 의해 야기될 수 있는 경쟁제한의 폐해를 부정하는 입장에서 논의를 전개하는 것은 아니다. 그렇지만 플랫폼에 의한 경쟁제한적 폐해에 대한 규범적 대응에 있어서는 분명한 차이를 보이며, 이러한 차이는 플랫폼 중립성에 대한 긍부정의 태도로 집약되어 나타나고 있다.

긍정설 입장에서는 플랫폼에 의한 경쟁제한적 우려에 기존 경쟁법상 남용 규제(사후적 규제)로서 실효성 있게 대응할 수 있는지에 의문을 갖는다.[45] 플랫폼은 그 자체로 진입장벽으로서 기능하는 교차 네트워크 효과를 통해서 지배력을 갖게 되고, 데이터의 중요성이 커짐으로써 데이터의 생성과 축적의 메커니즘을 제공하는 플랫폼의 지배력은 급격히 증대할 수 있다. 물론 독점규제법은 지배적 지위가 아닌 지위의 남용을 문제 삼는 규제체계에 의하고 있으므로, 지배력의 급격한 증대 자체를 반경쟁적인 것으로 볼 것은 아니지만, 상응하여 남용 가능성의 우려가 커진다는 점에서 주의를 촉구한다. 그리고 이러한 관점에서 플랫폼 중립성 개념은 실효성 있는 규범적 대응을 위해 의미 있는 기여를 할 수 있다. 이러한 기여는 사전적 또는 사후적 대응으로 구분하여 살펴볼 수 있는데, 기존의 정보통신 관련 법 또는 별도의 입법을 통해 전기통신사업법상 기간통신사업자에 대한 접속의무 등과 유사하게 플랫폼에의 참여나 활동과 관련한 일정한 의무를 플랫폼 운영자에게 부과하는 사전적 규제 방식으로 플랫폼 중립성을 구체화할 수 있다. 또한 사후적 규제 측면에서도 경쟁제한성 판단의 법리적 기초를 제공하는 방식으로, 경우에 따라서 필수설비론처럼 입법화를 통해서, 플랫폼 중립성 개념이 기여할 수도 있다. 시장지배적 지위 남용행위의 부당성 판단에 있어서 대법원은 경쟁제한 효과를 부당성 판단의 기초로 삼고 있다.[46] 플랫폼의 지위 남용도 이러한 판단 방식에 따를 수밖

---

45) 특히 남용행위의 부당성 판단과 관련하여 경쟁저해성 등의 입증의 곤란을 지적하는 것으로, 정찬모, 인터넷 플랫폼 중립성 규제론, 박영사, 2019, 250면 참조.

에 없는데, 플랫폼 운영자의 아키텍처의 구축이나 검색 엔진의 알고리즘 조정 등의 행위 그리고 구체적으로 관련된 서비스 시장의 확정과 분석이 경쟁제한적 효과를 판단하는데 유효하지 않을 수 있다. 이러한 경우에 필수설비론이 거래거절의 경쟁법적 의미를 필수설비 관점에서 정형화하여 남용 판단의 구체적 기준을 제시하였던 것처럼, 플랫폼 중립성 개념을 플랫폼의 고유한 의의와 경쟁법적 관점이 반영된 비차별적 내용으로 구성하여 제시한다면, 경쟁제한성 판단의 어려움을 완화할 수 있을 것이다.

전술한 것처럼 부정설은 기존의 경쟁법 체계에서 플랫폼의 지배력 남용에 대한 통제가 적절히 이루어질 수 있으며, 만약 가능하지 않다 하더라도 규범적 대응을 통하여 규제를 강화하거나 확대하는 것에는 신중할 필요가 있다는 입장을 취한다. 나아가 부정설의 입장은 경쟁법이 궁극적으로 소비자 후생의 극대화를 추구한다는 근본 이념을 상기시키고 있다는 점에서도 주목할 만하다. 플랫폼에 기반한 경제가 어떠한 수준과 범위로 나아갈지를 예측하기는 어려우며, 이러한 상황에서 플랫폼 중립성 개념에 기초한 경쟁법상 규제는 과잉규제로서 혁신을 저해하고 나아가 소비자 후생에 부정적 영향을 미칠 것이다.

경쟁정책적 관점에서 플랫폼 중립성을 둘러싼 논의는 플랫폼의 의의와 경쟁정책의 실현에 대한 이해를 높이는데 의미 있는 기여를 하고 있다. 특히 경쟁법의 적용과 관련하여 동 개념의 긍정적 측면과 부정적 측면을 형량하고 종합할 수 있는 계기를 제공한다. 플랫폼 중립성은 내용적으로 비차별적 의무를 포함하며, 동 개념을 부당성 판단의 법리로서 원용하거나 필수설비론처럼 입법적인 방식을 통하여 제도화할 경우에 플랫폼에 대한 경쟁정책의 강화에는 도움이 될 수 있을 것이다. 그렇지만 중립성에 근거한 부당성 판단은 경쟁제한성 판단에서 정식화된 친경쟁적 효과와 반경쟁

---

46) 포스코 사건에서 대법원은 "시장지배적 지위남용행위로서의 거래거절의 부당성은 독과점적 시장에서의 경쟁촉진이라는 입법목적에 맞추어 해석하여야 할 것"이라고 판시하였다. 대법원 2007. 11. 22. 선고 2002두8626 판결.

적 효과를 형량하는 계기를 잃게 될 수 있다는 점에도 주의를 요한다.[47] 앞에서 언급한 혁신과 관련해서도, 현재의 시점에서 혁신에 미치는 효과를 단정적으로 판단하기는 어렵다. 플랫폼은 혁신의 경로를 통제하며, 이 과정에서 혁신 경쟁을 저해할 수 있지만, 이를 방지하기 위한 규제는 혁신의 자율성을 침해하고 동력을 억제하는 규제 실패로 이어질 수도 있다. 이러한 점에서 적어도 경쟁제한성 판단을 대체하거나 적어도 판단 방식의 수정을 요하는 의미에서 플랫폼 중립성 개념의 규범적 수용에는 신중할 필요가 있다.[48]

2. 플랫폼에 대한 경쟁법의 적용

(1) 단독행위 규제 가능성

앞에서 언급한 것처럼 플랫폼 중립성 개념을 수용하지 않더라도, 당연하게 플랫폼에 대한 경쟁법의 적용 가능성까지 부인되는 것은 아니다. 단독행위로서 남용 규제와 관련하여 형성되어 온 법리는 동 영역에서도 유효할 뿐만 아니라, 플랫폼 중립성을 긍정하는 입장에서 원용했던 논거들은 플랫폼에 대한 경쟁법 적용의 주의를 환기시킨다는 점에서 여전히 의의가 있다. 즉 플랫폼 중립성을 긍정하는 논거로서 제시되었던 아키텍처의 구축이나 알고리즘의 조정의 권한이 플랫폼 운영자에 집중될 수밖에 없는 구조, 중요한 경쟁 요소로 자리매김되고 있는 데이터의 형성과 축적

---

47) 종합적 고려 없이 경쟁제한적 효과에만 초점을 맞추어 부당성 판단이 이루어지는 것은 규제의 경쟁정책적 의의나 규범적 타당성을 침해하고, 오히려 궁극적으로 규제의 실효성을 약화시키는 결과를 낳을 수 있다. 홍명수, "영업양수 방식의 기업결합에 있어서 심사 범위와 시정조치 등에 관한 고찰", 동아법학 제71호, 2016, 93면 참조.
48) 플랫폼에 대한 경쟁법 적용은 엄격한 집행 결과를 낳게 되지만, 완화된 수준의 규제를 전제한 플랫폼 중립성의 제도화는 플랫폼 운영자에게 이익이 될 수 있다는 시각을 보여주는 것으로, 정찬모, 주 42)의 책, 252면 참조.

이 플랫폼을 중심으로 이루어지게 됨으로써 플랫폼의 지배력이 점점 더 강화되고 있는 현상, 플랫폼에서 중개되는 서비스 시장에 플랫폼이 직접 참여할 경우에 시장지배력이 새로운 시장으로 전이될 가능성, 플랫폼이 플랫폼 참가자들의 서비스 시장에 직접 참여하는 경우에 플레이어 지위와 이에 적용되는 규칙 제정자 지위의 겸유에 따른 문제, 플랫폼에 의한 혁신 경로의 지배로 인하여 현재의 지배력이 향후에도 지속되고 강화될 것이란 예측 등은 경쟁정책적 관점에서도 중요한 고려 요소가 될 것이다.

그렇지만 이상에서 언급한 플랫폼의 특징은 플랫폼의 지배력에 관련된 것이고, 폐해규제주의에 의하고 있는 독점규제법에서 이러한 특징이 존재하는 것만으로 무엇보다 단독행위에 관한 규제가 이루어질 수는 없다. 특 무엇보다 앞에서 살펴본 것처럼 플랫폼 중립성을 부정하는 입장을 취한다면, 플랫폼의 지배력에 대한 규제 가능성을 경쟁법 체계 내에서 모색할 경우에 당해 지배력의 남용에 초점을 맞추어 독점규제법의 적용 여부를 검토할 수밖에 없을 것이다. 따라서 문제가 된 플랫폼의 행위가 독점규제법상 시장지배적 지위남용 행위의 규제 법리에 비추어 위법한 행위에 해당하는지를 중심으로 구체적인 규제 가능성을 살펴보아야 한다. 이러한 관점에서 플랫폼의 지배적 지위가 인정될 수 있는 근거, 문제가 된 행위의 경쟁제한적 효과에 기초한 남용 여부 그리고 시장지배적 지위와 경쟁제한적 효과가 별개의 시장에서 나타나는 경우 양자의 관련성 등이 고려되어야할 것이다.

(2) 관련시장 획정

독점규제법상 플랫폼의 지배적 지위는 관련시장을 전제한다. 그렇지만 다양한 서비스가 종합되고 새로운 유형의 서비스가 계속해서 등장하는 플랫폼의 특성상 관련시장의 획정이 용이하지 않을 수 있다. 이러한 문제는 플랫폼이 제공하는 서비스를 종합한 시장으로 획정할 것인지 또는 구체적

인 개별 서비스 시장으로 획정할 것인지와 관련하여 전형적으로 드러난
다. 전자의 방식에 의한 시장 획정은 네이버의 동영상 콘텐츠 제공자에 대
한 광고 금지 사건에서 공정거래위원회에 의해 채택되었다. 동 사건에서
공정거래위원회는 포털 서비스 시장의 필수 요소로서 검색(search), 이메
일 등 커뮤니케이션(communication), 블로그 등의 커뮤니티(community),
뉴스 등 콘텐츠(contents), 온라인쇼핑 등 전자상거래(commerce)로 이해
하고, 이들이 모두 포함된 1S-4C 이용자 시장으로 포털 서비스 시장을 획
정하였으며, 이러한 획정의 이유로서 "이용자는 일반적으로 각 서비스를
개별적으로 이용하기 보다는 필요한 서비스를 한 개의 포털사이트에서 이
용하고자 하는 행태를 보이는 것"을 제시하였다.49) 집합시장(cluster
market)의 개념을 원용한 것으로 보이는 이러한 접근 방식은 경쟁의 실제
적 양상을 적절히 반영한 경우에 타당성이 인정될 수 있지만,50) 미국에서
동 개념이 원용되었던 사건은 대체로 기업결합에 관한 사건이었다는 점도
참고될 필요가 있다. 또한 플랫폼이 제공하는 개별 서비스를 중심으로 시
장을 획정할 수도 있으며, 이러한 경우에는 일반적인 시장획정의 기준과
방식이 마찬가지로 적용될 것이다. 다만 플랫폼 서비스의 경우 지리적 시
장이 문제되는 경우는 드물기 때문에, 시장획정에 관한 분석은 주로 상품
측면에 집중된다. 독점규제법상 관련시장의 획정은 사업자들 간에 경쟁이
이루어지는 범위를 확인하고, 이를 특정하는 것을 의미한다. 관련시장 획

---

49) 공정위 2008. 8. 28. 의결 제2008-251호.

50) 집합시장 개념은 미국 법원의 반독점법 판례에서 형성된 것으로서, 그룹으로 상
  품을 구매하는 것에 대한 소비자의 선호 또는 상품의 결합 판매로 인한 비용절감
  내지 편의에 기초하여, 대체재가 아닌 구성 요소임이 분명한 상품 또는 서비스들
  의 집합을 하나의 시장으로 파악할 수 있다는 것을 기본 내용으로 한다. U. S. v.
  Philadelphia National Bank, 374 U.S. 321(1963) 판결 참조. 집합시장 개념은 공
  급자가 수요자에게 'one-stop shopping'으로 인한 비용절감의 이익을 제공할 수
  있을 때에 적합할 수 있으며, 분석상의 편의가 있다는 것에, Andrew I. Gavil,
  William E. Kovacic & Jonathan B. Baker, Antitrust Law in Perspective 2. ed.,
  Thomson/West, 2008, 499면 참조.

정의 목적은 관계된 사업자들이 직면하고 있는 경쟁에 의한 억제를 체계적인 방법으로 확인하는 것, 즉 어떠한 사업자가 실효성 있는 경쟁 압력에 의하여 독자적으로 행동하는 것을 어렵게 만드는 그의 실제 경쟁자들을 확정하는 것이라 할 수 있다.[51] 대법원은 관련시장을 "거래되는 상품의 가격이 상당 기간 어느 정도 의미 있는 수준으로 인상될 경우 그 상품의 대표적 구매자가 이에 대응하여 구매를 전환할 수 있는 상품의 집합을 의미"하는[52] 것으로 이해하고 있으며, EU의 Relevant Market Notice(관련시장 고시)도 이와 유사하게 사업자가 직면하는 경쟁으로부터의 제한을 수요 대체성, 공급 대체성 그리고 잠재적 경쟁의 세 가지 측면에서 파악하고,[53] 가장 결정적인 기준은 수요 대체성이며 일부 예외적인 경우를 제외하고 공급대체성이나 잠재적 경쟁은 경쟁에 미치는 영향 측면에서 직접적이지 않기 때문에 관련시장 획정 단계 보다는 이후의 단계인 경쟁제한성 분석에서 주로 고려될 것으로 보고 있다.[54] 수요 대체성의 평가는 소비자에 의하여 대체재로 인식되는 상품의 범위를 정하는 방식으로 진행되며, 이에 의할 경우에 구체적인 상품별 관련시장 획정은 문제가 되고 있는 상품을 임의로 정하고, 이를 중심으로 대체 가능한 범위를 확정해 나아가는 방식으로 이루어질 것이다. 예를 들어 온라인 비교쇼핑서비스가 문제가 될 경우에 이를 출발점으로 하여 대체 가능한 범위를 확정하는 방식으로 시장이 획정될 것이다.

한편 플랫폼에 관한 관련시장 획정 나아가 시장지배력의 판단에 있어서, 대체로 플랫폼 서비스 시장은 상호 필요 관계에 있으면서 분명히 구별되는 이용자 그룹이 양 측면에서 참여하고 있다는 점에서 전형적으로 양

---

51) European Commissions Notice on the Definition of the Relevant Market for the Purpose of EU Competition Law(이하 Relevant Market Notice), para. 2.
52) 대법원 2008. 5. 29. 선고 2006두6659 판결.
53) Relevant Market Notice, para. 13.
54) Relevant Market Notice, para. 14.

면시장적 특징을 갖고 있다는 점에도 주의를 요한다. 비록 양면시장의 정의나 경쟁법상 규율 법리에 관한 합의가 이루어진 것으로 보기는 어렵지만, 양면시장 개념을 경쟁법 안에 수용하고 이에 대한 특별한 규율의 가능성이 제안되고 있다. 특히 미국 연방대법원은 Ohio v. American Express Co. 사건에서[55] 양면 거래시장(payment cards type)과 양면 비거래시장(media type)의 구분 하에[56] 전자의 경우에는 관련시장 획정을 양 측면에서 별개로 행하지 않고 거래 서비스가 제공되는 단일시장으로 파악하여야 하며, 나아가 이를 전제로 시장지배력과 경쟁제한성 분석이 이루어져야 하는 것으로 판시한 것은 주목할 만하다. 물론 동 판결에 대한 비판도 제기되고 있다. 특히 양면시장적 특성이 일반적인 상품 시장과 다른 시장확정과 경쟁법적 규율을 요구할 만한 것인지에 의문을 표하면서, 단지 양면시장적 특징을 고려하는 것으로 충분하며,[57] 나아가 양면시장에 고유한 경쟁법상 규율의 필요성을 인정하지 않더라도 전통적인 경쟁법적 관점에서도 양면시장에서 발생할 수 있는 교차 네트워크 효과의 분석은 가능하고 또한 필요하다는 지적도 유력하다.[58] 이상의 논의에서 알 수 있듯이, 양면시장에 대한 이해의 차이가 플랫폼의 시장 획정에 영향을 미치는 것은 분명하지만, 단일시장적 접근을 부정하는 입장에서도 양면시장적 특성이 반영된 교차 네트워크 효과의 고려가 시장지배력 판단의 단계에서 요구되는 것으로 보고 있다는 점에서 두 입장의 차이가 결정적인 것은 아닐 수 있다.

---

55) Ohio v. American Express Co., 138 S. Ct. 2274; 201 L. Ed. 2d 678.

56) Lapo Filistrucchi, Damien Geradin, Eric van Damme, Simone Keunen & John Wileur, Mergers in Two-Sided Markets - A Report to the NMa, HOWREY, 2010, 17면에서 양면시장을 양 이용자 간에 거래가 이루어지는 양면 거래시장(payment cards type)과 그렇지 않은 양면 비거래시장(media type)으로 유형화 한 것 참조.

57) Michael Katz & Jonathan Sallet, "Multisided Platforms and Antitrust Enforcement", The Yale Law Journal Vol. 127 No. 7, 2018, 2144-2145면 참조.

58) 위의 글, 2159-2161면.

(3) 시장지배적 지위 판단

독점규제법 제2조 제3호 1문에서 시장지배적 사업자는 "일정한 거래분야의 공급자나 수요자로서 단독으로 또는 다른 사업자와 함께 상품이나 용역의 가격·수량·품질 기타의 거래조건을 결정·유지 또는 변경할 수 있는 시장지위를 가진 사업자"를 의미하고, 동호 2문은 "시장지배적 사업자를 판단함에 있어서는 시장점유율, 진입장벽의 존재 및 정도, 경쟁사업자의 상대적 규모 등을 종합적으로 고려한다"는 규정을 통하여 시장지배력의 판단 요소와 방식을 제시하고 있다. EU의 'Guidance on Article 102 Enforcement Priorities' para. 12는 지배적 지위의 결정에 있어서 세 가지 고려 사항을 규정하고 있는데, 1) 기존 경쟁자의 공급과 시장 지위에 의한 억제(실제적 경쟁 압력), 2) 기존 경쟁자의 확대나 잠재적 경쟁자의 진입에 의한 신뢰할 만한 위협에 따른 억제(잠재적 경쟁 압력), 3) 거래상대방의 거래능력에 의하여 가해지는 억제(거래상대방의 압력) 등이 이에 해당한다. 이 중에서 실제적 경쟁 압력이 가장 우선적으로 고려되며, 그 분석에 있어서 시장점유율이 중요한 기준이 될 것이다.

그렇지만 플랫폼의 지배적 지위의 판단과 관련하여 이와 같은 원칙적 접근의 한계가 드러나기도 한다. 무엇보다 시장점유율 산정의 기초가 되는 관련 서비스의 매출이 실현되고 있지 않을 수 있고, 따라서 대리 지표의 활용이 불가피할 수 있다. 수수료나 광고료와 같이 문제가 된 서비스와 관련 있는 수익을 지표로 활용하거나 페이지뷰나 검색 횟수와 같은 수량적 기준을 대리 지표로 삼는 것도 가능하며, 어느 경우에나 특정한 서비스와의 합리적 관련성이 인정되어야 한다. 또한 온라인 서비스 시장의 일반적 특성으로서 급격한 시장 변화를 감안하여 현재의 지표가 지속적인 의미를 갖는지가 검토되어야 하며, 이 과정에서 전술한 교차 네트워크는 지배력의 유지·강화를 뒷받침하는 유력한 요소가 될 수 있다는 점에 주의를 기울일 필요가 있다.

(4) 남용 판단

시장지배적 지위의 남용 판단이 경쟁제한성에 근거한다는 점은 플랫폼의 지위남용에 있어서도 다를 바 없지만, 플랫폼을 운영하는 과정에서 어떻게 남용행위와 관련되는지는 구체적으로 살펴보아야 할 문제이다. 두 가지 측면에서의 검토가 요구되는데, 즉 남용 평가의 계기가 될 수 있는 행위를 어떻게 파악할 것인지 그리고 경쟁제한 효과의 분석 범위를 어떻게 정할 것인지가 검토되어야 한다. 플랫폼 운영 과정에서 플랫폼에 참가하는 이용자들에게 플랫폼 참여나 활동에 대하여 일정한 제한을 가하고, 이로 인하여 경쟁상 불이익이 발생한다면 시장지배적 지위 남용행위로서 규제가 가능하며, 이러한 판단 과정이 다른 일반 상품시장에서의 규제와 구별되는 것은 아니다. 예를 들어 정당한 이유 없이 플랫폼 참가를 제한하거나 차별적인 조건을 부과할 경우에, 당연히 이러한 행태는 시장지배적 지위남용 행위로서 규제될 것이다. 그러나 플랫폼 운영자가 아키텍처의 구축이나 알고리즘의 조정 등의 행위를 할 경우에, 이러한 행위가 경쟁법상 문제가 되는 행위에 해당하는지와 관련하여 논의의 여지가 있다. 플랫폼 참가자들에게 가치를 조정하고 배분하는 과정에서 대량으로 확보되어 있는 정보를 제공하는 것은 플랫폼의 핵심적 기능이라 할 수 있으며, 대체로 이는 온라인 검색의 방식으로 이루어지고 있다. 이러한 기능을 적절히 실행하기 위해 플랫폼은 본질적으로 비교의 함의를 갖는 검색 프로그램의 알고리즘을 설정하게 되는데, 이러한 기능 행사는 검색서비스의 제공 주체의 자율에 속한다. 무엇보다 비교검색 알고리즘은 동 서비스를 제공하는 사업자 간 핵심적인 경쟁 요소에 해당하며, 따라서 알고리즘이 경쟁에 긍정적 영향을 미칠 수도 있을 것이다.[59] 그렇지만 해당 알고리즘이 플랫

---

59) 알고리즘은 공급 측면에서 기존 상품의 개선이나 신상품의 개발에 있어서 효율성을 낳을 수 있고, 수요 측면에서 소비자 결정을 지원하는 것에 의해 시장의 동적 효율성을 가져올 수 있다. OECD, Algorithms and Collusion: Competition policy in the digital age, 2017, 14-18면 참조.

폼에 참여와 활동의 방식을 설정하고 있을 경우에 이것이 경쟁에 부정적
영향을 미칠 수 있다는 점도 염두에 두어야 하며, 이러한 상황에서 경쟁법
에 의한 규제 가능성을 부인하기는 어려울 것이다. 그러나 구체적으로 알
고리즘 설정 행위가 경쟁의 한 요소로서 플랫폼에게 주어진 자율의 범위
안에 있는지 아니면 경쟁제한적인 것으로서 금지되는 행위인지의 경계를
정하는 것에는 어려움이 따른다. EU의 경우 남용과 정상적인 경쟁의 경계
를 판단하는 기준으로서 merit에 의한 경쟁이 원용되지만,[60] 예를 들어 비
교검색서비스가 갖는 상품으로서의 merit를 어떻게 이해할지는 모호하며,
주관적인 판단이 개입될 여지를 배제할 수 있는 객관적 기준의 제시가 용
이하지 않다.

   이와 관련하여 플랫폼 운영자의 알고리즘 설정은 기능적으로 플랫폼 참
가 및 활동에 관한 규칙을 제정하는(regulatory function) 것을 의미한다는
점에 주목할 필요가 있다. 예를 들어 플랫폼이 제공하는 비교검색 서비스
시장에서 지배적 지위에 있는 사업자가 채택하는 알고리즘은 다음 단계에
서의 경쟁에 영향을 미칠 수 있다. 이러한 구조와 플랫폼의 규칙 제정자로
서의 지위가 갖는 경쟁정책적 의의는 플랫폼 운영자가 다음 단계의 시장
에도 참여하고 있을 경우에 분명하게 드러난다. 플랫폼 운영자의 알고리
즘이 해당 시장에서 경쟁의 우위를 점하는 방향으로 설정될 수 있고, 그
과정이 소비자 이익의 관점에서 합리적으로 설명될 수 없을 때 남용으로
서의 평가 가능성이 구체화 될 수 있다. 이와 관련하여 규칙 제정 기능을
행사하는 플랫폼 운영자는 그 한도에서 자신에게 유리한(self-preferencing)
규칙의 제정이 시장에서 장기적으로 배제적 효과를 낳지 않을 것이라는
것에 대한 입증 책임을 부담하도록 하는 제안은 시사하는 바가 크다.[61]

---

60) Deutsche Telekom 사건에서 ECJ은 EU기능조약 제102조 하에서 자신의 장점에
   의존하는 범위에 있지 않은 다른 방법을 사용하여 지배적 지위를 강화하는 행위
   는 금지된다는 입장을 취하였다. Case C-280/08 P [2010] ECR I-9555, para. 177.
61) Jacques Crémer, Yves-Alexandre de Montjoye & Heike Schweitzer, competition

이상에서 논의한 바와 같이, 경쟁제한성 판단 구조 하에서 플랫폼 운영자가 자신이 중개하는 서비스 시장에 서비스 제공자로서 직간접적으로 참여하는 경우에 대한 특별한 주의가 요구된다. 물론 플랫폼 운영자가 자신이 중개하는 서비스 시장에 참여하는 것 자체가 금지되지는 않지만, 마치 국제경제에서 최혜국대우 원칙과 함께 내국민대우 원칙이 적용되고 후자가 비차별적인 통상의 실현에 보다 실질적인 의미를 갖는 것처럼,[62] 플랫폼 운영자가 개별 서비스 시장에 참여하는 경우에 경쟁제한의 문제가 구체화 될 수 있다는 점을 염두에 두어야 한다.

한편 플랫폼 운영자가 지배적 지위를 차지하고 있는 시장과 남용행위에 의해 경쟁제한적 효과가 발생하는 시장이 분리되고 있다는 점도 특징적이다. 시장지배적 지위와 남용 행위 내지 경쟁제한 효과가 다른 시장에서 발생하는 것이 드문 현상은 아니며, 오히려 최근의 경향은 복수 시장이 시장지배적 지위남용 행위에 관련되는 경우가 단일 시장의 경우보다 많은 것으로 나타나고 있다.[63] 이러한 유형의 남용 행위는 많은 경우 시장지배적 사업자가 상하 연관되는 시장, 즉 수직적 관련성이 있는 시장에서 동시에 사업을 영위하고 있는 경우에 어느 한 시장에서 가지고 있는 지배력을 다른 시장으로 확대하려는 시도와 관련된다. 물론 이와 같은 수직적 확장이 그 자체로 경쟁제한적인 것은 아니며, 단순한 확장이 아닌 경쟁사업자의 배제로서 반경쟁적 확장일 경우에 남용으로 평가되어 규제 대상이 될 것이다.[64] 수직적 구조 하에서 배제적 남용은 약탈 가격이나 이윤 압착과

policy for the digital era, EU publications, 2019, 66면 참조.
62) 박노형 등, 『신국제경제법』, 박영사, 2020, 112면 참조.
63) Richard Whish & David Bailey, 주 34)의 책, 202면. 한편 시장지배적 지위가 존재하는 시장과 지배력 남용이 행해지거나 그 효과가 발생한 시장이 상이한 경우에 그 관계를 시장지배력 전이 개념을 통해서 이해할 수도 있다. 그러나 이러한 이해를 위해 시장지배력 전이 개념이 필수적으로 요구되는 것은 아니며, 기존의 지배적 지위가 존재하는 시장과 경쟁제한의 효과가 나타나는 시장이 분리될 수 있으며, 그 과정에서 남용행위가 있었는지를 파악하는 것이 중요하다.
64) Richard Whish & David Bailey, 주 34)의 책, 203면.

같은 가격 남용의 방식으로 이루어질 수 있다. 또한 비가격적인 방식으로도 경쟁사업자 배제를 시도할 수 있으며, 직접적인 거래거절 외에 실질적인 거래거절에 해당하는 부당한 공급 지체, 저품질 상품의 공급, 비합리적인 대가의 요구 등이 가능한 방법으로 언급되고 있다.[65] 이러한 행위에 의하여 하류 시장에서 경쟁하는 사업자의 경쟁이 제한될 경우에 거래거절로서의 남용성이 인정될 것이다. 이와 같은 수직적 구조는 검색 서비스와 같이 플랫폼에 제공되는 서비스와 이에 의해 거래되는 개별 서비스의 관계에서도 확인할 수 있으며, 전자의 시장에서 가지고 있는 지배력 확장이 전술한 것처럼 반경쟁적 방식으로 이루어질 경우에 시장지배적 지위남용 행위로서 규제가 가능할 것이다.

IV. 결론

플랫폼은 전통적인 중개 서비스를 대체하는 온라인 기반의 새로운 거래 방식의 도입을 넘어서 새로운 사업모델로서 향후 경제의 중심축 역할을 할 것으로 기대되고 있다. 이른바 '파이프에서 플랫폼으로'라는 표현이 상징하듯이, 플랫폼은 새로운 가치를 창출하는 기제로서 미래 산업을 선도할 것이라는 평가를 받고 있다. 그렇지만 플랫폼에 대한 평가가 단지 전망적인 차원에 머물고 있는 것은 아니다. 이미 거래 플랫폼이나 혁신 플랫폼에서 주요 플랫폼은 지배적 지위를 차지하고 있으며, 네트워크 효과나 데이터의 집중 현상 등에 이러한 지위는 더욱 공고해질 것으로 예측되고 있다.

이러한 상황에서 초기에 긍정 일변도의 플랫폼 이해를 넘어서 다양한 측면에서 플랫폼에 대한 문제가 제기되고 있다. 특히 지배력을 가진 플랫폼의 지대 추구적 행위의 규제 필요성에 관한 논의가 전개되고 있으며, 이

---

65) Guidance on Article 102 Enforcement Priorities, para. 78.

러한 논의 과정에서 중요한 의제의 하나로 플랫폼 중립성이 부각되고 있다. 거대 플랫폼의 등장과 이들의 경제, 사회, 문화 전반에 걸친 영향력 증대는 플랫폼에게 일정한 의무를 부과하여야 하며, 이러한 의무의 집약적 표현으로서 비차별적 함의를 갖는 플랫폼 중립성이 주장되고 있다. 경제적 측면에 한정해서 보면, 중립적으로 플랫폼을 운영할 것을 사전적 또는 사후적으로 요구하기에 충분한 만큼, 플랫폼의 지배력은 증대하여 왔고, 향후에도 이러한 상황이 지속되거나 강화될 것이란 예측이 유력하다. 그렇지만 플랫폼의 지배력과 이를 남용하는 문제는 별개이며, 남용 행위에 대한 규제가 기존 법체계에서 실효성 있게 이루어질 수 있는지 그리고 궁극적으로 소비자 이익으로 귀착될 수 있는 플랫폼의 혁신적 성과가 충분히 형량될 수 있는지가 선행적으로 검토되어야 한다. 이러한 관점에서 플랫폼 중립성을 인정하는 것에는 신중할 필요가 있을 것이다. 그렇지만 중립성 개념의 수용에 소극적인 태도가 플랫폼에 대한 우려를 외면하는 방향으로 나아가는 것도 경계되어야 한다. 순위를 매길 수 있는 힘(power to rank)은 대중에게 어떠한 인상을 영구히 만드는 힘을 의미하고, 이러한 권력은 경제, 사회 모든 분야에 영향을 미칠 수 있다. 정부 또는 플랫폼 스스로 그 과정을 보다 이해하기 쉽고, 공정하고, 투명하고, 플랫폼이 영향을 미치고 있는 대중으로부터의 비판적 분석에 열려 있는 것으로 만들기 위한 노력을 경주하여야 하며,[66] 경쟁법은 여기에서 의미 있는 역할을 수행할 수 있을 것이다. 물론 새로운 현상으로 나타나고 있는 플랫폼 남용에 대한 기존 경쟁법상 규제가 용이하게 이루어질 수 있는 것은 아니다. 경쟁정책적 관점에서 거대 플랫폼에 대한 남용 규제 법리의 개선 노력이 계속되어야 하며, 특히 양면시장에 대한 이해의 불일치, 알고리즘 설정에 있어서 플랫폼의 자율과 남용의 경계의 모호성, 혁신적 성과에 대한 평가의 곤란 등은 앞으로 해결되어야 할 과제가 될 것이다.

---

66) Frank Pasquale, "Platform Neutrality: Enhancing Freedom of Expression in Spheres of Private Power", 17 Theoretical Inquiries L., 2016, 512-513면.

제2편
독점규제법

3. 시장지배적 지위와 남용 행위의 관계

Ⅰ. 서론

시장지배적 지위남용 행위의 규제는 「독점규제 및 공정거래에 관한 법률」(이하 독점규제법) 제5조 제1항에 근거한다. 동 조항이 적용되기 위해서는 시장지배적 지위와 남용 행위가 존재하여야 하며, 또한 이를 판단하기에 앞서 관련시장의 획정이 요구된다. 결국 시장지배적 지위남용 행위에 대한 규제는 관련시장 획정, 시장지배적 지위의 인정, 남용행위의 판단 과정을 거치게 된다.[1] 종래 시장지배력의 남용 규제에 관한 논의는 이상의 단계적으로 이어지는 판단 과정을 대상으로 각 단계의 고유한 의의와 판단 기준을 제시하는 방식으로 전개되어 왔으며, 이러한 접근 방식은 시장지배적 지위남용 행위 규제 법리의 형성에 일정한 기여를 하였다.[2] 그러나 여전히 충분한 논의가 이루어지지 않은 부분도 있다. 특히 각 판단 과정의 고유한 의의를 넘어서 각 단계 상호 간의 관련성, 대표적으로 시장지배적 지위와 남용 행위의 관계에 관한 논의는 국내에서 거의 이루어지지 않는 상황이다.

---

1) Hoffmann-La Roche 판결에서 유럽법원(Court of Justice)은 사업자의 행위가 지배력의 징표일 수 있다고 보았는데(Case 85/76, [1979] ECR 461, para. 48.), 즉 사업자가 지배적 지위를 전제하지 않고서는 행할 수 없는 행위를 하였을 때, 이러한 행위는 지배적 지위의 판단 근거가 될 수 있다. 이러한 경우에는 지배적 지위와 남용 판단이 결합해서 나타날 수도 있다. Alison Jones & Brenda Sufrin, EU Competition Law, Oxford Univ. Press, 2014, 345-346면.
2) 시장지배적 지위와 남용 행위에 관한 최근의 논의로서, 전자에 관하여 주진열, "독점규제법상 시장지배적 사업자 개념과 관련 문제", 경쟁법연구 제33권, 2016 그리고 후자에 관하여 강상욱, "시장지배적 지위남용행위로서 불이익 강제행위에 관한 소고", 경쟁법연구 제33권, 2016 참조.

주지하다시피 독점규제법은 독과점적 지위 자체를 문제 삼기보다 이러한 지위의 남용을 규제 대상으로 하는 폐해규제주의를 따르고 있으며,[3] 독점규제법 제5조 규제 대상은 시장지배적 지위에 있는 사업자의 행위에 제한된다. 기존의 논의는 양자를 별개의 요건으로 다루어 왔으며, 양자의 관계에 관한 논의는 주된 논의 대상에서 벗어나 있었다. 그렇지만 이러한 논의의 흐름은 시장지배적 지위남용 행위를 규제하는 것에 관한 올바른 이해에 지장을 초래할 수 있으며, 특히 시장지배적 지위와 남용 간에 시장이 분리되는 경우에 관한 타당한 규제 법리를 형성하는 데 한계로 작용할 수도 있다. 이와 관련하여 EU경쟁법상 전개되고 있는 시장지배적 지위와 남용 간의 관계와 시장 분리에 대한 논의는 시사하는 바가 크다. 무엇보다 양 경쟁법제가 폐해규제주의적 입장에서 시장지배적 지위의 남용을 규제하는 유사한 규제체계를 형성하고 있다는 점에서, 이 문제에 관한 EU경쟁법상 논의는 우리에게도 유효할 것이다.

이하에서 시장지배적 지위와 남용 행위의 관계에 초점을 맞추어 상론한다. 우선 시장지배적 지위와 남용 행위의 의의를 독점규제법과 EU경쟁법을 비교법적으로 검토할 것이다. 양자는 기본적으로 동일한 규제체계를 이루고 있지만, 구체적인 법적용에 있어서 약간의 차이도 존재하며, 이에 관한 분석을 이후 논의의 기초로 삼을 것이다(II). 이어서 양자의 관계에 관하여 구체적인 논의를 행할 것이며, 특히 이에 관한 EU경쟁법에서 전개되고 있는 논의를 집중적으로 검토할 것이다(III). 끝으로 양자의 관계가 구체적으로 문제가 되는 상황인 시장이 분리되는 경우를 사례를 통하여 분석하고, 양자의 관계에 관한 논의를 이에 적용하여 경쟁정책상 타당한 결론을 도출하도록 할 것이다(IV).

---

3) 권오승, 경제법, 법문사, 2019, 86쪽; 신현윤, 경제법, 법문사, 2017, 132쪽; 이기수·유진희, 경제법, 세창출판사, 2012, 23면.

II. 시장지배적 지위와 남용 행위의 의의

1. 시장지배적 지위

(1) 시장지배적 지위의 개념

독점규제법 제5조 제1항에 의하여 남용행위의 주체로서 규제 대상이 되는 시장지배적 사업자는 동법 제2조 제3호가 정의하고 있다. 동호 1문에 의하면, 시장지배적 사업자는 "일정한 거래분야의 공급자나 수요자로서 단독으로 또는 다른 사업자와 함께 상품이나 용역의 가격·수량·품질 기타의 거래조건을 결정·유지 또는 변경할 수 있는 시장지위를 가진 사업자"를 말한다. 동 규정에서 시장지배적 지위는 관련시장에서[4] 특정 사업자가 거래조건 형성에 영향을 미칠 수 있는 가능성에 기초하고 있으며, 단지 거래조건을 수용하는 지위에 있는 사업자에 대비된다. 시장의 관점에서 보면, 시장지배적 사업자가 있는 시장은 이미 그 존재로 인하여 경쟁이 제한되고 있는 시장을 의미한다.[5]

EU 경쟁법에서도 시장지배적 지위는 독점규제법과 거의 동일하게 이해되고 있다. 시장지배적 지위남용행위 규제는 EU기능조약(Treaty on the functioning of the European Union; TFEU) 제102조에 근거한다. 그렇지만 동 규정에서 시장지배적 지위 또는 시장지배력에 대한 명시적인 정의는 이루어지고 있지 않으며, 규제 실무를 통하여 동 개념이 구체화되고 있

---

4) 독점규제법 제2조 제4호는 관련시장을 '일정한 거래분야'라는 개념으로 정의하고 있는데, "일정한 거래분야'라 함은 거래의 객체별·단계별 또는 지역별로 경쟁관계에 있거나 경쟁관계가 성립될 수 있는 분야를 말한다." 관련시장의 확정은 시장지배적 지위남용 규제에 있어서 가장 선행하는 단계에 위치한다. 권오승·서정, 독점규제법-이론과 실무, 법문사, 2018, 80-81면.

5) 이봉의, "독점적 사업자의 끼워팔기: 마이크로소프트(MS)사의 지위남용을 중심으로", 법과 사회 제27호, 2004, 336-337면 및 Gerhard Wiedemann hrsg., Handbuch des Kartellrechts, C. H. Beck, 1999, 766면.

다. 시장지배적 지위에 관해서는 United Brands 사건에서 유럽법원(Court of Justice)이 "경쟁사업자, 고객 그리고 최종적으로 소비자로부터 상당한 정도 독립적으로 행위함으로써 관련 시장에서 유효한 경쟁의 억제를 가능하게 할 수 있는 사업자가 향유하는 경제적 힘을 갖는 지위"로[6] 정의한 것이 일반적으로 받아들여지고 있다.[7] 또한 유럽위원회가 제102조의 집행 원칙으로서 제정한 'Guidance on Article 102 Enforcement Priorities'(이하 102조 지침)은 "사업자가 상당 기간 경쟁 수준 이상으로 가격을 올려 이윤을 증가시킬 수 있는 경우에 실질적인 시장지배력(substantial market power)을 갖고 있는 것"(para. 11)으로 규정함으로써 유럽법원의 판결에서 제시된 시장지배적 지위의 의의를 보다 구체화하고 있다. 이상의 EU 경쟁법상 시장지배적 지위에 대한 이해는 시장에서의 거래 조건에 미치는 영향력에 초점을 맞추고 있다는 점에서 독점규제법상 시장지배적 지위의 개념과 동일한 관점에서 이루어진 것으로 볼 수 있다. 따라서 시장지배력의 내용으로 언급되고 있는 독립적 행위의 가능성이나 경쟁 시장 이상의 이윤 취득 가능성 등은 시장지배력 개념의 구체화 측면에서 독점규제법에서도 유력한 의미를 갖는다.

(2) 시장지배적 지위의 판단 요소

독점규제법은 제2조 제3호 2문의 "시장지배적 사업자를 판단함에 있어서는 시장점유율, 진입장벽의 존재 및 정도, 경쟁사업자의 상대적 규모 등을 종합적으로 고려한다"는 규정을 통하여 시장지배력의 판단 요소와 방식을 제시하고 있다. 한편 동법 제6조는 시장점유율에 의한 시장지배적 사업자의 추정에 관하여 규정함으로써 판단 요소인 시장점유율에 특별한 규범적 의의를 부여하고 있는데, 동 규정은 1사업자의 시장점유율이 100

---

6) United Brands v. Commission, Case 27/76 [1978] ECR 207, para. 65.

7) Ariel Ezrachi, EU Competition Law, Oxford Univ. Press, 2010, 157-158면.

분의 50 이상인 경우와(1호) 3 이하의 사업자의 시장점유율의 합계가 100 분의 75 이상인 경우를(2호) 추정 요건으로 제시하고 있다. 이와 관련하여 시장점유율이 동태적 시장 상황을 제대로 보여주지 못하는 등의 한계가 있으므로 다른 요소와 종합적인 고려가 불가피하다는 지적이 유력하다.[8] 다만 시장점유율은 시장 현황을 비교적 간명하게 보여주는 지표일 뿐만 아니라 시장점유율 자체가 다시 시장 참가자들의 선택에 일정한 영향을 미침으로써 시장봉쇄의 실제적인 힘으로도 작용할 수 있다는 점 등은 시 장점유율에 특별한 규범적 의의를 부여하는 근거가 될 것이다.[9] 또한 동 규정이 명시적으로 언급하고 있는 진입장벽의 존재 및 정도 또는 경쟁사 업자의 상대적 규모의 경우도 특정 사업자가 거래 조건에 영향을 미칠 가 능성과 밀접히 관련된다는 점에서 판단 요소로서 타당성이 있다. 한편 공 정거래위원회가 제정한「시장지배적지위 남용행위 심사기준」(이하 심사기 준) III은 법 제2조 제3호 제2문에서 정하고 있는 시장지배력 판단 요소를 구체화하고 있으며, 나아가 경쟁사업자 간의 공동행위 가능성, 유사품 및 인접시장의 존재, 시장봉쇄력,[10] 자금력 그리고 거래선 변경 가능성이나 시장경쟁에 영향을 미치는 당해 사업자의 신기술 개발 및 산업재산권 보 유여부 등을 추가적으로 제시하고 있다.

EU경쟁법상 시장지배적 지위의 판단도 대체로 유사하게 이루어지고 있 다. '102조 지침' para. 12는 지배적 지위의 결정에 있어서 세 가지 고려 사항을 제시하고 있는데, 1) 기존 경쟁자의 공급과 시장 지위에 의한 억제 (실제적 경쟁 압력), 2) 기존 경쟁자의 확대나 잠재적 경쟁자의 진입에 의

---

8) 권오승·서정, 주 4)의 책, 137면.

9) Herbert Hovenkamp, Federal Antitrust Policy-The Law of Competition and Its Practice, Thomson Reuters, 2011, 91-92면.

10) 심사기준 III. 제6호는 시장봉쇄력에 관하여 "당해 사업자(계열회사를 포함한다) 의 원재료 구매비율이나 공급비율(원재료 구매액이나 공급액/원재료의 국내 총공 급액)이 법 제4조(시장지배적사업자의 추정)에 규정된 시장점유율 요건에 해당되 면 시장지배적사업자일 가능성이 높아질 수 있다"고 규정하고 있다.

한 신뢰할 만한 위협에 따른 억제(잠재적 경쟁 압력), 3) 거래상대방의 거래능력에 의하여 가해지는 억제(거래상대방의 압력) 등이 이에 해당한다. 우선 실제 경쟁상황에 관한 분석에 있어서는 시장점유율이 중요한 기준이 된다. 독점이 나타나고 있는 극히 소수의 시장을 제외한 대부분의 시장에서는 경쟁관계에 있는 사업자들이 존재하며, 이때 시장점유율은 시장 구조 및 그 시장에서 사업을 영위하고 있는 사업자들의 상대적 중요성에 관한 의미 있는 정보를 제공한다. 그러나 시장점유율은 유용한 최초의 지표일 뿐이며(102조 지침 para. 13), 시장의 유동성, 상품 차별의 정도, 일정 기간에 걸친 시장점유율의 경향 또는 발전 등의 종합적인 분석이 추가적으로 이루어질 필요가 있다. 유럽법원의 판례를 보면, AKZO 사건에서 시장점유율이 50% 이상일 경우 시장지배력이 있지 않다는 입증책임은 규제기관이 아닌 사업자가 부담하는 것으로 보았으며,[11] United Brands 사건에서는 40-45%의 시장점유율을 갖고 있는 사업자에 대하여 시장점유율 외 다른 요인들의 고려를 통하여 시장지배적 지위를 인정하였다.[12] 한편 유럽1심법원(Court of First Instance)은 Virgin/British Airways 사건에서 40% 미만(39.7%)의 시장점유율을 가진 사업자에 대하여 경쟁자와 점유율 차이, 국제적인 여객 수송 거리, 운송 서비스의 범위, 허브 네트워크로서의 지위 등을 고려하여 최초로 지배적 지위를 인정한 판결도 주목할 만하다.[13] 잠재적 경쟁압력과 관련하여 법적 장벽, 지배적 사업자가 향유하고 있는 경제적 이점, 거래상대방의 거래 전환비용 및 네트워크 효과, 지배력 있는 회사 자신의 행위 등이 판단 요소로서 고려될 필요가 있다. 법적 장벽에 관해서는 특히 지식재산권의 보유가 중요한 고려 사항이 되며,[14] 정

---

11) AKZO v. Commission, Case C-62/86 [1991] ECR I-3359, para. 60.
12) Case 27/76 [1978] ECR 207, para. 66.
13) British Airways plc v. Commission, Case T-219/99 [2003] ECR II-5917, para. 224.
14) Centre Belge d'Etudes de Marche Telemarketing v. CLT, Case 311/84 [1985] ECR 3261.

부가 부과한 인가 요건, 정부의 주파수 규제, 법적 독점력의 부여, 관세 또는 비관세 장벽 등이 고려될 수 있다. 시장지배적 사업자가 향유하는 경제적 이점도 사업 확장 또는 진입을 억제하는 방향으로 작용할 수 있으며, 구체적으로 규모의 경제 또는 범위의 경제, 필수설비의 보유, 기술적 우위, 자본조달의 우위, 수직적 통합의 정도, 고도로 발달된 유통 시스템, 우월한 브랜드 이미지의 구축, 네트워크 효과15) 등이 고려 대상이 될 것이다.16) 또한 사업자의 행위 자체도 시장지배력의 판단에서 고려될 수 있다. 예를 들어 유럽위원회는 Michelin 사건에서 차별적 가격의 부과 행위는 시장지배적 지위가 전제될 경우에만 가능할 수 있다는 점에서 시장지배적 지위의 판단에도 영향을 미칠 수 있다고 보았으며, 이러한 입장은 유럽법원의 판결에서도 유지되었다.17) 이 외에 '102조 지침'이 거래상대방의 영향력에 의하여 시장지배력이 제한될 수 있음을 지적하고 있는 것도 참고할 수 있을 것이다(para. 18).

이상에서 EU경쟁법과 독점규제법상 시장지배력 판단 요소로 고려되는 것은 대체로 공통된 것으로 나타나고 있지만, EU경쟁법에서 실제적 경쟁압력과 잠재적 경쟁압력으로 구분하여 시장지배력을 평가하는 접근 방식은 시장지배력의 실질적인 파악이 가능한 방식이라는 점에서 유력한 의미가 있으며, 독점규제법의 적용에 있어서도 참고할 만하다.

2. 남용 행위

(1) 남용 행위의 의의

독점규제법은 남용 행위의 개념을 직접적으로 정의하고 있지 않으며,

---

15) Commission Decision, 2004. 3. 24., para. 448-459.
16) Richard Whish & David Bailey, Competition Law, Oxford Univ. Press, 2012, 184-185면.
17) Michelin v. Commission, Case 322/81 [1983] ECR 3461.

이에 해당하는 행위를 구체적으로 열거하는 방식을 취하고 있다. 법 제5조 제1항 각호는 구체적으로 상품의 가격이나 용역의 대가를 부당하게 결정·유지 또는 변경하는 행위(1호), 상품의 판매 또는 용역의 제공을 부당하게 조절하는 행위(2호), 다른 사업자의 사업활동을 부당하게 방해하는 행위(3호), 새로운 경쟁사업자의 참가를 부당하게 방해하는 행위(4호), 부당하게 경쟁사업자를 배제하기 위하여 거래하거나 소비자의 이익을 현저히 저해할 우려가 있는 행위(5호)[18] 등을 남용 행위로서 법정하고 있다. EU경쟁법도 동일한 방식에 의하는데, EU기능조약 제102조는 직접, 간접적으로 부당한 구입 또는 판매가격이나 기타 부당한 거래조건을 부과하는 행위(a), 소비자의 이익에 반하여 생산, 유통 또는 기술개발을 제한하는 행위(b), 동등한 거래에 대하여 거래상대방에 따라 상이한 조건을 적용함으로써 경쟁상 불리한 위치에 처하게 하는 행위(c), 계약 체결 시 상대방에 대하여 계약의 본질이나 상관행상 계약의 목적과 관계가 없는 부수적인 의무를 수락하는 것을 조건으로 하는 행위(d) 등을 남용 행위로 규정하고 있다. 그러나 열거적으로 시장지배적 지위의 남용에 해당하는 모든 행위들을 규정하는 데 한계가 있으므로, 다양한 남용 행위들을 포섭할 수 있도록 남용의 개념을 명확히 할 필요가 있을 것이다.[19] 그렇지만 시장지배적 사업자가 남용 행위에 의하여 추구하는 목적이나 이에 의하여 발생하는 경제적 효과는 매우 다양하기 때문에 남용 행위를 단일하게 이해하는 것이 가능한지에 의문이 있으며, EU경쟁법에서는 남용 행위를 착취적(exploitative) 남용과 배제적(exclusive) 남용으로 구분하여 이해하는 것이 일반적이다.[20] 이러한 남용 행위의 유형화는 독점규제법에서도 받아들여지고 있다.[21]

---

18) 동법 시행령 제5조 제5항은 부당하게 경쟁사업자를 배제하는 행위로 부당염매(1호)와 배타조건부 거래(2호)를 규정하고 있다.
19) Richard Whish & David Bailey, 주 16)의 책, 197면.
20) Alison Jones & Brenda Sufrin, 주 1)의 책, 396면.

(2) 남용 행위의 유형

남용 행위로서 착취적 남용은 시장지배력을 행사하여 과도한 독점적 이익을 실현함으로써 거래상대방이나 소비자의 이익을 침해하는 것을 의미한다.[22] 남용에 의한 부정적 효과를 경쟁사업자가 아닌 거래상대방의 침해로부터 파악한다는 점에서 배제적 남용과 구분된다. 착취적 남용의 구체적인 의의에 관하여 United Brands 사건에서[23] 유럽법원이 판시한 내용이 주목할 만하다. 동 판결은 가격이 공급된 상품의 경제적 가치(economic value)와 합리적 관련성을 갖지 않을 때 부당하다는 기본 원칙을 제시하고 있으며, 또한 가격 남용의 판단에 상세한 비용 분석이 요구된다는 것과 당해 가격을 경쟁사업자들의 동종 상품 가격과 비교하는 것이 필요하다는 지적은 이후 가격 남용 규제의 선례로서 기능하고 있다.[24] 그러나 비용 분석이나 가격 비교 방식에 의하는 경우에도 구체적인 사건에서 가격의 남용 수준을 판단하는 것은 여전히 어려운 과제로 남아 있으며, 특히 높은 가격이 시장지배적 사업자의 내부 비효율이나 혁신에 둔감한 현실 안주의 태도에 기인한 경우에도 이를 착취적 남용으로 규제할 수 있는지의 문제가 제기될 수 있다.[25] 또한 경쟁정책상 착취적 남용의 규제가 타당한지도 문제될 수 있다. 무엇보다 지배적 지위의 착취적 성격은 시간

---

21) 권오승, 주 3)의 책, 170면. 신현윤, 주 3)의 책, 160면. 이기수·유진희, 주 3)의 책, 64면.
22) 권오승·서정, 주 4)의 책, 142면.
23) United Brands v. Commission, Case 27/76 [1978] ECR 207.
24) 동 사건에서 문제가 된 바나나 가격과 주요 경쟁사업자의 가격 차이가 단지 7%이었는데, 유럽법원은 이러한 차이가 가격 남용을 인정하기에 충분하지 않은 것으로 판단하였다. 동 판결의 의의에 관하여 Joanna Goyder & Albertina Albors-Llorens, EC Competition Law, Oxford Univ. Press, 2009, 317면.
25) 높은 가격 책정이 초과이윤을 획득하기 위한 의도와 관련되는지 아니면 내부 비효율성과 같은 원인에 의하여 나타나게 된 것인지를 판단하는 것이 용이하지 않다는 지적으로, Mark Furse, Competition Law of the EC and UK, Oxford Univ. Press, 2004, 277면.

이 흐름에 따라서 그 자체가 경쟁을 초래할 수 있다는 사고는 이러한 유형의 남용 규제에 대한 근본적인 의문을 낳는다. 이와 관련하여 민영화 과정을 거치면서 충분히 경쟁구조가 형성되지 않아서 경쟁에 의한 자율적 가격 통제를 기대하기 어려운 시장에서는 가격남용 규제가 실질적인 의미를 가질 수 있으며, 특히 망 관련 산업에서 새로운 전기를 마련하고 있다는 견해도 참고할 수 있을 것이다.[26]

배제적 남용은 시장지배적 사업자가 경쟁사업자를 시장에서 배제함으로써 자신의 시장지배력을 형성, 강화, 유지하는 행위를 의미한다. 독점규제법에서는 제5조 제1항 제2호에서 경쟁사업자를 배제하기 위한 출고조절 행위, 제3호의 사업활동방해 행위, 제4호의 진입제한 행위 그리고 제5호 전단의 경쟁사업자 배제 행위 등이 배제적 남용의 규제 근거가 된다. 구체적으로 거래거절, 배타적 거래, 리베이트, 끼워팔기, 약탈적 가격 등이 제3호 내지 제5호에 의하여 남용 행위로서 규제될 수 있다.[27] 이와 관련하여 포스코의 거래 거절이 독점규제법 제3조의2 제1항 제3호의 사업활동 방해에 해당하는지가 문제가 되었던 사건에서 대법원은 "경쟁제한의 효과가 생길 만한 우려가 있는 행위로 평가될 수 있는 행위로서의 성질을 갖는 거래거절행위를 하였을 때에 그 부당성이 인정될 수 있다"고[28] 판시함으로써 남용 행위에 해당하는 거래거절을 경쟁제한의 관점에서 이해하고 있음을 보여주고 있다. EU경쟁법에서는 유럽법원이 Continental Can 사건에

---

26) 민영화 과정을 거치면서 충분히 경쟁적 구조가 형성되지 않은 시장에서는 경쟁에 의한 자율적 가격 통제를 기대하기 어려우며, 이 경우에 경쟁법상 가격남용 규제는 실질적인 의미를 가질 수 있다. 가격남용 규제는 특히 망(newwork) 관련 산업에서 새로운 전기를 마련하고 있다는 견해로, Fritz Rittner & Meinrad Dreher, Europäisches und deutsches Wirtschaftsrecht, C.F.Müller, 2008, 552면.

27) 권오승·서정, 주 4)의 책, 161면.

28) 대법원 2007. 11. 22. 선고 2002두8626 판결. 또한 동 판결은 부당성을 인정하기 위한 요건으로 경쟁제한의 의도 또는 목적을 주관적 요건으로서 요구하고 있다. 이에 관한 비판적 고찰로서, 홍명수, "독점규제법 위반행위에 있어서 주관적 요건의 검토", 경쟁법연구 제29권, 2014, 14-18면 참조.

서29) 착취적 남용뿐만 아니라 배제적 남용도 TFEU 제102조에 의한 규제 대상이 된다는 점을 밝힌 이후 배제적 남용은 더 중요한 남용 유형으로서 이해되고 있으며, '102조 지침'은 남용 판단에 관한 기준의 대부분을 배제적 남용에 할애하고 있다.30) Hoffmann-la Roche 사건에서31) 유럽법원이 행한 남용에 대한 정의, 즉 "남용은 문제가 되는 사업자가 존재하는 결과로서 경쟁의 정도가 약화된 시장의 구조에 영향을 미치고, 또한 상업적 주체들의 거래에 기초한 상품과 용역에 있어서 통상적인 경쟁이 이루어지는 조건과는 다른 방법을 이용하여 현재의 시장에서 존재하는 경쟁의 정도를 유지하거나 그 경쟁의 발전을 저해하는 효과를 갖는 지배적 지위에 있는 사업자의 행위에 관련된 객관적 개념"이라고32) 판시한 것은 본질적으로 배제적 남용에 관한 것으로서, 경쟁제한 효과로부터 배제적 남용 개념을 도출하고 있다. 이러한 관점은 '102조 지침'에서도 유지되고 있는데, 동 지침은 시장지배적 사업자의 행위의 결과로서 실제 또는 잠재적 경쟁사업자의 실효성 있는 시장 접근이 방해되거나 시장에서 배제되는 상황을 의미하는 반경쟁적 봉쇄(anticompetitive foreclosure)라는 개념을 통하여 배제적 남용을 이해하고 있으며, "배제적 남용의 집행 목적은 시장지배적 사업자가 반경쟁적인 방법으로 경쟁사업자를 배제함으로써 효율적 경쟁을 침해하지 못하도록 하는데 있다"고 규정하고 있다(para. 19). 이러한 관점에서 동 지침은 배제적 남용 여부를 조사하기 위하여 고려되어야 하는 요소로서 1) 시장지배적 지위의 정도, 2) 관련시장의 상황, 특히 규모의 경제가 작용하는 범위와 네트워크 효과의 존부 등, 3) 경쟁사업자들의 시장에

---

29) Corporation & Continental Can Co. Inc v. Commission, Case 6/72 [1978] ECR 215.
30) 유럽위원회 산하 경쟁총국(Directorate-General)의 Neelie Kroes는 "배제적 남용의 규제에 집행의 우선순위를 두는 것이 타당하다"는 견해를 피력하였다. 2005. 9. 23. at www.ec.europa.eu.
31) Hoffmann-La Roche & Co. AG v Commission, Case 85/76, ECJ [1979] ECR 461.
32) Case 85/76, para. 91.

서의 지위, 지배적 사업자에 비하여 상대적으로 규모가 작은 경우에도 혁신적이거나 가격경쟁력을 가지고 있을 경우, 4) 고객 또는 원재료 공급자의 시장에서의 지위, 5) 남용행위의 정도, 총 매출에서 차지하는 비중, 남용행위의 기간, 반복성 여부 등, 6) 시장 배제의 실제 효과, 시장점유율의 변화 등, 7) 내부 문서 등의 시장 배제 전략에 관한 직접적 증거 등을 제시하고 있다. 이상의 논의에 기초하여 유럽법원이나 유럽위원회의 실무에서는 배타적 거래계약, 끼워팔기, 공급 거절, 비가격적 남용, 리베이트 및 배타적 거래계약과 유사한 효과를 낳는 행태, 결합판매, 약탈적 가격, 이윤압착, 가격차별, 지식재산권의 라이선스 거절 및 적절한 정보제공의 거절 등이 배제적 남용으로 규제되고 있다.

Ⅲ. 시장지배적 지위와 남용 행위의 관계

1. 성립 요건으로서 시장지배적 지위와 남용 행위

시장지배적 지위의 남용 규제에 있어서 시장지배적 지위와 남용 행위는 규제의 성립 요건으로서, 두 요건이 모두 충족될 경우에만 규제가 이루어질 수 있다. 즉 남용 행위에 해당하는 행위를 시장지배적 사업자가 행한 경우에 규제 대상이 되지만, 시장지배적 지위에 있지 않은 사업자에 의하여 동일한 행위가 행해진 경우에는 규제 대상이 되지 않는다. 예를 들어 동일한 유형의 리베이트를 시장지배적 지위에 있는 사업자와 그렇지 않은 사업자가 행한 경우에 각각에 대한 규범적 평가는 상이하게 이루어질 것이다.[33] 따라서 시장지배적 지위에 있는 사업자는 다른 일반 사업자와 구별되는 특별 책임을 부담하는 것으로 볼 수 있다.[34]

---

33) Gerhard Wiedemann hrsg., 주 5)의 책, 831면.

또한 시장지배적 사업자의 행위라 하더라도 동 행위가 남용 행위에 해당하지 않을 경우에는 당연히 시장지배적 지위남용 행위로서 규제되지 않는다. 전술한 것처럼 여기서의 남용은 경쟁정책적으로 착취적이거나 배제적으로 평가되는 것을 의미하며, 특히 후자의 경우에는 경쟁사업자가 시장에서 배제되거나 배제될 우려를 낳고 있는지가 결정적인 판단 기준이된다. 그리고 이때의 경쟁제한 효과의 분석은 시장지배적 사업자의 존재를 전제한다는 점도 염두에 둘 필요가 있다. 전술한 것처럼 시장지배적 사업자가 존재하는 시장은 이미 경쟁이 제한되고 있는 잔존경쟁시장으로서의 특징을 갖고 있으며,35) 시장지배적 사업자의 행위가 이러한 상황을 유지하거나 심화하는 것과 관련될 경우에 남용에 해당할 것이다. 나아가 독점규제법 제5조 제1항이나 EU기능조약 제102조 모두 시장지배적 지위의 남용이 동일 시장에서 이루어질 것을 요구하지 않으며, 따라서 시장지배적 사업자가 특정 시장에 존재하는 자신의 지배력을 다른 시장으로 확대하려고 시도하는 행위도 남용으로 평가될 수 있다. 이러한 경우에도 남용행위의 주체로서 시장지배적 사업자는 당연히 전제되어야 할 것이다.

이와 같은 판단 구조는, 시장지배적 지위와 남용 행위가 시장지배적 지위남용 행위 규제에 있어서 별개의 요건으로 존재하더라도 양자는 부당성판단에 있어서 내적 연관성을 가지고 있음을 시사한다. 즉 남용 평가의 기초가 되는 경쟁제한적 효과가 시장지배력이 있는 사업자로 귀속될 경우에 경쟁법상 시장지배적 지위남용 행위로서 규제 대상이 되며, 이러한 관점에서 양자에 대한 분석이 종합될 필요가 있다.

---

34) Michelin v. Commission, Case 322/81, [1983] ECR 3461, para. 57. France Telecom v. Commission, Case C-202/07 P, [2009] ECR I-2369, para. 102-107.
35) Gerhard Wiedemann hrsg., 주 5)의 책, 766면.

2. 시장지배적 지위와 남용 행위의 관련성

독점규제법 제5조 제1항 본문은 시장지배적 사업자의 남용행위를 금지한다고 규정하고 있다. 동 규정에서 양자의 관계에 대한 이해를 요구하는 근거가 명확히 드러나는 것은 아니며, 공정거래위원회의 규제 실무나 대법원 판결에서도 이러한 문제에 주목한 예를 찾기는 어렵다. 그렇지만 시장지배적 지위와 남용 행위의 종합적인 평가가 적절하게 이루어지기 위해서는 양자의 관계를 어떻게 이해할 것인지의 문제가 선결적으로 다루어질 필요가 있다. 앞에서 살펴본 것처럼 독점규제법 제5조에 의한 시장지배적 사업자의 남용행위 규제에 있어서 남용의 판단이 본질적으로 경쟁제한성에 기초하는 한 시장지배적 지위와 남용 행위의 종합적인 이해가 불가피할 것이다. 특히 EU경쟁법상 형성된 남용 개념은 이러한 필요성을 보다 명확히 보여주고 있다는 점에서 참고할 만하다. 앞에서 언급한 Hoffmann-la Roche 판결에서 유럽법원이 제시하고 있는 남용(배타적 남용) 개념에서 통상적인 경쟁 수단과는 다른 방법으로 기존의 경쟁의 정도를 유지하거나 경쟁의 발전을 저해하는 효과를 갖는 것이어야 하고, 나아가 이러한 효과는 지배력을 갖는 사업자의 존재로부터 연원하는 것이어야 한다는 것이 핵심이다.[36] 물론 이러한 이해는 독점규제법상 남용에 대한 이해와 본질적으로 차이가 있는 것은 아니지만, 시장지배력 및 경쟁제한의 효과를 남용 개념의 기초로서 분명하게 드러냄으로써 양자가 남용의 최종적인 성립에 함께 관련된다는 점을 명확히 하고 있다.

이러한 맥락에서 EU경쟁법상 시장지배적 지위와 남용 행위 간의 관련

---

36) Hoffmann-La Roche & Co. AG v Commission, Case 85/76, ECJ [1979] ECR 461, para. 91. 또한 Michelin v. Commission, Case 322/81 [1983] ECR 3461, para. 70. 특히 Michelin 판결은 남용 행위가 시장 구조에 영향을 미칠 수 있다는 것을 언급하고 있다. Barry J. Rodger & Angus MacCulloch, Competition Law and Policy in the EU and UK, Routledge, 2015, 110-111면.

성에 관한 논의가 전개되어 왔으며, 특히 유럽법원은 판례는 다소 상충되는 두 가지 방향으로 양자의 관련성에 관한 문제를 다루어왔다. 우선 Hoffmann-La Roche 사건에서 유럽법원이 시장지배적 지위에 의하여 부여된 지배력(economic power)의 사용에 의하여 남용이 행해져야 한다는 것을 부인한 판결에[37] 주목할 필요가 있다. 동 사건에서 Hoffmann-La Roche는 7가지 종류의 비타민 시장에서 시장지배적 지위를 갖고 있었는데, 유럽법원은 필요로 하는 모든 비타민을 Hoffmann-La-Roche사로부터 구입한 거래 상대방에 대하여 충실리베이트를 부과한 행위가 시장지배적 지위남용 행위에 해당하는 것으로 판단하였다. 재판 과정에서 Hoffmann-La Roche는 리베이트가 포함된 계약 체결 시 시장지배력을 사용하지 않았고, 또한 계약 내용에 포함된 영국조항(English Clause)으로 인하여 다른 공급업자가 낮은 가격으로 동종의 상품을 제공하고 있을 경우에 거래 상대방의 요청에 따른 가격조정을 하도록 되어 있었다는 점에서 자신이 시장지배력을 행사하여 계약을 체결한 것으로 보기 어렵다는 항변을 하였다. 이에 대하여 유럽법원은 "시장지배적 지위에 기인한 지배력을 행사하여 남용이 실현되어야만 법적 규제를 받는다는 주장은 받아들일 수 없다"고[38] 판시하였다. 이러한 입장은 Continental Can 사건에서도 확인할 수 있는데, 시장지배적 사업자의 합병 행위가 EU기능조약 제102조의 적용을 받는지가 문제가 된 사건에서 Continental Can은 합병 과정에서 합병대상 회사가 합병을 거부할 경우 약탈적인 가격 정책으로 상대방을 시장에서 배제한다고 위협하는 것과 같이 시장지배력을 행사하지 않았으므로 자신의 시장지배적 지위와 행위 간에 인과관계가 성립하지 않는다는 점을 항변 사유로 제시하였다. 이에 대하여 유럽법원은 시장지배력을 행사하거나 이에 의존하지 않아도 시장지배적 지위의 남용이 가능하며, 시장지배적 사업자가 자신의 지위를 강화하고 경쟁사업자와 결합하여 경쟁을 소멸시

---

37) Hoffmann-La Roche & Co. AG v Commission, Case 85/76, ECJ [1979] ECR 461.
38) Case 85/76, para. 91.

키는 것 자체가 남용에 해당한다는 이유로 Continental Can의 항변을 수용하지 않았다.[39] 이와 같이 남용 행위가 시장지배력의 행사일 필요가 없다는 입장은 이후의 판결에서도 유지되고 있는데, AstraZeneca 사건에서 유럽 1심법원 판결은 시장지배적 지위의 남용이 시장지배력의 사용일 필요는 없다는 점을 분명히 하고 있다.[40]

그러나 이와 같은 유럽법원의 일관된 입장뿐만 아니라 Tetra Pak II 사건에서 유럽법원이 "제102조의 적용은 지배적 지위와 남용행위 간에 관련성(a link between the dominant position and the abusive conduct)을 상정한다"고[41] 판시한 것을 아울러 검토할 필요가 있다. Tetra Pak II 사건에서 유럽법원의 판결은 앞에서 살펴본 유럽법원의 태도와 일견 상충하는 것처럼 보인다. 그러나 우선 사실관계 측면에서 Tetra Pak II 사건이 다른 사건과 구별되는 점에 대하여 주의를 기울일 필요가 있다. 동 사건은 살균시장에서의 시장지배력을 비살균시장으로 확대하려는 과정에서 나타난 것으로서, 유럽법원은 시장지배적 지위가 존재하는 시장과 남용 행위가 나타난 시장 사이의 관련성이 필요함을 밝히고 있다. 따라서 Hoffmann-La Roche 사건 이후 남용 행위가 시장지배력의 행사일 필요가 없다는 유럽법원의 입장과 Tetra Pak II 사건에 양자 사이의 관련성이 필요함을 언급한 판결이 모순되는 것으로 볼 것은 아니다.[42] 오히려 이러한 관련성이 요구된 상황과 관련성을 어떻게 이해하고 구성할지에 관한 의미 있는 시사점을 동 판결이 제공하고 있다는 것에 주목할 필요가 있다. 앞에서 살펴본 것처럼 Tetra Pak II 사건에서는 시장지배적 지위가 존재하는 시장과 이를 남용하는 행위가 나타난 시장이 분리되고 있으며, 이러한 상황에서

---

39) Europemballage Corporation and Continental Can Company Inc. v Commission, Case 6/72, [1973] ECR 215.
40) AstraZeneca AB v. Commission, Case T-321/05, [2010] ECR II-2805.
41) Tetra Pak International v. Commission, Case C-334/94 P [1996] ECR I-5951.
42) Richard Whish & David Bailey, 주 16)의 책, 204면.

양자 간의 관련성은 시장지배적 지위남용 행위의 규제 타당성을 근거지우는 핵심적 요소가 될 수 있다.

이상의 논의를 Hoffmann-La Roche 사건 등에서 유럽법원이 언급한 바와 같이 남용 행위가 시장지배력의 직접적 행사일 필요가 없다는 것과 종합하여 보면, 시장지배적 지위와 관련성이 요구되는 것은 남용 행위 자체가 아니라 남용이 함의로서 갖는 경쟁제한적 효과, 즉 경쟁사업자가 배제되거나 배제될 우려이다. 이러한 관점에서 시장지배적 지위와 남용 행위의 관련성은 시장지배적 지위와 남용 효과의 관계로 구체화 될 수 있다.

IV. 시장지배적 지위와 남용 행위 간 시장의 분리

1. 시장 분리에 따른 접근 방식

이상의 논의에서 시장지배적 지위남용 행위의 규제에서 시장지배적 지위와 남용 행위가 시장별로 분리되는 경우는 시장지배적 지위남용의 유형 중 주로 착취적 남용이 아닌 배제적 남용의 사례에서 나타날 것이다. 전자는 시장지배적 지위가 존재하는 시장에서 자신의 지위를 남용하여 부당한 경제상 이익을 획득하는 것을 의미하기 때문에, 시장별 분리가 나타날 가능성은 거의 없는 반면, 배제적 남용은 자신의 시장지배적 지위를 강화, 유지, 확대하는 형태로 나타나며, 이때 남용에 따른 경쟁제한적 효과가 발생하는 시장은 시장지배적 지위가 존재하는 시장에 한정되지 않는다.

앞에서 살펴본 것처럼 시장지배적 지위남용 행위(배제적 남용) 규제에 있어서 시장 분리가 나타남으로써 양자의 관련성이 요구될 경우에, 이때의 관련성을 어떻게 이해할지가 선결적인 문제로 대두할 것이다. 이와 관련하여 앞에서 언급한 Tetra Pak II 판결은 시사하는 바가 크다. 동 사건

에서 Tetra Pak은 살균기계와 살균포장지 시장(이하 살균시장)에서 지배
적 지위에 있었는데, 동 시장과 수평적인 관계에 있던 비살균 액상 재포장
기계 및 비살균 포장박스 시장(이하 비살균시장)에서 차별적 행위와 약탈
적 가격책정을 행한 것이 EU기능조약 제102조에 해당하는지가 문제가 되
었다. 유럽법원은 문제가 된 Tetra Pak의 행위가 시장지배적 지위의 남용
에 해당한다고 보았는데, 특히 특별한 경우에 지배적인 시장과 분명히 다
른 시장에서의 행위가 그 시장에서 효과를 실현한다면 지배적 지위의 남
용이 있을 수 있다고 판시한 것에[43] 주목할 필요가 있다. 유럽법원은 구
체적으로 Tetra Pak의 거래상대방은 실제적 또는 잠재적으로 살균시장과
비살균시장 양자에 모두 참가하고 있었기 때문에 Tetra Pak이 살균시장에
서 갖고 있는 시장지배력은 비살균시장에도 영향을 미칠 수 있다는 점에
근거하여 시장지배적 지위와 남용 행위 사이에 밀접한 관련성(close
associative links)이 있다는 것을 인정하였다. 이를 전제로 유럽법원은
Tetra Pak이 살균시장에서 갖는 시장지배적 지위가 비살균시장에서의 행
위를 통하여 동 시장에서 자신의 지위를 강화하는데 영향을 미치고 있는
것으로 보았고, 최종적으로 Tetra Pak의 행위가 시장지배적 지위남용 행
위에 해당하는 것으로 판단하였다.[44]

시장지배적 지위남용 행위 규제에 있어서 Tetra Pak 판결의 의의는 다
음 두 가지 측면에서 구체화할 수 있다. 우선 시장지배적 지위와 남용 행
위가 시장 별로 분리될 수 있으며, 이러한 경우에 시장지배적 지위남용 행
위로서 규제가 이루어지기 위해서는 양자 간에 일정한 관련성이 존재하여
야 한다. 그리고 여기서 관련성은 남용 행위 자체가 아닌 남용의 효과가
시장지배적 지위로부터 기인한다는 것을 통하여 파악할 수 있으며,[45] 관

---

43) Tetra Pak International v. Commission, Case C-334/94 P [1996] ECR I-5951,
    para. 27.
44) Case C-334/94, para. 25-31.
45) Richard Whish & David Bailey, 주 16)의 책, 207면.

련성이 인정될 경우 구체적인 분석은 남용 효과가 발생한 시장을 중심으로 이루어져야 한다. 이러한 점에서 시장지배적 지위와 남용의 관계를 인과적 관점에서 파악한다면, 행위적 인과관계(Verhaltenskausalität)가 아닌 효과적 인과관계(Ergebniskausalität)로 이해될 수 있을 것이다.[46]

2. 구체적 사례 검토

(1) 구체적인 양상

시장지배적 지위와 남용 행위 그리고 남용의 효과가 시장 별로 분리될 경우에 구체적으로 어떠한 양상으로 전개될지를 분석할 필요가 있다. 이에 대한 이해는 시장지배적 지위남용 행위의 경쟁정책적 의의를 명확히 하고 이에 따른 타당한 규제 법리의 형성을 가능하게 한다는 점에서 중요하며, 나아가 문제가 되는 행위의 규제 실효성을 제고하는 데 의미 있는 기여를 할 수 있을 것이다.

앞에서 살펴본 것처럼 시장지배적 지위와 남용 행위가 각각 상이한 시장에 위치할 경우에 양자 사이의 관련성은 실질적으로 시장지배적 지위와 남용의 효과 간에 관련성으로 이해할 수 있다.[47] 따라서 시장의 분리에 관한 분석은 시장지배적 지위와 남용 행위 외에 남용의 효과가 발생하는 시장을 포함하여 이루어져야 한다.[48] 물론 착취적 남용뿐만 아니라 배제적 남용의 경우에도 시장지배적 지위, 남용 행위, 남용 효과가 모두 한 시장에서 나타날 수 있다. 예를 들어 Michelin 사건에서[49] Michelin은 타이

---

46) Meinrad Dreher & Michael Kulka, Wettbewerbs- und Kartellrecht, C.F.Müller, 2021, 484-485면.
47) 행위와 폐해(효과) 간에도 이론적으로 인과관계가 요구되며, 예를 들어 거래거절의 경우 시장에서 배제된 효과가 거래 행위로 인한 것임을 인정하기 위하여 양자 사이의 인과관계가 존재하여야 한다는 주장으로, 白石忠志, 獨禁法講義, 有斐閣, 2018, 78-80면 참조.
48) Alison Jones & Brenda Sufrin, 주 1)의 책, 393-394면.

어(replacement tyre) 시장에서 지배적 지위를 가진 상태에서 동 시장에서 지배력을 유지, 강화하기 위하여 리베이트 등의 남용 행위를 하였다. 그러나 이상의 세 요소가 별개의 시장에 존재하는 경우도 EU경쟁법이나 독점 규제법상 규제 사례에서 빈번히 나타나고 있다.

(2) 남용 효과가 다른 시장에서 발생하는 경우

시장지배적 지위와 남용 행위가 한 시장에서 나타나고 있지만, 남용 효과는 다른 시장에서 발생하는 경우로 Telemarketing 사건을[50] 들 수 있다. 룩셈부르크 방송시장에서 국영기업으로 독점적 지위를 갖고 있었던 Centre belge d'études de marché은 하류시장인 텔레마케팅 시장에 진출하면서 동 시장의 경쟁사업자에 대한 방송서비스 제공을 중단하였고, 결국 텔레마케팅 시장에서도 독점적 지위를 갖게 되었는데, 유럽법원은 Centre belge d'études de marché의 행위가 시장지배적 지위남용에 해당하는 것으로 판단하였다. 동 사건에서 시장지배적 지위와 남용 행위는 방송서비스 시장에서 발생하였지만, 남용의 효과는 하류시장인 텔레마케팅 시장에서 나타났다.

국내 사례로 앞에서 언급한 포스코 사건이 전형적인 예가 될 것이다. 포스코는 열연코일 시장에서 국내 유일의 공급자로서 시장지배적 지위에 있었고, 하류 시장인 냉연강판에 이를 공급하면서 동시에 자신도 냉연강판시장에 참여하고 있었다. 대법원은 이러한 상황에서 포스코가 하류시장의 경쟁사업자에게 열연코일 공급을 거절한 행위는 독점규제법 제5조 제1항 제3호에 의해 규제되는 시장지배적 지위남용 행위에 해당하는 것으로 판단하였다.[51] 동 사건에서 문제가 된 남용 행위와 시장지배적 지위는 열

---

49) Michelin v. Commission, Case 322/81 [1983] ECR 3461.
50) Centre belge d'études de marché - Télémarketing (CBEM) v CLT & IPB, Case 311/84, [1985] ECR 3261.
51) 대법원 2007. 11. 22. 선고 2002두8626 판결.

연코일 시장에 위치하였고, 반면 남용의 효과는 하류시장인 냉연강판 시장에서 나타났다. 두 사건에서 확인할 수 있듯이, 이러한 유형은 대체로 시장지배적 사업자가 상류와 하류 시장에서 동시에 사업을 영위하고 있는 경우에 어느 한 시장에서 갖고 있는 지배력을 다른 시장으로 확대하려는 시도와 관련된다. 따라서 이 경우에 시장지배적 지위와 남용 효과 사이의 관련성은 지배력 전이의 관점에서 파악할 수 있을 것이다.

(3) 남용 행위 및 남용 효과가 다른 시장에 나타나는 경우

또한 시장지배적 지위가 존재하는 시장과 남용 행위가 발생한 시장이 다르고, 남용의 효과는 남용 행위가 있었던 시장에서 나타나는 경우도 상정할 수 있다. 앞에서 살펴본 Tetra Pak II 사건이[52] 이에 해당하는 예이다. 동 사건에서 살균시장에서 지배력을 갖고 있던 Tetra Pak은 비살균시장으로 자신의 지배력을 확대하려는 목적으로 끼워팔기를 하였고, 유럽법원은 이를 시장지배적 지위남용 행위로 판단하였다. 동 사건에서 시장지배적 지위는 살균시장에 있었지만, 남용 행위는 비살균시장에서 발생하였고, 살균시장에서의 지배력이 수평적으로 전이되는 경쟁제한의 효과는 비살균시장에서 나타났다.[53]

이와 유사한 국내 사례로 SKT의 멜론 사건을[54] 들 수 있다. 비록 동 사건은 최종적으로 대법원에서 경쟁제한의 의도를 인정하기 어렵고 소비자의 이익을 현저하게 침해하지 않았다는 등의 이유로 SKT의 위법성이 부인되었는데,[55] 사건의 전개 양상은 대체로 Tetra Pak II 사건과 유사하다.

---

52) Tetra Pak International v. Commission, Case C-334/94 P [1996] ECR I-5951.

53) Daniel Gustafsson, Tying under EC Competition Law - The Tetra Pak II Case, EKONOMI HÖGSKOLAN Lunds Universitet, 2007, 29면.

54) 대법원 2011. 10. 13. 선고 2008두1832 판결.

55) 동 판결에 대하여 시장봉쇄 효과에 기초한 경쟁제한 효과의 분석과 이러한 효과를 친경쟁적 효과와 형량하는 것이 적절하게 이루어지지 못하였다는 것에 근거하여 비판적으로 분석하고 있는 것으로, 오승한, "SK 이동통신의 휴대폰 폐쇄 DRM

SKT는 MP3폰을 디바이스로 하는 이동통신서비스 시장에서 시장지배적
지위에 있었고, 자신이 운영하는 음원사이트인 멜론에서 구매한 음악파일
만 재생되도록 하는 폐쇄적 방식으로 DRM을 운영하였다.56) 이는 실질적
으로 MP3폰을 디바이스로 하는 이동통신서비스와 멜론을 통하여 제공되
는 음악파일 다운로드를 끼워팔기하는 것과 유사하였으며, 이러한 행위로
인하여 경쟁사업자가 운영하는 음원사이트에서 다운로드 받은 음원은 특
별한 조치를 통해서만 SKT의 MP3폰에서 이용이 가능하게 되었기 때문에
MP3 파일 다운로드 시장에서 경쟁을 제한하는 효과를 낳았다. 동 사건에
서 시장지배적 지위는 MP3폰을 디바이스로 하는 이동통신서비스 시장 그
리고 남용 행위는 음악파일 다운로드 시장에 있었고, 남용 효과는 음악파
일 다운로드 시장에서 나타났다. 앞에서 논의한 것처럼, 시장지배적 지위
와 남용 행위 및 남용 효과가 상이한 시장에 존재한다면 시장지배적 지위
와 남용 효과 간에 관련성을 파악하는 것이 선행되어야 한다는 관점을 따
를 경우에, 동 사건에서 MP3폰을 디바이스로 하는 이동통신서비스 시장
의 지배력이 음악파일 다운로드 시장으로 확대될 우려가 나타나고 있다는
점에서 양자 사이의 관련성을 인정할 수 있고, 이러한 판단과정은 최종적
인 결론에도 영향을 미칠 수 있었을 것이다.57)

(4) 구체적 양상의 공통점

이상의 시장 분리 사례를 유형적으로 살펴본 바에 의하면, 시장지배적

장착행위의 경쟁제한성 판단", 경쟁법연구 제28권, 2013, 55-57면.
56) 다른 음원회사의 사이트의 음악파일은 회원 가입 등의 우회적 방식을 통해서만
SKT의 MP3폰에서 재생될 수 있었다.
57) 최종적으로 문제가 된 SKT의 행위가 소비자 이익을 현저히 침해한 것으로 보기
어렵다는 이유로 위법성을 부인한 동 판결을 분석하고, 독점력을 보유한 시장과
그 효과가 나타난 시장이 다른 경우의 문제를 동 판결이 적절히 다루었는지에 의
문을 표하는 것으로, 강우찬, "소비자이익의 현저한 저해행위의 판단방법", 기업
법연구회(편), 공정거래법 판례선집, 2011, 110면.

지위와 남용 행위, 남용 효과 등이 시장 별로 분리되는 경우는 대체로 특정 시장에서의 지배력을 다른 시장으로 확대하려는 시도와[58] 관련된다. 그리고 이러한 시도의 구체적인 징표로부터 양자 사이에 관련성이 구체화될 수 있다. 이와 같은 유럽법원의 판결에서 형성된 법리는 독점규제법상 시장지배적 지위남용 행위의 규제에 있어서도 원용될 필요가 있으며, 경쟁정책상 타당한 결론으로 이끌 수 있을 것이다.

V. 결론

EU기능조약 제102조와 독점규제법 제5조 제1항은 시장지배적 지위남용 행위의 규제 근거가 된다. 두 규정은 구조적으로 유사한데, 모두 시장지배적 지위와 남용 행위를 규제 요건으로 법정하고 있다. 물론 두 규정은 시장지배적 지위와 남용 행위 간의 일정한 관련성이 있을 것을 명시적으로 요구하고 있지 않지만, 유럽법원은 특히 시장지배적 지위와 남용 행위가 시장을 달리할 경우에, 양자의 관련성이 존재하여야 함을 밝히고 있다. 이때 양자의 관련성은 시장지배적 지위와 남용 효과 간에 관련성을 의미하며, 인과적인 관점에서 행위적 인과관계가 아닌 효과적 인과관계로 이해할 수 있을 것이다. 그리고 이러한 행위는 대체로 시장지배력을 다른 시장으로 확대하려는 시도로서 나타난다.

이러한 이해는 독점규제법상 시장지배적 지위남용 규제에 있어서도 반영되어야 한다. 즉 시장지배적 지위와 남용 행위 및 남용 효과가 상이한 시장에 존재하는 경우에는 시장지배적 지위와 남용 효과 간에 일정한 관련성이 인정될 필요가 있으며, 이를 통하여 남용 행위의 위법성 본질인 경쟁제한성의 의의가 구체화될 수 있다. 앞에서 살펴본 SKT 멜론 사건에 관

---

58) Richard Whish & David Bailey, 주 16)의 책, 205-208면.

한 대법원 판결에서 이러한 이해가 반영되었다면, 다른 결론이 도출될 수도 있었을 것이다. 무엇보다 이러한 접근 방식은 시장지배력을 다른 시장으로 확대하려는 방식으로 나타나는 남용 행위에 대하여 경쟁정책상 타당한 결론을 도출하고, 이로써 규제 실효성을 제고하는 데 기여할 수 있을 것이다.

4. EU 경쟁법상 약탈적 가격 규제 법리

I. 서론

경쟁정책상 약탈적 가격(predatory price)에 대한 우려는 경쟁 사업자를 배제하기 위한 수단으로 가격 책정이 활용될 수 있다는 것에 기인한다. 이러한 우려에 따라서 각국의 경쟁법은 약탈적 가격을 규제 대상으로 하고 있으며, 「독점규제 및 공정거래에 관한 법률」(이하 독점규제법)이나 EU 경쟁법처럼 시장지배적 지위남용 행위를 규제하는 법체계에서는 이에 따른 규제가 이루어지고 있다. 그러나 경쟁법에서 규제 근거가 주어지고 있다는 것과는 별개로, 약탈 가격 규제 법리가 명확한 것은 아니다. 약탈 수준을 정하는 문제뿐만 아니라 이러한 행위를 규제 대상으로 하는 경쟁정책적 의의에 관한 논의가 계속되고 있으며, 실제 규제 사례도 드물다. 이러한 점에서 2009년 유럽법원의 France Telecom 판결은 약탈적 가격 규제와 관련하여 비교법적으로 의미가 있으며, 독점규제법의 운용에 있어서 많은 참고가 될 것이다.

France Telecom 사건에 관한 유럽법원(Court of Justice)의 판결은[1] 프랑스 초고속 인터넷 시장에서 France Telecom의 시장지배적 지위남용 행위를 대상으로 한 것이며, 시장지배적 지위의 남용행위로서 약탈적 가격의 규제 문제가 주된 쟁점으로 다루어졌다. EU 경쟁법상 약탈 가격 규제에 관한 논의와 판례법상 형성된 법리를 종합하였다는 점에서 동 판결의 의의를 찾을 수 있지만, 구체적인 법리의 전개 과정에서도 특히 비교법적 측면에서 주목할 부분이 있으며, 이는 EU 경쟁법과 마찬가지로 약탈적 가

---

1) France Telecom v. Commission, Case C-202/07 P, [2009] ECR I-2369.

격을 시장지배적 지위남용 행위로서 규제하고 있는 독점규제법에서도 참고할 만한 것이다. 동 사건의 진행 과정에서 상고인인 France Télécom SA(이하 France Telecom)은 절차적 문제를 포함한 다양한 주장을 전개하였으며, 이로부터 약탈 가격에 관한 대부분의 쟁점이 다루어졌다. 특히 약탈 가격의 부과로부터 발생한 손실의 회수 가능성이 남용성 판단의 요소로서 고려될 수 있는지 또는 경쟁사업자가 책정한 가격에 대응하여 가격을 조정하는 과정에서 형성된 가격을 약탈적인 것으로 평가할 수 있는지 등의 문제는 시장지배적 지위남용으로서 약탈 가격 규제의 핵심에 해당하는 것이며, 이에 관하여 동 판결에서 제시된 법리는 독점규제법의 적용에 있어서도 의미가 있을 것이다.

이하에서는 사건의 경과와 유럽법원의 판결 내용을 구체적으로 살펴보고(II), 동 판결의 의의를 주요 쟁점별로 검토할 것이며(III), 이상의 논의에 기초하여 독점규제법상 약탈적 가격 규제 법리의 개선을 제안하고자 한다(IV).

II. 사건의 경과와 판결의 내용

1. 사건의 경과

1999년 7월 유럽 위원회는 발전 과정에 있는 초고속 인터넷 시장에 관하여 부문별 조사에 착수하였으며,[2] 특히 동 조사는 가입자망(local loop)의 접속 제공과 거주자의 이용에 초점을 맞추었다. 동 조사에서 획득한 정보를 토대로 위원회는 Wanadoo Interactive가 프랑스에서 초고속 인터넷

---

2) 해당 조사는 Council Regulation No 17(6 February 1962) 제12조 제1항에서 부여된 권한에 근거하였다.

서비스의 대가로 고객들에게 부과한 요금에 대한 면밀한 조사를 수행하기로 결정하였고, 결국 2001년 9월 직권으로 조사 절차를 개시하였다. Wanadoo Interactive는 프랑스 통신산업에서 1위 사업자인 France Telecom의 계열사이었는데, 문제가 된 기간 동안 France Telecom은 Wanadoo SA의 지분을 70%에서 72.2% 사이에서 유지하였고, Wanadoo SA는 Wanadoo Interactive의 지분을 99.9% 보유하고 있었다. Wanadoo SA와 그의 자회사들은 France Telecom 그룹 내에서 인터넷 사업과 전화번호부 사업을 전담하였으며, Wanadoo SA의 자회사들 중에서 Wanadoo Interactive(이하 Wanadoo)는 프랑스 내에서 ADSL(asymmetric digital subscriber line) 서비스를 포함한 초고속 인터넷 서비스의 영업적 측면과 기술적 측면을 담당하였다.

위원회는 2001. 12. 19. 법위반을 인정하는 내용의 1차 의견서(statement of objections)와 2002. 8. 9. 이를 보충하는 의견서를 Wanadoo에게 보냈고, Wanadoo는 2002. 3. 4. 그리고 2002. 10. 23. 이에 대한 답변서를 제출하였다. 위원회는 2003. 1. 16. Wanadoo에게 심사보고서(letter on the facts)를 송부하였고, 동월 23일과 27일 Wanadoo에게 심사보고서 작성의 기초가 되었던 모든 자료에 대한 접근을 허용하였다. Wanadoo는 심사보고서의 많은 부분을 보다 명확히 할 것을 요청하였으며, 위원회는 2003. 2. 28. 이에 대한 답변서를 보냈다. 이후 Wanadoo는 2003. 3. 4. 심사보고서에 대한 의견서를 위원회에 제출하였다. 이상의 절차를 거쳐 위원회는 신흥 시장(emerging market)인 초고속 인터넷 시장에서 경쟁자를 배제할 계획으로 Wanadoo가 자신의 상품에 대하여 약탈적인 가격 책정을 하였으며, 이러한 행위가 EC조약 제82조에(이하에서는 현행 EU기능조약(TFEU) 제102조로 표기) 반하는 것으로 판단하였다. 이에 위원회는 위반행위의 중지와 10.35 million EUR의 과징금 납부를 명하는 결정을 내렸다.[3]

---

3) Case COMP/38.233 – Wanadoo Interactive.

동 결정에서 위원회는 당해 위반행위의 전제로서 관련시장을 프랑스 내 초고속 인터넷 시장으로 획정하였다. 특히 상품별 관련시장 획정과 관련하여 인터넷 시장 전체로 정할 것인지가 쟁점이 되었는데, 위원회는 초고속(high-speed) 인터넷과 저고속(low-speed) 인터넷 간에 수요 대체성이 어렵다는 것에 근거하여 초고속 인터넷 시장으로 관련 상품시장을 획정하였다.[4] Wanadoo의 행위가 TFEU 제102조의 시장지배적 지위남용 행위에 해당할 경우에, 시장지배적 지위와 남용성 판단 과정이 요구된다. 위원회는 Wanadoo의 시장점유율 및 France Telecom 그룹에 속해 있는 등의 다양한 요소를 고려하여 관련시장에서 Wanadoo의 지배적 지위를 인정하였다.

우선 시장점유율 측면에서 보면, 2000. 12. 30. 기준 40~50%의 점유율은 2002. 8. 30. 기준 70~80%로 변화하였다. 2009년 제정된 'Guidance on Article 102 Enforcement Priorities'(이하 102조 지침)은 시장점유율은 유용한 최초의 지표일 뿐이며, 시장의 유동성, 상품 차별의 정도, 일정 기간에 걸친 시장점유율의 경향 또는 발전 등을 종합적으로 고려한 지배력 분석이 요구되는 것으로 보고 있는데, 위반행위가 나타난 대부분의 기간 동안 50% 이상의 점유율을 보유한 것은[5] 시장지배적 지위를 인정할 수

---

4) 위원회는 동 상품별 관련시장을 Wanadoo가 ADSL 기술에 기반하여 제공한 인터넷 서비스(Wanadoo ADSL과 eXtense)로 보았다. Wanadoo ADSL과 eXtense는 모뎀의 이용 방식에 차이가 있는데, 전자의 경우 인터넷 서비스 이용자는 France Telecom으로부터 모뎀을 임차하며, 따라서 인터넷 서비스를 이용할 경우 이용요금은 인터넷 서비스 제공자인 Wanadoo와 모뎀을 임대하는 France Telecom에게 이중으로 지불하게 된다. 반면 후자의 경우 이용자는 France Telecom으로부터 모뎀을 구매하고, 인터넷 서비스의 이용요금은 Wanadoo에게만 지불하게 된다. Case COMP/38.233, para. 193-202.

5) 유럽법원은 Hoffmann-La Roche 사건에서 시장점유율의 중요성은 시장마다 상이하지만, 매우 큰 점유율(very large shares)은 예외적인 경우를 제외하고 그 자체로 지배적 지위의 존재를 입증하는 것이라고 보는 것이 타당하다는 입장을 취하였고(Hoffmann-La Roche v. Commission, Case 85/76 [1986] ECR 461, para. 41.), AKZO 사건에서는 50%의 시장점유율을 매우 큰 점유율로 추정할 수 있다고

있는 유력한 근거가 될 수 있었다.[6] 또한 위원회는 Wanadoo가 프랑스에서 기간 통신망을 보유하고 있는 France Telecom과 계열관계에 있다는 점도 시장지배적 지위 인정에서 중요한 고려 요소가 되는 것으로 보았다.

이와 같은 지위를 전제로 Wanadoo가 시장을 선점하기 위한 목적으로 초고속 인터넷 시장에서 자신의 상품인 Wanadoo ADSL과 eXtense에 대하여 비용 이하, 구체적으로 2001년 3월부터 8월까지는 평균가변비용 이하 그리고 이후 2002년 10월까지는 평균총비용 이하의 가격을 부과한 행위가 TFEU 제102조에서 금지하는 남용행위에 해당한다고 보았다. 세부적으로 보면, 해당 기간 동안 Wanadoo ADSL과 eXtense의 명목상 평균 가격은 세금 제외 시 17.20유로와 37.98유로였으나, 실제 가격은 이보다 낮은 것으로 조사되었다.[7] 이와 같은 가격은 해당 기간 동안 평균비용 또는 평균가변비용보다 낮은 것으로 평가되었는데, 비용 계산에 있어서는 네트워크 비용으로서 접속비용(access costs), 회선비용(routing costs), 국제연결비용 등이 고려되었고, 고객유치비용에 광고, 판촉활동, 특별 행사 비용 등과 유통망에 지출한 비용 등이 포함되었다.[8]

이상의 위원회 결정은 2003. 7. 23. Wanadoo에게 송부되었으며, Wanadoo는 2003. 10. 2. 동 결정의 취소를 구하는 소를 1심법원(Court of First Instance)에 제기하였다. 한편 2004. 9. 1. 합병에 의하여, Wanadoo의 소송상 지위는 France Telecom에 의하여 승계되었다. 1심법원은 위원회 결정을 지지하였으며, 2007. 1. 30. 원고인 France Telecom의 청구를

보았다(AKZO v. Commission, Case C-62/86 [1991] ECR I-3359, para. 60.). 또한 시장점유율이 50% 이하인 경우에도 United Brands 사건에서처럼 40-45%의 시장 점유율을 갖고 있는 사업자에 대해여 시장점유율 외의 다른 요인들의 고려를 통하여 시장지배적 지위를 인정한 예도 있다(United Brands v. Commission, Case 27/76 [1978] ECR 207, para. 66.).

6) 102조 지침, para. 13.
7) Case COMP/38.233, para. 27-34.
8) Case COMP/38.233, para. 42-69.

기각하고, 소송비용의 부담을 명하는 판결을 내렸다.[9] France Telecom은 2007. 4. 10. 동 판결의 파기를 구하며 유럽법원에 상고하였다. 동 절차는 법률심에 해당하며,[10] 상고인인 France Telecom은 원판결의 법률 위반을 주장하는 내용의 상고이유를 제시하였다. 유럽법원은 최종적으로 2009. 4. 2. 상고인의 청구를 기각하고 원심을 유지하는 판결을 내렸다. 이하에 서 France Telecom이 제시한 상고이유를 중심으로 유럽법원의 판결 내용 을 살펴본다.

2. 유럽법원의 판결 내용

(1) 판결 이유의 불충분

첫 번째 상고이유로서 상고인인 France Telecom은 1심판결이 판결이유 를 밝힘에 있어서 오류를 범하였다고 주장하였다. 이러한 주장은 두 가지 측면에서 제기되었는데, 우선 약탈 가격을 부과한 기간 동안 발생한 손실 의 회복 가능성이 입증될 필요성이 있는지가 쟁점이 되었다. 이와 관련하 여 France Telecom은 1심법원이 지배적 지위에 있는 사업자의 가격정책 의 결과로 발생한 손실을 만회할 가능성이 입증될 필요가 없다는 Tetra Pak 판결을[11] 따르고 있지만, 당해 사건의 상황이 Tetra Pak 사건의 상황 과 유사한지 그리고 동 사건에서 채택된 해결방식이 정당한지 여부에 관 하여 이유를 설시하지 않은 점을 지적하였다.[12] 이에 관하여 유럽법원은 우선 법원의 판결이유의 설시는 명확하고 모호하지 않게(clearly and unequivocally) 이루어져야 하지만, 당사자에 의하여 개진된 모든 개별 주

---

9) France Telecom v. Commission, Case T-340/03, [2007] ECR II-107.

10) Richard Whish & David Bailey, Competition Law, Oxford Univ. Press, 2012, 165면.

11) Tetra Pak International v. Commission, Case C-334/94, [1996] ECR I-5951.

12) Case C-202/07 P, para. 27.

장에 상세하게 답하여야 하는 것은 아니며, 특히 그 주장이 충분히 명확하며 정확하지 않고 적절한 증거에 의하여 뒷받침되지 않을 경우에도 이에 답하여야 할 의무가 있는 것으로 볼 수 없다는 원칙을 밝히고 있다.[13] 이러한 원칙에 기초하여, 유럽법원은 원심이 손실의 회복 가능성에 대하여 충분한 이유를 제시한 것으로 보았다. 1심법원은 AKZO 판결과[14] Tetra Pak 판결에서 제시한 기준, 즉 평균가변비용 이하의 가격은 언제나 남용적인 것으로 고려되어야 하고, 총비용 이하 평균가변비용 이상인 가격은 배제 의사가 입증될 경우에만 남용적인 것으로 고려된다는 기준을 원용하였다.[15] 특히 Tetra Pak 사건의 경우 1976년부터 1981년까지 비살균 팩의 가격은 평균가변비용보다 낮았고, 1982년에 비살균 팩의 가격은 평균비용과 평균가변비용의 사이에 있었으며, 특히 전자의 시기에 경쟁자 배제 의도의 증거는 요구되지 않았다.[16] 이러한 점에서 1심법원은 당해 사건에서 Wanadoo에 의하여 적용된 가격 수준과 Wanadoo에게 발생한 평균가변비용과 평균비용 사이의 관계는 Tetra Pak 사건과 유사하고, 따라서 손실 회복의 증거가 약탈적 가격의 입증에 필수적인 전제조건이 되지 않는다고 보았으며, 유럽법원은 이러한 1심법원의 설명이 최종 결론의 근거가 된 이유를 충분히 명확하게 제시한 것으로 보았다.[17]

두 번째 근거는 지배적 지위에 있는 사업자도 자신의 경쟁자에 대응하여 자신의 가격을 책정할 권리를 갖고 있다는 것과 관련된다. France Telecom은 1심법원이 경쟁자들에 대응하여 자신의 가격을 부과할 권리에 근거한 상고인의 주장을 기각하는 적절한 이유를 설시하지 않았다고 주장하였다. 특히 1심법원이 경쟁자에 대응하는 가격 부과가 그 자체로 남용

---

13) 위의 판결, para. 29-30.
14) AKZO v. Commission, Case C-62/86, [1991] ECR I-3359, para. 71-72.
15) Case C-202/07 P, para. 33.
16) Case C-334/94, para. 42-43.
17) Case C-202/07 P, para. 37.

적인 것은 아닐지라도 당해 사건에서 Wanadoo가 지배적 지위를 강화하
거나 남용할 의도를 갖고 있는지 여부를 밝히지 않은 채 지배적 지위를
강화하거나 남용하는 경우에는 남용에 해당할 수 있다고 판시한 것은 충
분한 이유의 제시에 미치지 못한 것이라고 지적하였다.[18]

　유럽법원은 원심의 판단이 EU 판례법에 기초하여 이루어지고 있다는
점을 지적하였다. 1심법원은 EU 판례법이 취하고 있다는 태도를 상기시켰
는데, 이에 의하면 사업자가 지배적 지위에 있다는 사실에 의하여 자신의
상업적 이익을 보호하기 위하여 적절한 조치를 취할 권리가 박탈되는 것
은 아니지만, 그 조치가 지배적 지위의 강화와 남용을 실제 목적으로 하는
것이라면, 이러한 행위가 허용될 수 있는 것은 아니다.[19] 따라서 유럽법
원은 Wanadoo의 행위가 지배적 지위의 남용에 해당할 경우에 그 행위를
정당화하기 위하여 경쟁자들에 대응하는 가격 부과의 절대적 권리가 있다
는 주장을 수용하지 않은 1심법원의 판결이 EU 판례법에 부합하는 것으
로 판단하였다. 나아가 Wanadoo의 행위가 남용에 해당하는지 여부의 확
인 없이 이러한 판단에 이르렀다는 상고인의 주장 역시, 1심법원이 남용
행위의 존재에 의문을 제기하는 모든 주장에 대하여 검토하였다는 것을
확인하면서, 이러한 주장의 타당성을 부인하였다. 이상의 논의에 따라서
유럽법원은 첫 번째 상고이유를 받아들이지 않았다.[20]

(2) 가격조정에 관한 권리

　France Telecom은 경쟁자 가격에 대응하는 가격 책정의 권리는 EU 경
쟁법상 인정되는 것임에도 불구하고, 1심법원은 확립된 판례법이 요구하
는 것처럼 경쟁자들의 가격에 대응하기 위하여 France Telecom이 채택한
조치들이 합리적이고 적절한 것인지를 검토하지 않았음을 지적하면서, 1

---

18) 위의 판결, para. 39.
19) Case T-340/03, para. 185-186.
20) Case C-202/07 P, para. 47-49.

심법원의 판결이 TFEU 제102조의 법리에 위반하였음을 주장하였다.[21]

유럽법원은 동 상고이유가 두 부분으로 구성된다고 보면서, 우선 1심법원이 경쟁자의 가격에 맞추어 자신의 가격을 조정할 수 있는 상고인의 권리를 인정하지 않음으로써 본질적으로 TFEU 제102조를 위반하였다는 주장에 동의하지 않았다. 1심법원은 TFEU 제102조가 지배적 지위에 있는 사업자에게 자신의 가격을 경쟁자에 대응할 절대적 권리를 부여하는 것으로 해석될 수 없다고 판시하였으며,[22] France Telecom은 이러한 판시사항이 어떠한 방식으로 TFEU 제102조를 침해하는 것인지에 관한 명확한 설명을 제시하지 못한 것으로 보았다.[23] 또한 동 상고이유에서 1심법원이 Wanadoo의 대응이 합리적이고 적절한지를 고려하지 않았다는 문제도 제기되었는데, 유럽법원은 절차적 측면에서 당해 주장이 1심에서 제기되지 않았기 때문에 수용할 수 없는 것으로 판단하였다.[24]

이상의 논의에 기초하여 사업자가 가격을 조정할 권리를 갖고 있다는 것에 대한 고려를 간과한 것이 TFEU 제102조에 반한다는 상고인의 주장은 받아들여지지 않았다.

(3) 비용 회수 계산 방식의 적법성

France Telecom은 위원회가 비용 회수율(rate of recovery of costs)을 계산하는 데 사용한 방식이 위법하였음에도 불구하고, 1심법원은 이를 승인함으로써 AKZO 판결에서 확립된 약탈 가격에 관한 판단 기준을 따르지 않았으며, 따라서 TFEU 제102조를 위반하였다고 주장하였다. 구체적으로 가변비용과 관련하여, 평균가변비용보다 낮은 가격이 남용적인 것이 되기 위해서는 적용되는 계산 방식이 관련 서비스 공급이 손실을 낳고 있다는

---

21) Ibid., para. 50.
22) Case T-340/03, para. 44.
23) Case C-202/07 P, para. 56.
24) 위의 판결, para. 60.

것을 입증하여야 한다. 1심에서 France Telecom은 위반행위가 지속된 전 기간 동안 모든 가입자들이 수익을 낳았다는 사실을 주장하였고, 따라서 1 심법원은 이에 관한 판단을 하여야 했다. 총비용의 경우에도 France Telecom의 주장은 유사하였는데, 즉 가입자의 총비용이 회수되었는지 를 검토하지 않은 것은 약탈 가격의 판단 기준을 위반한 것이라고 주장 하였다.[25]

이에 대하여 위원회는 당해 사건에 적용된 방식은 AKZO 판결이나 Tetra Pak 판결과 마찬가지로 사업자의 회계 자료에 나타난 비용만을 고 려한 것이었으며, 이러한 방식으로 계산된 비용은 Wanadoo의 실제 비용 수준보다 낮을 수 있는 것이어서 오히려 상고인에게 유리한 방식일 수 있 다는 점도 지적하였다. 나아가 위원회는 France Telecom이 1심법원이 행 한 정태적 계산 방식 자체의 위법성을 주장하거나 다투지 않았다는 점도 언급하였다. 또한 위원회는 비용회수율이 조사 대상이었던 모든 연속적인 단기(successive short periods), 대략 1년 6개월 동안 100% 이하인 것으 로 분석하였다. 비용회수율을 전체 평균가입기간인 48개월 동안을 대상으 로 하지 않은 것에 대하여, 이 기간 동안 100%를 상회하기 위해서는 위반 기간 이후에 경쟁 수준보다 상당히 높은 가격을 부과할 경우에만 가능할 것이기 때문에 평균가입기간인 48개월을 분석 대상으로 삼을 필요성이 없 는 것으로 판단하였다.[26]

이 문제에 관하여 유럽법원은 우선 절차적 측면에서 1심에서 제기한 항 변사유를 단지 반복하는 것은 법리 오해로서의 상고이유가 될 수 없다는 점을 지적하였다. 1심법원은 위원회에 의하여 사용된 비용회수율 계산 방 식이 Wanadoo가 부담한 적절한 비용 수준을 고려하지 않았다는 주장에 대하여 충분한 답을 제시하였으며, 이러한 계산 방식의 적용이 Wanadoo 의 가격이 비용보다 낮았다는 것의 확인을 가능하게 한 것으로 보았다. 또

---

25) 위의 판결, para. 62-65.
26) 위의 판결, para. 66-68.

한 위원회가 수행한 기간별 분석 방식은 위반행위가 지속된 기간 동안 발생한 요금변화의 고려를 가능하게 한 것으로 판단하였다.

결국 유럽법원은 동 상고이유는 1심법원에서 다투어졌던 비용 계산방식에 관한 상고인의 주장을 반복한 것이며, 이러한 판단 과정에서 1심법원이 범한 법률 위반을 특정하는데 실패한 것으로서 수용할 수 없는 것으로 결론을 내렸다.[27]

(4) 위반 기간 이후의 수익과 비용 계산 문제

France Telecom은 위반행위 이후, 즉 2002년 10월 15일 이후의 수익과 비용을 비용 회수율 계산 방식으로부터 배제한 위원회의 분석을 1심법원이 승인하였다는 점에서 문제가 있음을 지적하였다. 즉 1심법원은 위원회가 위반행위 이후 그리고 평균 가입기간인 48개월에 포함되는 수익과 비용을 비용회수율 계산으로부터 배제하면서도, 동시에 가입에 관한 비용과 수익을 48개월에 걸쳐 분산하는 것을 승인하였는데, 이러한 접근은 모순되는 것이며, TFEU 제102조에 반하는 것이라고 주장하였다.[28]

이에 대하여 위원회는 적극적인 고객유치비용(conquest-related costs or customer acquisition costs)은 감가상각 원칙에 따라서 분산되어야 하지만, 수입과 위반 이후의 경상비는 분산할 수 없는 것으로 보았다. 또한 위원회는 비용회수율 계산에 있어서 장래 수익의 예상치를 포함하는 것은 타당하지 않다고 보았는데, 이러한 예상수치는 모든 경쟁사업자에게 주어진 France Telecom 네트워크 접속료 감액을 자신의 가격에는 반영하지 않기로 한 결정에 근거한 것이며, 아울러 이러한 정책은 약화된 경쟁의 맥락에서만 실현될 수 있는 것이라는 점을 지적하였다. 이와 같은 위원회의 입장은 1심법원의 판결에서 받아들여졌다.[29]

---

27) 위의 판결, para. 69-72.
28) 위의 판결, para. 74.
29) 위의 판결, para. 75-77.

　유럽법원은 사업자의 목적이 즉각적인 수익 창출이 아니라, 합리적 기간 안에 수익과 경상비 사이의 차이가 특정 상품의 상업적 개발 과정에서 투자된 임시적 가변비용을 충당하는 것을 보장하기에 충분한 경상비(네트워크 비용과 생산 비용) 회수의 일정 수준을 달성하는 것에 있다는 1심법원의 판단을 지지하였다. 이러한 관점에서 2001년 1월부터 2002년 10월 사이에 Wanadoo가 일정한 비용 수준 보다 낮은 가격을 부과하였다는 결론은 타당하며, 이러한 결론을 도출한 비용회수율 산정 방식의 위법성에 관한 상고인의 주장은 근거 없는 것으로서 받아들이지 않았다.[30]

(5) 시장점유율의 감소

　상고인은 Wanadoo의 시장점유율이 2002년 8월부터 하락하였고, 1심법원이 이를 인지하였음에도 불구하고 위반행위가 2002년 10월 15일까지 지속되었다고 본 것은 타당하지 않으며, 남용으로서 약탈 가격은 경쟁의 상당한 감소를 상정한 것인데, 오히려 경쟁의 강화가 나타난다면 이에 대한 고려가 이루어져야 한다고 주장하였다.[31]

　이에 관하여 위원회는 우선 절차적 문제로서 상고인이 1심에서는 단지 지배적 지위를 다투기 위하여 그리고 과징금의 감액을 받기 위하여 이러한 주장을 제기하였다는 점을 지적하였다. 주장 자체에 대한 반론으로서, 위원회는 위반행위의 마지막 1개월 반 기간 동안 Wanadoo의 시장점유율 감소는 경쟁사업자들과 달리 Wanadoo가 자신의 가격에 반영하지 않기로 하였던 네트워크 접속에 대한 France Telecom의 도매 요금 인하 때문이었고, 따라서 2002년 10월 15일까지 위반행위는 지속된 것이라고 주장하였다. 또한 위원회는 시장점유율의 감소가 위반행위 기간 나아가 과징금의 크기에 영향을 미칠 수 있지만, 상고인은 과징금의 재고를 청구하지 않

---

30) 위의 판결, para. 78-81.
31) 위의 판결, para. 83.

았기 때문에, 동 상고이유에 근거한 원심의 적법성 문제가 제기될 수 없다고 주장하였다.[32]

이와 관련하여 유럽법원은 당사자들의 주장 자체의 타당성을 직접적으로 언급하지는 않고, 대신 절차적 측면에 초점을 맞추었다. 즉 1심에서 France Telecom은 지배적 지위의 존부나 과징금 감면의 측면에서 시장점유율 감소의 문제를 제기하였을 뿐이며, 위반행위의 존부를 다투기 위하여 이를 원용하지는 않았다는 점을 지적하였다. 상고심의 관할은 1심법원에서 다투어졌던 항변에 관한 법적 판단의 재고에 한한다는 원칙에 비추어[33] 동 상고이유는 받아들여질 수 없는 것으로 판단하였다.[34]

(6) 채증법칙 위반 문제

상고인은 채증법칙 위반으로서 상고이유와 관련하여 우선 증거의 왜곡(distortion of the evidence)을 주장하였다. 즉 1심법원은 Wanadoo가 약탈 계획을 갖고 있었는지 여부를 분석함에 있어서 전적으로 의존하였던 Wanadoo의 내부문서를 왜곡하였는데, 예를 들어 동 법원은 선점(preemption)과 같은 용어를 사용하면서 이러한 내부문서를 매우 부정확하게 이해하였다는 점을 지적하였다.[35] 이에 관하여 위원회는 동 상고이유는 1심법원에서 받아들여지지 않은 항변에 대하여 상고심에서 재평가를 시도하는 것이고, 증거 왜곡 주장을 구체화하는 추가적인 논거가 제시되지 않았다는 점을 지적하였다. 유럽법원은 위원회의 주장에 동조하는 입장을 취하였다.[36]

증거에 관련된 두 번째 주장으로 상고인은 약탈 계획의 존재를 인정함

---

32) 위의 판결, para. 84-85.
33) 이에 관한 논의로서, Richard Whish & David Bailey, 주 10)의 책, 165면.
34) Case C-202/07 P, para. 86-87.
35) Ibid., para. 89.
36) 위의 판결, para. 90-93.

에 있어서 1심법원은 단지 주관적 요소에만 의존함으로써 TFEU 제102조를 위반하였다고 주장하였다.37) 이에 대하여 위원회는 시장지배적 지위남용에서 의도는 필연적으로 주관적이며, 객관적 표지에 근거하여 경쟁을 제거하려는 계획의 존재를 입증하는 것이 판례법에 근거한 요구사항이 아니라고 다투었다.38) 유럽법원은 1심법원이 단지 주관적 요소에 근거하여 약탈 계획의 존재를 인정한 것은 아니며, 사업자의 내부문서와 같은 객관적 요소들로부터 이러한 결론을 도출한 것으로 보았다.39) 유럽법원은 이상의 논의에 기초하여 증거와 관련된 상고인의 주장을 받아들이지 않았다.40)

(7) 손실 회수 가능성(possibility of recoupment of losses) 고려의 문제

손실 회수 가능성과 관련하여 상고인은 1심법원이 손실 회수 가능성의 입증이 약탈 가격 판단의 전제조건이 아니라고 본 것은 TFEU 제102조를 위반한 것이라고 주장하였다.41) 이에 대하여 위원회는 EU 판례법이 손실 회수 가능성의 입증을 요구하지 않으며, 이에 더하여 미국법원이 이를 요

---

37) 위의 판결, para. 95.
38) 위의 판결, para. 96.
39) 위의 판결, para. 97-98.
40) 동 상고이유는 주관적 요소에 근거하여 남용 판단이 이루어질 수 있는지의 문제와 관련되며, 따라서 시장지배적 지위의 남용성 판단에서 주관적 요건이 필수적으로 요구되는지의 문제와는 차원을 달리하는 것이다. 후자와 관련하여 구체적인 사례에서 행위자의 주관적 의도나 목적에 대한 고려가 이루어질 수 있지만, 이것이 필수적 요건으로 이해되지 않는다. 주관적 의도나 목적이 고려된 사건으로 Promedia 사건(ITT Promedia NV v. Commission, Case T-111/96, CFI [1998] ECR II-207)에서는 제소 방식의 권리 행사의 남용 판단에 있어서 1) 당해 행위가 권리를 확정하기 위한 시도로 볼 수 없고, 상대방을 단지 괴롭힐 목적에서 행해졌을 것, 2) 당해 행위가 경쟁의 제거를 목적으로 하는 계획 하에서 이루어졌을 것의 두 가지 요건이 제시되었다. 동 판결의 의의에 관하여 Katarzyna Czapracka, Intellectual Property and the Limits of Antitrust, Edward Elgar Publishing Ltd., 2009, 34면.
41) Case C-202/07 P, para. 101.

구하고 있는 것은 유럽 공동체 법과는 다른 경제적 논리에 기초하기 때문인 것으로 보고 있다. 즉 미국법에서의 접근방식과 달리 TFEU 제102조의 의미에서 남용 분석은 관련 사업자가 지배적 지위에 있는 것을 전제하며, 이러한 지위의 존재로부터 충분히 손실의 회수가 가능하다는 판단이 도출될 수 있다. 또한 당해 사건에서 관련 시장의 기하급수적인 성장은 이러한 손실 회복을 가능하게 하였다는 점도 지적하였다.42)

이와 관련하여 유럽법원은 우선 TFEU 제102조에서의 지배적 지위가 관련시장에서 유지되고 있는 효율적 경쟁을 경쟁자, 고객 궁극적으로 소비자로부터 독립적으로 행위할 수 있는 힘의 부여에 의해 상당한 정도로 방해하는 것을 가능하게 하는 사업자가 향유하는 경제적 힘의 지위와 관련된다는 점을 상기시키고 있다. 이러한 맥락에서 시장지배적 지위의 남용을 금지하는 TFEU 제102조는 경쟁의 정도가 이미 약화되어 있는 시장구조에 영향을 미치고, 상품의 정상적인 경쟁에서 나타나는 것과 다른 방식에 의존하며, 그리고 시장에 여전히 존재하는 경쟁의 정도의 유지나 경쟁의 발전을 방해하는 효과를 갖는 행위와 관련된다. 따라서 동 규정은 소비자들에게 직접적으로 손해를 낳는 행위뿐만 아니라 효율적인 경쟁 구조에 영향을 미쳐서 소비자들에게 손해가 되는 행위와도 관련되기 때문에, 시장지배적 지위를 보유한 사업자는 그 행위가 공동체 시장에서 왜곡되지 않은 경쟁에 영향을 미치지 않을 특별한 책임을 부담한다고 보았다. 이러한 점에서 TFEU 제102조는 시장지배적 사업자가 경쟁을 배제하는 것 그리고 이에 의하여 질적 기초 위에 있는 경쟁의 범위에 속하지 않는 방식을 사용하여 자신의 지위를 강화하는 것을 금지하며, 이러한 관점에서 가격을 수단으로 하는 모든 경쟁이 적법한 것으로 고려될 수는 없다. 특히 사업자가 이미 그 사업자의 존재에 의하여 약화된 경쟁 구조 하에 있는 특정 시장에서 여전히 존재하는 경쟁의 정도를 감소시키는 것으로부터 이

42) 위의 판결, para. 102.

익을 얻을 목적으로 경쟁자를 제거하는 것이 유일한 경제적 목적인 가격
정책을 행할 경우에, 사업자는 자신의 지배적 지위를 남용한 것으로 보아
야 한다고 판시하였다.[43]

이러한 관점에서 시장지배적 사업자에 의한 가격 정책의 위법성 평가를
위하여 유럽법원은 AKZO 판결에서[44] 제시된 기준을 원용하였다. 즉 평
균가변비용 이하의 가격은 그러한 가격을 적용함에 있어서 지배적 지위에
있는 사업자가 경쟁자를 제거하는 것 이외의 다른 경제적 목적을 추구하
지 않는 것으로 추정되는 한에서 일응(prima facie) 남용적인 것으로 고려
하고, 평균비용 이하이지만 평균가변비용 이상의 가격은 그 가격이 경쟁
자를 제거할 목적으로 갖는 계획의 실행으로 부과된 것인 경우에만 남용
적인 것으로 고려된다. 따라서 상고인의 주장과는 반대로, 판례법으로부터
지배적 지위에 있는 사업자인 상고인이 일정 수준의 비용 보다 낮은 가격
책정으로 인하여 부담한 손실의 회수 가능성에 관한 증거가 당해 가격 정
책이 남용적인 것이 되기 위한 필수적 전제조건인 것은 아니다. 물론 손실
회수 가능성은 일정한 행위가 남용적인지 여부를 평가함에 있어서 평균가
변비용보다 낮은 가격의 경우에 경쟁 제거 외에 다른 경제적 이유를 배제
하는데 도움이 될 수 있으며, 또는 평균비용보다 낮지만 평균가변비용보
다 높은 가격이 적용된 경우에 경쟁자를 배제할 계획이 존재한다는 것을
인정하는데 도움이 된다는 점에서, 이러한 해석이 손실 회수 가능성을 관
련 요소로 고려하는 것을 배제하지는 않는 것으로 보았다.[45]

나아가 유럽법원은 손실 회수 가능성이 없다는 것이 관련 사업자가 자
신의 지위를 강화하는 것, 특히 자신의 경쟁자를 시장으로부터 배제하는
결과를 낳는 것, 이로 인하여 이미 자신의 존재로 인하여 경쟁이 약화되어
있는 시장에서 그 경쟁의 정도가 더욱 줄어들고 고객들의 선택이 제한되

---

43) 위의 판결, para. 102-107.
44) Case C-62/86, para. 74.
45) Case C-202/07 P, para. 110.

는 결과로서 입게 되는 손해를 상쇄하기에 충분한 것은 아니라고 보았다. 이상의 논의에 기초하여 유럽법원은 손해 회수 가능성의 입증이 약탈 가격 인정의 필수적 전제조건은 아니라는 입장을 확인하였다.[46]

한편 손실 회수 가능성과 관련하여 상고인은 당해 사건에서 손실 회수 가능성을 입증하는 증거를 이미 제출하였고, 따라서 1심법원은 피심인인 사업자가 제시한 증거를 위원회가 채택하지 않을 권한이 있는지 문제에 관하여 판단을 하지 않았다는 점을 지적하였다.[47] 이에 대하여 위원회는 1심에서 동 증거를 채택할 위원회 권한의 존부에 관하여 상고인이 항변하지 않았으며, 위원회는 당해 결정에서 손실의 회수 가능성을 분석하고 당해 사건에서 그 가능성을 실제적으로 고려하였다고 다투었다.[48] 이에 관하여 유럽법원은 전술한 para. 30에서 언급한 것처럼 1심법원이 판결 이유에서 당사자에 의하여 개진된 모든 개별 주장에 상세하게 답할 의무가 있는 것은 아니며, 특히 그 주장이 충분히 명백하고 정확하지 않으며 적절한 증거에 의하여 뒷받침되지 않을 경우에 이러한 의무를 인정할 수 없다고 보았다. 그리고 이 문제와 관련해서는 1심에서 당해 사건에서 손실 회수가 불가능하였다는 것에 관하여 Wanadoo가 이미 제출한 증거를 위원회가 위법하게 채택하지 않았다는 사실을 다투는 항변이 제기되지 않았다는 것을 지적하는 것으로 충분하다고 판시하였다.[49] 이상의 논의에 기초하여 유럽법원은 동 상고이유가 근거 없는 것으로 최종적인 평가를 내렸다.

---

46) 위의 판결, para. 112.
47) 위의 판결, para. 115.
48) 위의 판결, para. 116.
49) 위의 판결, para. 118.

III. 판결의 의의

1. 손실 회수 가능성

이상의 상고이유 중에서도 1심법원이 손실 회수 가능성을 약탈적 가격 인정의 전제조건이 아니라고 한 것에 법리오해가 있다는 주장은 동 판결에서 다루어진 가장 핵심적인 쟁점이라 할 것이다.[50] France Telecom은 약탈 가격의 부과가 사업자 입장에서 경제적으로 합리적이지 않을 수 있다는 점을 고려할 경우에, 이러한 가능성의 입증은 EU 경쟁법상 남용 판단의 전제로서 언제나 요구되는 것이라고 주장하였다.[51] 이에 대하여 유럽법원은 상고인의 주장을 받아들이지 않았으며, 약탈적 가격의 남용성 판단에서 손실 회수의 가능성에 관한 증거가 필수적으로 요구되지 않는다는 입장을 취하였다. 이러한 입장은 약탈적 가격의 책정이 배제적 효과로 이어질 수 있다는 경쟁정책적 우려에 기초하는 것이지만, 논의 과정에서 위원회가 반론으로서 제시한 미국 판례법과의 비교는, 비록 유럽법원이 이에 대한 직접적인 언급을 하지 않았다 하더라도, 약탈 가격의 규제 법리를 종합적으로 이해하는데 유용한 시사점을 제공한다.

미국 경쟁법에서는 약탈 가격의 위법성과 관련한 근거의 하나로서 보상 가격의 문제가 거론되고 있다. 즉 특정한 사업자가 약탈 가격을 통하여 경쟁사업자를 시장에서 배제하는 등의 목적을 달성한 후에 보상 가격(recoupment price)의 책정을 통하여 약탈 가격의 부과로 인하여 발생한 손실을 거래 상대방에게 전가하는 메커니즘이 작동할 수 있으며, 따라서 낮은 가격에 의하여 단기간에 소비자에게 이익이 발생하더라도 장기적으로 소비자 후생이 감소하는 결과가 나타날 수 있다는 점도 약탈 가격의

50) Antonio Bavasso, "Recoupment in Predatory Pricing: France Telecom v. Commission", Allen & Overy, 2009, 1면.
51) Case C-202/07 P, para. 101.

부당성 판단의 중요한 근거가 될 수 있다. 그러나 보상 가격 메커니즘이 실제로 작용하는지에 관해서 의견이 일치하는 것은 아니고, 명확하게 드러나는 단기적인 소비자 이익이 경쟁사업자의 배제로부터 이론적으로 상정된 장기적인 후생감소보다 작다고 볼 수 있는지에 관한 본질적인 의문도 제기되고 있다.[52]

동 판결에서 유럽법원이 당해 상고이유에 대하여 판시한 사항은 이와 같은 미국 경쟁법상 논의와 대비되는 입장에 있다. 위원회는 동 상고이유에 대한 반론의 하나로서 미국 경쟁법과 EU 경쟁법의 차이를 지적하고 있다. 특히 TFEU 제102조에서 남용은 관련 사업자가 지배적 지위에 있는 것을 전제하고, 이러한 지위가 손실의 보상이 이루어질 수 있다는 판단을 가능하게 한다는 점을 강조하고 있으며, 유럽법원은 이러한 입장을 수용하는 판결을 내렸다. 이러한 이해를 따를 경우, 손실의 회수 가능성 또는 보상 가격의 실현 가능성은 이미 시장지배적 지위가 전제되고 있는 상황에서 부차적인 것으로 볼 수 있으며, 따라서 이에 대한 입증이 필연적인 것은 아니다.

나아가 유럽법원이 보상가격 메커니즘 자체에 대하여 미국 경쟁법과는 상이한 시각을 보여주고 있다는 점도 주목할 만하다. 전술한 것처럼 유럽법원이 손실 회수 가능성의 부정이 관련 사업자가 자신의 지위를 강화하는 것, 특히 자신의 경쟁자를 시장으로부터 배제하는 결과를 낳는 것, 이로 인하여 이미 경쟁이 약화되어 있는 시장에 존재하는 경쟁의 정도가 더욱 줄어들고 선택이 제한되는 결과로서 입게 되는 고객의 손해를 상쇄하기에 충분한 것은 아니라고 판시하였다.[53] 이러한 관점에서는 보상 가격으로 인한 추가적인 소비자 후생의 감소 없이 궁극적으로 소비자에게 발생하는 경쟁상 손해만으로도 약탈 가격의 경쟁법상 위법성의 근거를 확인

---

52) Phillip Areeda & Herbert Hovenkamp, Antitrust Law vol. III, Little, Brown and Company, 1996, 234-235면.
53) Case C-202/07 P, para. 112.

할 수 있을 것이다.[54]

2. 가격 조정의 권리

France Telecom의 상고이유 중에서 시장지배적 사업자도 경쟁사업자의 가격에 대응하여 자신의 가격을 조정할 권리가 있다고 한 주장 역시 동 판결에서 중요한 쟁점의 하나로 다루어졌다. 특히 이러한 권리의 의의와 이로부터 도출되는 면책 가능성의 검토는 가격 결정의 자유와 경쟁법의 적용 사이에 충돌을 상정하고 있다는 점에서 경쟁정책의 실현에 관한 본질적 문제 제기로서의 성격도 아울러 갖고 있다.

앞에서 살펴본 것처럼 France Telecom은 1심법원이 시장지배적 사업자의 가격 조정이 남용적인 것으로 고려될 수 있는지에 관한 충분한 이유를 제시하지 않았다는 주장을 전개하였다. 동 판결에서 이에 대한 답은 당해 사건을 넘어서 시장지배적 지위남용의 규제의 의의를 이해하는 데에도 의미가 있다. 동 사건에서 1심법원은 사업자가 지배적 지위에 있다는 사실에 의하여 적절하고 합리적인 조치를 통하여 자신의 상업적 이익을 보호하기 위한 권리가 박탈될 수 있는 것은 아니지만, 이러한 조치의 실제 목적이 지배적 지위를 강화하고 남용하는 것이라면, 시장지배적 지위남용의 규제 대상에서 제외되지 않는다고 보았다.[55] 전술한 것처럼 유럽법원은 이와 같은 1심법원의 판단을 지지하면서, France Telecom의 상고이유를 받아들이지 않았다. 결국 유럽법원은 일반 사업자에게는 계약자유의 원칙상 당연히 허용되는 행위일 경우에도, 시장지배적 사업자에 대해서는 이

---

54) 경쟁법의 목적은 효율적인 경쟁을 보호하는 것에 있다는 점을 강조하면서, 손실회수 가능성에 대한 필수적 고려를 부인한 판결에 대하여 의문을 표하는 견해로, Miguel Moura e Silva, "Predatory Pricing under Article 82 and the Recoupment Test: Do Not Go Gentel into that Good Night", ECLR vol. 30 issue 2, 2009, 66면.

55) Case T-340/03, para. 187.

러한 행위가 금지되는 특별한 책임이 부과된다는 것을 전제하고 있으며, 이러한 책임은 경쟁자의 배제를 통하여 구체화 될 수 있음을 밝히고 있다.

France Telecom 판결에 나타난 약탈에 대한 이해는 위원회가 제정한 '102조 지침'에도 반영되고 있다. 동 지침에서 약탈 가격은 시장지배적 사업자가 자신의 시장력을 강화 또는 유지하기 위하여 실제 또는 잠재적 경쟁자를 배제하고자 단기간에 의도적으로 손실을 초래하거나 이윤을 억제하는(incurring losses or foregoing profits) 행위를 의미하며,[56) 동 지침은 손실을 초래하거나 이윤을 억제하는 행위를 손실감수행위(sacrifice)로 이해한다. 이러한 행위는 생산물의 전부 또는 일부에 대하여 낮은 가격을 부과하는 것에 의하여 이루어지고, 분석의 출발점으로서 평균회피비용(AAC; average avoidable cost)을 제시하고 있다.[57) 그러나 평균회피비용보다 낮은 가격의 부과 외에 이익이 될 수 있는 합리적인 대체 행위를 기대할 수 있었는지가 남용 판단에 추가되어야 하고, 이러한 행위가 경쟁 사업자의 경쟁 가능성을 제한하는지도 검토되어야 한다.[58) 이때 시장지배적 사업자는 경쟁사업자가 적극적으로 경쟁하지 않고 자신의 가격 정책에 순응하면서 시장에 남아 있는 것을 선호할 수 있기 때문에, 경쟁제한성을 입증하기 위하여 경쟁사업자가 당해 시장에서 퇴출되었을 것이 요구되는 것은 아니다.[59) 이와 같이 '102조 지침'에서 규정하고 있는 약탈 가격은 행위 측면과 시장봉쇄 효과에 초점을 맞춘 경쟁제한성 측면에서 구성되며, 경쟁사업자에 대한 대응의 일환으로 나타난 가격 조정을 고려 사항으로 규정하고 있지는 않다.

한편 이러한 규정 방식을 미국 경쟁법에서 나타나고 있는 가격차별의 항변 사유로서 경쟁대응 항변과 비교하는 것도 의미가 있을 것이다. 특히

---

56) 102조 지침, para. 63.
57) 102조 지침, para. 64.
58) 102조 지침, para. 65.
59) 102조 지침, para. 69.

가격차별의 경우 우호적 취급(favored)을 받는 그룹의 관점에서는 약탈적인 성격을 지니고 있으므로, 여기서 논의되고 있는 가격 조정의 허용 가능성을 검토하는 과정에서 원용될 여지가 있다.[60] 미국 판례법상 'A & P' 사건에서[61] 정식화된 경쟁대응 항변의 요건을 보면, 판매자는 신뢰할 수 있는 거래상대방으로부터 정보를 얻고, 이를 조사하기 위하여 노력하여야 하며, 거래상대방의 요구에 따라서 가격을 낮추지 않을 경우에 거래 종결의 심각한 위험에 직면하고 있어야 한다. 이상의 요건은 가격차별의 정당화 사유로 기능하며, 구조적으로 약탈 가격에서 당사자들 사이의 관계와 유사한 측면이 있다. 그러나 앞에서 살펴본 것처럼 유럽법원은 시장지배적 지위에 있는 사업자의 가격 조정이 경쟁사업자의 배제와 관련될 경우, 경쟁 대응의 차원에서 조정이 이루어진 경우에도 남용 판단이 가능한 것으로 보고 있으며,[62] 이러한 차이가 지배적 지위를 전제한 폐해규제주의적 법체계의 특징에서 연유하는 것인지는 논의되어야 할 부분이다.[63]

3. 수직적 통합 사업자의 문제

France Telecom의 가격조정 일환으로서 행해진 약탈적 가격과 Deutsche Telekom 판결에서[64] 쟁점이 되었던 이윤 압착을 비교하여 이해하는 것은 시장지배적 지위의 남용 측면에서 France Telecom의 행위를 이해하는 데

---

60) 주로 1선 차별의 경우 약탈 가격의 규제 법리의 적용될 수 있다는 것과 관련하여, Herbert Hovenkamp, Federal Antitrust Policy, Thomson/West, 2005, 593면.

61) Great Atlantic & Pacific Tea Co., Inc. v. FTC, 440 U.S. 69 (1979).

62) Ariel Ezrachi, EU Competition Law, Oxford Univ. Press, 2010, 150면.

63) 이와 관련한 국내 사례로서, 현대정보기술 사건에 관한 대법원 2001. 6. 2. 선고 99두4686 판결에서 대법원은 지역정보화 시스템을 통합하는 서비스를 제공하는 시장에 진입하고자 하는 경쟁사업자가 모두 입찰예정 가격에 훨씬 못 미치는 입찰금액으로 입찰에 참가하였던 점을 약탈 가격의 의미가 있는 염매의 정당화 사유의 하나로 언급하였다.

64) Deutsche Telekom AG v. Commission, Case C-280/08 P [2010] ECR I-9555.

에도 도움이 될 것이다. 두 사업자는 프랑스와 독일에서 기간통신망을 보유하고 있는 지배적 사업자이며, 상류시장과 하류시장 모두에서 상품을 공급하고 있다는 점에서 수직적으로 통합된 사업자로서의 구조적 유사성을 갖고 있었다.

그러나 행위 측면에서는 일정한 차이가 존재하는데, 우선 행위 주체 측면에서 France Telecom 사건에서는 문제가 된 사업자들이 통합된 수직적 구조 안에 위치하지만 상류시장과 하류시장에서 별개의 주체로 존재한다는 점에서, 도매 시장과 소매 시장에 모두 진출한 사업자의 행위가 문제가 되었던 Deutsche Telekom 사건과 차이가 있다.[65] 또한 행위의 특성에서도 차이가 있는데, 후자의 사건에서는 도·소매단계에서 단일 사업자로 활동하고 있는 Deutsche Telekom이 소매 시장에서 자신과 경쟁하고 있는 사업자에 대한 도매 시장에서의 공급 가격을 높임으로써 소매 시장에서의 경쟁을 실질적으로 제한하는 이윤 압착(price squeezing) 방식의 가격 책정을 한 것이 문제가 된 반면, 전자의 사건에서는 소매 시장인 초고속 인터넷 시장에서 사업을 영위하고 있는 France Telecom의 자회사인 Wanadoo의 약탈적 가격 책정이 규제 대상이 되었다. 실제 거래 상황을 보면, 도매 시장이라 할 수 있는 통신망 접속 시장에서 France Telecom은 Wanadoo의 경쟁 사업자에 대한 접속료 인하 정책을 취하기도 하였지만, 초고속 인터넷 시장에서의 약탈 가격 정책에 의하여 경쟁사업자의 배제를 시도하였다.

이와 같이 순수하게 행위의 형식적 측면에서 볼 때, Deutsche Telekom 사건에서는 도매시장에서 가격 인상을 통한 이윤 압착이 문제된 반면, France Telecom 사건에서는 소매시장에서 비용 이하의 가격 책정에 의한 약탈 가격이 문제가 되었다는 점에서 대비되는 모습을 보인다. 그러나 양

[65] 가격 조정과 이윤 압착의 비교에 관하여, Christian Koenig, Andreas Bartosch, Jens-Daniel Braun & Marion Romes, EC Competition and Telekommunications Law, Wolters Kluwer, 2009, 127면.

행위의 실질은 궁극적으로 소매시장에서 경쟁하는 사업자의 배제를 목적으로 하고 있다는 점에서 유사하며, 이러한 유사성은 수직적으로 통합된 사업자에 대한 경쟁정책적 주의를 환기시키고 있다. 예를 들어 Whish & Bailey에 의하면, 소매시장에서 경쟁하는 사업자에 대하여 도매단계에서 공급을 제한하는 것은 수평적 봉쇄행위에 대비되는 수직적 봉쇄행위의 특징이며,[66] 이윤 압착은 이러한 수직적 봉쇄의 전형에 해당하는 것이다. 그러나 도매단계에서 제한을 가하지 않으면서 소매단계에서의 경쟁을 제한하는 방식이 활용될 수도 있으며, France Telecom 사건은 이러한 행위 유형의 적절한 예가 될 것이다.

IV. 독점규제법상 약탈 가격 규제 법리의 개선

1. 독점규제법상 약탈 가격 규제

독점규제법상 단독행위 규제는 시장지배적 지위남용행위와 불공정거래행위 규제로 이원화되어 있고, 약탈적 가격의 규제도 이와 같은 단독행위 규제체계에 따라서 이원적인 규제 근거를 갖고 있다. 즉 시장지배적 지위남용행위 규제와 관련하여 독점규제법 제5조 제1항 제5호 전단은 "부당하게 경쟁사업자를 배제하기 위한 거래"를 규제 대상으로 하고 있고, 동법 시행령 제9조 제5항 제1호는 "부당하게 상품 또는 용역을 통상거래가격에 비하여 낮은 대가로 공급하거나 높은 대가로 구입하여 경쟁사업자를 배제시킬 우려가 있는 경우"가 이에 해당하는 것으로 규정하고 있다. 또한 불공정거래행위 규제와 관련하여 독점규제법 제45조 제1항 제3호는 "부당하게 경쟁자를 배제하는 행위"를 규제하며, 이를 구체화하고 있는 동법 시행

---

66) Richard Whish & David Bailey, 주 10)의 책, 205면.

령 [별표 2] 제3호 가목은 "자기의 상품 또는 용역을 공급함에 있어서 정
당한 이유 없이 그 공급에 소요되는 비용보다 현저히 낮은 대가로 계속하
여 공급하거나 기타 부당하게 상품 또는 용역을 낮은 대가로 공급함으로
써 자기 또는 계열회사의 경쟁사업자를 배제시킬 우려가 있는 행위"(부당
염매)를 규제 대상으로 하고 있다.

이와 같은 규제체계에 비추어 독점규제법상 약탈적 가격의 규제는 시장
지배적 지위남용 행위와 불공정거래행위에 의하여 모두 가능하며, 따라서
양자의 관계에 대한 이해가 선결적인 과제로 요구된다. 양자의 관계에 대
하여 전자를 후자의 특별법적 위치에 있는 것으로 파악하는 견해가 지배
적이며,[67] 주로 양 규제의 수범자 범위의 차이에 근거한다. 즉 전자의 규
제 대상이 시장지배적 사업자로 제한되는 반면, 후자는 사업자 일반을 대
상으로 한다는 점에서 전자는 후자의 특별법에 해당하는 것으로 이해하고
있다.[68] 이에 대하여 양 규제가 적용되는 시장의 구조적 성격에 차이가
있다는 점에 초점을 맞추어 특별법적 관계의 타당성을 구하는 견해도 있
다. 이에 의하면 수범자가 일정한 범위로 제한된다는 점은 특법적 관계의
결정적인 표지가 될 수 있지만, 보다 중요한 것은 지배적 사업자의 존재에
연유하는 상이한 시장 구조 그리고 이에 따른 규범적 차이라 할 수 있다.
즉 동일한 행위라도 행위 주체가 시장지배적 지위에 있는 사업자와 그러
한 지위에 있지 않은 사업자인지에 따라서 경쟁정책적 평가는 달라질 수
있으며,[69] 결국 시장지배적 사업자의 존재에 의하여 이미 구조적으로 경
쟁이 제약되고 있는 잔존경쟁(remaining competition)의 시장적 특성을[70]

---

[67] 권오승, 경제법, 법문사, 2014, 283면; 양명조, 경제법, 신조사, 2013, 187-188면.
[68] 권오승, 앞의 책, 283면.
[69] Gerhard Wiedemann hrsg., Handbuch des Kartellrechts, C. H. Beck, 1999, 831
면(Gerhard Wiedemann).
[70] 지배적 지위에 있는 사업자와 다른 열등한 지위에 있는 사업자 간의 경쟁으로 잔
존경쟁을 이해하는 것으로, Gerhard Wiedemann hrsg., 위의 책, 766면
(Georg-Klaus de Bronett). 앞에서 살펴본 Hoffmann-La Roche 판결에서 유럽법

특별법적 관계로 파악하는 근거로 원용할 수도 있다.

그러나 이상의 논의는 시장지배적 지위남용행위 규제와 불공정거래행위 규제 간에 규범 목적과 위법성의 본질에 있어서 차이가 없다는 것을 전제할 경우에만 유효한 것이라 할 수 있으며, 특히 불공정거래행위의 경우 위법성 판단이 경쟁제한성에 한정되지 않고 불공정성 등 다원적으로 이루어질 수 있다는 점을 염두에 둘 필요가 있다. 이와 관련하여 대법원이 "공정거래법 제3조의2 제1항 제3호의 시장지배적 사업자의 거래거절행위와 공정거래법 제23조 제1항 제1호의 불공정거래행위로서의 거래거절행위는 그 규제목적 및 범위를 달리하고 있으므로 공정거래법 제3조의2 제1항 제3호가 규제하는 시장지배적 사업자의 거래거절행위의 부당성의 의미는 공정거래법 제23조 제1항 제1호의 불공정거래행위로서의 거래거절행위의 부당성과는 별도로 독자적으로 평가·해석하여야 한다"고 판시한 것에 주목할 필요가 있을 것이다. 이러한 관점에서는 적어도 불공정거래행위 중 경쟁제한성에 의하지 않고 위법성 판단이 이루어지는 유형에 대해서는 특별법적 관계로서의 이해에 한계가 있으며, 법리적으로 경합적 적용의 가능성을 부인하기 어려울 것이다. 그러나 약탈적 가격에 의한 경쟁사업자 배제의 경우 불공정거래행위로서의 규제도 주로 경쟁제한성에 기초하므로, 이에 한정하여 특별법적 관계로서의 이해가 유력할 것이다.

2. 규제 법리의 개선

우선 불공정거래행위로서의 규제는 독점규제법 제45조 제1항 제3호 및 동법 시행령 [별표 2] 제3호 가목에 의한 부당염매로서의 규제에 근거한다. 공정거래위원회가 제정한 「불공정거래행위 심사지침」은 염매에 해당하는 가격을 공급비용보다 현저히 낮은 수준으로 보고 구체적 기준으로서

원은 남용 개념을 이미 시장지배적 사업자의 존재로 인하여 경쟁의 정도가 약화된 시장에 기초하여 정의하고 있다.

제조원가나 매입원가를 제시하고 있으며, 위법성 판단은 경쟁사업자를 배제할 우려에 기초하고 있다(V. 3. (1), (2)). 또한 동법 시행령 제9조 제5항 제1호의 "부당하게 상품 또는 용역을 통상거래가격에 비하여 낮은 대가로 공급하거나 높은 대가로 구입하여 경쟁사업자를 배제시킬 우려가 있는 경우"에 해당하는 시장지배적 사업자의 남용행위 판단과 관련하여, 「시장지배적 지위남용행위 심사기준」은 '낮은 대가의 공급 또는 높은 대가의 구입 여부'를 판단함에 있어서는 통상거래가격과의 차이의 정도, 공급 또는 구입의 수량 및 기간, 당해 품목의 특성 및 수급상황 등을 종합적으로 고려하며, '경쟁사업자를 배제시킬 우려가 있는 경우'를 판단함에 있어서는 당해 행위의 목적, 유사품 및 인접시장의 존재여부, 당해 사업자 및 경쟁사업자의 시장지위 및 자금력 등을 종합적으로 고려할 것을 요구한다(IV. 5. 가).

이상의 불공정거래행위와 시장지배적 지위남용행위로서 규제 법리는 수범자의 범위를 제외하고, 어느 경우에나 약탈적 가격의 규제 근거로서 기능할 수 있다는 점에 차이는 없으며,[71] 위법성 판단에서 경쟁사업자 배제 우려에 따른 경쟁제한성에 의한다는 점에서도 본질적으로 동일하다. 즉 불공정거래행위나 시장지배적 지위남용행위 모두 약탈적 가격을 규제 대상으로 할 경우에 위법성의 본질은 경쟁사업자 배제 우려에 따른 경쟁제한성에 있으며, 불공정거래행위로서 약탈적 가격이 문제가 되었던 현대정보기술 사건에서[72] 대법원 역시 동일한 입장을 취하였다.

---

71) 시장지배적 지위남용행위에 관한 규정은 총비용의 개념이 아닌 통상거래가격과의 차이를 기준으로 남용성을 판단하는 것으로 되어 있기 때문에 약탈적 가격(부당염매) 외에 이윤 압착(margin squeezing) 등의 행위도 포섭할 수 있는 여지를 주고 있다. 다만 시장지배적 지위남용행위의 경우 시장지배력이 전제되기 때문에 이러한 점에서 불공정거래행위와 차별성을 갖게 될 것이다. 한편 독점규제법상 부당지원행위 규제에서 요구되는 정상가격의 산정과 관련하여 「국제조세조정에 관한 법률」 제2조 및 제5조에 의한 비교가능 제3자 가격방법을 참고할 수 있다는 것으로, 주진열, "공정거래법상 부당지원행위 관련 정상가격 산정 기준 - 대법원 2015. 1. 29. 선고 2014두36112 판결 -", 법학논고 제51집, 2015, 270-271면.

경쟁정책상 약탈 가격의 문제가 경쟁자 배제 효과에 기인한다는 점에서 이와 같은 규제 법리 자체의 타당성에 의문은 없다. 그러나 구체적인 기준의 제시로서는 미흡하며, 앞에서 살펴본 France Telecom 판결에서 다루어졌던 주요 쟁점에 대한 이해가 반영되지 못하고 있다. 예를 들어 책정된 가격이 약탈 수준에 해당하는지를 판단하기 위한 기준에 관하여 불공정거래행위의 경우 염매에 해당하는지는 공급비용에 기초하여 판단하고 제조원가나 매입원가를 구체적 기준으로 제시하고 있으며,73) 시장지배적 지위 남용행위의 경우에는 통상거래가격과의 차이의 정도를 기준으로 언급하고 있을 뿐이다. 불공정거래행위로서 부당염매와 관련하여 대법원이 총원가 기준으로 염매를 판단하고, 변동비(가변비) 상회 여부는 부당성 판단에서 고려한다고 판시한 것은 동법 시행령 [별표2] 제3호 가목의 '공급에 소요되는 비용'의 문리적 해석에 지나지 않으며, 경쟁정책적 의의가 반영된 것은 아니다. France Telecom 판결에서 원용하였던 유럽법원의 판례에서 정립된 평균가변비용 이하의 가격은 언제나 남용적인 것으로 그리고 총비용 이하 평균가변비용 이상인 가격은 배제 의사가 입증될 경우에만 남용적인 것으로 고려된다는 기준과74) 같이 보다 구체적인 기준의 제시가 필요할 것이다.

위법성의 기초로서 경쟁제한성 판단에 있어서도 중요 요소들에 대한 고려가 충분한지에도 의문이 있다. 우선 손실 회복 가능성을 독점규제법상 약탈 규제와 관련하여 어떻게 취급할 지에 대한 논의가 필요하다. 앞에서 살펴본 것처럼 이에 관한 미국과 유럽의 경쟁법은 상이한 입장을 보이고 있다. 궁극적으로 소비자에 이익이 된다는 점에서 손실의 회복 가능성이 행위의 경쟁제한성 판단에 필수적으로 고려되어야 한다는 전자의 입장과 시장지배적 지위가 이미 존재하여 경쟁이 제약되고 있는 시장에서 경쟁

---

72) 대법원 2001. 6. 2. 선고 99두4686 판결.
73) 대법원 2001. 6. 2. 선고 99두4686 판결.
74) Case C-202/07 P, para. 33.

사업자를 배제할 수 있는 행위의 평가에서 손실 회복 가능성은 부차적인 것이라는 후자의 입장이 충돌하며, 독점규제법상 약탈 규제와 관련하여 어떠한 입장을 취할 것인지의 문제가 검토되어야 할 것이다.[75] 나아가 후자의 입장에서 필수적 고려 요소로서 손실 회복 가능성을 부인하더라도, 이를 어떠한 방식으로 고려할 지에 관한 기본 입장이 제시될 필요가 있다. EU 경쟁법과 마찬가지로 시장지배적 지위남용 규제를 택하고 있는 독점규제법 규제체계를 전제할 때, France Telecom 판결이 제시한 바와 같이 필수적인 것은 아니지만 고려 대상이 될 수 있다는 이해는 이에 관한 참고가 될 수 있을 것이다.

시장지배적 사업자의 가격 책정에 관한 고유한 권리를 약탈 가격의 경쟁제한성 심사에서 어떻게 취급할 것인지의 문제에 대해서도 주의가 필요하다. 이와 관련하여 유럽법원은 일반적으로 사업자가 계약자유 원칙에 근거하여 가격의 자율적 결정 권한을 갖지만, 시장지배적 지위에 있는 사업자에게 일정한 행위가 금지되는 특별한 책임이 부과된다는 원칙을 밝히고,[76] 이를 전제로 약탈적 가격과 고유한 권리로서 가격책정의 문제를 이해하고 있음을 보여주고 있다는 점에서 유력한 의미가 있다. 즉 France Telecom 판결에서 지배적 지위에 의하여 적절하고 합리적인 조치를 통하여 자신의 상업적 이익의 보호 특히 경쟁사업자의 가격에 대응하기 위한 사업자의 권리가 배제되는 것은 아니지만, 이러한 조치의 실제 목적이 경쟁사업자 배제와 관련된다면 시장지배적 지위남용의 규제 대상에서 제외되지 않는다고 보았으며, 이러한 관점은 독점규제법상 약탈 가격 규제에 있어서도 시사하는 바가 크다.

---

[75] 독점규제법상 시장지배적 지위남용행위로서 약탈적 가격을 규제할 경우에 손실회수 가능성을 요건적으로 고려하는 것에 부정적 입장으로, 신동권, 독점규제법, 박영사, 2016, 165-166면.
[76] 독점규제법상 시장지배적 사업자의 특별책임을 긍정하는 것에 관하여, 권오승·서정, 독점규제법, 법문사, 2016, 140-141면.

끝으로 France Telecom 판결과 Deutsche Telekom 판결의 비교를 통해서 언급하였듯이, 경쟁사업자를 배제하기 위한 가격 남용은 약탈 가격이나 이윤 압착 등의 방식에 의하여 가능하며, 이와 관련된 전형적인 행위에 대한 정책적 대응이 필요하다. 앞에서 살펴본 것처럼 독점규제법 시행령 제9조 제5항 제1호는 통산거래가격과의 차이를 대상 행위로 정하고 있으므로, 다양한 형태의 가격 남용을 포섭시킬 수 있으며, 이러한 점이 「시장지배적 지위남용행위 심사기준」에 반영될 필요가 있을 것이다.

V. 결론

France Telecom 사건은 EU 경쟁법상 약탈적 가격 책정이 시장지배적 지위남용행위로서 다루어진 것으로서, 해당 유형의 위반사례가 드문 상황에서 비교법적으로 주목할 만한 것이다. 이에 관한 유럽법원의 판결은 약탈 가격 규제 법리의 핵심적인 부분을 언급하고 있다는 점에서 의미 있는 시사점을 제공하고 있다.

독점규제법은 EU 경쟁법과 마찬가지로 시장지배적 지위남용행위를 규제하는 체계에 의하고 있으므로, 약탈 가격에 관하여 France 판결에서 다루어졌던 쟁점은 더욱 유력한 의미를 가질 것이다. 동 판결은 비용에 관하여 상세한 분석을 행하고 있으며, 가격과 비용의 관계에서 비용의 종류, 즉 평균비용이나 평균가변비용의 성격을 명확히 하고 있다는 점에서도 의미가 있다. 또한 손실 회수 가능성이 약탈 가격의 경쟁제한성 판단에서 필수적으로 고려되어야 하는지 그리고 필수성이 부인된다 하더라도 어떠한 관점과 방식으로 고려될 수 있는지에 관한 언급은 이에 관한 국내 논의가 충분치 않은 상황에서 의미 있는 기여를 할 수 있을 것이다. 경쟁사업자의 가격 정책에 대한 대응으로 나타난 약탈 가격의 경쟁정책상 의의를 상세히 논의하고 있다는 점도 주목할 부분이다.

이상의 논의는 독점규제법상 약탈 가격 규제에 있어서도 적용 가능한 것이다. 특히 시장지배적 지위남용행위로서 약탈적 가격 규제 법리, 나아가 동법 시행령 제9조 제5항 제1호의 규정에 따른 경쟁사업자를 배제하기 위한 가격 남용의 판단 기준이 구체화되어야 하며, France Telecom 판결에서 드러났던 주요 쟁점과 관련 논의는 유력한 참고사항이 될 수 있을 것이다.

5. 플랫폼 규제 개선을 위한 독일 경쟁제한방지법 개정

I. 서론

최근 비교법적으로 독일에서 진행된 경쟁제한방지법(Gesetz gegen Wettbewerbsbeschränkungen; 이하 GWB)의 연이은 개정에 관심이 모아지고 있다. 2017년 6월 GWB의 제9차 개정 후, 곧바로 2021년 1월 제10차 개정이 이어졌다. 이 개정들은 규제 현실의 변화를 반영하고 유럽법과 독일법 차원에서 새롭게 정립된 법리를 수용하기 위해 이루어진 것이지만,[1] 특히 디지털로 대표되는 경제 환경의 변화와 새로운 경제적 실체로서 중요성이 커지고 있는 플랫폼의 성장은 개정 과정을 이끈 유력한 동인이 되었다.

이와 같은 GWB의 최근 개정은 우리 「독점규제 및 공정거래에 관한 법률」(이하 독점규제법)의 운영에 있어서도 참고할 만하다. 이는 다음 두 가지 측면에서 확인할 수 있다. 우선 독일 GWB 개정 추진의 배경이 되었던 경제 현실의 변화, 즉 디지털 경제로의 급격한 진화와 지배력의 새로운 원천으로 작용하기 시작한 거대 플랫폼의 등장은 우리도 공통적으로 직면하고 있는 현상이다. 이러한 상황에서 경쟁법의 운영 과정에서 형성된 양국의 문제 인식은 대체로 유사하며, 앞서 행한 독일의 입법 개선 과정은 우

---

1) Christian Horstkotte & Nicolas Kredel, "German Competition Law Amendment came into force", in https://www.globalcompliancenews.com/2017/06/12/(2017) 참조. 이에 관한 국내 논의로 이지헌, "디지털 환경에 대응한 독일 경쟁제한방지법 개정", KISDI Perspective, 2021, 1면 이하 및 유영국, "독일 경쟁제한방지법 제10차 개정(안)의 주요 내용과 독점규제법상 시사점", 경쟁법연구 제42권, 2021, 216면 이하 참조.

리에게 시사하는 바가 클 것이다. 또한 이러한 문제의 해결을 위한 경쟁법
적 사고의 틀이 비슷하다는 점도 지적할 수 있다. 독일의 GWB와 우리나
라의 독점규제법은 모두 독점에 대한 대응을 주로 시장지배적 지위남용
규제를 통해 수행하는 폐해규제주의에 기초하고 있으며,[2] 이와 같은 규제
체계의 유사성으로 인해 GWB 개정을 통해 수행된 입법적 문제 해결은
독점규제법의 관점에서도 실질적인 도움이 될 수 있을 것이다.

이하에서 GWB의 최근 변화를 제9차 개정과 제10차 개정을 중심으로
살펴볼 것이다. 물론 동 개정이 단지 디지털 경제와 플랫폼의 성장에 관련
된 문제만을 다룬 것은 아니지만,[3] 여기서 논의는 이에 한정할 것이다.
GWB상 규제는 EU기능조약(TFEU; Treaty on the Functioning of the
European Union)과 유사하게 단독행위 규제와 공동행위 규제로 대별할
수 있다. 플랫폼 등이 야기하는 문제가 경쟁법 전반에 걸친 것이기는 하지
만, 거대 플랫폼의 규율 가능성이 핵심적인 의제로 부각되고 있으며,[4] 이
에 상응하여 GWB의 개정 논의와 결과도 이에 집중되었다. 따라서 GWB
상 단독행위 규제, 특히 시장지배적 지위남용 규제의 변화에 초점을 맞출
것이다.

논의에 앞서 GWB의 시장지배적 지위남용 행위의 규제체계를 살펴볼

---

2) Fritz Rittner & Meinrad Dreher, Europäisches und deutsches Wirtschaftsrecht,
   C.F.Müller, 2008, 342-343면 참조.
3) Ellen Braun & Börries Ahrens, "Die 10. GWB-Novelle Schwerpunkte:
   Digitalmärkte und ECN +-Richtlinie", in https://www.allenovery.com/de-de/germany/
   (2021) 참조.
4) EU 차원에서의 논의는 기존의 법체계가 플랫폼의 지배력 확대에 실효성 있게 대
   응하지 못하고 있다는 자성에 의해 촉발되었으며, 특히 경쟁법에 의한 사후적 규
   제가 플랫폼 규제에 충분하지 못하다는 인식이 공감대를 이루면서 플랫폼을 규제
   하는 별도의 규범 제정이 활발히 전개되고 있다. 2020. 12. 15. EU는 Digital
   Markets Act 초안을 발표하였는데, Digaital Market Act(DMA) 초안은 규제의 일
   차적 수범자로서 최종 이용자가 사업상 이용자에게 접근하는 중요한 관문을 제공
   하는 핵심적인 플랫폼 서비스를 운용하는 자로서 Gatekeeper(관문관리자)를 상정
   하고 있다.

것이며, 이를 통해 2017년 개정 이전의 규제체계와 이후의 변화를 대비함
으로써 새로운 경제 환경에서 기존 규제체계가 가졌던 한계를 짚어볼 것
이다(Ⅱ). 이어서 2017년과 2021년에 있어서 GWB의 개정 내용을 시장지
배적 지위남용 행위 규제에 초점을 맞추어 분석할 것이다. 이 과정에서 변
화된 상황에 대한 인식을 경쟁법적 관점에서 정리한 일련의 보고서들은[5]
개정에 대한 이해를 높이는 데 도움이 될 것이다(Ⅲ). 이상의 논의에 기초
하여 GWB 개정을 평가하고(Ⅳ), 결론에서 독점규제법 운영에 있어서 시
사점을 제시하고자 한다(Ⅴ).

Ⅱ. 개정 이전 GWB의 시장지배적 지위남용 규제

1. 개괄

GWB에서 시장지배적 지위남용 행위 규제는 제2장에 편재되어 있는 제
18조 내지 제21조에 의한다. 동 규제는 부분적으로 시장지배력을 갖고 있
지 않은 사업자에게도 확상되고 있기 때문에 규제 전반을 총칭하는 의미
에서 단독행위 규제가 보다 적절한 것일 수 있다.[6] 그렇지만 제2장의 규
제체계에서 시장지배적 사업자에 대한 규제는 여전히 핵심에 해당하며,

---

5) 특히 연방경제에너지부(BMWi; Bundesministeriums für Wirtschaft u Energie)에
   서 발표한 보고서인 Kommission Wettbewerbsrecht 4.0, Ein neuer
   Wettbewerbsrahmen für die Digitalwirtschaft, 2019 및 Heike Schweitzer, Justus
   Haucap, Wolfgang Kerber & Robert Welker, Modernisierung der
   Missbrauchsaufsicht für marktmächtige Unternehmen, 2018 참조.
6) GWB에서 단독행위 규제는 제2장(Kapitel 2) '시장지배력, 기타 경쟁제한 행
   위'(Marktbeherrschung, sonstiges wettbewerbsbeschränkendes Verhalten)에서
   이루어지며, 표제가 시사하듯이, 시장지배적 지위남용 행위 외에 단독행위 규제도
   포함하고 있다. 이러한 점에서 EU기능조약에서 단독행위 규제와 대비된다.

상대적으로 우월한 지위에 있는 사업자 나아가 일반 사업자 또는 사업자단체로의 확장은 예외적인 정책적 고려 하에 이루어진 것으로 볼 수 있다.[7]

시장지배적 지위남용 행위의 위법성 판단은 경쟁제한성에 기초한다. 그렇지만 다른 가치가 개입할 여지가 전혀 없는 것은 아니다. 제20조나 제21조에서의 규제는 중소기업의 이익 보호나 의사 결정의 침해 방지와 관련되며, 이러한 규제 유형은 대체로 수범자의 범위를 시장지배적 사업자 이상으로 확대하고 있다.

2. GWB 제18조

GWB 제18조는 시장지배(Marktbeherrschung)의 개념과 판단 요소 등에 관하여 규정함으로써 GWB상 시장지배적 지위남용 규제의 기초를 제공하고 있다. 특히 2013년 제8차 개정은 동 규정의 규범적 의의를 명확히 정립한 것으로 볼 수 있다. 동 개정에 의해 제18조는 시장지배력을 판단하고, 제19조는 이러한 지위에 있는 사업자의 남용 행위를 판단하는 근거로서 명확한 구분이 이루어졌다.[8] 제18조에서 제1항 내지 제3항은 시장지배의 개념과 이를 판단하는 방법과 요소를 제시하고 있으며, 제4항 이하에서는 시장지배의 추정과 복멸에 관하여 규정하고 있다.

동조 제1항은 상품별 및 지리적 시장에서 공급자 또는 수요자로 시장지배력을 갖는 경우를 세 가지 유형으로 제시하고 있다. 즉 제1호에서 경쟁자가 존재하지 않는 경우, 제2호에서 실질적인 경쟁에 노출되지 않는 경우 그리고 제3호에서 경쟁자들에 비하여 우월한 시장지위(überragende Marktstellung)를 갖는 경우를 규정하고 있다. 제2항은 지리적 관련시장이 동법의 효력 범위 이상으로 확대될 수 있음을 명확히 하고 있다. 제3항은

---

7) 이봉의, 독일경쟁법; 경쟁제한방지법, 법문사, 2016, 117-123면 참조.
8) Meinrad Dreher & Michael Kulka, Wettbewerbs- und Kartellrecht, C.F.Müller, 2021, 484면 참조.

특히 경쟁자들에 비하여 우월한 시장지위를 갖는 경우의 판단과 관련되는데, 동항은 제10차 개정에 의해 데이터 접근이 추가되기 이전에 판단 요소로서, 1) 시장점유율, 2) 재정 적 능력, 3) 공급 또는 판매시장의 접근, 4) 다른 사업자와의 결합(Verflechtung), 5) 다른 사업자에 대한 법적 또는 사실상의 진입장벽, 6) 이 법의 효력범위 내부 또는 외부에 위치한 사업자와의 실제적 또는 잠재적 경쟁, 7) 자신의 공급 또는 수요를 다른 상품이나 용역으로 전환할 수 있는 능력, 8) 거래 상대방이 다른 사업자로 전환할 가능성 등을 제시하였다.

제4항 이하에서는 주로 시장점유율에 의한 시장지배의 추정에 관하여 규정하고 있다. 우선 제4항은 제8차 개정에 의해 기준이 상향되었는데, 이에 의해 단독으로 40% 이상의 시장점유율을 차지하고 있을 경우 시장지배력이 있는 것으로 추정된다. 이러한 기준은 EU경쟁법상 판례로 정립된 것에[9] 부합하는 기준이라 할 수 있다. 제6항은 3 이하의 사업자가 50% 이상의 시장점유율(1호) 또는 5 이하의 사업자가 3분의2 이상의 시장점유율을(2호) 차지하고 있는 경우에 해당하는 사업자 전체를 시장지배력이 있는 것으로 추정한다. 동항에 의한 추정은 제7항에 근거하여 복멸될 수 있는데, 사업자들 간의 경쟁 조건으로부터 실질적인 경쟁이 예상되거나(1호) 사업자들 전체가 다른 경쟁자와 비교하여 우월한 시장 지위를 가지고 있지 않은 경우에(2호) 추정이 복멸된다. 추정의 복멸은 요증사실의 반대 사실의 본증을 통하여 이루어지는 것이므로, 제7항 각호에서 제시하고 있는 복멸 요건은 시장지배의 반대 사실을 명확히 함으로써 시장지배의 의의를 입법적으로 밝힌 것으로 볼 수 있다.

한편 제5항은 복수의 사업자가 시장지배력을 갖는 경우를 규정하고 있는데, 이는 과점에서 시장지배력이 인정되는 경우를 밝힌 것이다. 동항은 제1호에서 사업자들 사이에 실질적인 경쟁이 없을 것 그리고 제2호에서

---

9) 홍명수, "EU 경쟁법상 시장지배적 지위남용행위 규제 있어서 시장지배적 지위의 판단에 관한 고찰", 명지법학, 제16권 제1호, 2017, 74-75면 참조.

해당 사업자들 전체가 제1항의 요건을 충족할 것 등을 시장지배력 인정 요건으로 제시하고 있다. 이는 각각 내부적 요건과 외부적 요건으로 이해할 수 있는데,[10] 시장지배력이 인정되기 위해 해당 요건의 충족을 요구하고 있는 것은 과점 상태에 있는 사업자가 당연하게 시장지배적 사업자가 되는 것은 아니라는 점을 밝힌 것으로 볼 수 있다.[11]

3. GWB 제19조

GWB 제19조는 시장지배적 지위에 있는 사업자의 남용 행위에 관하여 규정하고 있다. 우선 동조 제1항은 남용을 금지하는 원칙을 밝히고 있다. 동항은 남용 규제의 일반조항으로서 의의가 있으며, 착취적 남용과 방해적 남용을 모두 포괄한다. 한편 후술하는 바와 같이, 제10차 개정은 동항의 금지되는 행위를 남용적 이용(Die missbräuchliche Ausnutzung)에서 남용(Der Missbrauch)으로 변경함으로써 종래 인과관계 등과 관련하여 제기되던 문제를 법리적으로 해결하였다.[12]

동조 제2항은 구체적인 남용 행위에 관하여 규정하고 있다. 제1호는 다른 사업자를 직간접적으로 부당하게 방해하거나, 객관적으로 정당한 이유 없이 동종의 사업자를 다르게 취급하는 행위를 규정하고 있다. 이른바 방해적 남용행위에 해당하는 경우로서 부당한 방해행위(unbilligen Behinderung)와 차별행위는 동 규정에 의해 금지된다. 대표적으로 거래거절, 배타조건부 거래, 리베이트, 약탈적 가격, 이윤 압착, 필수설비에 대한 접근 거절, 끼워팔기 등이 이에 해당한다.[13] 제2호 제1문은 유효한 경쟁

---

10) Meinrad Dreher & Michael Kulka, 주 8)의 책, 491면.
11) 위의 책, 491면.
12) 위의 책, 494-495면 참조.
13) Michael Kling & Stefan Thomas, Kartellrecht, C.H.Beck, 2015, 665면 이하 참조. 언급한 행위유형들은 우리 경제법에서 배제적 남용행위로 보는 것이 일반적인데 (권오승·홍명수, 경제법, 법문사, 2021, 159면 참조), 독일 경쟁법에서는 이를 방해

상황에서 기대할 수 있는 것과 차이가 있는 대가 또는 거래조건을 요구하는 행위를 규정하고 있으며, 이 경우에 유효한 경쟁이 존재하는 비교 가능한 시장에서 사업자의 행위를 고려하여야 한다고 규정함으로써 판단방식으로서 비교시장 분석 방식을 명시적으로 언급하고 있다. 동 규정은 착취적 남용에 대한 규제 근거가 되지만, 비교 가능한 시장에 기초한 분석 방식이 용이한 것은 아니다. 일반적으로 세 가지 방식이 활용되는데, 시간적 비교시장은 역사적인, 즉 과거에 존재한 가격을 기저로 하여 출발하고, 이후 가격 인상의 정당화를 검토하는 것이다. 상품별(물적) 비교시장은 비교 가능한 시장구조에 기초하여 경쟁적 가격을 판단하기 위해, 인접한 동종의 상품 시장을 고려하는 것이다. 지리적 비교시장은 시장지배적 사업자의 가격과 국내 또는 다른 회원국에서 같은 상품의 가격을 참고하는 것이다.[14] 그러나 세 가지 고려 방식 모두 상이한 가격이 다른 시장구조에 근거할 경우에 제한 없이 적용될 수는 없으며, 연방대법원에 의하면 구조적 차이를 해소하기 위한 교정을 거친 후에 비로소 비교가 이루어질 수 있다.[15] 제3호는 비교 가능한 시장에서 유사한 조건의 제3자에게 행한 것보다 불리한 대가 또는 거래조건을 요구하는 행위의 경우, 그 차이가 객관적으로 정당화되지 않는 한 금지되는 것으로 규정하고 있다. 동 규정 역시 차별적 행위에 대한 규제 근거가 된다. 제4호는 제10차 개정에 의해 변경되었는데, 동 개정 이전에는 전후방 시장에서 공동의 이용이 없을 경우 법적 또는 사실상 사용이 불가능한 네트워크 또는 기타 인프라 시설에 대해 경쟁자가 합리적인 비용으로 접근을 요청하였음에도 거절한 경우에, 공동의 이용이 불가능하거나 합리적으로 기대할 수 없음을 입증하지 못한다면 동 규정에 의해 금지되었다. 동 규정은 방해적 남용에 해당하는 경우로서, 이른바 필수설비에 대한 접근 거절을 남용행위 유형의 하나로 명정한 것

적 남용(Behinderungsmissbrauch)에 해당하는 것으로 보고 있다.
14) Meinrad Dreher & Michael Kulka, 주 8)의 책, 523면.
15) BGH v. 15. 5. 2012, Rdnr. 15 und 17.

이다.16) 제10차 개정에서는 접근 거절의 대상을 데이터 등으로 확장하는 변화가 있었다. 끝으로 제5호는 제7차 개정에서 도입된 것으로 객관적으로 정당한 이유 없이 다른 사업자에게 자신에게 이익을 제공할 것을 요구한 행위는 금지된다. 이 경우에 이러한 요구가 다른 사업자에 의해 수용가능할 정도로 정당화될 수 있는지 그리고 이러한 요구와 그 근거가 적절한 비례관계에 있는지가 고려되어야 한다.17)

4. GWB 제20조

GWB 제20조는 제18조에 의한 시장지배에 이르지는 않지만, 상대적 또는 우월한 시장력(mit relativer oder überliegender Marktmacht)을 남용하는 행위에 초점을 맞추고 있다. 이로써 남용 행위의 규제 대상 범위는 절대적으로 파악한 시장지배적 사업자에 비해 확장되며, 나아가 동 규정은 제18조 제1항 제3호에 의한 시장지배적 사업자의 남용 행위를 구체화하는 의미도 있다.18) 이러한 규정 방식은 거래 당사자 간의 종속성과 같은 특수한 상황에 기인한 지배력 남용의 규제를 가능하게 하지만, 반면 사적 부문에 대한 과도한 개입의 우려도 낳을 수 있다.19)

동조 제1항에서 상대적 시장력(Marktmacht)을 보유한 사업자 및 사업자단체가 제19조 제1항 및 제2항 제1호에 규정된 행위를 하는 것은 금지된다. 즉 동 규정에 의한 남용 행위 규제는 방해적 행위 또는 차별적 취급

---

16) Gerhard Wiedemann, Handbuch des Kartellrechts, C.H.Beck, 1999, 840면.

17) 동 규제를 수요지배력에 의한 소극적(passive) 차별로 이해하는 것으로, Meinrad Dreher & Michael Kulka, 주 8)의 책, 510면 참조.

18) Monopolkommission, Sondergutachten 63; Die 8. GWB-Novelle aus wett-bewerbspolitischer Sicht, 2012, 33면 이하.

19) Meinrad Dreher & Michael Kulka, 주 8)의 책, 503면 및 Monopolkommission, Sondergutachten 47; Preiskontrollen in Energiewirtschaft und Handel? Zur Novellierung des GWB, 2007, 32면 이하 참조.

에 한정된다. 동 규정의 적용에서 당사자 간에 종속적인 관계가 존재하는지가 핵심이며, 충분하고 합리적으로 기대할 수 있는 거래 전환 가능성이 존재하는 경우에 동 규정은 적용되지 않는다. 그렇지만 현대 경제에서는 모든 사업자가 하나 이상의 사업자에게 의존적이고, 어떠한 의미에서는 종속적이기 때문에, 동 규정이 과도하게 적용될 위험이 있다는 점에도[20] 주의를 기울일 필요가 있다. 동조 제2항은 소극적 차별로서 부당한 이익 강요 행위를 금지하고 있다. 동 규정은 거래 당사자 간 종속적 관계에 기초한 남용행위에 초점을 맞추고 있으며, 남용행위의 대상이 중소사업자로 한정되지는 않는다. 따라서 대형 소매업자와 같이 수요 측면에서 지배력이 인정되는 경우에, 거래상대방에는 중소사업자뿐만 아니라 상당한 규모의 공급자도 해당할 수 있다.

동조 제3항은 상대적으로 우월한 시장력(überlegener Marktmacht)을 이용하여 정당한 이유 없이 중소사업자인 경쟁자에게 직간접적으로 행해진 부당한 방해 행위를 금지하고 있다. 동항 제2문은 각 호에서 세 가지 부당한 방해 유형을 제시하고 있는데, 제1호는 식품법 제2조 제2항에 따른 식품의 원가 이하 제공,[21] 제2호는 제1호의 상품을 제외한 다른 상품의 일시적이지 않은 원가 이하의 판매, 제3호는 허류시장에서 경쟁 관세에 있는 중소사업자들에게 동 시장의 일반적인 수준보다 높은 공급가격을 요구하는 경우를 규정하고 있다. 제1호는 경쟁의 보호 외에 소비자 내지 중소사업자 보호의 정책 목적이 반영된 것으로 이해된다.[22] 제2호는 약탈적 가격 책정에 대한 규제로서 일시적인 경우는 제외되며, 이때 일시적인 판매의 기간은 실무적으로 3주를 기준으로 하고 있다. 제3호는 이윤압착

---

20) Meinrad Dreher & Michael Kulka, 주 8)의 책, 501면 참조.
21) 소매상에게 있어서 적기의 판매를 통해 상품의 부패 내지 위급한 판매 불능상태 등을 회피하기 위한 원가이하의 제공 또는 공익시설에 대한 공익목적 범위 안에서의 식료품의 제공은 예외적으로 허용된다. 제20조 제3항 제3문 및 제4문.
22) Michael Kling & Stefan Thomas, 주 13)의 책, 728면 참조.

에 관한 것으로서 수직적으로 통합된 기업이 하류시장의 경쟁자를 배제하기 위한 시도를 제한하는 의미가 있다.23)

또한 제4항은 특정한 사실에 기초한 일반적 경험칙에 비추어 사업자가 제3항의 의미에서 시장지배력을 남용한 것으로 보이는 외관이 존재하는 경우에, 이를 복멸할 책임과 청구의 기초가 되었던 (경쟁자는 가능하지 않지만, 자신은 용이하게 할 수 있는) 사실을 소명할 책임을 당해 사업자가 부담하는 것으로 규정하고 있다. 즉 시장지배력 남용의 외관을 창출한 사업자가 이를 부인하는 것에 대한 입증책임을 부담한다. 끝으로 제5항에 의해 경제 내지 직능단체 및 품질표시단체의 가입 거절은 객관적으로 정당한 이유 없는 차별적 취급을 의미하고 부당한 손해를 입히는 경우에 금지된다.

5. GWB 제21조

GWB 제21조는 특수한 형태의 남용행위 유형을 금지하고 있으며, 수범자의 범위는 시장지배적 사업자 이상으로 확대된다. 구체적으로 제1항은 사업자 및 사업자 단체가(Veranlasser) 특정 사업자를(Boykottierten) 부당하게 침해할 의도로 다른 사업자 내지 사업자 단체에(Adressat) 대한 판매 또는 구매의 중단을 요구하는 행위, 즉 보이콧을 금지하고 있다.24) 제2항에서 사업자 및 사업자 단체가 GWB, EU기능조약 그리고 이 법률에 따른 연방카르텔청이나 EU위원회의 명령에 따라서 계약의 내용으로 할 수 없는 행위를 다른 사업자에게 행하도록 유인하기 위해 불이익을 위협하거나 부여하는 행위 또는 이익을 약속하거나 제공하는 행위는 금지된다.

제3항에서 사업자 및 사업자 단체가 다른 사업자들에게 합의 내지 결의

---

23) Meinrad Dreher & Michael Kulka, 주 8)의 책, 535면.
24) 동 규제와 UWG(부정경쟁방지법)상 규제와의 충돌 문제는 남아 있으며, 동 규제가 필요하고 또한 성공적인지에 대해서는 의문이 존재한다. 위의 책, 538면 참조.

에 참여하거나(동법 2조, 3조, 28조 1항, 30조 2항a 내지 2항b), 다른 사업자와의 기업결합에 참여하거나(동법 37조), 또는 경쟁을 제한할 의도로 당해 시장에서 동일한 방식으로 행동할 것을 강요하는 행위는 금지된다. 사업자의 자유로운 의사결정과 경쟁적 사업활동 자유의 보장도 동 규정의 입법 목적으로 이해된다.[25] 끝으로 제4항은 연방카르텔청의 개입을 요청하거나 촉구하였다는 이유로 다른 사업자에게 경제적 불이익을 가하는 행위, 이른바 보복 조치 행위를 금지한다.

III. 개정에 따른 시장지배적 지위남용 규제의 변화

1. 제9차 개정

(1) 개괄

2017년 6월에 있었던 제9차 개정은 디지털 경제로의 진화에 대한 최초의 입법적 대응으로 볼 수 있다. 이는 주로 시장지배적 지위남용 규제의 변화로 나타났지만, 동 개정의 의의가 이에 한정되는 것은 아니다. 2013년 개정 이후 다양한 차원에서 제기되었던 쟁점들의 입법적 해결이 시도되었고, 그 결과도 개정 내용에 반영되었다.

동 개정의 주요 내용을 개략적으로 살펴보면,[26] GWB 제35조의 기업결합 요건 개정을 통해 기업결합규제 적용대상의 확대가 이루어졌다. 동 개정에서 특히 주목할 것은 동법에 의한 기업결합 규제의 적용 대상이 되는 요건에 반대급부의 가치 등이 고려될 수 있도록 한 것이다. 제35조 제1항 a 제3호 및 제4호에 의하면, 기존 요건 중의 하나인 인수 대상 사업자나

---

25) 위의 책, 541면.
26) 이와 관련하여 유영국, "독일경쟁제한방지법(GWB) 제9차 개정의 취지와 주요 내용", 경쟁과 법, 제8호, 2019 참조.

다른 기업결합 참가 사업자가 독일에서 1,750만 유로 이상의 매출을 달성하지 못한 경우에도, 기업결합 대가의 가치가 4억 유로 이상이고(3호) 인수되는 사업자가 독일에서 상당한 정도로(in erheblichem Umfang) 활동하고 있을 경우에(4호) 동법에 의한 규제 대상이 되는 기업결합에 해당한다. 특히 제4호의 요건은 정성적인 평가를 가능하게 하며, 기업결합의 가치를 반영하고 있는 제3호와 함께 디지털 경제에서 전개되고 있는 기업결합의 새로운 양상에 효과적으로 대응하도록 하는 데 의의가 있다. 즉 동개정에 의해 아직 시장에서 충분히 성숙한 단계에 이르지 못하였지만, 잠재적 미래가치가 클 것으로 예상되는 사업자가 기존의 대규모 사업자와 결합하는 경우27) 이에 대한 실효성 있는 적시의 개입 가능성이 제도적으로 확보되었다. 절차법적 개정도 눈여겨볼 부분이다. 그 동안 GWB에 따른 집행 과정에서 과징금 부과와 관련하여, 특정 그룹에 속한 피규제자의 법인격을 소멸시키는 방식으로 과징금 납부를 회피하는, 이른바 '소시지 갭'(Wurstlücke) 문제가 현안으로 대두되었고,28) 이에 대한 입법적 대응이 요구되었다. 그 결과 GWB 제81조의 개정과 제81조a의 추가가 이루어졌으며, 이로써 실효성을 제고하고 과징금 부과가 동일 그룹에 속한 다른 회사에 대해서도 가능하도록 하는 등의 경제적 실질에 부합하는 방향으로

---

27) 거대 플랫폼의 확장 과정을 보면, 경쟁 플랫폼의 신규 진입을 방해하거나 잠재적 경쟁자가 될 수 있는 스타트업 기업을 인수하여 시장지배력을 확대하는 방향으로 이루어져 왔다. 이 과정에서 기업결합 규제는 실효성 있는 통제 수단이 되지 못했다는 인식이 유력하다. 미국 하원의 반독점법 소위원회(Antitrust Subcommittee)는 2020년 발표한 보고서에서, 거대 디지털 플랫폼이 태동단계에 있거나 잠재적인 경쟁 기업을 인수하여 경쟁 위협을 무력화시키거나 지속적 사업활동을 중단시키는 방식으로 자신의 지배력을 유지, 확장해 온 것이 분명하다고 보고 있다. Antitrust Subcommittee, Investigation of Competition in Digital Markets, 2020, 11면 참조.

28) Marc Chmielewski, "Wurstkartell: Kartellamt gibt auf, Tönnies ist aus dem Schneider", in https://www.juve.de/verfahren/wurstkartell-kartellamt-gibt-auf-toennies-ist-aus-dem-schneider/ 참조.

대상의 확대가 이루어졌다. 또한 EU의 손해배상 지침에[29] 따라서 손해배상 청구권자의 절차적 지위가 강화되었는데, 제33조a에서 손해의 추정, 제33조c에서 간접구매자에게로 손해전가의 추정, 제33조g에서 증거개시의 도입, 제33조h에서 소멸시효의 연장 등에 관한 규정이 도입되었다.[30]

이상의 개정 내용 모두 의의가 있지만, 특히 시장지배적 지위남용 규제에 관한 개정 부분은 디지털 경제로의 변화를 수용한 개정이라는 점에서 중요성을 더하고 있다.

(2) 시장지배적 지위남용 규제의 개정

제9차 개정은 시장지배적 지위남용 규제체계 중, 특히 시장지배적 지위에 관한 부분에서 이루어졌다. 우선 GWB 제18조에 "급부가 무상으로 제공되는 경우도 시장에서 배제되지 않는다"는 제2항a가 추가되었다. 경제학적으로 시장은 수요와 공급이 만나는 장을 의미하며, 가격의 높고 낮음이 시장을 인정하는데 영향을 미치는 것은 아니다. 이론적으로는 상품 가격이 0원인 경우도 당연히 시장으로 인정될 수 있지만, 동 규정은 명문으로 이를 명확히 하였다. 이는 디지털 시장에서 시시각각으로 출현하고 있는 새로운 상품들이 초기에 무료로 제공되는 경우가 많은데, 이들을 규제 대상으로 포섭할 수 있는 법리적 명확성을 제공하였다는 점에서 의의가 있다.

또한 동조에 제3항의a도 추가되었는데, 다면시장과 네트워크에서 시장에서의 지위를 판단함에 있어서 고려되어야 하는 요소로서, 직접 및 간접적 네트워크 효과(1호), 멀티호밍과 이용자의 전환 비용(die parallele Nutzung mehrerer Dienste und der Wechselaufwand für die Nutzer, 2호), 네트워크 효과와 관련된 규모의 경제(3호), 경쟁에 관련된 데이터에

29) Directive 2014/104/EU.
30) Michael Dose, "Die 9. GWB-Novelle und der Verbraucherschutz", Verbraucher und Recht, 2017, 297-302면 참조.

대한 접근(4호), 혁신으로 나아가는 경쟁 압력(5호) 등을 제시하였다.

동조 제3항이 시장 지위 판단에 관한 전통적인 요소들을 제시하고 있음에도 불구하고,[31] 제3항a를 도입하는 것은 다면시장 또는 네트워크 시장과 같이 디지털 경제에서 새로운 양상으로 등장하고 있는 시장에서의 지위를 판단하는데 기존 제3항이 제시하고 있는 요소만으로는 한계가 있다는 입법자의 인식에 따른 것이다. 일반적으로 시장지배적 지위를 결정하는데 고려되어야 할 세 가지 사항은 1) 기존 경쟁자의 공급과 시장 지위에 의한 억제(실제적 경쟁 압력), 2) 기존 경쟁자의 확대나 잠재적 경쟁자의 진입에 의한 신뢰할 만한 위협에 따른 억제(잠재적 경쟁 압력), 3) 거래상대방의 거래능력에 의하여 가해지는 억제(거래상대방의 압력) 등으로 이해되며,[32] 동조 제3항은 이를 구체화하고 있다. 그렇지만 이러한 기준이 다면시장적 구조 하에서도 충분한 것인지에 의문이 따를 수 있다.

비록 개정 규정이 플랫폼을 명시적으로 언급하고 있지 않지만, 다면시장적 특성이 전형적으로 나타나는 플랫폼을 전제하면, 다면시장은 상호 필요 관계에 있으면서 명확히 구별되는 이용자 그룹이 다 측면에서 참여하고 있는 시장을 의미한다. 이러한 시장에서는 간접적(교차) 네트워크 효과가 발휘될 수 있고, 이러한 효과는 쏠림현상으로 이어져 시장에서의 지위를 강화하는 요인이 될 수 있으며[33] 또한 다른 사업자의 진입제한으로

---

31) 현행 GWB 제18조 제3항은 시장지위 판단 시 고려 요소로서 각호에서 1) 시장점유율, 2) 재정적 능력, 3) 경쟁 관련 데이터의 접근, 4) 공급 또는 판매시장의 접근, 5) 다른 사업자와의 결합, 6) 다른 사업자에 대한 법적 또는 사실상의 진입장벽, 7) 이 법의 효력범위 내부 또는 외부에 위치한 사업자와의 실제적 또는 잠재적 경쟁, 8) 자신의 공급 또는 수요를 다른 상품이나 용역으로 전환할 수 있는 능력, 9) 거래 상대방이 다른 사업자로 전환할 가능성을 규정하고 있다.

32) Guidance on Article 102 Enforcement Priorities, para. 12.

33) 플랫폼은 이용자의 증가가 다른 이용자 그룹의 가치의 증대로 이어지는 것을 의미하는 네트워크 효과를 창출하고 이를 통해 지배력을 확보하는 것을 목적으로 하며, 이를 위해 이용자 그룹의 분리를 전제한 교차보조 전략을 주된 방식으로 사용한다는 분석으로, 홍명수, "플랫폼 중립성의 경쟁법적 의의", 동아법학, 제90호,

작용할 수 있다.[34] 이러한 메커니즘은 플랫폼과 같은 다면시장적 특징을 갖고 있는 시장에서의 지배적 지위를 판단함에 있어서 간과될 수 없는 요소이며, 동조 제3항a는 이러한 이해를 적극적으로 수용하고 있다.[35]

2. 제10차 개정

(1) 개괄

2021년 1월 GWB 제10차 개정은 디지털 경제의 심화 현상에 의해 촉구되었으며, 특히 글로벌 차원에서 영향을 미치고 있는 거대 플랫폼의 등장은 개정 과정을 주도한 동인이 되었다. 따라서 거대 플랫폼에 대한 경쟁법상 가능한 통제의 제도화에 논의가 집중되었고,[36] 그 결과 시장지배적 지위남용 규제에서 주목할 만한 변화가 나타났다.

이하에서 살펴볼 개정의 내용은 시장지배적 지위남용 규제의 각 단계별 심사에 모두 해당하는 것이며, 거기에 기존의 남용규제체계에 포섭되지 않는 새로운 유형의 규제도 추가되었다. 이 외에도 비록 디지털 경제의 관점에 한정하여 볼 것은 아니지만, 이러한 관점이 개정을 이끌었던 요인 중의 하나가 된 경우도 있다. 예를 들어 시장지배적 지위의 남용 금지의 원칙을 밝히고 있는 제19조 제1항은 "Die missbräuchliche Ausnutzung einer marktbeherrschenden Stellung durch ein oder mehrere Unternehmen ist verboten"에서 "Der Missbrauch einer marktbeherrschenden Stellung durch ein oder mehrere Unternehmen ist verboten"로 개정되었다. 동 규정의 의미는 개정 전후 불문하고 "하나 또는 다수의 사업

2021, 116면 이하 참조.

34) 유럽위원회는 마이크로소프트 사건에서 네트워크 효과가 자기강화적 동력 (self-reinforcing dynamic)으로 작용하여 진입장벽으로 기능할 수 있다고 보았다. Commission Decision, 2004. 3. 24., para. 448-459.

35) Meinrad Dreher & Michael Kulka, 주 8)의 책, 490면 참조.

36) Kommission Wettbewerbsrecht 4.0, 주 5)의 책, 17-20면 참조.

제2편 독점규제법 _ 151

자의 시장지배적 지위의 남용은 금지된다"로 이해되지만, '남용적 이용'(Die missbräuchliche Ausnutzung)에서 '남용'(Der Missbrauch)으로의 변경은 종래 동 규정의 해석상 불거졌던 쟁점의 입법적 해결의 의미가 있다. 시장지배적 지위의 남용적 이용은 지위와 남용적 이용 간의 관계 정립을 필요로 하며, 이를 인과관계적으로 구성할 경우에 행위적 인과관계 (Verhaltenskausalität)가 아니라 효과적 인과관계(Ergebniskausalität)로 이해하여야 한다는 논의가 전개되었다.37) 그렇지만 법리적 불명확성이 완전히 해소되지 않은 것으로 볼 여지가 있었으며,38) '남용적 이용'에서 '남용' 으로의 변경은 이러한 문제를 입법적으로 해결한 의미가 있다. 특히 지배적 지위에 있는 플랫폼 사업자의 남용 행위 규제가 지배적 지위의 남용적 이용에 관한 인과관계적 해석에 의해 제한될 수 있다는 우려는 이러한 규정 변화를 이끈 유력한 요인이 되었다.

(2) 시장지배적 지위에 관한 개정

제10차 개정에서 시장지배적 지위에 관한 입법적 변화는 무엇보다 디지털 경제에서 새롭게 등장한 지배적 사업자의 판단에 관한 부분에서 이루

---

37) 유럽법원은 Hoffmann-La Roche 사건에서 시장지배적 지위에 의하여 부여된 경제적 힘(economic power)의 사용에 의하여 남용이 행해져야 한다는 것을 부인하였는데(Case 85/76 [1979] ECR 461), Tetra Pak II 사건에서는 "제102조의 적용은 지배적 지위와 남용행위 간에 관련성(a link between the dominant position and the abusive conduct)을 상정한다"고 판시하였다(Tetra Pak International v. Commission, Case C-334/94 [1996] ECR I-5951). 후자의 판결에서 관련성은 효과적 인과관계로 이해할 수 있을 것이다. 이에 관한 상세한 논의에 관해, 홍명수, "시장지배적 지위와 남용 행위의 관계에 관한 연구", 법학연구, 제27권 제2호, 2019, 149면 이하 참조.

38) 유럽법원과 마찬가지로 독일에서의 판결과 지배적인 견해도 이때 인과관계를 효과적 인과관계 또는 규범적(normative) 인과관계로 이해하며, 동 개정은 이러한 이해에 부합하는 것이라는 지적으로, Meinrad Dreher & Michael Kulka, 주 8)의 책, 484-485면 참조.

어졌다. 우선 시장지배력을 판단과 관련하여 디지털 경제 특유의 요소가 반영되었다. 즉 제18조 제3항에 시장에서의 지위를 판단하는 요소로 '경쟁에 관련된 데이터에의 접근'(3호)이 추가되었는데, 이는 데이터가 플랫폼 사업자 지배력의 기초가 될 수 있다는 이해를[39] 반영한 것으로 볼 수 있다.

또한 제3항b를 신설하여 다면시장에서 중개자로서의 지위를 고려하여 시장지배력을 판단하는 요소를 제시하는 규정의 도입도 주목할 만하다. 동 항은 "다면 시장에서 중개자(Vermittler)로서 활동하는 사업자의 시장 지위를 평가함에 있어서, 공급 및 판매 시장에 대한 접근을 위해 제공하는 중개 서비스의 중요성도 고려하여야 된다"고 규정하고 있다. 일반적으로 중개 기능이 지배력 판단의 요소로 고려되는 경우는 드물지만, 특히 플랫폼 사업자가 구축한 다면시장의 경우 플랫폼의 중개 기능이 지배력의 원천으로 작용할 수 있음을 전제하고, 그 중요성을 새로운 지배력 판단의 요소로 명시하였다는 점에서 동 규정의 의의를 찾을 수 있다.[40]

(3) 남용 행위에 관한 개정

제10차 개정에서 시장지배적 지위의 남용에 관한 개정은, 남용의 개념에 변화를 시도한 것은 아니고, 디지털 경제에서 기존의 남용 규정으로 포섭하기 어려운 유형들을 추가하는 방식으로 이루어졌다. 이를 위해 제19조와 제20조가 개정되었는데, 우선 남용에 해당하는 유형을 법정하고 있는 제19조 제2항에 제4호가 추가되었다. 동항 제4호의 규정은 "거절의 대상이 된 제공과 접근 보장이 전·후방시장에서 다른 사업자의 사업활동에 객관적으로 필요한 것이고 또한 이러한 거절이 객관적으로 정당화되지 않는 이상 당해 시장에서의 유효경쟁의 배제가 우려될 경우에, 적정한 대가로 상품 또는 용역을 다른 사업자에게 제공, 특히 데이터, 네트워크 또는

39) Mark Bonchek & Sangeet Paul Choudary, "Three Elements of a Successful Platform Strategy", Harvard Business Review, 2013. 1. 31.
40) Kommission Wettbewerbsrecht 4.0, 주 5)의 책, 49-50면 참조.

그 밖에 인프라시설 등에 대한 접근을 거절하는 것"으로 되어 있다. 동 규정은 전형적으로 플랫폼 사업자가 특정 사업자의 플랫폼 이용에 제한을 가하는 행위를 남용으로 평가할 수 있는 근거를 제공하고 있는데, 데이터 등에 대한 접근 거절을 유효경쟁의 배제 우려가 있는 경우에 남용 행위에 해당하는 것으로 명시한 것은 플랫폼 사업자의 남용 통제의 실효성을 제고하고 있다는 점에서 의의가 있다.[41]

또한 제20조의 개정도 주목할 만하다. 앞에서 살펴본 것처럼, 동조는 상대적으로 시장력을 갖고 있는 사업자에 대한 규제로서 고유한 의의를 갖고 있다. 제10차 개정은 상대적 시장력 개념의 핵심인 종속성을 플랫폼을 중심으로 파악할 수 있는 계기를 제공하면서, 특히 중개자로서의 플랫폼 사업자의 행위를 적절히 남용 행위로 포섭할 수 있는 근거 규정을 마련하고 있다. 우선 "다른 사업자들의 공급 및 판매 시장에 대한 접근에 있어서 충분하고 합리적으로 기대할 수 있는 전환가능성이 부재하여 그들의 중개 서비스에 의존할 수밖에 없는 한, 제19조 제2항 제1호와 함께 제1항 역시 다면시장에서 중개자로 활동하는 사업에 대하여 적용된다"는 규정이 제20조 제1항 본문의 제2문으로 삽입되었다. 또한 동조에 추가된 제1항a도 동일한 맥락에서 입법 취지를 이해할 수 있다. 동항은 "제1항에서의 종속성은 사업자가 자신의 사업활동을 위해서 다른 사업자에 의해 통제되는 데이터에 대한 접근에 의존하는 것으로부터 발생할 수 있다. 적절한 대가를 지급하면서 이러한 데이터에 접근하려고 하는 것을 거절하는 것은 제19조 제2항 제1호를 원용하는 제1항에 의해 부당한 방해에 해당할 수 있다. 이는 해당 데이터에 대한 거래가 아직 시작되지 않은 경우에도 유효하다"고 규정하고 있다. 이와 같이 동 규정은 데이터 의존이 종속성의 중요한 징표일 수 있음을 분명히 하고 있으며,[42] 또한 데이터 접근의 문제를

---

41) 동 개정이 기존의 필수설비론의 법리와 동일한 맥락에서 이루어졌다고 보는 것으로, Meinrad Dreher & Michael Kulka, 주 8)의 책, 530면.
42) 데이터 경제(Datenökonomie)에서 데이터의 생성 양상과 중요성에 관하여,

방해 행위의 관점에서 이해할 수 있음을 명확히 함으로써 플랫폼 거래에서 발생하는 남용에 대한 실효성 있는 규제가 이루어질 수 있는 근거를 제공하고 있다.

한편 동조에서 규제 대상으로 하는 방해 행위에 플랫폼에서 발생하는 중요한 효과 중 하나인 네트워크 효과를 고려할 수 있도록 하는 규정의 도입도 의의가 있다. 제10차 개정에서 추가된 동조 제3항a는 "제18조 제3항a의 의미에서 우월한 시장력을 가진 사업자가 경쟁사업자에 의한 네트워크 효과의 독자적 달성을 방해하고, 이로 인하여 성과경쟁에 상당한 위축을 낳을 실제적 위험을 야기하는 경우에도 역시 제3항 제1문에 따른 부당한 방해가 성립된다"고 규정하고 있는데, 이로써 새로운 사업자에 의한 네트워크 효과 창출을 기존의 플랫폼 사업자가 제한하는 경우를 방해행위의 하나로 파악할 수 있는 근거 규정을 마련하고 있다.

(4) 거대 플랫폼의 규율 근거의 제시

이상의 규정은 일반적인 시장지배적 지위남용 규제체계 내에서 플랫폼 사업자에 대하여 지배적 지위와 남용의 판단에 관한 특별한 고려가 이루어질 수 있는 법적 근거를 마련하는 차원에서 의의가 있다. 반면 제10차 개정에서 추가된 제19조a는 이른바 거대 플랫폼 사업자의 규율 가능성을 확보하기 위해, 개별 시장에 기초한 기존 남용 규제체계를 벗어난 새로운 규제의 도입이라는 점에서 특별한 주의를 요한다.

제19조a의 표제가 '경쟁에 있어서 시장의 경계를 넘어 우월한 의미를 갖는 사업자의 남용행위'라는 것에서 알 수 있듯이, 동 규정은 거대 플랫폼을 직접적인 규제 대상으로 하기 위한 목적으로 구체화 된 것이며, 그 과정에서 개별 시장을 넘어서는 새로운 규제체계의 형성을 시도하고 있다. 우선 제19조a 제1항 제1문은 규제 대상의 지정에 관한 원칙을 밝히고

Kommission Wettbewerbsrecht 4.0, 주 5)의 책, 13면 참조.

있다. "연방카르텔청은 GWB 제18조 제3항a의 의미에서 시장에서 상당한 정도로 사업을 영위하는 사업자가 경쟁에 있어서 시장의 경계를 넘어서 우월적 의미를 갖는지를 처분의 형식으로 결정할 수 있다." 이어서 제2문은 이러한 결정 시 고려되어야 할 요소들을 제시하고 있다. "이러한 결정에 있어서 다음의 요소들은 특별히 고려되어야 한다. 1. 하나 또는 그 이상의 시장에서의 시장지배적 지위, 2. 자금력이나 그밖에 다른 자원에 대한 접근, 3. 수직적 통합 그리고 기타 상호적으로 밀접하게 관련된 시장에서의 활동, 4. 경쟁 관련 데이터에 대한 접근, 5. 제3자의 공급 또는 판매시장 접근에 있어서 당해 사업자 활동의 중요성과 그에 따른 제3자 사업활동에 미치는 영향." 이상의 규정에 의하여 개별 시장에서 지배적 지위를 갖지 않는 사업자도 수직적 통합이나 데이터 접근의 정도, 사업 활동의 중요성 등에 근거하여 규제 대상으로 지정될 수 있으며, 이러한 접근 방식은 개별 시장에 기초하여 파악하기 어려운 플랫폼 사업자의 영향력을 평가할 수 있는 계기를 제공한다.[43]

동조 제2항은 전항의 지위가 있는 것으로 결정된 사업자의 일정한 행위를 금지하는 규정을 두고 있다. 동 조항은 모두 7개의 금지행위 유형, 즉 자사제품 우대 행위(1호), 영업방해 행위(2, 3호), 데이터 남용행위(4호), 상호운용성 제한 행위(5호), 합리적 선택 침해행위(6호), 부당 이득 요구행위(7호) 등을 제시하고 있다.[44] 제2항의 구체적 내용은 다음과 같다. "연방카르텔청은 제1항에 따라 확인된 당해 사업자에 대하여 다음을 금지할 수 있다. 1. 공급 및 판매 시장을 중개함에 있어서 경쟁 사업자에 대하여 자신의 상품을 우선적으로 취급하는 경우, 특히 상품의 소개에서 자신의 상품을 우대하는 경우(a) 그리고 자신의 상품을 배타적으로 (검색)장치에 사전 설치하거나 또는 다른 방식으로 사업자들의 상품에 통합시키는 경우

---

43) Meinrad Dreher & Michael Kulka, 주 8)의 책, 532면.
44) 동 규정의 열거방식은 한정적인 것으로 이해된다. Meinrad Dreher & Michael Kulka, 주 8)의 책, 534면.

(b), 2. 공급 또는 판매 시장에 접근을 위하여 사업자들의 행위가 중요한 경우에, 당해 시장에서 이 사업자들의 영업활동을 방해하는 조치를 취하는 경우, 특히 배타적인 사전 설치나 다른 사업자들의 상품에 통합시키는 조치를 취하는 경우(a) 그리고 다른 사업자들이 자신의 상품을 광고하는 것을 방해하거나 어렵게 하는 경우 또는 고객들이 당해 사업자에 의해 준비되거나 중개되고 있는 접근 방식과 다른 방식으로 접근하는 것을 방해하거나 어렵게 하는 경우(b), 3. 일정한 시장에서 지배적 지위에 있지 않지만 빠르게 성장할 가능성이 있는 경쟁자를 직·간접적으로 방해하는 경우, 특히 사업자의 상품의 이용에 요청되지 않은 동 사업자의 다른 상품의 이용을 자동적으로 결합시키면서, 다른 상품의 범위나 이용 방식에 관한 충분한 선택의 기회를 제공하지 않은 경우(a) 그리고 사업자의 특정 상품의 이용을 동 사업자의 다른 상품의 이용에 결부시키는 경우, 4. 사업자가 모은 경쟁 관련 데이터를, 시장진입 장벽을 형성하거나 또는 상당한 정도로 높이거나, 다른 사업자를 그 밖의 방식으로 방해하거나 이러한 처리를 허용하는 거래조건을 요구하는 방식으로 처리하는 경우, 특히 서비스의 이용이 이용자들에게 데이터 처리의 범위, 목적 그리고 방식 등에 관한 충분한 선택의 가능성이 부여되지 않은 채 당해 사업자의 다른 서비스 또는 제3자로부터 제공된 서비스 처리의 동의에 의존하도록 하는 경우(a) 그리고 다른 사업자로부터 획득한 정보를 처리의 범위, 목적 그리고 방식 등에 관하여 충분한 선택 가능성이 주어지지 않은 상태에서 다른 사업자에게 서비스를 제공할 경우에 필요한 목적을 넘어서 처리하는 경우(b), 5. 상품 또는 용역의 상호운용성 또는 데이터의 이동성을 거절하거나 어렵게 하여 경쟁을 방해하는 경우, 6. 다른 사업자에게 제공되거나 수행될 서비스의 범위, 품질 또는 성과에 관하여 불충분한 정보를 제공하거나 다른 방식으로 서비스의 가치의 판단을 어렵게 하는 경우, 7. 다른 사업자의 상품을 취급함에 있어서 합리적 근거가 없는 이익을 요구하는 경우, 특히 상품 진열에 필수적이지 않은 자료나 권리를 요구하는 경우(a), 이러한 상품의 진

열의 수준이 합리적 관련이 없는 자료나 권리의 이전에 종속하도록 하는 경우(b). 이상의 규정은 각 행위가 객관적으로 정당한 경우에 적용되지 않으며, 이에 대한 입증책임은 당해 사업자가 부담한다."

한편 이상의 신설 규정의 운용과 관련하여, 동조 제3항은 다른 금지행위 규정과의 관계를 명확히 하고 있다. 즉 제3항은 "제19조와 제20조는 영향을 받지 않는다"고 규정함으로써 이 조항들과 제19조a가 독립적으로 적용될 수 있음을 명확히 하고 있다. 또한 제4항은 동 규정에 관한 연방경제에너지부의 보고 의무로서, "연방경제에너지부는 제1항과 제2항의 시행 4년 후에 입법 기관에 규정의 운용 사례에 관하여 보고한다"는 규정을 두고 있다.

한편 새로운 규제 근거로서 도입된 제19조a의 실효성을 뒷받침하기 위한 절차적 조항의 개정에도 주목할 필요가 있다. 즉 제10차 개정에서 제73조 제5항이 추가되었는데, 동 조항의 입법 취지는 제19조a에 의한 거대 플랫폼 규제에 관하여 분쟁이 발생할 경우 절차의 신속성과 통일성을 확보하기 위한 것으로 이해된다.[45] 제73조 제5항의 내용은 다음과 같다. "연방대법원은 다음의 경우에 관한 연방카르텔청의 모든 처분에 대해 1심과 최종심에서 항고법원(Bundesgerichtshof)으로서 판결한다. 1. 제19조a, 또한 제19, 제20조 그리고 EU기능조약 제102조 및 제32조 제1항, 제2항 및 제3항과 관련하여, 2. 제19조a의 의미 내에서 사안에 적용되는 경우에 제32조a 및 제32조b 각각 독립적으로 경합할 수 있는 모든 절차적 행위를 포함한다." 또한 제75조 제5항에서 "연방대법원은 제73조 제5항에 따른 소송에 있어서 독점위원회로부터 의견을 구할 수 있다"고 한 규정도 절차적 보완으로서 의의가 있다.[46]

---

45) 유영국, "GAFA 등 디지털 콘체른(Digitalkonzerne)에 대한 독일 경쟁제한방지법 (GWB)상 남용감독 강화와 그 시사점 - 개정 GWB 제19조a 및 제73조 제5항 등을 중심으로 -", 상사판례연구 제34권 제3호, 2021, 307-310면 참조.
46) 위의 글, 310면.

Ⅳ. 개정의 의의

1. 시장지배적 지위남용 규제체계의 개선

(1) 지배력 부분

제9차 개정에서 시장지배적 지위에 관한 제18조와 관련하여 다면시장과 네트워크 시장에서 사업자의 시장지위와 경쟁상황을 평가하기 위한 다섯 가지의 특별 기준, 즉 제1호 내지 제3호의 네트워크 효과 그리고 제4호의 데이터 접근 및 제5호의 혁신경쟁에 관한 것이 추가되었다. 이러한 개정은 기존의 판단 요소가 디지털 시장에서 한계를 드러내고 있는 현실을 반영한 결과라 할 수 있다.[47]

제10차 개정에서 제18조에 추가된 제3항b도 동일한 맥락에서 이해할 수 있을 것이다. 제3항b는 시장지배적 지위의 평가에 있어서 중개력의 중요성을 강조하고 있다. 이는 전형적으로 다면시장에서 중개자 역할을 수행하고 있는 플랫폼을 염두에 둔 것이며, 플랫폼 사업자가 이용조건에 의해 시장진입장벽을 설정하거나 제품의 순위를 통해 거래주체들의 경쟁력에 영향을 미칠 수 있는 상황이 고려된 것으로 볼 수 있다.[48]

이와 같은 중개자로서의 지위는 제20조에서 상대적 우월적 지배력을 다룸에 있어서도 고려되고 있으며, 이 역시 제10차 개정의 중요한 내용을 이루고 있다. 동 개정 이전 제20조 제1항은 중소사업자만을 보호 대상으로 하였지만, 개정 이후 의존관계에 있는 사업자 간 힘의 불균형을 요구하는 것으로 변경하면서, 그 대상이 중소사업자에 한정되지 않게 되었다.[49] 이러한 변화는 디지털 플랫폼 시장에서 중개자 역할의 중요성에 대한 인식에서 비롯된 것이며, 제10차 개정에서 제20조 제1항 본문에 추가된 제2문

---

47) Meinrad Dreher & Michael Kulka, 주 8)의 책, 490면.
48) 위의 책, 490면.
49) 위의 책, 501면.

이 의존성의 징표로서 중개력을 언급하고 있는 것은 이러한 인식을 반영한 것으로 볼 수 있다.

동 개정에서 도입된 제20조 제1항a 역시 플랫폼 기능이 사업자 간 종속적인 관계 형성에 미치는 영향을 데이터 측면에서 파악한 것이다. 사실 데이터에 대한 접근 문제는 개정 이전의 일반적인 사업자 간 종속성 개념에 의해서도 포섭될 수 있었던 것으로 볼 수 있지만, 제1항a에서 "종속성은 다른 사업자에 의해 통제되는 데이터에 대한 접근의 의존으로부터 발생할 수 있다"는 명시적 규정은 이 문제의 입법적 명확화에 기여할 뿐만 아니라, 가치형성 네트워크에서 경쟁 관련 데이터에 대한 접근이 혁신과 경쟁 기회를 결정한다는 상황적 고려가 행해질 수 있는 계기를 제공하고 있다는 점에서도 중요하다.[50] 나아가 데이터 관련 종속성이 경쟁 관련 데이터가 생성되고 처리되는 다양한 경제 관계에 기초한다는 점은 방해 남용의 판단에 구체적인 기준으로서 의의가 있을 것이다.[51]

(2) 남용 평가 부분

특히 제10차 개정에서 이루어진 남용 부분의 개정과 관련하여 페이스북 사건은 유력한 동인이 되었다. 연방카르텔청은 소셜 네트워크 내부에서 생성된 것이 아닌, 계열회사의 다른 서비스에서(예를 들어 WhatsApp) 또는 페이스북의 인터페이스를 통해 타사 웹사이트에서(소위 Off-Facebook-Daten) 생성된 개인관련 자료의 저장, 사용 및 결합을 동의 없이 할 수 있는 이용조건의 적용을 금지하였다.[52] 연방카르텔청은 페이스북 이용조건들의 데이터보호법 위반을 제19조 제1항의 의미에서 거래조건 남용의 주된 근거로 삼았다. 이에 항고법원인 뒤셀도르프 법원은 연방카르텔청의 결정에 반대하는 판결을 내렸고,[53] 연방대법원은 연방카르텔청의 결정을

50) 위의 책, 504-505면.
51) 위의 책, 505면.
52) BKartA v. 6. 2. 2019.

지지하면서도 연방카르텔청과는 다른 상이한 근거를 제시하였다.54) 연방
대법원의 입장을 살펴보면, 페이스북은 최종이용자가 자신의 대체하기 어
려운 서비스를 이용함에 있어서 그들의 의사에 반하여 페이스북 외부의
데이터를 제공하도록 하였고, 이를 통해 개인 관련 데이터를 형성하였다
는 사실에 주목하였다.55) 그렇지만 강요에 의한 위법한 서비스의 확대나
조건의 부과가 그 자체로 제19조 제1항에 위반하는 것이 아니라, 동시에
이용자 착취나 경쟁자 방해에 해당하는 경우이어야 한다는 점을 지적하였
다.56) 또한 시장지배적 지위를 확고히 하거나 강화하는 조건들은 원칙적
으로 남용적 통제를 정당화할 수 있으며,57) 문제가 되는 행위가 경쟁이
기능하고 있는 상황에서는 기대할 수 없는 수요자에게 부담이 되는 시장
결과로 이끌고 동시에 객관적으로 경쟁을 방해하는 것에 해당할 때 행위
인과관계가 아닌 효과 인과관계가 인정될 수 있다고 보았다.58) 연방대법
원은 이에 기초하여 페이스북이 페이스북 외부 데이터의 제공 없이 소셜
네트워크를 이용할 가능성을 제시하지 않고, 거래실무가 광고시장에 대한
진입제한에 이르렀다는 점에서 남용 요건을 충족하는 것으로 판단하였
다.59) 또한 연방대법원은 이익형량의 방식으로 행위의 남용성을 심사하였
고, 여기서 정보의 자기결정에 관한 기본권 및 데이터보호법에 의한 평가
가 고려되었는데, 그 과정에서 연방대법원은 거래조건이 법에 반하는 것
은 결정적일 수 있는 이익형량 요소의 하나일 뿐이며, 남용의 인정을 위해
필수적인 것은 아니라고 판시하였다.60) 앞에서 살펴본 것처럼, 이용

---

53) OLG Düsseldorf v. 26. 8. 2019.
54) BGH v. 23. 6. 2020.
55) BGH v. 23. 6. 2020., Tz. 58 f.
56) BGH v. 23. 6. 2020., Tz. 64.
57) BGH v. 23. 6. 2020., Tz. 75.
58) BGH v. 23. 6. 2020., Tz. 65 ff.
59) BGH v. 23. 6. 2020., Tz. 84 ff.
60) BGH v. 23. 6. 2020., Tz. 99.

(Ausnutzung)을 남용(Missbrauch)으로 변경한 제10차 개정은 효과 인과관계로서 남용 행위의 이해를 명확히 한 측면이 있지만, 동 판결에서 제시된 남용 통제에 비경쟁법적 규범을 포함하는 것을 가능하게 하는 연방대법원의 요구를 반영한 것으로 볼 수 있다.[61] 플랫폼은 다양한 차원에서 법적 문제를 야기할 수 있으며, 동 개정은 경쟁법 영역에서 이를 다룰 수 있는 근거를 제시하였다는 점에서 의의가 있다. 그러나 침해된 규범이 객관적으로 시장 관련 내용을 갖지 않거나 시장에 영향을 미치지 않는 경우, 이것이 남용의 근거가 될 수 없다는 점에도 주의할 필요가 있을 것이다.[62]

남용 행위의 유형에 관한 가장 주목할 만한 변화는 제10차 개정에서 이루어진 제19조 제2항 제4호의 개정이다. 개정 이전 동호는 네트워크 또는 기반시설에 대한 접근의 남용적 거절을 규제하였으며, 이는 주로 전력망이나 항만 시설과 같은 물적 설비를 염두에 둔 것이다.[63] 개정된 제4호는 접근 대상에 데이터를 명시적으로 포함시키고, 전후방의 파생 시장에서 활동하기 위하여 상품의 제공 또는 진입이 객관적으로 필요하며 부당한 공급 또는 진입 거절이 유효한 경쟁을 봉쇄할 위험이 있는 경우를 남용 행위로 규정하였다. 동 규정에 근거하여 플랫폼 운영자의 거절을 남용으로 주장하기 위해서는 해당 플랫폼을 이용하는 사업자가 경쟁 관련 데이터에의 접근, 플랫폼 또는 인터페이스의 이용 및 지적재산권의 실시 등을 합리적인 대가로서 요구하는 것이 전제되어야 한다.[64] 이러한 개정은 보다 용이하게 플랫폼에서 발생할 수 있는 남용 행위를 포섭하는데 기여할 수 있을 것이다.

한편 상대적 우월적 지배력을 규율하는 제20조에 플랫폼 그리고 네트워크 시장에서 집중을 촉진하는 남용 행위를 방지하기 위한 금지 규정으로

---

61) Meinrad Dreher & Michael Kulka, 주 8)의 책, 527면 참조.
62) 위의 책, 527면.
63) Gerhard Wiedmann hrsg., 주 16)의 책, 840-841면.
64) Meinrad Dreher & Michael Kulka, 주 8)의 책, 529-530면.

서 제3항a가 추가되었다는 점에도 주의를 요한다. 동 조항은 시장이 (준)독점으로 기울게 되면 대체로 경쟁에 돌이킬 수 없는 침해가 발생한다는 우려에 기초하여, 플랫폼 및 네트워크 시장에서의 쏠림효과(Tipping)의 위험을 줄이고자 하는 목적으로 도입된 것으로서,[65) 규제 기관이 보다 이른 시점에 개입할 수 있는 근거를 제공한다.[66) 동 조항은 두 가지 요건을 제시하고 있다. 우선 시장에서 경쟁자에 의한 네트워크효과의 독자적 달성을 방해하여야 하는데, 멀티호밍 또는 플랫폼의 전환을 어렵게 하는 행위가 포섭될 수 있을 것이다. 두 번째 요건으로서 성과 경쟁의 미미하지 않은 제한에 따른 중대한 위험이 요구되며, 이는 기본적으로 위험 구성요건을 형성한다. 이로써 연방카르텔청은 경쟁에 미치는 구체적 영향을 입증할 필요 없이 신속하게 개입할 수 있지만, 성과경쟁이라는 불확정한 개념의 과도한 적용에 따른 우려를 피하기는 어려울 것이다.[67)

2. 개별 시장을 넘어선 규제의 도입

(1) 의의

제10차 개정에서 도입된 제19조a는 구글, 아마존, 페이스북 그리고 애플(GAFA)이 플랫폼 운영을 통해 제3자 거래에 상당한 영향을 미치거나 새로운 시장으로 지속적으로 확대하기 위하여 중개자로서 갖는 경제적 자원과 전략적 지위 및 디지털 경제에서 특별한 기능으로 인하여 갖게 된 경쟁상 위치(Wettbewerbsposition)에 대한 입법적 대응을 의미한다.[68) 무엇보다 네트워크 효과, 자료접근의 우위 및 이를 통한 자기강화효과

---

65) 쏠림 현상이 있는 시장에서는 회복할 수 없는 경쟁 침해의 위험이 존재한다(Die Gefahr irreversibler Wettbewerbsschäden bestehe in Tipping-geneigten Märkten). Kommission Wettbewerbsrecht 4.0, 주 5)의 책, 73면.

66) Meinrad Dreher & Michael Kulka, 주 8)의 책, 537면.

67) 위의 책, 537면.

68) 위의 책, 532면.

(Selbstverstärkungseffekte) 및 자기우대의 가능성은 (준) 독점 시장에서 지배력이 쏠릴 수 있는(Tipping) 우려를 낳으며, 이에 대응하기 위하여 제19조a는 제18조와 제20조에 근거한 시장지배력 개념에 착안하지 않고 해당분야 특유의 행위의무를 규율하는 새로운 유형의 개입요건을 제시하고 있다.[69] 개별 시장을 넘어선다는 표현이 시사하듯이, 시장지배는 규제의 적용을 위한 전제조건이 아니며, 시장에서의 사업자의 지위는 단지 경쟁분석을 위한 하나의 측면만을 보여주는 것에 지나지 않는다. 유용한 지표로서 플랫폼에서 이용자가 활동한 시간(이른바 적극적 이용시간 active Nutzerzeit) 등이 고려될 수 있을 것이다.[70]

법형식 측면에서 보면, GWB 제19조a는 직접적인 금지 규정이 아니라 규제기관을 매개로 하는 간접적인 금지 규정 형식으로 되어 있다는 것에 주목을 요한다.[71] 이와 관련하여 2단계 절차가 예정되어 있는데, 첫 번째 단계에서 연방카르텔청은 제1항에 따라서 경쟁적 지위에 관한 전반적인 평가를 하고, 이때 제2문에 언급된 지표들이 활용된다. 그리고 동항 제3문에 의해 이러한 처분은 개시 후 5년으로 효력이 제한된다. 두 번째 단계에서 연방카르텔청에 의해 제2항 제1문에 한정적으로 열거된 행위가 금지될 수 있다. 동 규정은 경쟁상 손해 가능성이 있는 총 7개의 행위 유형을 규정하고 있는데, 전술한 것처럼 이는 한정적 열거 규정으로 이해된다. 한편 제19조a 제2항 제2문에 의해 일정한 행위가 객관적으로 정당화되는 경우에 연방카르텔청의 금지 처분은 제한된다. 따라서 상반된 이익의 형량이

---

69) 위의 책, 532면.
70) 제19조a는 실험적인 입법이라 할 수 있다. 다수의 불확정한 개념에 기초하고 있기 때문에, 카르텔법상 남용 규율의 일관성을 해치고, 상당한 법적 불안정성을 낳을 수 있다. 동조는 디지털 마켓법(Digital Market Act) 최종안에 이미 제시된 유럽법적 규율에 선제적으로 이루어진 입법적 결과라 할 수 있다. 제19조a에 규정된 기본의제가 유럽차원에서 통일적인 규율로 이어지고, 국내 카르텔당국의 집행을 통해 이에 결합하는 것이 장래의 과제이다. 위의 책, 533면.
71) 위의 책, 533면.

요구되는데, 여기서 헌법과 데이터보호법과 같은 분야의 법적 평가도 고려될 수 있으며, IT 시스템과 디지털 인프라의 안정성과 같은 요소들도 고려 사항으로서 중요성이 있다.[72]

(2) 적용 가능성

디지털 경제의 심화와 거대 플랫폼의 등장과 같은 새로운 현상에 대응하기 위해 추진된 GWB상 시장지배적 지위남용 규제의 개선은 시장지배력과 남용 판단에 관한 부분을 모두 포괄하고 있다. 이러한 개정은 새로운 판단 요소를 추가하거나 수정함으로써 변화된 현실에 실효성 있게 대응하려는 취지에서 이루어진 것이고, 기존의 시장지배적 지위남용 규제체계의 틀을 벗어나는 것은 아니다.

그렇지만 제10차 개정에서 도입된 제19조a는 종래 규제체계에서 벗어난 새로운 유형의 규제로서 의의가 있다. 이와 같은 개정이 규제 현실의 변화에 부응하기 위한 입법적 개선 노력의 결과인 것은 분명하지만, 급격한 변화가 진행되고 있는 경제 현실에서 새롭게 도입된 동 규정이 실효성 있게 기능할 수 있을지 그리고 일부 불확정한 개념에 기초한 규정들이 타당성을 기할 수 있을지는 향후 법적용 과정에 유보되고 있다. 현재 연방카르텔청은 Facebook,[73] Amazon,[74] Google,[75] Apple에[76] 대한 제19조a의 적용에 관한 절차를 개시한 상황이다. 이들이 구체적으로 제19조a에서 정한 수범자에 해당하는지와 관련하여, Facebook의 경우 소셜 네트워크 서비스에 기반하여 WhatsApp이나 Instagram과 같은 서비스를 결합하는

---

72) 위의 책, 534면.
73) BKartA, Bundeskartellamt prüft im Facebook/Oculus-Verfahren auch den neuen § 19 a GWB, v. 28. 1. 2021.
74) BKartA, Verfahren gegen Amazon nach neuen Vorschriften für Digitalkonzerne (§ 19a GWB), v. 18. 5. 2021.
75) BKartA, Verfahren gegen Google nach § 19a GWB, v. 25. 5. 2021.
76) BKartA, Verfahren gegen Apple nach § 19a Abs. 1 GWB, v. 21. 6. 2021.

생태계를 구축하고 있다는 점, Amazon의 경우 전자상거래 플랫폼으로서 다수의 시장에 영향력을 미치고 있다는 점, Google의 경우 검색 서비스를 기반으로 YouTube, 지도, Android 운영체제, Chrome 브라우저와 같은 서비스를 결합하여 개별 시장을 넘어서는 중요성을 갖고 있다는 점, Apple의 경우 iOS 운영체제에 기초하여 다수의 서비스를 통합하는 생태계를 구축하고 있다는 점 등이 고려되고 있는 것으로 보인다.[77] 향후 연방 카르텔청의 조사 결과를 통해 해당 플랫폼 사업자들이 제19조a의 수범자에 해당하는지가 정해질 것이며, 그 과정에서 동 규정의 의의가 구체화될 수 있을 것이다.

V. 결론

독일 GWB의 제9차 및 제10차 개정은 디지털 시장의 확대와 새로운 지배력의 원천으로서 온라인 플랫폼의 성장 등과 같은 경제적 변화가 주된 동인이 되었다. 이러한 변화에 기존의 경쟁법이 효과적으로 대응할 수 있을지에 의문이 제기되었고, 이에 관하여 전개된 논의는 GWB의 개정을 촉구하는 계기가 되었다. 특히 GAFA로 통칭되는 거대 플랫폼의 등장과 이들의 지속적인 확대 가능성은 기존의 남용 규제체계가 실효성 있게 작동할 수 있을지에 대한 우려를 낳았으며, 따라서 동 개정에서 시장지배적 지위남용 규제체계의 개선은 핵심적인 과제로 대두하였다.

이러한 배경에서 이루어진 GWB상 시장지배적 지위남용 규제의 개정은 디지털 시장과 온라인 플랫폼의 고유한 특성을 시장지배적 지위남용의 판단 단계인 지배력과 남용의 측면에서 모두 수용하는 방향으로 이루어졌다. 즉 지배적 지위의 판단 요소로서 네트워크 효과, 데이터에 대한 접근

---

77) 유영국, 주 45)의 글, 313면 이하 참조.

등과 같은 디지털 시장 및 온라인 플랫폼 거래에서 파악될 수 있는 요소들이 명시적으로 도입되었으며, 남용과 관련하여 온라인 플랫폼 사업자의 거래 기회 제공의 거절이나 데이터 등에 대한 접근 거절 등이 명문의 규정으로 추가되었다. 나아가 주목할 것은 기존의 남용 규제체계를 넘어서는 새로운 규제의 도입이다. 즉 제10차 개정에서 도입된 GWB 제19조a는 개별 시장에 기초한 전통적인 남용 규제체계를 벗어난 새로운 유형의 규제로서 의의를 갖는다. 당연히 이와 같은 규제의 수범자와 구체적 규제 대상인 금지행위에 관한 규정은 종래 다루어지지 않은 다수의 불명확한 요건으로 구성되어 있으며, 향후 규제 실무를 통하여 구체적인 의의가 정립될 때까지 법적 불안정성을 피하기 어려울 것이다. 그렇지만 거대 플랫폼이 자신을 중심으로 생태계를 구축하여 산업 전반에 걸쳐 영향력을 행사하고 끊임없이 확장해 나아가고 있는 상황에서, 개별 시장에 기초한 남용 규제의 실효성을 기대하기 어려운 측면이 있으며, 제19조a는 이러한 한계를 극복하는 유력한 대안이 될 수 있다.

이와 같이 최근 이루어진 독일 GWB상 시장지배적 지위남용 규제체계의 변화는 독점규제법에도 의미 있는 시사점을 제공한다. GWB와 마찬가지로 시장지배적 지위의 남용을 규제하는 독점규제법에서 디지털 시장의 심화와 거대 플랫폼의 등장 같은 현상에 어떻게 대응할지는 중요한 현안이 되고 있으며, 이러한 점에서 독일의 GWB 개정에서 도입된 데이터 접근과 같은 지배력과 남용 판단의 새로운 요소들은 독점규제법상 시장지배적 지위남용 규제에 있어서도 유력한 의미를 갖는다. 나아가 개별 시장을 넘어선 남용 규제로서 도입된 GWB 제19조a에 대해서도 주목할 필요가 있다. 거대 플랫폼에 초점을 맞추어 도입된 동 규정은 유사한 현상에 직면하고 있는 우리나라에서도 참고할 만하며, 독점규제법 체계 내에서 또는 별도의 입법을 통하여 향후 거대 플랫폼에 대한 규제를 입법화할 경우에 의미 있는 선례로서 고려될 수 있을 것이다.

6. 경제력집중 억제 정책의 평가와 과제

I. 서론

문재인 정부 출범 이후 공정거래위원회가 추진해 온 경제력집중 억제 정책을 평가하기에 2년의 기간은 충분치 않을 수 있으며, 정책의 긍·부정적 측면이 온전히 드러나기에는 부족할 것이다. 그러나 모든 중간적인 성격의 평가가 그러하듯이, 정부 임기의 중반에서 행하는 정책 평가는 그 동안의 추진 과정을 되짚어봄으로써 향후 과제를 점검하고 조정할 기회를 제공할 수 있다는 점에서 의의가 있다.

경제력집중 억제 정책은 공정거래위원회가 추진하는 정책의 한 축을 이루고 있으며, 특히 재벌 개혁이라는 과제가 집약되고 구체화되는 장으로서 관심이 집중되고 있다. 문재인 정부는 집권 초 발표한 '문재인 정부 국정운영 5개년 계획'(이하 국정과제)을 통하여 핵심전략으로 공정경제 구축을 추진하고, 이를 위한 구체적 과제로 "재벌 총수 일가 전횡 방지 및 소유·지배구조 개선"을[1] 제시하였다. 이와 같은 과제 설정에서 재벌 개혁의 기본 방향을 확인할 수 있다. 즉 재벌 개혁 추진의 구체적 과제는 기업 경영이나 지배구조의 개선을 통하여 기업집단 운영의 투명성과 건전성을 제고하는 것에 초점을 맞추고 있으며,[2] 이는 기업집단 해체나 계열 분리와 같은 직접적으로 구조 변화를 낳는 조치가 재벌 개혁에서 우선적으로 고려되는 방식이 아님을 시사한 것이다. 이러한 정책 기조는 공정거래위원회의 업무에 지속적으로 반영되고 있는데, 2018년 업무계획 발표에서는

---

1) 국정자문위원회, 문재인 정부 국정운영 5개년 계획, 2017. 7., 50-52면.
2) 위의 자료, 52면.

'대기업집단의 경제력 남용 방지',3) 2019년 업무계획 발표에서는 '권한과
책임이 일치하는 기업집단 규율체계 확립'을4) 각각 5대 정책 과제의 하나
로 제시하였다.

우리나라에서 경제력집중 현상은 재벌에5) 의하여 주도되고 있으며, 「독
점규제 및 공정거래에 관한 법률」(이하 독점규제법)상 경제력집중 억제를
위한 규제는 그 실질에 있어서 재벌 규제를 의미한다. 이러한 점에서 독점
규제법상 경제력집중 억제를 위한 규제의 제도적 그리고 집행적 차원에서
의 개선을 목표로 하는 경제력집중 억제 정책은 국정과제에서 제시한 재
벌 정책의 실현으로서 의의가 있다. 따라서 정책의 성패에 관한 논의는 국
정과제에서 제시한 정책의 기본 방향과 과제 설정에 기초하여 이루어져야
할 것이다. 즉 경제력집중 억제 정책의 기본 방향이 이에 부합하는지, 세
부 과제가 이를 충분히 반영하고 있는지, 실효성 있는 집행에 의해 뒷받침
되고 있는지 등이 구체적인 기준이 되어야 한다. 그렇지만 논의 범위의 확
대를 처음부터 배제할 것은 아니다. 문재인 정부의 국정 기조 하에서 공정
거래위원회가 지난 2년간 추진한 경제력집중 억제 정책의 평가를 하는 과
정에서, 국정과제에서 제시한 재벌 정책이 기본 방향이나 과제 설정 측면
에서 한계가 있음이 드러날 경우에, 이는 기본 정책의 수정이나 보완의 유
력한 근거가 될 수 있을 것이다.

이하에서의 논의는 문재인 정부 출범 이후 경제력집중 억제 정책의 내
용을 살펴보고, 이를 평가한 후에, 향후 과제를 제안하는 순으로 전개할
것이다. 우선 경제력집중 억제 정책을 입법적 측면과 집행적 측면으로 나

---

3) 공정거래위원회, 2018년 공정거래위원회 업무계획, 2018. 1., 2-3면.

4) 공정거래위원회, 2019년 공정거래위원회 업무계획, 2019. 3., 5-6면.

5) 재벌은 다수의 시장에서 지배적 지위에 있는 계열회사의 집단으로 국민경제에서
상당한 지분을 차지하고 있으며, 주로 계열회사 간 출자에 의하여 지배관계를 구
축한 소수의 개인에 의하여 운영되고 있는 경제적 실체를 의미한다. 홍명수, 재벌
의 경제력집중 규제, 경인문화사, 2006, 59면 및 권오승·서정, 독점규제법-이론과
실무-, 법문사, 2018, 481면 참조.

누어 분석할 것이다. 입법적 측면에서는 특히 2018년 8월 공정거래위원회
가 제안한 독점규제법 전부개정안(이하 전부개정안)에서6) 경제력집중 억
제에 관한 부분을 집중적으로 검토하고, 그 외 입법적 개선에 관련된 여러
성과들을 아울러 살펴볼 것이다(II). 또한 집행적 측면에서는 경제력집중
억제와 관련된 규제 사례, 다양한 분석 발표, 여러 정책의 제안과 실행 등
을 종합적으로 분석할 것이다(III). 이어서 경제력집중 억제 정책을 구체적
으로 평가할 것이다. 입법적 측면에서는 이미 제도화된 경우뿐만 아니라
그 과정에 있는 제안도 대상으로 할 것이며, 나아가 개선 과정에서 배제되
어 있지만 정책적으로 고려될 필요가 있는 주제들도 검토할 것이다. 또한
집행 측면에서 그 동안 공정거래위원회가 행한 경제력집중 관련 다양한
활동 등을 평가할 것이다(IV). 이상의 논의에 기초하여 경제력집중 억제
정책에 관한 향후 과제를 제안하며(V), 이로써 결론에 대신하고자 한다.

II. 경제력집중 억제 정책의 내용-입법적 측면

1. 독점규제법 전부개정안-경제력집중 억제

(1) 소유지배구조의 개선

1) 금융·보험사의 의결권 제한제도의 개선

대규모기업집단의 지배구조 개선과 관련하여 금융·보험사 의결권 제한
제도를 개선하는 내용이 전부개정안에 포함되었다. 구 독점규제법 제11조

---

6) 독점규제법 전부개정안은 2020. 12. 29. 입법에 이르렀으며, 전부개정안의 내용은
대부분 입법에 반영되었다. 이하에서는 전부개정안의 내용을 조문별로 검토하면
서, 개정된 법률의 조항을 부기하도록 한다.

제1항 본문은 "상호출자제한기업집단에 속하는 회사로서 금융업 또는 보험업을 영위하는 회사는 취득 또는 소유하고 있는 국내계열회사주식에 대하여 의결권을 행사할 수 없다"고 규정하였다. 동 규정의 취지는 금융·보험사가 공중으로부터 획득한 자금을 계열 확대의 수단으로 활용하는 것을 방지하는 데 있으며, 계열사 주식의 취득을 금지하는 것이 아니라 그 행사를 제한하는 방식을 취하고 있다. 의결권 행사의 금지에 대하여 동항 각호의 사유에 한해 예외가 인정되는데, 불가피한 자산 운용과 관련된 1호 및 2호와 달리 제3호는 본질적으로 지배관계의 유지와 관련된다는 점에서 주의를 요한다. 구체적으로 임원의 선임 또는 해임(가), 정관 변경(나), 그 계열회사의 다른 회사로의 합병, 영업의 전부 또는 주요 부분의 다른 회사로의 양도(다) 등이 예외 사유에 해당하며, 다만 이 경우에 허용되는 의결권은 특수관계인과 합산하여 15% 이하로 제한된다. 예외 사유로서 제3호는 적대적 M&A로부터의 방어 필요성을 정책적으로 수용한 것인데, 그 타당성은 별론으로 하고, 취지에 비추어 그 허용 범위가 넓은 것은 아닌지에 대한 의문이 있었다. 특히 동 규정 하에서는 적대적 M&A와 무관한 계열사 간 합병이나 영업양도의 경우에도 예외적 의결권 행사가 가능하고, 이는 편법적으로 지배력을 확대하려는 수단으로 활용될 우려를 낳았다. 전부개정안은 이러한 점을 고려하여, 예외 사유인 제3호 다목에 "그 다른 회사가 계열회사인 경우는 제외한다"는(전부개정안 24조 1항 3호 다목, 개정법 25조 1항 3호 다목) 단서 규정을 추가하고 있다.

2) 공익법인에 대한 규제 도입

소유지배구조 개선의 차원에서 대규모기업집단에 소속된 공익법인에 대한 규제를 추가한 것도 주목할 만하다. 공익법인은 사회에 공헌할 목적으로 설립된 법인으로서,[7] 「공익법인의 설립·운영에 관한 법률」(이하 공

---

7) 공익법인법 제2조는 공익법인을 "재단법인이나 사단법인으로서 사회 일반의 이익

익법인법) 법 제15조는 "공익법인에 출연 또는 기부한 재산에 대한 상속세·증여세·소득세·법인세 및 지방세는 조세감면규제법이 정하는 바에 의하여 이를 감면할 수 있다"고 규정하고 있으며, 구체적으로 「상속세 및 증여세법」(이하 상증세법) 등에 의한 조세감면 등의 혜택이 주어지고 있다. 그렇지만 공익법인은 기존 대규모기업집단의 출자구조에서 핵심적인 역할을 수행하는 경우도 많다. 이에 대한 적절한 통제 수단은 마련되어 있지 않으므로, 동일인의 지배력 확대나 사익편취의 수단이 될 수 있다는 우려가 지속적으로 제기되었다. 이와 관련하여 공정거래위원회가 2018년 6월 발표한 공익법인 실태조사는 참고할 만하다. 상증세법상 공익법인에 해당하는 공시대상기업집단 소속 165개 법인에 관한 조사 결과를 보면, 대규모기업집단 소속 공익법인은 총수 일가가 이사장 등의 직책을 맡아 지배권을 행사하고 있고, 특히 기업집단 내 핵심 계열사나 2세가 출자한 회사의 지분을 집중적으로 보유하고 있는 것으로 나타났다.[8] 특징적인 것은 자산구성 중 주식의 비중인데, 공시대상기업집단 소속 공익법인의 자산 중 주식의 비중은 21.8%(계열사 주식의 비중은 16.2%)로서 전체 공익법인의 4배에 이르는 반면, 주식의 수익에 대한 기여도는 1.15%(계열사 주식은 1.06%)에 불과하였다.[9] 이와 같은 수치는 공익법인이 보유한 주식이 법인 수익에 기여하는 정도는 미미하지만, 기업집단의 전체 출자관계를

에 이바지하기 위하여 학자금·장학금 또는 연구비의 보조나 지급, 학술, 자선에 관한 사업을 목적으로 하는 법인"으로, 상증세법 제16조 제1항은 "종교·자선·학술 관련 사업 등 공익성을 고려하여 대통령령으로 정하는 사업을 하는 자"로 정의하고 있다.

8) 공정거래위원회, 대기업집단 소속 공익법인 운영실태 분석 결과, 2018. 6. 29., 8면. 양자는 상관성이 있는 것으로 나타나고 있는데, 계열사 주식을 보유한 공익법인의 경우 총수일가가 이사로 등재된 경우는 78.0%인 반면, 계열사 주식을 보유하고 있지 않은 공익법인의 경우 총수일가의 이사 등재 비중은 39.8%에 불과하였다. 공정거래위원회, 2018년 공시 대상 기업집단 지배구조 현황 공개, 2018. 12. 6., 5면 참조.

9) 공정거래위원회, 대기업집단 소속 공익법인 운영실태 분석 결과, 2018. 6. 29., 7면.

구축하는데 의미 있는 역할을 하고 있음을 보여주는 것이다. 또한 공익법인이 총수일가 및 계열회사와 주식·부동산·상품·용역 등의 내부거래를 한 비중도 상당한 것으로 나타났는데, 전체 165개 공익법인 중 내부거래를 한 공익법인은 100개 법인으로서 약 60.6%에 이르렀다.10) 이러한 조사 결과는 대규모기업집단에 속한 공익법인이 본래의 취지에 따른 공익적 복무와 무관하게 기업집단의 지배관계 구축이나 내부거래를 통한 사익 취득의 기능을 수행하고 있음을 시사하는 것이다.11) 전부개정안은 이러한 우려를 해소하기 위하여 금융·보험사 의결권 제한과 유사하게 주식 보유 자체를 금지하는 것이 아닌 그 의결권을 제한하는 제도를 신설하고 있다. 즉 금융·보험사의 의결권을 제한하는 조에 새로운 항을 추가하여 상호출자제한기업집단에 속하는 회사를 지배하는 동일인의 특수관계인에 해당하는 공익법인(상증세법상)은 취득 또는 소유하고 있는 주식 중 그 동일인이 지배하는 국내 계열회사 주식에 대한 의결권 행사를 금지하는 규정을 신설하고 있다(전부개정안 24조 2항, 개정법 25조 2항). 또한 금융·보험사의 경우와 마찬가지로 동항 단서에서 공익법인이 100% 지분을 보유한 회사의 경우(가) 그리고 상장회사의 경우에는 임원임면, 정관변경, 합병 및 영업양도(계열사 간 합병 및 영업양도 제외) 등의 사유에 한하여 특수관계인과 합산하여 15% 한도 내에서(나) 의결권 행사를 허용하는 예외 규정을 두고 있다.12) 이 외에도 전부개정안은 제28조(개정법 29조)에서 공시대상기업집단 소속 공익법인에게 계열사 주식거래 및 일정 규모 이상의 내부거래를 하는 경우에 이에 관한 이사회 의결과 공시 의무를 부과하고 있다.

---

10) 위의 자료, 9면.
11) 이러한 우려에 관하여 공정거래위원회가 제시한 구체적 예는, 위의 자료, 10면 참조.
12) 전부개정안 부칙 제9조에 의하여, 법 시행 후 2년간은 현재와 같이 의결권 행사를 허용하되 2년 경과 후 3년간에 걸쳐 30%→25%→20%→15%로 단계적으로 의결권 행사 한도를 축소한다.

3) 순환출자 규제의 강화

2014년 법개정에 의하여 도입된 신규 순환출자 규제를 강화하고 있는 것에도 주목을 요한다. 구 독점규제법은 상호출자제한기업집단에 속하는 회사에 대한 신규 순환출자의 형성 또는 강화를 금지하였으며(법 제9조의 2), 동 규제는 부칙(제12334호) 제2조에 따라 연속적으로 지정된 기업집단에 속하는 회사에 대해서는 법 시행일(2014. 7. 25.) 이후 취득 또는 소유하는 주식에 대하여 그리고 신규로 지정된 기업집단에 속하는 회사에 대해서는 지정일 이후 취득 또는 소유하는 주식에 대하여 적용되었다. 동 규제는 2009년 출자총액제한제도의 폐지 이후 순환출자에 대한 직접적인 규제로서 의의가 있지만, 기존 순환출자는 규제 대상에서 제외함으로써 기존의 복잡한 출자구조를 해소하는 데 한계가 있음이 처음부터 지적되었으며, 상호출자제한기업집단 지정이 예상되는 기업집단이 지정 직전 급격히 순환출자를 늘리는 등의 규제 회피 우려도 있었다. 이러한 우려의 해소 방안으로 전부개정안은 제22조 제1항(개정법 23조 1항)에서 "상호출자제한기업집단에 속하는 국내회사로서 순환출자를 형성하는 계열출자(국내계열회사에 대한 출자만 해당)를 한 회사는 상호출자제한기업집단 지정일 당시 취득 또는 소유하고 있는 순환출자회사집단 내의 계열출자대상회사 주식에 대한 의결권을 행사할 수 없다"는 규정을 도입하였으며, 동 규정은 부칙 제3조에 의하여 이 법 시행 이후 신규로 상호출자제한기업집단으로 지정된 경우부터 적용된다.

4) 지주회사 규제의 강화

대규모기업집단은 출자구조의 양상에 따라서 지주회사형 기업집단과 순환출자형 기업집단으로 구분할 수 있는데, 전자를 대상으로 한 소유지배구조 개선도 전부개정안에 포함되었다. 구 독점규제법은 지주회사의 자회사 그리고 자회사의 손자회사 주식 보유 비율의 하한을 상장사 20%, 비상장사 40%로 규정하였다(8조의2 2항 2호, 3항 1호). 동 기준은 1999년 법개정 시 도입된 상장사 30%, 비상장사 50%에서 2007년 개정에 의해 완화된 것인데, 지주회사 체제를 기업집단의 지배구조로 수용하는 것을 권장하는 정책에 따른 것으로 이해된다. 그렇지만 기준 완화는 적은 자본으로 자회사나 손자회사를 설립할 여지를 제공한 것으로서, 지주회사 체제가 경제력집중의 수단으로 활용될 수 있다는 우려도 커지게 되었다. 전부개정안은 이러한 문제의식을 받아들여 자회사 및 손자회사 지분율을 상향하는 방향으로 개정을 제안하고 있다. 즉 전부개정안 제18조(개정법 18조) 제2항 제2호 및 제3항 제1호는 자회사 및 손자회사의 지분 보유율 하한을 상장사 30%, 비상장사 50%로 상향하고 있다.13) 다만 기존 지주회사에 미치는 급격한 영향을 완화하기 위하여, 동 규정은 부칙 제11조 제1항 및 제2항에 의하여 신규로 설립·전환된 지주회사에 대해서만 적용하는 것으로 하였다.

(2) 대규모기업집단 규제의 정비

1) 대규모기업집단 지정 기준의 개선

대규모기업집단 규제의 실효성 제고를 위한 일련의 개정도 이루어졌다. 우선 대규모기업집단의 지정 기준의 변화를 모색하고 있는데, 그 동안 대기업집단 지정제도는 자산총액을 절대적 기준으로 하여 운영되어 왔다(공시대상기업집단 5조, 상호출자제한기업집단 10조). 그러나 동 기준은 국민경제의 성장에 따라서 일정 기간 경과 후에는 불가피하게 기준으로서의 시의성을 잃을 수밖에 없게 되는 문제가 있었다.14) 또한 경제력집중 억제

---

13) 벤처지주회사의 자회사 및 손자회사에 대한 지분보유율 하한은 20%를 유지하고 있다.

14) 이로 인하여 새로운 기준을 도입하게 될 경우에 다양한 의견을 종합하고 이해관계자들의 이견을 조정하는 과정에서 사회적 합의 비용이 발생하게 되는 문제가

를 위한 규제를 대규모기업집단에 한정한 것은 일반집중 등의 측면에서 경제력집중 문제가 일정 규모 이상의 기업집단에 한하여 나타나기 때문이므로, 대규모기업집단의 지정은 본질적으로 국민경제에서 차지하는 비중을 반영한 것이 되어야 한다. 이러한 점에서 전부개정안은 상호출자제한기업집단에 한하여 국내총생산과 대기업집단 지정 기준을 연동하는 방안을 제시하고 있다. 즉 전부개정안 제30조 제1항(개정법 31조 1항)은 "······공시대상기업집단 중 자산총액이 국내총생산액의 1천분의 5에 해당하는 금액 이상인 기업집단을 대통령령으로 정하는 바에 따라 상호출자제한기업집단으로 지정한다"고 규정하고 있다.[15]

2) 해외 계열회사의 공시 강화

전부개정안은 해외 계열회사의 공시를 강화하고 있다.[16] 기업집단 현황 등의 공시는 구 독점규제법 제11조의4 및 동법 시행령 제17조의11과 이에 따른 「공시대상기업집단 소속회사의 중요사항 공시 등에 관한 규정」에 의하여 이루어졌다. 이에 의하면, 해외 계열사 현황에 대한 공시에 공백이 나타나고 있으며, 이로 인하여 해당 기업집단의 전체적인 출자구조를 파악하는데 어려움이 발생하였다. 전부개정안은 이를 보완하기 위하여 기업집단 현황 공시에 관한 대상에 해외 계열회사를 법문에 명시적으로 포함시키고, 공시하여야 할 내용을 구체적으로 특정하고 있다. 즉 전부개정안 제27조 제2항(개정법 28조 2항) 본문은 "공시대상기업집단에 속하는

나타났다.

15) 전부개정안 부칙 제4조는 "제30조 제1항의 개정규정은 이 법 시행 후 한국은행에 의해 국내총생산액이 최초로 2000조원을 초과하는 것으로 발표된 해의 다음 해에 이루어지는 상호출자제한기업집단 등의 지정부터 적용한다"고 규정함으로써 새로운 기준 적용에 따른 혼란을 최소화하고 있다.

16) 공시 제도가 시장에 의한 자율적 개선의 압력으로서 긍정적 기여를 할 수 있다는 것에 관하여, 김경연, "공정거래법상 공시제도가 기업지배구조에 미치는 영향", 연세 글로벌 비즈니스 법학연구 제3권 제2호, 2011, 67-71면 참조.

회사를 지배하는 동일인은 다음 각 호의 어느 하나에 해당하는 사항을 공시하여야 한다"고 규정하고, 제1호는 "특수관계인(자연인인 동일인 및 그 친족)이 단독으로 또는 다른 특수관계인과 합하여 발행주식 총수의 100분의 20 이상의 주식을 소유한 해외계열회사의 주주 구성 등 대통령령으로 정하는 사항", 제2호는 "공시대상기업집단에 속하는 국내회사의 주식을 직접 또는 대통령령으로 정하는 방법으로 소유하고 있는 해외계열회사의 주식소유현황 등에 관한 사항으로서 대통령령으로 정하는 사항 및 그 해외계열회사가 하나 이상 포함된 순환출자 현황"을 규정하고 있다.

(3) 사익편취 규제의 강화

구 독점규제법 제23조의2는 대규모기업집단의 내부거래로서 총수일가의 사익편취에 해당하는 행위를 규제하고 있으며, 구체적으로 규제 대상이 되는 회사는 구 동법 시행령 제38조 제2항에서 총수일가 보유 지분율이 상장사 30%, 비상장사 20% 이상인 계열회사로 정하고 있었다. 동 제도는 2014년 법 개정 시 도입된 것으로서, 종래 규제가 용이하지 않았던 총수 일가의 사익편취적 행태를 직접적인 규제 대상으로 하고 있다는 점에서 의의가 있다. 그러나 제도의 실효성에 대한 의문이 있었으며, 특히 2018년 6월 이루어진 공정거래위원회의 실태조사에 의하면, 규제 대상에서 벗어나 있는 회사를 통한 사익편취 행위가 높은 비중으로 나타나고 있다.[17] 또한 규제 대상의 기준인 총수일가 지분 보유율에 대해서도 일정한 문제제기가 가능하다. 구 독점규제법 제11조의2에 의한 대규모 내부거래 이사회 의결 및 공시규정의 총수일가 지분율 기준은 상장사와 비상장사 모두 20%이며, 따라서 동일한 행태에 대한 규제 기준의 상이로 인하여 규

---

17) 총수일가 지분율이 20~30%인 상장사, 이른바 '규제 사각지대 회사'는 규제대상 회사와 비교했을 때 내부거래 비중은 작으나 평균 내부거래 규모는 2.9~3.9배가 큰 것으로 조사되었다. 공정거래위원회, 2014년 사익편취 규제 도입 이후 내부거래실태 변화 분석 결과, 2018. 6., 4면.

제의 혼선이 초래될 여지도 있었다. 이러한 문제를 시정하기 위하여 전부
개정안은 제46조 제1항(개정법 47조 1항) 본문에서 현재 동법 시행령에
규정되어 있는 사익편취 행위의 규제 대상을 법정하고, 그 기준을 상장사,
비상장사 구분 없이 20% 이상으로 통일하고 있다. 또한 동 회사가 50%를
초과하는 지분을 보유하고 있는 자회사도 규제 대상에 포함시키고 있다.

2. 기타 입법적 개선

(1) 독점규제법 개정

상술한 전부개정안 외에 그 동안 몇 차례 있었던 독점규제법 개정에서
경제력집중 규제에 관한 중요한 개정은 이루어지지 않았다. 관련 분야에
서 유일한 법개정은 금융업 또는 보험업의 정의에 관한 것인데, 이에 관한
개념을 한국표준산업분류상 금융 및 보험업에 의할 경우에 구법 제8조의2
제2항 제5호에 의하여 한시적으로 금융업 또는 보험업을 영위하는 회사의
주식을 보유하는 일반지주회사도 이에 해당하게 됨으로써 규제 대상이 될
수 있었다. 이러한 정의 규정에 의한 일반지주회사에 대한 과잉규제 문제
를 해소하기 위하여, 이를 배제할 수 있는 근거가 마련되었다(2017. 10.
31.). 즉 제2조 제10호 본문의 "금융업 또는 보험업이라 함은 「통계법」 제
22조 제1항의 규정에 의하여 통계청장이 고시하는 한국표준산업분류상 금
융 및 보험업을 말한다"는 규정에 "제8조의2(개정법 18조) 제2항 제5호에
따른 일반지주회사는 금융업 또는 보험업을 영위하는 회사로 보지 아니한
다"는 단서 규정이 추가되었다.

(2) 독점규제법 시행령 개정

2017년 4월 대규모기업집단은 상호출자제한기업집단과 공시대상기업집
단으로 이원화하여 지정하는 독점규제법 개정이 이루어졌고, 이를 뒷받침

하는 시행령 개정이 이어졌다(2017. 7. 17.). 동 개정에 의하여 기업집단
에 속하는 국내 회사들의 자산총액이 5조원 이상인 기업집단은 공시대상
기업집단 그리고 자산총액이 10조원 이상인 기업집단이 상호출자제한기업
집단으로 지정됨으로써(21조 1항 및 2항),[18] 규모에 따른 차등화 된 규제
의 기초가 마련되었다. 이 외에도 원활한 지정 절차를 위하여 공정거래위
원회가 회사 등에 요청할 수 있는 자료의 범위를 구체적으로 정하는 개정
도 있었으며(21조 7항, 개정 시행령 38조 7항), 공시제도의 실효성을 높이
기 위하여 공시대상 비상장회사의 범위와 공시 내용을 법정하는 개정도
이루어졌다(17조의10 1항, 개정 시행령 34조 1항 내지 5항).

사익편취 행위에 대한 규제의 실효성을 높이기 위한 개정이 있었다.
2005년 3월 동법 시행령 개정에 의하여 도입된 포상금 제도는 법위반행위
에 대한 신고 기능을 활성화하여 독점규제법의 실효성을 제고하려는 취지
의 제도이며, 2017년 9월 개정에서 포상금 지급대상이 되는 법 위반행위
에 특수관계인에 대한 부당한 이익제공 행위가 추가되었다(63조의7 1항 6
호의2, 개정 시행령 91조 1항 8호).

기업집단은 동일인에 의하여 지배되는 기업들의 집단을 의미하며, 동법
시행령 제3조(개정 시행령 4조)에서 제시하고 있는 형식적 기준(1호)과 실
질적 기준(2호)에 의하여 그 범위가 정해진다. 또한 제3조의2(개정 시행령
5조)는 기업집단으로부터 배제되는 경우에 관하여 규정하고 있는데, 이에
해당하는 경우와 관련하여 친족독립경영과 임원독립경영에 관한 규정의
개정이 이루어졌다(2018. 4. 17.). 친족독립경영회사와 관련하여 동일인의
친족이 경영하는 회사가 동일인과의 거래 등에서 일정 기간 부당한 이익
제공 등으로 공정거래위원회로부터 시정조치를 받거나 과징금을 부과받은
사실이 없을 것이 해당 기업에 대한 기업집단 제외요건으로 추가되었고(3

---

18) 동 규정은 2021. 4. 20. 시행령 개정에 의해 제38조 제1항에서 공시대상기업집단
   은 자산총액 5조원 이상 그리고 제38조 제2항에서 상호출자제한기업집단은 국내
   총생산액의 1000분의5 이상으로 변경되었다.

조의2 1항 2호 마목, 개정 시행령 5조 1항 2호 마목), 동일한 취지에서 친
족독립경영회사로서 기업집단으로부터 제외된 회사는 기업집단 소속 계열
회사와의 자금, 유가증권, 상품 및 용역 등에 관한 세부 거래 내역을 3년
간 제출하고, 위반 시 공정거래위원회가 기업집단 제외결정을 취소할 수
있도록 하는 규정이 신설되었다(3조의2 6항 및 7항, 개정 시행령 5조 6항
및 7항). 이러한 개정은 기업집단 범위의 타당성을 기할 뿐만 아니라 간접
적으로 사익편취 행태에 대한 규제를 강화하는 의의도 있다. 한편 제3조
의2 제1항 제2호의2(개정 시행령 5조 1항 3호)를 신설하여 기업집단 소속
계열회사의 임원이 해당 회사에 임원으로 선임되기 전부터 자신이 사실상
지배하는 회사가 있는 경우에, 이 회사와 기업집단 소속 계열회사가 출자,
채무보증 및 임원의 상호 겸임 등이 없으면 사실상 지배하는 회사를 기업
집단의 범위에서 제외할 수 있도록 하였다.

끝으로 2019년 1월 동법 시행령 개정에 의하여 과태료 부과 기준이 정
비되었는데, 부과 대상 행위 중에 계열회사의 편입 및 제외 심사에 관한
자료 요청에 대한 거부 행위가(법 69조의2 1항 3호, 개정 시행령 94조 4
호) 포함된 것도 넓은 의미에서 경제력집중 억제를 위한 규제의 개선으로
이해될 수 있다.

(3) 예규, 고시 등의 개정

공정거래위원회가 제정하는 예규, 고시 등 행정규칙의 제·개정을 통해
서도 개선 작업이 이루어지고 있다. 전술한 것처럼 대규모기업집단 지정
의 이원화 이후, 이를 뒷받침하는 하위 법령의 후속 개정이 이어졌고, 「공
시대상기업집단 소속회사의 중요사항 공시 등에 관한 규정」, 「대규모 내
부거래에 대한 이사회 의결 및 공시에 관한 규정」, 「공시대상기업집단 소
속회사의 중요사항 공시 등에 관한 규정 위반사건에 관한 과태료 부과기
준」, 「대규모내부거래에 대한 이사회 의결 및 공시 의무 위반사건에 관한

과태료 부과기준」 등의 개정(2017. 8. 28.)은 이를 실무적으로 완성하는 의미가 있었다. 이상의 행정규칙 중에서 특히 「공시대상기업집단 소속회사의 중요사항 공시 등에 관한 규정」의 개정에 의하여 공시의무 대상인 공시대상기업집단 소속 회사와 특수관계인 간의 거래에 '계열회사 간 상표권 거래 현황'(4조 1항 4호 자목)이 추가되었는데(2018. 4. 3.), 상표권 거래가 터널링의 주요 대상의 하나가 되고 있는 현실을 반영하였다 점에서 의의가 있다.

공정거래위원회가 2018년 2월 제정한 「합병 관련 순환출자 금지 규정 해석지침」도 주목할 만하다. 동 지침 제정의 계기는 2014년 독점규제법 개정에 의하여 신규 순환출자 금지 규정이 도입된 이후 발생한 삼성 기업집단에 속한 제일모직이 계열회사인 삼성물산을 1:0.35의 주식비율로 흡수합병한 사건이었다.[19] 구법 제9조의2 제2항 제1호 및 제3항에 의하여 합병에 의한 신규 순환출자의 형성이나 추가에 대해서는 6개월의 유예기간이 부여되며, 동 기간 안에 해당 지분을 처분할 의무가 발생하는데, 제일모직과 삼성물산의 합병 이후 처분하여야 할 지분의 규모가 쟁점이 되었다. 공정거래위원회는 '신규 순환출자 금지제도 법 집행 가이드라인'을 제정하고(2015. 12. 24.), 이에 의하여 당해 사건에서 처분하여야 할 주식의 양을 결정하였다. 그러나 이때의 판단 기준에 대한 지속적인 문제 제기가 있었고,[20] 이를 반영한 개정이 이루어졌으며(2017. 12. 20.), 이는 (신)삼성물산에 대해서도 적용되었다. 한편 동 가이드라인의 개정 논의 과정에서 가이드라인을 예규 형식으로 변경하여 법적 성격을 강화하고자 하는 제안이 있었으며, 이에 따라서 예규 형식의 지침이 제정되었다(2018. 2. 21.). 동 지침은 계열출자, 순환출자, 순환출자의 형성 및 강화 등 순환출자 금지 규정 해석에 필요한 용어를 정의하고, 합병에 의한 계열출자 발생

---

19) 합병 등기일 2015. 9. 2. 존속회사는 삼성물산으로 사명을 변경하였다.
20) 세 가지 쟁점에 대한 개정 가이드라인의 해결에 관하여, 공정거래위원회, 보도자료, 2017. 12. 21. 참조.

경로를 신주배정과 구주취득의 경우로 구분하여 기술함으로써 명확성을 기하고 있다. 또한 삼성물산 합병 사건에 적용되었던 원칙을 지침의 내용에 포함시켰는데, 특히 합병 전후 법인의 동일성은 형식적 기준(법인등기부등본 혹은 법인등록번호)에 따라 판단하고, 순환출자의 형성·강화 및 적용 제외 여부는 순환출자 고리별로 판단한다는 원칙을 분명히 하고 있다는 점에서도 의의가 있다.

「부당한 지원행위의 심사지침」의 개정은 대체로 기술적인 부분에서 이루어졌다(2017. 12. 12.). 상위법에서 현저성에서 상당성으로의 변화를 반영한 것이나, 지원금액에 부가세를 포함하도록 정한 규정을 삭제하여 부가가치세가 지원객체에 귀속된 경제상 이익에 해당하는 경우에만 지원금액에 포함시키도록 한 것 등이 주요 내용을 이룬다. 한편 독점규제법 제23조의2에 의한 '특수관계인에 대한 부당한 이익제공 등 금지' 규정의 위반행위에 대한 심사 기준이 법적 형식으로 마련되어 있지 않다는 점에도 주의를 요한다. 공정거래위원회는 2016년 12월 '총수일가 사익편취 금지 규정 가이드라인'을 제정하였으나, 동 가이드라인의 내용상 문제점에 대한 지적뿐만 아니라 예규 형식의 법적 성격을 강화한 지침의 제정 필요성도 제기되어 왔다. 이에 따라서 공정거래위원회는 '특수관계인에 대한 부당한 이익 제공 행위 심사 지침'의 제정에 착수하였다.[21]

---

21) 공정거래위원회, 보도참고자료, 2018. 12. 13.

III. 경제력집중 억제 정책의 내용-집행적 측면

1. 집행 측면

(1) 경제력집중 억제를 위한 규제

다음의 〈표 1〉은 2010년 이후 공정거래위원회에 의한 경제력집중 억제를 위한 규제로서 경고 이상의 처분이 내려진 사건에 관한 것이다. 이에 의하면, 2010년 이후 경제력집중 억제를 위한 규제에서 지주회사 규제가 약 72.6%로서 높은 비중을 차지하고, 대규모기업집단에 부과되는 신고의무 등에 반한 허위신고나 허위자료제출에 대한 규제가 19.0%로 다음이며, 다른 유형의 규제 사례는 미미한 것으로 나타난다. 물론 이러한 자료가 수범자의 행위에 영향을 미치는 제도의 의의나 규제의 실효성을 평가하는 근거로서 한계를 갖고 있음은 분명하지만, 문재인 정부 출범 이후 경제력집중 규제와 관련하여 규제 유형이나 전체적인 처리 건수에 큰 변화가 없음은 확인할 수 있다. 특히 이례적으로 사건처리 수가 많았던 2016년에 비교하면, 2017년 5월 이후 경제력집중 규제 사례는 감소한 것으로 나타나고 있다.

〈표 1〉 경제력집중 규제 사례(2010-2018)[22]

	허위신고/ 허위자료 제출	지주회사 규제	상호출자 규제	순환출자 규제	금융보험사 의결권제한	채무보증 규제	합계
2010	1	2	-	-	-	-	3
2011	-	4	-	-	-	-	4
2012	-	1	-	-	-	-	1
2013	-	8	-	-	-	-	8
2014	-	4	-	-	-	1	5
2015	-	4	-	-	-	-	4
2016	5	20	2	1	1	1	30
2017	6	11	-	1	-	-	18
(~5. 9.)	(5)	(7)	-	-	-	-	(12)
(5.10.~)	(1)	(4)	-	(1)	-	-	(6)
2018	4	7	-	-	-	-	11
합계	16	61	2	2	1	2	84

(2) 부당 지원행위 및 사익편취 행위 규제

2013년부터 2017년까지 부당 지원행위 사건의 처리 건수는 35건으로 전체 불공정거래행위 사건 중에서 약 17.9%의 비중을 차지한다. 연도별로 보면, 2013년 9건, 2014년 8건, 2015년 25건, 2016년 19건, 2017년 11건으로 나타나고 있다. 2015년의 급격한 증가는 2013년 8월 독점규제법 제23조 제1항 제7호의 개정으로 지원 조건 유리의 정도가 현저성에서 상당성으로 변경된 것의 영향으로 볼 수 있으나,[23] 이러한 증가 추세가 지속되지는 않았다. 2018년 하이트진로,[24] 기업집단 효성,[25] 기업집단 엘에스[26]

22) 경고 이상의 조치가 취해진 사건을 대상으로 한다.
23) 동 개정법 부칙 제2조 제1항은 "이 법 시행 당시 계속 중인 거래에 대해서는 이 법 시행일부터 1년간은 종전의 규정을 적용한다"고 규정하였다.
24) 공정위 2018. 3. 26. 의결 제2018-110호.
25) 공정위 2018. 5. 21. 의결 제2018-148호.
26) 공정위 2018. 8. 22. 의결 제2018-262호.

그리고 2019년 동화청과 및 팜한농[27] 등의 지원행위에 대한 규제 사례가 있으나, 전체적인 사건처리 수는 줄어들고 있다.

2014년 독점규제법 개정에 의하여 사익편취적 행태에 대한 규제로서 도입된 특수관계인에 대한 부당 이득제공 규제 사례는, 여전히 제도 시행 초기임을 감안하더라도 많지 않은 상황이다. 2016년 현대증권 규제,[28] 2017년 기업집단 한진 계열회사인 대한항공 등의 규제가 있었으며,[29] 현 정부 출범 이후에는 하이트진로,[30] 기업집단 효성,[31] 기업집단 대림[32] 등 의 사익편취 행위의 규제 사례가 있다.

2. 정책 실행 측면

(1) 조사·분석의 수행과 결과 공표

공정거래위원회가 다양한 측면에서 경제력집중 관련 현황과 문제를 파 악하기 위하여 지속적으로 실태를 조사·분석하고, 이를 공표하고 있는 것 도 눈여겨볼 부분이다. 당연히 이러한 조사·결과는 정책을 수립하고 제도 를 개선하는 데 의미 있는 기초가 될 수 있으며, 이를 공개함으로써 공중 의 주의를 환기시키고 다양한 의견을 수렴하는 데도 도움이 될 것이다.

경제력집중 분야에서 공정거래위원회가 연례적으로 수행해 오고 있는 업무는 큰 변화 없이 이어지고 있다. 우선 대규모기업집단(공시대상기업 집단과 상호출자제한기업집단)의 지정은 매년 이루어지고 있으며(2017. 9. 1., 2018. 5. 1. 2019. 5. 15.), 대규모기업집단을 지정하면서 동일인과 계 열회사의 수 등 기본 현황, 자산총액과 부채비율 등의 재무 현황, 매출액

---

27) 공정위 2019. 1. 23. 의결 제2019-025호.
28) 공정위 2016. 7. 7. 의결 제2016-189호.
29) 공정위 2017. 1. 10. 의결 제2017-009호.
30) 공정위 2018. 3. 26. 의결 제2018-110호.
31) 공정위 2018. 5. 21. 의결 제2018-148호.
32) 공정거래위원회, 보도자료, 2019. 5. 2.

과 당기순이익 등의 경영 성과 등을 아울러 발표하고 있다. 2019년 대규모기업집단 지정에 의하면, 자산총액 5조원 이상인 공시대상기업집단으로 59개 기업집단(소속 계열회사 2,103개), 자산총액 10조원 이상인 상호출자제한기업집단으로 34개 기업집단(소속 계열회사 1,421개)이 지정되었다. 또한 재무 현황과 경영 성과에 대한 자료도 발표하고 있다. 〈표 2〉는 2019년 발표된 대규모기업집단 지정에서 주요 지표의 시계열적 변화에 관한 것이다.

〈표 2〉 최근 5년간 자산총액 5조원 이상 기업집단의 재무현황 및 경영성과[33]

(단위: %, 조원)

구분	2015년	2016년	2017년	2018년	2019년	증감('18→'19)
자산	1,646.3	1,753.6	1,842.1	1,966.7	2,039.7	73.0
부채비율	81.4	79.6	76.0	71.2	67.8	△3.4
매출액	1,324.5	1,233.8	1,233.4	1,359.5	1,422.0	62.5
당기순이익	40.5	49.5	53.8	100.2	92.5	△7.7

공정거래위원회는 대규모기업집단을 지정한 후에, 해당 기업집단을 대상으로 상세한 분석 결과를 추가적으로 발표하고 있다. 연례적으로 계속되고 있는 분석 결과의 발표는 문재인 정부의 출범 이후에도 이어지고 있으며, 주식소유 현황(내부지분율 현황 및 세부내역 등), 내부거래 현황(계열회사 간 상품·용역 거래현황 등), 지주회사 현황(지주회사 및 소속회사 일반현황, 재무현황, 계열현황 등), 지배구조 현황(총수일가 이사등재 현황, 사외이사 현황, 이사회 내 위원회 현황 등), 채무보증 현황(제한되는 채무보증 및 제한되지 않는 채무보증 내역, 잔액 등) 등이 분석 대상이 되고 있다. 이상의 연례적으로 이어지고 있는 분석 결과의 내용은 대체로 이전의 분석 결과와 유사하지만, 문재인 정부 출범 이후 정책 기조가 반영된

---

33) 공정거래위원회, 보도자료, 2019. 5. 15., 2면.

분석이 새롭게 추가되었다. 예를 들어 2018년 행해진 주식소유 현황 분석을 보면, 2016년 이전과 비교하여 내부지분율이나 계열회사의 출자구조 등의 분석은 동일하지만, 사익편취규제 대상 회사와 사각지대 현황의 분석을 수행하고 있다는 점에서 특징적이다.[34] 내부거래 현황의 경우에도 2018년 발표에서는 사각지대 회사의 내부거래 현황에 대한 분석 결과가 추가되었다.[35] 지주회사 현황의 경우에도 2016년 이전과 비교하여 2018년 현황 분석에서 지주회사 전환집단에 대한 분석을 별도의 분석 범주로 정하고, 소유지배 괴리도나 체제 밖 계열회사 현황 등의 분석 결과를 내용에 포함시키고 있다는 점에서[36] 차별성을 보이고 있다. 지배구조 현황의 경우에도 2018년 분석은 분석 대상이나 기준 측면에서 이전 분석과 유사하지만, 분석의 수준이 구체적이고 심층적으로 이루어짐으로써, 유용한 정책 자료를 제공하고 있다. 예를 들어 이사회 작동현황과 관련하여 사외이사 현황이나 이사회 내 위원회 현황뿐만 아니라 안건작성 현황을 구체적으로 분석하고 안건내용이 부실하고 충실한 심의가 이루어진 것으로 보기 어렵다는 결론을 도출하고 있으며, 소수주주권 작동현황과 관련하여 집중·서면·전자투표제나 기관투자자 의결권 행사 현황 등을 분석하고 있다.[37] 또한 종합적으로 총수 본인이 전혀 이사도 등재되지 않은 집단이 무려 14개 집단(28.6%)에 이르고 총수 2·3세가 사익편취 규제대상과 사각지대회사에 집중적으로 이사로 등재되어 있음을 밝히고 있는 것, 이사회 안건 중 원안 가결 비율이 99.5%를 넘어서고, 수의계약 내부거래 안건의

34) 공정거래위원회, 2018년 공시 대상 기업집단 주식 소유 현황, 2018. 8. 27., 9면 이하 참조.
35) 공정거래위원회, 2018년 공시 대상 기업집단 내부거래 현황 공개, 2018. 10. 10., 10-12면.
36) 공정거래위원회, 2018년 공정거래법상 지주회사 현황 분석 결과 발표, 2018. 11. 13., 6-11면.
37) 공정거래위원회, 2018년 공시 대상 기업집단 지배구조 현황 공개, 2018. 12. 6., 8-10면.

81.7%에서 수의계약 사유조차 포함되지 않는 등 실제 작동의 형식화 우려를 지적하고 있는 것, 공시대상기업집단 소속 상장회사에서 전자·서면·집중 투표제 등 소수주주권 보호 장치가 도입된 비율이 상장회사 전체 평균에도 미치지 못하고 있음을 지적한 것 등은 이전 분석에 비하여 특기할 만한 것이라 할 수 있다.

공정거래위원회는 산업 및 시장 전반을 대상으로 한 구조적 분석 결과도 제시하였는데, 특히 독과점구조 유지 산업의 분석에서 이러한 유형의 산업이 2011년 이후 대폭 증가한 이후(2009 47개, 2010 47개, 2011 59개, 2013 56개, 2015 58개) 큰 변화 없이 유지되고 있고, 산업 특성으로 평균 출하액 및 내수집중도는 높은 반면, R&D비율 및 해외개방도는 저조한 것으로 나타났다는 분석은 시사하는 바가 크다.[38] 또한 대규모기업집단의 측면에서 우리 경제의 구조적 특징을 분석한 것에도 주목을 요한다. 동 분석에 의하면, 전체 산업에서 대규모 기업집단이 차지하는 비중은 매출액 기준 2010년 25.7%에서 2015년 27.3%로 1.6%, 종사자 수 기준 2010년 6.9%에서 2015년 7.7%로 0.8% 증가하였다. 광업·제조업 분야에서 대규모기업집단이 차지하는 비중은 매출액 기준 46.5%, 부가가치 기준 44.0%, 종사자 기준 18.3%이었고,[39] 10대 기업집단으로 한정할 경우 동 기준에 따른 비중은 32.4%, 33.8%, 12.1%로 나타났다. 서비스업 분야에서는 대규모기업집단의 비중이 매출액 기준 21.6%, 종사자 기준 6.4%이었으며, 10대 기업집단으로 한정하면 동 기준에 따른 비중이 12.1%, 3.1%로 나타났

---

38) 공정거래위원회, 2015년 기준 시장구조조사 결과 공표, 2018. 4. 27., 6-7면 참조. 특히 R&D 비율은 독과점구조 유지 산업의 평균 R&D비율은 1.6%로서 그 밖의 산업(독과점구조 유지 산업 제외)의 평균인 1.7%를 하회하는 것으로 나타났는데, 이는 혁신과 관련하여 독과점 구조가 유리하다는 Schumpeter적 사고와 경쟁 구조가 유리하다는 Arrow적 사고 중에서 후자의 사고가 유효함을 보여주는 것이다. Inge Graef, EU Competition Law, Data Protection and Online Platforms-Data Essential Facility, Wolters Kluwer, 2016, 35-36면 참조.
39) 위의 자료, 10-11면.

다.[40] 주목할 것은 산업집중도를 대규모기업집단과 관련하여 분석한 것인데, 2015년 CR3 기준에 의하면 대규모기업집단에 속한 계열회사가 상위 3개 사에 포함된 경우의 산업집중도가 49.2%인 반면, 해당 계열회사가 산업에는 진출하고 있지만 상위 3사에 포함되지 않은 경우 28.9% 그리고 해당 계열회사가 산업에 진출하고 있지 않은 경우 45.2%로 나타났다.[41] 이러한 분석 결과는 국민경제에서 대규모기업집단에 의한 경제력집중이 어느 정도인지, 어떠한 추세를 보이고 있는지를 확인할 수 있다는 점에서 정책적 유용성이 있다. 특히 대규모기업집단의 참여 여부를 기준으로 한 산업집중도 분석은 대규모기업집단에 의한 일반집중의 의미에서 경제력집중과 시장집중이 상관성이 있음을 시사하고 있다.

문재인 정부 출범 이후 앞에서 언급한 정례적인 일반현황 분석 외에도 구체적으로 문제가 되고 있는 현상에 초점을 맞추어 행한 실태조사, 대표적으로 공익법인의 운영과 지주회사의 수익 구조 등에 관한 실태조사 결과도 주목할 만하다. 대규모기업집단 소속 공익법인의 실태조사는 2017. 12. 20.부터 2018. 3. 16.까지의 기간 동안 2017. 9. 1. 기준 공시대상기업집단 소속 공익법인을 대상으로 하였는데, 이에 해당하는 57개 기업집단 중 51개 기업집단이 공익법인을 보유하고 있었으며(총 165 공익법인), 이들을 여러 항목에 걸쳐 전체 공익법인과 비교함으로써 심층 분석이 이루어졌다.[42] 구체적으로 수익구조에 관한 분석에서, 대기업집단 소속 공익법인의 고유목적 사업을 위한 수입·지출이 전체 수입·지출에서 차지하는 비중이 30% 수준으로 전체 공익법인의 60% 수준에 비하여 상당히 낮은 것으로 나타났으며, 대규모기업집단 소속 공익법인의 자산 구성에서 계열사 주식이 차지하는 비중은 상당히 크지만(16.2%) 수입에서 차지하는 비중은 미미하여(1.06%) 수익 기여도는 낮은 것으로 조사되었다.[43] 보유주

---

40) 위의 자료, 10-11면.
41) 위의 자료, 11면.
42) 공정거래위원회, 대기업집단 소속 공익법인 운영실태 분석 결과, 2018. 6., 2면.

식 비중을 살펴보면, 대규모기업집단 소속 공익법인의 경우 자산에서 주식이 차지하는 비중이 21.8%로서 전체 공익법인이 5.5%의 4배에 이르는 것으로 나타났고, 이때 보유 주식의 74.1%는 계열회사 주식이었다. 구체적으로 조사 대상인 165개 공익법인 중 약 40%인 66개 공익법인이 총 119개 계열회사 주식을 보유하고 있으며, 주식 보유 계열회사들을 유형별로 보면 상장사 63.9%, 자산규모 1조원 이상인 대형 회사 68.1%, 해당 기업집단의 대표회사 60.8%, 총수 2세가 지분을 보유하고 회사 47.9%로 나타났다. 또한 이상의 119개 계열회사 중 94.1%인 112개 계열회사의 주식에 대해 상증세법상 면제 혜택이 부여되고 있다.[44] 특히 주의를 요하는 것은 내부거래 현황에 대한 분석인데, 조사 대상 165개 공익법인 중 2016년 동일인관련자와 자금거래, 주식 등 증권거래, 부동산 등 자산거래, 상품용역 거래 중 어느 하나 이상의 거래를 한 공익법인이 100개이었으며 (60.6%), 특히 상품용역거래를 한 공익법인은 92개(55.8%)로 나타났다.[45] 공정거래위원회는 이상의 분석에 기초하여 대규모기업집단 소속 공익법인이 사회 공헌 사업을 통해 공익 증진에 기여하여 왔지만, 다른 한편으로 지배력 유지, 계열사 우회지원 등의 수단으로 활용됨으로써 총수일가의 편법적 지배력 확장 또는 사익편취의 우려를 낳고 있음을 지적하고 있다.[46]

공정거래위원회는 지주회사의 수익구조 및 출자현황에 대해서도 실태조사를 하고, 그 분석 결과를 발표하였다. 동 조사는 기업집단 전체가 지주회사 체제로 전환된 18개 대규모기업집단(이하 전환집단)을 중심으로, 해당집단 소유구조의 정점에 위치한 지주회사(이하 전환집단 지주회사)의 수익구조와 출자현황을 정태적·시계열적으로 파악한 뒤, 기타 지주회사, 일반집단 대표회사들과의 비교를 통해 지주회사의 장점과 부정적 측면에

---

43) 위의 자료, 5-7면.
44) 위의 자료, 7-8면.
45) 위의 자료, 9면.
46) 위의 자료, 11면.

대해 분석하는 방식으로 수행되었다. 동 조사·분석에 의하면, 전환집단 지주회사의 경우 매출액에서 배당수익이 차지하는 비중은 평균 40.8%이었으며, 전환집단 외 대규모기업집단 소속 지주회사(6개)의 배당수익 비중이 56.8% 그리고 대규모기업집단 소속이 아니면서 자산규모 5천억원 이상인 지주회사의 배당수익 비중이 58.9%에 이르는 것에 비하여 현저히 낮은 것으로 나타났다. 반면 전환집단 지주회사의 매출액에서 배당 외 수익의[47] 비중은 43.4%에 달했는데, 일반집단 소속 지주회사의 배당 외 수익 비중이 28.1% 그리고 중견 지주회사의 배당 외 수익 비중이 13.9%인 것에 비하여 현저히 높은 것으로 나타났다.[48] 이와 관련하여 전환집단 지주회사와 체제 내 소속회사의 내부거래 비중은 55.0%로서 전체 대기업집단 소속 사익편취 규제대상 회사의 평균 내부거래비중 14.1%를 크게 상회하고, 이 때의 내부거래는 브랜드수수료, 부동산임대료, 컨설팅 수수료 등 배당 외 수익 관련 거래가 대부분이었다는 조사 결과도 아울러 제시하였다.[49] 지주회사 체제의 확대와 관련하여, 2006년과 2015년을 비교할 경우에 자회사의 증가는 소폭에 그친 반면(9.8→10.5), 손자회사는 큰 폭으로 증가하였음을(15.8→29.5) 보여주고 있다.[50] 출자구조와 관련해서 전환집단이 일반집단에 비하여 여전히 단순하고 명확한 구조적 특징을 보이고 있지만, 구조의 복잡성이나 단계 측면에서 그 간격이 완화되고 있는 것으로 나타나고 있다(일반집단 평균 출자단계 5.29→4.50, 전환집단 3.07→3.90).[51]

(2) 자율 개선과 공정거래위원회의 적극적 역할

공정거래위원회가 대규모기업집단의 자율적 문제 해결의 기조를 유지

---

47) 배당 외 수익은 브랜드수수료, 부동산임대료, 경영컨설팅 수수료 등 3개 항목으로 구성되었다.
48) 공정거래위원회, 지주회사의 수익 구조 및 출자 현황 분석 결과, 2018. 7., 3면.
49) 위의 자료, 7-8면.
50) 위의 자료, 6면.
51) 위의 자료, 9면.

하면서, 비권력적 방식을 적극적으로 활용하여 문제 해결을 시도하고 있다는 점도 눈에 띄는 부분이다. 공정거래위원회는 2017. 6. 23.과 2017. 11. 2. 위원장과 4대 그룹 및 5대 그룹 전문경영인과의 정책간담회, 2018. 5. 10. 10대 그룹과 간담회를 개최하였으며, 기업 스스로 소유지배구조 개선에 있어서 선제적 노력을 기울일 것을 당부한 것으로 보도되고 있다.[52] 물론 이러한 과정에서 공정거래위원회가 언급한 내용이나 실무적으로 행해진 협의 내용을 구체적으로 확인할 수는 없지만, 대규모기업집단의 소유지배구조 등에 관한 자율적 개선의 결과로서 공정거래위원회가 발표한 내용은 이러한 접근 방식이 어느 정도 성과가 있음을 시사한다.

공정거래위원회에 의하면, 2018년 총 15개 대규모기업집단이 소유지배구조 개편안을 발표하거나 추진하였다. 구체적으로 소유구조 개선과 관련하여, 삼성, 롯데, 현대중공업, 대림, 현대백화점 등 5개 집단에서 순환출자 완전 해소가 이루어지고, 현대산업개발의 지주회사 전환 등 총 11개 기업집단에서 이를 실행하고 있는 것으로 나타났다.[53] 지배구조 개선과 관련하여 전자투표제를 도입하거나 사외이사의 독립성과 권한을 강화하는 등의 개선 노력이 5개 기업집단에서 나타났다.[54] 내부거래 개선과 관련하여 내부거래 비중이 높은 회사의 총수일가 지분을 처분·축소하거나 거래를 중단하는 등의 개선 노력이 6개 기업집단에서 나타났다.[55]

---

52) 공정거래위원회, 2018년 대기업집단의 자발적 개선사례 발표, 2018. 12. 28., 1-2면.
53) 위의 자료, 3-4면.
54) 위의 자료, 4-5면.
55) 위의 자료, 5-6면.

IV. 경제력집중 억제 정책의 평가

1. 입법적 측면

(1) 전부개정안에 대한 평가

1) 소유지배구조 개선을 위한 전부개정안 평가

경제력집중 억제를 위한 규제의 개정과 관련하여, 소유지배구조의 개선을 위한 일련의 개정이 전부개정안에 반영되었다. 우선 금융·보험사의 의결권 제한 제도에 있어서, 예외적 허용 범위가 축소되었다. 구 독점규제법상 예외적 허용 중 법 제11조 제1항 3호는 적대적 M&A와 같은 방식의 지배관계 변경에 대응할 수단을 제공하는 취지에서 도입된 것이므로,[56] 금융·보험사를 지배관계 형성의 수단으로 활용하는 것을 방지하려는 의결권 제한 제도의 취지와 상충되는 측면이 있었다. 그러나 전부개정안이 제3호 자체를 폐기한 것은 아니고, 입법 취지에 부합하지 않는 행태들, 예를 들어 계열사 간 합병 등이 예외적 허용 범위에서 명확히 배제되도록 하는 보완적인 개정을 제안하고 있다. 따라서 동 개정에서 금융·보험사를 연결고리로 한 지배관계에 변화를 낳을 수 있는 구조적 개선을 기대하기는 어려우며, 이러한 관점에서 동 개정안의 미흡함을 지적할 수도 있을 것이다.

경제력집중 억제의 관점에서 공익법인 규제의 도입은 전부개정안에서 처음 제안된 것으로서 의의가 있다. 앞에서 살펴본 공정거래위원회의 공익법인 실태조사 결과는 동 개정의 유력한 동인이 되었다. 공익법인에 대해서는 상증세법 등에 의한 일정한 세제 혜택이 부여되고 있으며, 이에 상응하는 공익법인의 사회 공헌 활동도 확인할 수 있다. 그러나 특히 대규모 기업집단에 속한 공익법인의 경우 지배력 확대나 사익 편취의 수단으로

---

56) 신현윤, 경제법, 법문사, 2017, 237-238면 참조.

활용될 여지가 있으며, 이에 대한 현행 법체계에서 적절한 통제 수단이 마련되어 있지 않은 상황이다.[57] 전부개정안은 대규모기업집단 소속 공익법인에 대한 규제로서 공익법인이 보유한 계열회사 주식의 의결권을 제한하고, 또한 계열회사의 주식거래와 일정 규모 이상의 내부거래를 이사회 의결과 공시 대상에 포함시키고 있다. 동 규제는 공익법인의 계열회사 주식 취득이나 내부거래를 금지하는 것이 아니라 일정한 제한을 부과하는 수준에서 이루어지고 있으며, 새로운 규제 도입이 미칠 영향을 최소화하려는 취지에서 완화된 수준의 규제를 도입한 것으로 이해된다. 그러나 금융·보험사와 유사한 의결권 행사의 예외적 허용을 인정하고 있는 제도가 충분히 실효성을 발휘할지에 대한 의문도 따른다. 이를 보완하는 방법의 하나로 공익법인의 계열회사 주식 보유나 내부거래의 비중 등을 상증세법상 세제 혜택 부여 여부나 정도에 연동시키는 방안도 고려될 필요가 있다.

전부개정안은 지주회사 규제를 강화하는 내용으로 자회사 및 손자회사 지분 보유율 하한을 상향하였다. 1999년 독점규제법 개정에 의한 지주회사의 해금 이후, 지주회사 등에 대한 규제는 지속적으로 완화되어 왔으며, 이러한 흐름은 정부가 지속적으로 추진한 지주회사 권장 정책이 반영된 결과로 이해된다.[58] 전부개정안에서 자회사 및 손자회사 지분율을 상향시킨 것은 그 동안 전개되어 온 규제 완화의 흐름에서 처음으로 벗어나 규제의 강화를 의도하고 있다는 점에서 주목된다. 그러나 현 정부 출범 이후 지주회사 권장 정책 자체를 포기한 것으로 보이지는 않으며, 그렇다면 기존의 지주회사 권장정책과 새로운 지주회사 규제 강화를 종합하는 설명이 주어져야 한다. 지주회사 체제를 대규모기업집단이 지배구조로 채택하는

57) 공익법인이 새로운 형태의 경제력집중 수단으로 나타나고 있다는 지적으로, 신영수, "공정거래법상 대기업집단 규제 개편의 배경과 의미, 그리고 남겨진 과제", 경쟁법연구 제38권, 2019, 6면.
58) 공정거래위원회, 시장경제 창달의 발자취: 공정거래위원회 20년사, 2001, 352면 참조.

것을 권장하지만, 지주회사가 경제력집중의 수단으로 활용될 여지에 대한 규제 필요성은 여전히 존재하며, 이러한 양 측면을 균형 있게 고려한 결과로서 자회사 및 손자회사의 지분율 상향 개정안이 도출되었다는 식의 이해가 적극적으로 제시될 필요가 있을 것이다. 또한 지주회사 규제를 강화하는 내용의 개정이 제안되고 있지만, 지주회사에 관하여 제기되고 있는 다양한 문제의식이 전부개정안에 충분히 반영되고 있는지는 의문이다. 우선 기업집단 전체의 지배구조를 지주회사 체제에 의하고 있는 전환집단과 그렇지 않은 경우의 지주회사에 대한 차별화된 접근이 필요하다. 권장 정책의 주된 근거가 지주회사 체제가 기업집단 지배구조의 투명성과 명확성을 제고할 수 있다는 것에 있고, 이러한 정책 목표는 전환집단을 통해서 온전히 구현될 수 있다는 점에서, 특히 지주회사 권장에 관련된 정책은 전환집단에 집중될 필요가 있을 것이다. 또한 지주회사 전환의 경우 인적분할 방식 등이 활용되고 그 과정에서 추가 출자 없이 총수의 지배력이 확대되는 등의 문제에 대한 입법적 대응의 부재를 지적할 수 있다.[59] 물론 상법상 허용되는 제도의 활용이라는 점에서 이 문제에 대한 입법적 대응이 용이하지 않을 수 있다는 점이 고려될 필요는 있다. 그렇지만 공정거래위원회의 지주회사 실태조사에 이에 관한 항목이 분석 대상에 포함되어 있고 현황 파악에 대한 의지가 피력되고 있는 점은 긍정적으로 평가할 수 있으며, 적어도 이 문제가 의제에서 제외되지 않도록 지속적으로 주의를 환기시킬 필요는 있을 것이다. 끝으로 지주회사 실태조사에서 드러난 것처럼 지주회사의 배당 외 수익이 지나치게 높은 비중을 차지하는 것에 대한 문제의식이 전부개정안에 반영되지 못한 점도 지적할 수 있다. 물론 우리나라의 배당수익률이 전반적으로 낮으며,[60] 이러한 상황에서 지주회사

---

59) 홍명수, "대규모기업집단 정책의 현황과 과제", 서울대학교 경쟁법센터, 공정거래법의 쟁점과 과제, 법문사, 2010, 149-151면 참조.
60) 한겨레, 2017. 4. 10., "한국 상장사의 배당 수준(1.80%)은 주요 17개국 가운데 16위다. 이탈리아(4.65%), 브라질(4.64%), 영국(4.54%)은 한국의 2배를 넘고, 미

의 안정적 수익구조는 배당 외 수익에 의존할 수밖에 없는 현실이 고려될 필요는 있다. 그러나 배당 외 수익의 대부분은 계열회사(특히 손자회사 이하)와의 내부거래를 통하여 발생하고 있으며, 지나치게 유리한 거래 조건과 결부되어 있을 경우에 이에 대한 규제 필요성을 부인하기는 어려울 것이다. 지주회사 규제 또는 사익편취 규제에서 이러한 문제 인식이 반영되도록 하는 노력이 지속될 필요가 있다.

　전부개정안은 순환출자 규제를 강화하는 내용의 규정을 도입하고 있다. 현행 독점규제법에서 배제되어 있는 기존 순환출자에 대한 규제라는 점에서 전부개정안에서 제시한 개정안은 주목할 만한 것임에 분명하다. 그러나 규제 대상이 향후 신규로 상호출자제한기업집단으로 지정된 경우에 한하고, 규제 내용도 순환출자의 해소가 아닌 순환출자 형성에 해당하는 지분의 의결권을 제한하고 있다는 점에서, 상당히 완화된 수준의 규제가 도입된 것으로 볼 수 있다. 순환출자 규제의 개정안에 대하여 상반되는 평가가 가능할 것이다. 우선 전부개정안에서 순환출자 규제의 적용 범위가 제한적이어서 대규모기업집단에 미칠 영향은 크지 않을 것으로 예상되지만, 여전히 자율적인 순환출자의 해소를 정책적으로 지향하는 입법자의 의지는 충분히 반영되고 있다는 점에서 긍정적인 평가를 내릴 수도 있다. 반면 순환출자 규제는 실질적으로 대규모기업집단의 출자구조를 개선할 수 있는 유일한 수단인데, 전부개정안에 도입된 순환출자 규제는 연속 지정되고 있는 기존의 대규모기업집단의 출자 구조에는 거의 영향을 미치지 못한다는 점에서 대규모기업집단 출자구조의 실질적 개선과 거리가 있으며, 이는 재벌 개혁의 후퇴로 볼 수 있다는 시각도 가능할 것이다. 어느 입장을 취하든지 간에, 전부개정안이 제안한 순환출자 규제의 개정을 순환출자 규제에 관한 최종적인 것으로 볼 것은 아니며, 동 개정안에서 입법취지로 언급한 것과 같이 대규모기업집단 스스로 순환출자 해소로 나아갈 것

─────────

　국(2.33%)과 중국(2.97%)도 한국보다 높다."

인지에 지속적으로 주의를 기울이고, 이에 대한 논의를 이어가야 할 것이다.

2) 대규모기업집단 규제 정비에 관한 평가

전부개정안은 대규모기업집단의 지정제도에 관한 중요한 변화를 담고 있다. 현재 대규모기업집단의 지정은 상대적 방식이 아닌 절대적 방식에 의하고, 일정한 자산총액을 지정 기준으로 하여 공시대상기업집단과 상호출자제한기업집단의 이원적인 방식으로 운영되고 있다. 전술한 것처럼, 현행 지정 방식에 의할 경우에 경제 변화에 따라서 수시로 자산총액 기준의 변경이 요구될 것이고 그 과정에서 사회적 비용의 발생이 불가피하다는 문제를 갖고 있다. 물론 새로운 지정 기준에 의할 경우에도, 예를 들어 자산과 일정기간 동안 생산된 부가가치의 합을 의미하는 GDP를 같은 차원에서 비교할 수 있는지,[61] 그리고 여전히 공시대상기업집단을 고정된 총액 기준으로 하는 것이 적절한지 등의 문제 제기가 가능할 것이다. 그러나 현행 제도의 운영에서 제기되었던 문제를 GDP 기준에 의하여 어느 정도 해소할 수 있을 뿐만 아니라, 일반집중의 관점에서 경제력집중의 실질을 반영하는 의미가 있다는 점에서 긍정적인 평가를 내릴 수 있다.[62]

---

61) 매출액 대비 부가가치액을 의미하는 부가가치율, 자본액과 매출액 사이의 관계를 의미하는 자본회전율, 자산 중 자본의 비율을 의미하는 자기자본비율 등을 순차적으로 적용하여 적어도 자산총액과 부가가치액 간에 어느 정도 정의 비례적 관련성이 있음을 확인할 수는 있다. 즉 자기자본비율, 자본회전율, 부가가치율이 대체로 일정하다고 가정하면, 특정 기업집단의 자산총액과 그 변화는 국민경제에서 당해 기업집단이 어느 정도의 비중을 차지하고 있는지를 보여줄 수 있다. 또한 자산총액이 다른 지표에 비하여 상대적으로 구하기 용이하고 간명하며, 따라서 이를 보고해야 할 기업집단에게도 부담이 덜할 수 있다는 점도 고려될 수 있다. 이러한 점에서 자산총액은 부가가치총액을 어느 정도 대체할 수 있는 지표로 볼 수는 있을 것이다.

62) 최난설헌·이창민·손혁상, 대기업집단 지정기준에 관한 연구-상호출자제한기업집단 지정기준을 중심으로-, 공정거래위원회, 2017, 200면 참조. 또한 사회적 절감 차원에서 GDP 원용 방식의 의의를 찾는 것으로, 신영수, 주 57)의 글, 11면 참조.

전부개정안에서 기업집단 현황 공시 대상에 해외 계열회사를 포함시키는 취지는 기업집단의 전체적인 출자구조를 파악하는데 지장을 초래하는 공백을 방지하기 위한 것으로 이해된다. 그렇지만 전부개정안에서도 여전히 순환출자 규제의 대상을 국내 계열회사에 한정하고 있는 것처럼, 공시 대상에 해외 계열회사를 포함하는 것이 규제를 해외 계열회사로 확대하는 것을 의미하지 않는다는 점도 염두에 둘 필요가 있다.[63]

3) 사익편취 규제 강화에 관한 평가

전부개정안은 사익편취 규제를 강화하는 개정을 제안하고 있다. 즉 동 개정은 사익편취 규제 대상을 현재 총수일가 지분율 상장사 30%, 비상장사 20%에서 양자 모두 20%로 변경하여 규제 범위의 확대를 시도하고 있다. 현행 기준은 이사회 의결 및 공시 대상의 기준(양자 모두 20%)과 불일치한다는 점에서 법체계 정합성 문제를 야기하는 측면이 있으며, 또한 공정거래위원회의 내부거래 실태조사에서 드러난 것처럼 그 동안 규제의 대상에서 벗어나 있는 총수일가 지분율 20~30% 사이의 계열회사들의 내부거래가 매우 높게 나타나고 있으므로,[64] 이를 대상으로 하는 규제 범위의 확대가 적절한 대응일 수 있다는 점에서 동 개정의 타당성을 인정할 수 있을 것이다. 다만 여전히 사익편취 규제의 실효성에 의문이 제기되고 있는 상황에서 이를 보완·개선하기 위한 제도 개선이 전부개정안에 충실히 반영되었는지는 의문이다.

---

[63] 이 외에 규제 정비의 차원에서 기업결합 규제와 같은 제3장에 속한 경제력집중 억제를 분리하고, 제5장에서 불공정거래행위로 규제되는 부당지원행위나 사익편취행위 등을 하나로 묶어 별도의 장으로 편제하는 것과 같은 규제정비 안 등이 전부개정안에 반영되지는 않았다. 이러한 지적에 관하여, 양명조, "독점규제법의 전면 개편을 위한 제언", 경쟁법연구 제32권, 2015, 162-164면 참조.

[64] 공정거래위원회, 2014년 사익편취 규제 도입 이후 내부거래실태 변화 분석 결과, 2018. 6., 4면.

(2) 기타 입법적 개선에 관한 평가

1) 독점규제법 및 동법 시행령 개정

공정거래위원회의 입법 과제가 전부개정안에 집중되는 상황에서 독점
규제법 및 동법 시행령의 개정은 제한된 범위에서 이루어졌으며, 대체로
본질적인 부분의 개정과는 거리가 있는 기술적이고 실무적 차원에서 야기
되었던 문제를 시정하는 수준에 머물렀다.

그렇지만 이러한 개정에 의미 있는 성과들도 포함되어 있다. 특히 시행
령 개정에 의하여 대규모기업집단이 이원화된 이후 신속하게 지정 절차를
정비하고, 공시제도의 실효성을 제고하는 개정이 이루어진 것은 규제의
정비 차원에서 뿐만 아니라 수범자들에게 법적 안정성을 제공하였다는 점
에서 긍정적인 평가를 내릴 수 있다. 또한 포상금 지급 대상에 사익편취
행위를 포함시킨 것이나, 과태료 부과 대상에 계열회사 편입 및 제외 심사
에 관한 자료 요청 거부 행위를 포함시킨 것 등은 규제의 실효성을 제고
하는데 기여할 수 있을 것이다.

2) 고시, 지침 등의 개정

대규모기업집단의 이원화 이후 고시 등을 개정하는 후속 작업이 이루어
졌다. 「공시대상기업집단 소속회사의 중요사항 공시 등에 관한 규정」, 「대
규모 내부거래에 대한 이사회 의결 및 공시에 관한 규정」 등이 개정되었
으며, 특히 「공시대상기업집단 소속회사의 중요사항 공시 등에 관한 규정」
의 개정에 의하여 '계열회사 간 상표권 거래 현황'을 공시의무 대상에 추
가한 것은, 해당 거래가 터널링의 주요 대상이 되고 있는 거래 현실을 반
영하고 있다는 점에서 의의가 있다.

2018년 2월에 제정된 「합병 관련 순환출자 금지 규정 해석지침」에 대
해서는 특별한 주의를 요한다. 동 지침은 종래 '신규 순환출자 금지제도

법 집행 가이드라인'의 형태로 존재하던 것을 예규 형식으로 제정하여 규
범적 성격을 강화한 것일 뿐만 아니라, 내용적으로도 삼성물산 합병 사건
을 다루면서 정립된 원칙(예를 들어 순환출자의 형성·강화 및 적용 제외
는 순환출자 고리별로 판단)을 반영하고 있다는 점에서 향후 유사한 사건
의 처리 실무에 의미 있는 기여를 할 것으로 예상된다.

3) 사익편취 금지규정 심사지침 제정 문제

2013년 법 개정시 도입된 사익편취 행위 규제와 관련하여 공정거래위
원회는 2016년 '총수일가 사익편취 금지 규정 가이드라인'을 제정하여[65]
규제 업무를 수행해왔다. 그러나 동 가이드라인이 사익편취 규제에 관한
법리적 문제를 해결하는데 여전히 한계가 있었으며, 나아가 규제 실효성
측면에서도 동 규제가 사익편취적 행태를 억제하는데 기여하고 있는지에
대한 의문도 제기되고 있는 상황이다. 공정거래위원회는 예규 형식의 「특
수관계인에 대한 부당한 이익 제공 행위 심사지침」을 제정하여 이에 대응
할 것임을 밝히고 있다.[66] 이러한 지침의 제정 자체는 긍정적으로 평가할
수 있지만, 동 지침은 전술한 가이드라인에서 보여준 공정거래위원회의
입장, 사익편취 규제와 관련하여 법원이 제기하였던 문제 등을 반영하여
사익편취 규제 의의에 부합하면서도, 법리적 문제들을 합리적으로 해결하
는 방안을 제시할 수 있어야 한다.

입법 과정을 되돌아보면, 기업집단의 내부거래와 관련하여 거래 동기로
서 터널링(tunneling)에 대한 이해가 유력한 근거가 되었다. 일반적으로

---

65) 공정거래위원회는 동 가이드라인 제정은 제도에 대한 이해가 부족하거나 잘못된
해석 때문에 사업자들이 법을 위반하는 경우를 방지하는데 기여할 것이고, 또한
사업자들에게 규제 집행에 대한 예측 가능성을 부여하는 한편, 규제 명확성 제고
로 자발적인 법 준수가 이루어질 것으로 기대된다는 입장을 밝혔다. 공정거래위
원회, 보도자료, 2017. 1. 6.
66) 공정거래위원회, 보도참고자료, 2018. 12. 13.

내부거래는 그 동기에 따라서 세 가지로 구분할 수 있는데, 거래비용적 측면에서의 효율성을 추구하여(efficiency) 이루어지는 거래, 지배주주가 사적 이익을 추구하여(tunneling) 이루어지는 거래, 기업집단 내 특정 계열회사를 지원하기 위하여(propping) 이루어지는 거래 등이 이에 해당한다.[67] 세 가지 유형 중 propping 거래는 구 독점규제법 제23조 제1항 제7호의 부당지원행위로서 규제되었지만, tunneling 거래에 대해서는 규제 공백이 있었고, 무엇보다 행위의 동기와 성격이 상이한 만큼 내부거래에 대한 유일한 규제 근거인 부당지원행위로서의 규제 가능성을 기대하기 어려웠다. 이러한 점이 사익편취 규제 도입의 유력한 동인이 되었다. 그러나 규제를 설계하고, 집행하는 과정에서 부딪힐 어려움이 처음부터 분명하게 드러났는데, 대부분의 내부거래에 있어서 사업자는 효율성 제고를 위한 거래로 가장할 것이고,[68] 이를 규제기관 나아가 법원이 사익편취를 위한 거래와 명확히 구분해낼 수 있는지의 문제에 직면하게 되었다. 이에 관하여 입법자가 선택한 방식은 전형적인 사익편취 거래를 법정하는 것이었고, 구법 제23조의 제1항 각호에서 정상적인 거래에서 적용되거나 적용될 것으로 판단되는 조건보다 상당히 유리한 조건으로 거래하는 행위(1호), 회사가 직접 또는 자신이 지배하고 있는 회사를 통하여 수행할 경우 회사에 상당한 이익이 될 사업기회를 제공하는 행위(2호), 특수관계인과 현금, 그 밖의 금융상품을 상당히 유리한 조건으로 거래하는 행위(3호), 사업능력, 재무상태, 신용도, 기술력, 품질, 가격 또는 거래조건 등에 대한 합리적인

---

67) 백미연, "대기업집단 계열사 간 내부거래자료를 이용한 터널링에 대한 실증 연구", 서울대학교 박사학위논문, 2019, 21-27면 참조. 또한 기업집단 내부거래를 tunneling과 propping으로 구분하고, 양자를 각각 부정적 기능과 긍정적 기능으로 설명하는 것으로, 박경서·정찬식, "기업집단의 분리를 통한 기업집단의 순기능과 역기능에 관한 연구", 한국증권학회지 제40권 3호, 2011, 495면 참조.

68) 2001년부터 2018년까지 30대 재벌을 대상으로 한 실증 분석에 의하면, 총수일가의 지분율이 높은 기업일수록 그 신설 계열사는 비주력 업종으로 진출하였을 확률이 높은 것으로 나타났다. 김주현, "한국 재벌의 비주력 업종 진출 요인에 관한 연구", 서울대학교 박사학위논문, 2019, 103면.

고려나 다른 사업자와의 비교 없이 상당한 규모로 거래하는 행위(4호)[69] 등이 이에 해당한다. 그리고 동항 본문에 의하여 동항 각호에 해당하는 행위를 통하여 특수관계인에게 부당한 이익을 귀속시키는 행위는 금지된다. 사익편취 가이드라인은 이러한 입장을 명확히 하고 있는데, "다시 말해, 법 제23조 제1항 제7호의 부당한 지원행위가 행위요건과 별도로 부당성 (공정거래저해성) 요건을 입증하여야 하는 것과 달리, 총수일가 사익편취 행위는 금지행위의 유형에 해당하는 경우 특별한 다른 사유가 없는 한 법 제23조의2를 위반한 것으로 본다"고 기술하고 있다.[70]

전술한 것처럼 이러한 입법 형식은 효율적인 거래와는 거리가 먼 사익편취 행위를 명확히 법정함으로써 규제 과정에서 발생하는 혼란을 피하기 위한 것이며, 공정거래위원회가 언급한 것처럼 별도의 부당성 심사를 요구할 경우에 입법 의의의 상당 부분을 잃게 될 우려를 감소시키기 위한 것이다. 그러나 이러한 접근 방식과 그 기초가 된 tunneling에 대한 이해가, 그 타당성은 별론으로 하고, 규범적 해석에 성공적으로 수용될 수 있는지는 의문이다. 우선 각호에 해당하는 행위는 사익편취 행위로서 규제되어야 하는 부당한 행위인지가 문제될 수 있으며, 이러한 문제는 한진 사건에 관한 법원의 판결에서 구체적으로 지적되었다. 더 큰 문제는 각호에 해당하지 않는 행위는 사익편취적 문제가 없는지에 관한 것이다. Riyanto & Toolsema의 tunneling 유인에 관한 연구에 의하면, 지배주주가 지배하고 있는 계열회사 A와 B에 대한 지분(배당청구권)의 비중이 각각 α와 β라 하고 $\alpha \rangle \beta$이면, B의 이윤 중 일부인 S를 A로 이전할 경우에(tunneling) 지배주주는 더 큰 수익을 얻게 된다.[71] 이러한 이해는 tunneling의 유인이

---

69) 구 독점규제법 제23조의2 제2항은 제1항 제4호에 해당하는 행위에 한하여, "기업의 효율성 증대, 보안성, 긴급성 등 거래의 목적을 달성하기 위하여 불가피한 경우"를 적용제외 사유로 규정하고 있다.
70) '총수일가 사익편취 금지규정 가이드라인', 8면.
71) Yohanes Riyanto & Linda Toolsema, "Tunneling and Propping: A justification for pyramidal ownership", Journal of Banking & Finance, vol. 32, Issue 10,

총수일가의 계열회사에 대한 지분율의 차이에 있다는 점을 보여주지만, 이때 계열회사 간 이전되는 이윤 S의 크기가 결정적인 것은 아니라는 점도 시사한다. 즉 S가 정상적인 거래와 차이가 있는 거래 조건에 의하여 인위적으로 증가한 경우뿐만 아니라, 정상적인 거래에 의하여 이전된 경우에도 tunneling은 발생한다. 그러나 후자의 경우에는 구법 제23조의2의 규정 방식에 의하여 규제 대상에서 벗어나게 되었다.

물론 정상거래와 차이가 없는 거래조건에 따라서 이루어진 tunneling을 규제할 것인지 여부는 정책적으로 판단할 문제이며, 전부개정안에서도 이러한 태도는 유지되고 있다. 그러나 이를 전제하더라도, tunneling 거래가 이루어지는 상황에 대한 이해는 각호에 해당하는 행위의 판단에 반영되어야 한다. 즉 법문에서 요구하는 정상거래와의 차이에 대한 고려를 피할 수는 없지만, 이러한 차이의 상당성을 판단하는데, 나아가 tunneling의 부당성을 판단하는데 결정적인 것은 아니라는 점도 염두에 두어야 한다. 또한 당연히 구법 제23조의2 제1항 본문에서 요구하는 부당성 판단도 사익편취 행위(tunneling)에 대한 이해에 기초하여야 한다. 한진 사건에 관한 법원의 판결을 보면, 사익편취 행위의 부당성 판단과 관련하여 "그러한 행위로 인하여 사익 편취를 통한 경제력 집중이 발생할 우려가 있는지를 기초로 부당성 여부를 판단하여야" 하는 것으로 판시하였다.[72] 사익편취적 행태의 규제는 궁극적으로 재벌에 의하여 야기되고 있는 경제력집중에 대한 우려에 근거하는 것이므로, 동 판결에서 제시한 부당성 판단 원칙에 오류가 있는 것으로 볼 것은 아니다. 그러나 경제력집중은 시장집중, 일반집중, 소유집중 등 다양한 차원에서의 집중이 종합된 개념이며, 이에 대한 우려는 어느 차원에서든지 간에 폭넓게 인정될 여지가 있다. 즉 총수일가에게 사적 이익이 집중되는 상황에서 이들에 의하여 주도되는 경제력집중의 우려가 부인되는 경우를 상정하기는 어려울 것이다. 따라서 부당성 판

2008, 2180-2181면 참조.
72) 서울고법 2017. 9. 1. 선고 2017누36153 판결.

단이 보다 구체화될 필요가 있으며, 이와 관련하여 전술한 내부거래의 동기에 따른 유형화를 상기할 필요가 있다. 비록 사익편취 거래를 효율성을 위한 거래로 가장하는 경우가 있다 하더라도, 효율성을 추구하는 내부거래의 존재를 전적으로 부인할 수는 없으며, 구법 제23조의2 제1항 본문에 명시된 부당성은 이를 가려낼 수 있는 유일한 법적 근거가 될 수 있다는 점에도 주의를 기울일 필요가 있다. 물론 효율성 개념 자체도 추상적인 것이어서, 판단 기준으로서의 원용이 용이한 것으로 보기는 어렵다. 가능한 접근 방식의 하나로, 효율적인 거래로부터 발생하는 이익은 거래주체인 계열회사 그리고 계열회사의 이익에 정당한 이해관계를 맺고 있는 이해관계자에게 귀속될 것이라는 점을 판단의 전제로 삼는 방안을 고려할 수 있다. 사익의 귀속주체인 총수일가와 정당한 이해관계자들 간의 이익충돌의 정도를 통하여 효율적인 거래인지 여부를 판단하는 방식을 부당성 판단에 원용할 수도 있을 것이다. 이러한 점이 여전히 욕구되는 규제 개선에 관한 논의에 반영되어야 할 것이다.

2. 집행적 측면

(1) 집행의 강화 및 실효성 제고

문재인 정부 출범 이후 경제력집중 관련 법위반행위에 대한 규제 사례는, 경제력집중 억제를 위한 규제, 부당지원행위 규제, 사익편취행위 규제를 모두 포함하여, 대체로 지난 정부의 수준을 유지하거나 오히려 감소하고 있는 것으로 나타나고 있다. 물론 집행의 강화를 사건처리 건수로 계량화하여 판단할 것은 아니며, 다른 한편으로 규제 사례가 적다는 것이 수범자의 법 준수가 잘 이루어지고 규제의 실효성이 충분한 것으로 판단하는 근거가 될 수는 없다. 그러나 제도 개선 이전에 기존 제도 하에서 법집행을 강화하는 것은 여전히 중요한 과제이며, 집행 강화를 위한 다양한 노력이 경주될 필요가 있을 것이다. 특히 경제력집중 규제의 경우 법위반행위에 대한 제3자의 신고를 기대하고 어렵고, 법위반행위가 외부에 쉽게 노출되지 않는 특징이 있다. 따라서 법위반행위에 대한 규제기관의 인지 가능성을 확대할 수 있는 다양한 수단이 강구될 필요가 있다. 가능한 방식의 하나로 규제 수범자를 대상으로 한 일체조사나 정기적·부정기적 실태조사 등을 활용할 수 있을 것이다. 이러한 관점에서 2018년 6월 공정거래위원회가 독점규제법상 3개 공시 제도의 통합점검표를 만들어 수행한 대기업집단 공시 이행상황 점검 실시[73] 등은 바람직한 업무 수행으로 평가할 수 있다.

(2) 정책의 기초 제공과 정채 실행 수단의 다양화

전술한 것처럼 공정거래위원회가 연례적으로 행하고 있는 대규모기업집단의 지정과 후속 작업으로 주식소유현황, 내부거래현황, 지주회사현황, 지배구조현황, 채무보증현황 등의 분석 결과의 발표는 문재인 정부에서도 계속되고 있다. 특히 현안과 직접적으로 관련되는 항목을 추가하여 구체적인 분석이 이루어지고 있는데, 주식소유 현황 분석이나 내부거래 현황 분석에서 사익편취 규제 대상에서 벗어나 있는 계열회사에 대한 상세한 분석, 지주회사현황 분석에서 체제 외 계열회사의 현황 등에 대한 분석, 지배구조현황 분석에서 이사회에서 진행된 안건작성 등에 관한 심층 분석 등은 규제 실무나 정책 형성에 있어서 의미 있는 기여를 할 것으로 예상된다. 또한 공정거래위원회가 산업 및 시장구조의 분석을 수행하면서,[74] 아울러 대규모기업집단이 이러한 구조에서 차지하고 있는 비중이나 특성을 분석한 것도 대규모기업집단 정책을 수립함에 있어서 유용한 기초 자료가 될 수 있을 것이다.

---

73) 공정거래위원회, 공정위 대기업집단 공시 실태 점검 착수, 2018. 6. 22.
74) 공정거래위원회, 시장구조조사 결과 발표, 2018. 4. 27.

특히 문재인 정부 출범 이후 경제력집중과 관련하여 중요 현안으로 다루어지고 있는 문제에 대한 집중적인 실태조사는 공정거래위원회가 추진하고 있는 정책 방향을 확인할 수 있다는 점에서 의의가 크다. 공익법인 실태조사나 지주회사의 수익구조 및 출자 현황에 대한 실태조사 등이 이에 해당하는데, 문제가 갖는 중요성이나 정책 추진 성과의 확인 필요성 등에 비추어 적어도 일정 기간 이러한 실태조사를 정기적으로 행할 필요도 있을 것이다.

경제력집중 억제 정책 실행과 관련하여 공정거래위원회 업무의 두드러진 특징은 기업의 자발적 문제 해결의 권장과 이에 대한 공정거래위원회의 적극적인 개입이라 할 수 있다. 정책 방향을 제시하고 대규모기업집단의 현안을 논의하는 장으로서 주요 기업집단과의 간담회가 수시로 개최되었고, 공정거래위원회는 이러한 과정을 통하여 이미 가시적인 성과가 나타나고 있음을 밝히고 있는데, 예를 들어 자산총액 5조원 이상의 기업집단에서 순환출자의 고리 수가 2017년 282개에서 2018년 31개로 감소한 것으로 보고하고 있다.[75] 이러한 접근 방식은 몇 가지 측면에서 긍정적인 것으로 평가할 수 있다. 우선 직접적인 소통과 탄력적인 대응은 실질적인 성과를 내는데 유용한 방식일 수 있다. 규제기관으로서는 대규모기업집단의 상황을 적절히 파악하고 이에 따른 실질적인 해결 방안을 제시할 수 있으며, 기업 입장에서는 규제기관의 정책 의지와 구체적인 실현 목표를 확인하고 상호 교감 하에 실행 가능한 방안을 모색함으로써 규제에 따른 불안정성을 해소한 채 일정한 결과를 도출할 수 있을 것이다. 또한 법제도화에 따른 위험과 비용을 피할 수 있다는 점도 장점이 될 수 있다. 우리 사회에서 재벌 문제는 다양한 이해관계가 집약적으로 충돌하는 장이 되어 왔으며, 어떠한 수준과 내용의 제도화이든지 간에 이러한 문제를 우회하기는 어렵다. 이러한 상황에서 기업 스스로의 자발적 문제 해결 방식은 이

---

75) 공정거래위원회, 2018년 대기업집단의 자발적 개선사례 발표, 2018. 12. 28., 3-4면.

러한 부담을 줄여주는 유력한 방식이 될 수 있다. 반면 이러한 접근 방식
이 갖는 부정적 측면도 간과되어서는 안 된다. 우선 대규모기업집단과의
소통을 통하여 자율적 해결을 유도하는 방식은 상당 부분 구체적으로 규
제 업무를 담당하는 자의 신념과 역량에 의존할 수밖에 없는데, 이로부터
얻어낸 성과가 지속성을 갖는 데 한계가 있다는 점도 염두에 두어야 한다.
민주주의 정부에서 규제기관의 인적 구성의 변화는 불가피한 것이고, 이
후에도 이러한 접근 방식이 유효하고 지속될 수 있을지를 단언하기 어렵
다. 결국 정책의 근간이 유지되고, 지속적으로 추진되기 위해서는 적어도
일정 부분 제도적으로 뒷받침될 필요가 있다. 또한 기업의 자율적 해결에
공정거래위원회가 개입하는 방식에는 법치주의적 원칙으로부터 벗어날 위
험이 따른다는 점에도 주의를 기울여야 한다. 주지하다시피 법치주의는
권력남용을 방지하기 위한 법원칙이며, 규제 업무를 수행하는 공정거래위
원회가 행정지도적 방식으로 접근하는 것은 자의가 과도하게 발휘될 여지
를 줄 수 있다. 따라서 대규모기업집단과의 직접적인 소통과 현안 문제에
대한 자율적인 의견 교환의 필요성이 인정되더라도, 이를 가능한 한 절차
적으로 제도화 할 필요가 있다. 예를 들어 공정거래위원회 내부에 소통의
장으로서 특별위원회를 구성하거나 또는 공정거래위원회 외부에 공론화
기구를 설치하는 등의 다양한 방식을[76] 모색할 필요가 있다.

---

76) 예를 들어 독일의 경쟁제한방지법(Gesetz gegen Wettbewerbsbeschränkungen;
GWB) 제44조 제1항에서 독점위원회(Monopolkommission)는 기업집중
(Unternehmenskonzentration)의 사례와 현황을 분석하고, 기업결합 규제의 적용
및 기타 현안이 되고 있는 경쟁정책에 관한 의견을 제시할 수 있는 권한이 부여
되고 있다. 독점위원회에 관하여 Meinrad Dreher & Michael Kulka,
Wettbewerbs- und Kartellrecht, C.F.Müller, 2018, 676-677면 참조.

V. 결론

문재인 정부는 국정과제로서 재벌 개혁을 '재벌 총수 일가 전횡 방지 및 소유·지배구조 개선'의 과제로서 제시하였다. 이와 같은 과제 설정에는 재벌 해체나 계열 분리와 같은 직접적인 구조 조치를 우선적으로 고려하지 않는다는 함의가 담겨 있는 것으로 이해되며, 공정거래위원회가 추진한 경제력집중 억제 정책은 이러한 기조 위에서 추진된 것으로 보인다. 거대한 기업집단을 이루고 총수 개인에 집중된 단일한 지배구조를 구축하고 있는 재벌의 운영 방식이 혁신 경쟁의 시대에도 유효할지는 재벌 스스로 고민해야 할 문제라는 인식, 인위적인 구조 분리 정책이 낳을 수 있는 사회적 비용 등의 부작용에 대한 우려가 재벌 개혁의 구체적인 방향을 결정하는 데 영향을 미쳤을 것이다. 그렇지만 현재의 규제 수준과 나아가 행태적 조치의 강화만으로 재벌에 관한 문제가 해결될 것으로 기대하는 것도 지나친 낙관일 수 있다. 적어도 구조적 개혁의 가능성은 우리 사회의 의제로서 남아 있어야 하며, 공정거래위원회가 경제력집중 억제 정책을 수립·집행함에 있어서도 이러한 문제의식이 유지될 필요가 있다. 구체적으로 재벌 스스로에 의한 계열 분리나 순환출자 해소와 같은 자발적 조치를 취할 경우에, 그 유인이 무엇이며, 어떠한 조건 하에서 이러한 행태가 나타나는지에 대한 분석이 이루어져야 한다. 이론적으로 기업집단의 범위는 계열회사를 기업집단 안에 유지하는데 드는 한계비용과 기업집단 안에 위치한 계열회사의 한계수익에 의하여 결정되며, 이때 기업이 부담하는 비용은 추가적으로 발생하는 사회적 비용이 제외된 것이기 때문에 사회적으로 적정한 수준의 기업집단 규모를 초과할 수 있다. 이러한 관점에서 기업집단의 유지 비용을 사회적 비용이 포함된 수준으로 증가시킬 수 있는 조치의 도입이 검토될 수 있을 것이다. 또는 tunneling이나 propping이 내부거래의 주된 동인이 되고 있다면, 이에 대한 규제의 강화는 이러한 목적의 거래 가능성을 차단하고 따라서 계열회사의 유용성을 감소시킴으로써 계열 분리 등의 자발적 조치를 이끌어낼 수 있을 것이다. 즉 재벌의 자발적 구조 개선을 우선적으로 고려하더라도, 국정 이념에 대한 공감과 협조적 관계의 구축만으로 지속적인 성과를 내기는 어려우며, 이러한 방향으로 나아갈 수 있도록 하는 유인체계 구축에 초점이 맞추어질 필요가 있다.

입법적인 노력과 별개로, 기존 법집행의 강화는 지속되어야 한다. 규제 역량을 집중하는 것뿐만 아니라, 규제 실무에서 부딪히게 되는 법적 곤란을 해소하는 것, 예를 들어 「합병 관련 순환출자 금지 규정 해석지침」의 제정의 경우처럼 법리적 쟁점을 명확히 하는 것도 법집행 강화에 기여할 수 있다. 그 동안 공정거래위원회의 활동 중에서 현황 분석이나 실태 조사 등을 지속적으로 행하고 그 결과를 공유하고 있는 것에 대하여 가장 긍정적인 평가를 내릴 수 있을 것이다. 새로운 항목이 분석 대상으로 추가되고, 심층적인 분석이 결합됨으로써 보다 유용한 정책 자료로서 가치를 더하고 있는데, 향후에도 지속될 수 있도록 정례화 하는 방안이 검토되어야 한다.

끝으로 공정거래위원회가 경제력집중 억제 정책을 추진하는 과정에서 주요 기업집단과 소통하는 장을 마련하고, 이를 통하여 순환출자 해소 등 기업들의 자발적인 개선 노력을 이끌어 낸 것에 대해서는 그 자체로 긍정적인 평가를 내릴 수 있을 것이다. 그러나 그 과정을 가능한 한 절차적으로 제도화함으로써 법치주의적 요구에 부합하면서 동시에 정책 실현 가능성과 지속성을 높이는 방안이 강구될 필요가 있다.

7. 경제력집중 정책의 변화와 신흥 대규모기업집단의 등장

Ⅰ. 서론

「독점규제 및 공정거래에 관한 법률」(이하 독점규제법) 제4장에 근거한 지주회사 및 대규모기업집단에 대한 규제 그리고 제45조 제1항 제9호 및 제47조에 의한 부당지원행위와 사익편취행위 규제는 경제력집중의 억제를 정책 목표로 하여 도입된 것이다. 실질적으로 재벌에 대한 규제로서 이해 되는 이러한 규제는 비교법적으로 드문 예가 될 것이다. OECD 국가 중에 유사한 규제를 행하고 있는 나라는 거의 없으며,[1] 재벌 규제는 한국에 고유한 규제의 하나로 인식되고 있다. 우리나라에만 이러한 규제가 이루어지고 있는 이유는 다른 나라에서 비슷한 실체를 찾기 어려운 재벌이 존재하기 때문일 것이고, 따라서 현재의 재벌 규제를 이해하고 향후 바람직한 규제 방향을 제시하기 위해서는 재벌이 어떠한 모습으로 존재하고 어떻게 기능하며 우리 경제에서 어떠한 위치를 차지하고 있는지에 대한 이해가 선행되어야 한다.

주지하다시피 본격적인 재벌 규제는 1986년 독점규제법 개정 시 도입된 '경제력집중 억제를 위한 규제'로서 시작되었다. 규제가 시작된 이후 처음 도입되었던 규제의 기본 골격은 대체로 지금까지 이어지고 있으며, 이는 규제 도입 시 기초가 되었던 재벌에 대한 기본적인 인식이 현재도 유지되고 있음을 의미할 것이다. 그렇지만 재벌의 존재 그리고 우리 경제에서 재벌이 갖는 의의가 고정불변의 것은 아니라는 점에도 주의를 요한

---

[1] 유사한 예는 일본에서 찾을 수 있다. 2차 세계대전 후 일본에서는 재벌이 해체되었고, 1947년 제정된 독점금지법에 재벌이 다시 등장하는 것을 방지할 목적으로 지주회사를 금지하는 규정을 두었다.

다. 경제 발전과 산업구조의 변화 그리고 사회구조 및 주요 의제가 다루어
지는 방식의 변동에 상응하여 재벌 역시 끊임없이 변화할 수밖에 없었고,
경제사회적 변화를 수용하는 정도는 결국 재벌의 성패를 가르는 주된 요
인으로 작용하였다. 당연히 올바른 규제를 형성하는 관점에서도 이러한
변화가 규제의 내용에 적절하게 반영되었는지를 살펴볼 볼 필요가 있다.
이러한 검토를 통하여 최초의 규제가 갖는 의의가 현재 시점에서도 유효
한 부분과 일정한 변화가 불가피한 부분의 구분이 이루어질 것이고, 나아
가 어떠한 지점에서 새로운 변화에 대한 입법적 대응이 요구되고 있는지
가 드러날 것이다.

물론 독점규제법상 재벌 규제에는 세부적으로 많은 변화가 있었으며,
이는 재벌 문제에 대한 인식과 제도 개선을 통해 이루고자 하는 목표에
지속적으로 수정이 가해졌음을 시사한다. 그러나 경제력집중의 주체로서
상정되고 있는 재벌의 변화 양상을 독점규제법상 규제에 적절히 반영되고
있는지는 지속적으로 주의를 기울일 문제이며, 이러한 관점에서 21세기
이후 또는 4차 산업혁명이라 일컬어지는 산업구조의 근본적 변화의 시기
에 전개되었던 재벌의 변화에 주목할 필요가 있다.

이하에서 우선 독점규제법상 재벌에 대한 규제의 도입과 변화 과징을
살펴볼 것이다(II). 이어서 21세기 이후 재벌의 변화 과정, 특히 재벌의
특징적 양상의 변화와 신흥 대규모기업집단의 등장 등의 현상을 중심으로
분석할 것이다(III). 이상의 분석에 기초하여 그 동안의 변화를 반영한 규
제체계의 개선을 제안하고자 한다(IV).

II. 독점규제법상 경제력집중 억제를 위한 규제의 도입과 변화

1. 최초 규제 도입의 의의

1986년 독점규제법 제1차 개정에 의한 경제력집중 억제를 위한 규제의 도입은 재벌로 인해 야기되는 문제를 개별 시장의 관점에서 해결하는 데 한계가 있다는 인식에 따른 것이었다. 최초의 규제 내용을 보면, 우선 지주회사의 설립이 금지되었다(1차 개정법 7조의2). 지주회사는 2차 세계대전 이전 일본 재벌의 집단구성 방식이었고, 전후 일본 독점금지법은 이를 금지하는 규정을 두어 재벌 형성의 유력한 수단을 제한하였다. 당시 우리 경제에서 재벌이 지주회사 구조를 취하고 있었던 것은 아니지만, 지주회사 제도가 적은 자본으로 다수의 기업을 지배하기에 용이한 수단이 될 수 있다는 점을 고려하고 일본의 규제 사례를 참고하여 예방적 차원에서 독점규제법에 지주회사를 금지하는 규정을 도입하였다.[2]

---

2) 입법에 있어서 당시 일본 독점금지법의 영향이 컸는데, 일본 독점금지법은 2차 세계 대전 이후 경제 민주화 정책의 일환으로 제정되었으며, 종전 이전 전시경제 운영의 기초가 되었던 財閥을 중심으로 한 경제운영 방식을 지양하기 위한 의도가 반영되었다. 즉 기존의 재벌을 해체하는 한편, 새로운 재벌 형성을 억제하기 위하여 1947년 제정된 독점금지법에 지주회사를 금지하는 규정을 두었다. 지주회사의 해체는 지주회사정리위원회의 설치를 통하여 이루어졌는데, 동 위원회의 활동에 대한 상세한 설명으로서, 권오승, "일본의 재벌해체와 그것이 한국재벌정책에 주는 교훈", 서울대학교 법학, 제41권 제4호, 2001, 197면 이하 참조. 또한 해체된 재벌에 속했던 기업들이 점차 계열관계를 형성하자 이러한 系列이 시장의 경직성을 초래할 수 있다는 우려를 반영하여 1977년 독점금지법 개정에 의하여 주식보유 총액제한 제도를 도입하였다. 來生新, "日本の競爭政策の歷史的槪觀(1): 戰前から1977年改正まで", 後藤晃·領村與太郎 編, 日本の競爭政策, 東京大學出版會, 1999, 20-23면. 우리 경제에서도 2차 세계대전 이전 일본과 유사하게 재벌이 중요한 지위를 차지하고 있었고, 이러한 이유로 일본 독점금지법은 독점규제법 개정의 유력한 입법모델이 되었다.

기존의 재벌에 대해서는 기업집단의 해체와 같은 구조적 변화를 직접적으로 요구하지 않는 대신, 출자관계를 규제하는 방식으로 입법이 이루어졌다. 당시 재벌은 일반적으로 순환출자적 구조에 기반하여 기업집단을 이루고 있었으며, 따라서 출자에 대한 규제는 기업집단을 형성하거나 유지하는 것을 제한하는 의미가 있었다. 우선 규제 대상이 되는 재벌을 명확히 하기 위해 법적으로 일정한 요건을 충족한 경우를 대규모기업집단으로 정하고, 이들에 대한 규제체계를 정립하였다. 계열회사 간 상호출자를 원칙적으로 금지하고(1차 개정법 7조의3), 간접적인 출자관계 규제의 한계를 보완하기 위해 대규모기업집단에 속하는 계열사의 출자 총액을 일률적으로 제한하는 규제가 도입되었다(1차 개정법 7조의4). 출자총액제한제도는 일본 독점금지법상 주식보유 총액제한제도로부터 영향을 받은 것으로서, 출자의 내용이나 구체적 관계를 묻지 않고 출자총액을 자산대비 일정 비율로 제한하였으며, 따라서 순환출자 등의 기업집단 구조에 실질적인 영향을 미칠 수 있는 규제가 될 것으로 예상되었다.[3] 또한 기업집단에 속한 금융·보험사가 보유하고 있는 계열사 주식의 의결권을 제한하는 규정도 도입되었는데(1차 개정법 7조의5), 이 역시 금융·보험사가 고객으로부터 조성한 막대한 자금이 계열관계의 확대 또는 강화에 사용되는 것을 방지하는 것에 입법목적이 있었다.

이와 같은 입법은 일차적으로 재벌에 대한 규제의 본격적인 출발점이라는 데서 의미를 부여할 수 있지만, 그 이상으로 몇 가지 점에서 동 입법이 갖는 의의를 확인할 수 있다. 우선 동 입법이 한국에서 경쟁법에 해당하는 독점규제법의 개정을 통하여 이루어졌다는 것 자체가 시사하는 바가 크다. 이는 경쟁정책 실현의 관점에서 재벌 문제를 다루겠다는 입법적 결단을 보여준 것으로 이해할 수 있다. 또한 재벌 규제를 제도화하면서 경제력집중의 억제를 표제로 제시하였다는 점에도 주의를 요한다. 이러한 입법

---

3) 공정거래위원회, 시장경제 창달의 발자취 - 공정거래위원회 20년사, 2001, 86면.

태도는 재벌 문제의 본질이 경제력집중이라는 인식을 반영한 것이라 할 수 있다. 끝으로 규제 대상으로서 재벌이라는 용어 대신 대규모기업집단 개념을 제시하였으며, 앞에서 언급한 것처럼 규제 대상인 기업집단의 해체를 직접적인 목적으로 설정하고 있지 않다는 점에도 주목을 요한다. 이와 같이 인위적인 구조 변화를 의도하는 직접적인 분산화에 소극적인 태도는 이후 재벌 정책의 기조가 되었다.

2. 규제 변화의 기조와 구체적 내용

(1) 변화의 개괄

독점규제법 제1차 개정 시 도입되었던 경제력집중 억제를 위한 규제는 기본적인 규제체계를 유지하면서 지금까지 이어지고 있다. 그러나 규제의 구체적 내용에는 상당한 변화가 있었는데, 그 과정은 다음의 세 가지로 요약할 수 있다. 우선 지주회사 규제와 관련하여, 지주회사의 의의와 기능에 관한 인식에 근본적 변화가 일면서, 지주회사 설립금지에서 원칙적 허용으로의 전환이 있었다. 또한 출자총액제한제도는 초기부터 제도의 타당성과 실효성이 다투어졌으며, 규제의 강화나 존폐를 둘러싼 논의가 이어졌고, 결국 2009년 법 개정에 의해 폐지되었다. 그러나 이후 대규모기업집단에 속한 계열회사의 수가 현저히 증가하게 되면서, 2014년 법 개정에서 신규 순환출자를 금지하는 내용의 변경이 있었다. 끝으로 최초의 경제력집중 억제를 위한 규제를 보완하기 위한 법 개정이 계속되었고, 특히 공시제도나 사후적 규제로서 부당지원행위 금지와 같은 규제의 추가로 시장에 의한 자율적 통제 가능성에 비중을 두는 정책적 변화가 나타났다.

(2) 지주회사 규제의 변화

지주회사의 설립금지에서 원칙적 허용으로의 변화는 1999년 2월 독점규제법 개정에서 비롯된다. 지주회사 금지의 입법 취지는 지주회사가 적은 자본으로 다수의 기업을 지배하는 방식에 의해 대규모기업집단을 형성하는 수단이 될 수 있다는 우려에 근거한 것인데, 이러한 인식에 변화가 나타나면서 규제의 근본적 전환이 이루어졌다.

특히 입법모델이 되었던 1997년 일본 독점금지법 개정은 독점규제법상 지주회사 규제의 변화에도 많은 영향을 미쳤다. 일본에서는 지주회사가 더 이상 재벌을 형성하는 수단으로 기능할 가능성이 크지 않다는 점, 지주회사의 긍정적 기능을 활용하기 위해 지주회사를 선택할 기회를 기업에게 제공할 필요가 있다는 점 등을 고려하여, 지주회사의 일률적 금지에서 사업지배력이 과도하게 집중되는 경우에 한정하여 예외적으로 규제하는 방식으로 법 개정이 있었다.[4] 이와 같은 일본에서의 규제 변화는 독점규제법상 지주회사의 의의를 재고하는 계기가 되었다. 즉 소유와 경영의 회사 간 분리에 따른 지주회사의 기능적 장점을 활용할 필요성과 순환출자 관계에 기초하고 있는 기존의 재벌 구조에 비하여 지주회사 체제가 상대적으로 구조적 투명성이 있다는 점이 부각되었고, 이러한 이해가 반영되어 원칙적으로 지주회사의 설립이 허용되는 근본적 변화가 나타났다.[5] 반면 지주회사가 경제력집중의 수단이 될 우려는 여전히 남아 있었기 때문에, 지주회사에 대한 규제로서 지주회사 및 자회사 등에 대한 일정한 행위 제한이 부과되었다.[6] 한편 지주회사의 원칙적 설립 허용 이후 공정거래위원

---

4) 後藤晃, "一般集中の規制", 後藤晃·鈴村興太郎 編, 日本の競爭政策, 東京大學出版會, 1999, 238면 참조. 한편 2002년 독점금지법 개정에 의하여 지주회사에 대한 예외적 규제는 회사 형태를 불문하고 과도한 사업지배력을 규제하는 방식으로 대체되었다.

5) 개정 당시의 논의로, 김건식, "지주회사규제의 재검토: 일본에서의 개정론을 중심으로", 서울대학교 법학, 제37권 제1호, 1996, 299면 이하 참조.

6) 1999년 개정법 제8조의2 제1항은 지주회사에 대하여 자산총액을 초과하는 부채액을 보유하는 행위(1호), 자회사 주식을 100분의50(상장 자회사의 경우 100분의30) 미만으로 보유하는 행위(2호), 자회사 외의 국내회사에 대한 지배목적의 주식 보유행위(3호), 그리고 금산분리 원칙에 따라서 일반지주회사가 금융·보험 자회사

회는 지주회사의 설립을 권장하는 정책을 추진하였다는 점에도 주목할 필
요가 있다. 무엇보다 기존 재벌 구조의 전형이라 할 수 있는 순환형 구조
에 비해 지주회사를 정점으로 재편된 구조는 기업지배구조의 투명성과 효
율성을 제고할 수 있다는 인식이 정책 형성의 유력한 기초가 되었다.[7] 이
러한 정책의 추진 결과로서 지주회사의 설립·전환 허용 시에 부과되었던
제한을 완화하는 방향으로의 법 개정이 계속되었다. 2020년 개정 이전 독
점규제법 제8조의2 제1항에 의해 규제되는 행위는, 자본총액의 2배를 초
과하는 부채액을 보유하는 행위, 자회사의 주식을 그 자회사 발행주식총
수의 100분의 40 미만으로 소유하는 행위, 계열회사가 아닌 국내회사의
주식을 당해 회사 발행주식총수의 100분의 5를 초과하여 소유하는 행위
또는 자회사 외의 국내계열회사의 주식을 소유하는 행위 등이며, 이러한
내용은 지주회사 설립 전환 후 도입되었던 최초의 규제보다 상당히 완화
된 것이었다.[8]

(3) 출자 규제의 변화

대규모기업집단을 대상으로 한 규제 중에서 가장 핵심적인 것은 출자
규제라 할 수 있다. 규제 중에서 상호출자 금지는 간접적 출자 방식을 통

를 두는 행위와 금융지주회사가 일반 자회사를 두는 행위(4호 및 5호)를 금지하
였다. 또한 동조 제2항에 의하여 지주회사의 자회사가 손자회사를 두는 것은 원
칙적으로 금지되었다. 이상의 지주회사에 대한 규제에서 특히 제1항 제2호의 규
제와 제2항 자회사에 대한 규제는, 지주회사를 중심으로 기업집단이 수평적 또는
수직적으로 확대할 가능성을 차단하기 위한 시도와 관련된다. 이동원, 지주회사,
세창출판사, 2001, 24면 이하 참조.

7) 홍명수, 재벌의 경제력집중 규제, 경인문화사, 2006, 175-176면 참조.

8) 행위 기준의 완화로 인해 지주회사의 부정적 측면에 대한 우려가 커짐으로써
2020년 독점규제법 개정에 의해 지주회사 등의 행위기준은 다시 강화되었는데,
동 개정에 의하면 지주회사 및 자회사의 자회사 및 손자회사의 주식 보유기준은
1999년 개정 당시의 기준인 100분의50(상장 회사 100분의30)으로 상향되었다(법
18조 2항 및 3항). 동 개정 사항은 2021년 12월 30일부터 시행된다(부칙 1조).

하여 회피하는 것이 가능하였기 때문에 실효성을 기대하기 어려웠고, 이를 보완하기 위해 간접적 출자 관계를 규율하는 제도의 도입이 이루어졌다. 최초 입법 시 도입된 출자총액제한제도는 대규모기업집단에 속한 계열회사의 출자총액을 순자산 대비 일정한 비율로 제한하는 것이었다. 동 제도에 대한 비판의 초점은 출자의 목적이나 내용을 구분하지 않고 형식적 기준에 따라서 총액을 제한하는 방식이 과도하다는 것이었고, 이러한 엄격한 규제가 기업의 적극적인 투자 활동에 실질적인 장애가 될 수 있다는 점이 지적되었다. 또한 실효성 측면에서 동 제도가 순환출자의 억제에 실질적으로 기여하는지에 대한 의문도 유력하였다.[9] 물론 이러한 비판에 대하여 동 제도가 기업의 투자 위축을 낳을 수 있다는 것에 관한 실질적인 입증이 부족하다는 반론이 제기되었고, 특히 순환적으로 얽혀 있는 기업지배구조를 개선하고 기업 출자 방식을 통한 기업집단의 확대를 제한하기 위한 최소한의 규제로서 동 제도의 불가피성을 인정하는 시각도 있었지만,[10] 결과적으로 2009년 법 개정에서 최종적으로 출자총액제한제도는 폐지되었다. 그러나 동 제도의 폐지 후 〈표 1〉과 〈표 2〉에서 확인할 수 있듯이 대규모기업집단에 속한 계열회사 간 출자비율은 급증하였고, 계열회사의 수도 상당한 폭으로 증가하였다.

〈표 1〉 총수 있는 상위 10위 대규모기업집단 내부지분율(2004-2020)[11]

(단위: %)

	2004	2006	2008	2010	2012	2014	2016	2018	2020
총수	1.3	1.4	1.1	1.0	0.9	0.9	0.9	0.8	1.0
친족	3.1	3.7	3.2	3.1	2.7	2.8	2.6	2.5	2.5
계열회사	43.3	46.0	45.6	44.0	52.8	49.5	54.9	55.2	54.2

---

9) 홍명수, 경제법론, 경인문화사, 2008, 177-178면.
10) 홍명수, "출자총액제한제도의 정당성 검토", 법과 사회 제27호, 2004, 371면 이하 참조.
11) 공정거래위원회, 대기업집단의 주식소유 현황, 2020. 8. 31., 4면.

〈표 2〉기업집단과 계열회사 변화(2010-2020)[12]

	2010	2011	2012	2013	2014	2015	2016	2017	2018	2019	2020
기업집단	53	55	63	62	63	61	65	57	60	59	64
계열회사	1,264	1,554	1,831	1,768	1,677	1,696	1,736	1,980	2,083	2,103	2,284
계열회사 평균	23.8	28.3	29.1	28.5	26.6	27.8	26.7	34.7	34.7	35.6	35.7

이러한 상황은 재벌의 경제력집중에 관한 우려를 다시 상기시켰으며, 입법적 대응 방안을 모색하는 계기가 되었다. 그 결과 2014년 법 개정에 의해 신규 순환출자를 금지하는 규정이 도입되었다. 즉 개정법(2014) 제9조의2 제2항에 따라서 대규모기업집단에 속한 회사가 새로운 순환출자를 형성하거나 추가적으로 계열출자를 하는 행위는 금지된다.[13] 물론 동 규제가 기존의 순환출자를 규제 대상으로 하는 것은 아니지만, 직접적 상호출자 규제를 넘어서 순환출자 일반에 대한 규제 틀을 마련하였다는 점에서 의의를 찾을 수 있을 것이다.

(4) 새로운 규제의 도입

처음 도입된 규제체계가 재벌의 경제력집중을 억제하는데 충분한 것인지에 의문이 있었고, 개선의 한계를 드러냄으로써 입법적 보완이 계속되었다. 우선 대규모기업집단에 속하는 계열회사 간 채무보증이 자금의 비효율적 배분을 낳을 뿐만 아니라 무리한 차입경영으로 인한 재무 건전성의 위험이 기업집단 전체의 부실로 이어질 수 있다는 우려에 따라서 1992년 법 개정을 통해 채무보증 규제가 도입되었다. 최초 계열회사 간 채무보

---

12) 2009년 출자총액제한제도가 폐지되고 상호출자제한기업집단만 지정, 2016년 상호출자제한기업집단 지정기준 5조원에서 10조원으로 상향되고 공기업집단 제외, 2017년 공시대상기업집단 지정(5조원 이상) 등의 지정 기준의 변화가 있었다. 2009년 이루어진 출자총액제한제도 폐지의 효과는 실질적으로 2011년부터 반영된 것으로 보인다.

13) 2020년 독점규제법 개정에 의해 신규 순환출자제한기업집단의 경우 기존 순환출자의 의결권을 제한하는 규정이 도입되었다(법 23조).

증 규제는 자본의 200%를 한도로 하였으나, 1996년 100%로 낮추어졌고, 1998년 개정에서 채무보증 자체를 금지하는 방식으로 규제가 강화되었다.

재벌의 폐해가 시장의 자율적 조정 능력에 의하여 교정될 수 있다는 사고도 대규모기업집단 규제의 변화에 중요한 영향을 미쳤다. 즉 자본 시장이나 상품 시장에서 비효율적인 지배구조나 경영은 통제될 수 있으며, 이러한 기능이 실효성 있게 행사될 수 있도록 기업집단의 핵심적인 정보가 제공되는 것이 중요하다는 인식이 입법에 반영되었다. 물론 이러한 방향으로의 법 개정은 출자 관계의 사전적 규제와 같은 기존의 규제 방식에 대한 비판적 내지 보완적 의미를 갖는 것이다. 구체적으로 대규모기업집단에 속하는 회사의 대규모 내부거래 시 이사회의 사전 의결과 주요 내용의 공시(1999년 12월 개정), 대규모기업집단에 속하는 비상장 회사의 중요사항 공시(2004년 12월 개정), 대규모기업집단의 현황 공시(2009년 3월 개정) 등의 의무가 법 개정을 통하여 부과되었다.

불공정거래행위로서 부당지원행위에 대한 규제도 대규모기업집단 정책에 있어서 중요한 의미를 갖는다. 기업집단을 운영하는 과정에서 부실 계열사와의 거래를 통한 지원은 경제력집중을 유지·확대하는 수단이 될 뿐만 아니라, 한계 기업과의 거래는 자원의 비효율적 배분을 낳음으로써 국민경제에 부정적인 영향을 미칠 수 있다. 1996년 법 개정에서 도입된 부당지원행위 규제는 불공정거래행위의 한 유형으로 규제하는 방식을 채택하였지만, 입법 논의에서 알 수 있듯이 규제의 실질은 대규모기업집단 내부에서 벌어지는 계열사 간 거래행위에 초점을 맞춘 것이다.[14] 경쟁정책

---

14) 2002년 조사에 의하면, 상위 5대 대규모기업집단의 전체 매출액에서 내부거래가 차지하는 비중은 38.1%로 상당히 높은 비율을 보이고 있다. 2002년 5대 대규모기업집단을 제외한 다른 대규모기업집단의 경우 내부거래 비중은 9.7%이었는데, 이는 상위 대규모기업집단일수록 수직계열화가 심화된 결과로 이해되고 있다. 송원근·이상호, 재벌의 사업구조와 경제력 집중, 나남출판, 2005, 148-149면 참조. 2019년 상위 10위에 해당하는 대규모기업집단의 내부거개 비중은 13.8%이었다. 공정거래위원회, 대기업집단 내부거래 현황, 2019. 10. 15., 1면.

적 관점에서 부당지원행위 규제의 의의는 두 가지 측면에서 이해할 수 있는데, 우선 재벌의 기업집단적 운영방식에 대한 통제를 개별 시장의 관점에서 수행할 수 있도록 하는 근거를 마련하였다는 점에서 의의를 찾을 수 있다. 대규모기업집단의 규제는 일반집중 내지 소유집중의 관점에서 경제력집중을 억제할 목적으로 이루어진 것인데, 이러한 집중이 개별 시장의 공정한 거래를 침해할 우려를 낳을 경우에 불공정거래행위로 규제할 수 있도록 함으로써 개별 시장 중심의 경쟁정책 일반에 부합하는 측면을 가질 수 있었다. 또한 부당지원행위 규제가 사전 규제적인 다른 경제력집중 규제와 달리 거래행위의 사후적 평가에 의하여 이루어지게 됨으로써 획일적이고 형식적인 규제의 틀을 벗어나는 의미도 있었다. 부당지원행위에 대한 규제는 비교법적으로 그 예를 찾기 어려운 독점규제법의 고유한 규제 유형이라 할 수 있고, 따라서 부당지원행위의 규제 법리를 형성함에 있어 어려움이 있었지만, 공정거래위원회의 규제 실무와 법원의 판결을 통하여 부당지원행위에 관한 법리가 어느 정도 정립되어 가고 있다. 특히 대법원은 지원행위의 부당성 판단과 관련하여, "당해 지원행위로 인하여 지원객체의 관련시장에서 경쟁이 저해되거나 경제력 집중이 야기되는 등으로 공정한 거래가 저해될 우려가 있는지 여부를 기준으로 한다"고[15] 판시함으로써, 개별 시장에서의 경쟁제한성과 경제력집중 효과를 종합하는 부당성 판단의 기준을 제시하고 있다. 이러한 규제의 도입과 법리 구성은 적절한 것으로 평가되었지만, 실제 규제에서 일정한 한계를 드러냈다. 특히 계열회사와 특수한 관계에 있는 개인의 이익 취득을 목적으로 하는 거래가 분명함에도 불구하고, 지원행위에 해당하지 않거나 부당성 판단 요건을 충족하지 않는 것이 되어 규제에서 벗어나는 경우를 규율할 필요성이 제기되었으며,[16] 이러한 요구가 반영되어 2014년 제23조의2를 도입하는

---

15) 대법원 2004. 3. 12. 선고 2001두7220 판결.
16) 효율성을 제외하고, 내부거래의 동기는 거래지원적인 의미가 있는 프라핑(propping)과 사익추구적인 터널링(tunneling)으로 대표되며, 후자의 경우에는 부당 지원행

법 개정이 이루어졌다. 동 규정은 특정한 거래를 통하여 특수관계인이 사적 이익을 취득하는 거래 유형을 법정하고, 이에 해당하는 행위를 규제 대상으로 하고 있으며, 이로써 특수관계인에게 이익이 귀속되는 것을 직접적으로 문제 삼는 새로운 규제가 추가되었다.17) 동 규제의 의의는 긍정적으로 볼 수 있지만, 여전히 부당성 판단의 어려움은 남아 있으며, 따라서 실효적으로 규제가 기능할지에 관한 의문이 해소된 것은 아니다.

(5) 지배구조 개선을 위한 노력

문재인 정부는 대선 과정에서 재벌 개혁과 관련하여 총수 일가의 전횡 방지, 투명하고 건전한 경영문화 확립을 위한 법적 기반 구축을 공약하였으며, 이를 위한 구체적 계획으로 모회사의 자회사 이사에 대한 책임을 추궁하는 다중대표소송제, 다중장부열람권 도입 및 대표소송제도 개선, 전자투표제, 서면투표제를 도입, 집중투표제 또는 감사위원 분리 선출제도 도입 등을 제시하였다.18) 이러한 제안은 2020년 상법 개정에 의한 다중대표소송제도 도입(상법 406조의2) 등에 의해 상당 부분 입법적으로 실현되었다.

재벌의 경영상 특징은 총수 개인에게 의사결정 권한이 전적으로 귀속되고, 또한 이러한 배타적 지배권이 개별 기업에 머물지 않고 기업집단 전체로 작동하고 있다는 점에 있다. 이와 같은 지배권은 총수나 그 가족의 지분이 아니라 주로 계열회사 간 출자에 기반한 내부지분에 의해 실현되고 있으며, 개인적 지분이 미미함에도 불구하고 견고하게 유지되고 있다. 10대 대규모기업집단의 경우 다양한 산업에 진출해 있는 평균 70개의 계열

위로서 규제될 가능성이 제한되었다. 백미연, 대기업집단 계열사 간 내부거래자료를 이용한 터널링에 대한 실증 연구, 박사학위논문, 서울대학교, 2019, 21-27면 참조.

17) 2020년 사익편취 규제 대상 기업의 기준을 상장 및 비상장 회사 구분 없이 동일인(특수관계인 포함) 주식 보유 20%로 통일하는 법 개정이 있었다(개정법 47조 1항). 이는 실질적으로 규제 대상의 확대 의미를 갖는다.

18) 더불어민주당, 제19대 대통령선거 더불어민주당 정책공약집, 2017, 44면.

회사로 구성되어 있는데, 이러한 규모의 기업집단에서 총수 개인에 집중되는 지배권이 효율적으로 행사될 수 있을지에는 당연히 의문이 따를 수밖에 없다. 지배권을 분산시키는 구조적 조치에 한계가 있고, 무엇보다 지배권 자체를 인위적으로 배제하는 방식을 추구하기 어려운 상황에서, 회사법상 제도화된 다양한 견제 장치를 실질화 하는 것이 적극적으로 고려되어 왔다.[19]

이러한 문제가 활발히 논의되기 시작한 것은 1997년 외환위기 이후인데, 당시의 경제위기는 재벌 중심의 경제운영 방식에 대한 성찰의 계기로 작용하였고, 그 맥락에서 지배구조 개선의 논의가 본격적으로 일기 시작하였다. 1999년 사외이사 제도와 사외이사가 참여하는 감사위원회 제도가 도입되었으며,[20] 2001년 개정에서 업무집행상황 보고를 받을 권한을 포함한 이사회 권한 강화가 이루어졌다(상법 393조). 2009년 개정에서 사외이사(상법 382조), 상근감사, 감사위원회 선임(상법 415조의2) 등에 관하여 규정하게 되었고, 2011년 개정에서 업무집행기능과 감독기능 분리의 함의를 갖는 집행임원 제도와(상법 408조의2) 내부통제제도로서 일정한 상장회사에 대하여 의무적으로 준법통제기준을 마련하고 준법지원인을 두어야 하는 규정이(상법 542조의13) 도입되었다. 또한 1998년 이후 소수주주의 이익 보호를 목적으로 하지만 간접적으로 지배구조 개선에 영향을 미치는 제도로서 집중투표제(상법 382조의2), 서면투표제(상법 368조의3), 전자투표제(상법 368조의4) 등과 소수주주권의 행사로서 임시총회 소집청구권(상법 366조), 주주 제안권(상법 363조의3), 대표소송 제기권(상법 403조), 회계장부 열람권(상법 466조), 이사해임 청구권(상법 385조) 등이 도입되었다.

---

19) 송종준, "회사법상 기업지배구조법제의 동향과 평가, 그리고 새로운 제언", 상사판례연구 제24권 제1호, 2011, 9-12면 참조.
20) 초기에 사외이사의 의무적 도입은 증권거래법에 의해 이루어졌으며, 이후 관련 규제의 근거는 상법으로 이전되었다.

이와 같은 지배구조 개선을 위한 노력은 현 정부에서도 이어지고 있지만, 재벌 특유의 지배구조 문제에 대한 이해도 여전히 필요하다. 무엇보다 재벌의 지배구조 문제는 개별기업 지배구조(corporate governance)와 기업집단 지배구조(group governance)의 이중적인 성격을 갖고 있으며, 어느 한 차원에서의 지배구조 개선만으로는 문제 해결에 한계가 있을 수밖에 없다. 즉 재벌의 지배구조 문제는 개별 기업 지배구조와 기업집단 지배구조의 문제가 결합된 것이라는 점을 염두에 둘 필요가 있다. 회사법은 본질적으로 개별 회사를 중심으로 한 법률관계를 규율하는 법체계이며, 재벌을 이루고 있는 기업집단에서 지배구조는 기업 간 지배관계라는 점에서 개별 기업 차원을 넘어선다.

현재 대규모기업집단은 지주회사 체제로 구축된 경우와 순환출자적 구조를 취하고 있는 경우로 대별할 수 있다. 전자의 경우에는 지주회사를 정점으로 한 수직적 구조 하에서 자회사 내지 손자회사에 대한 지배관계가 지주회사의 지분을 통해서 보장되고 있으며, 이러한 구조를 통하여 기업 간 지배관계가 비교적 투명하게 드러난다. 반면 순환출자 구조에 기반한 재벌의 경우 지배관계의 흐름이 명확히 드러나는 것은 아니며, 이는 권한과 책임의 불일치를 낳고, 이른바 대리인 문제의 전형과 같은 총수의 사적 이익 추구를 효과적으로 방지하는 장치의 부재로 이어질 수 있다. 이러한 점에서 독일 주식회사법(Aktiengesetz) 제3편에 있는 결합기업(Verbundene Unternehmen)에 관한 규정(콘체른법)이 계약상 또는 사실상 지배관계가 있는 지배회사와 종속회사 간의 관계를 규율하는 것과 같이 기업집단의 지배구조를 규율하는 별도의 입법에 관한 논의가 이루어질 필요가 있다.[21]

---

21) Volker Emmerich, Jürgen Sonnenschein & Mathias Habersack, Konzernrecht, C.H.Beck, 2001, 279-282, 387-400면 참조.

3. 규제 변화가 미친 영향

앞에서 살펴본 규제 도입 당시 또는 적어도 1997년 외환위기 전까지 지속되었던 재벌의 특징적 양상이 독점규제법에 도입된 경제력집중 억제를 위한 규제와 이후의 규제 개선에 의해 어느 정도 변화했는지, 구체적으로 현재에도 지속되고 있는 부분과 어느 정도 해소된 부분을 파악하는 것은 규제의 실효성을 판단하고 새로운 규제 틀을 정립하는 측면에서 의미가 클 것이다. 우선 재정적 측면에서 두드러졌던 차입경영의 특징은 더 이상 유지되는 것으로 보이지는 않는다. 차입경영을 대표했던 대규모기업집단의 높은 부채비율은 이미 일반적인 현상은 아니다.[22] 제도적으로 보면, 독점규제법 제3차 개정에 도입된 채무보증 규제는 지속적으로 강화되었으며, 결국 1998년 제6차 개정에서 신규채무보증이 원칙적으로 금지되었다. 원칙적 금지로까지 나아가게 된 것은 1997년 말 경제위기를 극복하는 과정에서 IMF의 요구가 결정적이었지만, 차입경영에 따른 재무구조의 부실화, 기업집단 전체의 연쇄도산 우려, 여신시장의 경직성과 그에 따른 자원배분의 비효율성 등에 근거한 내부적 반성과 비판의 결과이기도 하였다. 이와 같은 제도적 개선이 차입 비중을 낮추는 데 영향을 미쳤을 수 있다. 그러나 이러한 효과만으로 재벌의 금융 조달 방식의 변화를 설명하는 데는 한계가 있으며, 외환위기와 2007년 세계적인 금융위기를 거치면서 유동성 자금의 사내유보 비율을 높이고 재무건전성을 추구하는 경향이 반영된 결과일 수도 있다.[23]

한편 재벌의 소유지배 구조상 특징으로서 소유와 지배가 괴리되는 현상

22) 지난 5년 간 대규모기업집단의 부채비율은 79.6%(2016), 76.0%(2017), 71.2%(2018), 67.8%(2019), 71.7%(2020) 등으로 나타났다. 공정거래위원회, 2020년도 공시 대상 기업집단, 2020. 5. 1., 8면 참조.
23) 황인태·강선민, "기업의 사내보유와 현금보유 -국제비교-", 한국경제연구원 대외세미나, 2016, 16-20면 참조.

은 지금까지 대규모기업집단의 주된 특징의 하나로 계속되고 있다. 1997년 조사에 의하면, 30대 재벌의 경우 총수와 그의 인적 특수관계인을 포함한 대주주는 단지 8.5%의 지분을 소유하고 있었는데,[24] 2020년 조사에서는 총수 있는 대규모기업집단에서 총수(1.7%)와 친족(1.9%)은 3.6%의 지분을 갖고 있고, 계열회사 지분(50.7%)을 포함한 내부지분율은 57.0%로 나타났다.[25] 일반적으로 적은 지분으로 지배권을 확보하는 방식으로 weighted voting(가중의결권), circularizing(순환출자), pyramiding(지주회사) 등이 가능한데, 가중의결권은 우리 법제도에서 허용되지 않으므로, 결국 순환출자 방식과 지주회사 방식이 지배권 확보의 수단으로 활용될 수 있을 것이다. 특히 1999년 독점규제법상 지주회사가 원칙적으로 허용된 이후 지주회사 방식은 총수가 기업집단을 지배하는 유력한 수단의 하나로 자리 잡아가고 있다. 1999년 지주회사 허용 이후 2000년까지 7개 회사만 지주회사로 설립·전환하는데 그쳤지만, 규제 완화 이후 점차 증가하여 2020년 기준 지주회사 수는 167개로 증가하였다. 또한 대규모기업집단 중에서 24개 기업집단이 기업집단의 구조 자체를 지주회사 중심의 체제로 전환한 것으로 나타나고 있다.[26] 지배구조 구축의 방식 측면에서 보면, 재벌 규제 초기 순환출자에 거의 전적으로 의존하던 것과 대비되어 순환출자 구조와 지주회사 구조가 공존하는 양상이 나타나고 있으며, 이는 재벌의 소유지배 구조 측면에서 변화의 모습으로 이해할 수도 있을 것이다. 그러나 전술한 것처럼 양자는 모두 적은 지분으로 전적인 지배권을 갖는 수단이라는 점에서 본질적으로 유사하며, 이와 같이 절대적인 지배권 확보의 차원에서 보면 동일한 기능을 수행하는 것이라 할 수 있다. 2020년

24) 황인학, "재벌기업의 소유와 통제", 한국 기업지배구조의 현재와 미래, 미래경영개발연구원, 2000, 467면.
25) 공정거래위원회, 2020년 공시대상기업집단 주식소유현황 분석·공개, 2020. 8. 31., 3면.
26) 공정거래위원회, 2020년 공정거래법상 지주회사 현황 분석결과, 2020. 11. 19., 1-2면.

기준 10대 재벌에서 총수가 보유하고 있는 계열회사 지분은 1.0%에 불과하고, 총수 일가 지분을 포함해도 2.5%에 지나지 않는다. 그러나 계열회사 간 보유하고 있는 지분이 54.2%에 이르며,[27) 이를 통하여 총수는 100%의 지배권을 행사하고 있다. 나아가 이러한 소유구조가 가족 내 승계를 통하여 지속되고 있다는 점에도 주목을 요한다. 이러한 승계 자체가 부정적으로 평가될 것은 아니지만,[28) 특히 순환출자 구조를 취하고 있는 재벌의 경우 지배권의 승계가 정상적인 권리의 양도 절차에 의해 이루어지는 것이 아니라 계열회사 간 출자를 활용하여 후계자를 중심으로 한 새로운 지배관계를 형성하는 방식으로 이루어지고 있다는 점에 대해서는 주의를 요한다. 예를 들어 90년대 후반 이루어진 삼성 그룹의 승계는 총수의 직계 가족이 그룹 내 출자구조에서 중요한 역할을 담당하는 삼성에버랜드(비상장)의 지배권을 새롭게 창출하는 방식으로 이루어졌고, 이 과정은 권리 양도와는 무관한 상법상 신주인수권부 사채와 전환사채 법리에 결정적으로 의존하였다.[29) 지배권의 가족 내 이전 방식이 경영상 효율성을 담보할 수 있는지는 별론으로 하고, 계열회사 간 출자관계를 활용한 승계 방식

---

27) 공정거래위원회, 2020년 공시대상기업집단 주식소유현황 분석·공개, 2020. 8. 31., 4면.

28) 경영권의 가족 내 이전 방식이 기업경영에 있어서 효율성을 담보할 수 있는가에 대해 의문을 제기하는 것으로, Randal K. Morck, David A. Strangeland & Bernard Yeung, Inherited Wealth, Corporate Control and Economic Growth: The Canadian Disease?, Working Paper 6814, National Bureau of Economic Research, Inc., 1998, 14-16면 참조.

29) 이건희 회장의 직계가족인 이재용씨는 삼성에버랜드의 지분을 31.9% 보유함으로써 최대주주가 되었고, 삼성에버랜드는 삼성생명의 주식을 20.56% 보유함으로써 실질적인 삼성생명의 주식을 26% 보유하고 있는 이건희 회장과 함께 실질적인 지배권을 보유하게 되었다. 이 과정에 대한 상세한 설명은 이동승, "재벌의 반봉건성과 자본주의적 옹호의 허구성", 민주법학 제18호, 2000, 196-199면 참조. 이에 대한 법률적 문제점으로서 발행목적의 부당성, 발행절차의 부당성, 발행가액의 부당성 등을 지적하고 있는 것으로서, 곽노현, "삼성계열사의 통모불공정 주식발행에 대한 소송적 대응: 현황과 과제", 민주법학 제18호, 2000, 275면 이하 참조.

은 현재 지배적인 소유지배 구조가 향후에도 계속될 것이라는 예상을 가능하게 한다.

　다수 산업에 진출한 계열회사의 집단으로 구성된 재벌의 특징 역시 계속되고 있는 것으로 보이며, 비관련 다각화의 경향도 일반적으로 해소된 것으로 보기는 어렵다. 2020년 독점규제법상 계열회사 자산총액이 10조원 이상인 상호출자제한기업집단 중 전통적인 재벌로 분류될 수 있는 자연인이 동일인인 27개 기업집단은 평균적으로 48.2개의 계열회사를 갖고 있는 것으로 나타났는데, 이와 같은 계열회사 분포는 2000년 이전의 양상에서 크게 벗어나지 않는다. 또한 해당하는 계열회사들은 대체로 개별 시장에서 지배적 지위를 차지하고 있다. 2015년 CR3 분석에 의하면, 대규모기업집단에 속한 계열회사가 3위 안에 있는 산업의 집중도는 49.2%로 나타난 반면, 계열회사가 산업에 진출하였지만 3위 안에 있지 않은 경우의 산업 집중도는 28.9% 그리고 계열회사가 산업에 진출하지 않은 경우의 산업 집중도는 45.2%로 나타났다.[30] 이러한 분석 결과는 대규모기업집단 계열회사의 산업 진출 및 시장점유율 증대가 산업집중도와 상관성이 있음을 시사하는 것이다. 또한 시장지배적 지위남용 행위로서 규제된 사례를 보면,[31] 남용행위 주체의 다수가 대규모기입집단에 속한 계열회사라는 점도 주목할 만하다. 나아가 단일한 지배구조 안에 편제된 계열회사들의 결합에 의해 일반집중의 의미에서 경제력집중은 구체적으로 실현되고 있고, 이러한 경향은 점점 더 강화된 것으로 나타나고 있다. 다음의 〈표-3〉은 한국에서 자산총액과 GDP의 변화를 통하여 2010년 이후 전개된 10대 재벌에 의한 일반집중 상황을 보여준다.

---

30) 공정거래위원회, 2015년 시장구조 조사 결과, 2018. 4. 27., 11면.
31) 2000년 이후 2020년까지 공정거래위원회에 의해 시장지배적 지위남용행위로 규제된 69 사건 중, 50건이 대규모기업집단의 계열회사에 의한 것이었다.

〈표 3〉 10대 대규모기업집단(총수)과 GDP 변화(2010-2019)

(단위: 조(원))

	2010	2011	2012	2013	2014	2015	2016	2017	2018	2019
자산총액	703	816	940	1,018	1,074	1,122	1,166	1,213	1,298	1,352
GDP	1,323	1,389	1,440	1,501	1,563	1,658	1,741	1,836	1,898	1,919

해당 기간 동안 10대 대규모기업집단의 자산총액 증가율은 92.3%이며, 이는 45.0%를 보인 GDP 증가율을 훨씬 상회한다. 또한 10대 대규모기업 집단의 자산총액을 GDP와 비교하면, 2010년 53.1%에서 2019년 70.5%로 상승하고 있다. 이러한 수치는 국민경제에서 차지하는 재벌의 비중이 크고, 또한 심화되고 있음을 가리키는 것이며, 이로부터 재벌에 의한 일반집 중의 경향이 계속되고 있음을 확인할 수 있을 것이다.

III. 대규모기업집단의 변화와 신흥 기업집단의 등장

1. 대규모기업집단의 변화

(1) 대규모기업집단 지정 제도와 지정 현황

전술한 것처럼 독점규제법은 재벌 대신 대규모기업집단이란 개념을 법 정하고, 이를 경제력집중 억제를 위한 규제 대상으로 하였다. 동 개념은 재벌의 주요 특징 중 복수의 기업으로 구성된 집단적 특징과 경제력집중 의 우려를 낳을 수 있는 규모 측면에서 파악한 것이고, 소유지배 구조나 비관련 다각화 등과 같은 특징은 개념 요소로서 고려되지 않았다. 그러므 로 양자가 개념적으로 동일한 것은 아니었지만, 초기 지정된 대규모기업 집단은 대부분 기존 재벌에 해당하였으므로, 이와 같은 불일치가 문제로 인식되지는 않았다.

그렇지만 이른바 동일인이 자연인이 아닌 기업집단이 등장하고, 특히 공기업집단이 대규모기업집단으로 지정되면서 이러한 문제는 처음으로 구체화 되기 시작하였다. 이러한 기업집단에서는 자연인으로서 총수에 의한 지배가 존재하지 않으며, 따라서 전통적으로 재벌의 문제로 인식되고 있었던 소유집중의 문제가 결여되고 있었다. 이러한 경우에도 재벌을 전제로 형성된 규제가 유효한지에 대한 의문이 따랐으며, 결국 이에 관한 논의는 이들 역시 규제 대상에서 배제되지 않는 것으로 귀결되었다. 논의 과정에서 결정적이었던 것은 이러한 집단도 일반집중의 관점에서 경제력집중의 주체가 되고 있다는 점이었고, 특히 2000년대 이후 동일인이 회사인 기업집단에 속한 계열회사 수의 증가와 전체 규모의 확대 현상은[32] 이러한 주장을 뒷받침하는 유력한 근거가 되었다. 그러나 여전히 총수가 존재하는 기업집단, 즉 전통적인 재벌과 개인적 지배 없이 대표 회사가 중심이 되어 존재하는 기업집단 간의 차별화된 규제 필요성에 관한 논의는 이어지고 있다.

또한 지정제도 자체가 지속적으로 변화되어 왔다는 점에도 주의를 요한다. 우선 규모 기준과 관련하여 상대적 기준과 절대적 기준이 교차되어 왔다. 전자의 경우 경제 성장에 따라서 기준의 변화를 고려할 필요가 없다는 장점이 있는 반면 순위에 따라 지정되는 구조에서 인위적으로 순위를 조정하려는 시도가 나타남으로써 지정제도의 취지가 무색해질 수 있다는 문제가 있었고, 후자의 경우 이와 상반되는 문제점을 갖고 있기 때문에 지정제도를 어떻게 설정할지에 관한 논의는 피하기 어려울 것이다.[33] 또한 경제력집중 억제를 위한 규제가 다양해지면서 수범자를 적절하게 구성하려는 시도의 결과로 차등화된 지정 기준이 도입되었다.

---

32) 예를 들어 포스코 그룹의 경우 2009년 출자총액제한제도가 폐지되기 이전인 2008년 계열회사의 수는 31개이었지만, 폐지된 이후 2012년에는 70개까지 증가하였다.

33) 최난설헌 외 3인, 대기업집단 지정기준에 관한 연구: 상호출자제한기업집단 지정 기준을 중심으로, 공정거래위원회 연구보고서, 2017 참조.

구체적으로 1987-1992 기간에는 자산총액 기준 4,000억원 이상인 기업집단이 지정되었으며, 1993-2001 기간에는 계열회사의 자산총액 순위 30위까지 지정되었다. 2002년부터는 절대적 기준에 의해 출자총액제한기업집단(5조원 이상)과 상호출자제한기업집단(2조원 이상)으로 이원화되어 지정되었고, 2009년 출자총액제한제도의 폐지에 따라 상호출자제한기업집단만(5조원 이상) 지정 대상이 되었다. 2016년 상호출자제한기업집단 지정 기준이 5조원에서 10조원으로 상향되고, 공기업집단이 제외되는 변화가 있었으며, 2017년 4월 법 개정에 따라서 자산총액 5조원 이상은 공시대상기업집단으로 지정하고 그 중 자산총액 10조원 이상은 상호출자제한기업집단으로 지정하는 이원적 방식이 다시 도입되었다. 그리고 2020년 법개정에 의해 상호출자제한기업집단의 자산총액 기준이 GDP의 0.5%로 변경되었다(개정법 31조 1항).

(2) 대규모기업집단 지정 현황과 특징 분석

2020년 기준 상호출자제한기업집단을 포함하는 공시대상기업집단은 기본 현황은 다음 〈표 4〉와 〈표 5〉와 같다.

〈표 4〉 2020 상호출자제한기업집단+공시대상기업집단 지정 현황[34]

순위	기업집단	동일인	계열회사 수	자산총액(조)	최초 지정
1	삼성	이재용	59	424.9	1987
2	현대자동차	정몽구	54	234.7	2001
3	에스케이	최태원	125	225.5	1987
4	엘지	구광모	70	137.0	1987
5	롯데	신동빈	86	121.5	1987
6	포스코	(주)포스코	35	80.3	2001
7	한화	김승연	86	71.7	1987
8	지에스	허창수	69	66.8	2005
9	현대중공업	정몽준	30	62.9	2002
10	농협	농업협동조합중앙회	58	60.6	2008
11	신세계	이명희	41	44.1	2000
12	케이티	(주)케이티	44	36.3	2002
13	씨제이	이재현	77	34.5	1999
14	한진	조원태	31	33.6	1987
15	두산	박정원	25	29.3	1987
16	엘에스	구자홍	54	23.7	2004
17	부영	이중근	23	23.3	2002
18	대림	이준용	32	18.7	1987
19	미래에셋	박현주	38	18.6	2008
20	금호아시아나	박삼구	27	17.6	1987
21	에쓰오일	에쓰오일(주)	3	16.7	2009
22	현대백화점	정지선	25	16.0	2001
23	카카오	김범수	97	14.2	2016
24	한국투자금융	김남구	28	14.0	2009
25	교보생명보험	신창재	13	13.6	2007
26	효성	조석래	54	13.5	1987
27	하림	김홍국	52	12.5	2016
28	영풍	장형진	26	12.4	2000
29	대우조선해양	대우조선해양(주)	5	12.3	2003
30	케이티앤지	(주)케이티앤지	10	11.7	2002
31	에이치디씨	정몽규	27	11.7	2000
32	케이씨씨	정몽진	16	11.0	2002
33	코오롱	이웅열	37	10.4	1987
34	대우건설	㈜대우건설	16	10.2	2004

---

34) 공정거래위원회, 2020년도 공시 대상 기업집단, 2020. 5. 1., 4-5면.

〈표 5〉공시대상기업집단 지정 현황[35]

순위	기업집단	동일인	계열회사 수	자산총액(조)	최초 지정
35	오씨아이	이우현	18	9.9	2001
36	이랜드	박성수	31	9.9	2005
37	태영	윤세영	61	9.7	2006
38	SM	우오현	53	9.7	2017
39	DB	김준기	20	9.6	1987
40	세아	이순형	29	9.6	2004
41	네이버	이해진	43	9.5	2017
42	넥슨	김정주	18	9.5	2017
43	한국타이어	조양래	24	9.4	2002
44	호반건설	김상열	36	9.2	2017
45	셀트리온	서정진	9	8.8	2016
46	중흥건설	정창선	35	8.4	2015
47	넷마블	방준혁	25	8.3	2018
48	아모레퍼시픽	서경배	15	8.3	1990
49	태광	이호진	19	8.2	2001
50	동원	김재철	25	7.9	1991
51	한라	정몽원	14	7.7	1990
52	삼천리	이만득	27	7.1	2014
53	에이치엠엠	에이치엠엠(주)	4	6.5	2020
54	장금상선	정태순	17	6.4	2020
55	IMM인베스트먼트	지성배	79	6.3	2020
56	한국지엠	한국지엠(주)	3	6.1	2004
57	동국제강	장세주	12	6.1	1987
58	다우키움	김익래	48	5.7	2019
59	금호석유화학	박찬구	12	5.7	2016
60	애경	장영신	38	5.6	2008
61	하이트진로	박문덕	17	5.4	2003
62	유진	유경선	46	5.4	2008
63	KG	곽재선	20	5.3	2020
64	삼양	김윤	13	5.1	1999

---

35) 위의 자료, 5면.

이상의 〈표 4〉와 〈표 5〉에 나타나고 있는 것처럼, 현새의 이원화된 지정 기준 하에서 공기업집단을 제외하기 시작한 2017년 이후의 변화 양상을 보면, 기업집단의 수, 기업집단에 소속된 계열회사의 수, 기업집단의 자산총액 등 양적 측면에서 대규모기업집단의 규모는 지속적으로 증가하는 추세를 보이고 있다.

〈표 6〉 대규모기업집단 규모(2017-2020)

	2017	2018	2019	2020
기업집단 수	57	60	59	64
자산총액(조)	1,842	1,967	2,040	2,176
계열회사 수	1,980	2,083	2,103	2,284
계열회사 평균	34.7	34.7	35.6	35.7

또한 대기업집단 정책 실현과 관련된 주요 지표에서도 뚜렷한 개선의 조짐이 보이지는 않는다. 특히 기업집단의 지배구조를 상징적으로 보여주는 내부지분율은 점차 증가하여 왔으며, 이러한 추세가 변화할 것이라는 예상도 쉽지는 않다. 일반적으로 내부지분율 분석은 소유집중의 측면에서 의미를 갖는 것으로 이해되는데, 동일인이 회사가 아닌, 이른바 재벌로 분류될 수 있는 총수가 있는 기업집단에 한정하여 보면, 내부지분율 등 주식 소유 구조에 의미 있는 변화가 나타나지는 않고 있다. 다음 〈표 7〉에서 내부지분율은 2019년에 비해 다소 감소하였지만 여전히 높은 비율을 보이고 있으며, 소유지배 괴리에서 의미 있게 고려되는 총수 및 친족의 지분율은 다소 감소한 것으로 나타났다.[36] 〈표 9〉에서 상위 10위 안에 있는 총수 있는 대규모기업집단으로 한정할 경우에도 양상은 유사하게 전개되고 있다.[37]

36) 공정거래위원회, 2020년 공시대상기업집단 주식소유현황 분석·공개, 2020. 8. 31., 3면.
37) 다만 일정한 시점에서 변동의 폭이 크게 나타난 경우가 있는데, 〈표 9〉에서 2011

〈표 7〉 2020 총수 있는 대규모기업집단 내부지분율[38]

(단위: %)

	총수일가			계열회사	기타				합계
	총수	친족	소계		비영리법인	임원	자사주	소계	
2019(51개)	1.9	2.0	3.9	50.9	0.2	0.2	2.3	2.7	57.5
2020(55개)	1.7	1.9	3.6	50.7	0.2	0.2	2.3	2.7	57.0

〈표 8〉 총수 있는 대규모기업집단 내부지분율 변화(2015-2020)

	2015	2016	2017	2018	2019	2020
내부지분율	55.2%	57.3%	58.0%	57.9%	57.5%	57.0%

〈표 9〉 총수 있는 상위 10대 기업집단 내부지분율 변화(2001-2020)[39]

구 분	2001	2002	2003	2004	2005	2006	2007	2008	2009	2010
총수	1.3	1.4	1.2	1.3	1.4	1.4	1.3	1.1	1.1	1.0
(총수일가)	(3.1)	(3.3)	(3.5)	(3.1)	(3.6)	(3.7)	(3.4)	(3.2)	(3.3)	(3.1)
계열회사	43.0	42.2	42.4	43.3	45.3	46.0	44.1	44.7	45.6	44.0
내부지분율	46.4	45.9	46.2	47.1	49.2	49.8	47.9	48.3	49.3	47.4
구 분	2011	2012	2013	2014	2015	2016	2017	2018	2019	2020
총수	1.1	0.9	1.0	0.9	0.9	0.9	0.9	0.8	0.9	1.0
(총수일가)	(2.9)	(2.7)	(3.0)	(2.8)	(2.7)	(2.6)	(2.5)	(2.5)	(2.4)	(2.5)
계열회사	50.3	52.8	49.6	49.5	50.6	54.9	55.5	55.2	54.3	54.2
내부지분율	53.5	55.7	52.9	52.5	53.6	57.6	58.3	58.0	56.9	56.8

이상의 2020년 대규모기업집단의 내부지분율 분석이나 2001년 이후 대규모기업집단 내부지분율의 시계열적 분석 등은 기업집단의 지배구조에서 총수에게 귀속되는 지배권의 지분적 기초가 50%를 상회하는 계열회사의

년 내부지분율의 급격한 상승은 출자총액제한제도 폐지의 영향으로 보이며, 2016년의 상승은 신규 순환출자금지제도의 도입에 대한 기업집단의 사전적 대응의 결과로 이해된다.

38) 공정거래위원회, 2020년 공시대상기업집단 주식소유현황 분석·공개, 2020. 8. 31., 3면.
39) 위의 자료, 4면.

지분에 있다는 것을 보여주고 있다. 2001년 이후 내부지분율의 증가는 주로 계열회사의 지분율에 의존하였으며, 총수 및 친족의 지분은 오히려 감소하였다. 이 외에 비영리법인이나 자기주식의 비중은 현재 상태에서 의미 있는 수준으로 보기는 어려울 것이다.[40] 한편 대규모기업집단은 지주회사 체제를 수용한 기업집단과 그렇지 않은 집단으로 구분할 수 있으며, 양자 간에 계열회사의 지분 보유의 의미가 차이가 있다는 점에도 주의를 요한다. 지주회사 체제를 수용한 지주회사 전환 기업집단의 경우에 지분의 흐름은 지주회사로부터 자회사, 손자회사로 이어지는 수직적 양상을 보이는데 반하여, 그렇지 않은 기업집단의 경우 계열회사 간 지분 취득은 순환적 또는 네트워크적 양상을 보이고 있다. 공정거래위원회의 지주회사 권장 정책의 유력한 근거가 되었던 것처럼, 지주회사 체제의 기업집단은 순환적 기업집단과 비교하여 기업집단의 지배구조가 보다 투명하며, 지배권 승계 과정도 비교적 명확하게 이루어질 수 있다. 무엇보다 지주회사 체제에서 총수 및 가족의 지분취득은 지주회사에 한정될 수밖에 없고, 자회사 이하의 지분 취득은 지주회사로부터 시작되는 것이기 때문에, 기업집단에서 계열회사의 높은 지분율이 소유지배 괴리의 지표로서 활용되기에는 적절치 않으며, 부정적 평가의 근거로 원용되는 것에도 한계가 있다. 따라서 총수가 있는 경우 주식소유 현황 분석은 지주회사 체제 기업집단과 그렇지 않은 기업집단으로 구분하여 살펴볼 필요가 있을 것이다.

2020년 9월 기준 지주회사의 수는 167개이며, 이들에 소속된 자회사 902개, 손자회사 990개, 증손회사 130개로 나타났다.[41] 지주회사를 두고 있는 대규모기업집단은 30개 그리고 지주회사의 수는 43개이고, 지주회사

---

40) 2015년 이후 계열출자 비영리법인 수(65→75), 피출자 계열회사 수(113→138)는 증가추세를 보이고 있다. 이러한 점에서 비영리법인의 계열회사 지분취득 상황에 대해서는 지속적으로 주의를 기울일 필요가 있을 것이다. 공정거래위원회, 위의 자료, 8면.

41) 공정거래위원회, 2020년 공정거래법상 지주회사 현황 분석결과, 2020. 11. 19., 8면.

및 소속회사의 자산총액의 합계액이 기업집단 소속 전체회사의 자산총액
합계액의 100분의 50 이상인 대규모기업집단을 전환집단으로 칭할 경우에
이에 해당하는 기업집단은 24개로 조사되었다.[42] 지주회사는 기능적으로
소유와 경영의 회사 간 분리를 의미하기 때문에, 지주회사 체제 하에서 소
유는 지주회사에 집중될 수밖에 없으므로 기업집단에 대한 총수 및 가족
의 지배는 지주회사 지배를 통하여 실현될 것이다. 이와 관련하여 공정거
래위원회의 조사에 의하면, 22개 전환집단의 경우 총수와 가족의 지주회
사 지분율은 26.3%와 49.5%로서 2012년(28.8%, 42.9%) 이후 대체로 지배
가 가능한 수준을 유지하고 있는 것으로 보이며,[43] 체제내 편입률이 현저
히 낮은 경우가 아니라면 총수 및 가족의 전체 기업집단에 대한 지분율이
큰 의미를 갖는 것으로 보기는 어렵다. 지주회사 체제의 투명성 측면에서
의미 있는 지표가 되고 있는 체제내 편입률은 79.6%로서[44] 2015년까지
약 70% 정도이었던 것에 비하여 긍정적인 변화로 볼 여지가 있다.

　한편 지주회사 체제를 수용하고 있지 않은 기업집단에서 순환출자적인
요소가 유지되고 있다는 점에도 주의를 요한다. 현재 순환출자가 존재하
는 기업집단은 4개이며(현대자동차, SM, 태광, KG), 해당 기업집단에 총
21개의 순환출자 고리가 확인되고 있다.[45] 이러한 수치는 2014년 이후 점
차 감소한 것으로서 2013년 도입된 신규 순환출자 금지제도 도입의 성과
로 볼 수 있는 근거가 된다. 그러나 24개 지주회사 전환집단을 제외한 나
머지 대규모기업집단의 경우 순환출자 고리를 형성하지 않은 상태에서 계
열회사 간 출자관계에 기초하여 기업집단의 지배구조를 구축하고 있으며,
따라서 순환출자 고리의 존재가 지주회사 체제를 수용하지 않은 기업집단

---

42) 위의 자료, 2면.
43) 위의 자료, 13면.
44) 위의 자료, 19면.
45) 공정거래위원회, 2020년 공시대상기업집단 주식소유현황 분석·공개, 2020. 8.
　　31., 14면.

에서 핵심적인 의미를 갖는 것은 아니다. 이 경우에는 여전히 총수 및 가족과 계열회사 지분율과 같은 전체적인 현황 지표가 중요하며, 이에 기초하여 볼 때 적어도 지주회사 체제를 수용하지 않은 기업집단에 한정하여 소유지배 구조 측면에서 의미 있는 변화가 있는 것으로 보기는 어려울 것이다.

(3) 대규모기업집단 구성의 변화

2020년 지정된 대규모기업집단 중 신규로 지정된 기업집단은 5개이었고, 59개 기업집단은 전년도에 이어 연속으로 지정되었다. 〈표 4〉와 〈표 5〉는 64개 대규모기업집단들의 최초 지정연도를 보여주고 있는데, 특히 총수 있는 기업집단 중 상위 10위 기업집단의 경우 모두 대규모기업집단이 지정되기 시작한 1987년까지 소급한다.[46] 물론 직전 연도 2위였던 대우그룹의 해체와 같은(2000년) 주목할 사건도 있었지만,[47] 대체로 유력한 대규모기업집단의 지위는 견고하게 유지되고 있다. 또한 상위 기업집단이 전체 대규모기업집단에서 차지하는 비중 그리고 이들과 하위 기업집단의 차이가 점점 더 커지고 있다는 점도[48] 특징적이다.

한편 최근 신규로 기업집단들이 지정되면서 전체 기업집단 구성에 변화가 있다는 점도 눈여겨볼 부분이다. 물론 매년 새로운 기업집단들이 등장하고 사라지는 현상이 반복되어 왔지만, 최근 등장한 몇몇 기업집단은 일

---

46) 지에스, 현대중공업, 신세계, 씨제이 그룹의 경우도 그룹 분할 이전의 기존 기업집단을 기준으로 하면, 동일하다.

47) 대우그룹의 후신인 대우조선해양그룹과 대우건설그룹은 2020년에도 대규모기업집단으로 지정됨으로써 그룹 해체로 총수의 지배권이 소멸된 이후 20년 이상 대규모기업집단의 지위를 유지하고 있다.

48) 관련산업 분야로, 식품산업, 의약품산업, 화장품산업을 들 수 있는데, 2018년 기준 각 산업의 생산액이 GDP에서 차지하는 비중은 식품산업 4.2%, 제약산업 1.1%, 화장품산업 0.9%로 나타나고 있다. https://www.mfds.go.kr/pgm/m_538/statInformation.do (식품의약품안전처 통계정보), 한국제약바이오협회, 2019 제약산업 통계정보, 2020, 25면, 한국보건산업진흥원, 2019 화장품산업 분석보고서, 2020, 1면.

시적인 흐름으로 볼 수 없는 산업구조적 변화와 궤를 같이하고 있다는 점에서 특별한 주의가 요구되고 있다. 흔히 4차 산업혁명이라는 표현으로 현재의 산업을 시대적으로 구분하려는 시도가 있지만, 이러한 시대 구분을 수용할지 여부는 차치하고, 정보통신 기술의 융합에 기초하여 인공지능, 빅데이터 등과 같은 방식으로 각 분야의 지능화를 추구하는 흐름이 강하게 일고 있다는 점은 분명하다. 이러한 흐름이 선도적으로 나타나고 있는 분야가 향후 국민경제 성장의 동력이 될 수 있다는 전망이 유력하며, 이에 상응하는 정부의 정책 제시도 이어지고 있다.[49] 이와 같은 산업의 구조적 변화 속에서 해당 분야에 선도적으로 진출하여 형성된 기업집단들이 대규모기업집단으로 지정되고 있다는 점은 주목할 만하다.

예를 들어 생물체 기능을 이용하여 제품을 만들거나 유전적 구조를 변형시켜 새로운 특성을 나타내게 하는 복합적 기술인 바이오기술은 관련 산업 분야에서 이미 성장 동력으로 자리매김되고 있으며, 해당 기술을 선도적으로 이끌고 있는 기업집단의 하나로서 셀트리온 그룹은 2016년부터 대규모기업집단으로 지정되고 있다. 또한 정보통신 기술을 핵심 기반으로 하는 온라인 기업이 중심이 된 기업집단들의 성장도 눈에 띈다. 2020년 지정된 대규모기업집단 중에서, 카카오, 네이버, 넥슨, 넷마블 그룹 등이 이에 해당하는데, 이들이 대규모기업집단으로 지정된 것은 2016년 이후로서 대체로 관련 산업 분야의 성장과 궤를 같이한다.

나아가 새롭게 등장한 기업집단들 중 일부는 플랫폼으로서 지배적 지위를 구축하고 있으며, 이들이 갖고 있는 경제력집중 주체로서의 위상에 더하여 국민경제에 미치는 영향력이 새로운 차원에서 이해될 필요성을 낳고 있다. 이미 거대 플랫폼의 등장은 전 세계적인 이슈이지만, 일반집중 등의

---

49) 예를 들어 관계부처가 합동으로 신산업으로서 스마트공장, 핀테크, 바이오헬스, 미래차, 스마트시티, 스마트팜, 에너지신산업, 드론을 정책적 지원의 대상으로 선정하고, 구체적인 지원 계획과 경과를 밝히고 있다. 관계부처 합동, 8대 핵심 선도사업 세부추진계획, 2019. 2. 20., 1면 이하 참조.

함의를 갖는 경제력집중의 관점에서 이러한 문제를 어떻게 다루어야 할지에 관한 새로운 과제가 부과되고 있다. 플랫폼의 발전은 다양한 측면에서의 이용자를 중개하는 거래 플랫폼을 넘어서 공통 표준을 포함한 기술적 토대를 제공하여 혁신의 경로를 지배하는 혁신 플랫폼으로서의 성격이 결합된 통합 플랫폼으로 진행되고 있으며, 이 과정에서 성공한 몇몇 플랫폼은 거대 플랫폼으로서의 위상을 갖고 새로운 형태의 지배력 주체로 등장하고 있다.50) 이러한 상황에서 우리나라의 대표적인 플랫폼 기업인 카카오나 네이버가 기업집단을 이루고 대규모기업집단으로 지정되고 있는 것은 주목할 만하다.

새로운 기업집단들의 등장은 기존의 기업집단들에 대한 경쟁의 압력으로 작용할 수 있기 때문에, 그 자체로 경쟁정책 나아가 대기업집단정책의 관점에서 긍정적으로 볼 여지가 있다. 또한 새로운 산업동력으로 각광을 받는 분야에서 선도적인 역할을 수행하고 있다는 점에서 이들의 성장은 국민경제 전체에 긍정적인 영향을 미칠 것이라는 기대도 나타나고 있다. 그러나 이들이 종래 전통적인 재벌로 인식되었던 기존의 대규모기업집단과 어떠한 차별성을 보이고 있는지, 이들에 의한 경제력집중이 어떠한 양상으로 전개되고 산업 전반에 어떠한 영향을 미칠지 그리고 기존의 경제력집중 억제를 위한 규제가 새롭게 등장하고 있는 기업집단들에 대한 규제로서 효과적으로 기능할 수 있을지는 불분명한 상황이다. 따라서 이들에 의한 경제력집중 양상이 어떻게 나타나고 있는지에 대한 이해가 선행될 필요가 있다.

---

50) 거래 플랫폼, 혁신 플랫폼, 통합 플랫폼 등 플랫폼의 유형에 관한 설명으로, Peter C. Evans & Annabelle Gawer, The Rise of the Platform Enterprise, The Center for Global Enterprise, 2016, 14-18면 참조. 거대 플랫폼은 구글, 아마존, 페이스북, 애플의 빅4(GAFA)를 가리키는 말로 사용되기도 하며, 이들은 전 세계적인 플랫폼 기업으로서 시장에 영향을 미치고 있다. 이들 빅4의 플랫폼으로서의 성장과 현재의 지위와 관련하여, Scott Galloway, 이경식 역, 플랫폼 제국의 미래, 비즈니스북스, 2017, 15-31면 참조.

2. 신흥 대규모기업집단의 분석

이하에서 신흥 대규모기업집단의 분석은 앞에서 언급한 바와 같이 현재 진행되고 있는 산업의 새로운 변화를 주도하고 있는 신산업 관련성이 큰 기업집단을 대상으로 하며, 여기에는 플랫폼으로서 지배력을 갖고 있는 기업집단도 포함된다. 구체적으로 카카오, 네이버, 넥슨, 셀트리온, 넷마블을 대상으로 하고, 이들과 기존의 전통적인 재벌로 분류되는 상위 5위 안에 위치한 대규모기업집단(삼성, 현대자동차, 에스케이, 엘지, 롯데)의 비교를 통해서 분석을 수행할 것이다.[51] 우선 해당 기업집단들의 소유 구조의 특성을 확인할 수 있는 내부지분율 현황은 다음 〈표 10〉과 같다.

〈표 10〉 비교 대상 기업집단의 내부지분율

(단위: %)

순위	기업집단	동일인	친족	동일인+친족	계열회사	비영리법인	임원	자기주식	내부지분율
1	삼성	0.27	0.66	0.94	41.78	0.13	0.02	2.37	45.23
2	현대자동차	1.82	1.78	3.60	48.24	0.02	0.01	1.40	53.26
3	에스케이	0.03	0.43	0.46	54.03	0.04	0.03	3.28	57.83
4	엘지	1.61	1.57	3.17	37.65	0.27	0.04	0.26	41.39
5	롯데	0.99	1.70	2.69	74.95	0.09	0.00	0.41	78.14
23	카카오	0.79	0.00	0.80	36.55	0.00	0.32	0.07	37.33
41	네이버	11.32	0.00	11.32	73.92	0.00	0.06	1.50	86.81
42	넥슨	0.73	0.41	1.14	93.98	0.00	0.00	0.39	95.91
45	셀트리온	17.03	0.28	17.31	24.44	0.00	0.66	0.80	43.21
47	넷마블	5.06	0.00	5.06	50.29	0.00	13.30	0.60	69.25

* 바탕색이 회색인 것은 지주회사 전환집단을 의미

---

51) 2020년 신규로 지정된 대규모기업집단은 에이치엠엠, 장금상선, IMM인베스트먼트, 삼양 등인데, 이들은 주력 업종이 전통적인 산업에 속하는 것이거나 IMM인베스트먼트의 경우처럼 PEF 전업 기업집단인 경우이어서, 여기서 분석 대상으로 하는 신흥 대규모기업집단 분석에서 제외하였다.

　이상의 기업집단 중에서 지주회사 전환집단에 한정하면, 셀트리온의 경우 동일인의 지분율이 높게 나타나고 있다. 이러한 차이는 계열회사의 수와 이들이 지주회사 편입된 비율의 차이에 따른 것으로 보이는데, 셀트리온의 경우 계열회사의 수가 9개에 불과하고, 이들 중 5 계열회사만 지주회사 체제에 편입되어 있는 구조가 동일인의 높은 지분율과 계열회사의 상대적으로 낮은 지분율의 결과를 낳고 있는 것으로 보인다. 이 외에 지주회사로 전환하지 않고 순환출자적 구조가 여전히 핵심인 삼성 및 현대자동차 그룹과 신흥 대규모기업집단 사이에 내부지분율 측면에서 뚜렷한 차이가 드러나지는 않는다. 그러나 셀트리온을 제외한 카카오, 네이버, 넥슨, 넷마블의 경우 공정거래위원회에 의해 지주회사 전환집단으로 인정되고 있지 않지만, 실질적으로 지주회사 체제를 구축하고 있다는 점에 주목할 필요가 있다. 이들 기업집단에서는 카카오와 케이큐브홀딩스, 네이버(주), ㈜엔엑스씨와 ㈜넥슨코리아, 넷마블(주)가 각각 실질적으로 지주회사로서의 위상을 갖고 있으며, 특히 카카오, 네이버, 넷마블의 경우 각각 금융사를 계열회사로 두고 있다는 점에서 지주회사로의 전환을 유보하고 있는 것으로 보인다.

　그러나 신흥 대규모기업집단이 지주회사로 전환하였거나 지주회사 체제를 실질적으로 수용하고 있다는 점에 근거하여, 기존의 기업집단과 소유지배구조 측면에서 확연히 구별된다고 단정하기는 어렵다. 기존 기업집단 중에서도 지주회사 전환집단은 점차 증가하고 있으므로 지주회사 체제 수용 여부를 신흥 기업집단을 특징짓는 요소로 보기에는 한계가 있으며, 신흥 기업집단 역시 총수를 동일인으로 하는 소유지배구조를 구축하고 있다는 점에서는 본질적으로 동일하다. 따라서 신흥 기업집단이 이전과 구별되는 소유지배구조 구축의 새로운 방식을 제시하고 있다고 보는 것은 섣부른 판단일 수 있지만, 1, 2위에 위치한 삼성과 현대자동차 그룹과 같이 지주회사 비전환 기업집단과 비교하면, 지주회사 내지 지주회사적 구조를 취하고 있는 신흥 기업집단의 소유지배구조가 상대적으로 투명하게 이루어지고 있다고 볼 여지는 있다.[52] 예를 들어 삼성 그룹의 경우 동일인(이재용)은 실질적 지주회사 역할을 하는 삼성물산의 17.3% 지분을 보유하고, 삼성물산은 삼성전자(4.4%), 삼성생명보험(19.3%), 삼성바이오로직스(43.4%), 삼성에스디에스(17.1%) 등의 지분을 보유하는 것에 의해 그룹 전체의 기본적인 지배구조가 구축되어 있으며, 핵심 계열사인 삼성전자에 대해서는 삼성생명보험과(7.5%) 삼성화재해상보험의(1.3%) 지분이 결합함으로써 지배권이 유지되고 있다.[53] 현대자동차 그룹의 경우 동일인(정몽구)은 현대모비스(7.1%)와 현대자동차(4.1%)의 지분을 보유하고 있으며, 현대모비스는 현대자동차 지분 16.5%, 현대자동차는 기아자동차 지분 33.9%, 다시 기아자동차는 현대모비스 지분 7.3%를 보유함으로써 순환출자 구조를 이루고, 이는 동일인에게 귀속되는 그룹 전체 지배구조에서 핵심적 역할을 하고 있다.[54] 이와 비교하여, 신흥 기업집단의 경우 동일인이 지주회사 또는 지주회사적 위치에 있는 계열회사의 지분을 갖는 것에 의해 지배구조가 구축되어 있다. 예를 들어 카카오 그룹은 동일인(김범수)이 카카오(주)의 지분 14.4%,[55] 네이버 그룹은 동일인(이해진)이 네이버(주)의 지분 3.7%, 넥슨 그룹은 동일인(김정주)이 ㈜엔엑스씨 지분 67.5%, 셀트리온 그룹은 동일인(서정진)이 ㈜셀트리온홀딩스 지분 95.5% 그리고 넷마블 그룹은 동일인(방준혁)이 넷마블(주) 지분 24.2%를 보유하고 있고, 이러한 지주회사 내지 지주회사 역할을 하는 회사들이 자회사 내지 손자회사 등의 지분을 보유함으로써 전체적인 기업집단 지배구조가 형

---

52) 기업집단포털(https://www.egroup.go.kr/egps/wi/stat/spo/qotaChart.do) 참조.
53) 한편 동일인(이재용)은 삼성에스디에스(9.2%), 삼성엔지니어링(1.5%), 삼성전자(0.6%), 삼성화재해상보험(0.09%), 삼성생명보험(0.06%)의 지분을 직접 보유하고 있다.
54) 한편 동일인(정몽구)은 현대글로비스(6.7%), 현대엔지니어링(4.7%), 해비치호텔엔드리조트(4.6%)의 지분을 직접 보유하고 있다.
55) 또한 카카오 그룹의 동일인은 100% 출자한 케이큐브홀딩스를 통하여 카카오(주)의 지분 11.4%를 보유하고 있다.

성되고 있다.

　기업집단이 영위하는 업종 측면의 분석을 통하여 신흥 대규모기업집단에 의한 경제력집중 양상을 파악하는 것도 의미가 있다. 카카오 그룹의 경우 실질적 지주회사 역할을 하는 카카오를 중심으로 소유지배구조가 형성되어 있는데, 카카오는 Daum을 통한 포털서비스와[56] 카카오톡에 의한 메신저 서비스 등의 다양한 온라인 서비스를 제공하고 있다. 카카오 그룹의 계열회사는 대부분 카카오의 자회사 또는 손자회사 등의 형태로 존재하는데, 주요 계열회사 중에서 교통 관련 분야에 진출한 카카오모빌리티는 카카오T와 같은 인터넷서비스를 제공할 뿐만 아니라 다수의 운수업체를 직접 인수하였다.[57] 금융 관련 분야에서는 인터넷전문은행인 카카오뱅크와 결제 서비스를 제공하는 핀테크 회사로서 카카오페이가 있다. 게임회사로서 카카오게임즈가 있고, 음악과 영상 콘텐츠 사업을 영위하는 카카오M이 있으며, 특히 후자는 20개 이상의 연예기획사와 드라마제작사를 두고 있다. 또한 웹툰, 드라마, 영화 등의 콘텐츠를 제공하는 카카오페이지, 통합 플랫폼 서비스를 제공하는 카카오엔터프라이즈, 투자 전문 회사인 카카오인베스트먼트와 카카오벤처스 등이 사업을 영위하고 있다.

　네이버 그룹의 경우 실질적 지주회사 역할을 하는 네이버(주)를 중심으

---

56) 공정거래위원회는 포털 서비스 시장의 필수 요소로서 검색(search), 이메일 등 커뮤니케이션(communication), 블로그 등의 커뮤니티(community), 뉴스 등 콘텐츠(contents), 온라인쇼핑 등 전자상거래(commerce)로 이해하고, 이들이 모두 포함된 1S-4C 이용자 시장으로 포털 서비스 시장을 획정하면서, 획정의 이유로 "이용자는 일반적으로 각 서비스를 개별적으로 이용하기 보다는 필요한 서비스를 한 개의 포털사이트에서 이용하고자 하는 행태를 보이는 것"을 제시하였다. 공정위 2008. 8. 28. 의결 제2008-251호. 이러한 이해는 미국 판례법상 형성된 집합시장(cluster market) 개념에 기초한 것으로 보인다. Andrew I. Gavil, William E. Kovacic & Jonathan B. Baker, Antitrust Law in Perspective 2. ed., Thomson/West, 2008, 499면 참조.

57) 카카오모빌리티의 자회사인 카카오파트너스는 택시회사 진화, 동고택시 등 현재 9개의 손자회사를 두고 있다.

로 계열회사가 편제되어 있다. 네이버(주)는 포털서비스 시장에서 70% 이
상의 점유율을 차지하고 있는 사업자이며, 동시에 주요 계열회사들의 지
주회사 역할을 수행한다. 주요 자회사로서 라인은 메신저 서비스를 제공
하고 있으며, 동 서비스의 세계 시장에서 3위를 차지하고 있다. 금융 관련
회사로 네이버파이낸셜이 있고, 비즈니스플랫폼 서비스를 제공하는 네이
버 클라우드가 있다. 웹툰 서비스를 제공하는 네이버웹툰은 자체 영상 콘
텐츠를 제작하는 자회사를 두고 있다. 게임 관련 사업은 라인의 자회사인
라인게임즈를 통하여 이루어지고 있다.

넥슨 그룹의 경우 ㈜엔엑스씨가 실질적 지주회사 역할을 하며, 동 회사
가 설립하여 일본에서 상장한 NEXON Co. Ltd.가(엔엑스씨의 지분
28.7%) 100% 출자하여 설립한 ㈜넥슨코리아가 게임 사업의 전반을 지휘
한다. 넥슨코리아의 자회사인 ㈜네오플, 넥슨시티(주) 그리고 손자회사인
㈜띵소프트가 게임 개발 사업을 영위하며, ㈜넥슨 네트웍스, ㈜넥슨커뮤니
케이션즈 등이 게임 서비스를 제공하고 있다.

셀트리온 그룹은 지주회사 전환집단으로서 동일인이 95.5% 출자한 셀
트리온홀딩스가 자회사인 ㈜셀트리온과 손자회사인 ㈜셀트리온제약을 두
고 있는 구조를 핵심으로 하며, 바이오 의약품 사업에 주력하고 있다. 한
편 동일인이 1대 주주로서 출자한 ㈜셀트리온스킨큐어와 ㈜셀트리온헬스
케어가 있는데, 현재 ㈜셀트리온헬스케어와 ㈜셀트리온 그리고 ㈜셀트리
온제약의 합병이 진행되고 있다. 이 외에 ㈜셀트리온홀딩스가 전액 출자
한 ㈜셀트리온엔터테인먼트가 있다.

넷마블 그룹의 경우도 넷마블(주)(동일인 지분율 24.2%)가[58] 실질적인
지주회사 역할을 수행한다. 계열회사는 대부분 넷마블(주)의 자회사 형태
로 존재하며, 게임 제작 위주의 사업을 영위하고 있다. 예외적으로 넷마블
(주)의 자회사로 엔탑자산관리(주)가 있으며, 2019년 12월 정수기 가전제

---

[58] 넷마블(주)의 지분 구조는 동일인 24.2%, CJ ENM 21.8%, 중국의 텐센트 17.6%,
엔씨소프트 6.8% 등으로 구성되어 있다.

품 제조 기업인 코웨이(주)를 인수하여 사업 영역의 확대를 시도하고 있다.

이상의 신흥 대규모기업집단의 업종 분석에서는 기존의 대규모기업집단과 구별되는 특징이 드러나고 있다. 이들 기업집단은 주력하고 있는 업종이 이른바 신산업으로 분류되는 분야에 속한다는 점뿐만 아니라, 이들이 자신이 주력하는 업종에 집중하는 경향을 보이고 있다는 점에서도 주목할 만하다. 기존 대규모기업집단, 특히 상위에 위치한 기업집단에서 일반적으로 나타나고 있는 비관련 다각화 양상이 이들 기업집단에서는 크게 나타나고 있지 않으며, 이는 산업 전반에 걸친 영향력 측면에서 기존의 대규모기업집단과 차이가 있음을 의미한다.

한편 카카오와 네이버의 경우 이들이 플랫폼 기업으로 성장하고 있다는 점에서 주의가 요구된다. 플랫폼은 새로운 거래 방식의 의미를 넘어서 흔히 파이프 산업에서 플랫폼 산업으로의 전환으로(Shift from pipes to platforms) 일컬어지는 산업의 변화를 대표하며,59) 동시에 이러한 흐름을 주도하고 있는 몇몇 플랫폼이 산업 전반을 아우르는 지배력을 갖게 될 것이라는 우려를 낳고 있다. 이용자 그룹 간 거래의 중개 비중이 커짐으로써 갖게 되는 플랫폼의 지배력은 네트워크 효과에 지속성과 확장성을 가질 수 있으며, 이 과정에서 플랫폼 지배력의 주요 원천으로 이해되는 데이터가 다양한 이용자 그룹의 참여로 인해 양적 그리고 질적 측면에서 지속적으로 확대될 수 있다는 점도 중요하다.60) 이를 통해 플랫폼은 해당 산업의 생태계를 주도하는 위치에 이르게 될 수 있다. 이러한 점에서 플랫폼은 새로운 유형의 시장지배력의 형성과 남용 가능성의 관점에서 주의를 환기시키고 있지만, 일반집중과 같은 경제력집중의 관점에서도 고려될 필요가

---

59) Sangeet Paul Choudary, "Why Business Models fail: Pipes vs. Platforms", Wired Magazine, 2013 in https://www.wired.com/insights/2013/10/why-business-models-fail-pipes-vs-platforms/

60) Mark Bonchek & Sangeet Paul Choudary, "Three Elements of a Successful Platform Strategy", Harvard Business Review, 2013. 1. 31. in https://hbr.org/2013/01/three-elements-of-a-successful-platform.

있다. 즉 플랫폼의 확장성은 네트워크 효과가 발휘되어 수확체증의 원칙의 작용으로 지배력이 지속적으로 유지 또는 상승하는 동일 시장 내에서의 확장뿐만 아니라, 상하 관련된 서비스 시장으로 시장지배력이 확대되는 것에 의해 구체화될 수 있으며, 이러한 방식으로 형성된 경제력집중은 플랫폼 고유의 특성과 맞물려 산업 전반에 훨씬 더 큰 영향력을 미칠 수도 있다. 나아가 동태적 관점에서 플랫폼은 혁신의 경로를 지배할 수 있고,[61] 이는 집중된 경제력이 지속될 수 있는 실질적 힘으로 작용할 수 있다. 이러한 관점에서 포털서비스나 메신저 서비스 시장 등에서 지배적 지위에 있는 네이버나 카카오의 플랫폼 운영자로서의 지위에 대해서는 특별한 주의를 요하며, 특히 경제력집중의 관점에서 이들이 플랫폼 서비스를 제공하고 있을 뿐만 아니라 당해 플랫폼에 의해 중개되는 서비스나 콘텐츠 제공 서비스에 직접적으로 참여하고 있는지 등에 대한 지속적인 주의가 요구된다.[62]

---

61) 기존 거대 플랫폼의 R&D는 자신의 위치를 강화시키는 형태의 기술혁신을 추구하며, 이는 소비자 혜택이 극대화되는 사회적으로 최적인 혁신 경로가 아닐 수 있다는 지적으로, 김창욱 외 4인, 기업생태계와 플랫폼 전략, SERI, 2012, 30면.

62) 이와 관련하여 디지털 시대의 기술 대기업이 추구하는 다변화 전략은 선도적 위치의 지속적인 점유, 소비자에 대한 접근성의 강화, 데이터 기반 네트워크 효과의 확충 등을 목적으로 추구된다는 점에서, 과거의 대기업이 변동성과 위험을 관리하려는 목적으로 추구하던 다변화 전략과는 차이가 있다는 분석으로, Yong Lim, "Tech Wars: Return of the Conglomerate—Throwback or Dawn of a New Series for Competition in the Digital Era?—", Journal of Korean Law Vol. 19, 2020, 55-58면 참조.

IV. 새로운 규제체계의 모색

1. 규제 대상의 적정성

대규모기업집단 규제를 중심으로 한 경제력집중 억제 제도가 독점규제법에 도입된 지 30년 이상이 경과하고 있다. 그동안 규제 대상과 경제 현실의 변화로 인해 규제 내용에 상당한 수정이 가해졌다. 그렇지만 대규모기업집단 규제체계가 이러한 변화를 충분히 수용하고 있는지는 여전히 살펴볼 문제이다. 타당한 규제체계의 형성은 이러한 변화를 적절하게 수용하고 있는지에 달려 있으며, 이러한 점에서 최근 전개되고 있는 급격한 산업 변화와 이에 상응한 대규모기업집단의 변화에 주목하지 않을 수 없다. 다양한 관점에서 논의가 이루어질 필요가 있지만, 현재의 규제체계가 경제력집중 억제 정책의 실현으로서 규제 대상을 적절하게 정하고 있는지의 문제는 우선적인 검토 대상이 될 것이다.

그동안 대규모기업집단의 규제 대상을 정하는 것에 관해 다양한 비판이 있었으며, 특히 절차적인 문제에 대한 지적은 유력한 의미가 있다. 2020년 개정된 독점규제법 제31조 제1항에 따라서 공정거래위원회는 일정한 요건을 충족하는 대규모기업집단을 지정하고, 이를 당해 기업집단에 속한 회사에 통지한다. 기업집단 지정 요건은 불명확한 개념들과 사업내용의 지배와 같은 실질적 판단에 의하는 요소 등으로 구성되어 있기 때문에, 지정 요건의 충족 여부를 판단하는데 어려움이 따를 수 있으며, 경제력집중 규제를 피하기 위해 회사가 계열관계를 은폐하려는 시도를 할 가능성도 있다. 따라서 동법 제31조 제4항은 회사 또는 당해 회사의 특수관계인에 대한 일정한 자료의 요청을 할 수 있도록 하는 규정을 두고 있다. 대규모기업집단을 지정하기 위해서는 기업집단의 존재와 그 규모를 확인하는 과정을 거쳐야 하며, 이 과정에서 기업집단의 범위를 정하기 위해서는 그 출발점인 동일인이 선정되어야 한다. 그러나 동일인의 개념이나 판단 기준에 관하여 독점규제법은 침묵하고 있으므로, 공정거래위원회는 동법 제2조 제11호의 기업집단 정의 규정과 경제력집중 억제를 위한 규제의 취지 등으로 고려하여 재량으로 동일인을 선정하고 있다. 그러나 지배관계가 최종적으로 귀착되는 위치에 있는 동일인의 선정은 기업집단의 범위를 정하는 핵심적 요소이며, 대규모기업집단은 독점규제법뿐만 아니라 다양한 법률에 의해 준용되어 규제 대상이 되고 있기 때문에, 동일인의 개념 그리고 선정에 관한 법적 근거를 두고 있지 않은 것이 타당한지는 의문이다. 나아가 공정거래위원회에 의한 동일인 선정에 관하여 이해관계자가 다툴 수 있는 절차가 마련되어 있지 않다는 점도 문제가 될 수 있다. 이러한 문제는 동일인뿐만 아니라 동일인관련자에 대해서도 동일하게 나타날 수 있는데, 동일인관련자에 해당하는지 그리고 구체적인 조사 대상이 되는지에 관하여 이의를 제기하고 다툴 수 있는 절차적 보장이 이루어질 필요가 있을 것이다. 무엇보다 대규모기업집단의 지정은 해당 기업들의 권리에 중요한 제한을 가하는 것이므로, 지정 절차가 투명하고 당사자들에게 절차적 권리를 보장하는 것이 되어야 한다. 우선 절차법적으로 공정거래위원회가 동일인 등에 기초하여 기업집단을 지정하였을 경우에 이해 관계자가 기업집단 지정에 관하여 다툴 수 있다는 점에는 의문은 없다. 대규모기업집단의 지정은 수범자의 권리·의무에 영향을 미치는 행정작용으로 볼 수 있으므로 처분성이 인정되며, 따라서 기업집단의 지정은 쟁송의 대상이 될 수 있을 것이다. 그리고 부당한 기업결합 지정이 동일인 지정에서 비롯된 경우 그 범위 안에서 동일인 지정 문제를 다툴 수 있다. 그러나 독점규제법상 행정소송 이전에 공정거래위원회의 절차에서 이를 시정할 수 있는 근거가 명확히 주어지고 있는 것은 아니다. 다만 동법 제32조는 계열회사의 편입 및 제외에 관하여 규정하고 있고, 제1항에서 공정거래위원회의 계열회사 편입 및 제외는 공정거래위원회의 직권뿐만 아니라 해당 회사의 요청에 의해서도 가능하므로, 동 규정을 원용하여 동일인의 사실상 사업지배 존부에 대한 심사를 행하고 계열회사의 편입 및 제외의 차원에서 기업집단 지정에 변경을 가하거나 기업집단 범위를 수정하는 것은 가능할 것으로 보인다. 그러나 이상의 규정은 본질적으로 행정 편의를 위해 만들어진 규정이라 할 수 있으며, 피규제자의 절차적 이익을 보호하는 방안이 입법적으로 강구될 필요가 있을 것이다.[63]

이상의 대규모기업집단 지정 절차의 개선이 중요한 과제임은 분명하지만, 대규모기업집단의 지정 기준이 적정한지의 문제도 현시점에서 검토되어야 할 문제이다. 앞에서 살펴본 것처럼 대규모기업집단은 재벌의 여러 측면에서의 특징들을 종합하여 개념화한 것이 아니라, 양적 측면에서 자산총액과 복수의 기업이라는 형식적 요건에 의해 구성된 개념이다. 물론 양적 지표로서 자산총액이 일반집중적 측면에서 의미 있는 지표임은 분명하지만, 특히 현재의 시점에서 이것으로 충분한지는 살펴볼 필요가 있다. 그동안 자산총액 기준도 절대적 기준과 상대적 기준이 교차되어 왔으며, 최종적으로 GDP와 연동하는 방식이 채택되었다. 또한 규제 수준에 따라 기준을 이원적으로 적용하는 방식도 2016년 이후 활용되고 있다. 물론 해당 기업집단이 국민경제에서 어느 정도 비중을 차지하고 있는지를 확인할 수 있다는 점에서 자산총액 기준의 유용성은 인정될 수 있지만, 소유집중이나 기업집단의 소유지배 구조상 특징이 대규모기업집단 지정 단계에서 고려될 여지는 없으며, 무엇보다 국민경제나 산업 전반에 미치는 영향력에 대한 실질적인 고려가 행해질 근거가 주어지고 있지 않다. 소유집중이나 소유구조의 문제는 후술하기로 하고, 실질적 영향력 측면에서 계열회사의 수나 업종별 분포도가 갖는 의의가 논의될 필요가 있다. 주지하다시피 개별 회사는 자산총액이 지정 기준 이상인 경우에도 대규모기업집단으로 지정되지 않으며, 지정 요건으로서 복수의 기업이 존재하여야 한다. 2020년 지정에 의하면, 계열회사 단 3개인 기업집단인 에쓰오일과 한국

---

63) 이에 관한 상론으로, 신현윤·홍명수·강상엽, 대기업집단 규제론, 법문사, 2021, 제3장 II. 참조.

지엠이 포함되었으며, 계열회사 10개 미만인 경우로서 총 5개의 기업집단이 지정되었다. 이처럼 소수의 계열회사로 구성된 기업집단은 다수의 시장에 진출하여 지배적 지위를 차지하고 있는 전형적인 대규모기업집단의 양상과 차이가 있으며, 2020년 기준 총수 있는 27개 상호출자제한기업집단의 평균적 계열회사 수인 48.2개와도 거리가 멀다. 무엇보다 이러한 경우에 개별 시장에서의 지배력 남용이나 부당한 지원행위의 규제를 넘어서는 추가적인 규제가 필요한지는 의문이다.

또한 업종 분포도 유의해서 볼 지표에 해당한다. 앞에서 살펴본 신흥 대규모기업집단은, 대체로 3개 산업 내외에 집중된 집단 구조를 보이고 있으며, 이러한 경우에 국민경제나 산업 일반에 미치는 부정적 영향이 비관련 다각화를 이루고 있는 다른 대규모기업집단과 동등한 것으로 볼 수 있는지도 명확하지 않다. 이와 관련하여 일본 獨占禁止法 제9조 제1항은 일반집중 규제로서 과도한 사업지배력이 인정되는 회사의 설립을 금지하고 있으며, 일본 공정취인위원회는 동 규정에서 과도한 사업지배력의 요건을 '事業支配力 指針'을 통해 제시하고 있다는 점을 참고할 수 있다. 이에 의하면, 과도한 사업지배력에 해당하는 경우를 1) 총자산액이 15조엔을 초과하고, 5 이상의 주요산업분야에 매출액 3천억엔을 초과하는 대규모기업을 두고 있는 경우, 2) 총자산액이 15조엔을 초과하는 대규모금융회사가 비금융관련 대규모회사를 두고 있는 경우, 3) 거래관계나 보완·대체관계에 있는 상호관련회사가 5 이상의 주요산업분야에 걸쳐 있고, 이 회사들이 각각의 산업분야에서 매출액 10%를 넘는 경우로 유형화하고 있다.[64] 동 기준에서는 관련 회사가 분포하고 있는 업종의 수를 과도한 사업지배력의 판단 지표로 삼고 있는데, 이는 일반집중의 의의에 부합하는 것일 수 있다.

---

[64] 이에 관한 상세한 설명은, 홍명수, "일본의 일반집중 규제와 시사점", 경쟁법연구 제14권, 2006, 78-79면 참조.

2. 기업집단의 유형에 따른 접근 방식의 차별화

기업집단의 유형에 따라서 적절한 규제체계가 정립되어야 한다는 문제가 비단 최근에 대두된 것은 아니다. 그렇지만 대규모기업집단 구성의 변화와 신흥 대규모기업집단의 등장은 이러한 문제를 재고하는 계기가 되고 있다. 이러한 문제 제기는 크게 두 측면에서 이루어지고 있는데, 우선 지주회사 전환집단과 그렇지 않은 기업집단 간의 규제 차별화와 정합성 문제가 다루어질 필요가 있다. 특히 지주회사 체제로 구축되어 있는 기업집단과 순환출자 또는 네트워크 구조에 기초하고 있는 기업집단의 경우 지배권의 근거와 작동방식의 상이가 분명하고, 이러한 점은 규제에 있어서도 충분히 고려될 필요가 있다. 이러한 논의는 정부가 지속적으로 추진하여 왔던 지주회사 권장정책과도 관련된다. 공정거래위원회는 지주회사 체제가 갖는 지배구조의 투명성 등에 초점을 맞추고, 지주회사가 확대되는 방향으로 정책을 추진하였다. 이 과정에서 지주회사가 경제력집중 수단으로 활용될 가능성을 제한하기 위하여 부과되었던 다수의 규제가 완화되었고, 지주회사 체제로 전환한 기업집단의 수가 증가하는 결과를 낳았다. 이러한 정책의 기본 방향과 수단이 여전히 타당성을 갖고 있는지가 논의될 필요가 있으며,[65] 타당성을 인정하는 입장에 설 경우에 지주회사형 기업집단과 순환출자형 기업집단 간 규제의 내용과 수준을 어떻게 조정하고 공백을 보완할지가 추가적인 과제로 부과될 것이다. 예를 들어 실질적으로 지주회사 체제를 구축한 이후 공정거래위원회에 설립·전환의 신고를 하지 않은 기업집단의 경우 지분구조 상 순환출자의 여지는 없으며, 또한 지주회사로서 행위 제한 규제는 받지 않는 상태에 있게 된다.

또한 동일인이 회사인 경우와 자연인인 경우의 차이가 규제체계에도 반영되어야 하는지의 문제가 논의될 필요가 있다. 이 문제 역시 새롭게 제기

---

[65] 2020년 개정된 독점규제법은 지주회사 등의 행위제한 규제를 다시 강화함으로써 (개정법 18조) 그동안 전개되어 온 지주회사 권장책에 일정한 수정을 가하고 있다.

되고 있는 것은 아니지만, 현재의 시점에서 이 문제가 갖는 함의와 정책적 측면에서의 의의를 되짚어볼 필요가 있을 것이다. 이 문제의 출발점은 동일인이 법인인 경우 경제력집중의 주요 유형의 하나로 거론되는 소유집중의 문제로부터 벗어나 있다는 것이고, 따라서 양자에 대해 동일한 규제를 적용하는 것은 적절치 않다는 지적이 유력하였다. 총수에 의한 소유지배가 구축되어 있는 경우에 발생할 수 있는 다양한 문제, 소유지배의 괴리, 총수 1인에 배타적으로 귀속되는 결정권한과 이에 따른 경영의 비효율성 나아가 국민경제 차원에서의 자원의 비효율적 배분의 우려 등이 동일인이 법인인 기업집단의 경우 발생할 여지가 크지 않다는 점에 의문은 없다. 그렇지만 일반집중의 측면에서는 이러한 유형의 기업집단도 총수 있는 기업집단과 마찬가지로 경제력집중의 주체가 될 수 있으며, 계열회사의 수나 자산 규모 측면에서 지속적인 성장을 보여 준 포스코 그룹과 같은 대규모 기업집단의 경험적 분석도 이를 뒷받침한다. 따라서 해당 기업집단이 관련 규제의 대상이 된다는 것이 불합리해 보이지는 않는다. 결국 정책적으로 보면, 일반집중적 규제는 유지하고 소유집중적 규제는 적용하지 않는 것이 바람직한 방안이 될 수 있지만, 문제는 독점규제법상 경제력집중 억제를 위한 규제체계에서 소유집중적 문제를 직접적으로 고려한 규제가 존재하는지가 명확하지 않다는 점에 있다. 따라서 이 문제에 앞서 경제력집중과 대기업집단 정책의 관점에서 소유집중을 어떻게 이해할 것인지의 문제가 선결될 필요가 있다.

3. 소유집중 문제의 재고

앞에서 살펴본 것처럼 소유집중은 개념적으로 기업의 지분이 개인이나 가족에 집중되는 것을 의미하지만, 소유집중에 관련된 문제는 다양한 층위에서 구체화 된다. 초기에 공유되었던 문제의식은 소유집중의 개념적 이해에 상응하는 것이었다. 그리고 이러한 문제의식에 기초하여 소유와 경영의 분리와 같은 개선안이 주창되기도 하였다. 그러나 소유와 경영이 일치하는 경우와 분리되는 경우 간에, 특히 효율성 측면에서 어느 한 쪽이 우월하다고 단정할 수 없으며 각각의 경우가 유리한 상황이 존재한다는 경험적 연구 결과가 제시되면서,[66] 소유집중의 문제는 소유와 지배 괴리의 문제로 옮겨가게 된다. 소수의 지분으로 전적인 지배권을 갖는 것이 문제라는 인식 하에 소유지배 괴리의 해소가 정책적으로 추진되기도 하였다. 이러한 문제의식은 현재에도 어느 정도 영향을 미치고 있는데, 대규모 기업집단의 분석에서 지표로 활용되고 있는 내부지분율은 이러한 사고의 산물로 볼 수 있다. 그러나 이와 같은 사고도 두 가지 측면에서 문제에 직면하게 되었는데, 우선 소유지배 괴리의 문제의식은 소유집중의 개념적 이해와의 충돌을 피할 수 없다. 예를 들어 총수가 지분을 확대하는 것은 소유지배의 괴리를 해소하는 것이 되지만, 이는 개념적으로 소유의 집중을 강화하는 의미를 갖는다. 보다 본질적인 문제는 자본주의의 총아라 일컬어지는 주식회사는 소액다수의 출자에 의하여 형성되는 것이고, 이와 같이 분산된 소유 구조 하에서 소유와 지배의 괴리는 불가피한 것이거나 적어도 규범적으로 비난하기 어렵다는 비판에서 자유롭기 어렵다는 것이다. 결국 현행 독점규제법 하에서 소유지배 괴리의 해소가 의미를 갖는 것은 신규 순환출자 억제와 같은 규제를 통하여 계열회사의 출자를 억제하는 것인데, 이러한 이해는 소유집중 고유의 문제가 아니라 본질적으로 일반집중의 문제로 환원되는 것이다.

　이와 같은 소유집중을 둘러싼 문제의 설정이나 해결 방안의 제시에 혼란이 있다는 점에서, 적어도 소유집중 내지 소유지배 괴리의 문제를 직·

---

66) "어떤 업무에는 Berle-Means형(소유와 경영이 분리된) 기업이 유리할 수 있으며, 또 다른 업무에는 소유가 집중된 기업이 유리할 수 있다. 특히 기업적 혁신을 수행하는 경우에는 전자가, 보편화된 기술에 따라서 꾸준하고 점진적인 향상을 꾀할 때는 후자가 유리할 수 있다. 동일한 경제, 동일한 문화 안에서도 그것이 최선으로 운영된다면 각각의 형태가 모두 성공할 수 있다" Mark Roe, Strong Managers Weak Owners, Princeton Univ. Press, 1994, 239면.

간접적인 방식의 인위적인 지분조정을 통하여 해결하려는 시도는 유보되어야 한다. 그렇지만 소유집중 문제의 자장 안에 위치한 총수 1인에 집중된 의사결정 권한에 대한 우려는 여전히 남아 있다는 점에도 유의해야 한다. 우리나라의 법체계에 비추어 이러한 문제의 해결은 1차적으로 지배구조의 개선을 통해 모색될 수 있으며, 독점규제법이 아닌 회사법 등에서 우선적으로 고려되어야 할 문제라는 점에 의문은 없다. 앞에서 살펴본 것처럼 이러한 개선 노력이 계속되어 왔고, 일정한 성과를 보이고 있는 것도 사실이다. 그러나 충분한 것으로 보기는 어려우며, 무엇보다 개별 기업이 아닌 기업집단 차원에서 의사결정 구조의 문제라는 점에서 독점규제법이 기여할 수 있는 부분을 찾는 노력이 병행되어야 할 것이다.

4. 플랫폼 문제

앞에서 살펴본 것처럼 신흥 대규모기업집단 중에 우리나라의 주요 플랫폼 기업이 포함되어 있다는 사실은 플랫폼 문제에 관한 주의를 환기시킨다. 플랫폼 문제는 다양한 측면에서 경쟁정책과 관련되지만, 플랫폼 기업이 집단을 이루고 이들의 규모가 국민경제적으로 의미 있는 수준에 이를 때, 경제력집중 억제를 위한 규제도 적용될 것이다. 이와 같은 정책적 접근에 의문은 없고, 실제 주요 플랫폼 기업집단이 대규모기업집단으로서 지정되고 있지만, 몇 가지 측면에서 논의가 추가될 필요가 있다.

경쟁정책적 관점에서 경쟁제한성은 경쟁으로부터 자유로운 상태를 의미한다는 점에서, 글로벌 차원에서 구글, 아마존, 페이스북, 애플 등과 같은 거대 플랫폼의 존재 자체는 이미 우리나라 주요 플랫폼 기업이 부딪치는 경쟁의 압력으로 작용할 수 있으며, 따라서 경쟁법의 적용에 신중할 필요가 있다는 지적은 참고할 만하다. 그러나 다른 한편으로 온라인 플랫폼 서비스는 언어적 제약이 큰 시장으로 볼 수 있으므로,[67] 국내 시장으로 한정할 때 주요 플랫폼이 지배적 지위를 갖고 있고, 따라서 이들에 대한

시장지배적 지위 남용으로서의 규제 가능성을 부인하기는 어려운 것이다.[68]

그리고 전술한 것처럼 플랫폼 기업을 중심으로 하는 기업집단이 대규모 기업집단의 지정 요건을 충족할 때, 대규모기업집단으로서 규제 대상이 될 수도 있다. 이와 관련하여 2021년 독일 경쟁제한방지법 개정에 의해 거대 플랫폼을 겨냥한 것으로 보이는 개별 시장을 넘어선 지배력 남용의 규제 근거를 도입한 것은 시사하는 바가 크다.[69] 그렇지만 플랫폼에 현행 독점규제법상 대규모기업집단에 관한 규제를 적용하고자 할 때, 무엇보다 경제력집중 억제의 관점에서 적절한 규제가 이루어질 수 있는지에 대해서는 논의의 여지가 있다. 이와 관련하여 Moazed & Johnson이 언급한 것처럼, "플랫폼은 생산수단을 소유하지 않고, 연결 수단을 만들어 내는"[70] 특징을 갖고 있다는 점을 상기할 필요가 있다. 이러한 언급은 플랫폼 기업에서는 자산총액이라는 지표가 플랫폼의 경제적 영향력과 집중의 정도를 평가할 때 유용하지 않을 수 있으며, 플랫폼이 창출하는 가치를 반영할 수 있는 지표가 개발될 필요성이 있음을 시사한다.

또한 플랫폼이 자신의 지배력에 기초하여 가치 배분을 자신에게 유리하게 행하는 지대추구적 행태, 예를 들어 플랫폼을 통하여 중개되는 서비스 제공에 플랫폼 스스로 관여하는 행위를 할 경우에, 이는 플랫폼을 중심으

---

67) 동 서비스의 관련 지리적 시장은 언어적 제약으로 인해 국내 시장으로 한정될 가능성이 크다.

68) 시장지배적 지위남용행위에서 부당성 판단의 기준으로 경쟁제한성에 관하여 대안책의 존재와 실제 가능 여부에 기초하여 판례에 대하여 비판적으로 고찰하고 있는 것으로, 박혜림, "시장지배적지위남용행위에서 경쟁제한성에 대한 판례비교", 법학논총 제24권 제3호, 2012, 121면 이하 참조.

69) 독일 경쟁제한방지법(GWB)는 2021년 개정에 의해 제19조a(Missbräuchliches Verhalten von Unternehmen mit überragender marktübergreifender Bedeutung für den Wettbewerb)를 도입하였다. 동 개정의 의의에 관해, 홍명수, "플랫폼 규제 개선을 위한 독일 경쟁제한방지법 개정에 관한 고찰 - 시장지배적 지위남용 규제를 중심으로 -", 동아법학 제94호, 2022, 253면 이하 참조.

70) Alex Moazed & Nicolas L. Johnson, Modern Monopolies: What It Takes to Dominate the 21st Century Economy, Macmillan, 2016, 30면.

로 이루어지는 효율적인 가치 배분을 왜곡할 수 있을 뿐만 아니라, 플랫폼에 관련된 다양한 시장으로 플랫폼의 영향력이 확대되고 경제력이 집중되는 원인이 될 수 있다는 점도 고려되어야 한다. 이러한 관점에서 플랫폼 기업집단의 경우 영위하는 업종의 분포도나 사업 실행 주체인 계열회사의 수가 경제력집중의 정도를 판단하는데 있어서 보다 중요한 고려 요소가 될 수 있다.

나아가 이러한 행태가 갖는 잠재적 위험과 이에 대한 기존 경쟁법상 규제의 한계를 감안하여, 플랫폼 기업집단에 대한 사전적 의무를 부과하는 방안도 고려될 수 있을 것이다.[71] 그렇지만 앞에서 언급한 것처럼 플랫폼에 의한 가치배분의 왜곡의 가능성이 존재한다 하더라도, 다른 한편으로 플랫폼의 다변화는 기술 경쟁의 과정에서 불가피한 선택의 결과로 나타날 수도 있다는 점에서 실질적 심사 없이 일정한 의무 부과가 가능한지에 대해서는 논의의 여지가 있다.[72]

V. 결론 - 재벌에서 기업으로

다수의 기업이 집단을 이루어 운영하는 방식을 취할지 여부는 당연히 기업 스스로 선택해야 할 문제이다. 기업은 집단적 운영 방식에서 발생하는 비용과 이익을 형량하여 선택할 것이고, 이 역시 기업의 자율 영역에 속한다는 점에 의문은 없다. 그렇지만 이때 기업이 고려하게 되는 비용은 기업 자신에 한정된 것이고, 기업의 집단적 운영 방식이 낳을 수 있는 사회적 비용, 예를 들어 내부거래로 인한 비효율성이나 중소기업 또는 독립

---

71) 이선희, "우리나라의 경제력 집중 규제제도가 거대 플랫폼 사업자의 규제에 줄 수 있는 시사점", 2020 한국공정거래조정원 법·경제분석그룹(LEG) 최종발표회, 2020, 60-61면 참조.
72) 위의 자료, 61면에서는 이에 관한 사회적 합의를 거쳐야 할 것으로 보고 있다.

기업의 위축과 같은 문제로 야기되는 비용은 고려 대상에서 배제될 수 있다는 점에도 주의를 요한다. 이러한 괴리는 국민경제적으로 바람직한 기업집단 운영의 수준에서 벗어나는 요인이 될 수 있다. 대규모기업집단에 대한 규제는 집단적 운영에 관한 비용의 상승을 초래할 것이고, 이러한 규제가 기업의 사적 비용을 사회적 비용에 일치시키는 의미를 갖게 될 경우에,[73] 규제의 정당성이 인정될 수 있다.

이러한 관점에서 최근 신산업으로 자리매김되고 있는 바이오 의약품 분야에 집중하여 온 셀트리온 그룹이나 디지털 경제의 발전에 따라서 새로운 형태로 서비스를 창출하고 고객과 소통하는 기업을 중심으로 한 카카오, 네이버, 넥슨, 넷마블 그룹 등이 대규모기업집단의 요건을 충족하여 규제 대상에 포함되고 있는 현상에 대해서는 특별한 주의가 요구된다. 이들 기업집단들은 종래의 재벌로 분류될 수 있는 최상위 대규모기업집단과 지배구조나 업종분포 등에 있어서 유의미한 차이를 보이고 있다. 즉 신흥 기업집단들은 기업집단의 지배권이 순환출자 구조에 기반하지 않는다는 것, 사업을 영위하고 있는 업종이 IT부분에 집중되고 비관련 다각화의 경향이 나타나지 않는다는 것, 플랫폼 사업자로서의 위상이 강화되고 있다는 것 등의 특징을 보이고 있으며, 이는 종래 재벌을 전제로 형성되었던 규제체계가 이들에 적용될 경우에 정당성을 갖는지에 의문을 낳는다.

나아가 신흥 대규모기업집단의 등장은 경제력집중 억제를 위한 규제체계 전반을 재고하는 계기가 되고 있다. 업종 분포도를 포함한 대규모기업집단 지정에 관한 실질적 요건의 도입, 기업집단 유형에 따른 적절한 규제체계의 정립, 소유집중에 관한 올바른 문제 설정 그리고 플랫폼 기업집단에 대한 적절한 지정 기준의 제시 등이 현재의 시점에서 대기업집단 정책의 과제로서 주어지고 있다.

---

73) 이를 부정적 외부효과를 내부화하는 것으로(internalizing the externality) 이해할 수 있을 것이다. Robert Cooter & Thomas Ulen, Law and Economics 6th, Pearson, 2012, 168-169면 참조.

근본적으로 대기업집단 정책의 기본 방향이 경제 운영의 주체를 소수의 재벌에서 다수의 기업으로 전환하는 것에 있다는 점은 경제와 산업구조의 급격한 변화 속에서 확고하게 유지될 필요가 있다. 국민경제 전체의 동력을 유지하기 위해 가장 중요한 것은 의사 결정 권한이 소수의 개인에게 집중되지 않고 경쟁에 노출되어 있는 다수의 기업에 분산되는 것이다. 이와 같은 분산의 기조가 대규모기업집단의 조직과 운영에 반영될 수 있도록 유인하는 것이 정책의 실현 방안으로서 강구되어야 한다.

8. TRS 거래에 대한 독점규제법의 적용

I. 서론

새로운 파생금융상품(financial derivative) 거래의 하나로서 TRS(total return swap; 총수익교환) 거래가 빠르게 확산되고 있다. 파생금융상품은 주식, 채권 등의 기초자산(underlying asset)으로부터 발생하는 가치의 변화를 별도의 상품으로 구성한 것을 말하며, 위험을 감소시키거나 수익률을 높이기 위한 목적으로 활용된다. TRS 거래도 전형적으로 이러한 특성을 갖고 있지만, CDS(credit default swap; 신용부도 교환)와 같은 다른 파생금융상품 거래가 주로 신용 위험을 거래 대상으로 하는데 비하여, TRS 거래는 신용 위험뿐만 아니라 기초자산 가치의 변동으로 나타나는 시장 위험도 대상으로 한다는 점에서 구별된다.[1]

TRS 거래는 대상이 되는 기초자산의 종류,[2] 당사자의 거래 동기와 추구하는 목적, 이를 반영한 거래 조건의 구성 등에 따라서 매우 다양한 형태로 나타나며, 이와 관련된 법적인 문제도 상법, 「자본시장과 금융투자업에 관한 법률」(이하 자본시장법), 형법 등 다수의 법률에 걸쳐있다. 당연히 파생금융상품 거래의 일종으로서 TRS 거래에 대한 금융 규제의 문제를 피하기 어려울 것이며,[3] 비전형계약으로서 법적 규율 체계가 명확히 정립

---

1) Gunter Dufey & Florian Rehm, "An Introduction to Credit Derivatives", Journal of Risk Finance, vol. 3. issue 3, 2000, 66면.

2) 시장 위험도 대상으로 한다는 점에서 TRS 거래의 기초자산에는 주식, 채권 등 전통적인 금융 자산뿐만 아니라 금융 외 상품을 기초자산으로 하는 것도 가능하다. 상품의 금융화 현상과 상품파생상품 시장의 변동성에 관한 분석으로, 유시용, "상품파생상품의 금융화에 따른 변동성 및 금융시장 간의 상관관계 분석", 기업경영연구 제19권 제5호, 2012, 171-173면 참조.

되지 않았다는 점도 법적 분쟁의 발생에 영향을 미칠 것이다. 또한 계약구조적 측면에서 보면, TRS 거래에서 기초자산의 소유자와 해당 자산에 대하여 경제적 이해관계를 갖는 당사자가 분리되는 현상, 특히 주식을 기초자산으로 할 경우에 주주의 의결권과 경제적 지분권이 분리되는 디커플링(decoupling, 탈동조화) 현상은 법적 문제를 낳는 유력한 원인이 될 수 있다.[4] 이와 같은 분리는 거래의 형식과 실질의 괴리를 낳을 수 있으며, 규제를 회피하는 수단으로 활용될 수 있는 여지를 제공한다. 특히 TRS 거래에 대한 「독점규제 및 공정거래에 관한 법률」(이하 독점규제법)의 적용은 이러한 문제가 구체적으로 드러나는 계기가 되고 있다. 기초자산을 주식으로 한 TRS 거래의 경우 당사자 간에 거래의 실질을 어떻게 파악할 지는 독점규제법의 적용 여부 또는 적용 대상을 결정함에 있어서 선결적인 과제가 될 것이다.

이하에서는 TRS 거래에 관한 다양한 법적 쟁점 중, 특히 독점규제법의 적용에 초점을 맞추어 논의를 전개할 것이다. 우선 TRS 거래의 의의와 특징을 살펴보고, 특히 거래 동기 측면에서 의미 있는 유형화를 시도할 것이다. 이를 토대로 독점규제법의 적용 문제가 구체화되는 TRS 거래 유형을 상정하고, 이후 논의의 기초로 삼을 것이다(II). 이어서 TRS 거래의 법적 문제를 개괄하고, 특히 독점규제법에서 TRS 거래의 의의와 기본적인 문제 양상을 살펴볼 것이다(III). 이어서 독점규제법상 TRS 거래의 문제를 구체적으로 분석할 것이다. 특히 주식을 대상으로 하여 디커플링적인 내용으로 이루어진 TRS 거래의 의의를 독점규제법의 관점에서 선행적으로 고찰하고, 이를 전제로 TRS 거래에 있어서 독점규제법상 규제 대상과 의무의

---

3) 파생금융상품 거래의 부정적 측면으로서 거래 당사자에게 예기치 않은 큰 손실을 낳을 수 있을 뿐만 아니라, 전체 금융시장에 불안정성을 초래할 수 있으며, 이러한 측면이 법적 규제의 근거가 되고 있다. 이금호, "파생금융거래 관련 법적 이슈 검토", 경영법률 제14권 제2호, 2004, 208-209면.
4) 디커플링 현상의 발생배경 등에 관하여, 엄세용, "의결권 신탁(voting trust)의 자본시장 활용 및 규제", 증권법연구 제19권 제2호, 2018, 48-49면 참조.

주체를 정하는 문제, 상호출자 또는 순환출자의 의무 이행 여부에 관한 문제, TRS 거래가 부당지원행위 또는 사익편취행위로서 규제될 수 있는지의 문제, 그리고 채무보증으로서 규제가 가능한지의 문제 등에 관하여 구체적인 논의를 전개할 것이다(IV).

II. TRS 거래의 의의와 유형

1. TRS 거래의 의의

(1) TRS 거래의 정의

TRS(total return swap; 총수익교환) 거래에 대한 정의는 다양하게 시도되고 있다. 당사자 간 계약기간 내 기초자산의 거래로부터 발생하는 손익과 비용을 상호 교환하는 약정,[5] 당사자 중 일방이 자산의 총 수익을 지불하고 상대방으로부터 일정한 현금 흐름을 지급받기로 하는 약정[6] 등의 TRS 거래에 대한 정의가 제시되고 있는데, 어느 경우에나 자산을 소유함에 따라서 발생하게 되는 위험의 이전을 핵심적인 계약 내용으로 한다는 점에서는 공통된다. 구체적으로 보면, 기초자산을 소유하고 있는 당사자는 동 자산으로부터 발생할 수 있는 수익 또는 손실의 위험을 이전하고, 상대방은 기초자산의 소유 없이 동 자산으로부터 수익 또는 손실의 위험을 이전받으며 그 대가로 일정한 수수료나 이자(LIBOR +/- Spread)를 지급하는 것이 계약 내용의 기초를 이룬다.[7] 기초자산이 주식인 경우를 상정하면,

---

5) 임정하, "총수익스왑약정과 자본시장법상 대량보유보고규제", 증권법연구 제18권 제1호, 2017, 72면.
6) 이석준, "총수익스왑(TRS)에 관한 연구: 상법상 상호주식 규제 여부에 대한 서울남부지방법원 2015. 6. 11. 선고 2014가합4526 판결을 중심으로", 상사판례연구 제29집 제3권, 2016, 47면.

주식의 소유자는 TRS 거래 상대방에게 배당 등에 관한 권리와 주식 가액
의 상승 또는 하락의 위험을 이전하며, 상대방은 반대급부로서 약정한 금
액을 주식 소유자에게 지급하는 식으로 거래 내용이 구성된다.

　이와 같이 전형적으로 파악된 TRS 거래의 내용에 비추어, TRS 거래는
기초자산의 보유와 이로부터 수익을 얻을 수 있는 권한의 분리를 낳으며,
이러한 분리를 통하여 양 당사자는 각각의 입장에서 일정한 경제상 이익
을 기대할 수 있게 된다.[8] TRS 거래에서 자산을 계속 보유하게 되는 TRS
거래의 매도인은 자산 가치의 상승 또는 자산으로부터 수익의 발생 시 해
당하는 부분을 상대방에게 지급하는 대신 가치 하락의 경우 손실 부분을
매수인으로부터 전보 받게 되며, 특히 이는 시장위험의 이전이 구체화되
는 계약 내용에 해당한다.[9] 또한 TRS 거래의 매도인은 매수인으로부터
일정한 금액, 대체로 LIBOR(London Inter-Bank Offered Rate)를[10] 기준
으로 변동요인을 반영하여 가감한 금액을 반대급부로 받게 되는데, 이는
기초자산을 보유할 경우에 발생하는 비용 부담을 완화하는 효과를 갖게
된다. 반면 매수하는 입장에서는 TRS 거래를 통하여 직접적인 자산의 보
유 없이 기대하는 수익을 얻을 수 있는 기회를 갖게 되는 의미가 있다.

---

7) Gunter Dufey & Florian Rehm, 주 1)의 글, 66면. 기초자산이 외화채권인 경우에
　는 통화총수익교환(CTRS; currency total return swaps) 계약을 체결하는데, 이 경
　우에는 환율의 변동도 계약 내용에 반영된다. Romain Cuchet, Pascal Francois &
　Georges Hübner, "Currency total return swaps: valuation and risk factor
　analysis", Quantative Finance, vol. 13 no. 7, 2013, 1136면.

8) 대체로 TRS 거래 매도인은 단기적 위치(short position party) 그리고 매수인은 장
　기적 위치에서(long position party) 이익을 추구하는 것으로 이해된다. Gunter
　Dufey & Florian Rehm, 주 1)의 글, 66면.

9) 정일묵, "기업의 총수익교환약정(TRS) 활용 사례", CGS Report 제6권 제5·6호,
　2016, 17면 참조.

10) 런던 소재 주요 은행 간 단기자금을 조달할 때 적용되는 이자율을 말한다.

(2) TRS 거래의 계약 구조

TRS 거래에서 매도인과 매수인은 위험의 이전 측면에서 파악된 것이고, 위험의 보장(protection) 측면에서 TRS 거래의 매도인은 보장 매수인 그리고 매수인은 보장 매도인으로 이해할 수 있다. 총수익의 지불(total return) 관계 측면에서 보면, TRS 매수인은 총수익의 수취인(total return receiver) 그리고 매도인은 총수익 지급인(total return payer)으로 볼 수 있다.

또한 경제적 이익을 기대하는 기간의 성격에 따라서 양 당사자를 이해할 수도 있는데, 일정 기간 동안 고정적·안정적 수익을 추구하는 매도인은 단기적 위치(short position) 그리고 일정 기간 경과 후에 시장 가치의 변화에 따른 위험을 감수하면서 고수익을 기대하는 매수인은 장기적 위치(long position)로 분류할 수 있을 것이다. 이를 현금 흐름의 관점에서 보면, 장기적 위치에 있는 TRS 매수인은 기초자산으로부터 발생하는 모든 현금 흐름의 귀속자가 되고, 반면 단기적 위치의 TRS 매도인은 고정적 현금을 매수인으로부터 받게 된다. 이러한 이해는 주식을 기초자산으로 하는 TRS 거래를 분석할 경우에도 유용한데, 기업이 자금을 조달할 목적으로 주식을 발행할 경우에 투자의 안전성을 추구하는 재무적 투자자와 기업 간에 TRS 거래가 이루어질 수 있으며, 이 경우에 재무적 투자자는 단기적 위치에서 매도인 그리고 기업은 장기적 위치에서 매수인으로 TRS 계약을 체결할 수 있다.

이상의 분석을 〈그림 1〉 'TRS 거래의 계약 구조'로 정리할 수 있을 것이다. 즉 TRS 매도인은 위험 매도인으로서 보장 매수인, 단기적 위치의 당사자, 총수익 지급인, 재무적 투자자에 해당하며, TRS 매수인은 위험 매수인으로서 보장 매도인, 장기적 위치의 당사자, 총수익 수취인, 그리고 재무적 투자자에 대응하는 기업 내지 기업의 특수관계인일 수 있다.

〈그림 1〉 TRS 거래의 계약 구조[11]

-**TRS 매도인**(위험 매도인) -보장(Protection) 매수인 -Short Position Party -총수익 지급인 -재무적 투자자	←일정한 금액 지급(LIBOR +/- Spread ←기초자산의 가치변동(손실) 시 보전 기초자산의 가치변동(증가)시 지급→ 기초자산의 수익 발생 시 지급→	-**TRS 매수인**(위험 매수인) -보장(Protection) 매도인 -Long Position Party -총수익 수취인 -기업

↓

기초자산(주식, 채권 등)

〈그림 1〉이 시사하는 것처럼, TRS 거래에는 채권, 주식 등 기초자산에 대한 다양한 이해관계를 가진 자가 참여하게 되고, 각 당사자의 이익을 실현하는 과정에서 자산에 대한 권한과 비용의 분담이 이루어진다. TRS 거래의 기능상 본질은 시장위험의 이전에 있으므로, 매수인 입장에서 위험이 실현될 경우, 즉 자산 가치의 하락에 따른 손실의 부담이 구체화될 경우에 매수인은 상당한 부담을 지게 될 것이다. 결국 거래 당사자, 특히 TRS 거래에서 매수인은 위험 실현에 대한 예측과 이에 대한 전망과 매도인에 지급할 비용 등을 종합적으로 고려하여 TRS 계약의 체결 여부를 선택하고, 시장위험이 반영된 차액정산과 수수료의 기준과 지급 방식 등의 거래 내용을 구체적으로 결정할 것이다.

한편 기초자산이 주식인 경우에는 의결권 등 주식의 고유한 권한의 귀속을 어떻게 할 것인지가 거래 내용의 결정에 있어서 핵심적인 문제로 추가될 것이다.[12] TRS 계약은 최근에 나타난 새로운 유형의 계약으로서 법에 의한 규율이 예정되어 있지 않은 비전형 계약에 해당한다. 따라서 주식

---

11) Gunter Dufey & Florian Rehm, 주 1)의 글, 66-67면 참조.
12) 김희준, "TRS 거래에 관한 법적 연구-유형화를 통한 규제방안 마련을 중심으로-", 상사판례연구 제31집 제3권, 2018, 339-340면에서는 TRS 계약을 구성하는 세 가지 주요 내용으로, 차액정산, 수수료, 의결권행사 등에 관한 약정을 들고 있다.

의 의결권 등의 귀속은 전적으로 양 당사자 사이의 구체적인 합의 내용에 의하여 결정될 것이며, 앞에서 언급한 의결권과 경제적 지분권이 분리되는 디커플링 현상이 나타날 수도 있다.

물론 언제나 TRS 계약의 내용이 명확히 드러나는 것은 아니다. 당사자가 이면 계약의 형식을 취함으로써 구체적인 권리 귀속 여부가 드러나지 않도록 할 수도 있고, 이러한 경우에 TRS 거래에 대한 이해는 동 계약이 체결된 상황에 대한 종합적인 고려에 기초하여 이루어질 수밖에 없을 것이다. 예를 들어 매수인의 주된 동기가 경영권 취득이나 방어에 있고 매도인은 단지 재무적 투자자로서의[13] 이익을 갖고 있을 경우에 공의결권 (empty voting)의 문제가 발생할 수 있다. 즉 이러한 경우에 매도인은 위험을 보장받기 때문에 의결권 행사에 대한 이해관계를 갖지 않게 되며, 따라서 경제적 이해관계 이상의 의결권을 갖는 공의결권의 현상이 나타나게 된다.[14] 이러한 경우 TRS 거래 당사자들이 자율적인 합의를 통하여 매도인으로부터 매수인에게 의결권이 이전되거나 의결권을 매수인의 이익에 부합하도록 행사할 것을 내용으로 하는 합의가 이루어졌을 가능성이 있다.[15]

---

13) 정일묵, 주 9)의 글, 18-19면 참조.

14) 이러한 경우에 주주는 자신의 이익을 제고하는 방향으로 의결권을 행사할 것이라는 합리적 예측에 기반한 전통적인 의결권 법리가 더 이상 유효할 것인지에 의문이 발생한다. Jordan M. Barry, John William Hatfield & Scott Duke Kominer, "On Derivatives Markets and Social Welfare: A Theory of Empty Voting and Hidden Ownership", Virginia Law Review vol. 99 no. 6, 2013, 1112-1116면 참조. 한편 의결권은 주주의 가장 중요한 공익권이며, 고유권의 일종으로서 정관의 규정으로도 박탈하거나 제한할 수 없고, 주주도 주식과 분리하여 이를 포기하지 못한다는 것을 전제할 경우에, 공의결권은 의결권과 잔여의 재산권의 분리를 의미하는 채권계약의 형태로 성립되는 것으로서 형식적으로 회사법리를 위반하는 것은 아니지만, 실질적으로는 탈법에 해당하는 것으로 보는 견해로, 이철송, 회사법, 박영사, 2010, 420-422면 참조.

15) Armelle Guizot, The Hedge Fund Compliance and Risk Management Guide, John Wiley & Sons, 2007, 258-259면 참조.

2. TRS 거래의 유형

(1) 거래 동기에 따른 유형화의 필요성

구체적인 TRS 계약의 내용은 매우 다양하며, 따라서 TRS 거래의 실질을 올바르게 파악하기 위해서는 거래의 동기 측면에서 해당 거래를 유형화하여 살펴볼 필요가 있을 것이다. 전술한 것처럼 파생금융상품 거래의 하나인 TRS 거래에서 당사자 간의 교환은 자산으로부터 안정적인 수익을 얻고자 하는 측(short position party)과 신용위험과 시장위험을 감수하고 수익의 증대를 기대하는 측(long position party) 사이에서 이루어진다. 기업이 주식 등을 기초자산으로 하여 TRS 거래에 참여하는 경우에도 이러한 기본 구조가 유지될 수 있지만, 기업의 다양한 이해관계가 계약의 구체적 내용에 반영될 수 있고, 이러한 경우에 TRS 거래에 대한 유형별 이해는 거래의 실질을 파악하는데 유용한 접근 방식이 될 수 있다.

(2) 자금 조달을 위한 TRS 거래

기업 입장에서 자금 조달의 편의를 위하여 TRS 거래가 이용될 수 있다. 예를 들어 자금을 필요로 하는 회사(A)가 주식이나 전환사채 등을 발행할 경우에 인수가 원활히 이루어지도록 하는 방안으로 발행 회사의 계열회사(B)가 투자자와 발행 예정의 주식이나 전환사채를 기초자산으로 하여 TRS 계약을 체결할 수 있다.

이 경우에 기초자산을 인수하는 투자자는 TRS 매도인의 지위에 있게 되고, 계열회사는 TRS 매수인의 지위에서 기초자산의 위험을 이전받게 된다. 예를 들어 기초자산이 전환사채인 경우 일정 시점에서 동 사채의 가격이 약정한 수준에 이르지 못하게 되면, 계열회사가 투자자에게 차액을 지급하고, 반대의 경우에는 투자자가 증가한 가액을 계열회사에 지불하는 방식으로 계약을 체결할 수 있다. 이러한 거래는 재무적 투자자의 시장위험을 계열회사가 인수함으로써, 달리 표현하면 계열회사(B)가 재무적 투자자에게 기초자산 위험으로부터의 보장을 매도함으로써(protection seller) 재무적 투자자가 자금을 필요로 하는 회사(A)의 기초자산을 매수하는데 기여할 수 있으며, 결과적으로 특정 회사(A)의 자금 조달의 편의를 제공하는 의미를 갖는다.[16)]

결국 이러한 유형의 TRS 거래는 B회사가 계열관계에 있는 A회사를 지원하는 의미가 있으며, 특히 B회사가 자산 가액의 손실에 따른 위험을 재무적 투자자에게 보장함으로써 이러한 의미가 구체화될 것이다. 또한 재무적 투자자가 은행 등의 금융기관인 경우에 계열회사 B의 행위는 실질적으로 채무보증으로 이해될 수도 있을 것이다.[17)] 이와 같은 지원적 성격의 측면에서 TRS 거래를 이해할 경우에 이러한 행위를 규제하는 독점규제법에 반하는지가 쟁점이 될 것이다.

(3) 기업지배권 획득, 유지를 위한 TRS 거래

TRS 거래는 기업지배권의 획득이나 유지를 목적으로 이용될 수 있으며, 이러한 유형의 TRS 거래에서는 많은 경우에 앞에서 언급한 바와 같이 의결권이 경제적 지분권으로부터 분리되는 디커플링 현상이 나타난다. 구체적으로 A회사가 B회사를 인수하고자 할 경우에 직접적인 지분 취득 대신 재무적 투자자가 B회사의 지분을 취득하도록 하고, A회사는 재무적 투자자와 TRS 계약을 체결하여 주가의 변동에 대한 재무적 투자자의 위험을 보장해 줄 수 있다.

이 경우에 재무적 투자자는 인수 대상인 B회사 주식을 소유하게 되지

---

16) 2014년부터 2016년 3분기까지 금융감독원의 전자공시를 통한 사업보고서 분석을 통하여 이러한 유형의 TRS 거래를 전환사채를 기초자산으로 한 6건과 주식을 기초자산으로 한 7건으로 조사하여 분석하고 있는 것으로, 이총희, "기업집단의 TRS를 통한 채무보증 분석", ERRI 2017-01호, 2017, 12-23면 참조.

17) 위의 글, 12면.

만, 주주의 권리로부터 의결권을 분리(자익권과 공익권의 분리)하기 위하여 동 의결권 행사에 관해 A회사와 별도의 합의를 할 수 있다. 이러한 유형의 TRS 거래에서 재무적 투자자인 TRS 매도인(B)은 주식 가액의 변동에 상관없이 일정한 수익을 안정적으로 취할 수 있는 반면, TRS 매수인(A)은 형식적으로 주식을 소유하지 않고, 따라서 이에 따른 비용을 지출하지 않지만 의결권에 관한 별도의 합의 등을 통하여 우호적인 지분을 확보함으로써 지배권을 획득하거나 유지하는 것이 가능하게 된다. 또한 새롭게 지배관계를 형성하는 경우뿐만 아니라, 기존 지배관계를 통한 경영권을 방어할 목적으로 TRS 거래가 활용될 수 있는데, 이 경우에도 기존 지배권을 갖고 있는 기업이 매도인(재무적 투자자)으로부터 주식 소유의 위험을 인수하는 구조는 기본적으로 동일하다.[18]

(4) 규제 회피를 위한 TRS 거래

일정한 규제 회피의 목적으로 TRS 거래가 이용될 수도 있다. 예를 들어 특정한 회사(A)가 공시의무를 회피하거나 상호출자규제 또는 순환출자규제를 벗어나기 위하여 보유하고 있는 주식을 재무적 투자자(B)에게 이전하는 방식을 취할 수 있다.[19] 이러한 경우에 이전된 지분에 관한 형식적인 주주는 재무적 투자자(B)이고, 이로써 A회사는 규제를 회피할 수 있으며, 계약상 재무적 투자자(B)의 의결권 행사를 제한하거나 일정 기간 경과 후 재매매에 관한 합의를 함으로써 당해 지분에 관한 실질적인 권리를 자신에게 유보시킬 수 있다.

이러한 유형의 TRS 거래에서 TRS 매수인 A의 동기가 수익 극대화를 추구한 것으로 보기는 어려우며, 주식 보유자로서의 규제를 회피하면서도 당해 주식에 대한 일정한 권리를 잃지 않으려는 동기로서 당해 거래를 선

---

18) 대표적인 예로 현대엘리베이터가 현대상선 주식을 대상으로 체결한 TRS 계약을 들 수 있다. 수원지방법원(여주), 2016. 8. 24. 선고 2014가합10051 판결.

19) 김희준, 주 12)의 글, 347-349면 참조.

택하였을 가능성이 크다. 당연히 이러한 유형의 TRS 거래에서는 거래 대
상이 된 주식의 형식적 보유자와 실질적 보유자 사이에서 규제 대상을 정
하는 문제가 뒤따르게 될 것이다.[20]

III. TRS 거래의 법적 쟁점

1. TRS 거래에서 제기되는 법적 쟁점의 유형

TRS 거래에서 우선적으로 다루어질 문제로서 TRS 거래가 법적 규제를
회피할 목적으로 행해진 경우에, 당해 거래가 성공적으로 법적 규제로부
터 벗어날 수 있는지의 문제가 제기될 것이다. 이와 같이 규제 회피의 목
적으로 이루어진 거래에 있어서, 당사자가 TRS 거래를 통하여 의도한 형
식적 지위와 실질적으로 평가할 수 있는 지위 사위에 불일치가 나타나게
되며, 이를 어떻게 이해할 지가 문제의 핵심이 된다. 이러한 경우에는 당
사자의 의도를 객관적으로 파악하고, 이를 전제로 문제가 되고 있는 규제
의 의의와 구체적인 TRS 계약의 내용에 관하여 종합적으로 고려할 것이
요구된다.

이와 관련하여 미국 법원에서 다루어졌던 Children's Investment Fund
사건은 참고할 만하다. 이 사건에서 The Children's Investment Fund(TCI)
는 8명의 재무적 투자자들을 상대로 CSX Corp.의 주식을 기초자산으로
하는 TRS 계약을 체결하였는데, 이러한 계약을 체결한 목적은 미국 증권
거래법(Securities Exchange Act)상 5% 이상 주식 취득 시 요구되는 공시
의무를 회피하기 위한 것이었다. 동 계약에서 TCI는 장기적 위치(long

---

20) 임정하, "TRS와 의결권 행사-회사법 및 공정거래법상 문제를 중심으로-", 기업법
연구 제31권 제1호, 2017, 332면 참조.

position)에 있는 당사자로서 Cash-Settled 유형의 TRS 계약을 체결하였고,[21] 따라서 자신은 증권거래법상 주식의 수익적 소유자(beneficial owner)에 해당하지 않으므로 공시의무를 부담하지 않는다고 주장하였다. 이에 관하여 연방지방법원과 항소법원은 다르게 판단하였는데, 연방지방법원은 증권거래법(Securities Exchange Act) 13d-3에서 정의되고 있는 수익적 소유자의 개념을 폭넓게 해석하는 입장에서 문제가 된 TRS 계약에서 장기적 위치에 있는 TCI의 지위가 수익적 소유자에 해당한다고 보고, 증권거래법 13d에서 요구하는 공시의무를 부담하는 것으로 판단하였다. 그리고 판단 과정에서 특히 TCI가 증권거래법상 공시 의무를 회피할 목적으로 TRS 계약을 활용한 것을 주된 근거로 삼았다.[22] 이에 반하여 항소법원은 당해 TRS 계약 내용에서 TCI가 수익적 소유자에 해당하는 것으로 볼 수 있는 근거를 찾기 어렵다는 입장을 취하면서 원심의 판단을 번복하였다.[23] 항소심 판결이 TRS 계약에서 장기적 위치에 있는 당사자가 수익적 소유자에 해당하지 않는 것으로 판단함으로써 향후 Cash-Settled 형태의 TRS 계약에 영향을 미칠 것이라는 분석이 유력하지만,[24] 또한 동 판결이 보여준 증권거래법상 수익적 소유자에 대한 규제의 의의와 당해 TRS 계약

---

21) Cash-Settled 형태의 TRS 계약에서는 일정 기간 경과후 기초자산의 가치 상승 시 단기적 위치의 당사자가 장기적 위치의 당사자에게 가치상승분을 지급하며, 하락 시에는 전자가 후자로부터 가치하락분을 보전받게 된다. 반면 Settled-in-Kind 형태의 TRS 계약에서는 장기적 위치의 당사자가 일정 기간 경과 후 시장 가치를 지불하고 기초자산을 환수하게 된다. 후자는 총수익역교환(total return reverse swap) 계약을 의미한다. David Pankey, David Ronn & David Oakey, "Implications of the Second Circuit Decision in CSX Corporation v. The Children's Investment Fund Management(UK) LLP"(2019.09.04. 방문), in https://www.mcguirewoods.com, 2011, 4면 참조.

22) CSX Corp. v. The Children's Investment Fund Management, 562 F.Supp.2d 511 (S.D.N.Y. 2008).

23) CSX Corp. v. The Children's Investment Fund Management, Docket Nos. 08-2899-cv (L), 08-3016-cv (XAP). (2d Cir. July 18, 2011).

24) David Pankey, David Ronn & David Oakey, 주 21)의 글, 9면 참조.

의 구체적 내용을 종합하는 판단 과정에 대해서도 주목을 요한다.[25] 이와 같은 구체적이고 종합적인 판단 과정의 요구는 TRS 거래에 있어서 규제 회피의 문제가 일률적으로 결정될 수 없음을 의미하는 것이기도 하다.

　TRS 거래에서 법적 쟁점의 또 다른 양상으로, 당사자의 회피 의도와 무관하게, 보다 정확히 표현하면 회피 의도를 갖고 있었는지 여부를 불문하고, 특정 TRS 거래가 구체적인 법률의 규제 대상이 되는지의 측면에서 문제가 제기될 수 있다. 무엇보다 TRS 계약은 위험의 인수를 본질적인 내용으로 하는데, 이러한 행위가 독점규제법상 채무보증이나 부당지원 행위 또는 사익편취 행위와 같은 규제의 대상으로 포섭될 수 있는지가 쟁점이 될 수 있다. 예를 들어 채무보증으로서의 규제 가능성은 특히 기초자산이 채무인 경우에 발생할 수 있는데, 이 경우에 TRS 계약은 채무 불이행이나 가치 변동에 따른 위험을 이전하는 것이고, 이는 본질적으로 채무를 담보하는 기능을 한다. 따라서 기능적으로 채무를 기초자산으로 하는 TRS 계약은 채무보증과 유사하며,[26] 독점규제법상 채무보증으로의 규제 가능성이 실제적인 문제로 대두될 것이다. 이러한 문제에 있어서 TRS 계약 당사자의 의도가 결정적인 고려 사항은 아니며, 규제 목적에 따른 특정한 TRS 계약에 대한 규범적 평가가 판단 과정의 핵심을 이룬다.

---

25) 예를 들어 지방세법 제7조 제5항("법인의 주식 또는 지분을 취득함으로써 「지방세기본법」 제47조제2호에 따른 과점주주(이하 "과점주주"라 한다)가 되었을 때에는 그 과점주주가 해당 법인의 부동산등을 취득(법인설립 시에 발행하는 주식 또는 지분을 취득함으로써 과점주주가 된 경우에는 취득으로 보지 아니한다)한 것으로 본다. 이 경우 과점주주의 연대납세의무에 관하여는 「지방세기본법」 제44조를 준용한다")의 적용을 피하기 위하여 매수인이 과점주주에 해당할 수 있는 주식에 관한 거래를 TRS 계약의 방식으로 한 경우에, 기초자산의 형식적 소유자가 아닌 매수인에게 동 조항의 적용이 가능한지 여부는 지방세법 제7조 제5항의 취지와 당해 TRS 계약의 구체적인 내용을 살펴보는 과정을 거쳐서 판단되어야 한다.
26) 보증과 TRS 구분의 모호성을 지적하는 것으로, 이총희, 주 16)의 글, 6면.

2. 독점규제법상 TRS 거래의 문제

이상에서 살펴본 TRS 거래에서의 법적 쟁점은 다양한 법률에서 나타날 것이다. 세법에서 담세자가 누구인지의 문제를 낳을 수도 있으며, 기초자산이 주식인 경우 상법이나 자본시장법 등에서 규율 대상을 정하는 문제가 제기될 수 있다. 또한 계열관계에 기초한 대규모기업집단을 경제력집중 억제를 위하여 규제하고 있는 독점규제법도 TRS 거래에서 발생하는 법적 문제가 다루어지는 중요한 영역이 되고 있다.

독점규제법상 TRS 거래를 다룰 경우에 독점규제법 제7조의2에 따른 주식 취득 또는 소유의 기준의 문제는 선결적인 의미를 갖는다. 동 조는 "이 법의 규정에 의한 주식의 취득 또는 소유는 취득 또는 소유의 명의와 관계없이 실질적인 소유관계를 기준으로 한다"고 규정하고 있다. 동 규정에서 주식 소유의 주체는 형식적이 아닌 실질적인 관계를 기준으로 판단하며, 동 기준은 규제 유형을 불문하고 독점규제법의 전 영역에서 유효하다. 동 규정의 취지가 실질적인 관계에 기초하여 주식 소유를 파악하고, 이에 의하여 규제 회피를 방지하려는데 있다는 것에 의문은 없지만, 구체적으로 실질적인 관계의 의미가 명확한 것은 아니다. 즉 실질성의 근거를 어디에서 찾을 것인지에 다툼의 여지는 있으며, 이에 관한 논의는 TRS 거래에 있어서도 중요하다. 앞에서 살펴본 것처럼 주식을 기초자산으로 하는 TRS 거래가 이루어진 경우 거래 당사자 간에 자익권(배당청구권)과 공익권(의결권)의 분리가 일어날 수 있으며, 이 경우에 규제 대상이나 의무 주체를 정하는 문제는 독점규제법 제7조의2의 해석과 밀접히 관련될 것이다.

나아가 TRS 거래의 구체적 규제에 관한 문제, 즉 TRS 거래 자체가 독점규제법상 규제 대상이 되는 행위에 해당하는지의 문제는 독점규제법에서 규제하는 대부분의 위법행위와 관련될 수 있지만, 특히 대규모기업집단 규제에서 구체적인 문제로 제기될 가능성이 크다. 경제력집중 억제를 위한 대규모기업집단 규제의 핵심을 이루는 출자 규제(상호출자 금지, 순환

출자 금지)는 계열회사 간 지분관계에 기초하며, 지분에 대한 권리의 분리
가 나타나는 TRS 거래는 이러한 규제 가능성이 구체적인 문제로서 나타나
는 계기가 될 것이다. 또한 대규모기업집단 현황 등 각종 공시의무의 이행
에 관한 문제도 제기될 수 있으며, 전술한 것처럼 기초자산이 채권(사채)
인 경우에 채무보증으로서의 규제 가능성 문제가 발생할 수 있다. 나아가
장기적 위치에 있는 TRS 매수인에 의한 위험의 인수는 TRS 매도인에 대
한 지원의 의미 또는 위험의 평가에 따라서는 스스로 부당한 이익을 취하
는 의미를 가질 수도 있으며, 이러한 경우에 부당지원행위 또는 사익편취
행위로서의 규제 가능성 문제를 피하기 어려울 것이다.

Ⅳ. 독점규제법상 TRS 문제의 구체적 분석

1. 독점규제법 제7조의2의 의의와 자기 계산의 법리

독점규제법 제3장(기업결합의 제한)에 편제된 제10조는 주식의 취득 또
는 소유는 취득 또는 소유의 명의와 관계없이 실질적인 소유관계를 기준
으로 한다고 규정하고 있을 뿐만 아니라, 동 기준이 제3장에 한하지 않고
독점규제법 전체에 적용됨을 명시하고 있다. 동 규정에서 주식의 형식적
인 명의가 아닌 실질적인 소유관계에 의하여 주식 소유의 주체를 판단한
다는 점은 분명하지만, 소유관계의 실질적 판단에 관한 구체적인 기준이
나 방법에 관하여 추가적인 언급은 없다. 결국 주식 소유관계의 판단에서
실질적인 것의 의미는 무엇보다 이를 요구하는 입법 취지와 규범 목적에
기초하여 판단되어야 할 것이다.[27] 따라서 각각의 법률, 예를 들어 자본

---

27) 이석준, 주식 총수익스왑(Equity TRS)에 관한 법적 연구, 서울대학교 석사학위논
   문, 2017, 25-26면 참조.

시장법과 독점규제법에서 주식의 취득 또는 소유의 판단이 실질적일 것을 요구하는 이유가 동일할 수는 없으며, 해당 법률에서 추구하는 목적에 따라서 상이한 결론이 도출될 수도 있다.

독점규제법에 한정하여 논의를 살펴보면, 독점규제법은 주식의 소유 관계의 실질적 판단에 있어서 자기 계산의 법리를 명문으로 수용하고 있으며, 이에 기초하여 독점규제법상 통일적인 이해가 가능하다는 견해가 있다.[28] 동 견해에서 근거로 삼는 규정은 기업결합과 경제력집중 억제를 위한 규제의 탈법행위의 유형 및 기준을 정하고 있는 독점규제법 시행령 제42조인데, 특히 동조 제4호는 이에 해당하는 행위로서 이에 해당하는 행위로서 상호출자제한기업집단에 속하는 회사가 "자기의 주식을 취득하거나 소유하고 있는 계열회사의 주식을 타인의 명의를 이용하여 자기의 계산으로 취득하거나 소유하는 행위"를 들고 있으며, 이와 같은 자기 계산 기준에 따른 판단 원칙은 독점규제법상 주식 소유의 실질적 관계를 요구하는 경우에도 일반적으로 원용될 수 있는 것으로 보고 있다.

그러나 이러한 원칙을 독점규제법 전반에 걸쳐, 즉 동법 제10조의 규정을 주식의 실질적 소유관계의 일반론으로 확대할 수 있을지에 관해서는 논의의 여지가 있다. 무엇보다 독점규제법 시행령 제42조 제4호에서 자기 계산의 법리를 수용하고 있는 규정은 실질적 소유관계 판단 기준의 하나를 제시하고 있을 뿐이며, 전적으로 이에 의하는 것으로 볼 수 있는 근거가 명확한 것은 아니다. 전술한 것처럼 주식 소유관계를 실질적으로 판단할 것을 요구하는 개별 규정의 고유한 취지와 입법 목적 그리고 대상이 되는 행위와 법률관계의 특성이 종합적으로 고려되어야 하며, 따라서 자기 계산의 요건이 충족되지 않는 경우에 주식의 실질적 소유관계가 인정될 가능성을 배제하는 것이 타당한지는 의문이다.[29]

---

28) 위의 글, 25면 참조.
29) 동 규정의 적용에 있어서 주식의 신탁과 관련하여, 당해 주식의 관리 측면이나 소유자로서의 권리를 행사하고 있다고 볼 만한 징표가 있는 경우 위탁자를 소유자

더욱이 주식을 기초자산으로 하는 TRS 거래의 특징도 자기계산 법리에 따른 통일적 판단에 의문을 낳는 요인이 된다. 이러한 유형의 TRS 거래에서 주식의 소유 및 수익의 취득과 관련하여 매도인은 고정적인 현금을 취득하고 매수인은 시장 가치의 변동이 반영된 수익 변화의 귀속자로서의 지위를 갖게 되며, 이와 같이 양자 간에 상호대가적인 금전 지급이 이루어질 경우에 자기 계산의 판단이 모호해질 수 있다. 나아가 매도인과 매수인 간에 주식에 대한 권리의 분리가 나타나는 경우에 실질적 판단의 기준으로서 자기 계산 기준의 한계가 드러날 수 있다는 점도 염두에 두어야 한다.[30)]

이상의 논의에 비추어 독점규제법 제10조에서 요구하는 주식 소유의 실질적 판단을 동법 시행령 제42조에 근거하여 전적으로 자기 계산의 법리에 기초하는 것이 타당한지는 의문이다. 특히 TRS 거래와 관련하여 이러한 문제는 실질적인 의미가 있다. 앞에서 살펴본 것처럼 TRS 거래에서는 자기 계산의 판단이 모호할 수 있으며, 매도인과 매수인 간에 권리의 분리가 발생할 경우에 이를 판단 기준에서 배제하는 것에는 의문이 따른다. 따라서 특히 주식을 기초자산으로 하는 TRS 거래의 경우 주식 소유관계의 실질적 판단은 자기 계산의 법리와 같은 특정한 기준에 한정하지 않고 개별 규정의 취지와 규제의 의의 그리고 TRS 계약의 구체적 내용 등을 종합적으로 고려하여 이루어져야 할 것이다.

2. 공시 의무 주체의 문제

독점규제법 제28조(기업집단현황 등에 관한 공시) 제1항은 "공시대상기업집단에 속하는 회사 중 자산총액 등이 대통령령으로 정하는 기준에 해

로 본다는 규정을 추가하는 방안이 필요하다는 견해로, 도건철, "공정거래법상 지주회사 규제의 쟁점과 개선방안", 김건식·노혁준 편, 지주회사와 법, 소화, 2007, 87-95면 참조.

30) 이러한 문제점에 대한 지적으로, 임정하, 주 20)의 글, 342-343면.

당하는 회사는 그 기업집단의 다음 각 호의 어느 하나에 해당하는 사항으로서 대통령령으로 정하는 사항을 공시하여야 한다"고 규정하고, 제2호에서 "주식소유 현황"을 정하고 있으며, 이를 구체화하고 있는 동법 시행령 제35조 제2항 제2호는 "소속회사의 주주 현황"을 명정하고 있다.

공시대상기업집단에 속하는 계열회사에 대한 기업집단 현황 등에 관한 공시의무는 주로 순환출자 관계에 기초하고 있는 대규모기업집단에 있어서 기업집단의 지배구조가 불명확한 경우가 많고 이로 인한 부정적 효과가 크므로, 기업집단 지배구조의 투명성을 제고하고자 하는 목적에 따른 것이며, 이와 같은 정보공시제도는 용이하게 접근하기 어려운 최소한의 기업집단 정보를 시장참가자나 이해관계자에게 제공하도록 하고 있다는 점에서도 긍정적 효과를 기대할 수 있을 것이다.[31] 동 제도의 운영이 이러한 취지에 부합하기 위해서는 계열회사의 지분구조가 명확히 제시되어야 하며, 앞에서 살펴본 독점규제법 제10조에서 실질적인 소유관계를 요구하는 것도 이러한 관점에서 이해할 수 있다.

주식을 기초자산으로 하는 TRS 거래에 따른 공시의무를 정함에 있어서도 이러한 판단 과정이 유효하지만, 그러나 매도자와 매수자 중 어느 당사자가 위의 규정에서 소유지분의 주체로서 공시 요구의 대상이 되는지를 일의적으로 결정하는 것은 문제가 될 수 있다. 즉 구체적인 계약 내용의 판단에 유보될 수밖에 없을 것이다. 예를 들어 TRS 계약에서 의결권에 대한 매수자의 제약이 드러나 있거나, 앞에서 TRS 거래의 유형의 하나로 제시된 바와 같이 TRS 계약 체결의 목적이 명백히 지배권의 형성·강화에 있는 것으로 보일 경우에는 매수자 측을 실질적 소유자로 볼 수 있다. 반면 매수자가 단지 시장위험을 인수함으로써 수익의 증대를 의도하거나 주식의 직접적 취득에 따른 비용의 절감을 목적으로 한 경우에는 매수자를 실질적 소유자로 볼 여지가 크지 않을 것이다.

---

31) 김경연, "공정거래법상 공시제도가 기업지배구조에 미치는 영향", 연세 글로벌 비즈니스 법학연구 제3권 제2호, 2011, 67-71면 참조.

이와 관련하여 2017년 SK(주)가 반도체 기초 재료인 실리콘 웨이퍼를 생산하는 LG실트론(이하 실트론)을 인수하는 과정에서 체결된 TRS 계약은 의미 있는 시사점을 제공한다. 당해 인수 과정에서는 세 가지 형태의 계약이 체결되었다. 1) 우선 SK(주)는 ㈜LG가 소유하고 있던 실트론 주식의 51%를 취득하고, 2) KTB PE가 소유한 주식 19.6%는 증권사들이 인수하면서 SK(주)와 TRS 계약을 체결하였으며, 3) 우리은행 등이 참여한 보고펀드가 소유한 주식 29.4%는 삼성증권, 한투증권 등이 참여한 SPC가 인수하면서 SK그룹의 최태원 회장과 TRS 계약을 체결하였다.[32] 세 번째 유형인 최태원 회장과 SPC의 TRS 계약은 거래 당사자들이 계약기간 내 기초자산의 거래에서 발생하는 총 수익을 상호교환하는 것을 내용으로 하는 계약으로서 최태원 회장은 기초 자산에 관한 경제적 이해관계를 갖고, SPC는 약정기간 내에 고정된 수수료를 지급 받는 것을 내용으로 하였다. 또한 위험 인수와 관련하여 매수인에 해당하는 최태원 회장은 계약 기간 동안 고정된 수수료를 지급하고, 재무적 투자자인 매도인에 해당하는 SPC는 정산시점에서 실트론의 주가 12,871원을 기준으로 이를 상회할 경우 수익을 최태원 회장에게 지급하며, 하회할 경우에는 최태원 회장이 손실을 전보하는 내용으로 되어 있있고, 이와 같은 계약에 의하여 실트론 주식 29.4%의 소유는 SPC에게 귀속하는 대신 최태원 회장은 주식 가치의 변동에 따른 수익을 기대할 수 있게 되었다. 주목할 것은 실트론의 전체적인 지분 분포인데, SK(주)는 실트론 주식의 51%를 취득함으로써 지배권을 갖고 있는 상황이므로 SPC가 소유한 지분이 실트론에 대한 지배권 형성에 결정적인 의미를 갖는 것은 아니었다. 즉 공의결권 부여와 같은 의결권에 관한 합의의 필요성이 큰 것으로 보기는 어려우며, 지분 취득에 따른 금융비용의 절감이나 다른 투자자의 참여 제한 또는 지분 가치 상승에 따른 수익 증대 등이 두 건의 TRS 계약(최태원 회장의 TRS 계약뿐만 아니라 증

---

32) 구체적인 계약 내용에 관하여, 경제개혁연대, 보도자료, 2017. 11. 8. 참조.

권사들과 SK(주)의 TRS 계약)의 동기로 작용한 것으로 볼 여지가 있다. 이러한 이해에 따르면, SPC는 명의상 주주로서 의결권, (제한적) 처분권 등을 보유하고, 최태원 회장은 배당권, 사실상 처분권, 손익의 귀속 등 경제적 이해관계를 갖는 것으로 볼 수 있다. 이와 같은 내용의 TRS 계약에 공시의무의 적용 문제를 대입할 경우에, 지배권의 형성·강화를 목적으로 TRS 거래를 한 것인지에 의문이 있는 계약의 내용에 비추어 매수인의 지위에 있는 최태원 회장이 해당 주식을 실질적으로 소유하는 것으로 판단하는데 어려움이 있다.

물론 제도 설계의 차원에서 대규모기업집단의 공시의무 제도의 취지가 기업집단 지배구조의 투명성을 제고하는데 있다는 점을 상기한다면, 현행 공시제도의 개선을 모색할 필요는 있을 것이다. 예를 들어 TRS 계약에서의 매도인을 소유자로 공시하면서도, TRS 계약의 체결과 매수인을 부기하도록 하는 방식을 고려할 수 있다.

3. 상호출자 및 순환출자 규제 문제

TRS 거래가 상호출자 또는 순환출자 규제의 회피를 목적으로 이루어진 경우에, 여전히 규제가 가능한지의 문제가 제기된다. 이러한 문제는 상호출자 또는 순환출자에 해당하는 기업이 이를 해소하기 위하여 TRS 거래 방식을 이용하였을 경우에 구체화된다. 공정거래위원회에서 다루어진 사례로 상호출자 해소와 관련하여 아시아나항공 사건을 참고할 수 있다. 동 사건에서 아시아나항공이 보유하고 있는 금호산업 주식이 상호출자 해소 대상이 되었고, 아시아나항공은 대신증권과의 TRS 계약을 통하여 해당 주식을 처분하였으며, 공정거래위원회는 이에 의하여 상호출자 해소가 이루어진 것으로 보았다.[33]

---

33) 공정위, 보도참고자료, 2013. 9. 17.

278 _ 경제법론 V

또한 순환출자 해소와 관련된 사건으로 현대자동차와 기아자동차는 순환출자 해소를 위하여 보유하고 있던 현대체절 주식을 NH투자증권에 처분하면서 TRS 계약을 활용하였고, 공정거래위원회는 이에 의하여 순환출자가 해소된 것으로 판단하였다.[34]

두 사건에서 공통되는 쟁점은 아시아나항공이나 현대자동차 및 기아자동차의 TRS 계약 방식에 의한 주식의 처분이 독점규제법에서 요구하는 금지 의무의 이행으로 볼 수 있는지에 관한 것이고, 두 사건 모두에서 공정거래위원회는 이를 인정하였다. 이와 관련하여 TRS 계약 방식에 의한 주식의 처분을 진정매매로 볼 수 있는지의 관점에서 공정거래위원회의 태도에 의문을 표하면서, 특히 「자산유동화에 관한 법률」 제13조에서 규정하는 유동화자산의 양도 방식에[35] 근거하여 TRS 방식에 의한 처분의 진정성을 부인하는 견해가 유력하다.[36] 동 규정에 의할 경우에 TRS 계약에 있어서 주식의 매도가 진정한 것인지에 의문이 따르지만, 유동화증권에 투자한 투자자 보호를 목적으로 하는 「유동화증권에 관한 법률」에서 규정하고 있는 유동화자산의[37] 양도 방식을 TRS 거래에 원용할 수 있을지에 관하여 논의의 여지는 있다.

---

34) 공정위 2016. 5. 26. 의결 제2016-145호.
35) 「자산유동화에 관한 법률」 제13조 유동화자산의 양도는 자산유동화계획에 따라 다음 각호의 방식에 의하여야 한다. 이 경우 이를 담보권의 설정으로 보지 아니한다. 1. 매매 또는 교환에 의할 것. 2. 유동화자산에 대한 수익권 및 처분권은 양수인이 가질 것. 이 경우 양수인이 당해 자산을 처분하는 때에 양도인이 이를 우선적으로 매수할 수 있는 권리를 가지는 경우에도 수익권 및 처분권은 양수인이 가진 것으로 본다. 3. 양도인은 유동화자산에 대한 반환청구권을 가지지 아니하고, 양수인은 유동화자산에 대한 대가의 반환청구권을 가지지 아니할 것. 4. 양수인이 양도된 자산에 관한 위험을 인수할 것. 다만, 당해 유동화자산에 대하여 양도인이 일정기간 그 위험을 부담하거나 하자담보책임(채권의 양도인이 채무자의 자력을 담보한 경우에는 이를 포함한다)을 지는 경우에는 그러하지 아니하다.
36) 임정하, 주 20)의 글, 355-357면 참조.
37) 「자산유동화에 관한 법률」 제2조 제3호 "유동화자산이라 함은 자산유동화의 대상이 되는 채권·부동산 기타의 재산권을 말한다."

결국 이 문제에 있어서도 상호출자와 순환출자를 규제하는 취지가 종합적으로 고려되어야 한다. 이러한 규제는 경제력집중 억제를 위한 것으로서, 출자금지 의무의 이행은 지배관계로부터 벗어나는 것이 되어야 한다. 이러한 관점에서 TRS 거래를 구체적으로 판단하여야 하며, 문제가 된 거래에서 매수인이 위험을 인수하는 것에 머무는 것인지 아니면 자익권과 의결권의 분리가 일어나고 있거나 또는 Settled-in-Kind 형태의 TRS 거래의 경우처럼 지배권이 매수인에게 유보된 것인지를 판단의 근거로 삼아야 하며, 후자의 경우에는 상호출자 또는 순환출자 금지 의무를 이행한 것으로 보기는 어려울 것이다.

4. 부당지원행위의 규제 문제

TRS 거래에 대하여 독점규제법 제45조 제1항 제9호에 의한 부당지원행위 규제는 계열회사 간 지원의 의미를 갖는 거래를 통하여 기업집단의 경제력집중을 심화시킬 수 있을 뿐만 아니라 한계기업의 퇴출을 억제함으로써 개별 시장에서의 경쟁에 부정적 영향을 미칠 수 있다는 점에 근거한다.[38] 앞에서 살펴본 것처럼 TRS 거래는 계열회사의 지원을 목적으로 행해질 수 있으며, 이 경우에 독점규제법상 부당지원행위로서의 규제 가능성이 현실적인 문제로서 대두된다. 지원행위에 해당하는지의 판단은 원칙적으로 정상적인 거래와의 비교를 통해서 이루어지는데,[39] 이러한 판단 기준은 TRS 거래에서도 동일하게 적용될 것이다. TRS 거래도 파생금융상품 거래의 일종이므로 기초자산을 대상으로 한 정상적인 거래에서의 시장가격을 산정할 수 있고, 문제가 된 거래와의 차이를 통하여 지원행위 여부를 판단할 수 있을 것이다.[40] 물론 이러한 판단 과정에서 TRS 거래의 양

---

38) 대법원은 부당지원행위의 부당성 판단 기준으로서 경제력집중과 경쟁제한성을 이원적으로 제시하고 있다. 대법원 2004. 10. 14. 선고 2001두2881 판결.
39) 홍명수, "부당 지원행위 규제의 법리적 검토", 명지법학 제14호, 2015, 5-6면 참조.

당사자들이 상호적으로 이행한 급부의 내용뿐만 아니라 위험 인수의 내용과 크기가 TRS 거래의 가치를 산정하는데 종합적으로 고려되어야 한다.

이와 관련하여 공정거래위원회에서 다루어진 사건으로 효성투자개발의 TRS 거래를 참고할 수 있다. 동 사건에서 기업집단 효성의 계열회사인 효성투자개발은 재무적 투자자(SPC)와 2014년 12월과 2015년 3월 두 차례에 걸쳐 TRS 계약을 체결하였는데, 기초자산은 계열관계에 있는 갤럭시아일렉트로닉스(이하 GE)가 발행한 전환사채였으며, 이를 재무적 투자자가 총액 250억원에 인수하면서 효성투자개발은 동 TRS 거래를 통하여 전환사채의 가격변동과 이자 수입의 불확실성 등의 위험을 인수하였다. 전환사채 발행 주체인 GE의 지분은 기업집단 효성의 동일인의 1촌 관계에 있는 특수관계인이 62.78%를 보유하고 있었고, 전환사채 발행 당시 GE는 극심한 재정적 어려움에 처해 있었는데, 2014년 10월 기준 부채비율이 약 1,829%에 이르렀다. 이러한 상황에서 효성투자개발의 TRS 계약은 GE의 전환사채 발행이 가능하게 한 것으로 볼 수 있었다. 이에 관하여 공정거래위원회는 효성투자개발의 행위가 독점규제법 제23조 제1항 제7호의 부당지원행위에 해당하는 것으로 판단하였으며, 재정적 어려움이 있는 상황에서 정상적으로 가능한 전환사채 인수 조건에 비하여 TRS 계약에 의하여 뒷받침된 당해 전환사채 인수는 상당히 유리한 조건에 의하고 있다는 점이 유력한 근거가 되었다.[41]

---

40) 이총희, 주 16)의 글, 11-12면.
41) 공정위 2018. 5. 21. 의결 제2018-040호. 동 심결에서 공정거래위원회는 "신용등급이 BB~BB+, 부채비율 373%, 매출채권 회수 가능성 관련 자료 미비로 감사보고서가 '한정의견'으로 발행된 회사가 정상적인 방식으로 자금을 조달하였을 경우 지급해야 하는 금리의 적정성 여부는, 이 사건 CB 발행 시기와 유사한 시기에 GE와 신용등급이 동일 또는 유사한 회사가 상환조건, 만기 등이 이 사건 CB와 동일 또는 유사한 조건으로 발행한 공모 회사채 금리를 기준으로 판단하여야 한다"는 원칙을 제시하였다.

5. 사익편취행위의 규제 문제

독점규제법 제47조에 의한 사익편취행위로서의 규제 가능성에 관한 논의도 필요하며, 부당지원행위가 주로 TRS 매도인에 대한 지원 문제로서 구체화되는 반면, 사익편취행위는 장기적 위치에 있는 TRS 매수인에게 특별한 이익이 귀속되는 것과 관련하여 문제가 제기된다. 사익편취행위 규제는 일정한 거래를 통하여 총수(동일인)나 그 친족이 이익을 취득한 것은 분명하지만, 기존의 부당 지원행위를 통하여 규제가 불분명하였던 점을 보완하는 취지에서 입법이 이루어졌으며, 지원행위와 유사하지만 특수관계인의 지위에 있는 자에 대한 이익 귀속의 문제가 핵심이다.[42] 동법 제47조 제1항에서 금지되는 행위는 상호출자제한기업집단에 속한 회사가 특수관계인(동일인 및 그 친족) 또는 특수관계인이 일정 비율 이상의 주식을 보유한 계열회사에게 부당한 이익을 귀속시키는 것이며, 한정적으로 열거된 행위에는 상당히 유리한 조건의 거래행위(1호), 사업기회 제공 행위(2호), 특수관계인과의 상당히 유리한 조건의 금융거래행위(3호), 상당한 규모의 거래행위(4호)가 포함된다.

결국 사익편취 금지 규정에서 규제 대상으로 삼는 행위는 정상적인 거래로부터 벗어난 터널링 효과에 기반한 특수관계인의 사익 추구 행위라 할 수 있다.[43] TRS 거래는 기초자산 가치의 상승분을 매수인에게 귀속시키는 거래라는 점에서 동 거래가 사익 추구의 수단으로 활용될 여지는 충분한 것으로 볼 수 있으며, 거래 동기와 계약 시점에서 위험에 대한 시장

---

42) 홍명수, "독점규제법상 재벌 규제의 문제점과 개선 방안", 경쟁법연구 제37권, 2017, 13면 이하 참조.

43) 백미연, 대기업집단 계열사 간 내부거래 자료를 이용한 터널링(Tunneling)에 대한 실증 연구, 서울대학교 박사학위논문, 2019, 23-25면에서는 계열사 간 내부거래는 지배주주의 사적 이익을 극대화 하기 위한 터널링(Tunneling)을 목적으로 이루어질 수 있으며, 독점규제법상 사익편취행위 규제는 이러한 터널링 규제로서 의의가 있는 것으로 보고 있다.

의 평가 그리고 구체적인 계약 내용 등이 종합적으로 고려되어 독점규제
법 제23조의2에서 규제하는 사익편취 행위에 해당하는지 여부가 결정될
것이다. 앞에서 살펴본 효성투자개발 사건에서 공정거래위원회가 효성투
자개발이 TRS 계약에 의하여 GE의 전환사채 발행을 지원한 행위가 GE의
지분 62.78%를 보유한 특수관계인의 사익편취 행위에도 해당한다고 판단
한 것도,[44) 이러한 판단 과정에 따른 것으로 볼 수 있다.

또한 앞에서 언급한 2017년 SK(주)가 반도체 기초 재료인 실리콘 웨이
퍼를 생산하는 LG실트론(이하 실트론)을 인수하는 과정에서 활용한 TRS
거래 사건은 주목할 만하다. 당해 인수 과정에서는 세 가지 형태의 계약이
체결되었는데, 우선 SK(주)는 ㈜LG가 소유하고 있던 실트론 주식의 51%
를 취득하고(2017. 1. 23.), 2) 이후 SK(주)는 KTB PE가 소유한 주식 19.6%
를 취득하기로 하는 내용의 양해 각서를 체결한 후에(2017. 4. 6.),[45) 3) 우
리은행 등이 참여한 VOGO 펀드가 소유한 주식 29.4%는 삼성증권, 한투
증권 등이 참여한 SPC가 인수하면서 SK그룹의 최태원 회장과 TRS 계약을
체결하였다. 특히 세 번째 계약 과정을 구체적으로 보면, 우리은행의 실트
론 주식 29.4%의 단독매각 입찰 공고(2017. 4. 11.), 최태원 회장 비서실
에 입찰참여 검토 지시(2017. 4. 14.) 및 보고, 최태원 회장 SK(주)(대표이
사 장동현)에 대한 입찰참여 의사 확인(2017. 4. 17. 또는 18.) 및 인수 의
사 없다는 답변, 최태원 회장 입찰 참여(2017. 4. 21.) 및 단독 적격투자자
선정, 최태원 회장이 SK(주)에 공문으로 주식 매수 의사 확인 요청(2017.
5. 29.), SK(주)의 '거버넌스위원회'에 미인수방침 보고 후 회신(2017. 5.
31.), 최태원 회장의 TRS 방식에 의한 주식 취득(2017. 8. 24.)의 절차가
이어졌다. 세 번째 방식인 최태원 회장과 SPC의 TRS 계약은 거래 당사자
들이 계약기간 내 기초자산의 거래에서 발생하는 총 수익을 상호교환하는
것을 내용으로 하는 계약으로서 최태원 회장은 기초자산에 관한 경제적

---

44) 공정위 2018. 5. 21. 의결 제2018-040호.
45) TRS 계약 방식을 채택하였다.

이해관계를 갖고, SPC는 약정기간 내에 고정된 수수료를 지급 받는 것을 내용으로 하였다. 또한 위험 인수와 관련하여 매수인에 해당하는 최태원 회장은 계약기간 동안 고정된 수수료를 지급하고, 재무적 투자자인 매도인에 해당하는 SPC는 정산시점에서 실트론의 주가 12,871원을 기준으로 이를 상회할 경우 수익을 최태원 회장에게 지급하며, 하회할 경우에는 최태원 회장이 손실을 전보하는 내용으로 되어 있었다. 이러한 계약에 의해 실트론 주식 29.4%의 소유는 SPC에게 귀속하는 대신 최태원 회장은 주식 가치의 변동에 따른 수익을 기대할 수 있게 되었다.

동 거래에 대하여 공정거래위원회는 최태원 회장의 TRS 방식에 의한 실트론 주식의 취득 행위가 독점규제법 제47조(구법 제23조의2) 제1항에서 금지하는 특수관계인에 대한 부당한 이익제공 행위로서 구체적으로 동 항 제2호에 규정된 "회사가 직접 또는 자신이 지배하고 있는 회사를 통하여 수행할 경우 회사에 상당한 이익이 될 사업기회를 제공하는 행위"에 해당하는 것으로 판단하였다.[46] 공정거래위원회의 판단 과정을 보면, 실트론의 주식 취득 행위가 사업기회에 해당하는지 여부와 관련하여 지주회사인 SK(주)는 주식취득을 통하여 사업내용을 지배하는 것이 주된 사업이고, 이미 70.6% 주식을 취득하고 있는 상황에서 나머지 지분 지분 29.4%의 취득은 사업적 연관성이 큰 것으로 보았다. 상당한 이익이 될 수 있었는지 여부와 관련하여, SK 그룹의 자체 분석을 통하여 실트론의 Value-Up이 이루어질 것이라는 전망을 하였다는 것에 주목하고, 100% 지분 취득이 제3자의 간섭 없는 안정적 경영을 가능하게 함으로써 발생하는 이익 외에 지분 취득 자체가 추가적인 이익을 줄 수 있다는 SK(주)의 인식이 사전에 형성되어 있었던 것으로 파악하였다. SK(주)가 최태원 회장에게 사업기회를 제공하였는지 여부와 관련하여, SK(주)가 합리적인 결정 과정을 거치지 않은 채 29.4%의 실트론 주식 추가 인수를 포기하고, 또한 최태원 회

---

46) 공정위 2022. 3. 16. 의결 제2022-071호.

장의 지분 인수를 묵인한 것이 '소극적 방식의 사업기회 제공행위'로서 특수관계인인 최태원 회장에게 사업기회를 제공한 행위에 해당하는 것으로 판단하였으며, SK(주)가 최태원 회장의 개인적 거래임에도 불구하고 입찰 참여부터 계약 체결까지 비서실, 재무, 법무담당 임직원이 지원토록 한 사실[47] 그리고 실트론 지분의 잠재적 인수 후보자들의 실사요청 등을 일관되게 거절한 사실은 사업기회 제공의 근거가 되는 것으로 보았다. 끝으로 SK(주)가 실트론의 주식 취득 기회를 포기한 것이 합리적 사유에 의한 것인지와 관련하여, 절차적 측면에서 SK(주)와 지배주주인 최태원 회장 간에 이익충돌의 상황이 발생하였음에도 불구하고 상법상 요구되는 의사결정 절차를 준수하지 않았고, 실질적 측면에서는 SK(주)가 사업기회 취득에 따른 경제상 추가적 이익, 외국 SI가 인수할 가능성과 그에 따른 영향, 협상력 강화로 보다 유리한 인수조건 확보 가능성, 지배주주의 잔여주식 취득이 향후 SK(주)의 실트론 경영에 미칠 영향 등 사정변경에 따른 중요 사항을 충분히 검토하지 않았다는 점에서 합리성이 결여된 것으로 판단하였다. 결국 공정거래위원회는 이상의 사업기회 제공 행위가 부당한 것으로 판단하였는데, 이러한 판단의 근거로서 SK(주)에게 귀속되는 것이 정당한 이익이 최태원 회장에게 귀속된 점, 그 과정에서 회사의 동의나 정당한 대가 지급이 없었다는 점 그리고 최태원 회장에게 귀속된 이익이 상당하였다는 점[48] 등을 들고 있다.

그러나 이러한 공정거래위원회 판단 과정에서 나타난 사실 인정이나 부당성 평가에 관하여 논의의 여지가 있으며, 무엇보다 이러한 판단에서 TRS 거래의 특징에 대한 충분한 이해가 반영되고 있는지에 관한 의문이 남는다. 문제가 된 TRS 거래는 SK(주)가 실트론의 주식 51%를 인수함으

---

47) 공정거래위원회는 해당 사실을 뒷받침할 수 있는 근거로서 SK(주)와 계약 체결에 관하여 협의한 내용을 담은 한국투자증권의 내부보고서(2017. 5.)를 제시하고 있다.
48) 최태원 회장이 취득한 주식 가치는 2017년 대비 2020년 1,967억원이 상승한 것으로 나타났다.

로써 이미 지배권을 확보한 상황에서 잔여 지분의 추가적 인수 과정에서 발생한 것이고, 이러한 상황에 대한 이해가 문제가 된 거래의 실질을 파악하는데 기초가 되어야 한다. 공정거래위원회가 인정한 것처럼 당해 사안에서 잔여 지분의 추가 인수의 필요성은 2대 주주의 개입 없는 안정적 경영에 대한 요구에서 비롯된 것이다. 실트론은 반도체 핵심 재료 중 하나인 웨이퍼의 제조·판매업자로서 국내 유일의 사업자로서 글로벌 시장에서 5위의 점유율을 차지하고 있었다. 반도체 부문의 국내 그리고 글로벌 차원에서 경쟁 상황에 비추어, 안정적인 재료 공급원의 유지는 경영상 중요한 고려 사항이라 할 수 있고, 따라서 SK(주)이 실트론의 잔여 지분을 취득하는 것은 합리적인 경영 판단에 따른 것으로 볼 여지도 있다. 한편 TRS 방식에 의해 잔여 지분을 취득한 것에 대해서도 살펴볼 필요가 있을 것이다. 이미 SK(주)는 51%의 실트론 주식을 취득한 상황에서 추가 지분의 인수에 따른 재정적 부담을 고려할 수밖에 없었으며, 그 결과로서 의결권 행사에 제3자 개입의 여지가 제한된 재무적 투자자와의 거래를 적극적으로 모색한 측면이 있다. 총 49%의 실트론 지분을 재무적 투자자를 통해 확보하기 위해서는 지분 가치의 변동에 따른 위험, 즉 시장 위험을 인수하는 것이 합리적인 방안이 될 수 있으며, 이를 계약 내용에 반영하기 위해 TRS 거래가 채택된 것으로 볼 수 있다. 이러한 점에서 당해 사안의 TRS 거래는 거래 동기에 따른 분류에서 규제 회피형으로 보기는 어려우며, 기업 지배형으로 볼 수는 있으나 이미 기업지배권을 확보한 상황에서 이루어진 거래이므로 전적으로 이에 해당한 것으로 보는 것도 여의치 않다. 따라서 자금 조달형 TRS 거래의 성격이 큰 것으로 보는 것이 합리적이며, 최태원 회장의 TRS 거래도 이러한 맥락에서 이해될 여지가 있다. TRS 계약 구조에 비추어 보면, 문제가 된 TRS 거래에서 재무적 투자자인 SPC는 매도인 그리고 최태원 회장은 매수인에 해당한다. 전자는 단기적 위치에서 지분 취득에 따른 안정적 수익을 보장받게 되고, 후자는 장기적 위치에서 지분 가치의 변동에 따른 시장 위험을 인수하여 지분 가치 등락의 결과를 부담하는 최종적인 귀속자로서 가치 하락의 경우에 그 손실을 보상하여야 하는 의무를 지게 된다. 당해 사안에서 실트론 지분의 추가적 취득은 TRS 방식에 의하면서, 시장 위험을 인수하는 지위에 있는 매수인은 SK(주)와 동 회사의 지배주주인 최태원 회장이[49] 분담하게 되었는데, 즉 잔여지분에 대한 위험 인수를 SK(주)가 전적으로 하지 않고, 지배주주가 일정 부분 부담을 지는 방식으로 TRS 거래가 이루어졌다. 이러한 상황에서 최태원 회장이 SK(주)를 대신하여 TRS 거래의 매수인의 지위에서 계약 당사자가 된 것이 상당한 이익이 될 사업기회의 제공에 해당하는 것인지에 대해서는 논의의 여지가 있을 것이다. 무엇보다 자산 가치의 등락이 불확실한 상황에서 시장 위험의 인수를 사업기회 제공으로 보기는 어려울 것이다. 물론 SK(주)가 실트론 주식을 취득 과정에서 내부적으로 실트론의 가치가 상승할 것이라는 전망이 있었지만, 이러한 전망은 대부분의 기업결합 과정에서 전제되는 것이고, 이에 의하여 향후 자산 가치 변화에 따른 불확실성이 해소된 것으로 볼 수는 없다. 오히려 최태원 회장이 TRS 계약의 당사자가 된 것은 SK(주)에 집중될 위험을 분산시키는 의미도 있으며, 이러한 점에서 SK(주)와 최태원 회장 간의 이해충돌의 상황이 존재한다는 공정거래위원회의 지적에도 일정 부분 의문이 따를 수밖에 없다. 공정거래위원회의 부당성 판단에 대해서도 일정한 문제 제기가 가능하다. 공정거래위원회가 제시한 근거는 대략 두 가지인데, 첫 번째 근거로서 실트론 지분 가치의 상승에 따른 이익이 SK(주)에 귀속되는 것이 정당하기 때문에 최태원 회장에 해당 이익이 귀속된 것이 부당하다고 본 것과 관련하여 정당한 것에 관한 이유의 제시 없이 이루어지는 이와 같은 판단은 동 규제를 당연위법적인 것으로 변질시킬 위험이 있으며, 두 번째 근거로 제시한 최태원 회장에 귀속된 이익이 약 2천억원에 이르고 있다는 점은 사후적

---

49) SK그룹의 지주회사에 해당하는 SK(주)에 대해 2020년 기준 최태원 회장은 18.4%의 지분을 보유하고 있으며, 친족인 동일인 관련자와 합산할 경우 지분 비율은 28.1%이다.

결과를 행위 시점의 부당성 판단의 근거로 삼는 것은 법원칙에 반할 수 있다는 문제가 따른다. 실트론의 매출액과 영업이익은 SK(주)의 인수가 이루어진 2017년 이후 급성장하였고,[50] 공정거래위원회는 이러한 성장이 인수 이후 SK(주)의 다양한 Value-Up 실행과 대규모 투자에 따른 것으로 분석하였다. 그러나 실트론의 영업이익 증가와 지분 가치 상승은 2017년 이후 반도체 산업의 호황에 힘입은 바도 큰데, 이와 같은 외부적 요인을 거래 당시를 기준으로 한 사익편취 행위의 부당성 판단에 어떻게 반영할 수 있는지가 중요할 것이다. 즉 영업이익이나 지분 가치가 급상승하는 상황이 거래 당시에 합리적으로 예측할 수 있는 것이었는지, 기초자산이 갖는 위험에 대한 시장의 객관적인 평가는 어떠하였는지, 문제가 된 지분에 대한 TRS 거래에 있어서 최태원 회장 대신 SK(주)가 당사자가 되는 것에 의하여 유리한 거래 조건이 가능하였는지 등이 종합적으로 고려될 필요가 있다.

기업과 특수관계인이 동시에 거래가 가능한 상황에서 특수관계인이 거래 당사자가 되는 경우에 독점규제법 제47조 제1항 제2호에 의한 규율 가능성이 존재하며, 공정거래위원회가 이러한 부분에 의미를 부여한 것 자체는 타당한 접근방식이라 할 수 있다. 그러나 이러한 상황에서 결정적인 것은 특수관계인의 거래 당사자가 되는 것에 객관적으로 합리적인 동기의 존재 여부이다. 당해 사안에서는 TRS 방식을 채택하여 특수관계인 최태원 회장이 매수인으로서 지분 가치의 변동에 따른 시장 위험을 인수하는 내용으로 계약이 체결되었는데, 이러한 행위는 100% 지배권을 행사하면서 동시에 비용과 위험을 SK(주)에 집중시키지 않으려는 목적에 따른 것으로서 합리적 행위로 볼 여지도 있을 것이다. 또한 문제가 된 행위의 부당성의 본질은 동 규정의 입법 취지에 비추어 기업집단의 운영 과정에서 회사에게 귀속될 이익을 특수관계인이 사적으로 편취하는 것에 있으며,

---

50) 실트론의 매출액 및 영업이익은 2016년 8,363억원, 340억원, 2017년 9,331억원, 1,327억원, 2018년 1조 3,462억원, 3,804억원으로 성장하였다.

기초자산 가치 변화의 불확실성이 존재하는 상황에서 이에 대한 판단은 신중할 필요가 있다는 점도 염두에 두어야 한다.

결국 TRS 거래에서 사익편취행위 규제 가능성은 TRS 매수인으로서 특수관계인 등이 갖는 현금 흐름이 다른 정상거래와 비교하여 터널링을 통한 이익 귀속을 실현하기 위한 것임이 객관적으로 드러나는 경우에 구체화 될 것이다. 이를 판단함에 있어서 행위 시점에서 기초자산인 주식 등의 시장 가치가 어떻게 형성되고 있었는지, TRS 매수인 지위에서 행한 위험의 인수가 실질적인 것인지 등이 핵심적인 사항으로 고려되어야 할 것이다.

6. 채무보증으로서의 규제 문제

채무보증 규제는 계열회사를 통하여 수월하게 채무보증을 할 수 있는 소수의 대규모기업집단에 속하는 회사에 자금이 편중됨으로써 여신시장의 경직화와 자원배분의 비효율성을 초래할 수 있고, 자금의 편중에 따라서 경제력집중이 확대될 수 있으며, 채무보증으로 인한 한계기업의 퇴출 저지가 기업집단 전체의 연쇄도산으로 이어지는 등의 기업집단의 구조적 취약성을 낳을 수 있다는 점 등에 근거한다.[51] 전형적인 TRS 거래는 계약 내용으로서 매수인의 기초자산 가치의 손실 보전 의무를 포함하고 있으며, 기능적으로 이러한 계약 내용은 채무보증과 상당한 유사성을 갖고 있다. 특히 TRS 계약이 앞에서 살펴본 TRS 거래 유형의 하나로서 계열회사에 대한 신용 지원의 차원에서 활용된 경우에, 이러한 유사성은 채무보증으로서의 규제 가능성에 대한 주의를 환기시키는 계기가 된다. 예를 들어 신용평가가 낮은 계열회사가 채권 발행을 통하여 자금을 조달하고자 할 경우에, 신용이 높은 계열사가 채권 등을 매수하고자 하는 자(재무적 투자자)와 TRS 계약을 체결함으로써 자산 가치를 보장하는 의무를 부담하여

---

51) 진태홍, "재벌의 지배구조와 상호지급보증", 재산관리연구 제17권 제1호, 2000, 11면 참조.

계열회사의 채권 발행이 순조롭게 이루어질 수 있도록 할 수 있다. 이와 같은 유형의 TRS 계약은 행태적으로 독점규제법에서 경제력집중 억제를 위하여 규제하는 채무보증과 유사하며, 동 규제가 이에 대하여 적용될 수 있을지에 관한 논의의 필요성을 낳는다.[52]

물론 채무보증으로서의 규제 가능성은 독점규제법 제24조에 근거한 것이므로, 문제가 된 TRS 거래가 동 규정의 요건을 충족하는지가 검토되어야 한다. 동 규정은 대규모기업집단에 속하는 회사의 계열회사에 대한 채무보증을 금지하며, 여기서의 채무보증은 국내금융기관의 여신과 관련하여 국내 계열회사에 대하여 행하는 보증을 말한다(2조 18호). 또한 동 규정에서 여신은 국내금융기관이 행하는 대출 및 회사채무의 보증 또는 인수를 말한다(2조 19호). 이상의 규정에서 금지 대상이 되는 행위는 채무의 보증이며, 결국 TRS 계약이 금지 대상인 보증에 해당하는지가 핵심적인 문제가 될 것이다.

형식적인 측면에서 보면, 보증계약과 TRS 계약 또는 보증인과 TRS 매수인의 지위 간에는 차이가 존재한다. 보증계약에서 보증인이 부담하는 보증채무는 주채무에 대한 부종성을 갖지만, TRS 계약에서 매수인이 부담하는 채무는 기초자산의 원 소유자 또는 주식이나 채권의 발행자가 부담하는 채무와는 별개의 독립된 채무이며, 따라서 양자를 동일한 것으로 보기는 어렵다. 그러나 보증계약은 주채무의 불이행을 담보할 목적으로 체결되며, 이러한 점에서 기초자산의 위험을 인수하는 것을 핵심적인 내용으로 하는 TRS 계약과 유사성을 가지며, 이러한 점에서 양자를 기능상 동일하게 파악할 여지는 있을 것이다.

이에 관한 사례를 보면, CJCGV는 2015년 자회사인 시뮬라인(지분의 79.13%보유)이 발행한 30 년 만기의 후순위 사모전환사채를 기초자산으로 하여 인수자인 하나금융투자(구 하나대투증권)와 발행 후 3년이 되는

---

52) 이충희, 주 16)의 글, 7-9면 참조.

시점에 제3자에게 매각 시 공정가치 변동으로 발생하는 차액을 정산하는 내용의 TRS 계약을 체결하였다. 또한 CJ는 2015년 자회사인 씨제이건설 (지분의 99.94%)과 씨제이푸드빌(지분의96.02%)이 발행한 각 500억의 전환사채를 기초자산으로 하여 하나금융투자와 발행 후 3년 및 5년이 되는 시점에 전환사채를 제3자에게 매각하는 경우 공정가치 변동에서 발생하는 차액을 정산하는 내용의 TRS계약을 체결하였다.53) 첫 번째 사례에서는 전환사채의 시장가치가 높지 않은 상황에서 매수인으로서 CJCGV의 TRS 계약 체결은 보증적인 성격이 있는 것으로 보이며, 두 번째 사례 역시 전환사채 발행 주체들의 재무상태가 매우 좋지 않은 상황이었음을 감안하면 재무적 투자자(하나금융투자)와 맺은 TRS 계약이 지원적 성격을 갖고 있음은 분명해 보인다.

그러나 이와 같은 기능적 유사성에도 불구하고, TRS 계약이 독점규제법에서 규제하는 채무보증에 해당하는 것으로 판단하는데 해석상 난점이 있음을 부인하기 어렵다. 무엇보다 법체계적 해석상 독점규제법 제2조 제18호에서 정의하고 있는 보증의 의미를 민법 제428조 이하에서 규정하고 있는 보증의 개념 이상으로 확대할 수 있을 지는 의문이며, 일반적으로 TRS 계약에서 매수인이 부담하는 채무가 부종성을 갖지 않고 차액 정산과 같은 별개의 내용으로 구성된다는 점은 입법적인 해결은 별론으로 하고 TRS 계약에서 매수인의 채무를 보증으로 보는데 한계로 작용할 것이다. 오히려 이러한 경우에는 앞에서 살펴본 부당 지원행위로서의 규제 가능성이 보다 현실적일 수 있다. TRS 매수인과 재무적 투자자 사이에 TRS 계약이 실질적으로 기초자산 보유자의 지원의 의미를 가질 경우에, 우회지원 또는 간접지원의 방식도 부당 지원행위로서 규제가 가능하다는 판례의 입장에 비추어54) TRS 거래에서 매수인에 의한 기초자산 보유자의 지원행위를

---

53) 위의 글, 14-16면 참조.
54) SK증권의 유상 증자에 SK글로벌과의 옵션계약을 전제로 제이피모건이 참여한 행위와 관련하여 대법원은 SK증권의 '우회적 지원행위'로 판단하였다. 대법원 2004.

부당 지원행위에 해당하는 것으로 볼 여지가 충분하며, 이러한 경우에는 전술한 것처럼 당해 기초자산의 시장 가치와 실제 TRS 거래의 내용의 비교가 중요한 고려 요소가 될 것이다.

V. 결론

TRS 거래는 새로운 파생금융상품 거래의 하나로서 널리 활용되고 있으며, 특히 동 거래가 신용위험뿐만 아니라 시장위험을 거래 대상으로 한다는 점에서 다른 파생금융상품과 구별되는 특징을 갖고 있다. TRS 거래는 다양한 유형의 자산을 대상으로 운용되고 있는데, 이 중에서도 주식이나 사채를 기초자산으로 하는 TRS 거래와 관련하여 독점규제법에 의한 규제가 가능한지의 문제가 제기되고 있다.

TRS 거래에 대한 독점규제법 적용을 논의함에 있어서 TRS 거래의 본질과 다양한 유형에 대한 이해가 전제될 필요가 있다. 파생금융상품 거래의 하나로서 TRS 거래 역시 위험 회피나 수익 증대 등이 기본적인 거래 동기로 작용하지만, 거래 당사자들은 다양한 경제적 목적을 가지고 거래에 참여하고 있다. 금융 조달의 편의 또는 기업지배권의 획득·유지를 위해서 TRS 거래를 이용할 수 있으며, 또는 처음부터 규제 회피를 의도한 경우나 특정 당사자에 대한 지원 목적이 전제된 경우도 존재한다. 이러한 경우에 거래의 실질을 파악하고, TRS 거래로 나타난 형식적인 권리 귀속과의 차이를 어떻게 다룰 것인지가 독점규제법상 규제 가능성을 논의함에 있어서 핵심적인 과제로 주어질 것이다. 이러한 문제의 해결에 있어서 독점규제법상 TRS 거래가 문제되는 각 규제의 의의와 구체적인 TRS 계약의 내용이, 어느 한 측면에 편중되지 않고 균형 있게 종합적으로 고려될 필요가

---

3. 12. 선고 2001두7220 판결.

있을 것이다. 즉 법위반 가능성이 있는 목적을 추구한 행위로 보일 경우에
도 문제가 된 거래가 독점규제법상 위반 요건을 충족하는지가 충실히 검
토되어야 하며, 반면 위반 요건의 충족 여부를 검토할 경우에도 거래의 실
질에 대한 이해가 전제되어야 한다.

이와 같은 종합적인 분석 방식은 TRS 거래에 있어서 독점규제법 제10
조에서 주식의 실질적 소유관계를 판단하는 경우에도 전제되어야 하며,
공시의무의 수범자를 정하는 문제 또는 상호출자나 순환출자의 금지 의무
이행 여부를 판단함에 있어서도 유지되어야 한다. 나아가 부당지원행위나
사익편취 행위로서의 규제 가능성에는 특별한 주의가 요구된다. 기초자산
의 시장 가치나 동 자산을 대상으로 상정된 정상적인 TRS 거래와의 비교
등을 통하여 문제가 된 TRS 거래가 독점규제법 제45조 제1항 제9호의 부
당지원행위 또는 제47조의 사익편취행위로 규제될 가능성은 상존하는 것
으로 볼 수 있으며, 특히 TRS 거래에서 계열회사나 특수관계인이 위험을
인수하는 매수인으로 참여하는 경우에 이러한 우려가 구체화될 수 있다.
물론 이러한 경우에도 언제나 부당지원행위 또는 사익편취행위에 해당하
는 것으로 볼 것은 아니며, TRS 거래 내용의 구체적 분석에 기초하여 부
당지원행위 또는 사익편취행위의 요건의 충족 여부를 판단하여야 한다.
또한 TRS 거래는 채무보증과 기능적 유사성을 갖고 있다. 그러나 현행 독
점규제법상 TRS 거래를 채무보증으로 규제하는데 한계가 있으며, 다만 이
러한 행위가 부당지원행위 또는 사익편취행위로 규제될 가능성이 있다는
점은 염두에 두어야 할 것이다.

9. 대법원 판결에 나타난 공동행위 성립요건으로서 상호성

I. 서론

「독점규제 및 공정거래에 관한 법률」(이하 독점규제법) 제40조 제1항에 근거하여 규제되는 부당 공동행위는 복수 사업자들이 공동으로 경쟁제한 적인 효과를 낳는 행위를 의미하며, 경쟁법을 운영하고 있는 나라에서는 예외 없이 중요한 위법행위로 다루어지고 있다. 이른바 카르텔로 일컬어 지는 공동행위는 단독행위에 비해 경쟁에 미치는 부정적 효과가 비교적 명확하고, 비록 입증의 어려움이 따르지만 경쟁제한의 메커니즘이 분명하 게 인식될 수 있다는 점에서 각 나라의 규제 법리에 차이가 크지 않으며, 국제적으로 동조화되는 흐름을 보이고 있다.[1]

이러한 경향은 국내에서도 다를 바 없지만, 부당 공동행위에 관한 사건 이 누적되어 오면서 법리적·실무적 차원에서 독점규제법에 고유한 특징적 인 면도 드러나고 있다. 이와 관련하여 우리나라 대법원 판례에서 정립된 공동행위의 성립 요건으로서 상호성의 요구를 들 수 있을 것이다. 판례에 서 독점규제법상 공동행위는 실행 행위 없이 합의만으로 성립하며, 의사 연결의 상호성은 합의의 본질적 요소에 해당한다. 따라서 의사 연결의 상 호성이 부인될 경우에 공동행위는 성립하지 않게 된다. 이러한 법리 구성 이 공동행위를 규제하는 각 나라에 공통된 공동행위 규제 법리에서 본질 적으로 벗어나 있는 것은 아니지만, 판례에 나타나고 있는 상호성에 대한

---

1) OECD, Trade and Competition: From Doha To Cancun, 2003, 15-17면에서는 특히 경성카르텔에 대한 실효성 있는 규제에 관하여 각 국가의 공통된 이해를 지 적하고 있다. 또한 pp. 19-20에서는 카르텔의 국제화 경향에 따른 각 규제기관의 협력의 필요성을 언급하고 있다.

이해와 이에 기초한 구체적인 판단은 우리나라 공동행위 규제 실무의 일정한 경향을 대표하고 있다. 물론 비교법적으로 차별화된 특징이 우리 규제 실무에 나타나고 있다는 것이 그 자체로 문제될 것은 아니다. 그렇지만 이와 같은 특징적인 경향이 드러나고 있는 배경은 무엇인지, 이에 관한 법적 근거는 어떻게 제시되고 있는지를 확인할 필요는 있으며, 이러한 법리 구성의 구체적인 내용과 경쟁정책적 영향에 대한 분석이 이루어질 필요성은 충분하다.

이와 관련하여 2013년 대법원 판결의 대상이 되었던 유니버설 뮤직 사건에[2] 주목을 요한다. 동 판결은 부당 공동행위에 있어서 의사 연결의 상호성에 대한 이해와 이에 기초한 구체적인 판단을 제시하였다. 판결 이후 동 판결이 후속 사건에 많은 영향을 미칠 것이라는 전망이 있었으며,[3] 이후에 나온 부당 공동행위에 관한 대법원의 일련의 판결은[4] 이러한 예상이 틀리지 않았음을 보여주었다. 돌이켜보면, 공동행위 사건에서 합의 인정에 관한 중요한 원칙을 제시한 유니버설 뮤직 판결은 이후 규제 실무에 상당한 영향을 미치고 있다는 점에서, 현재 시점에서도 여전히 시의성을 잃지 않고 있다.

이하의 논의에서 우선 의사 연결의 상호성을 공동행위 성립 요건으로 요구하고 있는 대법원 판례를 유니버설 뮤직 사건을 중심으로 살펴보고, 이와 같은 법리 구성에 기초하여 이루어지고 있는 구체적인 판단 과정과 이에 관한 비판적 논의들을 분석할 것이다(II). 이에 기초하여 공동행위의 성립 요건으로서 상호성의 의의를 살펴볼 것이다. 논의 과정에서 상호성이 요구되는 법적 근거와 이론적 배경 그리고 이와 같은 법리 구성이 비

---

2) 대법원 2013. 11. 28. 선고 2012두17421 판결.
3) 정재훈, "부당한 공동행위 성립 요건으로서 '합의'에 관한 사실인정의 한계, 유니버설 뮤직 사건", 경쟁저널 제175호, 2014, 135면.
4) 대법원 2014. 6. 26. 선고 2012두23075 판결, 대법원 2014. 7. 24. 선고 2013두16395 판결, 대법원 2015. 1. 29. 선고 2012두21840 판결 등.

교법적으로 차별성을 갖는 지점을 검토할 것이다(III). 이어서 공동행위 성립 요건으로 상호성을 요구하는 법리 구성의 경쟁정책적 합의를 분석하고 (IV), 결론으로서 의사 연결의 상호성에 관한 법리 구성의 수정을 제안할 것이다(V).

II. 사건의 개요 및 대법원 판결의 의의

1. 사건의 경과

디지털 음악서비스는 전송매체에 따라 유선(인터넷) 기반 서비스와 무선(모바일) 기반 서비스로, 서비스 형태에 따라 실시간 음악감상(스트리밍), 다운로드, 배경음악(홈페이지, 블로그 등) 서비스 등으로 나눌 수 있다. 디지털 음악산업에 종사하는 사업자는 사업 영역에 따라 음원의 원천 권리를 보유한 기획사, 음원대리중개업자, 음원유통사업자(CP: Content Provider), 온라인음악서비스사업자(OSP: Online Service Provider) 등으로 구분할 수 있는데, 13개 음원유통사업자들의 행위가 독점규제법 제19조 제1항에 반하는 부당 공동행위의 문제로서 다루어졌다.

2008. 2. 28. 저작권 신탁관리 3단체(작사가·작곡가의 권리를 신탁 받은 한국음악저작권협회, 실연자들의 권리를 신탁 받은 한국음악실연자연합회, 음반제작자의 권리를 신탁 받은 한국음원제작자협회)의 징수규정이 Non-DRM 음원 다운로드 서비스를 전면 허용하고 월정액제 다운로드 상품인 경우에도 Non-DRM 음원서비스를 곡수제한(120곡 이하) 또는 무제한으로 분류하여 사용료를 징수할 수 있도록 개정된 후,[5] 13개 음원유통

---

5) 저작권법 시행령 제49조 ① 저작권신탁관리업자는 법 제105조 제5항 전단에 따라 수수료 및 사용료의 요율 또는 금액을 승인신청(변경신청을 포함한다. 이하 같다)을 하려는 경우에는 문화체육관광부장관에게 서면으로 승인신청을 하여야 한다.

사업자들은 정기적으로 열리는 디지털음악산업발전협의회(이하 협의회)의 회의를 통해 Non-DRM 무제한 월정액제 상품에 대한 음원 공급 여부 및 곡수 제한 등을 논의하기 시작하였다. 13개 음원유통사업자들 중 온라인 음악서비스사업을 겸하고 있는 4개 유력 사업자(로엔, 케이티뮤직, 엠넷, 벅스)는 2008. 5. 28. 음원 공급 조건(곡수 및 소비자가격)을 월 40곡 5,000원, 150곡 9,000원 수준으로 합의하였으며, 공정거래위원회가 파악한 바에 따르면, 2008년 6월 초 최종적으로 모든 음원유통사업자들이 해당 조건에 합의하였다. 이후 13개 음원유통사업자들은 이러한 합의에 따라서 Non-DRM 무제한 월정액제 상품에 대해서는 음원 공급을 하지 아니하고, OSP가 40곡 5,000원, 150곡 9,000원으로 곡수를 제한하는 경우에만 음원 공급을 하며, 다운로드와 스트리밍을 결합한 Non-DRM 복합상품의 경우 OSP가 2008년 말까지 1,000원 할인하여 판매할 수 있도록 함으로써 전술한 합의가 실행되었다.

4개 유력 사업자에 의한 합의의 존재뿐만 아니라, 온라인음악서비스사업을 영위하지 않는 음원유통사업자들의 합의 참가 여부, 특히 단순 음원유통사업자인 유니버설뮤직의 합의 포함 여부는 중요한 쟁점의 하나로 다루어졌다. 유니버설뮤직은 심결 과정에서 1) 이 사건 공동행위는 유력 4사들 간 독자적인 합의 이후 협의회에서 논의가 이루어졌을 뿐 CP들 간 입장 차이로 인해 합의가 이루어진 것은 아니라는 점, 2) 유니버설뮤직은 2008. 7월까지도 Non-DRM 상품에 대한 음원 공급에 부정적인 영국 본사의 지침에 따라서 이에 반대하여 왔다는 점, 3) 2008. 7. 10. 협의회 회의에서 유니버설뮤직의 필 머피(Phil Murphy) 임시 사장은 한국지사 차원에서 Non-DRM 서비스 승인 여부를 결정할 수 없다는 등의 원론적인 입장만을 밝혔다는 점, 4) 엠넷, 벅스, 로엔 등 거대 OSP들이 Non-DRM 상품을 출시하고 이들의 상품규격이 시장의 표준 모델로 잡아가자 더 이상 음원공급을 거부할 수 없어 2008. 7월 중순부터 7월 말 사이에 본사로부터 Non-DRM 상품에 대한 음원 공급 승인을 받았다는 점, 5) 유니버설뮤직이 이 사건 공동행위에 따른 합의에 이르렀다는 증거가 존재하지 아니하는 점, 6) 이 사건은 OSP 간 공동행위가 본질이고 CP들은 OSP 간 합의 실행에 있어 계약상대방에 불과하다는 점, 7) CP는 OSP에 음원을 공급할지 여부만 결정할 수 있을 뿐 Non-DRM 상품 조건은 OSP가 결정하는 것이라는 점, 8) 소리바다의 Non-DRM 무제한 다운로드 상품 폐지는 OSP 간 공동행위의 결과 및 저작권법 준수 차원에서 이루어진 것으로서 이 사건 공동행위와는 무관한 점 등을 자신이 합의에 참가하지 않은 근거로서 제시하였다.

이에 대하여 공정거래위원회는 1) CP들은 월 40곡 5,000원, 150곡 9,000원이라는 조건 하에 Non-DRM 상품에 음원을 공급하기로 합의한 것으로 인정되는 점, 2) 유니버설 뮤직은 협의회 회의에 꾸준히 참석하여 Non-DRM 상품 조건 등에 대하여 의견을 개진하고 있었던 점, 3) 유니버설 뮤직이 이 사건 공동행위에 따른 합의에 이르기 위해서는 유니버설 뮤직 스스로의 의사가 다른 피심인들과 합치하는 것으로 족할 것이고 그 본사의 입장까지 일치할 필요는 없다는 점, 4) 유니버설 뮤직의 본사가 Non-DRM 상품에 대한 음원 공급에 부정적인 입장이었다고 하더라도 그 한국지사는 이와 상반되는 행위를 충분히 할 수 있는 점, 5) 2008. 7. 10. 유니버설 뮤직의 필 머피 임시사장의 입장 표명은 종전의 입장을 유지하려는 것으로 보이고 Non-DRM 상품에 대한 음원 공급을 거부하는 것으로는 보이지 않는 점, 6) 유니버설 뮤직이 다른 피심인들보다 늦은 시점에 Non-DRM 음원공급계약을 체결하였다는 사실만으로 이 사건 공동행위에 참가하지 아니하였다고 보기는 어려운 점, 7) 상당수의 피심인들이 진술조서에서 유니버설 뮤직을 이 사건 공동행위의 당사자로 언급하고 있는 점, 8) 협의회 회의 안내 전자우편 등은 피심인들이 2008. 2월 이후 지속적으로 Non-DRM 상품 조건 등에 대하여 의사를 교환하고 있었음을 보여주는 자료로서 합의에 이르는 과정을 설명하는 자료인 점, 9) 2008. 6. 12. 협의회 회의에 유니버설 뮤직이 불참한 것은 사실이나 2008. 6월 초순까지는 Non-DRM 상품구성에 대한 내용이 유니버설 뮤직을 포함한 모든 꾀심인들에게 알려진 것으로 보이는 바, 유니버설 뮤직이 이 사건 공동행위에 적극적으로 참가하지는 아니하였더라도 최소한 그 내용에 묵시적으로 동의하였다고 봄이 타당한 점, 10) 소리바다는 이 사건 공동행위로 인하여 Non-DRM 무제한 다운로드 상품을 폐지한 것으로 보이는 점 등에 근거하여 유니버설 뮤직의 주장을 이유 없는 것으로 판단하였다.

결국 공정거래위원회는 이상의 사실에 근거하여 유니버설 뮤직을 포함한 13개 음원유통사업자들의 합의가 독점규제법 제40조(구법 19조) 제1항 제2호를 위반하는 부당한 공동행위에 해당하는 것으로 판단하고, 위법행위의 금지와 과징금을 부과하는 내용의 시정명령을 내렸다.[6]

2. 법원의 판결

이상의 공정거래위원회 심결에 불복하는 취소소송이 제기되었으며, 특히 13개 음원유통사업자 중 온라인음악서비스사업을 영위하지 않고 있는 유니버설 뮤직은 당해 합의에 참가하지 않았기 때문에 자신을 공동행위자로 인정하여 내려진 처분은 위법하다는 취지로 소송을 제기하였다.

원심은 유니버설뮤직의 주장을 받아들이지 않고, 공정거래위원회의 판단을 유지하였다. 즉 1) 원고가 음원사업자들의 모임인 협의회 회원사로 회의에 참석하면서 Non-DRM 상품의 출시 조건 등에 관하여 적극적으로 의견을 개진하여 왔던 점, 2) 온라인 음악서비스 사업자와 음원사업자의 지위를 겸하는 엠넷미디어 주식회사 등 주요 4사가 먼저 곡수 무제한의 Non-DRM 상품에는 음원을 공급하지 않고 월 40곡 5,000원, 월 150곡 9,000원의 월정액 Non-DRM 상품에만 음원을 공급하기로 합의하였고, 그 후 개최된 협의회 회의에서 다른 음원사업자들도 위 합의에 가담하기로

---

6) 공정위 2011. 6. 29. 의결 제2011-085호.

하여 이 사건 합의가 이루어졌는데, 원고가 비록 위 회의에 참석하지는 않았으나 그 합의 내용을 알고 있었고, 이 사건 합의를 수용할 필요도 있었던 점, 3) 원고가 영국 본사의 지시를 받아 사업 운영을 한다는 점만으로 이 사건 합의에 가담하지 않았다고 단정하기 어려운 점, 4) 원고는 이 사건 합의에 가담한 다른 음원사업자들과 마찬가지로 곡수 제한 Non-DRM 상품에 대한 음원 공급계약을 체결하고 음원을 공급하였던 점 등에 근거하여 유니버설뮤직이 합의에 참여한 사실을 인정하였다. 다만 시정명령이 합의와 무관하게 조건을 달아 음원을 공급하는 행위 자체를 금지한 것은 비례의 원칙에 반한다는 원고의 주장을 받아들임으로써 원고 일부승소의 판결을 내렸다.[7]

동 판결의 상고심에서 대법원은 원심의 판단을 번복하였는데, 1) 이 사건 합의를 주도한 주요 4개사가 음원사업자와 온라인 음악서비스 사업자의 지위를 겸하고 있는 것과 달리 원고는 음원사업자의 지위만을 가지고 있어 반드시 공동의 이해관계를 가졌다고 할 수 없어 이 사건 합의에 가담할 유인도 동일하다고 할 것만은 아니라는 점, 2) 원고는 협의회 회원사로서 회의에 참석하여 의견을 개진하기는 하였으나, 한국에서 Non-DRM 상품에 음원을 공급할 경우 전세계 시장에서의 원고의 음원 유통에 혼란이 발생할 우려 및 음원 가치 하락 등을 이유로 줄곧 Non-DRM 상품에 대한 음원 공급에 반대하는 태도를 견지하여 온 점에 비추어 이 사건 합의가 원고의 기존의 입장과 부합한다고는 볼 수 없는 측면이 있는 점, 3) 원고는 피고가 이 사건 합의가 이루어진 시점으로 판단한 주요 4개사 합의 직후에 있었던 협의회 회의에 불참하였을 뿐 아니라 그 후 개최된 협의회 회의에서 다른 음원사업자들이 원고도 이 사건 합의에 가담하였는지 여부 등에 관하여 의문을 제기하기까지 하였고, 이에 원고의 신임 대표이사가 모든 의사결정은 영국 본사의 승인이 필요하다는 취지로 대답하였던 점,

---

7) 서울고법 2012. 7. 5. 선고 2011누25878 판결.

4) 이후 원고도 다른 음원사업자와 마찬가지로 곡수 등을 제한한 Non-DRM 상품에 대하여 음원 공급계약을 체결하였지만, 이는 당시의 시장 상황 등을 고려하여 본사와의 협의 끝에 이루어진 경영 판단에 의한 것이라고 볼 여지도 충분하다고 보이는 점 등에 근거하여 원고가 음원사업자의 공동행위에 참가한 사실을 인정하지 않았다. 결국 대법원은 공동행위 합의에 관한 원심의 법리 오해를 지적하면서, 원심을 파기·환송하는 판결을 내렸다.[8]

3. 대법원 판결의 의의

(1) 의사 연결의 상호성의 구체화

이상의 대법원 판결은 공동행위의 본질에 대한 이해에 기초한다. 즉 "「독점규제 및 공정거래에 관한 법률」 제19조 제1항이 금지하는 '부당한 공동행위'는 '부당하게 경쟁을 제한하는 행위에 대한 합의'로서 이때 '합의'에는 명시적 합의뿐만 아니라 묵시적인 합의도 포함된다고 할 것이지만, 이는 둘 이상 사업자 사이의 의사의 연락이 있을 것을 본질로 하므로 단지 위 규정 각 호에 열거된 '부당한 공동행위'가 있었던 것과 일치하는 외형이 존재한다고 하여 당연히 합의가 있었다고 인정할 수는 없고 사업자 간 의사연결의 상호성을 인정할 만한 사정에 대한 증명이 있어야 하며, 그에 대한 증명책임은 그러한 합의를 이유로 시정조치 등을 명하는 피고에게 있다"고 판시하고 있다.

이에 의하면, 공동행위는 실행행위를 요하지 않고 합의만으로 성립하며, 행위자 사이에 의사의 연락은 합의의 본질적 요소에 해당한다. 따라서 합의가 인정되기 위해서는 행위자 상호간 의사의 연락이 존재하여야 하는데, 이와 관련하여 동 판결은 행위자 간 의사 연결의 상호성을 인정할 만

---

8) 대법원 2013. 11. 28. 선고 2012두17421 판결.

한 사정에 대한 증명을 요구함으로써 의사 연락의 의미를 의사 연결의 상호성에 기초하여 이해하고 있음을 보여주고 있다.[9] 즉 동 판결에서 공동행위에 있어서 행위자 간 의사의 연락은 의사 연결이 상호적으로 이루어지고 있음을 의미하며, 따라서 의사연결의 상호성은 공동행위 성립의 결정적인 요소가 된다.

이러한 맥락에서 동 판결은 원고가 독자적으로 행위할 가능성이 충분하다는 점을 언급하면서 "원고가 이 사건 합의의 내용을 알고 있었고 이를 수용할 필요도 있었으며, 결국 곡수 등을 제한한 Non-DRM 상품에 대해서만 음원공급계약을 체결하였다고 하더라도, 원고와 다른 음원사업자들 사이에 그와 같은 내용의 음원 공급에 관하여 묵시적이나마 의사의 일치가 있었다는 점이 증명되었다고 보기는 어렵다 할 것"이라는 결론을 도출하고 있다. 이러한 판단 과정은 대법원이 의사 연결의 상호성을 구체적으로 어떻게 이해하고 있는지를 보여준다. 동 판결에서 상호성을 부정하게 된 결정적인 계기는 원고인 유니버설 뮤직이 다른 공동행위 참가자와 차별화될 수 있는 고유한 이해관계를 가지고 있고 독자적으로 행위 할 여지가 충분하다는 점이었는데, 이러한 판단에서 의사 연결의 상호성은 독자적인 행위 가능성에 대비되는 개념으로서 구체화된다.

(2) 비판적 논의

동 판결에 대한 평석은 대체로 합의 사실 인정에 있어서 대법원이 엄격한 태도를 취하고 있는 것에 초점을 맞추고, 이러한 태도가 타당한지를 논의의 주제로 삼고 있다. 예를 들어 사실 인정이 필요 이상으로 엄격한 것은 옳지 않으며, 공정거래 사건에 형사소송에서 요구되는 합리적 의심 없는 정도의 입증을 요구하는 대법원의 태도는 행정적 임의조사에 기반하는

---

9) 동 판결은 '의사 연락'을 일방적이 아닌 상호적인 의사 연결을 의미하는 개념으로 이해하고 있는 것으로 보인다.

공정거래위원회 법집행의 한계에 비추어 과도한 것이라는 비판이[10] 제기
되었고, 또한 합의의 요건을 엄격하게 판단한 동 판결은 향후 공동행위 사
건의 심리에 중요한 영향을 미칠 것이라는 전망도[11] 유력하였다.

물론 합의의 입증이 어느 정도 수준에서 요구되는지는 중요한 문제이
며, 동 판결은 공동행위 사건에서 합의의 입증 정도에 관한 일정한 기준을
제시하고 있다는 점에서 이 부분에 논의가 집중될 수밖에 없었을 것이다.
독점규제법 위반행위에 대한 처분의 취소소송에서 행정소송법 제8조 제2
항의 "행정소송에 관하여 이 법에 특별한 규정이 없는 사항에 대하여는
법원조직법과 민사소송법 및 민사집행법의 규정을 준용한다"는 규정에 근
거하여 민사소송에서의 증명의 정도를 원용할 것인지,[12] 형사소송과 동일
하게 합리적 의심을 배제하는 수준에서의 입증을 요구할 것인지는 그 자
체로 논쟁적이다. 또한 미국의 일부 행정소송에서 채택되고 있는 것과 같
이, 민사소송에서의 우월한 증명(preponderance of the evidence)이나 형
사소송에서의 엄격한 증명(beyond a reasonable doubt)의 중간적인 수준
에서 명백한 증명(clear and convincing evidence) 원칙의 적용을 정책적
으로 고려할 수도 있을 것이다.[13] 이와 같은 논쟁적 상황에서 대법원은,
비록 명시적으로 증명 수준에 관한 언급을 한 것은 아니지만, 엄격한 증명
의 원칙에 가까운 입장을 취한 것으로 보이며, 이에 대한 긍·부정의 비판
은 공정거래 사건에서 입증의 정도를 어떻게 정할지에 관한 일반적인 논
의로 확장될 것이다.

---

10) 이황, "정보교환의 담합 여부에 관한 대법원 판례와 여운", 법률신문, 2016. 1. 22.
11) 정재훈, 주 3)의 글, 135면.
12) 대법원은 "민사소송에서 사실의 증명은 추호의 의혹도 있어서는 아니 되는 자연
   과학적 증명은 아니나, 특별한 사정이 없는 한 경험칙에 비추어 모든 증거를 종합
   검토하여 어떠한 사실이 있었다는 점을 시인할 수 있는 고도의 개연성을 증명하
   는 것이고, 그 판정은 통상인이라면 의심을 품지 않을 정도일 것을 필요로 한다"
   고 보고 있다. 대법원 2010. 10. 28. 선고 2008다6755 판결.
13) 홍명수, "행정소송과 형사소송에서 독점규제법 위반사건의 비교 검토", 경제법연
   구 제14권 제3호, 2015, 280면 이하 참조.

이러한 논의가 갖는 법리적, 실무적 측면에서의 중요성을 부인할 수 없지만, 다른 한편으로 동 판결에서 요구된 증명 원칙의 구체적 적용은 합의의 본질적 요소로서 의사 연결의 상호성 개념을 대상으로 이루어지고 있다는 점도 눈여겨볼 부분이다. 전술한 것처럼 동 판결은 의사 연결의 상호성을 독자적 행위 가능성 측면에서 구체화하고 있으며, 이와 같은 내용적 확충은 입증 책임을 부담하는 규제 기관이 증명해야 할 범위를 정하는데 영향을 미치게 될 것이다. 따라서 동 판결은 엄격한 증명을 요구하는 입증 원칙을 제시한 것뿐만 아니라 상호성 개념의 구체화를 통하여 입증 대상을 명확히 하였다는 점에서도 의의가 있으며, 이러한 점에서 동 판결에 대한 논의는 합의의 본질적 요소로서 판결에서 제시된 상호성의 개념적 이해의 문제로 확장될 필요도 있을 것이다. 즉 동 판결에서 합의의 요소인 의사 연결의 상호성의 부재를 구체적인 합의의 부존재의 근거로 삼아 공동행위의 성립을 부인한 것은 대법원이 확고하게 유지하고 있는 상호성 나아가 합의에 대한 이해에 기초하고 있으며, 이러한 이해가 논리적 타당성을 갖고 있는지 그리고 경쟁정책적으로 바람직한지에 관한 논의가 추가될 필요가 있다.

III. 상호성의 법적 의의

1. 성립 요건으로서 상호성의 이론적 근거

유니버설 뮤직 사건에서 대법원이 의사 연결의 상호성을 성립 요건으로 이해하고, 상호성의 존부를 공동행위 성립 여부의 결정적인 근거로 삼은 것과 관련하여, 동 판결이 이러한 법리를 제시한 구체적인 맥락이 합의의 범위에 관련되고 있다는 점에도 주의를 기울일 필요가 있다. 즉 "합의에

304 _ 경제법론 V

는 명시적 합의뿐만 아니라 묵시적인 합의도 포함된다고 할 것이지만, 이
는 둘 이상 사업자 사이의 의사의 연락이 있을 것을 본질로 하므로 단지
위 규정 각 호에 열거된 '부당한 공동행위'가 있었던 것과 일치하는 외형
이 존재한다고 하여 당연히 합의가 있었다고 인정할 수는 없(다)"고 판시
하였는데, 동 판결에서 합의가 묵시적 합의를 포함한다는 언급은 합의의
범위, 즉 규제 대상이 되는 공동행위의 범위를 시사한다.[14] 또한 이때 본
질적 요소로서 언급된 의사 연결의 상호성은 공동행위의 경계를 정하는데
기초가 될 것이다. 독점규제법 제19조 제1항이나 EU기능조약 제101조에
서 합의는 계약적 합의에 한정하지 않는 개방적인 방식으로 규정되어 있
으므로 단독행위와 구별될 수 있는 기준의 제시가 불가피할 것이고, 동 판
결에서 의사 연결의 상호성은 이러한 기준으로서 의미를 갖는다.

우선 의사 연결의 상호성이 합의 내지 공동행위의 범위를 정하는 기준
으로 적절한 것인지는 합의에 대한 이해에 달려있을 것이다. 복수 사업자
가 참여한 행위인 공동행위를 의미하는 합의는 단독행위, 보다 구체적으
로 단순히 유사한 행위가 병행적으로 나타나는 병행행위와 구별된다. 독
점규제법 제40조 제1항 본문은 "다른 사업자와 공동으로 부당하게 경쟁을
제한하는 다음 각 호의 어느 하나에 해당하는 행위를 할 것을 합의"한 행
위를 규제 대상으로 정하고 있는데, 동 규정에서 합의는 행태적으로 '다른
사업자와 공동으로'일 것이 요구된다. 복수의 사업자가 유사한 행위를 단
독으로 행한 경우를 공동행위로 규제할 수 없다는 것은 당연하지만, 이러
한 경우가 동 규정에 포섭되지 않도록 하기 위해서는 공동행위 주체 간에
합의의 의미를 명확히 할 필요가 있으며, 특히 이에 의하여 일방적 또는
독자적 행위가 포함될 가능성이 배제되어야 한다. 이러한 관점에서 의사
연결의 상호성은 합의의 적절한 개념적 요소로 기능할 수 있다. 우선 이와

---

14) 독점규제법 제40조 제5항에 의한 추정의 대상이 되는 합의는 제40조 제1항에 해
  당하는 합의를 의미하므로, 이론적으로 보면 제40조 제5항에 의하여 합의의 외연
  이 확장되는 것은 아니다.

같은 개념적 이해에 의할 경우에, 일방적 또는 독자적 행위가 비록 복수 사업자 간 외형적 일치가 존재하는 경우에도 독점규제법 제40조 제1항에 의한 공동행위 규제에 포섭될 여지는 주어지지 않을 것이다. 또한 판례가 '의사 연결의 상호성'이라고 표현하는 것에서 확인할 수 있듯이, 상호성의 정도를 의사가 연결되는 정도로 이해하고 계약법상 의사의 합치에 이르는 수준 또는 계약은 아니더라도 합의 참가자 간에 상호구속성이 존재하는 수준일 것을 요구하지 않는 한,15) 상호성을 요구하는 것만으로 규제 대상 이 되는 공동행위의 범위가 지나치게 축소되는 우려는 크지 않을 것이다. 무엇보다 공동행위로서 합의는 복수의 사업자 간의 교감 하에 일정한 행위를 지향하는 주관적 상태이며, 이러한 합의의 행태적 특징을 상호성 개념이 적절히 반영할 수 있다는 점은 의사 연결의 상호성을 합의의 개념 요소로 이해하는 것의 타당성을 뒷받침한다.

그러나 합의의 개념 요소로서 상호성의 타당성을 인정하더라도, 상호성의 내용적 함의를 결정하는 것은 또 다른 문제로 남는다. 이와 관련하여 유니버설 뮤직 판결에서 의사 연결의 상호성을 인정할 만한 사정의 증명을 요구하고, 구체적으로 당해 사건에서 이를 부인한 판단 과정을 참고할 수 있다. 앞에서 살펴본 것처럼 동 판결은 이러한 증명을 부인하는 근거로서 행위자가 독자적으로 행위 할 가능성이 충분하다는 점을 들고 있는데, 이러한 판단은 독자적이지 않은 방식으로 행위가 이루어졌을 때 의사 연결의 상호성이 인정될 수 있음을 시사하는 것이기도 하다. 즉 행위 결정에 다른 합의 참가자들과 연결된 의사보다 행위자의 독자적인 판단이 우월하게 작용하였다는 것은 행위의 이면에 의사 연결의 상호성이 존재하지 않는다는 것을 의미하며, 결국 합의 존재의 부인으로 이어질 것이다. 이러한 판단 구조 하에서 의사 연결의 상호성은 내용적으로 독자적 행위 가능성의 반대 개념으로 구성되며, 행위의 결정 과정에 대한 분석을 통하여 구체

---

15) 정호열, 경제법, 박영사, 2012, 338-339면.

화된다.

합의의 본질적 요소로서 의사 연결의 상호성을 전제할 경우에 이러한 입론은 충분히 가능한 것으로 보인다. 그러나 이러한 논의를 전개함에 있어서 행위자는 그가 속한 시장의 특성에 따른, 특히 대부분의 시장 구조로 정착되고 있는 과점적 구조 하에서 전략적으로 행위한다는 점에도 주의를 기울일 필요가 있다. 즉 독자적 행위 가능성을 의사 결정 과정에 초점을 맞추어 형식적으로 파악하기 보다는 이윤을 추구하는 합리적 행위자의 가정 하에 전략적으로 행동하는 과정을 실질적으로 파악하는 것이 구체적인 거래와 경쟁 과정의 실제에 부합하는 것일 수 있다. 이러한 관점이 반영될 경우에, 전략적 상황에 대한 상호 인식과 이러한 상황에서 행위자가 어떠한 내용과 방식으로 결정을 하고 있는지도 중요한 고려 요소가 될 것이다.[16]

또한 상호성 판단이 부당 공동행위를 규제하는 경쟁법의 취지 그리고 이를 실현하는 법적 근거로서 독점규제법 제40조 제1항의 규정 안에서 이루어져야 한다는 점도 염두에 두어야 한다. 동 규정에서 합의의 대상은 각 호에 해당하는 행위를 하는 것이며, 이때 합의가 경쟁 제한적일 경우에 위법한 행위로서 동 규정에 의한 규제 대상으로 확정된다. 경성 카르텔이든 연성 카르텔이든 간에 공동행위는 경쟁제한성이 있을 경우에 한하여 독점규제법에 의한 규제 대상이 되며, 합의의 경쟁제한성은 행위의 위법성을 징표한다. 따라서 합의의 경쟁제한성은 기본적으로 합의에 대한 위법 평가에 관련된 개념으로 볼 수 있지만, 행위 측면에서 고려될 여지가 전혀 없는 것은 아니다. 수평적 공동행위를 전제할 경우 합의에 참가하는 사업자들 간에는 경쟁관계가 존재하며, 이들 간에 합의는 행위의 특수한 실현

---

16) 대법원은 화장지 제조업자들의 공동행위에 대한 법 제19조 제5항의 추정 조항(개정 전)의 적용과 관련하여, 4차례에 걸친 가격 변동에 있어서 2차 및 3차 인상의 경우 사업자들 간 가격동조화 경험이 누적된 상황에서 추종기업이 일방적으로 가격 모방을 행한 것으로 볼 수 없으며, 따라서 독점규제법 제19조 제5항에 의한 추정이 가능한 것으로 판단하였다. 대법원 2002. 5. 28. 선고 2000두1386 판결.

방식을 대표한다.17) 즉 개별적·독립적이 아닌 공동적인 방식으로 실행하는 것이 경쟁법에서 규제하는 합의의 대상이 되는 것이고, 이때 공동적인 방식은 경쟁을 하지 않는다는 함의를 갖는 것이다. 이러한 점에서 부당 공동행위에서 경쟁제한은 위법성을 징표할 뿐만 아니라 행위의 사실적 측면을 특징짓는 표지로서도 기능한다. 합의 참가자 간에 의사 연결의 상호성 역시 이러한 실행 방식의 특수성을 반영하여야 한다. 경쟁의 관점에서 본다면, 합의 참가자 간에 공동으로 행위 한다는 것은 상호 간 경쟁을 회피하는 것으로도 볼 수 있으며, 따라서 의사 연결의 상호성은 내용적으로 경쟁 회피의 측면에서 파악할 수도 있을 것이다.

　이상의 의사 연결의 상호성의 내용에 관한 논의를 종합하면, 두 가지 관점에서 상호성의 내용에 대한 보완이 이루어질 필요가 있다. 즉 행위의 결정 과정의 분석을 통하여 독자적 행위 가능성에 대비되는 의미에서 상호성을 파악하는 것은 타당한 것으로 볼 수 있지만, 이때의 행위가 전략적 차원에서 이루어진다는 것 그리고 행위자는 경쟁 상황에 위치하고 있으며 이에 대한 일정한 태도가 드러나고 있다는 것이 상호성을 이해함에 있어서 고려되어야 한다. 이러한 보완이 이루어지지 않을 경우 독자적 행위 가능성에 초점을 맞춘 상호성 판단은 형식적인 것에 머무를 수 있다. 또한 앞서 언급한 보완적 요소들을 선택적으로 또는 종합적으로 고려함에 있어서, 이러한 논의가 동 판결이 전제한 것처럼 묵시적 합의까지 포함한 합의의 범위를 정하는 문제로부터 출발하였음을 상기할 필요가 있다. 의사 연결의 상호성을 어떻게 이해할 지의 문제는 부당 공동행위의 규제 대상이 되는 합의의 범위를 설정하는 문제와 필연적으로 관련되며, 이러한 관련성에 대한 이해가 논의의 전개 과정에서 유지되어야 한다.

---

17) 수직적 공동행위도 부당 공동행위로서 규제될 수 있다는 입장을 취할 경우(홍명수, "공정거래법 제19조 제1항의 해석과 수평적·수직적 공동행위의 규제 법리 고찰", 동아법학 제61호, 2013 참조), 수직적 공동행위도 수평적 공동행위와 경쟁 회피의 측면에서 본질적으로 동일하다.

2. 비교법적 검토

(1) Sherman법 제1조

부당 공동행위의 규제 대상인 합의의 범위를 정하는 문제는 각 나라의 경쟁법에서 공통적으로 직면하는 문제이다. 물론 이에 관한 논의가 의사 연결의 상호성 개념을 중심으로 전개되는 것은 아니지만, 합의의 개념과 범위에 관한 문제를 해결하는 과정에서 제시되고 있는 법리는 우리 판례에서 합의의 성립요건으로 언급되고 있는 의사 연결의 상호성을 이해함에 있어서도 의미 있는 시사점을 제공한다.

미국 반독점법에서 부당 공동행위는 Sherman법 제1조에 의하며, 동 조는 거래를 제한하는 계약(contract), 협력(combination), 공모(conspiracy) 행위를 위법한 것으로 규정하고 있다. 동 규정에서 제시하고 있는 세 가지 행위와 관련하여, 이를 구분하는 것이 불필요하다는 견해가 지배적이며,[18] 판례 역시 이 용어들을 상호 호환 가능한 것으로 사용하고, 일정한 구분을 의도한 것으로 보이지는 않는다.[19] 이들은 공통적으로 상호의존적 행위의 의미에서 의사의 연락(meeting of the minds)을[20] 본질적 속성으로 하며,[21] 합의(agreement)라는 개념으로 통합되고 있다.[22] 따라서 Sherman법 제1조에 의한 공동행위 규제는 합의에 초점을 맞추어 수행되어 왔지만, 이러한 태도에 대하여 제기되고 있는 비판도 참고할 만하다. 예를 들어 경

---

18) E. Thomas Sullivan & Jeffrey L. Harrison, Understanding Antitrust and Its Economic Implications 4. ed., LexicNexis, 2003, 179-180면.
19) Harold Friedman, Inc. v. Kroger Co., 581 F.2d 1066, 1072, n.3 (3d Cir. 1978).
20) Louis Kaplow, "On the Meaning of Horizontal Agreements in Competition Law", Harvard John M. Olin Center for Law, Economics, and Business, Discussion Paper No. 691, 2011, 20면.
21) E. Thomas Sullivan & Jeffrey L. Harrison, 주 18)의 책, 179면.
22) 합의(agreement)는 법문상 표현인 계약(contract), 협력(combination), 공모(conspiracy)에 구현된 종합 개념으로 이해된다. Louis Kaplow, 주 20)의 글, 18면.

쟁 기업 간 전략적 행위의 맥락에서는 거의 의미가 없는 common law 상의 합의 개념을 고수함으로써 과점에 대한 실효성 있는 규제를 행하지 못하게 되었다거나 합의에 집중하는 형식주의가 과점 시장에서의 비효율적인 행태에 대한 반독점법상 제재의 주된 장애요인이 되고 있다는 지적은[23] 합의에 집중하는 부당 공동행위 규제 방식에 의문을 갖게 한다. 그렇지만 Sherman법 제1조가 행위에 대한 제재 형식으로 이루어져 있고 형벌이 부과되는 범죄 조항으로서의 성격을 갖고 있으므로 규제 대상에 해당하는 행위를 명확히 할 필요가 있으며, 이를 위하여 합의의 개념이 제시되었다는 점에서 이러한 접근방식이 불가피한 것으로 볼 수도 있다.

합의에 초점을 맞출 경우에 당연히 이를 입증하는 문제가 뒤따르며, 특히 진술이나 문서 등에 의하여 직접적 입증이 가능하지 않은 암묵적(implied) 또는 묵시적(tacit) 합의의 경우 간접증거나 정황증거에 의한 입증이 요구될 것이다. 이때 묵시적 합의를 뒷받침하는 증거를 어떻게 받아들일지 여부는 합의의 존재를 인정하는 문제로 직결된다. 이러한 점에서 유사한 행위가 병행적으로 나타난 경우에 합의를 인정하기 위한 추가적 요소를 요구하는 인식 있는 병행행위(parallel behavior)에 관한 논의는 실질적으로 합의의 존재가 인정되는 최대한의 범위를 상정한다. 이와 관련하여 미국 연방대법원은 병행행위를 공동행위로 규제하기 위하여, 즉 합의를 인정하기 위하여 고려될 수 있는 추가적 요소들을 제시하였는데, 특히 그 출발점이 되었던 Interstate Circuit 사건은[24] 참고할 만하다. 연방대법원의 최종 판결에 이르기까지 확정된 사실은 8개 영화 배급업자들과 주요 영화 상영업자들이 영화관 입장료의 책정과 동시상영의 금지에 관하여 동일하게 행위 하였다는 것과 영화 상영업자인 Interstate Circuit이 영화 배급업자들에게 그들 대표자의 명의로 이와 같은 행위를 요구하는 편지를

23) Herbert Hovenkamp, Federal Antitrust Policly - The Law of Competition and Its Practice, West, 2011, 179면.
24) 391 U.S. 208(1939).

보냈다는 것이었다. 배급업자들과 영화 상영업자들 간에 공동으로 행위할 것에 대한 합의가 직접적인 증거에 의하여 입증되지 않은 상황에서, 법원은 공동으로 하지 않는 한 손해가 될 것이 분명한 요금 책정과 동시상영 포기를 개별 사업자가 한 것, 즉 합의가 없는 한 개별 사업자의 이윤극대화(profit-maximizations)와 모순되는 정황 증거는,[25] 합의를 추정할 수 있는 충분한 요소가 된다고 판결하였다. 이와 같이 개별 사업자의 인식 있는 행위 일치로부터 합의가 추정되고, 이를 위하여 법문에서 명문으로 요구하고 있지 않은 추가적 요소(plus factor)에 대한 고려가 결정적인 역할을 함으로써, 합의의 존재를 직접적인 증거를 통하여 입증하지 않은 경우에도 카르텔 규제가 가능한 법리가 형성되었다.[26] 동 판결이 제시한 추가적 요소들은, 1) 사업자들의 행위가 이전 행위와 급격히 달라진 것인지, 2) 사업자들이 그들 스스로 유사하게 행위하는 것으로 유인되고 있다는 것을 알고 있었는지, 3) 사업자들이 문제가 된 공모에 참여하는 것을 요구받았는지, 4) 각 사업자가 공동의 행위에 대한 실질적인 이윤 동기를 갖고 있었는지, 5) 사업자가 계획에 적극적으로 참여하고, 행위의 일치 또는 통일된 행동으로 나아갔는지, 6) 다른 모든 사업자들이 유사하게 따르지 않는다면 그 행위가 단일 사업자에게 이익이 되지 않는다는 의미에서 사업자들의 행동이 상호의존적인 행위를 대표하는지 등이다.[27] 앞에서 언급한

---

25) Herbert Hovenkamp, 주 23)의 책, 185-186면. 동 사건에서 8개 영화 배급업자들과 주요 영화 상영업자들이 영화관 입장료 책정과 동시상영 금지에 관하여 동일하게 행동한 것이 문제되었으며, 연방대법원은 합의의 존재가 직접적으로 밝혀지지 않았더라도(without the aid of direct testimony) 공동으로 하지 않는 한 손해가 될 것이 분명한 요금 책정과 동시상영 포기를 개별 사업자가 한 것은 합의를 추정할 수 있는 충분한 요소가 된다고 판결하였다.

26) 이 외에도 사업자들의 합의 입증의 곤란을 피하는 접근방식으로서, 불공정한 경쟁방법을 규제하고 사업자 간의 합의를 명시적으로 요구하지 않는 FTC법 제5조에 의하여 사업자들의 담합에 관련된 사건이 다루어졌다. 이에 관하여 Phillip E. Areeda, Antitrust Law Vol. VI, Little, Brown and Company, 1986, 243면 참조.

27) 391 U.S. 208(1939), 222-223.

것처럼 Interstate Circuit 판결은 병행행위로부터 합의를 추론하는 근거를 제시하였다는 점에서 의의가 있지만, 나아가 구체적인 근거들의 내용에도 주목을 요한다. 동 판결은 독립적 행위와 상호의존적 행위를 구분하고, 각각의 행위를 뒷받침할 수 있는 하는 정황들을 살펴봄으로써 최종적으로 합의의 존재를 추론하고 있다. 특히 주의를 기울일 부분은 개별적인 동일한 입장료 책정으로부터 곧바로 합의를 추론하거나 독립적으로 행위 하였음을 보여주는 개별 증거를 근거로 삼은 것이 아니라, 이익 극대화를 추구하는 사업자의 가정 하에 독립적으로 결정할 경우에 가능한 행위와 상호의존적인 상황에서 나타날 수 있는 행위의 대비를 통하여 결론을 도출한 것이다. 이러한 판단 과정은 경쟁 제한의 관점에서 합의를 규제하는 취지에 부합하고 또한 과점화된 시장에서 전략적으로 행동하는 행위자를 상정하고 있다는 점에서 의의가 있다.

(2) EU기능조약 제101조

EU 경쟁법상 부당 공동행위 규제는 EU기능조약 제101조 제1항에 의한다. 동 조항이 부당 공동행위로 규정하고 있는 행위는 합의(agreements), 사업자 단체의 결의(decisions by associations), 동조적 행위(concerted practices)이며, 구체적인 행위가 이에 해당하고 경쟁제한적일 경우에 (prevention, restriction or distortion of competition) 규제 대상이 된다. 따라서 구체적으로 문제가 되고 있는 행위가 동 규정에서 정하고 있는 각 행위에 해당하는지가 선행적으로 다루어지게 된다. 이와 관련하여 미국 Sherman법 제1조의 경우와 유사하게 각 행위, 특히 보다 특수한 형태인 결의를 제외하고 합의와 동조적 행위 간에 엄밀한 구분에 회의적인 시각도 존재한다. 합의가 종료되고 동조적 행위가 시작되는 정확한 지점을 정하는 것에서 어떠한 의미를 찾기는 어렵다는 지적이 유력하며,[28) 실무적

---

28) 이는 Advocate General Reischl의 언급이다. Richard Whish & David Bailey,

으로도 양자의 엄밀한 구분 없이 '합의 또는 동조적 행위'와 같은 종합적 유형화(joing classification)가 활용되고 있다.[29] 위원회가 행한 이러한 접근방식은 유럽법원에 의해서도 수용되고 있는데, 간접적인 정보교환의 방식으로 경쟁자간 협력을 한 Anic 사건,[30] Asnef-Equifax 사건[31] 등에서 유럽법원은 문제가 되고 있는 협력(cooperation)을 사업자단체의 동조적 행위, 합의 또는 결정으로 특징지을 필요는 없다는 결론을 내렸다.

그렇지만 종합적으로 접근하려는 실무의 경향과는 별개로 합의와 동조적 행위에 대한 각각의 정의가 이루어지고 있으며, 이러한 개념적 이해는 합의와 동조적 행위를 포괄하는 넓은 의미에서의 합의의 범위를 정하는데 기초가 될 수 있다. Bayer AG 사건에서 합의 개념은 "적어도 두 당사자 간 의사 일치(concurrence of wills)를 중심으로 일이 진행되고, 그것이 당사자의 의사를 신뢰할 수 있을 만한 표현으로 이루어지는 경우 드러난 형식은 중요하지 않다"고[32] 제시되었다. 동 판결에서 제시된 합의 개념은 의사 일치를 핵심으로 하며, 그밖에 형식을 요구하지는 않는다. 이에 비하여 동조적 행위는 개념적으로 공동행위로서 규제 대상의 확장을 의도하고 있다. 동조적 행위에 관해서는 Suiker Unie 판결에서 제시된 개념이 널리 원용되고 있다. 이에 의하면, 동조적 행위는 "본질적으로 합의의 성립에 이르지 않았지만, 의식적으로 위험을 수반하는 경쟁의 위험을 대체하기 위하여 실제적으로 협력하는 사업자들 간 조정의 형태"로[33] 이해된다. 수평적 공동행위 가이드라인(Guidelines on horizontal cooperation agreements)

Competition Law, Oxford Univ. press, 2012, 102면.
29) 위의 책, 102-103면 참조.
30) Case C-49/92 [1999] ECR I-4125.
31) Case C-238/05 [2006] ECR II-2707.
32) Case T-41/96 [2000] ECR II-3383, para. 69.
33) Case 40/73, Suiker Unie & Others v. Commission, ECJ [1975] 1663, para. 26. 동 판시사항에 대한 설명으로, Knut Werner Lange hrsg., Handbuch zum deutschen und europäischen Kartellrecht 2. aufl., Verlag Recht und Wirtschaft GmbH, 2006, 44면(Knut Werner Lange 집필부분) 참조.

역시 동 판결에서의 정의를 수용하여 조정(coordination)과 협력(cooperation)을 동조적 행위의 필수적 요건으로 규정하고 있는데,[34] 이러한 이해는 정보교환의 경우 전략적 불확실성을 감소시킬 경우에 동조적 행위로 평가될 가능성을 제공한다는 점에서도 실질적 의의를 찾을 수 있다.[35]

이상의 정의에서 명시적으로 언급한 것처럼, 동조적 행위는 합의가 성립되지 않은 경우를 대상으로 하며, 이로써 넓은 의미에서의 합의에 포함되는 범위가 정해진다.[36] 이러한 개념 정의는 좁은 의미에서의 합의 개념을 넘어서 공동행위로 규제할 수 있는 범위의 확장을 의도한 것이라는 점에서 의의를 찾을 수 있을 것이다. 나아가 동 개념에 경쟁에 대한 일정한 태도가 수용되고 있다는 점에도 주목을 요한다. '의식적으로 경쟁의 위험을 대체하는 것'(Knowingly substitutes for the risks of competition)은 공동행위에 참가한 사업자의 조정의 목적으로 제시된 것이며, 사업자 상호 간 경쟁을 하지 않는다는 것을 의미하는 것이기 때문에 본질적으로 상호적인 성격을 갖는다. 이러한 점에서 동조적 행위에서 개념적으로 요구되는 상호성은 경쟁 회피적인 내용으로 구성되며, EU 경쟁법에서 동조적 행위가 공동행위(합의)의 외연을 이루고 있다는 점을 감안하면, 이는 규제 대상이 되는 합의의 본질적 요소로서 이해될 수 있을 것이다.

---

34) Guidelines, para. 60.
35) 사업자들 간의 정보교환을 동조적 행위의 핵심적 표지인 조정의 대표적 예로 이해하는 것으로, Fritz Rittner & Meinrad Dreher, Europäisches und deutsches Wirtschaftsrecht 3. aufl., C.F.Müller, 2008, 428면 참조.
36) 명시적으로 동조적 행위를 합의의 한 형태로 규정하고 있는 EU기능조약과 달리 이러한 유형을 합의의 형태로서 법정하지 않은 독점규제법 제19조 제1항의 적용에 있는 동조적 행위의 개념적 논의가 갖는 한계를 지적할 수 있다. 그러나 제19조 제1항이 합의의 개방적 형식을 취함으로써 공동행위에 해당하는 합의를 폭넓게 인정할 수 있는 여지를 제공하고 있는 점이나 제19조 제5항 추정 규정의 추정 요건으로서 개연성 있는 제반 사정에 대한 고려가 동조적 행위에 해당하는 행위의 고려 요소와 유사하다는 점 등은 이러한 논의가 독점규제법에서도 유효할 수 있는 근거가 될 것이다. 정재훈, 공정거래법 소송실무, 육법사, 2014, 58면, 권오승·서정, 독점규제법-이론과 실무, 법문사, 2016, 291-292면 참조.

Ⅳ. 상호성의 경쟁정책적 의의

1. 경쟁정책적 영향

의사 연결의 상호성을 합의의 개념적 요소로 파악할 경우에, 이러한 태도가 경쟁정책적으로 어떠한 영향을 미칠지, 즉 규제 대상이 어느 범위에서 결정될지는 기본적으로 의사 연결의 상호성을 어떻게 판단할지에 달려 있다. 대법원이 취하고 있는 것처럼, 의사 연결의 상호성을 사업자의 독자적 행위 가능성의 관점에서 형식적으로 이해한다면, 유니버설 뮤직 판결의 결론이 시사하듯이 의사 연결의 상호성의 부존재로 인하여 공동행위가 성립할 가능성은 줄어들 것이다. 앞에서 살펴본 것처럼, 유니버설 뮤직 판결에서 대법원은 독자적 행위 가능성이 충분할 경우에 상호성은 인정되지 않는다고 보았는데, 이러한 판단에서 본사와의 협의를 통하여 독자적인 의사 결정에 초점이 주어진 대신 시장에서 다른 행위 참가자들 사이에 성립된 합의의 내용과 동일한 행동을 취한 것은 부차적인 것으로 다루어졌다. 이와 같은 입장은 후속 판결에도 이어지고 있는데, 정보교환의 문제가 주요 쟁점의 하나였던 16개 보험회사의 공동행위 사건에서[37] 대법원은 "경쟁 사업자들이 가격 등 주요 경쟁요소에 관한 정보를 교환한 경우에, 그 정보 교환은 가격 결정 등의 의사결정에 관한 불확실성을 제거하여 담합을 용이하게 하거나 촉진할 수 있는 수단이 될 수 있으므로 사업자 사이의 의사연결의 상호성을 인정할 수 있는 유력한 자료가 될 수 있지만, 그렇다고 하더라도 그 정보 교환 사실만으로 부당하게 경쟁을 제한하는 행위에 대한 합의가 있다고 단정할 수는 없고, 관련 시장의 구조와 특성, 교환된 정보의 성질·내용, 정보 교환의 주체 및 시기와 방법, 정보 교환의 목적과 의도, 정보 교환 후의 가격·산출량 등의 사업자 간 외형상 일치 여

---

37) 대법원 2014. 7. 24. 선고 2013두16951 판결.

부 내지 차이의 정도 및 그에 관한 의사결정 과정·내용, 그 밖에 정보 교환이 시장에 미치는 영향 등의 모든 사정을 종합적으로 고려하여 위 합의가 있는지를 판단하여야 한다"고 보았으며, 이에 기초하여 당해 사건에서 "16개 생명보험회사 사이에 미래의 예정이율 및 공시이율 등에 관한 정보 교환행위가 있었다는 사정만으로 막바로 부당한 공동행위를 한 것이라고 볼 수는 없고, 원고 등 16개 생명보험회사가 2001년부터 2006년까지 정보 교환행위를 통해 각자의 이율을 결정하여 왔다는 사정만으로 그들 사이에 '공동으로 예정이율 등을 결정'하기로 하는 합의가 있었다고 인정할 증거가 부족하다는 등의 이유를 들어", 공동행위 성립을 부인하였다. 동 사건에서 대법원은 유니버설 뮤직 판결에서 취했던 태도를 유지하고 있는데, 보험회사들의 예정이율 등의 결정 행위가 단지 독립적으로 이루어졌는지 측면에서 검토하였을 뿐, 이러한 행위가 경쟁의 의도적 회피로서 전략적 판단에 따른 것이었는지 등에 대한 고려는 없었다.

  이상의 판결에서처럼 대법원이 상호성 판단 원칙을 엄격하게 유지할 경우에 합의가 이루어지고 있는 상황을 전략적으로 이용하거나 또는 경쟁 상황을 의도적으로 회피하는 사업자의 행위는 독자적 판단에 의한 행위로 판단될 수 있고, 따라서 공동행위의 규제 대상에서 배제될 것이라는 예상을 가능케 한다. 그렇지만 전술한 것처럼 의사 연결의 상호성 판단에서 전략적 행위자를 전제할 경우에, 상이한 결론으로 이어질 수 있다는 점에도 주의를 기울일 필요가 있다. 과점 시장에서는 행위자가 전략적으로 행동할 것이란 합리적 예측이 가능하며, 이를 염두에 둘 경우에 행태적으로 드러나는 의사 결정 과정의 독자성이 아니라 다른 행위자의 행동에 보조를 맞출지에 관한 전략적인 판단이 중요한 지표가 될 것이다. Interstate Circuit 판결이 시사한 것처럼, 합의를 지키지 않을 경우에 보다 큰 이윤이 보장될 수 있는 상황에서 합의된 수준을 따르는 행위는 합의를 수용하는 전략적 결정으로 볼 수 있고, 따라서 합의가 없었거나 합의를 따르지 않을 경우의 이윤극대화적 행위와 합의가 존재하거나 이를 따를 경우의 이윤극대화 행위의 비교를 합의 추론의 근거로 원용할 수도 있을 것이다. 또한 경쟁에 대한 일정한 태도를 상호성 판단에서 적극적으로 고려할 경우에도 유사한 결론에 이를 것이다. EU 경쟁법에서 확인한 것처럼, 합의의 외연을 이루는 동조적 행위는 경쟁의 의도적 회피를 상정한다. Dyestuffs 사건에서 유럽법원의 판결을[38] 인용하면, 동조적 행위는 "경쟁의 위험을 실제적 협력으로 대체하는 것"을 의미한다. 유니버설 뮤직 사건에서 유니버설 뮤직의 행위는 실질적으로 독자적인 판단에 의해 기존 합의 참가자들과의 경쟁 대신 이들에게 협력할 것을 선택한 결과로 볼 수 있으며, 이때 경쟁을 대신하는 일정한 협력은 본질적으로 합의 참가자에 대하여 상호적인 성격을 갖는 것이다. 이상의 고려를 행할 경우에 의사 연결의 상호성이 인정될 여지는 커지고, 공동행위로서 규제되는 대상도 확대될 것이다.

의사 연결의 상호성에 관한 대법원의 이해를 따를 경우에, 공동행위로서 규제될 필요가 충분한 일정한 유형들이 합의 개념에 포섭될 수 있는지도 살펴보아야 할 문제이다. 이와 관련하여 간접적 공동행위의 규제 가능성에 관한 문제가 제기될 수 있다. 예를 들어 도매상과 소매상의 공동행위가 문제가 된 사건에서 영국 항소법원은 "소매상(A)이 자신이 제공한 장래 가격에 관한 정보를 공급자(B)가 시장 조건에 영향을 미치기 위하여 행사할 것이 합리적으로 예상될 수 있는 상황에서 그 공급자(B)에게 정보를 제공하였고, 당해 공급자(B)가 그 정보를 다른 소매상(C)에게 전달하였다면, A, B, C 모두는 경쟁을 제한하는 동조적 행위(concerted practice)의 당사자가 된다"고[39] 판시한 것을 참고할 만하다. 동 판결은 하류에 위치한 사업자들 간에 직접적인 의사교환이 없는 경우에도 어느 사업자가 자신이 제공한 정보를 상류에 있는 사업자가 시장 조건에 영향을 미칠 의도로 활용할 것이 예상되는 상황에서 정보 제공을 하고, 실제로 상류 사업자가 당해 정보를 제공한 사업자의 경쟁사업자에게 전달한 경우에 전체로서

38) Case 48/69 [1972] ECR 619, para. 64.
39) EWCA Civ 1318. para. 91.

공동행위는 성립하는 것으로 보았다.[40] 동 사건의 쟁점은 기본적으로 간접적인 의사교환의 경우에 수평적 공동행위의 성립에 관한 것이며, 이때 수직적 위치에 있는 사업자가 정보를 취합하고 제공하는 식으로 의사교환을 매개한 행태는 전체적인 공동행위 성립에 결정적인 요인이 되었다.[41] 이러한 행위는 경쟁 상황에서 기대되는 것에 반하는 부정적 효과를 낳을 수 있다는 점에서 공동행위로서의 규제가 타당한 것으로 볼 수 있을 것이다. 그렇지만 의사 연결의 상호성을 독자적 행위 가능성에 초점을 맞추어 형식적으로 파악하는 대법원의 입장에서 간접적으로 이루어지는 의사 교환 행태가 포섭될 수 있을지는 의문으로 남는다.

2. 과소집행의 문제

이상의 논의를 종합하면, 합의의 개념적 요소로서 의사 연결의 상호성을 독자적 행위 가능성의 관점에서 형식적으로 파악하고 있는 대법원의 입장을 취할 경우에, 부당 공동행위로서 규제되는 대상의 범위는 줄어들게 될 것이다. 물론 규제 범위의 축소가 그 자체로 문제될 것은 아니며, 경쟁정책적으로 평가되어야 할 문제임은 분명하다. 일반적으로 경쟁법 집행과 관련하여 과다집행과 과소집행의 상반되는 우려가 존재한다.

과다집행(false positive)은 규제기관이나 법원이 실제 경쟁촉진적 행위임에도 불구하고 이를 반경쟁적 행위로 잘못 판단하는 경우에 발생한다. 이에 따른 집행은 피규제자인 사업자에게 손해를 미칠 뿐만 아니라 소비자의 권리도 침해할 수 있다.[42] 반면 과소집행(false negative)은 규제기관

---

40) Ariel Ezrachi, EU Competition Law, Hart Publishing, 2010, 122면 참조.

41) Richard Whish는 동 사안에서 수평적 합의의 성격은 상류시장에 있는 제조업자의 매개를 통한 유통업자들의 간접적 합의로부터 도출되는 것으로 이해하고 있다. Richard Whish, Competition Law, Oxford Univ. Press, 2009, 332면.

42) Richard Whish & David Bailey, 주 28)의 책, 193면.

이나 법원이 반경쟁적 행위가 경쟁법에 반하지 않는 것으로 잘못 판단하는 경우를 의미한다. 이러한 판단은 위법행위에 대한 적절한 규제를 방해함으로써 소비자의 이익에 반하는 결과를 낳게 된다.[43] 사실 과다집행과 과소집행의 문제는 모든 규제 영역에서 나타나는 것이고, 경쟁법 영역에 특유한 현상은 아니다. 어느 경우이든 그 폐해를 방지하기 위하여 적절한 규제를 행하는 것의 중요성도 공유한다. 이와 관련하여 과다집행과 과소집행 중 어느 것이 보다 큰 우려를 낳는지에 관한 논의를 참고할 만하다. 미국의 경우 규제기관과 법원은 과소집행 보다는 과다집행에 보다 큰 우려를 갖고 있는 것으로 보이는데, Sherman법 제2조의 적용이 문제가 되었던 Trinko 사건에서 연방대법원은 "이 사건은 독점을 방지한다는 점에서는 일부 가치가 있지만 우리는 이에 따른 비용을 실질적으로 형량하여야 한다. …오류가 있는 추론과 이에 따른 잘못된 처벌은 특별히 큰 비용을 발생시킨다. 왜냐하면 이러한 처벌은 반독점법이 보호하고자 하는 행위를 오히려 위축시킬 것이기 때문이다. …잘못된 과다집행에 따른 비용은 셔먼법 2조의 책임을 부당하게 확장하지 말 것을 요구한다"고[44] 판시한 것을 참고할 수 있을 것이다. 반면 EU의 경쟁집행기관과 법원은 미국에 비하여 상대적으로 과소집행의 문제에 더 큰 관심을 기울이는 것으로 이해되고 있다.[45]

독점규제법의 관점에서 과다집행이든 과소집행이든 어느 경우나 피하여야 할 문제임은 분명하고, 특히 Trinko 사건에서 연방대법원이 지적한 과다집행에 따른 폐해에 대해서는 지속적인 주의를 요한다 할 것이다. 그러나 어느 한 쪽에 보다 큰 관심을 기울일 것이 사전에 정해질 수 있는 것

---

43) 위의 책, 같은 면.
44) Verizon Communications Inc. v. Law Offices of Curtis Trinko, 540 U.S. 398(2004), 414. 동 판결에서 경쟁정책상 바람직한 행동을 억제함으로써 발생하는 비용과 관련하여 Louis Kaplow는 Sherman법 제1조의 적용에 있어서 유사한 이해를 보여주고 있다. Louis Kaplow, 주 20)의 글, 114면 참조.
45) Richard Whish & David Bailey, 주 28)의 책, 194면.

은 아니며, 세부적인 위법 유형과 집행 상황에 대한 분석을 통하여 구체적인 우려를 불식시키는 방향으로 논의가 전개되어야 할 것이다. 전술한 것처럼 부당 공동행위의 규제와 관련하여 성립 요건으로서 의사 연결의 상호성을 독자적 행위 가능성에 형식적으로 고착하여 파악하는 대법원의 태도는 부당 공동행위 규제의 대상을 축소하는 결과를 낳을 수 있으며, 이는 과소집행의 상황으로 이해할 수 있는 근거가 된다. 이러한 우려가 실제적인 것인지는 공동행위의 반경쟁적 성격 및 예상되는 폐해의 크기와 범위 등의 판단에 달려 있을 것이다. 경쟁법상 다른 위법 유형에 비하여 부당 공동행위의 위법성이 비교적 명확하며, 폐해가 크고 광범위하게 발생하는 것으로 이해되며,46) 이러한 특성은 보다 엄중한 법집행을 요구하는 근거가 될 수 있다. 더욱이 공동행위 중, 특히 경성 공동행위는 이러한 특성이 강화된다는 점도 염두에 두어야 할 것이다.

V. 결론 - 상호성 이론의 보완

부당 공동행위의 규제를 합의라는 개념을 통하여 규제하는 것이 실효성을 갖는지는 오랫동안 제기되고 있는 문제이다. 특히 과점적인 시장 구조가 보편적인 상황에서 시장 참가자들의 경쟁제한적 행태를 부당 공동행위로서 적절히 규제할 수 있는지의 문제는 독점규제법에 한정된 문제는 아니다.47) 그렇지만 독점규제법 제40조 제1항, Sherman법 제1조, EU기능조약 제101조 제1항에 공통적으로 규제 대상인 행위를 특정할 수밖에 없는 규정 형식을 취하고 있는 상황에서, 대상 행위로서 합의를 벗어난 규제를 승인하기는 어려울 것이다.48) 합의 개념에 의해 규제 대상을 확정하는 과

46) OECD, 주 1)의 책, 15-17면 참조.
47) Richard Whish & David Bailey, 주 28)의 책, 567-569면 참조.
48) 조혜신, "독점규제법상 '합의의 도그마' 논의의 향방 - 합의의 입증과 관련된 최근

정을 피하기 어려운 상황에서, 합의의 성립을 인정하는 문제는 실질적으로 부당 공동행위에 의한 규제 범위를 정하는 의미를 갖는다. Sherman법 제1조의 적용과 관련하여 간접증거 또는 정황증거에 의해서 묵시적 합의를 인정하는 것이나, EU기능조약 제101조 제1항의 적용에 있어서 경쟁을 의도적으로 회피하는 실제적 협력으로서 동조적 행위를 파악하는 것에 의하여, 규제 대상인 공동행위의 범위가 실질적으로 정해질 것이다. 대법원 판례에 의할 경우에, 독점규제법 제40조 제1항의 적용에 있어서 의사 연결의 상호성이 이러한 기능을 수행하는 것으로 볼 수 있다.

유니버설 뮤직 사건에서 대법원 판결은 합의의 개념적 요소로서 의사 연결의 상호성의 의의와 판단 기준에 관한 의미 있는 선례가 되고 있다. 동 판결에서 대법원은 독자적 행위 가능성에 초점을 맞추어 의사 연결의 상호성을 이해하고, 이러한 기준에 의하여 합의 성립을 부인하는 결론에 이르렀다. 동 판결은 합의에 따른 행위와 독자적 행위 사이에 행위 특성에 초점을 맞춘 것으로서, 후자의 특성이 우월하게 나타난 경우에 상호성은 부정될 것이다. 복수의 사업자가 공동으로 행위하는 것에 관한 주관적 상태를 의미하는 합의의 본질에 비추어, 동 판결에 나타난 것처럼 합의의 개념적 요소로 의사 연결의 상호성을 이해하는 것에 의문은 없다. 그러나 이러한 이해가 합의의 계약법적 구조에 지나치게 경도된 것은 아닌지, 구체적으로 독자적 행위에 의한 것인지와 같은 행위 특성에 기초하는 것 외에 추가적으로 고려하여야 할 요소는 없는지에 관하여 논의의 여지는 있을 것이다. 무엇보다 과점적 시장 구조 하에서 시장 참가자는 전략적으로 행위할 것이고, 이러한 과정을 단지 독립적인 의사 결정에 초점을 맞추어 판단하는 것으로 충분한지는 의문이다.

전략적인 행위는 다른 사업자의 행위에 대한 반응과 예측에 따른 행위를 의미하며, 이러한 상황을 고려할 경우에 다른 사업자들 간에 이루어진

대법원 판결에 대한 분석을 중심으로 -", 아주법학 제9권 제2호, 2015, 249면 이하 참조.

합의에 참가하는지 여부가 독립적인 의사 결정에 의하여 이루어진 경우에
도 의사 연결의 상호성이 인정될 여지가 있다는 점에 주의를 요한다.
Interstate Circuit 판결이 시사하는 것처럼, 전략적 상황에서 독자적 행위
가능성은 이윤을 추구하는 합리적 사업자의 가정 하에 합의와 무관하게
취할 수 있는 행동 방식으로부터 추론할 수 있을 것이다. 또한 상호성 판
단에서 EU 경쟁법에서 제시하고 있는 동조적 행위가 개념적으로 경쟁의
의도적 회피에 의하여 구성되고 있다는 점도 참고할 수 있다. 경쟁 상황에
서 의사 연결의 상호성은 구체적인 사항에 있어서 경쟁 회피의 함의를 가
지며, 이러한 상황도 상호성 판단에서 고려될 수 있다. 즉 기존 합의에의
참가가 독자적으로 그러나 경쟁을 피하려는 의도로서 행해진 경우에, 이
에 대한 고려도 의사 연결의 상호성 판단에서 이루어질 필요가 있다. 의사
연결의 상호성 판단에서 전략적 행위 또는 경쟁적 상황에 대한 고려는 대
법원 판례에서 취하고 있는 상호성 판단의 엄격성을 완화하는 방향으로
영향을 미칠 수 있으며, 부당 공동행위, 특히 경성 공동행위의 반경쟁적
성격을 감안할 때, 과소집행의 우려를 해소할 수 있다는 점에서 이러한 변
화는 긍정적으로 평가될 수 있을 것이다.

10. 자진신고 활성화를 위한 관련 제도의 운용 방안

I. 서론

「독점규제 및 공정거래에 관한 법률」(이하 독점규제법)은 부당 공동행위의 면책 제도로서 자진신고자 감면제도를 두고 있다. 1996년 독점규제법 개정을 통하여 도입된 동 제도는 합의 입증의 곤란을 해소하기 위하여 기술적 측면에서 모색된 제도이지만,[1] 다양한 정책 실현의 측면에서도 의의가 있다. 우선 동 제도는 부당한 공동행위에 참가한 사업자가 적법 영역으로 돌아올 수 있도록 하는 '황금교'로서의 역할에서 의미를 찾을 수 있으며, 공동행위의 고유한 속성인 내부 이탈자에 취약한 구조를 이용하여 공동행위에 관한 정보 제공을 규제기관이 유인할 수 있는 방안으로서도 유력한 의미를 갖는다.[2]

독점규제법상 명문의 규정으로 수용된 이후 자진신고자 감면제도의 활용도는 점차적으로 높아지고 있으며, 중요한 부당 공동행위 사건에서 카르텔 참가자의 신고가 결정적인 계기가 된 사건들도 나타나면서 동 제도에 대한 긍정적인 평가가 내려지고 있다.[3] 그렇지만 제도의 개선에 관한 논의는 계속될 필요가 있으며, 이와 관련하여 무엇보다 동 제도의 운영이

---

1) OECD, Trade and Competition: From Doha to Cancun, 2003, 18면.
2) 카르텔 이탈의 전략적인 행태에 관한 구조적 분석으로서, Herbert Hovenkamp, Federal Antitrust Policy 3. ed., Thomson/West, 2005, 150-151면 참조.
3) 자진신고자 감면제도의 개정이 공동행위 적발률 제고에 기여하였다는 것을 실증적으로 분석한 것으로, 이효원·최윤정, "자진신고자 감면제도의 개정이 담합 적발률과 담합 형성률에 미치는 영향", 한국경제연구 제32권 제2호, 2014, 119-121면 및 홍명수, "자진신고자 감면제도에 있어서 적용 제외 사유에 관한 검토", 경쟁법연구 제26권, 2012, 51면 이하 참조.

다른 법 영역에도 영향을 미치고 있다는 점에 주의를 요한다.

법리적 측면에서 보면, 자진신고자의 감면 효과가 미치는 범위가 어디까지인지 그리고 독점규제법상 자진신고자에 대한 감면이 이루어진 경우에 다른 법 영역에서 이에 대한 고려가 어느 정도로 이루어져야 하는지의 문제가 제기될 것이다. 대표적으로 공공기관이 발주한 공사 입찰에서의 담합에 관하여 공정거래위원회에 자진신고가 행해지고 신고자에 대한 감면이 이루어진 경우에, 이러한 조치가 「국가를 당사자로 하는 계약에 관한 법률」(이하 국가계약법)에 의한 부정당업자 입찰참가 제한 처분에 어느 정도 반영되어야 하는지가 명확한 것은 아니다.

이러한 문제의 해결을 위하여 입법적으로 두 가지 방안이 고려될 수 있을 것이다. 우선 직접적으로 독점규제법상 자신신고자 감면조치의 효과를 타 법률로 확장하는 명문의 규정을 두는 것을 상정할 수 있다. 다른 하나는 독점규제법과 다른 법률 간의 충돌을 해결할 수 있는 절차를 마련하는 것인데, 이와 관련하여 공공의 이익을 침해하는 신고자를 보호하기 위한 법으로서 제2조 제1호에서 공정한 경쟁을 공공의 이익의 하나로 명정하고 있는 「공익신고자 보호법」(이하 공익신고법)은[4] 이러한 충돌을 해결하는 수단으로서 기능할 수 있다.

즉 공공부문의 입찰 담합에 있어서 독점규제법상 자진신고자 감면조치가 취해진 경우에 법적 효과는 독점규제법에 한정되지 않고 다양한 법률에 관련되며, 자진신고자 감면제도의 실효성과 타당성을 기하기 위하여 이를 포괄하는 종합적인 고려가 불가피하다. 이와 관련하여 ㈜엘지유플러스(이하 엘지U+)가 전용회선 시장과 모바일메시지 시장에서의 공동행위에 참여한 이후 일련의 자진신고를 하게 되고, 이에 따라서 공정거래위원회

---

4) 「공익신고자 보호법」은 2011년 제정되었으며, 동법이 보호 대상으로 하는 공익신고는 사회 전체적인 차원에서 공공에 대한 피해를 폭로하고 그 위험을 예방하는 등 공공의 이익을 도모하는 것을 본질적 요소로 한다. 김승태, "반부패 정책수단으로서의 공익신고자 보호법 평가", 홍익법학 제14권 제2호, 2013, 575-576면 참조.

와 조달청으로부터 일정한 처분을 받게 된 사건은 이상에서 언급한 법체계를 종합적으로 고찰할 수 있는 계기를 제공하고 있다.

이하에서는 우선 공정거래위원회에서 다루어진 전용회선 시장과 모바일메시지 시장에서의 공동행위 사건의 경과를 살펴보고, 엘지U+의 자진신고 관련 공정거래위원회의 자진신고자 감면조치의 타당성을 검토할 것이다(Ⅱ). 이어서 동 처분에 기초하여 조달청이 국가계약법에 근거하여 엘지U+에 부과한 부정당업자 입찰참가 제한 조치를 살펴볼 것이다(Ⅲ). 끝으로 양자 사이의 충돌을 해소하기 위한 공익신고자보호법에 근거한 일정한 조치가 가능한지를 검토하고, 이상의 논의를 종합하여 해결 방안을 제시하고자 한다(Ⅳ).

Ⅱ. 독점규제법상 자진신고자 감면조치

1. 사건의 경과

공정거래위원회는 엘지U+를 포함한 전용회선 사업자들이 국가정보통신망 백본회선 구축사업 입찰 담합 등 전용회선 입찰 담합 여부에 관한 현장 조사를 행하였다(2018. 3. 19.~20.). 엘지U+는 대전 지역의 내부 조사를 통하여 담합 사실을 확인하고 2018. 3. 20. 6건의 합의에 대한 감면신청을 하였으며, 다음 날 공정거래위원회로부터 2순위로 감면신청이 접수되었다는 회신을 받았다.5)

---

5) 6번 담합에 관하여, 공정거래위원회는 다른 당사자들이 부인하고 증거가 없다는 이유로 합의가 없는 것으로 판단하였다.

〈표 1〉 2018. 3. 20. 감면신청 건

감면신청 일시	합의 대상 입찰 건
2018. 03. 20.	국가정보통신망 백본회선 구축사업 국가정보통신망 국제인터넷회선 구축사업 고용노동부 국가정보통신망 고도화 사업 국가과학기술연구망 국내백본회선 구축사업 우정사업기반망 회선사업자 재선정 글로벌 과학기술협업 연구망 국제백본회선 구축사업

공정거래위원회의 조사 이후 엘지U+는 전국적으로 내부 점검을 실시하고, 세 차례에 걸쳐 〈표 2〉에서 7∽15번 입찰 건의 담합에 관한 추가적인 감면을 신청하였다. 공정거래위원회는 이상의 감면신청에 대하여, 11, 12번 입찰에 대한 감면신청에 대해서는 1순위 그리고 나머지 감면신청에 대해서는 2순위로 접수되었다고 회신하였다. 이때 11, 12번 입찰 담합은 모바일 메시지 서비스 시장에서의 담합이었고, 다른 입찰 담합은 전용회선 시장에서 발생한 것이었다.

〈표 2〉 추가 감면신청 건

감면신청일시	합의 대상 입찰 건
2018. 04. 18.	⑦ 미래창조과학부 기반망 회선사업자 선정 용역 ⑧ 기상청 국가기상슈퍼컴퓨터센터 전용회선 구축 ⑨ 기상청 국가정보통신망(전용회선) 구축 ⑩ IT, 방송, 통신 네트워크 통합 및 운영 고도화 사업 ⑪ 행정안전부 2014년 모바일메시지서비스 사업자 선정 ⑫ 행정안전부 2017년 모바일메시지서비스 사업자 선정
2018. 04. 25.	⑬ 병무행정 국가정보통신서비스 구축 사업
2018. 05. 03.	⑭ 업무용 전용회선망 및 IDC 위탁 사업자 선정 ⑮ 중소기업진흥공단 인터넷 전화 서비스 사업자 선정

이후 엘지U+는 공정거래위원회의 조사에 적극적으로 협조하였다. 전용회선 담합 사실을 정리한 개요보충서와 합의 사실 입증 자료를 전부 제출

하였고,6) 또한 모바일메시지 담합에 관해서도 해당 사실의 개요보충서와 각종 증거자료를 제출하였다.7) 공정거래위원회는 이상의 공동행위 사건에서 엘지U+의 감면신청을 수용하였는데, 공정거래위원회는 관련시장에 따라서 이상의 공동행위 사건을 전용회선 공동행위와 모바일메시지 공동행위로 분리하였다.

공정거래위원회는 이에 기초하여 공공분야 전용회선사업 입찰 관련 사건에서 4개 사업자(KT, SKT, LGU+, 세종)의 부당 공동행위를 인정하고, 피심인들에 대하여 향후 공공기관이 발주하는 공공분야 전용회선사업 입찰에 참여하면서 낙찰예정자 및 투찰가격 등을 합의하는 것과 같이 부당하게 경쟁을 제한하는 행위를 다시 하여서는 아니 된다는 시정명령과 과징금 납부명령을 내렸다.8) LGU+의 과징금 부과 금액은 3,895,000,000원이었고, 2순위 자진신고자 지위를 인정받아 과징금액은 50%로 감경되었다.

공정거래위원회는 모바일메시지 제공사업자 선정사업 입찰 관련 사건에서도 4개 사업자((LGU+, SKT, 미디어로그, 스탠다드네트웍스)의 부당 공동행위를 인정하고, 피심인들에 대하여 조달청이 발주하는 공공분야 모바일메시지 서비스 제공사업자 선정사업 입찰에 참여하면서 낙찰예정자, 투찰가격 등을 합의하는 방법으로 부당하게 경쟁을 제한하는 행위를 다시 하여서는 아니 된다는 시정명령과 과징금 납부명령을 내렸다.9) LGU+의 과징금 부과 금액은 603,000,000원이었고, 1순위 자진신고자 지위를 인정받아 과징금액은 전액 면제되었다.

---

6) LGU+는 총 7건의 개요보충서를 제출하였다.
7) LGU+는 총 3건의 개요보충서를 제출하였다.
8) 공정위 2019. 7. 29. 의결 제 2019-179호.
9) 공정위 2019. 11. 29. 의결 제 2019-279호.

2. 공정거래위원회 심결의 검토

(1) 공동행위의 단일성 문제

전술한 것처럼 공정거래위원회는 LGU+가 포함된 일련의 입찰 담합 사건을 전용회선 입찰 담합 건과 모바일메시지 입찰 담합 건으로 분리하여 다루었는데, 이러한 분리는 전용회선 서비스와 모바일메시지 서비스가 상이한 관련시장으로 획정된다는 것에 기초하였다. 독점규제법 제40조 제1항은 "사업자는 계약·협정·결의 기타 어떠한 방법으로도 다른 사업자와 공동으로 부당하게 경쟁을 제한하는 다음 각 호의 어느 하나에 해당하는 행위를 할 것을 합의"하는 행위를 금지하고 있으며, 동 규정에 의하여 규제 대상이 되는 행위는 경쟁을 제한하는 것이 되어야 한다.[10] 이때 경쟁 제한은 시장을 전제로 한 개념이므로, 공정거래위원회가 전용회선 시장과 모바일메시지 시장으로 분리하여 공동행위를 파악하고 있는 것에 법리적인 의문은 없다.

한편 전용회선 시장과 모바일메시지 시장으로 분리할 경우에도, 〈표 1〉과 〈표 2〉에서 확인할 수 있는 것처럼 여러 건의 입찰 담합을 각각 전용회선과 모바일메시지에 관련된 하나의 공동행위로 볼 수 있는지가 문제될 수 있다. 이와 관련하여 하나의 부당 공동행위로 볼 수 있는 기준과 관련하여 대법원이 언급한 내용을 참고할 필요가 있다. 대법원은 "사업자들이 장기간에 걸쳐 수 회의 합의를 한 경우 그 수 회의 합의가 단일한 의사에 터잡아 동일한 목적을 수행하기 위한 것으로서 그것이 단절되지 않고 계속 실행되어 왔다면, 그 합의의 구체적인 내용 등에 일부 변경이 있었다 하더라도, 그와 같은 일련의 합의는 특별한 사정이 없는 한 전체적으로 1개의 부당한 공동행위로 봄이 상당하다"[11] 또한 "사업자들 사이에 장기간

---

10) 권오승, 경제법, 법문사, 2019, 281면 참조.
11) 대법원 2008. 9. 25. 선고 2007두3756 판결.

328 _ 경제법론 V

에 걸쳐 여러 종류의 합의를 수회 계속 계속한 경우 이를 개별적인 합의로 볼 것인지 전체를 하나의 합의로 볼 것인지 여부는 장기간 걸친 수회의 합의가 단일한 의사에 기하여 동일한 목적을 수행하기 위한 것으로 그것이 단절됨이 없이 계속 실행되어 왔다면 그 합의의 구체적인 내용이나 구성원에 일부 변화 또는 변경이 있었다 하더라도 이를 전체적으로 1개의 부당한 공동행위로 보아야 할 것이고, 그렇지 않다면 이를 별개의 공동행위로 보아야 할 것이다"라고[12) 판시하였다.

이상의 판결에서 대법원은 하나의 공동행위로 판단하기 위한 기준을 단일한 의사와 동일한 목적으로 제시하고 있다. 이에 의할 경우에 LGU+가 관련된 전용회선 입찰과 모바일메시지 입찰에 관한 일련의 담합은 단일한 의사에 따른 동일한 목적을 이루기 위한 것이라는 점에서 각각 하나의 공동행위로 볼 수 있으며, 이러한 입장을 취한 공정거래위원회의 판단은 타당한 것으로 볼 수 있다.

(2) 자진신고자 감면 조치의 검토

1) 독점규제법상 자진신고자 감면 규정

독점규제법 제44조 제1항에 의한 감면은 부당한 공동행위 사실을 자진신고한 자(1호)와 증거제공 등의 방법으로 조사에 협조한 자(2호)를 대상으로 한다. 동법 시행령 제51조 제1항은 감면 대상인 자진신고자와 조사협조자의 구체적인 요건을 밝히고 있는데, 자진신고자는 공동행위 입증에 필요한 증거를 최초로 제공한 자를 의미하며, 특히 공정거래위원회가 부당 공동행위에 관한 정보를 입수하지 못하였거나 입증에 필요한 정보를 충분히 확보하지 못한 상태에서 자진 신고한 자는 동 규정에서 자진신고자에 해당하게 된다. 또한 자진신고자로서 감면 대상이 되기 위해서는 조

---

12) 대법원 2010. 3. 11. 선고 2008두15169 판결.

사 종료까지 성실한 협조와 부당 공동행위의 중단이 요구된다.

조사에 대한 성실한 협조와 공동행위의 중단의 요구는 감면 조치의 타당성을 위하여 불가피한 것으로 볼 수 있지만, 요건 충족 여부의 판단에 있어서 불명확한 점이 존재한다. 이를 해소하기 위하여 「부당한 공동행위 자진신고자 등에 대한 시정조치 등 감면제도 운영고시」(이하 감면고시) 제5조는 조사 협조[13] 그리고 제6조는 공동행위 중단에 관한 구체적인 기준을 제시하고 있다.[14] 특히 공동행위 중단에 관하여 감면고시는 합의의 존속 여부를 판단 기준으로 제시하고 있는데, 미국의 경우 DOJ의 'Corporate Leniency Policy' A. 2.는 즉각적이고 효과적인(prompt and effective) 중단조치와 같은 적극적인 행위를 내용적으로 요구하고 있다.[15] 한편 EU의 자진신고자 감면 고시(Commission Notice on Immunity from Fines and

---

13) 제5조 시행령 제35조 제1항 각 호의 요건 중 "조사가 끝날 때까지"라 함은 "위원회 심의가 끝날 때 까지"를 의미하며, "성실하게 협조"하였는지 여부는 다음 각 호의 사유를 종합적으로 고려하여 판단한다.
  1. 자진신고자 등이 알고 있는 당해 공동행위와 관련된 사실을 지체없이 모두 진술하였는지 여부
  2. 당해 공동행위와 관련하여 자진신고자 등이 보유하고 있거나 수집할 수 있는 모든 자료를 신속하게 제출하였는지 여부
  3. 사실 확인에 필요한 위원회의 요구에 신속하게 답변하고 협조하였는지 여부
  4. 임직원(가능하다면 전직 임직원 포함)이 위원회와의 면담, 조사 등에서 지속적이고 진실하게 협조할 수 있도록 최선을 다하였는지 여부
  5. 공동행위와 관련된 증거와 정보를 파기, 조작, 훼손, 은폐하였는지 여부
  6. 심사보고서가 통보되기 전에 위원회의 동의 없이 제3자에게 행위사실 및 감면신청 사실을 누설하였는지 여부
14) 제6조 ① 시행령 제35조 제1항 각 호의 요건 중 "당해 부당한 공동행위를 중단" 하였는지 여부는 공동행위의 합의가 더 이상 존속하지 아니하게 되었는지 여부에 따라 판단한다. 참가사업자들이 여러 차례의 합의를 한 경우에는 합의의 구체적 내용과 사정 등을 종합적으로 고려하여 판단한다.
  ② 공동행위는 감면신청 후 즉시 중단하여야 한다. 다만, 심사관이 조사상 필요에 의하여 일정한 기간을 정하는 경우 그 기간이 종료한 후 즉시 중단하여야 한다.
15) DOJ, Corporate Leniency Policy, A. 2. "The Corporation took prompt and effective action to terminate its part in the activity."

Reduction of Fines in Cartel Case, OJ 2006, C 298/;17; 이하 Immunity Notice)에서 조사가 완전히 이루어지기 위해 유지될 필요가 있는 경우를 행위 중단의 범위에서 제외하고 있는 것은 참고할 만하다.[16]

조사협조자는 공정거래위원회가 조사를 시작한 후에 조사에 협조한 자로서, 자진신고자의 경우와 마찬가지로 동 위원회가 정보를 입수하지 못하였거나 충분한 정보를 확보하지 못한 상태에서 조사의 협조가 이에 해당하며, 감면 대상이 되기 위해서는 자진신고자와 동일하게 성실한 협조와 부당 공동행위의 중단이 추가적으로 요구된다. 자진신고자와 조사협조자는 공정거래위원회의 조사 개시 시점을 기준으로 구분되며(부당한 공동행위 자진신고자 등에 대한 시정조치 등 감면제도 운영고시(이하 감면고시) 2조 1호 및 2호), 감면고시 제3조 제1항은 "공정거래위원회가 당해 공동행위에 참여한 혐의로 1인 이상의 사업자에게 구두, 전화, 서면 등의 방법으로 자료제출 요구, 사실관계 확인, 출석 요구 또는 현장 조사 등을 실시한 때를 조사개시 시점으로 본다"고 규정하고 있다.

나아가 독점규제법은 최초의 자진신고자와 조사협조자 외에 두 번째로 자진 신고하거나 조사에 협조한 자도 감면 대상에 포함시키고 있다. 이 경우에도 최초의 자진신고자 등과 마찬가지로 성실한 협조와 부당 공동행위의 중단이 요구된다(영 51조 1항 3호).

이상의 감면 대상자에 대하여, 유형 별로 상이한 효과가 부여된다. 동법 시행령 제51조 제1항 제1호 내지 제3호에 의하면, 우선 최초의 자진신고자에 대해서는 과징금 및 시정조치가 필수적으로 면제된다. 다른 유형의 감면 대상자에 대해서는 감면의 정도가 축소되는데, 조사협조자에 대해서는 과징금이 필수적으로 면제되지만, 시정조치는 감경 또는 면제된다. 또한 두 번째 자진신고자 등에 대해서는 과징금의 100분의 50이 감경되고, 공정거래위원회의 재량에 의하여 시정조치가 감경될 수 있다.[17] 이상의

---

16) Immunity Notice, (12) (b).
17) 두 번째 자진신고자 등에 대한 감경비율은 2007년 동법 시행령 개정에 의하여

차등화된 감면 조치의 내용은 정책적 판단에 따른 것이라 할 수 있으며, 부분적으로는 공정거래위원회의 재량 여지를 배제함으로써 감면 조치의 명확성을 기하고 있다. 이와 관련하여 EU의 Immunity Notice는 과징금의 감액이 규제기관의 조사에 대한 대상자의 실제 기여도를 반영한 것이어야 한다고 지적하고 있는데,[18] 이러한 관점에서 자진신고자 유형에 따라서 형식적으로 정한 감면 기준이 구체적인 타당성을 잃게 될 수 있다는 점도 염두에 두어야 한다.

〈표 3〉 담합행위 자진신고자에 대한 감면 정도

유형	1순위		2순위	
	자진신고자	조사협조자	자진신고자	조사협조자
과징금	면제	면제	50%감경	50%감경
시정조치	면제	감경 또는 면제	감경 가능	감경 가능

한편 동법 시행령 제35조 제1항 제5호 및 제6호는 자진신고자에 대한 감면 규정의 적용이 배제되는 경우에 관하여 규정하고 있다. 즉 "제1호부터 제4호까지의 규정에 해당하는 자라도 다른 사업자에게 그 의사에 반하여 해당 부당한 공동행위에 참여하도록 강요하거나 이를 중단하지 못하도록 강요한 사실이 있는 경우 또는 일정 기간 동안 반복적으로 법 제40조 제1항을 위반하여 부당한 공동행위를 한 경우"에는 시정조치와 과징금이 감면되지 않으며(5호), 그리고 "제3호에 해당하는 자로서 다음 각 목의[19] 어느 하나에 해당하는 경우"에는 시정조치와 과징금이 감경되지 않는다(6호). 나아가 감면고시 제6조의2는 동법 시행령 제51조 제1항 제5호에서

30%에서 50%로 상향되었다.
18) Immunity Notice, (5).
19) 가목 2개 사업자가 부당한 공동행위에 참여하고 그 중의 한 사업자인 경우, 나목 제1호 또는 제2호에 해당하는 자가 자진신고하거나 조사에 협조한 날부터 2년이 지나 자진신고하거나 조사에 협조한 사업자인 경우.

강요의 판단과 관련하여, 다른 사업자에게 그 의사에 반하여 당해 부당한 공동행위에 참여하도록 하기 위하여 또는 이를 중단하지 못하도록 하기 위하여 폭행 또는 협박 등을 가하였는지 여부(1호)와 다른 사업자에게 그 의사에 반하여 당해 부당한 공동행위에 참여하도록 하기 위하여 또는 이를 중단하지 못하도록 하기 위하여 당해 시장에서 정상적인 사업활동이 곤란할 정도의 압력 또는 제재 등을 가하였는지 여부(2호)를 제시함으로써 행태적 측면에 초점을 맞추어 강요의 개념을 구체화하고 있다.

그러나 이러한 개념 구성이 공동행위, 특히 수평적 공동행위에서[20] 강요가 갖는 의미와 어떠한 관련성을 갖는지의 관점에서 논의의 필요성은 남아 있다. 일반적으로 수평적 공동행위는 참가자들이 공동의 이익을 추구하거나 향유하는 것을 상정하며,[21] 카르텔 형성이나 유지에 특정 참가자의 강요가 매개된 경우에도 경쟁법은 카르텔 참가자 모두에게 책임을 귀속시키는 규제체계를 갖추고 있다. 이러한 점에서 감면제도의 적용에서 강요자의 배제는 카르텔 참가자들 간에 차별화된 이익이 존재할 수 있음을 전제하는 것이며, 특히 행태적 측면이 아닌 경제적 측면에서 강요를 파악할 경우에 이에 대한 이해가 뒷받침되어야 한다. 또한 참가자들의 행위가 투명하게 모니터링 될 수 있고 이탈자에 대한 보복이 이루어질 가능성이 높은지 여부와 관련된 시장구조적 특징, 강요 주체와 상대방의 관계에 대한 이해의 기초를 제공하는 참가자들 간의 상대적 규모 등이[22] 객관적으로 분석될 필요가 있다.

---

20) 수직적 제한에 관한 공동행위의 경우에 강요(coercion)가 합의의 존재와 관련하여 필수적인 요소일 수 있다고 보는 것으로서, Jean Wegman Burns, "The New Role of Coercion in Antitrust", Fordham Law Review vol. 60. issue 3, 1991, 434-435면 참조.

21) 위의 글, 381-385면 참조.

22) Richard Whish, Competition Law 6. ed., Oxford Univ. Press, 2009, 406-407면 참조.

2) 당해 사건에서 자진신고자 감면조치의 타당성

앞에서 살펴본 것처럼 공정거래위원회는 LGU+에 대하여 전용회선 입찰 담합 건에서는 2순위 자진신고자로서의 지위를 인정하여 과징금액 50%를 감경하고, 모바일메시지 입찰 담합 건에서는 1순위 자진신고자로서 과징금 전액을 면제하였다. 이상의 결정에서 LGU+는 자진신고자 감면 조치의 요건을 모두 충족한 것으로 보이며, 특히 과징금 100% 면제가 이루어진 모바일메시지 입찰 담합 건은 더 이상 문제가 될 것은 없다. 다만 2순위 자진신고자로서의 지위에 기초하여 이루어진 전용회선 입찰 담합 건의 감면 조치에 대해서는 추가적으로 살펴볼 부분이 있다.

전용회선 입찰 담합 건에서 LGU+가 2순위 자진신고자로 인정된 것에 비추어, 당해 사건에서 1순위 자진신고자가 존재하는 것으로 볼 수 있다.[23] 〈표 1〉에서 제시된 자진신고는 공정거래위원회가 조사를 개시한 2018. 3. 19. 익일에 이루어졌고, 따라서 1순위 자진신고자와의 차이는 단지 몇 시간이었을 것으로 추정된다. 전술한 것처럼 1순위와 2순위 자진신고자 간에는 감면 효과에 있어서 차이가 있으며, 1순위 자에게만 감면효과를 부여하는 미국의 경우를 제외한 다른 국가에서도 1순위자와 후순위자 간에 감면효과에서 차이를 두는 것이 일반적이기 때문에,[24] 이러한 효과상의 차이를 이례적인 것으로 볼 것은 아니다.

이러한 차이는 제도의 실효성을 높이기 위한 정책적 고려에 따른 것으로 볼 수 있을 것이다. 순위에 따른 효과의 차등적 부여는 자진신고를 유인하는데 효과적일 수 있으며, 제공된 정보의 가치 측면에서도 이러한 차이가 정당화될 수 있다. 또한 순위를 고정하고 이에 따른 법적 효과에 재량의 여지를 최소화하고 있는 것은 수범자의 법적 안정성을 제고하고 제

---

23) 1순위 자진신고자는 SKT로 파악되고 있다.

24) EU에서 자진신고자의 경우 감경 비율은 1순위 100, 2순위 30-50, 3순위 20-30, 기타 20이하 그리고 자진협조자의 경우 감경 비율은 1순위 30-50, 2순위 20-30, 3순위 20이하, 기타 20이하로 하고 있다.

도가 실효적으로 기능하는데 도움이 될 수 있다는 점도 염두에 두어야 한다. 그렇지만 앞에서 언급한 EU의 Immunity Notice가 과징금의 감액은 규제기관의 조사에 대한 대상자의 실제 기여도를 반영하여야 한다고 지적한 것도 상기할 필요가 있다. 특히 당해 사안에서처럼 1순위자와 2순위자 간에 단지 몇 시간의 차이만 존재하고, 따라서 규제기관의 인지와 조사에 기여하는 정도에 차이가 거의 없는 경우에는 효과 측면에서 이러한 차이를 완화하는 방안이 강구될 필요가 있을 것이다.

III. 국가계약법상 부정당제재 처분

1. 조달청의 처분

공정거래위원회의 전용회선 및 모바일메시지 입찰 담합 건에 대한 심결에 따라서 조달청은 LGU+에 부정당제재 처분을 부과하였다. 조달청의 처분 역시 공정거래위원회의 심결과 마찬가지로 전용회선 시장과 모바일메시지 시장을 분리하였다. 우선 조달청은 2019. 9. 26. 전용회선 입찰 담합 건을 이유로 국가계약법 제27조 및 동법 시행령 제76조 제1항 제7호에[25] 근거하여 LGU+에 6개월의 입찰참가자격 제한 처분을 부과하였다.

한편 모바일메시지 입찰 담합 건에 관하여 조달청은 2020. 5. 7. LGU+에 입찰참가자격제한 처분을 내리지 않는 결정을 하였다. 동법 시행규칙 제76조 제3항 및 [별표 2의1] 나목은 "각 중앙관서의 장은 부정당업자가

---

25) 2016. 9. 2. 개정 전 시행령에서 제76조 제1항 제7호는 "경쟁입찰, 계약 체결 또는 이행 과정에서 입찰자 또는 계약상대자 간에 서로 상의하여 미리 입찰가격, 수주 물량 또는 계약의 내용 등을 협정하였거나 특정인의 낙찰 또는 납품대상자 선정을 위하여 담합한 자"로 규정하고 있으며, 동항 본문은 이에 해당하는 자에 대하여 "즉시 1개월 이상 2년 이하의 범위에서 입찰참가자격을 제한하여야 한다"고 규정하고 있다.

위반한 여러 개의 행위에 대하여 같은 시기에 입찰참가자격 제한을 하는 경우 입찰참가자격 제한기간은 제2호에 규정된 해당 위반행위에 대한 제한기준 중 제한기간을 가장 길게 규정한 제한기준에 따른다"고 규정하고 있는데, 2019. 9. 26. 결정에 의하여 LGU+에 대해서는 이미 6개월의 제재기간이 부여되었으므로 동 규정에 근거하여 추가적인 자격 제한 처분을 내리지 않았다. 이와 관련하여 대법원이 "국가계약법 시행규칙 제76조 제3항은 수 개의 위반행위에 대하여 그중 가장 무거운 제한기준에 의하여 제재처분을 하도록 규정하고 있고, …… 이 사건 규칙 조항은 행정청이 입찰참가자격 제한처분을 한 후 그 처분 전의 위반행위를 알게 되어 다시 입찰참가자격 제한처분을 하는 경우에도 적용된다고 할 것이다"는[26] 판결도 참고할 수 있을 것이다.

이상의 조달청 처분은 LGU+의 입찰참가자격 제한 사유가 두 건임을 전제로 전용회선 입찰 담합 건으로 이미 처분이 부과되었으므로, 그보다 중하지 않은 모바일메시지 입찰 담합 건에 대해서는 추가적인 처분을 하지 않기로 결정한 것이다. 따라서 모바일메시지 입찰 담합 건을 이유로 한 자격 제한의 기간이 전용회선 입찰 담합 건에 비하여 작은 것임을 시사하므로, 당해 입찰 담합 건에서 1순위 자진신고자로 과징금이 감면되었던 상황이 반영된 것으로 볼 수 있다. 그렇지만 국가계약법상 입찰참가자격 제한 조치에 있어서 개별 입찰 담합 건에 대한 자격 제한은 병과되는 것이 아니라 가장 중한 조치에 흡수되는 것이라는 점에서, 모바일메시지 입찰 담합 건의 반영 여부가 실질적인 중요성을 갖는 것은 아니다.

---

26) 대법원 2014. 11. 27. 선고 2013두18964 판결.

2. 부정당업자의 제재와 당해 처분의 평가

(1) 부정당업자 제재의 의의

부정당업자에 대한 입찰참여의 제한 규제는 국가계약법 제27조와 지방 계약법 제31조 등에 근거하여 이루어진다. 국가계약법 제27조 제1항은 "각 중앙관서의 장은 경쟁의 공정한 집행이나 계약의 적정한 이행을 해칠 염려가 있거나 그 밖에 입찰에 참가시키는 것이 적합하지 아니하다고 인 정되는 자에게는 2년 이내의 범위에서 대통령령으로 정하는 바에 따라 입 찰 참가자격을 제한하여야 하며, 그 제한사실을 즉시 다른 중앙관서의 장 에게 통보하여야 한다. 이 경우 통보를 받은 다른 중앙관서의 장은 대통령 령으로 정하는 바에 따라 해당 부정당업자의 입찰 참가자격을 제한하여야 한다"고 규정하고 있다. 동법 시행령은 입찰 참가자격 제한 사유를 구체 적으로 정하고 있는데, 구 시행령 부정당업자에 해당하는 구체적 사유를 규정하는 제76조 제1항 각 호 중에서, 제7호는 입찰담합에 관한 것으로서 "경쟁입찰, 계약 체결 또는 이행 과정에서 입찰자 또는 계약상대자 간에 서로 상의하여 미리 입찰가격, 수주 물량 또는 계약의 내용 등을 협정하였 거나 특정인의 낙찰 또는 납품대상자 선정을 위하여 담합한 자"로 되어 있다.[27] 이와 유사한 규정이 지방계약법에도 존재하는데, 동법 제31조 제

---

27) 구 시행령상 규정은 현행 시행령상 다음의 규정으로 대체되었다. 제76조 ① 법 제27조 제1항 제8호 각 목 외의 부분에서 "대통령령으로 정하는 자"란 다음 각 호의 구분에 따른 자를 말한다.
  1. 경쟁의 공정한 집행을 저해할 염려가 있는 자로서 다음 각 목의 어느 하나에 해당하는 자
  가. 입찰 또는 계약에 관한 서류(제39조에 따라 전자조달시스템을 통하여 입찰서를 제출하는 경우에 「전자서명법」 제2조 제8호에 따른 공인인증서를 포 함한다)를 위조·변조하거나 부정하게 행사한 자 또는 허위서류를 제출한 자
  나. 고의로 무효의 입찰을 한 자. 다만, 입찰서상 금액과 산출내역서 상 금 액이 일치하지 않은 입찰 등 기획재정부령으로 정하는 입찰무효사유에 해당 하는 입찰의 경우는 제외한다.

1항은 부정당업자의 입찰참가자격 제한 그리고 동법 시행령 제92조 제1항은 입찰담합을 포함하여 구체적으로 부정당업자에 해당하는 사유에 관하여 규정하고 있다.[28]

이상의 국가계약법, 지방계약법 등에 의한 부정당업자 입찰참가 제한처분은 입찰담합에 참가한 자에게 일률적으로 부과되고 이에 관한 규제기관의 재량 여지가 없는 기속적인 형식으로 규정되어 있다. 국가계약법 등에서의 입찰담합 판단은 실질적으로 독점규제법에 의한 입찰담합 규제에 영향을 받게 되고, 공정거래위원회가 독점규제법상 입찰담합을 한 것으로 인정한 사업자는 자동적으로 공공사업의 수주에서 일정 기간 배제되는 구조가 형성되고 있다. 부정당업자에 대한 입찰참가 제한은 정책적으로 공공사업에 관한 계약과정의 공정성과 계약이행의 성실성을 보장하기 위한 목적에 따른 것이며, 이러한 관점에서 기왕의 입찰담합 행위자에 대한 입찰참가 자격 제한 자체가 문제가 될 것은 아니다.[29] 그러나 제도 운영의

라. 입찰참가를 방해하거나 낙찰자의 계약체결 또는 그 이행을 방해한 자
② 각 중앙관서의 장은 다음 각 호의 어느 하나에 해당하는 자(이하 "부정당업자"라 한다)에 대해서는 즉시 1개월 이상 2년 이하의 범위에서 입찰참가자격을 제한해야 한다. 다만, 부정당업자의 대리인, 지배인 또는 그 밖의 사용인이 법 제27조 제1항 각 호의 어느 하나에 해당하는 행위를 하여 입찰참가자격 제한 사유가 발생한 경우로서 부정당업자가 대리인, 지배인 또는 그 밖의 사용인의 그 행위를 방지하기 위해 상당한 주의와 감독을 게을리하지 않은 경우에는 부정당업자에 대한 입찰참가자격을 제한하지 않는다.
1. 계약상대자, 입찰자 또는 제30조 제2항에 따라 전자조달시스템을 이용해 견적서를 제출하는 자로서 법 제27조 제1항 제1호부터 제4호까지 및 제7호·제8호의 어느 하나에 해당하는 자
2. 법 제27조제1항제5호 또는 제6호에 해당하는 자
28) 이 외에도 「공공기관의 운영에 관한 법률」 제39조 제2항 및 동법 시행규칙인 「공기업·준정부기관 계약사무규칙」 제15조 제1항 그리고 「지방공기업법」 제64조의2 제4항 및 동법 시행령 제57조의4 제1항에 의하여 입찰참가자격의 제한이 이루어질 수 있다.
29) 김태완, "지방계약법상 부정당업자입찰참가자격제한 제도의 개선방안에 관한 연

타당성과 실효성 측면에서 논의의 여지는 있다.

우선 법형식적 측면에서 기속적으로 규정되어 있는 규정 태도에 의문이 있으며,[30] 입찰참가 제한 사업자에게 충분한 절차적 보장이 주어지고 있지 않다는 점도 문제가 될 수 있다.[31] 아울러 책임주의적 관점에서도 논의의 필요성이 있다. 입찰담합 위반자에 대하여 공정거래위원회는 위법행위를 중지하고 재발을 방지할 목적으로 시정조치를 부과하는데, 여기에 국가계약법 등에 의하여 입찰참여 제한 조치가 추가되고 있다. 물론 이와 같은 제도 운영은 법집행의 강화 측면에서 의의가 있지만, 위반사업자의 책임 범위를 넘는 문제가 발생할 수 있다는 점도 염두에 두어야 한다. 공정거래위원회의 입찰담합 위반사업자에 대한 시정조치는 문제가 된 행위의 중지 및 향후 유사한 입찰담합 행위를 금지하는 것을 주된 내용으로 하지만, 나아가 정보 교환과 같은 담합 관련 행위를 금지하거나 지속적인 보고 또는 자율적인 감독기능을 갖출 것을 요구하는 등의 내용이 조치에

구 - 실무운용과정에서의 제도적 미비를 보완하기 위한 입법론적 방안을 중심으로", 지방계약연구 제2호, 2010, 2-4면 참조. 또한 사경제 주체로서 나선 국가는 부정한 사업자와 계약을 하지 않을 자유가 있으며, 이와 같은 사법적 원리의 적용도 부정당업자 계약 배제의 근거가 될 수 있다는 것으로서, 박정훈, "부정당업자의 입찰참가자격제한의 법적 제문제", 서울대학교 법학 제46권 제1호, 2005, 283면.

30) 비교법적인 예를 보면, EU의 공적계약지침(Directive 2004/18/EC on the coordina-tion of procedures for the award of public works contracts, public supply contracts and public service contracts) 제45조 제2항의 경우 과거 전문적 행위(professional conduct, 자신의 영업적 활동과 무관한 위법행위는 배제되는 의미)와 관련한 위법행위에 의하여 기관력 있는 판단을 받은 경우(c호) 또는 발주처에 의하여 위법행위가 확인된 경우에(d호) 계약에서 배제될 수 있는데, 이는 규제기관의 재량에 따르는 형식(may be excluded)을 취하고 있다. 동 규정에 관하여, Peter Trepete, Public Procurement In The EU, Oxford Univ. Press, 2007, 344-346면 참조.

31) 미국의 연방조달규칙(Federal Acquisition Regulation)은 공적 계약에서의 배제 조치(debarment)를 취할 경우 적법절차적 원칙에 따라서 해당 사업자에게 충분한 소명의 기회를 부여하고 있다. Federal Acquisition Regulation Subpart 9.406-3 참조.

포함되는 경우도 많으며, 이와 같은 시정조치에 위반하였을 경우 추가적인 제재가 부과될 수 있다.[32] 따라서 국가계약법 등에 의한 입찰참가 배제 조치는 공정거래위원회의 제재 이상으로 규제가 가중될 수 있음을 시사한다.

독점규제법과 국가계약법은 규범 목적상 차이가 명백하므로, 동일한 위반 행위에 대한 제재가 각 법률에 의거하여 별도로 부과되는 것 자체가 타당성을 결하는 것으로 볼 것은 아니다. 그러나 국가계약법 등이 공공사업에 있어서 계약의 공정화를 추구하는 목적은 기본적으로 시장에서의 자유롭고 공정한 경쟁을 보호하려는 독점규제법의 목적과 유사하며, 따라서 제도의 형식적 이해와 이에 따른 적용은 이중(과잉) 규제로서의 문제점을 낳을 수 있다는 점에도 주의를 요한다. 입법적으로는 관련 규정을 국가계약법 제27조 제1항 제5호의 "「독점규제 및 공정거래에 관한 법률」 또는 「하도급거래 공정화에 관한 법률」을 위반하여 공정거래위원회로부터 입찰참가자격 제한의 요청이 있는 자"의 규정으로 통일하여, 전문적인 경쟁당국에게 종합적인 시각에서 이를 검토할 수 있는 기회를 부여하는 것이 타당성과 실효성 제고의 관점에서 의미 있는 개선 방안이 될 수 있다.

나아가 입법적인 개선 이전에도 동 규정의 의의가 충분히 고려될 필요가 있다. 예를 들어 독점규제법상 자진신고자 감면조치가 취해진 경우에 이에 대한 고려는 부정당업자 제재에서도 행해질 필요가 있으며, 이는 경쟁정책의 실현기관으로서 공정거래위원회의 판단에 우선적인 의미를 부여하고 있는 동 규정의 취지에 부합하는 것일 수 있다.

(2) 당해 처분의 검토

앞에서 살펴본 것처럼 조달청이 국가계약법 제27조 및 동법 시행령 제

---

[32] 독점규제법 제67조 제6호는 시정조치에 응하지 않은 자에 대하여 2년 이하의 징역 또는 1억 5천만원 이하의 벌금에 처한다는 규정을 두고 있다.

76조에 근거하여 부과한 LGU+에 대한 입찰참가자격 제한 조치는 전용회선 입찰 담합 건과 모바일메시지 입찰 담합 건을 분리하여 이루어지고 있다. 이러한 분리는 독점규제법상 하나의 공동행위를 파악하는 기준에 부합하는 것이지만, 이를 형식적으로 부정당업자에 대한 제재에 원용할 것은 아니다.

무엇보다 부정당업자 제재는 행위에 대한 규제가 아니라 행위자에 대한 규제라는 점을 염두에 둘 필요가 있다. 즉 개별 행위가 아니라 입찰참가자격 제한 처분이 부과되는 행위자를 중심으로 문제가 되는 행위들을 종합적으로 고려할 필요가 있다. 구체적으로 문제가 되는 행위가 독점규제법상 별개의 행위로서 규제 대상이 된다 하더라도, 이러한 행위들의 주체로서 행위자에 대하여 부과되는 국가계약법상의 처분은 행위자에 대한 종합적인 평가에 기초하는 것이 되어야 한다. 당해 사안에서 LGU+는 전용회선 입찰 담합 건에서 2순위 자진신고자로 50%의 과징금 감경을 받았지만, LGU+가 행한 일련의 자진신고와 이후 보완 자료의 제출은 1순위 자진신고자와 의미 있는 시차를 두고 이루어진 것이 아니며, 또한 〈표 2〉에서 확인할 수 있는 것처럼 1순위 자진신고자로 인정된 모바일메시지 입찰 담합 건의 자진신고와 동일한 시기에 이루어진 것이었다. 이러한 이해가 충분히 반영되지 못하였다는 점에서 조달청의 LGU+에 대한 처분에 대해 논의의 여지는 있을 것이다.

나아가 자진신고자 감면제도가 실효성 있게 기능하기 위하여 신고자에 대한 확실한 보상이 제시되어야 할 필요가 있다는 점은 부정당업자 제재에 있어서도 유효하다.[33] 이러한 점이 간과될 경우에 자진신고자 감면제도의 실효성이 저해될 수 있고, 이는 동 제도를 통하여 달성하고자 하는 시장 경쟁의 활성화에 역행하는 결과를 낳을 수도 있다. 또한 EU의 'Immunity Notice'가 지적하고 있는 것처럼 자진신고자 감면제도의 정당

---

33) OECD, 주 1)의 책, 18면 참조.

성은 은폐적인 방식으로 이루어지는 카르텔을 찾아내고 규제함으로써 얻게 되는 소비자와 공동체 구성원들의 이익이 카르텔에 참가한 사업자에 대한 금전적 제재로부터 발생하는 이익보다 큰 것에서 도출된다는 점을 상기할 필요가 있다.[34] 입찰참가자격 제한제도는 본질적으로 진입제한의 성격을 갖는다는 점에서 신중한 운영이 요구되며,[35] 경쟁력 있는 사업자의 사전적인 진입제한은 당해 시장에서의 경쟁에 오히려 부정적인 영향을 미칠 수 있다는 점도 고려되어야 한다.[36]

Ⅳ. 공익신고법상 공익신고자 보호

1. 공익신고법상 공익신고자 보호제도의 의의

공익신고제도는 국가나 국민의 이익에 반하는 법률 위반 행위 및 사회질서를 파괴하는 다양한 정보들을 관련 기관에 전달하는 제도를 의미한다. 공익신고의 제도화는 2001년 '부패방지법' 제정에 의해 시작되었는데, 동법은 2009년 「부패방지 및 국민권익위원회의 설치와 운영에 관한 법률」로 변경되었고, 2011년 「공익신고자 보호법」(이하 공익신고법)이 제정되어 현재에 이르고 있다. 전자는 공직자의 부정·부패행위 및 고충사항을 주요 내용으로 하는 공적인 영역에 적용되고 있고, 후자에 의하여 공익신고의 보호 범위는 민간영역으로 확대되고 있다.[37] 공익신고법 제1조는

---

34) Immunity Notice, (3).
35) 김태완, 주 29)의 글, 17-18면 참조.
36) 과징금 부과와 관련하여 이러한 조치가 경쟁 상황을 악화시킬 수 있다는 점도 고려되어야 한다는 지적으로, Richard Whish & David Bailey, Competition Law, Oxford Univ. press, 2012, 519면 참조.
37) 박호연·김명대, "공익신고제도 개선방안에 관한 연구", 국제법무 제10집 제1호, 2018, 75-76면 참조.

"이 법은 공익을 침해하는 행위를 신고한 사람 등을 보호하고 지원함으로써 국민생활의 안정과 투명하고 깨끗한 사회풍토의 확립에 이바지함을 목적으로 한다"고 규정하고 있다.

공익신고법 제2조 제1호에서 공익침해행위는 "국민의 건강과 안전, 환경, 소비자의 이익, 공정한 경쟁 및 이에 준하는 공공의 이익을 침해하는 행위로서 다음 각 목의 어느 하나에 해당하는 행위"를 말하며, 각 목에 해당하는 것은 별표에 규정된 법률의 벌칙에 해당하는 행위(가)와 별표에 규정된 법률에 따라 인허가의 취소처분, 정지처분 등 대통령령으로 정하는 행정처분의 대상이 되는 행위(나)가 이에 해당한다. 그리고 [별표]는 제78호에서 「독점규제 및 공정거래에 관한 법률」을 규정하고 있다.[38] 공익신고에 관해서는 동법 제2조 2호에서 규정하고 있는데, 공익신고는 "제6조 각 호의 어느 하나에 해당하는 자에게 공익침해행위가 발생하였거나 발생할 우려가 있다는 사실을 신고·진정·제보·고소·고발하거나 공익침해행위에 대한 수사의 단서를 제공하는 것"을 의미한다. 동 규정에서 공익신고의 상대방은 제6조에 한정하고 있는데, "공익침해행위에 대한 지도·감독·규제 또는 조사 등의 권한을 가진 행정기관이나 감독기관"(6조 2호)이 이에 해당한다.

동법은 제11조 이하에서 공익신고자의 보호에 관한 구체적인 규정을 두고 있다. 우선 제15조 제1항은 "누구든지 공익신고자등에게 공익신고 등을 이유로 불이익조치를 하여서는 아니 된다"는 원칙을 밝히고 있다. 특히 실질적 중요성을 갖는 것은 책임의 감면에 관하여 규정하고 있는 제14조인데, 동조 제2항은 "공익신고 등과 관련하여 발견된 위법행위 등을 이유로 공익신고자등에게 징계를 하거나 불리한 행정처분을 하는 경우 (국민권익)위원회는 공익신고자등의 징계권자나 행정처분권자에게 그 징계나 행정처분의 감경 또는 면제를 요구할 수 있다. 이 경우 요구를 받은 자는

---

38) [별표]는 총 284개의 법률을 규정하고 있다.

정당한 사유가 있는 경우 외에는 그 요구에 따라야 한다"고 규정하고 있다. 동 규정은 2015년 개정에 의해 변경된 것인데, 특히 불리한 행정처분을 책임감면의 요구 사항으로 명정함으로써 공익신고자 보호제도의 실효성을 제고하고 있다는 점에서 의의가 있다.[39]

2. 당해 사안에 적용 가능성 검토

독점규제법은 공익신고법상 공익신고 대상 법률에 포함되므로, 입찰 담합에 관한 자진신고는 공익신고법상 공익신고에 해당한다. 앞에서 살펴본 것처럼 독점규제법상 자진신고에 대한 감면조치는 독점규제법에 한정되며, 다른 법률에 의한 처분에 직접적인 영향을 미치지는 못한다. 국가계약법에 의한 부정당업자 입찰참가자격 제한 조치는 여전히 이루어지고 있으며, 특히 동법에 의해 자진신고자에 대해 처분을 면제할 수 있는 근거는 주어지지 않고 있다.

국가계약법 시행규칙 [별표 2] '부정당업자의 입찰참가자격 제한기준' 제1호 다목 본문은 "각 중앙관서의 장은 부정당업자에 대한 입찰참가자격을 제한하는 경우 자격제한 기간을 그 위반행위의 동기·내용 및 횟수 등을 고려해 제2호에서 정한 기간의 2분의 1의 범위에서 줄일 수 있으며, 이 경우 감경 후의 제한기간은 1개월 이상이어야 한다"고 규정하고 있으며, 제2호의 4. 다에서는 "입찰자 또는 계약상대자 간에 서로 상의하여 미리 입찰가격, 수주 물량 또는 계약의 내용 등을 협정하거나 특정인의 낙찰 또는 납품대상자 선정을 위하여 담합한 자"에 대하여 6개월의 제재기간을 규정하고 있다. 이상의 규정에 의하면, 입찰 담합의 자진신고자에 대하여 최소한 3개월 이상의 제재 기간의 부과가 불가피하다.

공공기관의 발주 물량이 사업에서 큰 비중을 차지하는 업종의 경우, 국

---

39) 박호연·김명대, 주 37)의 글, 84면 참조.

가계약법 등에 의한 부정당업자의 제재가 유효한 범위에서 입찰 담합의 자진신고에 따른 독점규제법상 감면조치가 실질적인 의미를 갖기는 어려우며, 이러한 구조는 공익신고 보호의 관점에서 일정한 문제를 야기할 수 있다. 즉 공익신고법에 의한 공익신고에 해당하는 독점규제법상 자진신고자에 대하여 불리한 처분이 국가계약법에 의하여 이루어지고 있다면, 이는 공익신고자에 대한 충분한 보호가 이루어지지 못하고 있음을 의미하는 것이다. 이와 관련하여 국민권익위원회는 조달청에 대하여 자진신고자에 대한 부정당업자 입찰 참가자격 제한 조치에 대한 면제를 요구하는 결정을 내리기도 하였지만,[40] 이로써 충분한지는 의문이다.

이와 관련하여 국민권익위원회는 입법적 개선으로서 국가계약법 등에 부정당업자 제재처분 면제 근거 신설을 마련할 것을 제안하고 있다.[41] 그렇지만 입법 이전에 현행 법체계 하에서도 공익신고법 제14조 제2항 제2문이 국민권익위원회의 대상 기관에 대한 감면 요청이 구속력을 갖는 것으로 규정하고 있으며, 동 규정에 의한 문제 해결을 적극적으로 모색할 필요가 있을 것이다.

V. 결론

독점규제법상 자진신고자 감면제도는 부당한 공동행위에 참가한 사업자를 적법행위로 유인해냄으로써 규제의 실효성을 높이기 위해 고안된 제도이다. 이러한 입법취지에서 드러나듯이, 동 제도가 제대로 기능하기 위해서는 적절한 유인체계의 설계가 핵심적이다. 그러나 이를 행함에 있어서 독점규제법 위반 행위가 다른 법률의 적용을 받을 수 있다는 점이 아

---

40) 국민권익위원회 2017. 12. 26. 의결 제2017-1041호.
41) 국민권익위원회, 공익신고자 책임감면의 실효성 제고 방안, 2019, 17면 참조.

울러 고려될 필요가 있다. 특히 국가계약법 등에 규정된 부정당업자 입찰 참가 제한과 같은 제제는 독점규제법상 부당 공동행위 규제와 제도적으로 연계되어 있다는 점에 주의를 요한다. 이러한 상황에서 독점규제법상 부당 공동행위에 참가한 사업자의 자진신고에 대한 감면이 이루어진다 하더라도, 국가계약법에 의한 제재가 여전히 가능하다면 자진신고자 유인으로서의 한계가 나타날 수밖에 없으며, 이는 동 제도의 유효성에 부정적인 영향을 미칠 수 있다. 본문에서 다룬 엘지U+의 공동행위 및 자진신고 사건은 이에 관한 적절한 예가 될 수 있을 것이다.

물론 독점규제법과 국가계약법은 규범적 목적이 상이하고, 따라서 양 법률에 근거한 규제가 독립적으로 이루어진다는 것 자체를 문제 삼기는 어려울 것이다. 그러나 자진신고자 감면제도의 취지에 비추어, 독점규제법상 감면조치를 부여함에 있어서 국가계약법상 이루어지는 제재가 고려될 수 있도록 하는 것은 동 제도의 실효적인 운영을 위하여 필요할 수 있다. 한편 이러한 문제의 해결을 위한 입법적 개선이 이루어지기 전이라도, 공익신고법의 적용을 통해 대체적 해결을 모색하는 방안도 적극적으로 검토될 필요가 있다.

제3편
거래 공정화 / 중소기업 보호

11. 부당 비교광고의 부당성 판단

I. 서론

「표시·광고의 공정화에 관한 법률」(이하 표시광고법)은 제3조 제1항 제
3호에서 부당한 표시광고의 4가지 유형 중 하나로 '부당하게 비교하는 표
시·광고'를 규정하고 있다.[1] 다른 부당한 표시광고 유형과 마찬가지로 표
시광고법상 비교 표시광고의 규제에 있어서 부당성 판단이 핵심이다. 이
와 관련하여 수신오가피의 부당 광고행위 사거은 비교 표시광고의 부당성
이 핵심적인 문제로 다루어진 사건으로서 의의가 있으며, 이에 관한 대법
원 판결은 부당한 비교 표시·광고에 관한 의미 있는 선례가 되고 있다. 이
하에서는 문제가 된 수신오가피의 광고 행위 중, 특히 비교 광고행위에 초
점을 맞추어 대법원 판결을 중심으로 상론함으로써, 비교 표시·광고에 있
어서 부당성의 의의와 판단 기준을 밝히고자 한다.

II. 사건의 경과 및 판결의 내용

1. 사안의 개요

주식회사 수신오가피(이하 '수신오가피')는 2002. 5. 23.부터 6. 21. 기

---

1) 표시광고법 제3조 제1항 각호에서 규정하고 있는 네 가지 유형은 다음과 같다.
   1. 거짓·과장의 표시·광고, 2. 기만적인 표시·광고, 3. 부당하게 비교하는 표시·
   광고, 4. 비방적인 표시·광고.

간에 조선일보 등 13개 일간지에 자신이 판매하는 오가피류 건강보조식품
과 다른 경쟁사업자가 판매하는 동종의 상품을 비교하는 내용의 광고를
하였다. 동 광고에서는 "오가피를 아신다면 이 글을 꼭 읽어보십시오" 또
는 "오가피를 아시는 모든 분께 또 다른 데이터를 공개합니다" 등의 제목
하에 "아칸토싸이드D 성분은 오가피의 지표물질입니다"라는 표현이 핵심
적인 내용이었다. 동 광고는 이를 토대로 수신오가피의 상품에는 다량 함
유되어 있는 반면 다른 경쟁사업자가 공급하는 상품에는 미미하거나 함유
되어 있지 않은 '아칸토싸이드D' 성분을 비교의 주된 기준으로 삼고 있었
다. 구체적으로 "국립대학교 2곳, 제약회사 1곳, 국가공인기관 1곳에서 시
험한 내용입니다"라는 설명과 함께 자사 2개 제품과 타사 8개 제품의 "아
칸토싸이드D성분 함량비교표"를 제시하면서, "아칸토싸이드D 성분이 들
어있지 않은 제품은 가짜이며, 또 이 성분이 얼마나 들어있냐에 따라 정말
로 제대로 된 원료를 사용했는지 또 원료를 얼마나 사용했는지 알 수 있
다"고 광고하였고, 아울러 다음의 표를 게재하였다.

〈표 1〉 수신오가피의 비교 광고 내용

업체명	제품명	아칸토싸이드D함량(µg/g)
(주)수신오가피	수신토종오가피차골드	98.82 (153.150)
(주)한국자연과학	함박재가기오가피백두	16.52 (20.597)
(주)한국자연과학	함박재가시오가피해피니스	7.47 (9.414)
(주)바이오젠코리아	고려가시오가피	15.49 (19.658)
파진바이오(주)	경희가시오가피	21.32 (30.848)
고려한백인터내셔널	실크오가피Q	검출안됨(검출안됨)
대전충남염소농협	토종가시오가피	검출안됨(검출안됨)
고려인삼과학	토종야생가시오가피	7.00 (17.093)
(주)수신오가피	수신천사토종오가피	4957.75 (6129.749)
(주)파진바이오	진생성장원	504.90 (697.461)

* 괄호안의 수치는 수신오가피가 법원의 광고집행금지 가처분결정(5.30)
 이후 바뀐 수치로 광고한 내용임

이에 대하여 공정거래위원회는 수신오가피의 행위가 표시광고법 제3조 제1항 제1호 및 제3호에서 금지하는 부당한 광고에 해당하는 것으로 판단하였다. 우선 허위·과장광고와 관련하여, 피심인인 수신오가피는 아칸토싸이드D 성분의 함유 여부 및 정도가 제품의 품질을 결정하는 기준이 된다고 주장하면서, 이 성분이 오가피의 가장 중요한 성분이라는 근거로 식품의약품안전청 생약규격과에서 아칸토싸이드D 성분을 오가피의 지표성분으로 선정한 용역 결과를 제시하였다. 그러나 공정거래위원회는 이 용역 결과가 단지 오가피 품질 표준화를 위한 내부 검토자료일 뿐 식품의약품안전청이 오가피의 지표물질을 선정한 사실이 없으며, 전문가들 사이에서도 오가피의 지표물질에 관한 견해가 서로 다르다는 점을 지적하였다. 따라서 아칸토싸이드D 성분이 오가피의 지표물질로 확정된 것처럼 표현한 피심인의 광고행위는 소비자를 오인시킬 우려가 있는 허위·과장광고 행위에 해당한다고 보았다.

또한 수신오가피가 동 광고에서 한국식품연구소와 충북대학교 등에 의뢰하여 분석한 결과를 토대로 지표물질인 아칸토싸이드D 성분이 들어 있지 않은 제품은 가짜이며, 이 성분의 함량 정도에 따라 제대로 된 원료를 사용했는지 또는 원료를 얼마나 사용했는지 알 수 있다고 주장한 것이 부당한 비교광고의 측면에서 문제가 되었다. 공정거래위원회는 아칸토싸이드D 성분 비교 표에 제시된 타사 제품 8개 중 7개 제품은 피심인이 원료로 사용하고 있는 오가피가 아닌 가시오가피를 주원료로 생산된 제품으로서 양자는 과실의 종자 수, 가시모양의 차이 및 효능 등에 차이가 있어 같은 종자로 볼 수 없는 제품을 비교하고 있다는 점 그리고 피심인이 제출한 한국식품연구소의 시험결과 자료는 제출된 샘플 검체에 한해 유효한 결과이므로 이를 상업적 목적 및 홍보용으로 사용할 수 없다고 시험성적서에 명기되어 있다는 점 등을 지적하였다. 이에 근거하여 공정거래위원회는 객관적 비교분석 자료가 아닌 실험 결과를 바탕으로 타사 제품의 품질이 자사 제품보다 열등한 것처럼 광고한 피심인의 행위는 부당 비교광

352 _ 경제법론 Ⅴ

고 행위에 해당한다고 판단하였다.

이상의 판단에 기초하여 공정거래위원회는 수신오가피의 광고행위의 금지와 공표 및 과징금 납부(1,800만원)를 명하는 심결을 내렸다.[2] 수신오가피는 동 심결에 불복하고 이의신청을 하였지만 공정거래위원회는 기각하는 결정을 내렸으며, 특히 문제가 된 비교광고 내용이 객관적이고 공정한 실험결과를 토대로 표현된 것이라는 주장을 받아들이지 않았다.[3]

2. 소송 경과

피심인인 수신오가피는 동 심결의 취소소송을 제기하였고, 이에 서울고등법원은 공정거래위원회의 판단을 지지하면서 원고 패소 판결을 내렸다.[4] 동 판결에 대한 원고의 상고로 이루어진 상고심에서 대법원 역시 문제가 되었던 공정거래위원회의 심결이 위법하지 않은 것으로 보고 상고를 기각하는 판결을 내렸다.[5]

전술한 것처럼 공정거래위원회는 수신오가피가 비교기준으로 삼은 '아칸토싸이드D' 성분이 지표물질이라는 전제 하에 해당 비교 광고를 하였지만 식품의약품안전청에서 이를 지표물질로 선정한 바가 없다는 점 등에 근거하여 부당한 허위·과장광고에 해당하고, 또한 경쟁 사업자의 8개 오가피류 제품 중 7개 제품의 주원료는 가시오가피인데 피심인 제품 원료인 오가피와 가시오가피는 종(학)명(오가피: Eleutherococcus sessiliflorus, 가시오가피: Eleutherococcus senticosus), 과실의 종자수(오가피: 과실당 종자수 2개, 가시오가피 : 과실당 종자수 5개), 가시모양의 차이 및 효능 등에 차이가 있어 같은 종자로 볼 수 없음에도 이를 비교 대상으로 삼은 점

---

2) 공정위 2002. 9. 9. 의결 제2002-186호.
3) 공정위 2002. 12. 23. 재결 제2002-039호.
4) 서울고법 2004. 7. 8. 선고 2003누1631 판결.
5) 대법원 2005. 3. 10. 선고 2004두9654 판결.

등에 근거하여 부당한 비교광고에 해당하는 것으로 보았다. 특히 후자와 관련하여 공정거래위원회는 수신오가피가 행한 비교 광고는 객관적 비교 분석 자료에 근거한 비교로 볼 수 없다고 판단하였다. 이러한 판단은 원심 판결과 대법원 판결에서 대체로 유지되었다.

3. 대법원 판결 요지

대법원은 원고 제품에 유리한 한 성분만을 비교 대상으로 삼아 다른 사업자의 상품과 비교한 광고가 부당한 비교 광고에 해당하는 것으로 보았다. 그러나 이러한 판단이 단지 자신에게 유리한 성분만을 비교 대상으로 삼았다는 점에 근거한 것은 아니며, 동 판결은 비교 기준이 합리적이지 못한데 따른 것임을 적시하여 문제가 된 비교 광고의 부당성을 밝히고 있다.

구체적으로 대법원은 "식료품 등의 제조 및 판매회사인 원고가 그가 제조한 제품들을 광고함에 있어 '아칸토싸이드D성분'이 들어있지 않은 제품은 가짜이며, 또 이 성분이 얼마나 들어있냐에 따라 정말로 제대로 된 원료를 사용했는지 또 원료를 얼마나 사용했는지 알 수 있다는 등의 내용을 포함시킨 사안에서, 위 제품들은 오가피를 원료로 만들었고, 비교 대상이 된 다른 사업자의 제품은 오가피 또는 가시오가피를 원료로 만든 것인데, 오가피와 가시오가피는 종, 과실의 종자수, 가시모양, 효능이 달라, 이를 각 원료로 한 제품을 비교 대상으로 삼을 수는 없다 할 것이고, 게다가 비교대상 제품의 원료로는 가시오가피뿐만 아니라, 두충, 대추 등의 다른 여러 생약제 성분이 들어 있고, 그 조성비가 제품마다 다르며, 아칸토싸이드 D 성분은 오가피속 식물뿐만 아니라 대혈, 겨우사리, 드릅나무 등에도 들어 있어 아칸토싸이드D 성분의 함유량만으로 각 제품의 원료의 진품 여부, 원료의 품질 정도, 원료의 사용량을 합리적으로 비교할 수 없으므로, 원고가 한 이 사건 광고는 종이 다른 원료의 성분 중 원고 제품에 유리한 한 성분만을 비교대상으로 삼아 자기에게 유리한 대상만을 다른 사업자의 상품과 비교하여 소비자를 속이거나 소비자로 하여금 잘못 알게 할 우려가 있어 「표시·광고의 공정화에 관한 법률」 제3조 제1항 제3호 소정의 부당 비교광고에 해당한다"고 판시하였다.[6]

III. 판결의 의의

1. 쟁점의 정리

앞의 〈표 1〉에서 알 수 있듯이, 문제가 된 사안에서 수신오가피의 광고 행위는 자신이 지표물질로 주장한 아칸토싸이드D 성분의 함유량을 기준으로 타사의 동종 제품과 비교하는 것을 핵심적인 내용으로 하였다. 동 비교 광고 행위가 객관적인 기준에 의하고 있다는 점을 밝히기 위하여 수신오가피는 국가공인기관인 한국식품연구소, 국립대학인 충북대학교 등에서 시험한 내용이라는 점을 광고에서 언급하고 있다. 그러나 공정거래위원회는 아칸토싸이드D 성분이 지표물질이라는 것이 식품의약품안전청에 의하여 인정된 것은 사실이 아니며, 무엇보다 자사 제품과 타사 제품의 주원료(오가피와 가시오가피)가 다른 상황에서 자사 제품의 주원료에 함유되어 있는 성분을 비교 기준으로 한 것은 합리적 근거에 의한 비교로 볼 수 없다고 판단하였다. 또한 시험 검사기관 등에서의 시험 내용도 단지 제품들의 성분 조사일 뿐이고, 특히 시험검사기관의 하나인 한국식품연구소의 시험결과 자료는 제출된 샘플 검체에 한해 유효한 결과이므로 이를 상업적 목적 및 홍보용으로 사용할 수 없다고 시험성적서에 명기되어 있다는 점을 지적하였다. 이와 같은 부당 비교 광고에 관한 판단은 원심과 대법원 판결에서도 유지되었다.

---

6) 대법원 2005. 3. 10. 선고 2004두9654 판결.

동 사안에서 비교 광고행위에 관한 핵심 쟁점은 원고가 행한 '아칸토싸이드D' 성분을 기준으로 한 비교 광고가 합리적 근거를 갖고 있는지에 관한 것이었다. 최종적으로 대법원은 공정거래위원회와 동일하게 이러한 비교가 합리적 근거를 갖고 있지 않기 때문에 부당한 것으로 판단하였다.

2. 관련 판례

표시광고법 제3조 제1항 제3호에 의한 규제 대상인 부당한 비교 표시·광고에 해당하기 위해서는 비교가 합리적·객관적 근거에 의하여 행해져야 한다는 원칙은 다른 판례를 통해서도 확인할 수 있다.

건강식품과 의약품인 발기부전치료제의 임상실험결과를 비교하는 광고가 문제되었던 사건에서 공정거래위원회는 동일 시장의 주된 경쟁관계에 있지 않은 식품과 의약품을 비교 대상으로 하고, 또한 양자의 실험대상군에 현저한 차이가 있는 임상실험결과를 토대로 양자의 효능을 비교하여 양자가 대등한 효능을 갖는 것으로 광고를 한 행위는 부당한 비교 광고에 해당하는 것으로 판단하였고,[7] 동 심결에 대한 취소소송에서 대법원은 공정거래위원회의 판단을 유지하였다.[8]

또한 미디어윌이 생활정보신문의 접촉률에 관하여 전문조사기관인 한국갤럽연구소에 의뢰한 조사 결과를 토대로 자사의 대구벼룩시장이 접촉률 1위라고 광고한 사건에서 대법원은 "광고주가 자기의 광고내용 중 사실과 관련한 사항이 진실임에 대한 입증은 합리적·객관적 근거에 의하여야 하고, 조사결과를 합리적·객관적 근거로 사용하기 위해서는 그 조사는 법령에 의한 조사기관이나 사업자와 독립적으로 경영되는 조사기관 등에서 학술적 또는 산업계 등에서 일반적으로 인정된 방법 등 객관적이고 타당한 방법으로 실시한 결과이어야 하며, 객관적이고 타당한 방법으로 실

---

7) 공정위 2003. 4. 7. 의결 제2003-089호.
8) 대법원 2004. 10. 14. 선고 2004두6112 판결.

시한 조사가 되기 위해서는 조사기간, 표본설정, 질문사항, 인터뷰방법 등
이 동일한 조건 등 합리적이고 공정한 조건 하에 이루어진 조사이어야 하
고, 조사결과가 왜곡될 가능성이 있는 특정한 조건 하에서 이루어진 조사
이어서는 아니된다고 할 것이므로, 조사결과가 왜곡될 가능성이 있는 특
정한 조건 하에서 이루어진 것으로서 합리적·객관적 근거가 되지 못하는
경우에는 비록 그 조사결과를 인용한 비교광고가 비교대상 및 비교기준이
명확하더라도 부당하게 비교하는 표시·광고에 해당할 수 있다"고 판시함
으로써 전문적인 조사기관에 의한 조사라 하더라도 조사 결과가 왜곡될
수 있는 기간에 부당하게 설정된 질문 내용에 따른 조사 결과를 비교 광
고한 것은 객관적·합리적 근거가 없는 것으로서 부당한 비교 광고에 해당
하는 것으로 판단하였다.[9]

3. 판결의 검토

표시광고법 제3조 제1항 제3호의 부당한 표시·광고에 해당하기 위해서
는 비교대상 및 기준을 명확히 밝히지 않았거나 객관적·합리적 근거 없이
비교가 이루어진 경우이어야 한다. 공정거래위원회의 실무와 대법원 판결
도 이러한 원칙에 의하고 있으며, 수신오가피가 자사 제품과 타사 제품의
성분을 비교하는 광고 행위가 문제가 되었던 당해 사안에서도 대법원은
이러한 원칙에 따라서 해당 광고 행위가 표시광고법상 부당한 비교 광고
에 해당하는 것으로 판단하였다. 즉 대법원은 비교 대상인 제품들의 주원
료가 다른 상황에서(오가피와 가시오가피) 어느 하나에 함유된 성분을 비
교 기준으로 삼은 비교 결과는 객관적·합리적 근거가 없는 것으로 판단하
였으며, 이러한 결론 부당한 비교 표시·광고를 판단하는 원칙에 비추어
타당한 것으로 볼 수 있다.

---

9) 대법원 2003. 3. 31. 선고 2002마4109 판결.

IV. 비교 광고의 부당성 판단

동 판결은 부당한 비교 표시·광고에 관한 선례로서, 객관적 근거가 없는 비교 광고는 표시광고법상 부당한 비교 광고에 해당한다는 원칙을 밝힌 것으로서 의의가 있다.

그러나 동 판결에서 제시한 판시사항과 관련하여 주의를 요하는 부분도 있다. 우선 비교 표시·광고는 소비자에게 유용한 정보를 제공할 수 있기 때문에 바람직한 측면이 있다는 점도 고려되어야 한다. 비교 표시·광고란 사업자가 자사의 상품의 우수성을 더욱 부각시키기 위해 경쟁사의 동종 상품을 비판적으로 비교하는 것이라 할 수 있으며, 이 비교가 사실상 객관적이고 정확한 경우에는 소비자의 알 권리에 기여하면서 구매결정에 중요한 역할을 수행한다. 모든 광고의 목적은 자사의 상품이 경쟁사의 상품보다 더 우월하다고 소비자를 설득함으로써 구매를 촉진시키기 위한 것이라고 할 때 모든 광고에는 어느 정도의 비교적인 내용들이 포함되어 있는 것으로 볼 수 있으며, 사업자의 입장에서도 자사 상품의 우수성이 사실에 기초한 객관적이고 합리적인 비교 광고를 통해 부각될 수 있다면 비교 광고는 효율적인 기능을 가진 광고 방법이라 할 수 있다.[10] 나아가 비교 광고행위를 통하여 상품의 경쟁력이 제고될 수 있고, 이는 궁극적으로 소비자 후생에 긍정적인 영향을 미칠 수 있다. 시장참가자들의 불완전한 정보는 시장 실패(market failures)의 중요한 원인이 될 수 있으며,[11] 상품 간 비교를 통한 광고행위는 이와 같은 정보의 불완전성을 해소할 수 있는 수단이 될 수 있고, 이는 결과적으로 사업자들 간 장점(merits)에 의한 경쟁을 촉진하는 역할을 할 수 있다는 점도 염두에 둘 필요가 있다. 따라서 비교 표시·광고는 그 자체로 금지되는 것이 아니라 부당한 경우에만 금지

---

10) 조재영, "부당한 비교표시·광고의 심결사례에 나타난 법리적 특성에 관한 연구", 한국언론학정보 제39호, 2007, 440-441면 참조.
11) 홍명수, 경제법론IV, 경인문화사, 2018, 385면 참조.

대상이 되며, 이때의 부당성 판단에 있어서도 이상에서 언급한 긍정적 측면의 가능성이 종합적으로 고려되어야 한다.

　이러한 관점에서 자신에게 유리한 부분만 비교 대상으로 삼는 표시·광고의 경우에도 객관적 근거를 갖추고 있는 경우에는 허용될 수 있을 것이다.[12) 이러한 태도는 비교법적으로도 확인할 수 있는데, 독일 부정경쟁방지법(Gesetz gegen den unlauteren Wettbewerb; UWG) 제6조 제2항 제2호는 비교 광고가 객관적으로 본질적이고, 중요하고, 검증 가능하며, 전형적인 특성(wesentliche, relevante, nachprüfbare und typische Eigenschaften)에 관련되지 않거나 또는 상품의 가격(den Preis dieser Waren oder Dienstleistungen)에 관련되지 않은 경우에 불공정거래행위에 해당하는 것으로 규정하고 있다.[13)

　이러한 관점에서 동 판결이 "원고가 한 이 사건 광고는 종이 다른 원료의 성분 중 원고 제품에 유리한 한 성분만을 비교대상으로 삼아 자기에게 유리한 대상만을 다른 사업자의 상품과 비교하여 소비자를 속이거나 소비자로 하여금 잘못 알게 할 우려가 있어 「표시·광고의 공정화에 관한 법률」 제3조 제1항 제3호 소정의 부당 비교광고에 해당한다"고 판시한 것이 비교 표시·광고의 긍정적 측면을 아울러 고려하고 유리한 부분의 비교 광고행위도 허용될 수 있는 것으로 보는 비교 광고행위의 부당성 판단의 원칙에 부합하지 않는 것으로 볼 수도 있을 것이다. 그러나 동 판결이 단지 유리한 부분만의 비교를 부당성 판단의 근거로 삼은 것으로 볼 수는 없다. 무엇보다 동 판결에서 원료가 다른 제품을 비교 대상으로 삼을 수 없고,

---

12) 이호영, 소비자보호법, 홍문사, 2018, 93면 참조.
13) 또한 이러한 행위는 "소비자를 대상으로 하거나 관련되는 거래 행위가 사업자로서의 주의를 결하고 또한 소비자의 경제적 행위에 본질적인 영향을 미칠 경우에 불공정한(unlauter) 거래행위에 해당한다"고 규정한 부정경쟁방지법 제3조와의 종합적인 해석에 의하여 소비자의 결정에 본질적인(wesentlich) 영향을 미칠 경우에 금지 대상이 된다. 정주미, "공정거래법상 불공정거래행위의 위법성에 관한 연구", 서울대학교 박사학위논문, 2018, 114-115면 참조.

다양한 성분이 첨가된 상태에서 제품들을 합리적으로 비교할 수 없다고
판시한 것에서 알 수 있듯이, 동 판결은 당해 광고에서 비교 기준이 객관
적 근거를 결하고 있다는 점을 부당성 판단의 기초로 삼은 것으로 보아야
할 것이다. 이러한 점에서 유리한 부분의 비교 광고의 허용될 수 있다는
것과 동 판결이 상충되는 것으로 볼 것은 아니며, 유리한 부분의 비교 광
고가 부당한 것으로 평가받는 경우의 판단 근거를 명확히 하였다는 점에
서 동 판결의 의의를 찾을 수 있을 것이다.

12. 비방 광고의 부당성 판단

Ⅰ. 서론

「표시·광고의 공정화에 관한 법률」(이하 표시광고법) 제3조 제1항은 부당한 표시·광고에 해당하는 네 가지 유형을 규정하고 있고, 그중 제4호는 비방 표시·광고에 관한 것이다. 동 유형의 부당 표시·광고와 관련하여 파스퇴르 광고 사건은 주목할 만하다. 동 사건에 관한 법원의 판결은[1] 비방 표시·광고의 부당성에 관한 유력한 선례로서 의미가 있으며, 이하에서 동 사건과 이에 관한 판결의 검토를 통해 비방 표시·광고의 부당성 판단에 관한 기준을 제시하고자 한다.

Ⅱ. 사건의 경과 및 판결의 내용

1. 사안의 개요

파스퇴르유업 주식회사(이하 '파스퇴르')와 사단법인 한국유가공협회(유제품을 제조·판매하는 15개 사업자로 구성된 단체로서, 이하 '유가공협회') 간에 전개된 '고름우유'를 둘러싼 상호 비방광고에 대하여 공정거래위원회는 파스퇴르와 유가공협회 쌍방에게 부당광고를 중지하고 법위반 사실을 공표하도록 하는 시정명령을 내렸다.[2] 유가공협회는 동 시정명령에

---

1) 대법원 1998. 11. 27. 선고 96누5643 판결.
2) 공정위 1995. 11. 25. 의결 제95-283, 284호.

따라서 중앙일간지에 법위반 사실을 공표하는 광고를 하였다. 이후 파스퇴르는 자신도 동일한 사안에 대하여 시정명령을 받은 사실은 언급하지 않은 채, 다수의 중앙일간지에 '한국유가공협회가 파스퇴르에 대하여 부당광고한 자인광고임'이라는 제목으로 유가공협회의 시정광고를 전체적으로 인용하는 광고를 하였다.

이와 같은 파스퇴르의 광고 행위가 「독점규제 및 공정거래에 관한 법률」(이하 독점규제법)상 불공정거래행위에 해당하는지가 문제 되었으며, 공정거래위원회는 동 행위가 독점규제법 제23조 제1항 제6호 및 「불공정거래행위의 유형 및 기준」(공정거래위원회 고시 제1995-6호) 제9조에 해당하는 불공정거래행위로 판단하고,3) 파스퇴르에 대하여 "자신이 비방광고로 공정거래위원회의 시정명령을 받은 사실은 언급하지 않은 채 경쟁사업자들의 단체인 (사)한국유가공협회가 허위 및 비방광고 행위로 시정명령을 받고 이를 이행하기 위하여 일간지에 법위반사실을 공표한 내용을 인용하여 광고함으로써 마치 (사)한국유가공협회만이 허위 및 비방광고를 한 것으로 소비자를 오인시킬 우려가 있는 비방광고행위를 하여서는 아니되며 또한 이를 통한 기만적인 방법으로 우유의 품질에 관하여 소비자를 오인시킬 우려가 있는 부당한 광고행위를 하여서는 아니된다"는 내용의 시정명령을 내렸다.4) 파스퇴르는 이에 불복하고 이의신청을 하였으며, 재결에서 공정거래위원회는 파스퇴르의 이의신청을 기각하였다.5) 이후 파스퇴르

---

3) 1999년 표시광고법 제정 이전 부당한 표시·광고 행위는 독점규제법 제23조 제1항 제6호에 의한 불공정거래행위로서 규제되었으나, 표시광고법의 제정으로 부당한 표시·광고에 대한 규제는 동법 제3조 제1항에 의하여 이루어지게 되었다. 규제 근거 법률의 변경은 있었지만, 대상이 되는 행위 유형과 오인가능성 및 공정거래 저해성에 의하는 부당성 판단 법리는 동일하게 유지되고 있으므로, 표시광고법 제정 이전 발생한 당해 사건의 판결은 현행 표시광고법 하에서도 의미를 갖는다. 표시광고법 제정 이전 독점규제법상 불공정거래행위로서 표시·광고의 규제에 관하여, 황적인·권오승, 경제법, 법문사, 1996, 184-185면 참조.
4) 공정위 1995. 12. 15. 의결 제95-300호.
5) 공정위 1996. 1. 29. 재결 제96-2호.

는 공정거래위원회 심결의 취소를 구하는 소송을 제기하였다.

2. 소송 경과

(1) 원심 판결

피심인인 파스퇴르가 제기한 취소소송에서 원심인 서울고등법원은 문제가 된 파스퇴르의 광고 행위가 불공정거래행위로 판단한 공정거래위원회의 심결을 취소하는 판결은 내렸다.[6] 동 법원은 공정거래위원회가 부당성 판단의 대상으로 한 행위사실을 인정하였다. 즉 원고인 파스퇴르와 유가공협회 사이에 이른바 '고름우유'를 둘러싼 상호 비방광고가 이루어지고 이에 대하여 피고인 공정거래위원회가 파스퇴르 및 유가공협회 쌍방에게 부당광고를 중지하고 법위반 사실을 공표하도록 시정명령을 한 사실, 그리고 유가공협회가 위 시정명령에 따라 법위반 사실을 공표하는 광고를 한 후에 원고인 파스퇴르가 '한국유가공협회가 파스퇴르에 대하여 부당광고한 자인광고임'이라는 제목으로 자신이 받은 시정명령에 대하여는 아무런 언급 없이 유가공협회가 한 시정광고를 전재한 광고한 사실을 인정하였다.

그러나 이러한 사실에 대한 법적 평가는 공정거래위원회와 달리하였는데, "이 사건 광고 내용이 진실이므로 특별한 사정이 없는 한 이 사건 광고가 소비자를 기만하거나 오인시킬 우려가 있다고 볼 수 없을 터인데, 보통의 주의력을 가진 일반 소비자가 이 사건 광고를 보고 유가공협회가 원고 회사 및 그 상품에 관하여 부당한 광고를 하여 피고로부터 시정명령을 받고 이를 스스로 자인하였다는 사실을 인식하는 데서 더 나아가 원고 회사와 유가공협회 쌍방 중 유가공협회만이 원고 회사에 대하여 허위·비방광고를 하여 피고로부터 시정명령을 받았다고 오인하거나 또는 원고 회사

---

6) 서울고법 1996. 2. 27. 선고 95구37904 판결.

의 종전 광고 내용을 연상하여 유가공협회 소속 회사의 우유가 '고름우유'
라고 오인할 우려가 없다"는 것을 이유로, "이 사건 광고가 유가공업계의
공정한 거래를 저해할 우려가 있는 행위에 해당하지 않는다"고 판시하였
다. 이러한 판단에 따라서 공정거래위원회의 심결을 취소하는 원고 승소
판결을 내렸다.

(2) 대법원 판결

원심 판결에 대하여 피고인 공정거래위원회가 상고하였다. 대법원은 원
심의 판단이 정당한 것으로 수긍이 가고, 거기에 상고이유로 주장하는 바
와 같은 법리 오해의 위법이 없다는 것을 이유로 상고를 기각하는 판결을
내렸다.[7]

3. 판결 요지

당해 사안에서 문제가 된 행위는 부당한 표시광고 유형 중 비방적인 광
고에 관한 것으로서, 현행 표시광고법 제3조 제1항 제4호에 해당하는 행
위이다. 피상고인인 파스퇴르의 경쟁사업자들로 구성된 사업자단체인 유
가공협회가 공정거래위원회의 심결에 따라서 시정명령을 받은 사실을 공
표한 것을 파스퇴르가 전재하는 방식으로 행한 광고 행위의 존재는 법원
도 인정하였다. 그러나 공정거래위원회와 달리 법원은 동 행위가 부당한
광고행위에 해당하는 것으로 보지 않았다. 대법원은 원심의 판단을 유지
하면서, "우유가공회사가 상호 비방광고에 대하여 경쟁사업자와 함께 공
정거래위원회로부터 시정명령을 받았음에도 자신이 받은 시정명령에 대하
여는 아무런 언급을 하지 않은 채 경쟁사업자가 위 시정명령에 따라 게재
한 광고를 전재하여 광고한 경우, 소비자를 오인시킬 우려가 없어 불공정

---

7) 대법원 1998. 11. 27. 선고 96누5643 판결.

거래행위에 해당하지 않는다"고 판시하였다. 동 판결은 경쟁사업자의 시정명령에 따른 공표를 전재한 광고행위의 소비자 오인 가능성을 부인한 것이며, 나아가 비방적인 광고행위의 부당성 판단은 소비자의 오인가능성에 기초한다는 점을 밝히고 있다.

III. 판결의 의의

1. 쟁점의 정리

(1) 부당한 비방 광고에 해당 여부

사안에서 문제가 된 행위는 유가공협회가 공정거래위원회로부터 받은 시정명령을 중앙일간지에 공표한 것을 경쟁사업자인 파스퇴르가 공표 내용 전부를 인용하는 방식으로 광고한 것으로서 이러한 행위 사실 자체는 다툼 없이 법원에서도 인정되었다. 다만 이러한 행위가 비방적인 광고로서 부당한 비교 표시·광고에 해당하는지에 대하여 법원과 공정거래위원회는 상반된 입장을 취하였다. 공정거래위원회는 파스퇴르가 유가공협회의 공표를 전재하는 광고를 하였을 뿐만 아니라 자신도 동일한 내용의 시정명령을 받은 상황에서 이에 대한 언급 없이 이러한 행위를 하였다는 것에 주목하고, 부당한 표시광고에 해당하는 것으로 보았다.

이에 반하여 원심 법원은 광고 내용 자체는 진실하므로 특별한 사정이 없는 한 소비자를 기만하거나 오인시킬 우려가 없다는 것을 전제하고, 보통의 주의력을 가진 소비자가 이러한 광고를 보고 유가공협회가 공정거래위원회로부터 시정명령을 받은 후 이를 스스로 자인하였다는 사실을 넘어서 원고인 파스퇴르는 시정명령을 받지 않고 유가공협회만 시정명령을 받은 것으로 오인하거나 나아가 이전의 광고 내용을 연상하여 유가공협회 소속 회사의 우유를 '고름우유'로 오인할 우려가 없는 것으로 보았다. 이를 이유로 문제가 된 광고가 공정한 거래를 저해할 우려가 있는 행위에 해당하지 않는 것으로 판단하였으며, 이러한 판단은 대법원에서도 유지되었다.

공정거래위원회와 법원 판단의 차이는 파스퇴르가 자신 또한 시정명령을 받을 사실을 언급하지 않은 것에 대한 평가와 관련된다. 파스퇴르와 유가공협회 간에 고름우유를 둘러싼 상호비방이 전개되었던 상황에서 양자가 모두 공정거래위원회의 시정명령을 받았음에도 불구하고 유가공협회의 시정명령에 관한 공표만 전재한 광고 행위에 대하여, 공정거래위원회는 파스퇴르가 시정명령을 받지 않은 것으로 오인하기에 충분한 행위라고 판단하였다. 이에 비하여 법원은 파스퇴르가 자신이 시정명령을 받은 사실을 언급하지 않은 것보다는 파스퇴르의 광고 내용이 진실하다는 것, 즉 유가공협회가 시정명령을 받고 이를 공표한 내용을 그대로 옮긴 파스퇴르의 광고가 사실에 반하지 않는다는 것을 지적하고,[8] 특별한 사정이 없는 한 이로부터 자신은 시정명령을 받지 않은 것으로 또는 경쟁사업자의 우유가 고름우유라고 오인할 우려는 없는 것으로 판단하였다.

(2) 비방 광고의 오인 가능성 판단

법원은 문제가 된 파스퇴르의 비방적 광고의 부당성 판단과 관련하여, 소비자의 오인가능성을 핵심적인 판단 기준으로 삼고 있다. 일반적으로 표시광고법에서 규제하는 표시·광고의 부당성은 표시·광고 행위가 표시광고법 제3조 제1항에서 규정하고 있는 행위에 해당하는지 그리고 이러한

---

8) 이러한 태도는 현행 표시광고법 제3조 제1항 제4호의 '비방적인 표시·광고'의 의의를 명확히 하고 있는 동법 시행령 제3조 제4항이 "비방적인 표시·광고는 다른 사업자등 또는 다른 사업자등의 상품 등에 관하여 객관적인 근거가 없는 내용으로 표시·광고하여 비방하거나 불리한 사실만을 표시·광고하여 비방하는 것으로 한다"고 규정하고 있는 것에 부합하는 것이다.

행위가 소비자를 오인하고 공정한 거래를 저해할 우려가 있는지의 판단 과정을 거친다.[9] 특히 오인가능성은 부당성 판단에서 핵심적인 기준이며, 이는 부당한 표시·광고 유형 중 하나인 비방적 광고의 부당성 판단에 있어서도 동일하게 적용된다. 즉 오인가능성에 관한 판단 없이 비방 자체에서 위법 판단을 구할 수 있는 것은 아니다. 이와 관련하여 법원은 소비자의 오인 가능성을 핵심적인 판단 기준으로 고려하고 최종적으로 원고인 파스퇴르의 광고 행위가 오인할 우려를 낳지 않는다는 결론을 내림으로써 비방적 표시·광고의 부당성 판단이 오인 가능성에 기초한다는 점을 명확히 하였다.

2. 관련 판례

동 판결은 원고인 파스퇴르의 광고 행위가 진실하다는 것을 판단의 기초로 주요 근거의 하나로 삼고 있다. 이러한 판단 원칙이 적용된 판례로서 내열강화유리의 광고에 관한 대법원 판결[10]을 들 수 있다. 포장용 유리용기를 제조하는 사업자인 원고 삼광유리(주)가 원심 판결에 불복하고 상고한 사건에서 대법원은 경쟁사업자의 제품인 플라스틱 용기가 환경호르몬 등의 영향으로 인체에 유해하다는 내용의 원고가 행한 광고를 다루었다. 동 판결에서 대법원은 비방적 광고에 해당하기 위해서는 객관적 근거가 요구된다는 것을 전제하고, "어떠한 식품이나 그와 직접 연관된 제품의 인체 유해성에 관하여 어느 정도 객관적 근거를 갖춘 우려가 제기되어 현실적으로 논란이 되고 있다면, 그 유해성이나 유해 수준이 과학적으로 명백하게 입증되지는 않았다고 하더라도 경쟁 제품이 갖고 있는 위와 같은 유해의 가능성 또는 위험을 언급하거나 지적하는 내용의 광고에 대하여 함부로 공정한 거래질서를 저해할 우려가 있는 비방광고로서 금지하여야 한

---

9) 이호영, 소비자보호법, 홍문사, 2018, 76-81면 참조.
10) 대법원 2013. 3. 14. 선고 2011두7911 판결.

다고 단정할 것은 아니다"라는 것을 이유로 문제가 된 광고가 비방적 광고에 해당하지 않는 것으로 판단하였다. 동 판결은 비방적 광고에 해당하기 위하여 객관적 근거가 요구된다는 기준을 유지하고 있지만, 객관적 근거의 존부를 판단함에 있어서 엄밀한 과학적 근거까지 요구하는 것은 아니고 유해 가능성을 지적하는 것만으로 충분하다는 입장을 취하고 있다는 점에서 주목할 만한 것이다.

3. 판결의 검토

파스퇴르가 경쟁사업자의 시정명령에 따른 공표를 자신의 광고 내용으로 전재한 것에 대한 판결에서 대법원은 비방적 광고에 해당하는지를 객관적 근거에 의한 진실한 내용의 광고인지에 근거하여 판단하고 있으며, 또한 오인가능성을 핵심적 기준으로 고려하고 있다. 이러한 판단 과정을 거쳐 당해 광고가 비방적 광고에 해당하지 않는다는 결론을 내렸다.

그러나 사실관계에서 드러난 것처럼 파스퇴르는 경쟁사업자와 동일하게 공정거래위원회로부터 시정명령을 받았지만 문제가 된 광고에서 이에 관한 언급을 하지 않은 채 경쟁사업자의 시정명령에 따른 공표를 전재하는 광고를 하였고, 공정거래위원회는 자신이 시정명령을 받은 사실을 언급하지 않은 행위가 오인 가능성을 낳는 행위로서 비방적 광고에 해당하는 것으로 보았다. 이에 반하여 대법원은 원고가 자신도 시정명령을 받은 사실을 언급하지 않은 사실을 광고의 객관적 근거를 판단함에 있어서 유의미한 고려 대상으로 다루지 않았고, 따라서 문제가 된 광고가 비방적 광고에 해당하지 않는다는 결론에 이르고 있다.

판결은 이러한 결론을 도출함에 있어서 소비자의 오인 가능성에 근거하고 있다. 이러한 판단 원칙은 타당한 것으로 볼 수 있지만, 공정거래위원회와 달리 경쟁사업자와 동일한 내용의 시정명령을 받은 사실을 언급하지 않은 것이 소비자로 하여금 오인을 낳을 우려가 없다고 본 것이 오인가능

368 _ 경제법론 V

성 부당성 판단의 핵심 기준으로 삼는 취지에 부합하는지는 논의되어야
할 부분이다.

Ⅳ. 비방 광고의 부당성 판단

  동 판결은 문제가 된 광고 행위가 객관적 근거에 의하여 뒷받침되고 있
는지에 기초하여 비방적 광고에 해당하는지를 판단하고 있으며, 또한 소
비자의 오인 가능성을 핵심적 고려 요소로서 검토하고 있다. 이러한 판단
과정은 부당한 표시광고의 유형으로서 비방적 표시광고의 규제 법리를 명
확히 하였다는 점에서 의의가 있다.
  그러나 공정거래위원회와 법원의 판단이 달리하게 된 결정적 계기가 되
었던 원고의 묵비 행위, 즉 자신도 경쟁사업자와 동일한 시정명령을 받은
사실을 광고에서 언급하지 않은 행위에 대한 평가에 있어서는 추가적인
논의가 이루어질 필요가 있을 것이다. 사실을 은폐하는 방식의 광고는 표
시광고법 제3조 제1항 제2호의 기만적인 표시광고로 규제될 수도 있으
며,11) 이때 은폐된 사실 또는 사실의 일부만을 제시한 부분적 진실(half
truth)이 소비자로 하여금 전체적, 궁극적으로 오인을 낳을 우려가 있을 경
우에 이에 해당하게 된다. 물론 당해 사안에서 자신이 시정명령을 받은 사
실은 경쟁 사업자(유가공협회)에 관한 광고의 직접적 내용을 구성하는 것
은 아니고, 경쟁 사업자를 비방하는 것에 초점이 모아진 것으로 볼 수 있
으므로 제4호의 비방적 표시광고로서 다루는 것이 보다 타당할 것이다.
그렇지만 사실을 은폐한 행위에 대한 평가가 전체적, 궁극적 소비자의 인
상에 의한다는 법리는 동일하게 적용되는 것으로 볼 수 있다.

---

11) 동 사건에 대한 공정거래위원회의 심결은 문제가 된 행위가 현행 표시광고법 제3
    조 제1항 제2호의 기만적 광고에도 해당하는 것으로 보았다. 공정위 1995. 12.
    15. 의결 제95-300호.

이와 관련하여 독일 부정경쟁방지법(Gesetz gegen den unlauteren Wettbewerb; UWG)이 오인을 유발하는 거래행위(Irreführende geschäftliche Handlungen, 5조)뿐만 아니라 부작위에 의한 오인유발행위(Irreführung durch Unterlassen, 5조a)도 거래의 결정에 영향을 미칠 경우에 불공정거래행위에 해당하는 것으로 보고 있는 것을 참고할 수 있을 것이다.[12] 이러한 관점에서 파스퇴르가 자신이 시정명령을 받은 사실을 밝히지 않은 것에 대한 평가가 이루어질 필요가 있으며, 앞에서 살펴본 것처럼 법원은 이러한 행위가 소비자 오인을 낳을 우려가 없는 것으로 판단하였다. 그러나 사안에서 문제가 된 파스퇴르의 광고는 오랫동안 고름우유를 둘러싼 상호 비방이 이어지던 상황에서 행해진 것이고, 소비자의 전체적, 궁극적 인상도 이러한 상황에서 형성될 수밖에 없었다는 점에 주목할 필요가 있다. 즉 자신도 경쟁 사업자인 유가공협회와 동일한 내용의 시정명령을 받은 사실을 언급하지 않은 채 경쟁 사업자가 시정명령을 받았다는 사실만을 지적하는 내용의 당해 광고에 대한 소비자의 전체적, 궁극적인 인상은 파스퇴르와 유가공협회 간에 상호비방이 계속되었던 상황 하에서 이루어질 수밖에 없으며, 동 판결의 오인 가능성 판단에서 이러한 상황과 이것이 소비자 인식에 미칠 영향에 대한 충분한 고려가 있었는지에 의문이 남는다.

또한 동 판결이 규제 대상이 되는 비방적 표시광고에 해당하는지를 판단하기 위하여 소비자의 오인 가능성을 고려한 것은 타당하지만, 비방적 표시·광고 해당성과 오인 가능성을 법리적으로 명확히 구분하지 않고 있다는 점에 대한 지적도 가능할 것이다. 즉 동 판결에서 오인 가능성이 행위의 성립과 부당성의 어느 단계에서의 판단에 관련되는 것인지가 명확히 드러나지는 않는다. 문제가 된 사건의 전개과정을 보면, 먼저 원고(피상고인)와 경쟁사업자가 모두 상호 비방하는 광고를 하였고, 공정거래위원회가 양자의 허위·비방 광고행위에 대하여 시정명령을 내렸으며, 이후 원고

---

12) 두 조항에 의한 규제의 의의에 관하여, 홍명수, "독일 부정경쟁방지법에 의한 불공정거래행위 규제의 의의와 시사점", 명지법학 제15권 제1호, 2016, 74면 참조.

가 경쟁 사업자에게 시정명령이 부과된 사실을 적시한 광고를 한 행위에 대하여 공정거래위원회가 비방광고로서 불공정거래행위에 해당하는 것을 이유로 시정명령을 내렸다. 이에 대하여 서울고등법원은 "이 사건 광고 내용이 진실이므로 특별한 사정이 없는 한 이 사건 광고가 소비자를 기만하거나 오인시킬 우려가 없(다)"는 것을 전제하고, 원고의 경쟁사업자인 "유가공협회만이 원고 회사에 대하여 허위·비방광고를 하여 피고로부터 시정명령을 받았다고 오인할 우려가 없다"는 것을 이유로 "유가공업계의 공정한 거래를 저해할 우려가 있는 행위에 해당하지 않는다"고 보았으며, 이러한 판단은 대법원에서도 유지되었다. 이와 같은 법원의 판단과정을 보면, 법원이 소비자의 오인 우려가 없다는 것을 비방광고의 성립단계에서 고려한 것인지, 아니면 비방광고를 인정하고 이에 대한 부당성 판단에서 고려한 것인지가 불분명하다. 법리적인 측면에서 보면, 표시광고법상 규제 대상이 되는 부당한 표시광고의 위법성 판단은 소비자 오인성과 공정거래저해성을 기준으로 한다는 점에서[13] 오인 가능성을 행위의 성립 요건으로 보기는 어려울 것이다. 따라서 비방광고에 해당하는지 여부의 판단은 오인 가능성 판단에 선행하며, 비방광고의 해당성 판단은 오인 가능성과 별개로 비방성에 초점을 맞추어 이루어져야 한다. 이러한 관점에서 동 판결에서 오인 가능성이 행위의 성립과 부당성의 어느 단계에서의 판단에 관련되는 것인지가 명확하지 않다는 점에 대하여 일정한 문제 제기가 가능할 것이다.

---

13) 신현윤, 경제법, 법문사, 2017, 472-473면 참조.

13. 부당한 하도급대금 결정

I. 들어가며

「하도급거래 공정화에 관한 법률」(이하 하도급법)은 불공정한 하도급거래를 규제하고 있으며, 동법 제4조는 규제 대상의 하나로서 부당한 하도급대금의 결정을 금지하고 있다. 일반적으로 거래대금(가격)은 최우선으로 다루어지는 거래조건이라 할 수 있고, 또한 부당한 하도급대금의 결정은 거래 당사자에게 미치는 불이익이 직접적이라는 점에서 규제의 중요성이 있다. 이러한 점에서 최근 문제가 되었던 대우조선해양 주식회사(이하 대우조선)의 부당한 하도급대금 결정에 관한 사건은 주목할 만하다. 동 사건에서 문제가 되고 있는 행위는 서면발급의무 위반 행위, 부당한 특약 설정 행위, 부당한 하도급대금 결정 행위 등이었다. 공정거래위원회는 3 행위 모두 하도급법을 위반한 것으로 판단하고, 위법행위의 시정과 과징금 납부 등을 명하는 결정을 하였다.[1] 그러나 피심인이 동 결정에 불복하여 제기한 취소소송에서 서울고법은 원고 청구의 일부를 인용하면서, 당해 사건에 관한 공정거래위원회의 판단과 상당 부분 다른 입장을 취하였다.[2]

구체적으로 문제가 된 세 가지 행위를 보면, 대상판결은 원고의 하도급법 제3조에 의한 서면발급의무 위반행위와 관련하여 본공사 부분과 수정 추가공사 부분의 구분이 필요하다는 것을 전제로 전자에 대해서는 공정거래위원회 결정이 적법한 것으로 보았지만, 후자의 부당성은 인정하지 않았다. 따라서 양자의 구분을 전제하지 않은 해당 행위에 대한 과징금 부과

---

1) 공정위 2019. 2. 28. 의결 제2019-042, 012호.
2) 서울고법 2021. 7. 21. 선고 2019누39866 판결.

도 타당하지 않은 것으로 판단하였다. 또한 하도급법 제3조의4 제1항에 의한 부당한 특약 설정행위 위반과 관련하여, 3% 이내 미정산 약정은 부당한 특약에 해당하지만 대표이사 연대보증 약정은 부당성을 인정하지 않았고, 따라서 해당 부분에 대한 시정명령과 공표명령은 위법한 것으로 보았다. 끝으로 부당한 하도급대금 결정 행위와 관련하여 공정거래위원회는 하도급법 제4조 제1항 및 제2항 제4호에 근거하여 원고의 행위가 하도급대금을 일방적으로 낮게 결정한 행위에 해당하여 부당한 것으로 판단한 반면, 대상판결은 문제가 된 행위의 부당성을 부인하고, 이에 따라서 내려진 공정거래위원회의 해당 행위에 관한 공정거래위원회의 결정이 위법한 것으로 판단하였다.

　이상에서 문제가 된 대우조선(원고)의 행위에 대한 공정거래위원회와 대상판결의 상이한 판단은 3 행위 모두에서 나타나고 있다. 그 중에서 하도급대금의 부당한 결정 행위는 대우조선의 위법행위에 있어서 가장 큰 비중을 차지하고 있다는 점에서,[3] 해당 행위에 관해 대상판결이 공정거래위원회와 다르게 판단한 부분은 동 사건에서 결정적인 의미를 갖는다. 나아가 부당한 하도급대금 결정 행위는 하도급거래에서 불공정거래행위를 대표하는 위법 유형의 하나로서 가장 빈번하게 규제되는 위반 유형이며, 따라서 동 행위에 대한 대상판결의 판결 부분은 이후 유사한 사건에서 의미 있는 영향을 미칠 수 있다는 점에서도 주목을 요한다. 특히 동 판결에서 해당 부분에 관한 판시 사항은 동일한 업종에서 발생한 부당 하도급대금 결정에 관한 사건에서 대법원이 취했던 입장과[4] 상충되고 있는데, 이러한 차이가 적용 법리에 대한 새로운 이해가 반영된 결과인지도 살펴볼 문제이다.

---

3) 공정거래위원회가 동 사건에서 원고에게 부과한 과징금 산정 과정에서 전체 위반 금액 중 부당한 대금 결정의 비중은 약 82%인 것으로 나타났다. 제2019-042, 012호 의결서, 59면 참조.
4) 대법원 2017. 12. 7. 선고 2016두35540 판결.

이하에서는 대상판결 판결 중 특히 부당한 하도급대금 결정에 관한 부분을 상론할 것이다. 우선 해당 부분에 관한 대상판결의 판시 사항을 살펴보고(II), 이어서 부당한 하도급대금 결정에 관한 규제 법리를 '일방성'과 '저가성' 두 요건을 중심으로 분석할 것이다(III). 이상의 논의에 기초하여 대상판결 판결의 의의를 비판적으로 검토하는 것으로 마무리하고자 한다(IV).

II. 부당 하도급대금 결정에 관한 대상판결

1. 문제의 제기

원고의 하도급법 위반 행위 중 공정거래위원회가 부당한 하도급대금 결정 행위에 해당하는 것으로 특정한 대상은 수정추가공사에 관한 부분이다. 구체적으로 원고는 성진 등 27개 수급사업자들에게 2013. 2.부터 2016. 12.까지 해양플랜트 또는 선박 관련 제조위탁과 관련하여 본공사 외에 수정추가공사를 위탁하면서 사전 서면교부 없이 수정추가공사 수행 이후 하도급대금을 정산하면서 협의 과정 없이 자신의 예산 사정에 비추어 정당하게 인정될 시수보다 낮은 시수를 인정하는 방법으로 하도급대금을 결정하였다. 또한 통상적으로 본공사보다 복잡하고 난이도가 높은 수정추가공사임에도 불구하고 본공사 대비 현저히 낮은 수준으로 수정추가공사 하도급대금이 결정되었다.

이와 같이 공정거래위원회가 인정한 행위사실을 모두 대상판결이 수용한 것은 아니다. 이하에서 살펴보는 바와 같이 특히 수급사업자와의 협의 과정이 없었다는 부분에 대해서 대상판결은 동의하지 않았고, 본공사에 비하여 현저히 낮은 수준으로 수정추가공사 하도급대금이 결정되었다는 부분에 대해서도 대상판결은 판단을 다르게 하였다.

이상에서 문제가 된 행위가 수정추가공사에 대한 하도급대금 결정 행위라는 점은 분명하지만, 원고와 수급사업자 간에 하도급대금이 결정되는 과정과 하도급대금의 수준은 대상판결과 공정거래위원회가 다르게 파악하였으며, 이는 문제가 된 행위의 부당성에 관한 상이한 결론으로 이어졌다. 즉 대상판결이 공정거래위원회의 다른 결론을 내리게 된 것은 하도급대금 결정 과정 및 그 내용에 대한 이해의 차이에 따른 것으로 볼 수 있다. 이러한 차이를 명확히 하기 위해서는, 동종업에서 일반적으로 활용되고 동 사건에서 본공사와 수정추가공사에 적용되었던 하도급대금의 결정 방식에 대한 이해가 선행될 필요가 있다.

동종업에서 하도급대금은 시수방식에 의하여 산정되는 것이 일반적이며, 이 방식은 당해 사건에서도 적용되었다. 시수방식에 의하면, 대금은 시수에 임률을 곱하는 식으로 산정된다. 여기서 시수는 작업 물량에 그 완성에 표준적으로 소요되는 단위 시간인 원단위를 곱하고, 여기에 작업장 요인과 프로젝트 요인을 반영한 후에 생산성향상률을 적용하는 방식으로 구해진다. 즉 시수(m/h)는 작업 물량을 시간 단위로 환산한 것이며, 환산 과정에서 이에 영향을 미치는 여러 요인을 반영하는 식으로 산정된다. 임률은 매년 직영노동조합과의 단체협약에서 정해진 임금인상률을 기준으로 세부 공종별 임률 기준안을 작성한 후에 이 기준안 이내에서 원사업자와 수급사업자 간에 합의를 통하여 결정된다. 즉 임률은 생산성을 반영한 수치로서 임금인상률에 기초한 것이기 때문에, 당사자에 의해 변경될 여지는 크지 않다.

반면 시수는 작업을 완성하는데 드는 시간을 의미하므로 개념적으로는 명확하지만, 실제 산정 과정에서는 작업을 완성하는데 소요되는 시간과 관련하여 당사자 간에 이견이 존재할 여지가 있다. 즉 하도급대금의 산식은 "하도급대금 = 기성시수 x 임률단가"로 표시할 수 있는데, 동 산식에서 기성시수의 계산과 관련하여 당사자 간에 이해가 언제나 일치하는 것은 아니다. 더욱이 대체로 임률이 고정된 값이라는 점을 감안하면, 기성시수는 하도급대금의 액수를 정함에 있어서 결정적인 의미가 있다. 실제 산정 과정은 작업을 수행한 수급사업자가 해당 작업을 하는데 소요된 시간을 제시하여 하도급대금 지급 요청을 하는 것에서 시작한다. 수급사업자는 작업에 투입된 인력과 소요된 시간을 기준으로 요청하게 되는데, 이때 수급사업자가 계산한 시수를 실투입시수 또는 요청시수라 한다. 그러나 원사업자가 수급사업자가 제시한 실투입시수를 온전히 기성시수로 수용하는 것은 아니고, 작업 물량에 관련된 여러 가지 요소를 검토한 후 실투입시수 중 일정한 정도를 인정하는 식으로 기성시수를 정하게 되며, 따라서 이러한 과정을 거쳐 원사업자에 의해 인정된 시수를 기성시수 또는 인정시수라 한다.

이상에서 알 수 있듯이, 하도급대금을 정함에 있어서 실투입시수 중 어느 정도가 기성시수로 인정되는지가 결정적이다. 한편 이때 인정의 정도는 기성시수(인정시수) 대비 실투입시수로 파악할 수 있는데, 이에 의하면 하도급대금의 산식은 "하도급대금 = 실투입시수 x (기성시수/실투입시수) x 임률단가"로서 표현할 수 있다. 이 산식에서 '기성시수/실투입시수'는 능률로 이해할 수 있으며, 따라서 앞의 산식은 "하도급대금 = 실투입시수 x 능률 x 임률단가"가 될 것이다. 이때 능률을 백분율로 환산할 수도 있는데, 이는 실무적으로 수급사업자의 실투입시수를 어느 정도 인정하였는지를 나타내는 지표로 활용된다.

전술한 것처럼 이와 같은 하도급대금 산정 방식에 비추어, 하도급대금의 크기는 기성시수 대비 실투입시수, 즉 능률에 달려 있다. 이에 관하여 양 당사자의 이해가 상이할 수밖에 없기 때문에, 이를 계산하는 과정에서 양 당사자의 합의 기회가 실질적으로 주어지는지가 중요하며, 하도급대금 결정의 일방성 여부는 이에 기초하여 판단하여야 한다.

2. 부당 하도급대금 결정에 관한 판단

(1) 기본 입장

대상판결은 대우조선(원고)의 부당한 하도급대금 결정 행위에 관한 판단에서 원고의 행위가 위법한 것으로 보았던 공정거래위원회의 판단을 받아들이지 않았다. 원고는 공정거래위원회의 해당 처분의 위법성을 다투면서 절차적인 문제 제기도 하였는데, 대상판결은 이에 관한 원고의 주장은 수용하지 않았다. 즉 공정거래위원회가 처분의 근거와 이유를 특정하지 않았다는 원고의 주장에 대하여, 이로 인해 동 처분에 불복하여 행정구제 절차로 나아가는 데에 별다른 지장이 초래되지 않았다는 점에서 처분의 절차적 위법성을 부인하였다.

그러나 해당 행위의 부당성을 부인하는 원고의 주장은 수용하였다. 공정거래위원회는 "원사업자는 수급사업자에게 제조 등의 위탁을 하는 경우 부당하게 목적물 등과 같거나 유사한 것에 대하여 일반적으로 지급되는 대가보다 낮은 수준으로 하도급대금을 결정하거나 하도급받도록 강요하여서는 아니 된다"고 규정한 하도급법 제4조 제1항 그리고 "다음 각 호의 어느 하나에 해당하는 원사업자의 행위는 부당한 하도급대금의 결정으로 본다"고 규정한 제4조 제2항 본문 및 동항 제5호의 "원사업자가 일방적으로 낮은 단가에 의하여 하도급대금을 결정하는 행위"에 근거하여 원고의 하도급대금 결정 행위가 위법한 것으로 판단하였다. 대상판결은 이러한 공정거래위원회의 판단이 부당한 하도급대금 결정에 관한 법리에 기초하여 타당하지 않은 것으로 보았다.

(2) 일방적 결정 여부

하도급법 제4조 제2항 제5호는 일방성과 저가성을 누적적 요건으로 규정하고 있는데, 우선 일방성 요건과 관련하여 대상판결은 수정추가공사의 하도급대금 결정 과정의 분석을 통해 일방성 요건이 충족되지 않는 것으로 보고 있다. 구체적으로 대상판결은 원고와 수급사업자들 간에 하도급대금을 결정한 과정은 다음과 같은 것으로 보았다. 즉 수급사업자들의 정산 요청, 양자 공동으로 생산검토값(시수) 산정, (원고의) 생산관리부서에 의한 시수의 시스템 등록, 등록 후 수급사업자에 의한 열람이 가능한 상태에서 이의 제기 가능, (원고의) 예산부서의 내역 확인과 검증 및 예산 배정, 수정추가공사에 관한 외주시공계약서의 사후 작성, 정산합의서 작성 및 하도급대금 결정의 과정으로 진행되었다.

대상판결은 이러한 과정에서 수급사업자가 합의할 기회와 이의 제기의 가능성이 충분히 주어졌다고 보았으며, 수급사업자들이 외주시공계약서 및 정산합의서 작성 과정에서 정보를 제공받지 못하는 등의 의사표시가 제약된 상태였다는 수급사업자들의 주장이 이를 부인하는 근거가 될 수 없다고 판단하였다.

또한 원고가 수급사업자들에게 시수 산정의 요소인 원단위표를 제공하지 않았다는 것에 대해서도 대상판결의 판단은 공정거래위원회와 달랐다. 대상판결도 원단위표가 수급사업자에게 제공되지 않았다는 사실을 부인하지 않았지만, 원단위는 시수 산정의 하나의 요소에 불과할 뿐이고 하도급대금 결정의 일방성을 뒷받침할 만한 근거가 될 수 없다고 보았다. 나아가 수정추가공사의 외주시공계약서 및 정산합의서 작성이 본공사의 정산 및 본공사에 대한 다음 달 외주시공계약서 작성과 함께 이루어진 점, 요청시수 대비 인정시수의 비율이 낮은 점, 수정추가공사에 배정된 예산이 낮게 책정된 점 등도 하도급대금의 일방적 결정을 인정할 수 있는 근거가 되기 어렵다고 보았다.

(3) 낮은 단가 여부

저가성 문제, 즉 하도급대금이 낮은 단가에 의하여 결정되었다는 것에 관해서도 대상판결은 이를 부인하였다. 공정거래위원회가 해당 사안에서 수성추가공사의 대금이 낮다고 판단한 것은 주로 본공사에 비하여 낮게 산정된 수정추가공사의 능률에 근거하였다. 즉 7개 수급사업자의 수정추가공사 능률은 본공사 능률보다 현저히 낮은 25-50% 수준이었고, 따라서 이에 기초하여 결정된 하도급대금도 낮은 것으로 판단하였다. 그러나 동 사안에 대한 대상판결의 입장은 상이하게 전개되었다.

우선 앞에서 살펴본 것처럼 공정거래위원회는 본공사에 비해 낮게 산정된 수정추가공사의 능률을 하도급대금 저가성 판단의 중요한 근거로 보았는데, 대상판결은 "실제 투입한 시간 또는 수급사업자들의 요청시수 대비 인정시수의 비율을 의미하는 능률은 하도급대금의 높고 낮음을 결정하는 요소라고 볼 수 없다"고 판시하였다. 나아가 "단가가 낮은지 여부는 위탁 목적물 등과 같거나 유사한 것에 대하여 일반적으로 지급되는 대가보다 낮은 수준인지를 기준으로 판단하여야 한다"는 원칙을 강조하면서, 수정추가공사뿐만 아니라 본공사에 대해 일반적으로 지급되는 대가에 대한 입증이 없다는 점 등에 근거하여 본공사에 비하여 수정추가공사의 능률이 낮게 책정된 것이 하도급대금의 저가성을 판단하는 근거가 될 수 없다고 보았다.

또한 공정거래위원회가 중요한 고려 요소로 파악하였던 대금 결정과정에서 충분한 정보가 수급사업자들에게 제공되지 않은 점이나 원고의 예산에 맞추어 대금이 결정되었다는 점 등은 대상판결에 의해 행위사실 자체가 부정되거나 낮은 하도급대금 결정에 영향을 미치지 못한 것으로 판단되었다. 이 외에도 대상판결은 수급자에게 지급된 1인당 기성금액이 동종업에 종사하는 삼성중공업(주)이나 현대중공업(주)이 지급한 수급사업자 1인당 기성금액에 비하여 높거나 비슷한 수준이었다는 점도 하도급대금의 저가성을 부인하는 판단 근거로 제시되었다.

한편 대상판결은 본공사의 능률과 수정추가공사의 능률의 비교를 저가성 판단의 방식으로 수용한다 하더라도 공정거래위원회가 채택한 증거가 저가성을 인정하기에 충분하지 않은 것으로 보고 있다. 이와 관련하여 공정거래위원회가 파악한 수급사업자별 본공사와 수정추가공사의 능률은 다음의 〈표 1〉과 같다.

〈표 1〉 본공사, 수정추가공사의 능률 비교[5]

수급사업자	본공사 능률	수정추가공사 능률
우석	60.20%	10.71%
마린이앤아이	64.77%	38.74%
성진	58.44%	11.63%
케이투엔지니어링	68.88%	24.55%
신안기업	64.00%	33.27%
유경테크	59.58%	34.47%
정동이엔지	58.93%	8.99%

　대상판결은 이상의 〈표 1〉에서 제시된 능률의 비교가 하도급대금의 저가성 판단의 고려 요소가 될 수 있는지를 직접적으로 논하기 전에, 공정거래위원회가 제시한 비교 결과의 신뢰성에 의문을 표하고 있다. 즉 1) 분석 대상인 수정추가공사의 분류와 기간 등이 정확하다고 단정할 수 없는 점, 2) 이상의 분석은 주로 수급사업자들이 제출한 자료에 의하고 있는데, 원단위 또는 Factor의 오적용 가능성을 배제할 수 없는 점, 물량산출 오류의 가능성을 배제할 수 없는 점, 중복요청의 가능성을 배제할 수 없는 점 등에 비추어 이를 신뢰할 수 없다는 점, 또한 3) 기타 신뢰성을 인정하기 어려운 사유로 본공사와 수정추가공사는 실제 병행적으로 수행되었는데 각 투입시간을 정확하게 구분할 수 없다는 점 등을 지적하였다. 이러한 이유로 대상판결은 원고가 수급사업자에게 지급하는 하도급대금을 낮은 단가에 의해 결정하였다는 것을 부인하였다.

---

5) 서울고법 2021. 7. 21. 선고 2019누39866 판결에서 정리.

(4) 소결: 부당성 부인

전술한 것처럼 하도급법 제4조 제2항 제5호에 해당하기 위해서는 일방성과 저가성의 두 요건이 충족되어야 한다. 대상판결은 이상의 논의에 기초하여 두 요건 모두 충족되지 않으며, 원고의 해당 행위가 부당하지 않은 것으로 판단하였다. 결국 원고의 행위가 부당하다는 것에 기초하여 내려진 공정거래위원회의 시정명령과 과징금 납부명령을 취소하는 판결을 내렸다.

Ⅲ. 부당한 하도급대금 결정 행위 규제의 법리

1. 규제의 의의

하도급법 제4조 제2항 제5호는 "원사업자가 일방적으로 낮은 단가에 의하여 하도급대금을 결정하는 행위"를 규정하고 있다. 이에 해당하는 행위는 동항 본문에 의하여 부당한 하도급대금 결정으로 간주되며, 이러한 행위를 금지하는 동조 제1항의 규제 대상이 된다. 다른 일반 상품 거래와 마찬가지로 하도급거래에서 가격에 해당하는 하도급대금은 가장 중요한 요소이지만,[6] 특히 수급사업자는 하도급거래에서 구조적으로 열등한 거래상 지위에 있게 됨으로써 하도급대금의 결정에서 자신의 정당한 의사를 반영할 기회를 갖지 못하는 경우가 많을 것이다.[7] 하도급법은 이러한 상황에

---

6) 하도급거래에서 가장 핵심적인 문제는 하도급대금 결정에 관한 것이라는 지적으로, 지철호, "최근 개정 하도급법의 쟁점과 전망", 서울대학교 경쟁법센터 세미나, 2011, 7면 참조. 또한 하도급대금에 관한 규제는 다시 하도급대금 결정 과정에서의 불공정성을 문제 삼는 '하도급대금 결정의 부당성'에 관한 규제와 하도급대금 지급의무의 이행 과정에서의 불공정성을 문제 삼는 '하도급대금 지급의 적정성'에 관한 규제로 나눌 수 있다는 것으로, 윤신승, "하도급거래 공정화에 관한 법률 상 하도급대금 지급 의무 위반에 관한 소고", 경쟁법연구 제41권, 2020, 495면 참조.

서 수급사업자를 보호하기 위하여 원사업자의 부당한 하도급대금 결정 행위를 금지하고 있으며, 이러한 행위로 간주되는 경우로서 상술한 제4조 제2항 제5호를 법정하고 있다. 대법원 역시 동 규정에서 규제 대상으로 하는 행위의 특성이 원사업자의 거래상 우월적 지위에 기인한다는 점에 있음을 명확히 하고 있다.[8]

한편 하도급법 제4조 제2항 제5호는 단지 일방성만을 문제 삼지 않고, 누적적 요건으로서 낮은 단가에 의하 하도급대금 결정도 추가하고 있다.[9] 이는 하도급대금이 일방적으로 결정된 경우에도 내용적으로 공정한 경우에는 규제 대상으로 하지 않겠다는 취지로 이해된다. 당연히 이와 같은 규정 방식에 의해 일방적 하도급대금 결정 행위의 규제 범위는 축소될 것이다. 이러한 정책적 판단이 타당한지는 별론으로 하고, 일방성과 낮은 단가(저가성) 요건이 모두 충족될 것을 요구하는 것은 하도급법상 부당한 하도급대금 결정 행위 규제 법리의 중요한 특징을 이룬다.

따라서 동 규정에 해당하는지를 판단하기 위해서는 두 요건의 충족 여부가 검토되어야 하며, 규정 형식상 양자는 독립적인 의미를 갖는다.[10]

---

7) 김홍석·구상모, 하도급법, 화산미디어, 2010, 127면.
8) 대법원 2017. 12. 7. 선고 2016두35540 판결. "합의 없이 일방적으로 낮은 단가에 의하여 하도급대금을 결정하는 행위란 원사업자가 거래상 우월적 지위에 있음을 기화로 하여 수급사업자의 실질적인 동의나 승낙이 없음에도 단가 등을 낮게 정하는 방식으로 일방적으로 하도급대금을 결정하는 행위를 말한다." 일본의 하청법(하도급법) 제정에 있어서 원사업자의 거래상 우월적 지위가 주된 동기가 되었다는 것으로, 若杉隆平, "不公正な取引方法に關する規制(I): 不當廉買及び優越的地位の濫用-下請取引-「不公正取引の一般指定」と「下請代金支拂遲延等防止法」の考察-", 後藤 晃·鈴村興太郎 編, 日本の競爭政策, 東京大學出版會, 1999, 106면 참조.
9) 일본의 「下請代金支払遅延等防止法」(이하 하청법) 제4조 제1항 제5호는 금지되는 행위로서 "수급사업자의 급부 내용과 동종 또는 유사한 내용의 급부에 대해 통상적으로 지급되는 대가에 비해 현저히 낮은 하도급대금액을 부당하게 정하는 것"을 규정하고 있다. 長澤哲也, 최재원 역, 거래상 지위남용 규제와 하도급법-해설과 분석, 박영사, 2018, 230면 이하 참조.
10) 김홍석·구상모, 주 7)의 책, 128면.

따라서 요건의 충족 여부는 별도로 다루어져야 하지만, 실질적으로 양자가 일정한 관련을 가질 수 있다는 점도 염두에 두어야 한다. 예를 들어 원사업자가 일방적으로 하도급대금을 결정할 경우에 자신의 이익을 우선적으로 고려할 수 있고, 이러한 상황에서 결정된 하도급대금은 낮게 책정될 가능성이 클 것이다. 이러한 점에서 두 요건의 상호의존적 성격에도 주의를 기울일 필요가 있다.11)

2. 일방적 결정

하도급법 제4조 제2항 제5호에 해당하기 위해서는 원사업자에 의한 일방적인 하도급대금 결정이 있어야 한다. 즉 일방적인 행위는 하도급대금의 결정에 관한 것이다. 일반적으로 하도급대금은 하도급거래에서 가장 중요한 거래조건이고, 이를 일방적으로 결정하는 행위는 불공정한 거래로 평가될 것이다.12) 공정거래위원회가 제정한 「부당한 하도급대금 결정 및 감액행위에 대한 심사지침」(이하 부당 하도급대금 심사지침)은 여기서 일방성을 "원사업자가 하도급대금을 결정하는 과정에서 수급사업자와 실질적이고 충분한 협의를 거쳐 하도급대금을 결정하였는지 여부 및 이 과정에서 수급사업자가 의사표시의 자율성을 제약받지 아니한 상태였는지 여부를 기준으로 판단"(Ⅳ. 2. 마. 1문) 하여야 하는 것으로 규정하고 있다.

일방적 결정 행위의 대상은 하도급대금이다. 하도급대금 역시 용역의 대가로서 가격에 해당하며, 가격은 당해 상품의 특성, 거래 내용 및 방식 등에 비추어 거래 상대방이 상품 또는 용역의 대가로 지급하는 일체의 것

---

11) 위의 책, 128면 참조.

12) 하도급법은 「독점규제 및 공정거래에 관한 법률」에 대한 특별법적 지위에 있는 것으로 볼 수 있으며, 문제가 된 행위가 「독점규제 및 공정거래에 관한 법률」상 불공정거래행위에 해당할 경우에도 하도급법 위반에 따른 법 적용이 우선할 것이다. 신현윤, 경제법, 법문사, 2010, 420-421면 참조.

을 의미한다는 이해가 여기서도 유효하다.[13] 한편 하도급법 제4조 제2항 제5호가 '낮은 단가에 의하여'라고 기술함으로써 이에 관한 해석상 논의가 전개되고 있다. 단가는 단위 가격(unit price)을 의미하고, 이에 의하여 결정되는 하도급대금은 총 가격(total price)을 의미할 것이다. 따라서 단가는 개념적으로 작업이 가분적일 경우에 유효할 수 있으므로, 작업의 성격상 정량적으로 나눌 수 없고 단지 총 가격만 산정할 수 있는 경우에는, 해당 규정의 적용이 가능하지 않다는 견해도 가능하다. 그렇지만 동 규정은 하도급대금이 낮게 결정되는 것을 규제 대상으로 하는 것이고, 세부적인 단위 가격 자체를 문제 삼는 것으로 보기는 어렵다. 이러한 이해는 대법원도 같이하고 있는데, 대법원은 동 규정에서 낮은 단가의 해석과 관련하여 "별도의 가격 결정 단위를 정하지 않고 위탁받은 목적물 또는 용역의 가격 총액을 하도급대금으로 정한 경우에는 결국 그 목적물 또는 용역 전체를 기준으로 가격을 산정한 것이 되므로 그 하도급대금 자체가 단가에 해당한다"고[14] 판시하였다.

또한 일방적 결정 행위의 대상에는 가격 그 자체뿐만 아니라 가격을 구성하는 요소도 포함된다는 점에도 주의를 요한다. 「독점규제 및 공정거래에 관한 법률」 제40조 제1항 제1호의 가격 담합에 관한 사건에서 대법원은 공동행위의 대상으로서 가격결정에는 '할인율 등 가격의 구성요소에 관하여 그 수준이나 한도를 정하는 행위'가 포함된다고 판시하였는데,[15] 하도급법 제4조 제2항 제5호에서 규정하는 행위도 가격 결정에 관한 행위라는 점에서 동일한 이해가 가능할 것이다.

동 규정에서 일방적인 하도급대금 결정은 합의에 의한 결정에 대비되는 개념이라 할 수 있다. 즉 하도급대금의 결정이 원사업자와 수급사업자의 합의에 의해 이루어지거나 하도급대금 결정에 있어서 합의 과정이 존재하

---

13) 대법원 2013. 11. 28. 선고 2012두17773 판결 참조.
14) 대법원 2017. 12. 7. 선고 2016두35540 판결.
15) 대법원 2011. 9. 8. 선고 2010두344 판결.

는 경우에, 일방성은 부정될 것이다. 합의에 내비되는 일방적 의사 결정을 이해함에 있어서 「약관의 규제에 관한 법률」상 약관의 개념 요소로서 일방성에 관한 논의는 참고할 만하다. 즉 동법에서는 당사자 간에 개별적인 협의를 거쳐서 각 당사자가 자신의 이익을 반영할 수 있는 이익조정의 기회를 가진 경우에 해당 조항은 더 이상 약관규제법의 규율대상이 아니며, 협의를 거친 조항은 개별약정이 되는 것으로 보고 있다.[16] 또한 이때 협의의 존재는 계약 당사자에게 당해 조항에 대하여 충분한 검토와 고려를 하고 상대방에게 영향력을 행사하여 그 내용을 변경할 수 있는 가능성이 주어진 경우에 인정될 수 있다.[17] 또한 협의의 결과가 반드시 조항 변경의 형태로 나타나야 하는 것은 아니며, 협의가 실질적으로 존재하였으면 그것으로 충분하다.

이상의 「약관의 규제에 관한 법률」상 이해는 하도급법 제4조 제2항 제5호의 일방성 판단에서도 유효할 것이다. 즉 하도급대금 결정이 합의에 의하여 이루어지거나 실질적으로 수급사업자가 결정에 영향을 미칠 수 있는 기회가 존재한 경우에만 일방성은 부정될 수 있다. 특히 후자는 원사업자의 제안이 변경되지 않고 최종적으로 하도급대금으로 결정된 경우에도 일방성이 부정될 수 있음을 시사하며, 이러한 경우에는 하도급대금에 관한 합의의 기회가 수급사업자에게 실질적으로 주어졌는지가 결정적이다.[18] 그러나 실질적인 합의 기회의 존부를 직접적으로 입증하는 것으로 용이하지 않으므로, 하도급대금이 결정되는 과정이나 거래 상황에 대한 종합적인 이해가 불가피할 것이다. 이와 관련하여 2013년 개정 전 동 규정의[19]

---

16) 대법원 1997. 2. 28. 선고 96다48312 판결, 대법원 2014. 6. 12. 선고 2013다 214864 참조.
17) 권오승·홍명수, 경제법, 법문사, 2021, 584면 참조.
18) 한철수 외 11인, 하도급법 – 기업거래 실무가이드, 공정경쟁연합회, 2020, 143면 참조.
19) 하도급법 제4조 제2항 제5호는 2013년 개정 전 "원사업자가 수급사업자와의 합의 없이 일방적으로 낮은 단가에 의하여 하도급대금을 결정하는 행위"로 규정되어

적용 사건에 관한 대법원 판결은 유력한 의미가 있다. 동 판결에서 대법원은 "합의 없이 일방적으로 대금을 결정하였는지는 원사업자의 수급사업자에 대한 거래상 우월적 지위의 정도, 수급사업자의 원사업자에 대한 거래 의존도, 계속적 거래관계의 유무 및 정도, 거래관계를 지속한 기간, 문제된 행위를 전후로 한 시장 상황 등과 함께, 하도급대금이 결정되는 과정에서 수급사업자가 의사표시의 자율성을 제약받지 아니하고 협의할 수 있었는지 및 그 제약의 정도, 결정된 하도급대금으로 수급사업자가 입은 불이익의 내용과 정도 등을 종합적으로 고려하여 판단하여야 한다"고[20] 판시하였다.

동 판결은 일방성 판단이 종합적인 고려하에 이루어진다는 점을 분명히 하면서, 고려 요소로서 우월적 지위, 거래 의존도, 계속적 거래관계 등 거래의 특성 및 시장 상황, 협의의 가능성 및 제약의 정도, 수급사업자의 불이익의 내용 및 정도 등을 언급하고 있다. 이와 같은 판시사항은 하도급대금 결정 과정뿐만 아니라 거래가 이루어지고 있는 정황적 특성이 고려 요소에 포함된다는 점을 명확히 하였다는 점에서 의의가 있다. 아울러 수급사업자가 입은 불이익의 내용과 정도도 고려 요소로 언급하고 있다는 점에 주목할 필요가 있다.[21] 이러한 요소는 제공된 서비스에 대한 대가와 관련되는 것이므로 성격상 낮은 단가의 판단에 고려되는 것이 적절할 수 있지만, 수급사업자의 불이익 자체가 원사업자에 의한 일방적 결정을 시사하는 것일 수 있다. 무엇보다 이익 극대화를 추구하는 경제주체를 전제할 경우에 자신에게 불이익한 내용의 거래 조건에 자율적으로 합의할 것

있는데, 동 개정에 의해 '수급사업자와의 합의 없이'가 삭제되었다. 내용 상의 변화는 없는 것으로 이해된다.

20) 대법원 2017. 12. 7. 선고 2016두35540 판결.

21) 하도급법 제4조 제2항 제5호와 유사한 규정을 두고 있는 일본 하청법 제4조 제1항 제5호의 적용과 관련하여, 충분한 협의가 이루어졌는지 여부는 협의 방법, 협의 시기, 합의하지 않으면 불이익을 줄 것이라는 취지를 시사하였는지 여부 등을 고려하여 판단한다는 것으로 長澤哲也, 주 9)의 책, 242면 참조.

을 기대하기는 어려울 것이다.

3. 낮은 단가에 의한 하도급대금 결정

하도급법 제4조 제2항 제5호는 일방성 외에 또 다른 요건으로서 낮은 단가에 의한 하도급대금 결정을 규정하고 있다. 공정거래위원회의 '부당 하도급대금 심사지침'은 "낮은 단가 즉, 결정된 단가의 부당성 여부는 원 칙적으로 객관적이고 타당한 산출 근거에 의하여 단가를 낮게 결정한 것 인지 여부를 기준으로 판단하되, 수급사업자 등이 제시한 견적가격(복수 의 사업자들이 견적을 제시한 경우 이들의 평균 견적가격), 목적물 등과 같거나 유사한 것에 대해 일반적으로 지급되는 대가, 목적물의 수량, 해당 목적물의 시장상황 등을 고려하여 판단"(IV. 2. 마. 2문)하여야 하는 것으 로 규정하고 있다. 일반적으로 가격의 높고 낮음의 판단은 두 가지 기준, 즉 비용 기준과 비교 거래 기준에 의한다.[22] 가격의 높고 낮음은 적정 가 격을 상정한 비교 개념이기 때문에, 어느 경우에도 기준이 되는 가격 수준 을 정하는 과정에서 어려움이 따를 수밖에 없다. 우선 비용 기준의 경우에 는 규제기관이나 법원에 의한 비용을 분석할 수 있는 자료의 수집이 용이 하지 않을 수 있으며, 무엇보다 노무의 제공을 본질로 하는 하도급거래에 서 비용의 계산에 기초한 판단에 한계가 있을 것이다. 반면 비교 거래 기 준은 다른 거래 또는 시장과의 비교를 통하여 가격의 높고 낮음을 판단하 는 것이며, 하도급법 제4조 제1항은 "목적물 등과 같거나 유사한 것에 대 하여 일반적으로 지급되는 대가보다 낮은 수준으로" 하도급대금을 결정하 는 행위를 금지대상으로 규정함으로써 원칙적으로 비교 거래 기준을 채택 한 것으로 이해된다. 비교 거래 기준에서 가장 중요한 것은 비교 대상이 될 수 있는 거래를 찾는 것이다. 동법 제4조 제1항은 '일반적으로 지급되

---

22) 시장지배적 사업자의 가격 남용에 관한 것으로, Meinrad Dreher & Michael Kulka, Wettbewerbs- und Kartellrecht, C.F.Müller, 2021, 523-525면 참조.

387 공정화 / 중소기업 보호

는 대가'라고 규정하고 있는데, 동 규정은 비교 대상인 거래의 특수한 요소는 배제하고 평균적인 대부분의 거래에 적용되는 요소만을 고려하려는 취지로 이해되며, 이에 의해 비교 대상인 거래는 제한될 것이다. 이론적으로는 이러한 비교를 통해 하도급대금이 낮게 결정된 것을 확인하는 것이 가능하지만, 이 경우에도 실무적으로 비교 대상인 거래를 상정하는 것이 용이하지 않다는 어려움을 피하기 어렵다. 더욱이 제조의 대상인 목적물이 정형화될 수 없는 경우에는 비교 대상 자체를 찾는 것이 가능하지 않으며, 이러한 경우는 동 규정의 적용에 한계가 될 수 있다. 그렇지만 일반적인 경우보다 낮은 대금이라는 것은 저가성 판단의 기준이며, 반드시 다른 거래와의 구체적 비교를 통한 분석이 수행되어야 한다는 의미로 받아들일 것은 아니다. 즉 다른 거래와의 비교가 아닌 방식으로도 "목적물 등과 같거나 유사한 것에 대하여 일반적으로 지급되는 대가보다 낮은 수준"을 판단할 수 있으며, 이러한 가능성을 부정하는 의미로 동 규정이 해석될 수는 없다.

이와 관련하여 다음의 대법원 판결은 주목할 만하다. 대법원은 "단가가 낮은지 여부는 위탁 목적물 등과 같거나 유사한 것에 대하여 일반적으로 지급되는 대가보다 낮은 수준인지를 기준으로 판단하고, '일반적으로 지급되는 대가'의 수준은 문제가 된 행위 당사자들 사이에 있었던 종전 거래의 내용, 비교의 대상이 되는 다른 거래들(이하 '비교 대상 거래'라 한다)에서 형성된 대가 수준의 정도와 편차, 비교 대상 거래의 시점, 방식, 규모, 기간과 비교 대상 거래 사업자들의 시장에서의 지위나 사업규모, 거래 당시의 물가 등 시장 상황 등을 두루 고려하여 인정할 수 있다. 그리고 이에 대한 증명책임은 시정명령 등 처분의 적법성을 주장하는 공정거래위원회에 있다. 다만 원사업자와 수급사업자가 대등한 지위에서 상호보완하며 균형 있게 발전할 수 있도록 하려는 하도급법의 입법 취지와 집행의 실효성 확보가 요구되는 점 등을 고려하여 증명의 정도를 너무 엄격하게 요구할 것은 아니다. 이러한 맥락에서, 계속적 하도급거래 관계에 있는 원사업

자와 수급사업자의 '종전 거래 단가 또는 대금'이 종전 거래 낭시의 일반
적인 단가 또는 대금의 지급 수준보다 상당히 높았다는 등의 특별한 사정
이 없는 한, '종전 거래 내용과 단가'를 '일반적으로 지급되는 대가'의 수준
을 인정하는 데 중요한 요소로 고려할 수 있다"고[23] 판시하였다.

동 판결에서 증명 정도의 완화를 지적하고 있는 부분도 중요하지만, 원
사업자와 수급사업자 간에 종전 거래 내용과 단가를 '일반적으로 지급되는
대가'의 수준을 인정하는 데 중요한 요소로 고려할 수 있다고 판시한 부분
은 동 규정의 취지를 확인하고, 이 취지 안에서 동 규정의 적용 가능성을
높이고 있다는 점에서 유력한 의미가 있다.

IV. 대상판결 판결의 비판적 검토

1. 판결의 의의

원고가 다투었던 실체법적 쟁점은 서면발급의무 위반 행위, 부당한 특
약 설정 행위, 부당한 하도급대금 결정 행위 등이었고, 대상판결은 원고의
청구를 일부 인용하는 파결을 내리면서 원고의 주장을 부분적으로 수용하
였다. 그렇지만 부당한 하도급대금 결정 행위에 관해서는 부당성을 부인
하는 원고의 주장을 대부분 받아들였으며, 해당 부분이 사건에서 차지하
는 비중과 중요성에 비추어 이는 대상판결 판결의 전체적인 의의에 영향
을 미치고 있다.

더욱이 당해 사안에서 부당한 하도급대금 결정 행위는 수정추가공사 부
분에서 발생한 것이었는데, 대상판결이 본공사 하도급대금과 비교하여 현
저히 낮은 수정추가공사 하도급대금의 부당성을 부인한 것은, 향후 동 판

---

23) 대법원 2017. 12. 7. 선고 2016두35540 판결.

결이 동종 업종에서 일정한 유인체계로 기능할 수 있다는 점에서도 중요성을 갖는다.[24] 더욱이 원고와 수급사업자들 관계는 사내하청 관계로 볼수 있다는 점에도[25] 주의를 요한다. 즉 하도급 거래의 외양을 띠지만 원고의 사업장 내에서 원고의 사업 일부분의 완성을 목적으로 하는 일하는 실질을 갖고 있는 사내하청 관계에서 원고에 의한 일방적이고 낮은 하도급대금의 결정을 수급사업자들이 자율적인 방식으로 수정할 수 있는 여지가 크지 않다는 점도 고려되어야 한다. 이러한 상황에서 실질적인 합의의 기회가 주어졌는지가 불분명하고 본공사와의 비교를 통해 현저히 낮은 수준임이 드러난 하도급대금 결정 행위의 부당성을 부인한 판결은 향후 유사한 거래에 중요한 미칠 수 있을 것이다.

전술한 것처럼 하도급 제4조 제2항 제5호에 해당하기 위해서는 일방성과 낮은 단가에 의한 하도급대금 결정의 두 요건이 충족되어야 한다. 따라서 어느 한 요건이 충족되지 않으면 부당한 것으로 볼 수 없는 법적 효과가 발생하지만, 대상판결 판결에서 당해 사건의 하도급대금 결정 행위의 부당성 부인은 두 요건 모두를 대상으로 하고 있다.

---

24) 법적 분쟁의 해결 양상은 경제주체들 행위의 유인체계로서 기능한다는 것에, Robert Cooter & Thomas Ulen, Law & Economics, Berkeley Law Books, 2016, 4-6면 참조.

25) 최근 사내하도급이 파견에 해당하는지와 관련된 문제를 다룬 판결은 조선업종에서의 작업은 사내하도급의 특성상 여러 블록을 분담해서 공동으로 작업하더라도 각각의 협력업체는 특정 블록에 대해 개별공사계약을 체결하여 독자적으로 작업하기 때문에 원청업체에 실질적으로 편입되었다고 보기는 어렵다고 판단하였다. 이러한 판단은 파견과 도급의 경계를 제시한 것으로 볼 수 있으며(동 판결의 평석으로서, 방준식, "조선업종 사내하도급의 적법성 판단—대상판결: 울산지방법원 2020. 1. 9. 선고 2017가합25501 판결(현대중공업 사건)—", 사회법 제41호, 2020, 314-315면 참조), 도급에 해당하게 된다면 전자에 해당하게 될 경우에 부담하게 되는 「파견근로자 보호 등에 관한 법률」 등의 적용을 피하게 되는 법적 효과를 갖게 된다. 그러나 외부적 거래관계로 인정될 경우에 하도급법 등 거래 공정화에 관한 법률에 의한 규제를 받게 되며, 이때 사내하청 관계는 거래상 우월적 지위 인정의 주된 근거가 된다.

2. 일방성 판단

대상판결은 당해 사건에서 하도급대금의 결정이 원고의 일방적 행위에 의해 이루어졌는지에 관한 판단에서, 특히 합의의 기회가 주어진 부분에 주목하고 있다. 즉 양 당사자가 공동으로 생산검토값(시수)를 산정하였다는 점, 원고가 시수를 시스템에 등록 한 후에 수급사업자들에 의한 열람과 이의제기가 가능하였다는 점, 정산합의서의 작성 시에도 이의를 제기할 수 있었다는 점 등은 수급사업자들에게 합의의 기회가 충분히 주어진 근거가 될 수 있는 것으로 보았다. 실제 합의 과정이나 합의를 통해 결정이 이루어졌다는 직접적인 증거가 없는 상황에서 합의 기회의 존부에 대한 실질적인 고려가 중요할 것이다. 이러한 점에서 양 당사자의 지위가 대등하지 않고 사내하청 관계에 있었다는 점에 주의를 기울여야 하며, 이를 감안할 경우에 하도급대금 결정 과정에 수급사업자들이 참여할 기회가 있었다는 것만으로 합의가 이루어질 계기가 충분하였다고 보는 것은 섣부른 판단일 수 있다.

또한 대상판결은 공정거래위원회가 주목하였던 정황적 사실에 대한 증거로서의 가치를 부정하고 있다. 외주시공계약서 및 정산합의서 작성 과정에서 수급사업자들이 어떠한 정보도 제공받지 못하였다는 점, 시주 산정의 핵심적 요소인 원단위표가 수급사업자들에게 제공되지 않은 점, 수정추가공사의 외주시공계약서 및 정산합의서 작성이 본공사의 정산 및 본공사에 대한 다음 달 외주시공계약서 작성과 함께 이루어진 점, 수급사업자가 요청한 시수에 비하여 원고가 인정한 시수의 비율이 현저히 낮은 점 그리고 원고가 수정추가공사에 배정한 예산이 매우 낮은 점 등은 원고에 의한 하도급대금의 일방적 결정을 인정할 수 있는 근거가 될 수 없는 것으로 판단하였다. 그러나 구조적으로 양 당사자의 지위가 대등한 것으로 보기 어려운 상황에서, 이상에서 언급한 요인들이 일방성 판단에서 충분히 고려되지 않고 있는 것에 대한 일정한 문제 제기를 피하기는 어려울 것이다. 우선 합의의 기회 부여가 실질적이었는지는 당사자에게 합의에 관한 충분한 정보가 주어졌는지와 밀접히 관련된다. 이러한 점에서 대상 판결의 판단에 의문이 있으며, 시수가 대상판결이 지적한 것처럼 하도급 대금과 무관한 것인지에도 의문이 따른다. 또한 정산합의서 작성이 후속 하는 외주시공계약서 작성과 동시에 이루어졌다는 점도 특별한 주의가 요 구되는 사항이다. 일반적으로 거래상 지위가 대등하지 않은 관계에서 열 등한 지위에 있는 당사자는 거래가 계속될지 여부에 가장 큰 이해를 가지 며,[26] 따라서 당해 사안에서 나타난 정산합의서 작성 시기는 원고가 자신 의 거래상 우월적 지위를 가장 효과적으로 활용할 수 있는 시점에 해당한 다는 점도 염두에 두어야 한다.[27]

대상판결 판결이 앞에서 살펴본 대법원 판결과 상충되고 있다는 점도 눈여겨볼 부분이다. 전술한 대법원 판결에서 하도급대금 결정의 일방성 여부는 종합적인 고려를 통하여 판단되어야 하며, 이때 고려 요소로서 "원 사업자의 수급사업자에 대한 거래상 우월적 지위의 정도, 수급사업자의 원사업자에 대한 거래의존도, 계속적 거래관계의 유무 및 정도, 거래관계 를 지속한 기간, 문제 된 행위를 전후로 한 시장 상황, 하도급대금이 결정 되는 과정에서 수급사업자가 의사표시의 자율성을 제약받지 아니하고 협 의할 수 있었는지 및 그 제약의 정도, 결정된 하도급대금으로 수급사업자 가 입은 불이익의 내용과 정도"[28] 등을 언급하였다. 동 대법원 판결이 제

---

26) 2010년 12월 엔지니어링 사업자를 대상으로 부당한 하도급대금 결정에 이의를 제 기하지 않은 이유 중 가장 응답 비율이 높았던 사유는 '이의를 제기하는 것이 이 후 하도급거래에 부정적인 영향을 미칠 것을 우려해서'로서 29.0%로 나타났다. 홍명수, 경제법론III, 경인문화사, 2013, 498-499면 참조. 일반적으로 거래상 열등 한 지위에 있는 사업자는 거래의 지속성을 최우선으로 고려하게 되고, 따라서 거 래상 우월적 지위에 있는 상대방과의 거래가 종료될 수 있는 행위를 하기 어려운 것으로 이해된다. EU Commission, Communication Tackling unfair trading practices in the business-to-business food supply chain, 2014, 7면 참조.
27) 충분한 협의가 이루어졌는지의 판단 요소로서 협의 시기를 언급하는 것으로, 長 澤哲也, 주 9)의 책, 242면 참조.

시하고 있는 일방성 판단에서 고려되어야 할 요소들은 대상판결 판결에서
도 유력한 의미가 있는 것이며, 대상판결 판결이 동 대법원 판결과 판단을
달리할 만한 특별한 사정이 당해 사안에 존재한다고 보기 어렵다.

3. 저가성 판단

낮은 단가에 의해 하도급대금이 결정되었는지에 관한 대상판결의 판단
에도 의문이 있다. 공정거래위원회는 수정추가공사의 대금이 낮다고 판단
한 주된 근거를 본공사에 비하여 낮게 산정된 수정추가공사의 능률에 두
고 있다. 조사된 7개 수급사업자의 수정추가공사 능률은 10-50% 수준으로
본공사 능률보다 현저히 낮았고, 이로 인해 하도급대금도 낮게 책정된 것
으로 보았다. 이와 관련하여 대상판결은 우선 능률이 해당 사안에서 저가
성을 판단하는 유효한 지표가 될 수 있는지에 의문을 표한다. 즉 대상판결
은 "실제 투입한 시간 또는 수급사업자들의 요청시수 대비 인정시수의 비
율을 의미하는 능률은 하도급대금의 높고 낮음을 결정하는 요소라고 볼
수 없다"고 판시하였다. 앞에서 살펴본 것처럼 시수는 작업을 완성하는데
드는 시간을 의미하고, 이는 대금 결정의 기본 요소에 해당한다. 능률은
수급사업자와 원사업자 간에 시수 산정에 있어서 평가의 차이를 보여주는
것인데, 하도급대금은 수급사업자가 제시한 시수(실투입시수, 요청시수)를
원사업자가 인정한 시수(기성시수, 인정시수)로 조정하여 산정되는 것이기
때문에, 기성(인정)시수 대비 실투입시수로 표시할 수 있는 능률이 하도급
대금과 무관 것으로 보기는 어렵다. 즉 '하도급대금 = 실투입시수 x (기성
시수/실투입시수) x 임률단가'로 하도급대금 계산 식을 표현할 수 있으며,
이때 '기성시수/실투입시수'가 능률을 의미하므로, 능률은 실질적으로 하
도급대금에 직접적인 영향을 미치는 것으로 보아야 한다.

---

28) 대법원 2017. 12. 7. 선고 2016두35540 판결.

또한 대상판결은 "단가가 낮은지 여부는 위탁 목적물 등과 같거나 유사한 것에 대하여 일반적으로 지급되는 대가보다 낮은 수준인지를 기준으로 판단하여야 한다"는 원칙을 강조하면서, 본공사 대비 수정추가공사의 낮게 책정된 능률과 이에 따른 하도급대금이 저가성 판단의 근거가 될 수 없다는 입장을 취한다. 그러나 본공사와 수정추가공사의 비교는 앞에서 살펴본 대법원 판결이 채택했던 저가성 판단의 방식이며, 전술한 저가성 원칙에도 반하는 것으로 볼 수 없다. 앞에서 논의한 것처럼 하도급법 제4조 제1항에서 규정한 "목적물 등과 같거나 유사한 것에 대하여 일반적으로 지급되는 대가보다 낮은 수준"은 저가성 판단의 기준 제시로서 의미가 있는 것이며, 반드시 다른 거래와의 비교 방식을 요구하는 것은 아니다. 이러한 점에서 전술한 대법원 판결도 본공사와 수정추가공사의 비교가 가능한 것으로 보았으며, 특히 당해 사안과 같이 동일하거나 유사한 목적물을 찾기 어려운 경우에 이러한 비교는 하도급대금의 높고 낮음을 판단하는 적절한 접근 방식이 될 수 있다.[29]

나아가 대상판결은 본공사와 수정추가공사의 능률 비교에 의한 저가성 판단을 수용한다 하더라도 공정거래위원회가 채택한 증거의 신뢰성에 의문을 표하면서, 이러한 방식에 의한 저가성 인정을 받아들이지 않았다. 대상판결은 공정거래위원회가 능률 비교를 위해 제출한 자료들은 수급사업자들에 의한 일방적 자료로서, 기간의 불분명, 중복이나 과잉 계산의 문제, 본공사와 수정추가공사의 명확한 구분이 전제되지 않은 점 등에 의해 신뢰할 수 없다는 입장을 취하고 있다. 그렇지만 대상판결의 지적이 타당한 것이라 하더라도, 이를 전적으로 배제하고 원고의 주장만을 채택하는 것이 적절한 것인지는 의문이다. 신뢰성에 의문이 있다 하더라도, 앞에서

---

29) 위법성 요건으로 '통상 거래가격'보다 현저히 낮을 것을 요구하는 것은 신규거래의 경우 통상거래 가격의 산정이 곤란하고 현실적으로 구체적인 사례에서 그 입증이 용이하지 않으므로 삭제하는 것이 바람직하다는 견해로, 박정구, "하도급거래 공정화를 위한 개선 방안", 경영법률 제17집 제3호, 2010, 52면 참조.

〈표 1〉이 보여주는 것처럼, 본공사와 수정추가공사의 능률 차이는 26.03% 에서 49.94%에 이를 정도로 현저하다. 즉 신뢰성 문제를 감안하여도 공정 거래위원회가 조사한 자료에서 드러나 양자의 차이는 현저한 수준이며, 오히려 수정추가공사의 공사 난이도가 본공사보다 높거나 같다는 것이 합 리적인 분석이라는 점을 고려할 때, 이러한 차이가 드러난 결과를 고려 대 상에서 배제하여 저가성 판단을 하는 것이 타당한지는 의문이다.

V. 결론

문제가 된 사건은 대우조선과 수급사업자의 하도급거래에서 발생한 불 공정행위에 관한 것이었고, 공정거래위원회가 위법한 것으로 판단한 부당 한 하도급대금 결정 행위와 관련하여, 대상 판결은 관련 행위의 위법성을 부인하는 원고의 주장을 받아들였다. 하도급법 제4조 제2항 제5호의 부당 한 하도급대금 결정 행위에 해당하기 위해서는 일방성 요건과 낮은 단가 에 의한 하도급대금 결정 요건을 모두 충족하여야 한다. 대상판결은 공정 거래위원회와 다르게 두 요건 모두 충족되지 않는다고 보았다. 그렇지만 일방성은 실질적인 분석에 기초하여 판단되어야 하고, 저가성 요건은 비 교 대상과 방식이 합리적인 것인지의 관점에서 이루어져야 한다는 원칙에 비추어 대상판결의 이와 같은 결론에 대해서는 논의의 여지가 있다.

구체적으로 일방성 요건과 관련하여, 형식적으로 합의의 기회가 수급사 업자들에게 주어진 것으로 볼 수 있지만, 이러한 기회가 실질적으로 충분 한 것이었는지에 관하여 대상판결에 의문이 따른다. 하도급거래에서 우리 나라 원하청관계의 전반적인 특성으로 지적되고 있는 종속성은[30] 당사자

---

30) 우리의 원청기업과 하청기업의 관계는 서구와 많이 다르고, 결정적으로 하청기업 이 원청기업 말고 다른 기업에 자유롭게 납품할 수 없는 전속계약에 묶여 있다는 차이가 있으며, 이러한 종속성을 우리 사회에 두드러진 특징으로 지적하고 있는

간 합의가 자율적으로 이루어졌는지에 관한 실질적인 판단이 불가피함을 시사한다. 특히 당사자 간에 드러나고 있는 거래상 지위의 불균형 그리고 사내하청 관계라는 특수성을 고려할 때, 형식적인 합의 기회 부여만으로 일방성 요건을 부정하는 것은 적절한 판단으로 보기 어렵다.

낮은 단가에 의한 하도급대금 결정에 관한 요건에 관해서도 일정한 의문을 피하기 어렵다. 동일 또는 유사한 거래 대상을 찾기 어려운 상황에서 본공사와 수정추가공사의 비교가 하도급법 제4조 제1항이 제시하고 있는 저가성 판단 기준에서 벗어나는 것은 아니며, 또한 수급사업자의 요청과 원사업자의 인정 비율을 의미하는 능률 개념이 하도급대금 결정과 무관한 것으로 볼 수는 없다. 물론 대상판결이 지적한 본공사와 수정추가공사의 능률 비교 자료의 신뢰성 문제는 유효한 것이지만, 그러나 해당 자료에 따른 결과를 저가성 판단의 고려에서 전적으로 배제하는 것이 타당한지는 의문이다. 따라서 원고 행위 중 부당한 하도급대금 결정 행위에 관한 대상판결의 판단은 재고되어야 할 것이다.

것으로, 김태일, 한국 경제, 경로를 재탐색합니다, 코난북스, 2017, 291-293면 참조.

14. 공공조달에 있어서 경쟁정책과
중소기업보호정책의 조화

I. 서론

공공부문에서의 조달은 경쟁방식에 의하는 것을 원칙으로 하며, 이 원칙이 구현된 방식으로 입찰방식이 일반적으로 활용되고 있다. 또한 공공부문은 중소기업보호정책에 있어서도 중요한 역할을 담당한다. 중소기업이 일정 수준의 경쟁력을 갖추기 위해서는 지속적으로 상품 생산 및 유통에 종사하는 것이 중요하며, 이를 위하여 공공부문은 미중물로서의 역할을 수행할 수 있을 것이다. 이러한 취지에서 공공부문에서 조달의 경우 중소기업 보호의 관점이 반영되고 있다.

그러나 경쟁정책과 중소기업보호정책은 경쟁의 실현과 경쟁의 불가피한 제한의 관점이 충돌하는 측면이 있으며, 따라서 이를 조화하는 것이 제도 설계와 운용에 있어서 핵심적인 과제가 된다. 이하에서는 특히 레미콘·아스콘 산업을 중심으로 두 정책의 실현과 조화에 관하여 상론할 것이다.

II. 중소기업 참여 공공부문 조달의 체계와
구체적 적용(레미콘·아스콘)

1. 공공부문 조달의 기본 원칙

입찰은 거래 상대방과 거래 조건을 동시에 결정하는 방식으로서,[1] 이러

한 계약 체결 방식이 효율성을 발휘할 수 있기 위해서는 경쟁 메커니즘의
작동이 전제되어야 한다. 따라서 입찰 과정에 대한 보호는[2] 경쟁적 기능
이 유지되도록 하는데 초점을 맞추게 되며, 이러한 점에서 「독점규제 및
공정거래에 관한 법률」(이하 독점규제법)은 입찰 담합에 대한 중요한 규
제 근거가 되고 있다. 특히 입찰 과정에서 담합 행위는 경쟁의 외관을 인
위적으로 창출하여 경쟁제한 행위를 은폐하는 의미가 있기 때문에,[3] 공동
행위 규제에 있어서 특별한 주의가 요구되며, 현행 독점규제법도 이에 대
하여 입법적으로 대응하는 규정을 도입하고 있다.[4]

　입찰의 기능상 장점은 무엇보다 거래 조건이나 당사자를 선정하는 과정
이 경쟁에 의하여 규율됨으로써 거래 과정에서 효율성을 낳을 수 있다는
점에 있으며, 또한 공공부문에서 조달의 경우 조달 행정의 투명성을 제고
할 수 있다는 점도 강조되고 있다.[5] 이러한 이유로 「국가를 당사자로 하
는 계약에 관한 법률」(이하 국가계약법) 제7조 제1항 본문은 "각 중앙관
서의 장 또는 계약담당공무원은 계약을 체결하려면 일반경쟁에 부쳐야 한
다"고 하고, 제2항은 제1항 본문에 따라서 경쟁입찰에 부치는 경우에 요구
되는 절차를 제시함으로써 국가를 당사자로 하는 계약 체결에 있어서 일
반경쟁, 즉 경쟁입찰에 의하는 것을 원칙적인 방식으로 규정하고 있다. 또
한 「지방자치단체를 당사자로 하는 계약에 관한 법률」(이하 지방계약법)

---

1) 鈴木滿, 入札談合の硏究, 信山社, 2001, 2면.
2) 형법은 입찰의 공정을 사회적 법익의 하나로 보고, 이에 대한 침해를 제315조에
　서 범죄구성요건으로 명정하고 있다.
3) Ulrich Immenga & Ernst-Joachim Mestmäcker hrsg., Gesetz gegen
　Wettbewebsbeschränkungen Kommentar, C. H. Beck, 2001, 145-146면(Daniel
　Zimmer) 참조.
4) 입찰 담합을 공동행위로서 규제하는 근거가 되는 독점규제법 제40조 제1항 제8호
　및 공공부문의 입찰 관련 담합행위에 대한 대처로서 공정거래위원회와 발주기관
　간의 협력 프로세스를 정하고 있는 제41조 등 참조.
5) 신영수, 정부계약의 투명성 제고를 위한 법제개선방안 - 공공조달부문의 입찰담합
　규제를 중심으로, 한국법제연구원, 2006, 31면 이하 참조.

제9조 제1항 본문은 "지방자치단체의 장 또는 계약담당자는 계약을 체결하려는 경우에는 이를 공고하여 일반입찰에 부쳐야 한다"고 규정함으로써, 국가계약법에 비하여 공공부문에서 계약 방식의 원칙으로서 일반입찰을 보다 분명하게 제시하고 있다.

2. 중소기업 보호정책과 공공 조달

(1) 공공부문에서 중소기업보호정책의 반영

공공부문에서 조달(public procurement)의 경우, 이상에서 언급한 계약 방식에 관한 기본 원칙으로서 국가계약법 및 지방계약법에서 규정하고 있는 경쟁에 의한 입찰방식에 의하여야 한다. 그러나 국가계약법이나 지방계약법은 계약의 목적, 성질, 규모, 지역특수성 등이 고려되어 일반입찰에 일정한 수정이 가해질 수 있는 여지를 두고 있으며,[6] 특히 레미콘이나 아스팔트콘크리트(아스콘)의 경우처럼 입찰에 참여할 것으로 예상되는 사업자가 주로 중소기업일 경우에 일반입찰 방식의 수정으로서 중소기업보호정책이 고려될 수 있다.

(2) 판로지원법의 의의

이와 관련하여 「중소기업제품 구매촉진 및 판로지원에 관한 법률」(이하 판로지원법)은 중소기업 보호의 정책적 목적을 추구하기 위하여 제한 없는 경쟁을 상정하는 일반입찰 방식에 일정한 변경을 가하는 제도적 근거가 되고 있다.

일반적으로 경쟁법은 경쟁자 보호가 아닌 경쟁 보호를 이상으로 하며,[7]

---

6) 국가계약법 제7조 제1항 단서나 지방계약법 제9조 제1항 단서는 지명입찰이나 수의계약이 예외적으로 가능함을 밝히고 있다.

7) EU의 'Guidance on Article 102 Enforcement Priorities', para. 6은 "위원회는 단순히 경쟁자를 보호하는 것이 아니라 효율적인 경쟁을 보호하는 것이 중요하다는

원칙적으로 경쟁법상 규제가 경쟁력이 열등한 사업자 보호를 위하여 작동하는 것은 아니다. 그러나 경쟁상 열위에 있는 중소기업을 보호하는 정책의 중요성을 부인하기 어려우며,8) 나아가 중소기업정책을 통하여 중소기업에게 경쟁력을 향상시킬 수 있는 기회를 제공하는 것은 궁극적으로 경쟁정책에 부합할 수 있다는 점도 염두에 둘 필요가 있을 것이다. 이러한 사고는 중소기업에 대하여 일정 범위에서 경쟁법 적용을 유보하는 근거가 될 수 있으며,9) 다른 한편으로 중소기업정책이 추구하여야 할 구체적 정책 목표의 방향을 시사하는 것이기도 하다.10)

이러한 관점에서 판로지원법 제1조가 동법의 목적으로 '중소기업의 경쟁력 향상과 경영안정'을 명시적으로 규정하고 있는 것은 중소기업정책과 경쟁정책의 조화를 모색하고 있는 동법의 취지를 반영한 것으로 이해할 수 있을 것이다. 판로지원법이 중소기업 보호의 관점에서 규정하고 있는 핵심적인 제도는 중소기업제품 공공구매제도라 할 수 있다.11)

(3) 중소기업제품 공공구매제도

중소기업제품 공공구매제도는 판로지원법 제2조의 공공기관이12) 중소

것을 유념하여야 한다"고 규정하고 있다.
8) 전문성의 제고, 안정적이고 건전한 산업구조 구축, 인적자원·물적자원의 초기 형성을 통한 산업기반의 구축, 고용기회의 확대, 지역 균형 발전, 노동력 제공의 토대가 되는 사회망의 안정적 구축 등을 중소기업 보호 정책의 근거로 제시하는 것으로, 이경의, 중소기업정책론, 지식산업사, 2006, 38-40면 참조.
9) Fritz Rittner & Meinrad Dreher, Europäisches und deutsches Wirtschaftsrecht, C.F.Müller, 2008, 477면.
10) 중소기업정책에 경쟁정책이 중요한 고려 요소로 수용되는 것에 관한 분석으로, 이경의, 주 8)의 책, 476면 이하 참조.
11) 권오승·홍명수, "경제법학", 학문연구의 동향과 쟁점 제8집, 대한민국학술원, 2018, 772면 참조.
12) 판로지원법 제2조 제2호는 국가기관, 지방자치단체, 특별법에 따라 설립된 법인 중 대통령령으로 정하는 자, 「공공기관의 운영에 관한 법률」 제5조에 따른 공공기관 중 대통령령으로 정하는 자, 「지방공기업법」에 따른 지방공사 및 지방공단,

기업[13] 제품의 구매를 확대하기 위한 제도를 총칭한 것이며, 특히 판로지원법 제3조는 "공공기관의 장은 중소기업제품의 조달계약을 체결하거나 판로를 지원하는 경우에 다른 법률에 특별한 규정이 있는 경우를 제외하고는 이 법에서 정하는 바에 따른다"고 규정함으로써 국가나 지방자치단체가 중소기업 제품을 조달할 경우에 동법이 국가계약법이나 지방계약법에 우선 적용됨을 명시적으로 밝히고 있다.

중소기업제품 공공구매제도에 해당하는 다양한 제도들이 존재한다. 대표적으로 중소기업자간 경쟁제도, 공사용자재 직접(분리) 구매제도, 중소기업제품 구매목표비율제도, 직접생산확인제도, 중소기업 기술개발 제품 우선구매제도 등이 있으며, 넓은 범위에서 과도한 경쟁을 방지하고 소기업을 보호하기 위한 계약이행능력 심사제도도 이에 해당할 것이다.

구체적으로 보면, 공사용자재 직접구매 제도는 중소기업이 대기업의 하청기업으로 전락하는 것을 방지하기 위하여 공공기관이 공사발주 시 공사에 소요되는 자재 중에서 중소벤처기업부장관이 지정한 자재의 경우 중소기업으로부터 직접 구매하여 공사 계약자에게 제공하는 것을 의무화 한 제도를 말하며, 판로지원법 제12조 및 동법 시행령 제11조에 근거한다. 현재 중소벤처기업부고시 제2017-30호 「중소기업자간 경쟁제품 및 공사용자재 직접구매 대상품목 지정내역」이 제정되어 있으며, 레미콘과 아스콘은 모두 여기에 포함되어 있다.[14]

직접생산확인제도는 대기업제품, 수입제품의 납품 및 하도급 생산납품 등의 중소기업자 간 경쟁을 침해하는 행위를 방지하기 위하여 공공기관이 중소기업자 간 경쟁의 방법으로 제품조달 계약을 체결할 시 해당 중소기

「지방의료원의 설립 및 운영에 관한 법률」에 따른 지방의료원이 공공기관에 해당하는 것으로 규정하고 있다.
13) 판로지원법 제2조 제1호에서 중소기업에는 「중소기업기본법」 제2조에 의한 중소기업과 「중소기업협동조합법」 제3조에 의한 중소기업협동조합이 해당한다.
14) 아스콘의 경우 일반 아스콘과 순환 아스콘이 모두 포함된다.

업의 직접생산 여부를 확인하도록 하는 제도이다. 동 제도는 판로지원법 제9조 내지 제11조, 동법 시행령 제10조, 동법 시행규칙 제5조 내지 제8조 및 「중소기업제품 공공구매제도 운영요령」(이하 공공구매 운영요령) 제28조 내지 제33조에 근거한다. 확인에 관한 업무는 중소기업중앙회가 담당하며, 유효기간은 2년이다.

중소기업 우선조달제도는 중소기업의 공공조달시장 판로 확대를 위하여 중소기업자 간 경쟁제품이 아닌 제품의 경우 공공기관에서 일정금액 미만 조달구매 시 중소기업 간 제한 경쟁을 의무화하는 제도로서 판로지원법 시행령 제2조의2에 근거한다.[15)]

소기업제품 우선구매제도는 중소기업자 간 경쟁제품 중 영세 소기업 및 소상공인 보호가 필요하다고 인정되는 제품을 지정하여 공공조달시장 판로 확대를 지원하기 위하여 소기업 및 소상공인 간 제한경쟁이 이루어지도록 하는 제도로서, 판로지원법 제7조의2 및 공공구매 운영요령 제15조의2에 근거한다.

계약이행능력 심사제도는 품질의 저하를 낳을 수 있는 지나친 저가 낙찰 방지, 적정한 납품이행능력을 갖춘 중소기업 선별, 품질향상 유도 및 정부정책에 부합하는 중소기업 등에 대한 우대 등을 위하여 입찰참여 중소기업자의 계약이행능력을 심사하여 일정수준 이상의 평점을 받은 우량업체를 낙찰자로 결정하는 제도로서 판로지원법 제7조에 근거한다. 현행 배점기준을 보면, 포지티브 요소로서 납품이행능력, 입찰가격, 신인도 그리고 네거티브 요소로서 당해물품 납품이행능력 결격사유를 고려하며, 종합평점이 일정점수(현 88점) 이상인 경우에 낙찰자가 될 수 있다.

중소기업제품 구매목표비율제도는 중소기업제품의 구매효과를 실질적으로 제고하기 위하여 공공기관에서 연중 구매 총액 중 일정 비율 이상을 중소기업제품 및 기술개발제품을[16)] 의무적으로 구매하도록 하는 제도로

---

15) 1억원 미만일 경우 소기업 또는 소상공인 간 제한경쟁 그리고 1억원 이상 2.1억원 미만일 경우 중소기업 간 제한경쟁이 적용된다.

서, 판로지원법 제5조 및 동법 시행령 제3조 내지 제5조에 근거한다. 구체적인 구매목표비율은 중소기업제품의 경우 총 구매액의 50% 이상 그리고 기술개발제품의 경우 중소기업물품 구매액의 10% 이상이다.[17]

이 외에 영세 소기업 및 소상공인의 수주와 조합 기능을 활성화하기 위하여 공공기관이 협동조합으로부터 업체를 추천받아 중소기업자 간 경쟁제품을 수의계약으로 구매하는 제도인 소액수의계약대상업체 조합추천제도(판로지원법 시행령 8조), 중소기업협동조합과 3개 이상의 소기업 및 소상공인이 공동사업을 통해 제품화한 경우 공동사업 수행 소기업 및 소상공인 간 제한경쟁 또는 협동조합에 의한 추천업체 간 지명경쟁이 가능하도록 하는 소기업 공동사업제품 우선구매제도(판로지원법 7조의2 및 지방계약법 시행령 20조 및 22조), 공공기관구매 낙찰 중소기업의 생산자금 지원을 위한 무보증 대출제도, 각 수요기관에 공통적으로 소요되는 규격화된 물품에 대한 수요기관의 다양한 수요를 충족시키기 위하여 조달청이 2인 이상의 공급자와 제3자를 위한 단가계약을 체결하여 수요기관이 나라장터를 통하여 자유롭게 구매하는 제도(「조달사업에 관한 법률」 시행령 7조의2), 중소기업의 공동 브랜드를 통하여 중소기업의 판로지원 및 경쟁력 향상을 위해 조합 등 법인이 개발, 보유한 우수한 공동상표 제품에 대하여 공공기관이 수의계약으로 우선 구매할 수 있도록 하는 제도(「조달사업에

---

16) 기술개발제품의 경우 성능 신뢰도에 확신이 없는 중소기업의 기술개발제품에 대하여 정부가 성능검사를 거쳐 성능이 확인된 제품을 공공기관이 우선 구매할 수 있도록 지원함으로써 중소기업의 기술개발 촉진 및 공공구매확대를 도모하는 한편, 성능인증을 받아 성능보험에 가입된 제품의 구매로 발생하는 손실을 보전할 수 있는 제도(판로지원법 15조 내지 18조 및 동법 시행령 14조 내지 16조) 및 우선 구매대상 기술개발제품의 성능 인증에 소요되는 검사비 및 적정가격 산출을 위한 원가계산비용 지원으로 공공기관의 기술개발제품 구매를 촉진하는 제도(판로지원법 19조, 20조 및 동법 시행령 16조, 17조)에 의하여 뒷받침되고 있다.

17) 구체적인 구매목표비율은 매년 공공기관별 구매계획과 실적을 파악한 후 국무회의를 거쳐 공고하며, 과거 목표비율은 2013년 69.3%, 2014년 69.8%, 2015년 70.2%, 2016년 71.5%, 2017년 72.8%이었다.

관한 법률」 9조의2 및 동법 시행령 18조의2) 등이 있다.

(4) 중소기업자 간 경쟁제도

이상의 중소기업제품 공공구매제도에 해당하는 제도는 모두 중소기업 제품의 공공구매 측면에서 일정한 기여를 하고 있지만, 이 중에서도 공공 구매의 기본 원칙인 입찰과 관련하여 핵심적인 의미를 갖는 것은 판로지 원법 등에 기초한 중소기업자 간 경쟁제도이다.

중소기업자 간 경쟁제도는 판로지원법에 근거한다. 구체적으로 동법 제 6조 제1항은 "중소벤처기업부장관은 중소기업자가 직접 생산·제공하는 제 품으로서 판로 확대가 필요하다고 인정되는 제품을 중소기업자 간 경쟁 제품으로 지정할 수 있다"고 규정하고 있으며,[18] 제7조 제1항은 "공공기 관의 장은 경쟁제품에 대하여는 대통령령으로 정하는 특별한 사유가 없으 면 중소기업자만을 대상으로 하는 제한경쟁 또는 중소기업자 중에서 지명 경쟁(이하 '중소기업자간 경쟁'이라 한다) 입찰에 따라 조달계약을 체결하 여야 한다"고 규정함으로써 중소기업자 간 경쟁제도에 관한 명문의 근거 를 제시하고 있다.

절차적으로 중소기업자 간 경쟁제품의 지정은 조합, 세부품목별 관련단 체 또는 중소기업 10인 이상의 추천에 따라서 중소기업중앙회가 지정요건 및 타당성을 검토한 후에 중소벤처기업부가 중앙행정기관과의 협의를 거 쳐 지정하는 과정으로 진행된다. 지정 과정에서 요구되는 판단 기준은, 제 품 기준으로 직접생산 중소기업이 20개 이상이며 구매실적 20억 원 이상 일 것 그리고 세부품명 기준으로 직접생산 중소기업이 10개 이상이며 구 매실적 10억 원 이상일 것 등이고, 이를 충족한 제품에 한하여 대기업 또 는 수입 유통업체 등의 국내시장 진입으로 당해 업종을 영위하는 중소기

---

18) 레미콘과 아스콘은 모두 「중소기업자간 경쟁제품 및 공사용자재 직접구매 대상품 목 지정내역」에서 중소기업자 간 경쟁제품으로 지정되어 있다. 다만 레미콘의 경 우 서울, 경기, 인천 지역에서 연간예측을 20% 내에서 예외로 할 수 있다.

업의 판로가 축소되어 경영애로를 겪고 있다는 사실을 파악할 수 있는 사례 또는 관련 통계 등을 조사하여 산업정책상 충분한 지정 필요성이 인정될 경우에 지정이 이루어진다.[19]

이상의 과정을 거쳐 지정된 경쟁제품의 입찰에 참여할 수 있는 자격은 판로지원법 제8조에서 정하고 있다. 동조 제1항은 "제7조에 따른 중소기업자 간 경쟁입찰에 참여할 수 있는 중소기업자의 자격(이하 이 조에서 "참여자격"이라 한다)은 규모와 경영실적 등을 고려하여 대통령령으로 정한다"고 규정하고 있으며, 동법 시행령 제9조 제1항은 중소기업자 간 경쟁입찰에 참여하는 중소기업자 요건으로서 경쟁제품을 직접 생산·제공할 수 있는 설비(1호)와 「국가를 당사자로 하는 계약에 관한 법률 시행령」 제12조 제1항 각 호의 요건(2호)을[20] 갖출 것을 요구하고 있다.

조합의 경우에는 동조 제2항에 의하여 각 호에서 요구하는 해당 조합 조합원의 2분의 1 이상이 제1항 각 호의 요건을 모두 갖춘 중소기업자로 구성되어 있을 것(1호, 다만 제조공법이나 원자재를 기준으로 구성된 조합 등 중소벤처기업부장관이 정하여 고시하는 조합으로서 경쟁제품을 생산하는 조합원이 전체 조합원의 2분의 1 미만인 경우에는 해당 경쟁제품을 생산하는 조합원의 2분의 1 이상이 제1항 각 호의 요건을 모두 갖춘 중소기업자로 구성되어야 한다), 경쟁제품의 품질관리 및 사후관리 기준을 마련하여 운영하고 있을 것(2호), 조합이 중소기업자간 경쟁입찰에 참여하는 것을 허용한다고 정관에 명시되어 있을 것(3호), 중소벤처기업부장관이 공

---

19) 중소벤처기업부·중소기업중앙회, 2018 중소기업제품 공공구매제도, 2017, 271면.
20) 국가계약법 시행령 제12조 제1항 각 호의 요건은, 다른 법령의 규정에 의하여 허가·인가·면허·등록·신고 등을 요하거나 자격요건을 갖추어야 할 경우에는 당해 허가·인가·면허·등록·신고 등을 받았거나 당해 자격요건에 적합할 것(2호), 보안 측정 등의 조사가 필요한 경우에는 관계기관으로부터 적합판정을 받을 것(3호), 기타 기획재정부령이 정하는 요건에 적합할 것(4호)이며, 4호에서 기획재정부령이 정하는 요건은 국가계약법 시행규칙 제14조 제1항에서 「소득세법」 제168조·「법인세법」 제111조 또는 「부가가치세법」 제8조에 따라 해당사업에 관한 사업자 등록증을 교부받거나 고유번호를 부여받은 경우를 말한다.

공구매 업무와 관련된다고 인정하는 교육을 연간 10시간 이상 이수한 상근임직원을 2명 이상 두고 있을 것(4호), 그밖에 입찰에 참여하는 조합이 중소기업자 간 경쟁입찰을 하는 시장에서 차지하는 시장점유율 기준 등 경쟁입찰의 실효성을 높이기 위하여 공정거래위원회와의 협의를 거쳐 중소벤처기업부령으로 정하는 사항에[21] 적합할 것(5호)을 모두 갖추고, 해당 조합이 생산하거나 제공하는 제품에 대해서만 중소기업자 간 경쟁입찰에 참여할 수 있으며, 다만 공정한 경쟁을 위하여 중소기업자 간 경쟁입찰에 2개 이상의 조합이 참여할 필요가 있다고 판단되는 경우에는 중소벤처기업부장관은 해당 제품을 따로 고시할 수 있다. 또한 판로지원법 제8조 제2항은 경쟁입찰에 참여하는 조합에 대하여 중소벤처기업부장관의 참여 자격에 대한 확인절차에 관하여 규정하고 있다.

중소기업자 간 경쟁입찰에 참여가 제한되는 것에 관하여 판로지원법 제8조의2가 규정하고 있다. 동조 제1항은 대기업(분할 등에 의하여 설립되는 기업과 존속하는 기업 중 어느 하나가 분할일·분할합병일 또는 물적분할일이 속하는 연도의 다음 연도부터 4년 이내에 대기업이 되는 경우도 포함한다) 또는 중소기업자 간 경쟁입찰 참여자격 유지 또는 공공조달시장의 점유율 확대 등을 목적으로 분할 등을 하였다고 중소벤처기업부장관이 인정한 중소기업에 해당하는 기업으로부터 「상법」 제530조의2 및 제530조의12에 따른 분할·분할합병 및 물적분할에 의하여 설립되는 기업과 존속하는 기업이 같은 종류의 사업을 영위하는 경우에 해당하는 중소기업(1호), 대기업과 대통령령으로 정하는 지배 또는 종속의 관계에 있는 기업들의 집단에 포함되는 중소기업(2호), 정당한 사유 없이 제3항에 따른 중소벤처기업부장관의 조사를 거부한 중소기업(3호)이 이에 해당한다.

---

21) 판로지원법 시행규칙 제3조 제1항 본문에서 영 제9조 제2항 제5호에서 "중소벤처기업부령으로 정하는 사항"이란 법 제7조 제1항에 따른 중소기업자간 경쟁입찰에 참여하는 조합이 중소기업자간 경쟁입찰을 하는 제품시장에서 차지하는 시장점유율이 100분의 50 이하인 것을 말한다.

3. 레미콘·아스콘 공공구매 입찰 방식22)

(1) 계약체결의 기본 원칙 및 입찰 참여 자격

앞에서 살펴본 것처럼 레미콘과 아스콘은 판로지원법상 중소기업자 간 경쟁제품으로 지정되어 있으며, 따라서 중소기업자간 제한입찰의 방식이 적용된다. 다만 레미콘의 경우 「중소기업자간 경쟁제품 및 공사용자재 직접구매 대상품목 지정내역」에서 예외적으로 서울, 경기, 인천 지역의 경우 연간예측율 20% 내에서 일반입찰이 가능한 것으로 정하고 있다.

입찰에 참가하기 위해서는 판로지원법 제8조 및 동법 시행령 제9조에서 제시한 요건을 충족하여야 한다. 동법에 의할 경우 개별 중소기업 및 중소기업협동조합이 모두 입찰에 참가할 수 있으며, 레미콘·아스콘의 경우 실제 동법 시행령 제9조 제2항의 요건을 갖춘 조합(적격조합)이 응찰의 주를 이룬다. 적격조합 외에 중소기업이 입찰에 참가할 수 있는 다른 방식이 존재하는데, 판로지원법 제7조 제3항에 의한 공동수급체를 구성하거나 또는 개별적으로 응찰이 가능하다. 당연히 입찰에 참가하는 중소기업은 입찰 자격으로서 동법 시행령 제9조 제1항의 요건을 충족하여야 한다.

이와 같이 레미콘·아스콘 경우에 요구되는 자격을 구체적으로 보면, 개별 사업자가 직접 또는 공동수급체 구성원 내지 조합원으로서 입찰에 참여할 경우에 해당 지역에 소재한 사업자이어야 하고 또한 레미콘·아스콘 생산공장에서 출하지역까지 90분 이내 타설이 가능하여야 한다. 절차적으로는 1) 국가종합전자조달시스템 입찰참가자등록규정에 의하여 개찰일 전일까지 국가종합전자조달시스템(http://www.g2b.go.kr)에 제조물품으로 레미콘·아스콘을 등록할 것, 2) 판로지원법 제2조에 규정된 중소기업자로 동법 제9조 및 동법시행령 제10조 규정에 의한 직접생산확인증명서를 소지할 것, 3) 중소기업기본법 제2조에 규정된 중소기업자 또는 소기업 및

---

22) 조달청, 2017년도 주요 시설자재 업무처리 지침 참조.

소상공인지원을 위한 특별조치법 제2조에 따른 소상공인으로서 '중소기업·소상공인 및 장애인기업 확인요령'에 따라 발급된 중소기업·소상공인 확인서를 소지할 것, 4) 입찰일 전일까지 산업표준화법 제5조에 따른 KS 인증을 받을 것 등이 요구된다. 이와 같은 자격 요건은 중소기업 보호를 목적으로 한 제한경쟁입찰의 취지가 정확히 실현되기 위한 제도적 보완으로 이해할 수 있으며, 따라서 요건의 허위 충족을 방지하기 위한 엄격한 심사가 필요할 것이다.

입찰에 참가하는 조합에 대해서는 시장점유율에 관한 특별한 조건이 부과되고 있다는 점에도 주의를 요한다. 즉 판로지원법 시행규칙 제3조에 의하여 조합은 희망수량 경쟁입찰을 하는 시장에서 차지하는 시장점유율이 100분의 50 이하일 것이 요구되는데,[23] 이러한 조건의 부과는 제한 경쟁입찰 방식이 관련 제한물품 조달 시장에서 특정 조합이 독점적 지위에 이르게 하는 수단으로 전락할 위험을 방지하는 것에서 의의를 찾을 수 있을 것이다. 다수의 중소기업이 존재하는 시장에서 개별 중소사업자가 경쟁력을 가질 수 있도록 하는 정책에 비추어, 이러한 조건의 타당성은 인정할 수 있지만, 제도의 운영과 관련하여 몇 가지 우려도 나타날 수 있다.

우선 레미콘·아스콘 시장에서 사업자의 전국적인 분포와 조합의 수를 고려할 때, 이러한 제한이 현실성이 있는지에 의문이 제기될 수 있다. 시장점유율을 직접적으로 규제하는 것이 경쟁정책상 바람직한지에 대한 본질적 문제 제기는 차치하더라도,[24] 현재의 관련 시장은 조합을 포함한 공

---

23) 이때 시장점유율은 경쟁입찰 시장에서 직전사업년도 1년간 해당 경쟁제품의 총매출액 중에서 중소기업자 간 경쟁입찰에 참여하는 적격조합 소속 조합원사의 해당 경쟁제품 매출액 전체를 합산한 금액이 차지하는 비율을 의미한다. 구체적으로 시장점유율 산정방식은 '시장점유율 = 직전사업년도 1년간의 적격조합의 해당 제품 경쟁입찰 시장 매출액 합계액/직전사업년도 1년간의 해당 제품의 경쟁입찰 시장 총 매출액'이 된다.

24) 시장점유율은 시장참가자들의 선택의 결과로서 나타나지만, 또한 시장점유율은 시장참가자들의 선택에 영향을 미친다는 점에서 시장지배력을 판단하는 다른 고려 요소와 차별성을 갖는다. 이러한 중요성에 비추어 이를 직접적으로 제한하는

동수급체와 개별 사업자에 의한 경쟁 구조로 되어 있다는 점을 염두에 둘 필요가 있다. 이러한 상황에서 조합에 대한 인위적인 시장점유율 제한은 다른 경쟁 주체의 기회 확대로 이어질 수 있지만, 당해 시장에서 복수의 조합에 의한 경쟁 구조가 실질적으로 이루어지지 않고 있는 상황에서 이러한 정책 효과가 현실적으로 발현될 수 있을지는 명확치 않으며, 시장에서의 경쟁을 왜곡하는 효과를 낳을 수도 있다.

구체적인 기준의 타당성 측면에서 볼 경우에도, 시장점유율의 산정 기준을 직전연도 1년간을 기준으로 하고 있는 것이 적절한지에 의문이 있다.[25] 관수 레미콘·아이콘은 일상적으로 거래되는 상품과는 달리 조달 시기가 일정치 않으며, 따라서 단기간의 거래량만으로 시장에서의 수급 상황을 판단하기 어려운 특성을 갖고 있다. 또한 공적인 조달과 수급 과정에서의 행정 절차에 의하여 발주 시부터 최종 상품 구매 시까지의 기간이 장기화될 수 있고, 이로 인하여 이월 물량이 발생할 수 있을 것이다. 이와 같은 특성을 고려할 때, 시장점유율을 제한하는 기준을 설정하고자 한다면, 관수입찰 현황을 정확히 파악할 수 있는 낙찰 수량으로 상정하는 것이 보다 적절한 기준이 될 수 있다. 또한 이와 같이 기간을 상정할 경우에, 발주 시부터 최종 공급 시까지 상당한 기간이 소요됨으로써 이행이 지연되고 있는 조달의 경우 시장점유율 산정이 불합리하게 이루어질 수 있는 문제를 피할 수 있을 것이다.

것이 경쟁정책적으로 바람직한지는 의문이다. 이와 관련하여 Herbert Hovenkamp, Federal Antitrust Policly: The Law of Competition and Its Practice, Thomson/West, 2005, 81-82면 참조.

25) 예를 들어 미국 반독점법상 배타적 거래와 관련하여 연방대법원은 배타적 거래의 기간이 1년 이하인 경우에는 허용될 수 있다는 입장을 취하였다. FTC v. Motion Picture Advertising Service 344 U. S. 392 (1953) 참조.

(2) 희망수량 경쟁입찰 방식

희망수량 경쟁입찰은 국가계약법 시행령 제17조 2항에 근거한 경쟁입찰 방식의 하나이다. 입찰참여자는 가격뿐만 아니라 희망하는 거래량을 정하여 투찰하고, 정부가 결정한 예정가격 이하의 가격으로 투찰한 자 중 최저 가격으로 투찰한 자로부터 순차적으로 발주 물량에 달할 때 까지 투찰한 자를 모두 낙찰자로 결정하게 된다. 이러한 입찰 방식은 특히 중소기업이 주를 이루는 시장에서 유효하다. 이러한 시장에서는 한 사업자의 생산능력으로 수요량 전부를 공급하는 것이 가능하지 않은 경우가 많으며, 이때 수요량의 일부에 대한 입찰을 허용하고 복수의 투찰자가 가격 순으로 낙찰자로 결정되는 방식은 경쟁입찰을 실질적으로 가능하게 하는 입찰 방식이 될 수 있다.

기능적으로 보면, 희망수량 경쟁입찰 방식은 발주처인 수요기관에게 조달의 편의를 제공한다. 무엇보다 복수의 사업자가 수요량 범위 안에서 낙찰자로 결정될 수 있기 때문에 단일한 계약을 통하여 다수의 사업자와 물품 조달 계약을 체결하는 것이 가능하며, 이는 개별 사업자와의 거래를 통하여 원하는 수요를 충족하기 어려운 상황에서 유력한 의미가 있다. 또한 단일한 가격을 통하여 복수의 사업자와 거래를 행함으로써 가격관리 상의 이점이 있다는 점도 희망수량 경쟁입찰 방식의 긍정적 기능이 될 수 있다. 이는 최저가격을 제시한 투찰자의 잔여 물량에 대해서도 후순위 투찰자에 대하여 동일한 가격으로 공급할 것을 계약 과정에서 합의하는 것에 의하여 현실화되는데, 이러한 절차적 가능성은 수요기관의 가격관리 측면에서 상당한 효율을 낳을 수 있는 것이다.

한편 희망수량 경쟁입찰 방식은 입찰에 참여하는 사업자 입장에서도 긍정적인데, 조달 물량 전체를 공급하는 것이 불가능한 사업자도 희망 수량의 범위 내에서 입찰에 참여할 수 있다는 점에서 중소사업자에게 입찰 참여 기회를 실질적으로 제공하는 의미를 갖는다.

410 _ 경제법론 V

이와 같은 기능상의 장점에도 불구하고, 희망수량 경쟁입찰 방식의 부정적 효과에 대한 우려도 존재한다. 우선 희망수량 경쟁입찰 방식에 의할 경우 특정 사업자에게 조달 물량이 편중될 가능성을 배제하기 어렵다. 이는 관수시장에서 경쟁 사업자 간 불균형을 초래할 수 있지만, 원활한 조달 측면에서도 문제가 될 수 있다. 예를 들어 복수의 발주기관에 의하여 희망수량 경쟁입찰이 진행되고 특정 사업자가 수요량의 대부분을 담당하고 공급 시기가 중복될 경우에 조달이 원활이 이루어지지 못하는 상황이 발생할 수 있다.

또한 희망수량 경쟁입찰 방식은 사업자 간 담합을 유인하는 요소가 될 수도 있다. 공정거래위원회는 희망수량 경쟁입찰의 경우 다른 입찰참여사들의 투찰물량을 알 수 없기 때문에 전체 입찰참여사들의 투찰물량은 발주물량보다 많거나 적은 것이 일반적인데, 입찰참여사들의 전체 투찰물량은 발주물량과 정확히 일치하였는바, 이 사실로 미루어 보아도 피심인들이 사전에 투찰물량을 합의하였다는 사실을 충분히 인정할 수 있다는[26] 입장을 취하였다. 이와 같은 입장은 입찰참여자들이 경쟁자의 희망수량을 알 수 없는 상태에서 희망수량의 합이 발주물량과 일치하는 것을 기대하기 어렵다는 상식적인 판단에 근거하고 있으며, 충분이 입찰담합의 입증 근거로서 원용될 수 있을 것이다.

그러나 입찰과정에서 담합은 낙찰자와 거래조건을 입찰참여자들 간의 경쟁이 아닌 상호 합의에 의하여 결정하는 것을 의미하며, 구체적인 합의 내용은 입찰 방식에 따라서 상이하게 나타날 것이다. 즉 희망수량 경쟁입찰 방식에서는 희망수량이 합의의 중요한 대상이 될 수 있지만, 희망수량을 제시하여야 하는 입찰 방식 자체가 입찰 담합이 증가하는 원인이 된 것으로 보기는 어려우며, 따라서 이러한 이유로 희망수량 방식 자체의 변경을 모색하는 것이 타당한 것으로 볼 것은 아니다. 다만 담합의 초점이

---

26) 공정위 2009. 10. 7. 의결 제2009-204호; 공정위 2009. 10. 7. 의결 제2009-205호; 공정위 2010. 10. 12. 의결 제2010-117.

수량에 맞추어질 것이라는 예상은 가능하며, 규제 기관의 대응에 있어서 이러한 점이 적절히 고려될 필요가 있을 것이다.

이상의 희망수량 경쟁입찰 방식은 관수 레미콘·아스콘 조달의 기본 원칙이 되고 있다. 나아가 동 원칙에 기초하여 한 조합은 최대 50% 물량을 '최저가 낙찰'로 투찰할 수 있으며, 입찰 물량이 100% 채워지면 입찰이 마감되는 방식으로 진행된다. 이러한 조건 하에서 조합 등 입찰참여자는 수요 수량의 범위 내에서 계약할 희망수량과 단가를 제시하여 투찰하며, 예정가격 이하의 단가로 입찰한 자 중 최저가격으로 입찰한 자 순으로 조달청 입찰공고수량에 도달할 때까지 입찰자를 낙찰자로 결정하게 된다. 한편 최저가격 낙찰자부터 희망물량을 우선 배정하는 것이 원칙이나 적기에 안정적 공급이 가능하도록 하기 위하여 다른 낙찰자가 최저가격으로 납품하는 것에 동의하는 경우에는 동의한 낙찰자에 한해 수요기관의 근거리에 있는 낙찰자에게 우선 배정하게 된다. 이와 같은 레미콘·아스콘의 희망수량 경쟁입찰 방식에 의하여 개별 레미콘·아스콘 사업자의 입찰참여와 거래의 기회가 실질적인 것이 될 수 있으며, 특히 단일 조합의 입찰 수량 제한과 근거리 배정 방식은 그 폭을 확대하는 의미가 있다. 이로써 특정 조합에 의한 시장의 독과점 우려는 상당한 정도 해소될 수 있을 것이다. 그러나 중소기업협동조합의 결성에 의하여 영세한 레미콘·아스콘 사업자의 경쟁력을 향상시키고자 하는 중소기업 보호 정책과의 충돌 문제도 발생할 여지가 있다.

(3) 입찰 절차와 예정가격 산정

구매처인 공공기관은 계약종료일 1개월 이전에 구매결의를 하며, 가격 조사 등에 필요한 기간 등을 고려하여 입찰 공고를 한다. 공공기관은 입찰 공고 후 가격 조사 및 예정가격을 작성하며, 예정가격은 적정한 거래실례가격이 형성된 경우에는 2개 이상의 사업자를 조사하여 확인한 거래실례

가격 및 전문가격조사기관이 조사하여 공표한 가격을 결정기준으로 한다. 다만 적정한 거래실례가격이 없는 경우에는 원가계산에 의한 가격조사도 가능하다.

레미콘·아스콘의 가격에서 원재료비가 약 70%에 이를 정도로 가격에서 차지하는 비중이 큰 상품 특성을 갖고 있으며, 이는 가격 경쟁의 여지가 크지 않음을 의미한다. 민수시장에서는 공급업자들이 제시하는 판매단가 표(1㎥ 기준) 상의 가격에 일정비율을 할인하는 방법으로 가격이 결정되고, 관수시장에서의 가격은 이를 참고하여 결정하는 방식을 취한다. 그러나 레미콘과 아스콘의 경우 다소 차이가 있는데, 특히 레미콘의 경우 조달청이 조사한 최근 2~3개월의 실거래가격을 기초로 하여 산정된 예정가격이 가격 결정의 기준이 되고 있다는 점에서 아스콘과는 차이를 보이고 있다.

실제로 레미콘 관수 입찰에서 낙찰자의 결정은 예정가격 이하에서 최저가격을 기준으로 이루어지므로, 결국 입찰 과정에서 예정가격의 산정은 가격의 상한을 결정하는 의미가 있다. 구체적인 예정가격 산정 과정은 기초가격과 예정가격 산정으로 나뉜다.

앞에서 살펴본 것처럼 레미콘의 경우 조달청이 국가계약법 시행령 제9조 그리고 시행규칙 제2장 및 '조달청 내자업무처리규정' 제30조에 따라 입찰 전 조사한 레미콘 민수 실거래가격에 일반적으로 민수 실거래가격보다 낮은 수준에서 조정을 행하는 조정률을 적용하여 예정가격의 기초가 되는 기초금액을 산정하고, 이는 입찰개시일 전날부터 기산하여 5일 전까지 국가종합전자조달시스템을 통하여 공개된다. 그리고 예정가격은 '조달청 내자구매업무처리규정' 제30조에 따라 기초금액을 기준으로 ±0.2% 범위 내에서 서로 다른 15개의 예비가격을 작성하여 이 중 무작위로 4개를 추첨한 후 이를 산술평균한 값으로 결정된다. 따라서 응찰자는 이상의 기초금액을 통해 예정가격을 추정하고, 그 추정금액 이하에서 다른 입찰자보다 유리한 금액으로 투찰하게 된다.

아스콘의 관수시장은 연간단가계약으로 이루어진다는 점이 특징적이다.

아스콘의 민수시장에서의 단가는 주요 수요자인 건설업체와 아스콘제조업체 간 협의에 의해 결정되며, 단기적 수급상황에 직접적인 영향을 받게 된다. 반면 관수시장의 단가는 각 지방조달청별로 지역별 아스콘공업협동조합과의 연간 단가계약에 의하여 결정되며, 연간 단가계약은 각 지방조달청이 아스콘제조업체의 민수 공급가격을 조사한 후 이를 기초로 하여 체결된다.

이상의 레미콘·아스콘 관수시장에서의 입찰에서 예정가격은 민수시장에서의 가격에 기초하여, 대체로 이보다 낮은 가격 수준에서 산정된다. 민수시장의 가격을 참고하는 것은 동일한 상품의 거래가 이루어지는 인접시장의 가격이라는 점에서 의의가 있지만, 당해 시장의 특성도 아울러 고려될 필요가 있다. 즉 앞에서 레미콘·아스콘 시장의 특성에서 살펴보았듯이, 레미콘·아스콘 시장은 전후방에 위치한 대기업에 의하여 영향을 받는 시장이며, 다수의 영세사업자가 공급자가 되고 대기업이 수요자가 되는, 즉 수요측면에서 구매력(buying power)이 나타나는 시장 구조적 특징을 보이고 있으며, 따라서 가격이 낮게 형성될 수밖에 없는 특성을 갖고 있다. 이와 같은 민수시장 구조의 특성은 관수시장에서 입찰 전 예정가격을 산정할 때 참고할 필요가 있을 것이다.

III. 레미콘·아스콘 공공부문 입찰에 관한 분석

1. 제한경쟁 자체의 타당성 검토

레미콘·아스콘의 공공조달도 입찰 방식에 의하는 것이 원칙이지만, 중소기업정책의 반영에 의하여 일반 입찰이 아닌 제한 입찰 방식으로 이루어지고 있다. 제한 입찰의 법적 근거는 판로지원법에 의하여 주어지고 있

414 _ 경제법론 V

다. 동법은 명시적으로 중소기업의 경쟁력 향상과 경영 안정을 목적으로 하고 있다는 점에서(1조) 중소기업정책의 실현을 위한 법제도로서의 의의를 갖고 있으며, 이와 같은 정책 목표는 중소기업제품 공공구매제도에 의하여 구체화되고 있다.

중소기업은 산업의 기반을 제공하고 건전한 체계를 구축하는데 핵심적 요소이며, 또한 많은 인력을 고용하고 나아가 이들의 숙련도를 높여 양질의 노동력을 다양한 분야에 공급하는 역할을 수행한다. 이와 같이 중소기업이 국민경제에서 차지하는 중요성을 부인할 수 없으며, 따라서 국가가 추구하는 정책으로서 중소기업보호정책의 주요 경제정책의 하나로 자리하고 있다. 이를 실현하기 위한 제도로서 중소기업제품 공공구매제도 그리고 중소기업자 간 경쟁제도도 이러한 관점에서 정당성을 인정할 수 있을 것이다. 그렇지만 이와 같은 원론적 정당성을 넘어서, 구체적 타당성이 있는지, 예를 들어 동 제도를 레미콘·아스콘 산업에 적용하는 것이 타당한지에 관한 논의가 추가될 필요가 있다.

레미콘·아스콘은 판로지원법 제6조 제1항에 의하여 동법에서 규율 대상으로 하는 경쟁제품으로 지정되고 있다. 동 조항에서 요구하는 지정 요건은 크게 중소기업의 직접 생산과 판로 확대의 필요성이라 할 것이다.

레미콘·아스콘은 제품 특성이나 산업적 특성 등에 비추어 이러한 요건을 충족하는 것으로 볼 수 있다. 우선 상품의 특성과 관련하여 레미콘·아스콘은 시간적 제약이 있는 반제품으로서 원자재를 단순 가공하여 제조되는 상품이라는 점에 주목할 필요가 있다. 즉 고부가가치를 낳을 수 있는 기술집약적인 상품 또는 막대한 초기 설비투자를 요하는 자본집약적인 상품과는 거리가 있다. 또한 시간 제약이 따르는 반제품적 성격으로 인하여 공급의 지리적 범위가 90분 이내로 제한되고, 따라서 수요처의 위치가 경쟁이 이루어질 수 있는 지리적 범위를 실질적으로 결정하게 된다. 이와 같이 상품 자체에 내재하는 지역적 특성은 특정 공급업자의 규모의 경제가 발현될 수 있는 조건, 즉 공급량의 확대가 전국적인 범위에서 이루어질 수

있는 가능성을 제한하므로, 규모 측면에서 중소기업이 상품 생산에 적합
하게 되고, 나아가 전국적으로 영세한 공급업자가 산재해 있는 원인이 되
고 있다.[27]

　레미콘·아스콘의 산업 구조도 중소기업에 적합한 특성을 보이고 있다.
레미콘·아스콘은 공급의 전체 수량이 건설 산업에서 수요하고 있으며, 또
한 생산비의 70% 이상을 차지하는 원자재인 시멘트나 골조 등의 공급을
통하여 생산이 이루어진다. 이와 같이 전후방에 위치한 산업의 특성은 레
미콘·아스콘 산업에도 반영되고 있다. 즉 레미콘·아스콘 산업은 상하 인
접한 산업에 의존도가 높기 때문에 이들 산업의 동향에 직접적인 영향을
받을 수밖에 없으며, 또한 시멘트산업이나 건설산업 등 전후방 관련 산업
은 모두 대자본을 필요로 하는 특성에 따라서 대기업이 당해 산업을 주도
하고 있다는 점도 고려되어야 한다. 이와 같이 절대적 의존도가 높고, 또
한 사업자 규모의 차이가 상대적으로 열세인 산업적 특성은 전후방 모두
에서 레미콘·아스콘 사업자가 열등한 교섭력을 가질 수밖에 없는 조건을
형성하고 있다.[28]

　또한 레미콘·아스콘 산업의 전후방에 위치한 대기업을 중심으로 수직
적 계열화가 확대되어 왔다는 점에도 주목을 요한다. 예를 들어 동양메이
저, 쌍용양회, 한일산업 등의 전후방 관련 회사들이 레미콘·아스콘 산업에
진출하고 있으며, 이를 통하여 수직적 계열화가 진행되고 있다. 이러한 현
상은 여전히 산업 내에서 중소기업의 비중이 높다 하더라도, 중소기업제
품으로서 레미콘·아스콘의 안정적인 판로 확보의 필요성이 있음을 시사하
는 것이다.[29] 이상의 레미콘·아스콘의 상품적 특성 및 산업적 특성에 비

27) 넥스텔리전스, 레미콘의 중소기업 적합업종 선정 타당성 연구, 2011, 12면 이하
　　참조.
28) 위의 보고서, 18면 및 홍명수, "공정거래법상 중소기업정책의 반영에 관한 연구",
　　법학연구 제53권 제1호, 2012, 335면 이하 참조.
29) 위의 보고서, 24면 이하 참조.

추어, 판로지원법 제6조 제1항에 규정된 경쟁제품의 지정 요건에 레미콘·
아스콘은 부합하는 것으로 볼 수 있을 것이다.[30] 따라서 중소벤처기업부
장관의 고시 형식으로 제정된 「중소기업자간 경쟁제품 및 공사용자재 직
접구매 대상품목 지정내역」이 레미콘·아스콘을 경쟁제품에 포함시키고 있
는 것은 충분히 타당한 것으로 이해된다. 전술한 것처럼 판로지원법상 경
쟁제품의 경우에는 중소기업자 간 경쟁제도를 적용하여 공공부문에서의
조달의 경우 제한경쟁이 제도적으로 허용되며, 레미콘·아스콘도 동 제도
의 적용을 받아 제한경쟁의 방식으로 공공부문의 조달이 이루어지고 있
다. 동 제도가 궁극적으로 중소기업보호 정책의 실현을 위해 도입되었다
는 점과 레미콘·아스콘이 중소기업제품으로서의 특성을 갖고 있다는 점을
고려할 때, 이와 같은 제한 경쟁은 타당한 조달 방식으로 볼 수 있다.

2. 제한경쟁 내용의 타당성 검토

레미콘·아스콘의 공공부문 조달에 있어서 제한경쟁의 규율은 판로지원
법 제7조 이하에 근거하여 이루어지고 있다. 동법에 의하여 제한경쟁 방
식의 입찰에 참여할 수 있는 자격은 중소기업자에게 부여되며, 구체적으
로 동법 제8조 및 동법시행령 제9조의 요건을 충족하는 중소기업자와 중
소기업협동조합이 참가자격을 갖는다. 중소기업자의 경우 개별적으로 또
는 공동수급체를[31] 구성하여 응찰할 수 있다.

---

30) 중소벤처기업부·중소기업중앙회, 2018 중소기업제품 공공구매제도, 2017, 271면.
31) 판로지원법 제7조 제3항은 "공공기관의 장은 제2항에 따른 계약상대자를 결정함
에 있어서 「중소기업기본법」 제2조제2항에 따른 소기업(이하 "소기업"이라 한다)
과 「소상공인 보호 및 지원에 관한 법률」 제2조에 따른 소상공인(이하 "소상공인"
이라 한다)의 공동 수주기회를 확대하기 위하여 5인 이상의 중소기업자로 구성된
공동수급체 중 대통령령으로 정하는 요건에 해당하는 공동수급체에 대하여 우대
할 수 있다"고 규정하고, 동법 시행령 제5항은 "법 제7조 제3항에서 대통령령으
로 정하는 요건에 해당하는 공동수급체란 다음 각 호의 요건을 모두 충족하는 공
동수급체를 말한다. 1. 소기업 또는 소상공인이 3인 이상 포함되어 있을 것 2. 공

레미콘·아스콘의 경우는 중소기업자 간 경쟁제도에 의한 제한경쟁 입찰에 있어서 추가적인 제한이 부과되고 있는데, 특히 판로지원법 시행령 제9조 제2항 단서는 필수적으로 복수의 조합이 입찰에 참여하여야 하는 제품을 중소벤처기업부장관이 고시할 수 있도록 하고 있고, 「중소기업제품 공공구매제도 운영요령」(중소벤처기업부고시 제2017-23호) 제13조 제4항은 레미콘과 아스콘을 이에 해당하는 것으로 정하고 있다. 결국 레미콘·아스콘을 공공부문에서 조달할 경우에 제한경쟁 방식으로 이루어지는 입찰에 복수의 조합이 참여하여야 하고, 중소기업자는 개별적으로 또는 공동수급체를 구성하여 참여할 수 있다.

제한경쟁 입찰을 시장 측면에서 보면, 「중소기업제품 공공구매제도 운영요령」 제21조 제1항은 "규칙 제3조 제1항에 따른 중소기업자간 경쟁입찰을 하는 시장(이하 "경쟁입찰 시장"이라 한다)이란 경쟁제품 별로 공공기관의 장이 중소기업자간 경쟁입찰 방법에 의하여 조달계약을 체결할 수 있는 전체 시장을 말한다"고 규정하고 있고, 제2항에 의한 경쟁입찰 시장의 범위는 레미콘·아스콘의 경우 "조달청이 실제 구매입찰하는 세부 시장권역"이 되고 있다. 이러한 기준에 의하여 조달청은 '주요 시설자재 관리지침'을 통하여 레미콘 54개, 아스콘 28개의 세부 권역을 제시하고 있다.

이와 같은 제도 하에서 실제 레미콘·아스콘의 제한경쟁 입찰의 양상을 보면, 조합이 낙찰하는 비중이 절대적인 것으로 나타나고 있다. 2015년 기준 레미콘·아스콘의 공공부문 구매 현황을 보면, 레미콘의 경우 조합 92.02%, 공동수급체 1.68%, 개별 중소기업자 0.04%, 중견·대기업 6.26%이며, 아스콘의 경우 조합 96.09%, 공동수급체 3.91%로 나타나고 있다. 즉 제한경쟁 입찰 방식에 의하고 있는 레미콘과 아스콘의 조달에서 실질적으로 조합이 공급의 대부분을 차지하고 있다. 이와 같이 조합에 의한 수주가 일반화된 상황에서 물량담합이나 가격담합의 우려도 커지고 있으

동수급체를 구성하는 모든 중소기업자가 법 제9조제1항에 따라 직접생산의 확인을 받은 기업일 것"으로 규정하고 있다.

며,32) 제한 경쟁의 취지에 부합하는 성과를 낳고 있는지에 대한 의문이 거지고 있다.

그러나 이러한 현상에 대한 이해는 보다 종합적으로 이루어질 필요가 있다. 현재의 제도 환경에서 조합은 제한경쟁의 입찰에서 낙찰자로 선정될 가능성이 크며, 따라서 조합의 구매 비중이 절대적으로 높은 것만으로 현행 제도의 성패를 단정할 수는 없다는 점을 염두에 둘 필요가 있다. 레미콘·아스콘 공공구매에 적용되는 중소기업자 간 경쟁제도는 제한경쟁을 원칙으로 하고 있는데, 이러한 방식이 일반입찰에 비하여 경쟁을 제도적으로 제한하는 것이지만, 경쟁 자체를 배제하고자 하는 것은 아니다. 오히려 경쟁 주체의 수가 제한되는 대신 제한된 범위 안에서 입찰 과정은 경쟁에 의할 것을 목표로 하는 제도이며, 이러한 관점에서 제도의 성패를 판단할 필요가 있을 것이다.

경쟁정책의 관점에서 현재 나타나고 있는 레미콘·아스콘의 제한경쟁의 문제는 상품의 특성이나 영세한 사업자를 중심으로 전후방 위치한 대기업에 영향을 받을 수밖에 없는 산업구조적 특성으로 인하여 실질적으로 입찰에 참여할 수 있는 주체는 조합에 제한되고 있지만, 이들을 중심으로 한 경쟁이 실효적으로 이루어지지 못하고 있다는 점이며, 또한 현행 희망수량입찰에서 조합이 세부권역별로 난립되어 운영상 부실조합이 발생하는 등의 문제도 나타나고 있다.

제한경쟁의 구체적인 운영 방식에 관한 검토도 동일한 관점에서 행해질 필요가 있다. 앞에서 살펴본 것처럼 레미콘·아스콘의 입찰은 희망수량 경쟁입찰 방식으로 진행되고 있으며, 따라서 입찰참여자는 가격과 동시에 발주된 물량 안에서 거래하고자 수량을 투찰 시 제시하여야 한다. 중소사업자가 주를 이루고 규모의 경제가 실현되기 어려운 산업적 특성을 고려할 때, 희망수량 방식은 발주처인 수요기관뿐만 아니라 입찰에 참여하고

---

32) 감사원, 감사보고서 - 중소기업자간 경쟁제도 등 운영실태 -, 2016, 24-29면 참조.

자 하는 중소사업자 측면에서도 긍정적으로 기능할 것이다.

그러나 희망수량 경쟁입찰 방식의 구체적인 운영 측면에서는 논의의 여지가 있다. 입찰 참여 조합이 제시할 수 있는 희망수량을 전체 물량의 50% 이하로 제한하고 있으며, 이에 더하여 입찰 참여 자격 조건으로서 시장점유율이 50% 이하일 것을 요구하는 것도 입찰에 참여하고자 하는 조합에게 실질적인 제한으로 작용할 것이다. 이러한 제한의 취지는 특정 조합이 경쟁입찰 관련시장에서 독과점적 지위를 갖는 것을 억제하고자 하는 것이며, 제한경쟁 방식을 취하더라도 경쟁 시스템은 유지되어야 한다는 점에서 그 타당성을 인정할 수 있을 것이다. 그러나 이와 같은 제한이 협동조합 방식을 통하여 중소기업의 경쟁력을 향상시키고자 하는 중소기업 정책과 경제주체의 자율적 경쟁을 통하여 후생 극대화를 이루고자 하는 경쟁정책의 본질에 비추어 적절한 수준인지 그리고 잔여 물량에 대한 사업자 배분이 경쟁정책의 취지에 부합하게 합리적으로 이루어질 것인지는 의문이다. 일률적인 기준에 의하기 보다는 조합원 사업자의 수나 경쟁입찰 관련시장의 규모 등을 고려하여, 제한 기준을 경우에 따라서 합리적으로 설정하는 방안을 고려할 필요가 있을 것이다.

또한 기술적인 측면에서 조합의 입찰 참여 조건으로서 1년 기준에 의한 시장점유율 산정이 합리적인지 의문이다. 레미콘·아스콘 시장이나 산업적 특성을 고려할 때, 시장점유율 산정이 불가피하다면 낙찰수량을 기준으로 시장점유율을 산정하는 것이 예기치 않은 불이익을 피할 수 있다는 점에서 보다 타당한 기준이 될 수 있다. 이와 동일한 맥락에서 레미콘의 경우 예정가격 산정 시 민수시장의 실거래가격을 참고하는 것에도 신중할 필요가 있다. 이러한 접근방식이 타당성을 갖기 위해서는 민수시장의 구조가 경쟁적인 것이어야 하는데, 동 시장은 수요측면에서의 지배력(buying power)이 강하게 작용하는 시장이라는 점이 고려될 필요가 있다. 이에 대한 고려가 예정가격에 대한 조정률 적용에 반영될 필요가 있을 것이다.

3. 개선 방안의 검토

(1) 다수공급자계약제도의 적용 문제

현재 이상의 문제를 극복할 수 있는 유력한 대안의 하나로 다수공급자
계약제도(Multiple Award Schedule)의 확대 문제가 거론되고 있다. 다수
공급자계약제도는 정부조달과 관련하여, 각 공공기관의 다양한 수요를 충
족하기 위하여 품질, 성능, 효율 등에서 동등하거나 유사한 종류의 물품을
수요기관이 선택할 수 있도록 2인 이상을 계약상대자로 하는 계약제도로
서 2004년 조달사업법 시행령 개정 이후 도입되었다.

동 제도의 의의는 공공부문 조달에 있어서 수요자 선택의 폭을 확대함
으로써 경쟁원리의 실현이 보다 강화될 수 있다는 점에서 찾을 수 있을
것이다. 그러나 동 제도가 갖는 한계나 우려에 대해서도 주의를 기울일 필
요가 있다. 예를 들어 다수공급자계약은 행정기관 간 협력에 의한 계약으
로서의 성격을 갖고 있으므로 조달기관과 수요기관 간의 권한배분이 중요
한 문제가 될 수 있다는 점, 다수공급자계약제도가 경쟁원리의 실현에 기
여할 수 있기 위해서는 수요기관에 의한 선정 과정이 투명하고 공정하게
이루어질 필요가 있다는 점, 동 제도 하에서는 공급자들의 경쟁이 적격성
평가 단계에서부터 시작될 수밖에 없으므로 이 과정이 공정하게 이루어질
수 있도록 하는 제도의 설계가 필요하다는 점 등이 논의될 필요가 있을
것이다.[33)]

(2) 조합 중심의 경쟁 활성화

중소기업보호정책과 경쟁정책을 아울러 추구하는 현행 제도 하에서 조
합을 중심으로 한 경쟁 활성화를 모색하는 것이 결국 근본적 해결 방안이

---

33) 김대인, "다수공급자 물품계약제도에 있어서 경쟁원리의 실현", 경쟁법연구 제17
권, 2008, 266면 이하 참조.

될 것이다. 그러나 현재 레미콘·아스콘 공공구매에서 복수의 조합 참여를 필수적인 것으로 하고 있지만, 실질적으로 조합 간 경쟁이 가능하지 않은 상황에서 이러한 제도 운용은 복수 조합 입찰 요건을 충족하기 위하여 들러리 입찰 등의 경쟁을 가장하는 행태를 초래할 수도 있다. 전술한 것처럼 조합의 수를 늘리기 어려운 구조적 상황에서 이러한 요구가 바람직한 시장 행동을 유인하는 데는 한계가 있으며, 또한 1개 조합 50%와 같은 시장점유율 제한을 받고 있다는 점도 아울러 고려되어야 한다.

이러한 점에서 현재 제도적으로 도입되어 있는 공동수급체의 활성화를 적극적으로 모색할 필요가 있을 것이다. 복수 조합에 의한 경쟁이 여의치 않은 상황에서 실질적으로 경쟁이 가능한 공동수급체의 존재는 경쟁을 유인할 수 있는 중요한 요소가 될 수 있으며, 이를 활성화하는 것은 실현 가능한 대안으로서 고려될 수 있을 것이다. 또한 단순히 공동수급체 결성과 입찰 참가를 촉진하는 정책뿐만 아니라 필수적인 복수조합 입찰 참가 요구를 배제하고 입찰 과정에서 조합과 공공수급체 간의 경쟁이 이루어질 경우에는 유효한 경쟁입찰로 인정하고 절차를 진행하는 등의 정책 변화도 포함하여 논의될 필요가 있다.

아울러 개인 사업자의 입찰 참가에 대해서도 경쟁 활성화와 중소기업보호정책의 취지를 종합하여 다시 검토될 필요가 있다. 개별 사업자 입찰 참가의 제도적 보장은 1개 조합 50%, 복수 조합 80%의 시장점유율 제한을 통하여 실질적인 것이 되고 있다. 이와 같은 제도적 보장은 입찰 참가자의 수를 늘리는 것이므로 경쟁의 강화로 볼 여지가 있지만, 중소기업협동조합의 보호를 통하여 중소기업의 경쟁력 강화를 추구하는 정책적 관점에서 일정한 의문을 낳는다. 무엇보다 조합의 낙찰 범위를 제한함으로써 조합 경쟁력을 제한하고 그 공백을 개별 참가자를 통하여 보완하는 방식은 협동조합 보호의 제도적 취지와 상충되는 것이다. 따라서 개별 참가자의 입찰 참가를 허용하는 것을 넘어서, 일정한 수량이 개별 참가 사업자에게 낙찰되도록 하는 제도 운영에 대해서는 신중할 필요가 있을 것이다.

과거 단체수의계약제도는 경쟁 과정이 배제된 채 수의계약 방식으로 공공부문 조달이 이루어짐으로써 절차적 투명성과 효율성에 문제를 낳았으며, 현재 희망수량 경쟁입찰 제도는 이러한 문제를 해결하기 위한 방안으로 도입된 것이다. 조합은 협력을 지향하는 사업자들의 단체이며, 중소기업협동조합의 경우 이러한 목적이 제도적으로 승인된 결과로 이해된다. 따라서 조합 내부에서 자원 배분의 문제는 어느 정도 경쟁원칙의 적용이 유보될 수 있지만, 조합 외부에서, 즉 조합이 다른 경제주체와 경쟁하는 상황에 대해서는 경쟁원칙이 적용되어야 하며, 이러한 방향으로의 제도 설계는 불가피한 것이라는 점에서 단체수의계약제도에서 경쟁입찰제도로의 제도 변화는 타당한 변화로 볼 수 있다. 그러나 중소기업보호정책의 관점에서 여전히 조합의 중요성을 부인하기 어렵다는 점도 염두에 두어야 한다. 무엇보다 경쟁 과정을 통하여 조합이 낙찰자로 결정된 이후에는 조합과 수요기관 간의 자유로운 협상을 통하여 거래조건을 결정하도록 하는 것이 바람직하며, 시장점유율 제한 등 낙찰 범위를 제도적으로 제한하는 것은 경쟁의 취지와 중소기업정책의 관점 모두에서 타당성에 의문이 있다. 경쟁 활성화 측면에서 사업자들의 공동수급체나 개별 사업자의 입찰 참가를 허용하더라도, 필연적으로 이러한 허용이 시장점유율 제한과 같은 구조적 제한과 결합되어야 하는 것은 아니며, 이러한 제도의 도입에는 신중할 필요가 있을 것이다.

(3) 품질 경쟁으로의 유인

레미콘·아스콘과 같이 원재료 비중이 높은 상품 시장에서는 일반적으로 가격 책정의 가능한 범위가 크지 않으며, 따라서 가격 경쟁을 실질적으로 기대하기 어렵다. 이러한 특성을 고려할 때, 사업자 간 경쟁은 가격을 제외한 다른 경쟁 요소를 중심으로 이루어질 가능성이 크며, 실질적인 경쟁 활성화 역시 이러한 방향으로 촉진될 필요가 있다.

가능한 방안으로 입찰 과정에서 낙찰자 결정 시 단순히 최저가격 기준에 의하지 않고, 시공 능력이나 제품의 품질 등을 가격과 함께 지수화하여 종합적인 심사가 가능하도록 하는 것도 품질 경쟁의 촉진 관점에서 고려될 수 있을 것이다.

IV. 결론

공공부문에서의 조달은 경쟁정책과 중소기업보호정책의 조화를 통하여 이루어지고 있다. 이를 구체화 한 제도인 희망수량입찰제도는 중소기업에게 최소한의 거래 기회를 보장하면서 또한 경쟁이 지속될 수 있도록 하고 있다는 점에서 의의가 있다. 동 제도 하에서 국가(조달청)는 수요독점적 지위에 있고, 대체로 중소기업으로 구성된 공급자는 조합을 결성하여 이에 대응하고 있다. 중소기업 협동조합 중심의 입찰 운영 방식과 희망수량입찰제도는 경쟁정책과 중소기업보호정책의 조화의 관점에서도 중요하지만, 특히 레미콘·아스콘 산업에서는 적기공급·품질관리 등 상품 공급의 효율성 측면에서도 유력한 의미가 있다. 그러나 희망수량입찰제도의 구체적 운영 과정에서 참가 자격 제한이나 단일 조합의 입찰 물량 제한 등으로 인하여, 특히 경쟁정책적 측면에서 유효한 경쟁이 전개되고 있는지에 의문도 있는 상황이다. 또한 물량배정과 조합운영에 있어서 투명성과 공정성을 높이는 방안이 지속적으로 강구될 필요도 있을 것이다.

제도 개선방안의 하나로 다수공급자계약제도(Multiple Award Schedule)를 레미콘·아스콘 관수 시장에 적용하는 것을 검토할 수 있다. 동 제도는 수요기관이 품질, 성능, 효율 등에서 동등하거나 유사한 종류의 물품을 선택할 수 있도록 2인 이상을 계약상대자로 하는 계약제도이다. 동 제도의 의의는 공공부문 조달에 있어서 수요자 선택의 폭을 확대함으로써 경쟁원리의 실현이 보다 강화될 수 있다는 점에 있지만, 동 제도가 경쟁 원칙에 부합하는 방향으로 실현되기 위해서는 조달기관과 수요기관의 권한이 적절히 배분되고, 수요기관에 의한 계약자 선정 과정이 투명하고 공정하게 이루어지며, 또한 그 이전에 복수의 공급자에 포함되기 위한 적격성 평가가 공정하게 이루어질 수 있도록 하는 제도적 설계가 과제로 주어지고 있다. 이러한 과제가 실현되지 않은 상황에서 개선 효과를 기대하는 것에는 한계가 있을 것이다.

또한 조합 중심의 경쟁을 실질적으로 활성화시키는 방안을 모색하면서, 동시에 적시공급과 물량확보 및 하자관리 등에 있어서 조합이 실효적으로 기능할 수 있도록 하는 것, 즉 중소기업보호정책이나 지역경제 기반 확충 등 산업정책적 관점에서 조합의 역할을 살펴보는 것도 중요하다. 레미콘·아스콘 관수 입찰에서 복수의 조합 참여를 필수적인 것으로 하고 있지만, 실질적으로 조합 간 경쟁이 가능하지 않은 상황에서 이러한 조건은 형식적 경쟁으로 이어질 우려가 있다. 개별 사업자의 입찰 참여 허용은 이러한 우려에 대한 보완으로 이해되지만, 발주되는 물량의 규모와 개별 사업자의 영세한 규모 등을 고려할 때, 이것이 실질적인 개선으로 이어질지는 의문이다. 결국 형식적인 복수 조합 구조에 치중하지 않고, 조합 중심의 경쟁을 활성화하는 방안을 강구하는 것이 중요하다. 물론 사업자들의 공동수급체나 개별 사업자의 입찰 참가는 입찰 경쟁을 활성화하는데 도움이 될 수 있다. 다만 1위와 2위 조합에 대한 시장점유율에 따른 낙찰 범위를 인위적으로 제한하는 것은 경쟁정책과 중소기업보호정책을 종합적으로 고려할 때 바람직한 정책방향이라고 보기 어렵다. 이미 희망수량입찰 제도는 전체 물량 안에서 가능한 공급량을 투찰자가 자율적으로 정하도록 하는 제도적 의의를 갖고 있다는 점에 주목할 필요가 있을 것이다. 조합, 공동수급체 등에 의한 경쟁은 공정하게 이루어지도록 하고, 이에 따라서 결정된 낙찰자에 대해서는 수요기관과의 자율적인 협상을 통하여 거래조건을 결정하도록 하는 것이 경쟁정책뿐만 아니라 협동조합을 통하여 중소기업을 보호하고자 하는 정책의 관점에서 바람직한 정책 방향이 될 수 있다.

끝으로 원재료 비중이 높고 제품차별화의 여지가 거의 없는 레미콘·아스콘 시장의 특성상 조달과정에서 가격경쟁이 제대로 일어날 가능성은 매우 적다는 점에도 유의하여야 한다. 이러한 점을 감안하여 당해 시장에서의 사업자 간 경쟁을 가격경쟁에서 품질경쟁으로 유도하는 방안도 적극적으로 강구되어야 하며, 또한 최저가격에만 의존하기 보다는 품질이나 생산능력 등과 관련된 다양한 지표를 종합적으로 고려하는 방식으로 낙찰자 선정이 이루어지게 할 필요가 있다. 무엇보다 시공품질 보장은 최우선적인 정책 고려요소의 하나가 되어야 한다는 점에 의문은 없으며, 이를 위하여 개별 업체보다는 조합의 적정역할을 중시하는 방향으로의 제도 개선이 필요할 것이다.

15. 대리점거래의 공정화 방안으로서 단체적 권리의 도입

I. 서론

대리점거래는 상품의 유통 과정에서 나타나는 공급업자와 대리점 사이의 거래를 말한다. 공급업자는 직영 방식으로 상품을 공급할 수 있지만, 유통망을 구축하여 다수의 사업자가 이에 참여하도록 하는 방식을 활용할 수도 있으며, 전속적 또는 비전속적인 대리점을 중심으로 이루어지는 대리점거래는 대표적인 유통 방식의 하나로 자리하고 있다.[1] 대리점거래의 구체적인 모습은 취급하는 상품이나 지역 등의 요인에 의하여 다양하게 나타나며, 원칙적으로 거래당사자의 자율에 의하여 구체적인 거래 내용과 조건이 결정될 것이다. 그렇지만 대리점거래에서 불공정한 행태 등이 빈번히 발생하고 있으며, 특히 대리점에 대하여 거래상 우월적 지위를 갖는 공급업자에 의한 남용 행위는 우리 사회에 주된 이슈의 하나인 갑을문제의 전형으로 인식되고 있다.[2]

물론 공급업자(대리점 본사)와 대리점 간의 불공정한 거래는 비단 최근에 불거진 것이 아니라 이미 오래전부터 나타났던 문제이고, 법적으로는

---

1) 대표적인 유통방식으로 대리점 방식(dealership)과 가맹점 방식(franchise)을 들 수 있다. 대체로 대리점은 영업의 자율성을 갖는 대신 사업상 위험을 부담하게 되고, 가맹점은 어느 정도 사업의 안정성을 기대할 수 있지만 거래의 특성상 가맹본부에 의한 일정한 구속을 받게 된다. 결국 공급업자와 유통사업자는 이러한 특성의 비교를 통하여 특정한 유통 방식의 선택과 참가를 결정하게 된다. Mark Applegate, "Franchise vs. Dealer", in http://smallbusiness.chron.com/franchise-vs-dealer (접속일자: 2018. 12. 7.) 참조.

2) 2017년 대통령 선거에서 문재인 후보자의 공약집은 "가맹사업, 대규모유통업, 대리점업, 전자상거래 등 고질적인 갑을관계 분야에서의 각종 불공정행위 및 갑질 근절 추진"을 공약으로 제시하고 있다. 더불어민주당, 정책공약집, 2017, 43면.

주로 「독점규제 및 공정거래에 관한 법률」(이하 독점규제법)에 규율되어
왔다. 그러나 동법에 의한 규제만으로 대리점거래의 공정화가 실현될 수
있는지에 의문이 있었으며, 특히 2013년 사회적으로 큰 반향을 일으킨 남
양유업 사건은[3] 대리점 거래의 불공정성 문제에 주의를 환기시키는 계기
가 되었다. 동 사건에 의하여 촉발된 논의는 별도의 규제 법률로서 2015
년 「대리점 거래의 공정화에 관한 법률」(이하 대리점법)의 제정으로 이어
졌다.[4] 법 시행 이후 약 2년이 경과한 시점에서 동법이 입법 목적에 부응
하고 있는지를 평가하기에는 이르지만, 대리점거래 현실에서 불공정성 문
제가 개선된 것으로 볼 수 있는 징후가 나타난 것으로 보기는 어려울 것
이다. 2018년 5월 공정거래위원회가 발표한 대리점거래에서 불공정관행의
근절 대책은 주목할 만하다. 공정거래위원회는 동 발표에서 법위반혐의
적발시스템 강화, 불공정거래행위 엄중 제재, 업종별 거래관행개선 유도,
대리점 협상력 제고, 실질적인 피해구제 수단 확충 등의 5가지 세부 정책
과제를 제시하였는데,[5] 여전히 불공정한 대리점거래의 문제가 존재하고,
이러한 문제의 해결을 위하여 다양한 측면에서 노력이 경주되어야 한다는
인식을 반영한 결과로 볼 수 있을 것이다.[6]

공정거래위원회는 이상의 대리점거래 공정화를 위한 세부 정책 과제의

---

3) 2013년 5월 남양유업의 한 영업사원이 대리점주에게 폭언을 하며 제품 구매를 강
요하는 등의 음성파일이 공개되면서 사회적으로 큰 파장을 불러일으켰다. 공정거
래위원회는 2013. 10. 14. 의결 제2013-165호에서 남양유업의 대리점들에 대한 구
입강제 행위를 인정하고, 당해 행위의 중지를 명하는 시정명령과 12,464,000,000원
의 과징금 납부명령을 내렸다.
4) 대리점법은 1년의 유보 기간을 거친 뒤, 2016. 12. 23.부터 시행되었다. 법 제정
과정에서 이해관계의 균형 있는 반영이 충실히 이루어지지 못하였다는 비판으로,
최영홍, "대리점법에 대한 법리적 검토," 한국유통법학회 춘계공동학술대회 발표
자료, 2016, 3면 참조.
5) 공정거래위원회, "대리점거래 불공정관행 근절대책", 2018. 5., 6면 참조.
6) 위의 자료, 4-5면 참조. 동 자료에서 대리점이 본사의 불공정행위를 경험하였다고
응답한 비율은 약 53.8%에 이른다.

하나로 대리점의 협상력 제고를 들고 있으며, 나아가 구체적 방안으로서 대리점단체 구성권 명문화를 제시하고 있다.[7] 이러한 방안이 특별한 의미를 갖는 것은 단체권 부여에 의하여 불공정거래행위를 낳는 근원인 당사자 지위의 불균형 해소를 직접적으로 의도하고 있다는 점 때문이다. 대리점의 협상력 제고는 당사자가 자율적으로 공정한 거래를 이룰 수 있는 기반을 조성하기 위한 것이며, 이러한 접근 방식은 문제가 된 불공정거래행위를 개별적으로 규제하는 것에 비하여 보다 본질적인 대응이라는 점에서 의의가 있다. 그렇지만 이를 수용할 경우에 대리점의 단체적 권리를 어떠한 방식으로 구성할 것인지에 관한 언급은 없으며, 이에 관한 논의가 추가적인 과제로 남게 된다. 즉 단체적 권리의 필요성을 넘어서 대리점에게 어떠한 내용과 수준의 단체적인 권리를 부여할 것인지에 관한 구체적인 논의가 이어져야 한다. 이하에서는 우선 대리점법상 불공정행위 규제와 그 한계 그리고 이를 극복하는 방안으로 대리점에게 단체적 권리 부여의 필요성이 충분한 것인지를 살펴볼 것이다(II, III). 이어서 대리점에 가능한 단체 형식을 이미 제도화되어 있는 주요 단체 유형에 따라서 구체적으로 분석할 것이다(IV). 즉 일반적인 단체로서 협의회 방식, 근로자의 단결권을 원용한 노동조합 방식, 구성원의 상호협력과 공동의 이익을 추구하는 협동조합 방식의 순으로 살펴보고, 각각의 경우의 장·단점을 비교형량하여 대리점에게 부여될 수 있는 단체 구성의 타당한 방식을 제안하고자 한다.

---

7) 이와 함께 '본사의 허위·과장정보 제공행위 등 금지'도 제시하고 있다. 위의 자료, 12면 참조.

II. 대리점법상 규제의 의의와 한계

1. 대리점거래의 공정화를 위한 규제의 의의

대리점법 제1조는 "이 법은 대리점거래의 공정한 거래질서를 확립하고 공급업자와 대리점이 대등한 지위에서 상호보완적으로 균형 있게 발전하도록 함으로써 국민경제의 건전한 발전에 이바지함을 목적으로 한다"고 규정함으로써 대리점거래의 공정성 확립을 동법의 목적으로 명시하고 있으며, 이러한 목적을 실현하기 위하여 대리점거래에서[8] 발생하는 불공정 행위를 규제하고 있다. 대리점법 제3조 제1항은 공급업자가 중소기업자에 해당하는 경우(3조 1항 1호), 대리점이 중소기업자에 해당하지 않는 경우(3조 1항 2호) 그리고 공급업자가 대리점에 대하여 거래상 우월한 지위를 가지고 있다고 인정되지 아니하는 경우에(3조 1항 3호) 동법의 적용을 배제하고 있는데,[9] 동 규정은 거래 당사자 간에 우월적 관계가 존재하는 대리점거래에 한하여 대리점법의 규제 대상이 된다는 점을 밝힌 것으로 볼 수 있다. 즉 대리점법이 문제 삼는 행위의 본질은 거래상 지위의 남용에 있으며, 동법 제2장에서 규제하는 대리점거래에서 불공정한 행위도 이러

---

8) 동법이 규율 대상으로 하는 대리점거래는 "공급업자와 대리점 사이에 상품 또는 용역의 재판매 또는 위탁판매를 위하여 행하여지는 거래로서 일정기간 지속되는 계약을 체결하여 반복적으로 행하여지는 거래"(2조 1호)를 말하며, 동 규정에서 공급업자는 "생산 또는 구매한 상품 또는 용역을 대리점에게 공급하는 사업자"(2조 2호) 그리고 대리점은 "공급업자로부터 상품 또는 용역을 공급받아 불특정다수의 소매업자 또는 소비자에게 재판매 또는 위탁판매 하는 사업자"를 말한다.

9) 특히 제3호에 따른 판단 기준으로서 동호 각 목은 상품시장 및 유통시장의 구조(가), 공급업자와 대리점 간의 사업능력의 격차(나), 대리점의 공급업자에 대한 거래 의존도(다), 거래의 대상이 되는 상품 또는 용역의 특성(라)을 필수적 고려사항으로 제시하고 있다. 독점규제법상 거래상 우월적 지위는 상대적인 관점에서 실질적인 거래전환 가능성이 주어지고 있는지에 의하여 판단되며, 대리점법 제3조 제1항 제3호 각 목에서 제시되고 있는 필수적 고려사항도 이러한 기준에 부합한다. 白石忠志, 獨禁法講義, 有斐閣, 2009, 94면 참조.

한 관점에서 제시되고 있다.[10]

대리점거래의 공정화에 관한 대리점법 제2장은 대리점법 규제체계의 핵심을 이루며, 공급업자의 의무와 금지행위를 법정하고 있다. 우선 공급업자의 의무와 관련하여 제5조 제1항 본문은 "공급업자는 대리점과 계약을 체결한 즉시 다음 각 호의[11] 사항이 명시된 계약서를 대리점에게 서면으로 제공하여야 한다" 그리고 제2항은 "대리점거래 계약서에는 공급업자와 대리점이 각각 서명 또는 기명날인을 하여야 한다"고 규정함으로써 서면주의를 요구하고 있다. 계약서의 작성 의무는 계약 당사자의 신중한 계약 체결을 유도할 수 있으며, 다툼이 될 수 있는 사항을 명확히 함으로써 분쟁 해결이나 예방에도 기여할 수 있다. 또한 계약해지 사유와 같은 계약서에 기재될 사유의 법정은 대리점 거래의 불공정성을 예방할 수 있는 사전적 규제로서의 의의도 있다. 그러나 제도의 실효성이 충분한지, 특히 법정사유가 기재되지 않은 경우에 계약의 사법적 효력에 관한 규정의 부재에 관하여 논의의 여지가 있다.[12]

---

10) 황태희, "공정거래법 상 거래상 지위남용행위의 법리", 선진상사법률연구 제81호, 2018, 66-67면.

11) 계약서에 기재되어야 할 내용을 정한 각 호의 내용은, 거래형태, 거래품목 및 기간에 관한 사항(1호), 납품방법, 납품장소 및 일시에 관한 사항(2호), 상품대금의 지급수단 및 지급시기에 관한 사항(3호), 상품의 반품조건에 관한 사항(4호), 영업의 양도에 관한 사항(5호), 계약해지의 사유 및 계약해지 절차에 관한 사항(6호), 판매장려금 지급에 관한 사항(7호), 그 밖에 대리점거래계약 당사자의 권리·의무에 관한 사항으로서 대통령령으로 정하는 사항(8호) 등이다. 이상의 규정 중 제6호와 관련하여, 대리점법 제정 과정에서 계약 해지에 관한 제한 규정이 배제되었는데, 계약해지에 관한 사항을 계약서에 기재될 사유로 규정한 것은 이를 보완하는 의미가 있다. 또한 제8호에서 대통령령으로 정하는 사항은 동법 시행령 제2조에서, 위탁판매 거래의 경우 공급업자가 대리점에 위탁하는 업무의 범위 및 수행방법에 관한 사항(1호), 위탁판매 거래의 경우 수수료 등 그 명칭에 관계없이 공급업자가 대리점에 지급하는 대가에 관한 사항(2호)을 말한다.

12) 예를 들어 「할부거래에 관한 법률」 제6조 제4항은 "할부계약이 제1항 각 호의 요건을 갖추지 못하거나 그 내용이 불확실한 경우에는 소비자와 할부거래업자 간의 특약이 없으면 그 계약내용은 어떠한 경우에도 소비자에게 불리하게 해석되어서

금지 대상인 불공정한 대리점 거래 행위는 대리점법 제6조 이하에 의하는데, 대체로 독점규제법상 불공정거래행위의 세부 유형인 거래상 지위남용에 해당하는 행위에[13] 대리점거래의 특성을 반영하여 새롭게 규정하고 있다. 동법 제6조 제1항은 공급업자의 구입 강제를 의미하는 "자기의 거래상의 지위를 부당하게 이용하여 대리점이 구입할 의사가 없는 상품 또는 용역을 구입하도록 강제하는 행위"를 금지하고 있다. 동법 시행령 제3조에 의하면, 대리점이 특정 상품 또는 용역을 주문하도록 강요하거나 주문할 수밖에 없는 상황을 조성하여 구입을 강제하는 행위(1호)와 대리점의 주문내용을 일방적으로 수정하여 대리점이 구입할 의사가 없는 상품 또는 용역을 공급하는 행위(2호)가 이에 해당한다. 유제품과 같은 신선도가 중요한 상품을 유통기간이 임박하여 구입하도록 하는 행위, 판매가 부진한 비인기 상품 등을 일정 수량 이상 반드시 구입하도록 하는 행위 등이 전형적인 예가 될 것이다.

대리점법 제7조 제1항은 "공급업자는 자기의 거래상의 지위를 부당하게 이용하여 대리점에게 자기를 위하여 금전·물품·용역, 그 밖의 경제상 이익을 제공하도록 강요하는 행위를 하거나, 계열회사 또는 다른 사업자로 하여금 이를 행하도록 하여서는 아니 된다"고 규정하여 공급업자의 이익제공 강요행위를 금지대상으로 하고 있다. 동법 시행령 제4조는 이에 해당하는 행위로 공급업자의 필요에 따라 판매촉진행사를 실시하면서 그 비용·인력 등을 대리점이 부담하도록 강요하는 행위(1호), 공급업자가 고용한 임직원 인건비의 전부 또는 일부를 대리점이 부담하도록 강요하는 행위(2호), 대리점이 고용한 임직원을 공급업자의 사업장 또는 공급업자가 지정한 사업장 등의 장소에서 근무하도록 강요하는 행위(3호) 그리고 기

는 아니 된다"고 규정하고 있다.

13) 독점규제법 시행령 [별표 2] 제6호는 거래상 지위남용에 해당하는 행위로서 구입 강제, 이익제공 강요, 판매목표 강제, 불이익 제공, 경영 간섭을 들고 있다. 권오승, 경제법, 법문사, 2015, 328-330면 참조.

부금, 협찬금 등 그 명칭과 관계없이 대리점거래와 무관한 경제상 이익의 제공을 강요하는 행위(4호)를 들고 있다.

대리점법 제8조 제1항은 "공급업자는 자기의 거래상의 지위를 부당하게 이용하여 자기가 공급하는 상품 또는 용역과 관련하여 대리점에게 거래에 관한 목표를 제시하고 이를 달성하도록 강제하는 행위를 하거나, 계열회사 또는 다른 사업자로 하여금 이를 행하도록 하여서는 아니 된다"고 규정한다. 동 규정은 단순한 판매목표 제시가 아니라 이를 강제하는 행위를 금지하며, 동법 시행령 제5조는 대리점 계약을 중도에 해지하는 행위(1호), 상품 또는 용역의 공급을 중단하는 행위(2호), 대리점에 지급하여야 하는 금액의 전부 또는 일부를 지급하지 아니하는 행위(3호)를 하거나 하려는 의사표시에 의하여 판매목표를 강제하는 행위를 이에 해당하는 것으로 규정하고 있다.

대리점법 제9조 제1항은 "공급업자는 자기의 거래상의 지위를 부당하게 이용하여 제6조부터 제8조까지에 해당하는 행위 외의 방법으로 대리점에게 불이익이 되도록 거래조건을 설정 또는 변경하거나 그 이행과정에서 불이익을 주는 행위를 하거나, 계열회사 또는 다른 사업자로 하여금 이를 행하도록 하여서는 아니 된다"고 규정하고 있다. 동 규정은 대리점에게 불이익을 제공하는 행위 중 앞에서 살펴 본 세 가지 유형에 해당하지 않는 행위를 대상으로 하며, 그 관계에서는 보충적으로 적용될 것이다. 동법 시행령 제6조는 이에 해당하는 행위로서, 계약서 내용에 관하여 공급업자와 대리점의 의견이 일치하지 아니하는 경우 공급업자의 해석에 따르도록 하는 계약을 체결하는 행위(1호), 계약 기간 중에 대리점의 의사에 반하여 거래조건을 추가하여 변경하는 행위(2호), 계약의 전부 또는 일부를 해지하더라도 대리점이 손해배상을 청구할 수 없도록 하는 행위(3호), 합리적인 이유 없이 상품 또는 용역의 공급이나 대리점과 약정한 영업지원을 중단하거나 제한하는 행위(4호), 대리점거래 계약서 상의 판매장려금 지급 제한 사유에 해당하지 아니함에도 불구하고 판매장려금을 삭감하거나 지급하지 아니하는 행위(5호), 대리점에 임대한 장비나 비품이 대리점의 귀책사유로 손실, 훼손된 경우 감가상각을 고려하지 아니한 가격으로 대리점이 변상하도록 하는 행위(6호), 공급업자의 귀책사유로 상품이 파손되거나 훼손되었음에도 불구하고 반품을 거부하는 행위(7호) 그리고 공급업자의 귀책사유로 인한 반품임에도 불구하고 운송비 등 반품에 드는 비용을 대리점에 부담하게 하는 행위(8호)를 규정하고 있다. 이상의 규정은 독점규제법상 거래상 지위남용으로서 불이익 제공에 해당하는 행위들을 반영한 것이다.[14]

대리점법 제10조 제1항은 "공급업자는 자기의 거래상의 지위를 부당하게 이용하여 대리점의 경영활동을 간섭하는 행위를 하거나, 계열회사 또는 다른 사업자로 하여금 이를 행하도록 하여서는 아니 된다"고 규정하여 대리점의 경영활동에 간섭하는 행위를 금지하고 있다. 동 규정에서 금지행위의 핵심은 대리점의 자율성 침해에 있다. 동법 시행령 제7조는 이에 해당하는 행위로서 대리점이 임직원 등을 선임 또는 해임하거나 임직원 등의 근무지역 또는 근무조건을 결정하는 경우 공급업자의 사전 지시 또는 사후 승낙을 받도록 하는 행위(1호), 합리적인 이유 없이 대리점에 거래처 현황, 매출 내역 등 영업상 비밀에 해당하는 정보를 제공하도록 요구하는 행위(2호), 대리점의 거래처, 영업시간, 영업지역, 판촉활동 등을 공급업자가 일방적으로 정하여 이행을 요구하는 행위(3호)를 제시하고 있다.

이외에 대리점법은 다음 두 가지 행위를 금지행위로 추가하고 있다. 대리점법 제11조는 "공급업자는 자기의 거래상의 지위를 부당하게 이용하여 대리점이 청약 또는 구입의사를 표시한 제품, 수량 등 주문내역의 정당한 확인요청에 대하여 이를 거부 또는 회피하는 행위를 하거나, 계열회사 또는 다른 사업자로 하여금 이를 행하도록 하여서는 아니 된다"고 규정하고 있다. 동 규정이 금지 대상으로 하는 것은 대리점의 주문내역 확인 요청에

---

14) 조성국, 대리점거래 공정화를 위한 제도개선방안 연구, 공정거래위원회 연구보고서, 2013, 73면 이하 참조.

대한 거부 또는 회피이며, 실제로 자주 문제가 되고 있는 대리점 주문과 다른 내용의 공급, 즉 주문하지 않은 상품의 공급이나 주문한 것을 초과하는 수량을 공급하는 것 등을 동 조항이 직접적으로 규제하는 것은 아니다. 그러나 이와 같은 거부 또는 회피 행위의 규제는 간접적으로 주문과 다른 내용의 공급에 대한 제한으로서의 의미도 있다.[15] 또한 대리점법 제12조는 공급업자의 금지규정 위반행위에 대하여 대리점이 분쟁조정을 신청하거나 신고하는 등의 행위에 대하여 보복조치를 취하는 것을 규제하고 있다. 공급업자의 법위반행위로 인하여 불이익을 받은 대리점이 대리점 거래의 지속이나 더 큰 불이익을 피할 목적으로 규제기관이나 법원을 통한 법적 구제 수단을 회피하는 경향이 있으며, 이러한 점에서 제12의 보복조치 금지는 대리점법상 규제의 실효성을 제고하려는 취지에서 도입된 규정으로 이해된다.[16]

2. 규제의 한계

대리점법에 의한 불공정거래행위 규제는 대리점거래에서 공급업자에 의한 거래상 지위남용의 전형적인 행위들을 상정하여 금지행위로 규정하는 방식을 취하고 있다. 법 시행 이후 동 규정에 의한 공급업자의 규제 사례가 아직 나타나지 않고 있는데, 이를 근거로 대리점거래의 불공정행위 문제가 해소된 것으로 단정하기는 어려울 것이다. 주 6)의 자료에서 확인할 수 있듯이, 대리점의 53.8%가 공급업자에 의한 불공정행위를 경험한 것으로 나타나고 있으며, 이러한 조사 결과는 규제의 실효성에 의문을 낳는다.

따라서 규제의 실효성을 제고하고 대리점의 이익을 실질적으로 보호하

---

15) 위의 책, 77면 참조.
16) 김건식, 대리점거래의 공정화에 관한 법률의 규제와 내용 분석, 한국공정거래조정원, 2016, 31면.

기 위하여 다양한 차원에서 개선 방안이 모색될 필요가 있다. 대리점법이 거래의 실태를 정확히 반영하지 못하고 있거나 법 적용 과정에서 실제 거래와 괴리되고 있는 부분을 지속적으로 확인하고, 이를 시정하는 것은 여전히 중요한 과제라 할 것이다. 나아가 다양한 측면에서 규제의 실효성에 부정적 영향을 미치는 원인에 대한 분석이 이루어져야 하며, 특히 거래의 지속성을 최우선으로 고려하게 되는 대리점의 입장에서 거래의 종료를 낳을 수 있는 공급업자에 대한 규제에 적극적으로 임하기 어렵다는 점에도 주의를 기울일 필요가 있다.[17] 즉 공급업자와의 거래관계가 지속되기를 원하는 대리점의 입장에서 공급업자의 불공정행위를 공정거래위원회에 신고하거나 조정 절차에 회부하는 등의 법적 대응을 하기 보다는 불이익을 감수하는 선택을 할 가능성이 크며, 이러한 상황에서 불공정행위 규제를 통한 대리점거래의 공정화를 기대하기는 어려울 것이다. 이와 관련하여 절차적 측면에서 대리점의 불공정거래행위 신고가 익명으로 이루어질 수 있도록 함으로써 신고자가 공급업자의 거래 종료 등의 대응 조치를 피할 수 있도록 하거나,[18] 대리점 신고의 매개 없이 불공정거래행위에 대한 공정거래위원회의 직권 인지가 가능하도록 하는 방안 등이 강구될 필요가 있으며, 또한 중소사업자의 보호와 진흥을 목적으로 하는 중소벤처기업부 등이 대리점거래의 실태를 파악한 결과를 공정거래위원회에 통지하는 등의 방식으로 이루어지는 후견적 개입도 상정할 수 있다.

이와 같은 방안은 대리점법에 의한 규제 실효성을 제고하는데 일정한 기여를 할 것으로 예상할 수 있다. 그러나 대리점거래의 불공정한 행태는 경제적으로 불균등한 지위에 있는 당사자 간에 발생하고 있다는 점에서 본질적으로 구조적 문제로서의 특징을 갖고 있다는 점에도 주의를 기울일

---

17) EU Commission, Communication Tackling unfair trading practices in the business-to-business food supply chain, 2014, 7면에서는 거래 종료의 위험을 집행에 소극적인 가장 큰 요인으로 지적하고 있다.

18) 공정거래위원회, 주 5)의 자료, 7면에서 이러한 방안을 제시하고 있다.

필요가 있다. 문제의 성격이 구조적인 것이라면 개별 사업자의 행위를 규제하는 개별적 접근만으로는 해결이 용이하지 않을 수 있으며, 따라서 대리점거래의 공정화를 위한 방안의 모색에도 구조적 관점이 반영될 필요가 있을 것이다.

III. 대리점의 단체적 권리의 모색

1. 대리점의 단체적 권리의 필요성

대리점거래에서 불공정한 행위를 구조적 문제로 이해할 경우, 구체적인 거래에서 발생하는 불공정거래행위를 개별적으로 규제하는 것만으로 거래 공정화를 실현하는데 한계가 있을 것이다. 따라서 공급업자와 대리점 간에 힘의 대등성이 유지되기 어려운 상황에서 불공정행위에 대한 개별적 해결을 시도하는 것 외에, 대리점 거래에서 나타나는 구조적 문제를 보완하는 방향으로의 정책적 접근도 유효할 수 있다.

대리점이 공급업자와의 거래에서 부딪치게 되는 문제는 협상능력의 한계로 집약할 수 있다.[19] 경제적으로 우월한 지위에 있는 공급업자와 다수의 영세한 대리점 간의 거래에서 이러한 한계는 불가피할 것이며, 공급업자의 규제 강화 또는 대리점의 개별적 역량 강화 등으로 이로부터 발생하는 불공정성 문제의 해결을 기대하기는 어려울 것이다. 대리점거래에서 불공정한 행위의 구조적 성격은 발생 측면뿐만 아니라, 규제 실효성 측면에서도 문제가 될 수 있다. 앞에서 살펴본 것처럼, 공급업자와의 거래 지속을 우선적으로 고려하게 되는 대리점 입장에서 공급업자의 불공정거래

---

19) 공급업자와 거래조건의 협상에서 대리점의 의견이 적절하게 반영되고 있다고 응답한 비율은 26.8%에 지나지 않는 것으로 조사되었다. 공정거래위원회, 위의 자료, 20면.

행위에 대한 규제에 적극적으로 임하기 어려울 것이며, 이는 공정거래위원회에 의한 규제의 실효성을 감소시키는 주된 원인으로 작용한다. 따라서 보다 본질적인 문제 해결 방안을 모색할 필요가 있으며, 이러한 방안의 하나로 열등한 지위에 있는 대리점이 공급업자에 대응하여 집단적으로 자신의 권리를 보호하도록 하는 방식을 논의할 수 있을 것이다.

이와 관련하여 공정거래위원회가 단체 설립과 운영에 관하여 대리점들을 대상으로 한 조사 결과를 참고할 만하다. 이에 의하면, 현재 가입하고 있거나[20] 향후 설립될 대리점 협회 또는 단체에 대하여 대리점이 가장 바라는 사항에 대한 설문 조사 결과는, 본사에 애로사항 및 건의사항 전달 42.4%, 본사의 불공정행위 시정 25.0%, 본사와 영업지역이나 판매가격 등의 거래조건 협상은 13.6%로 나타났다.[21] 또한 대리점 협회 또는 단체가 대리점을 대신하여 본사와 거래 조건에 대하여 협상할 경우에 우선적으로 협상 대상이 될 것을 희망하는 사항에 관하여, 본사가 공급하는 상품의 가격 또는 위탁수수료의 인하가 약 35.9%로 가장 많았고, 공급가격 또는 위탁수수료 외의 거래조건의 유리한 설정 21.1%, 대리점 간 거래조건 통일 14.5%, 영업지역 보장 9.6% 등으로 조사되었다.[22] 두 항목의 결과를 종합하면, 현재의 대리점 단체에 기대하는 바는 건의사항의 전달이 가장 크지만, 단체적 대응의 필요성이 큰 것으로 여겨지는 불공정행위 시정과 거래조건 협상도 38.6%로 조사되었다. 또한 거래조건의 협상에 있어서 우선적인 대상이 되기를 희망하는 사항은 가격이나 거래조건의 유리한 설정이 57.0%로 나타났다. 이상의 설문 조사 결과는 대리점이 기대하는 바를 충족하기 위해서 보다 강화된 집단적 권리 행사가 가능한 단체의 설립이 필요함을 시사하고 있다.

---

20) 대리점이 단체 또는 협회에 가입하고 있는 비율은 14.9%로 조사되었다. 위의 자료, 20면.
21) 위의 자료, 21면.
22) 위의 자료, 21면.

대리점에게 단체적 권리를 부여하는 것은 대리점거래에서 발생하는 불공정성 문제를 자율적으로 해결할 수 있는 기반을 조성한다는 측면에서도 의의가 있다. 단체적 권리의 부여가 의도하는 것은 본질적으로 대리점들의 협상능력을 제고하는 데 있으며, 이는 불공정한 내용이나 조건이 계약에 반영되는 것을 억제함으로써 대리점의 이익에 기여할 수 있을 것이다. 이와 같은 접근은 공정거래위원회의 규제 이전에 대리점거래에서의 불공정행위를 사전에 방지하는 데 의의가 있으며, 자율적인 방식으로 공급업자와 대리점에 의한 상생적 협력관계를 형성할 수 있다는 점에서 정책적 의의를 찾을 수 있다.

2. 가능한 단체적 권리 부여 방식

대리점에게 단체적 권리를 부여함에 있어서 어떠한 수준과 내용의 단체적 권리를 부여할 것인지가 논의되어야 하며, 이와 관련하여 우리 법질서에 존재하는 다양한 형식의 단체를 살펴볼 필요가 있을 것이다. 각 단체는 고유한 목적과 기능을 갖고 구체적인 필요에 따라서 활용되고 있다. 이들이 향유하고 있는 권리의 형식과 내용은 본질적으로 각 단체적 권리가 요구된 경제사회적 조건과 이를 제도화한 법적 수용에 의하여 이루어진 것이며, 어느 경우에나 곧바로 대리점 단체에 원용될 수는 없을 것이다. 그렇지만 각 단체의 의의와 기능에 대한 이해는 대리점의 단체적 권리를 구성함에 있어서 참고가 될 수 있으며, 이러한 점에서 현행 법체계에서 제도화되어 있는 주요 단체들을 살펴보는 것은 의미 있는 접근 방식이 될 수 있다.

물론 이러한 논의에 있어서 공급업자와의 관계에서 집단적으로 대응할 대리점들의 필요성을 염두에 두어야 하며, 각 단체의 고유한 형식과 기능이 이러한 요구에 부합하는지의 관점에서 논의가 전개되어야 한다. 무엇보다 특정한 단체 형식이 구성원의 권리를 강하게 보호할 수 있는지에 논의가 한정되어서는 안 되며, 보호 필요성이 있는 대리점의 이익과 단체적 권리의 부여로부터 예상되는 기대 그리고 이러한 권리 부여가 대리점거래 및 해당 산업 전반에 미칠 영향 등이 종합적으로 검토되어야 할 것이다.[23)]

논의 대상으로 삼을 만한 단체 형식의 예로서, 특정한 형식에 의하지 않고 대리점들이 임의로 구성하는 협의회, 근로자의 단결권의 실현으로서 나타나는 「노동조합 및 노동관계조정법」(이하 노동조합법)에 근거한 노동조합, 경제주체의 상호협력의 형태로 나타나는 「협동조합기본법」에 근거한 협동조합 등을 들 수 있다. 이상의 대표적인 단체 형식을 대상으로, 일반적인 단체로서 협의회가 대리점 이익 보호에 충분한지 아니면 노동조합이나 협동조합의 방식을 원용할 필요가 있는지, 노동조합과 협동조합 중에서는 어떠한 단체 형식이 대리점 이익 보호에 적합한지가 논의되어야할 것이다.

IV. 단체적 권리 부여 방식의 구체적 검토

1. 협의회 방식

대리점법은 대리점들의 단체와 관련하여 특별한 규정을 두고 있지 않다. 그러나 대리점들이 단체를 구성하는 것은 헌법상 기본권으로 보장되는 결사의 자유의 범위 안에 있으며, 이를 제한할 수 있는 법적 근거는 없다. 따라서 현행법 하에서도 대리점은 자유롭게 단체를 결성하고 활동할 수 있다.[24)] 그러나 법적 근거가 없는 상황에서 대리점 협의회가 대리점

---

23) 대리점 단체의 활동에서 우려되는 바에 대한 조사에서 대리점의 응답은 본사와의 대립 격화에 대한 우려 27.7%, 협회나 단체의 활동에 일선 대리점이 구속됨으로써 자유로운 영업활동에 제한을 받을 우려 27.5%, 거래조건이 단일화 되어 대리점의 수익이 평준화 될 것에 대한 우려 22.7% 등으로 나타났다. 위의 자료, 21면.

이익을 위하여 행할 수 있는 기능은 제한적일 수밖에 없으며, 대리점 협의
회의 역할은 대리점 간 친목을 도모하거나 정보를 공유하고, 일정한 건의
사항을 본사에 전달하는 범위에 머무를 가능성이 크다.

대리점 협의회 차원에서 공급업자에 공동으로 대응할 경우에, 독점규제
법에 의한 규제 가능성 문제에 직면할 수 있다. 물론 이러한 문제와 관련
하여 법리적으로 독점규제법 적용 제외를 검토할 수 있다. 비교법적인 예
로 독일의 경쟁제한방지법(Gesetz gegen Wettbewerbsbeschränkungen;
GWB)을 보면, 제2조 제1항 본문에 의하여 상품생산이나 유통을 개선하거
나 기술적 또는 경제적 발전에 기여하는 합의는, 이러한 목적 실현에 불필
요한 제한을 부과하거나 관련 시장의 본질적 부분에서 배제할 가능성이
나타나는 경우가 아닌 한 제1조(카르텔 금지규정)의 적용이 제외되며, 제3
조 제1항은 중소기업들 간의 경쟁력을 개선하기 위한 합의는 제2조 제1항
의 요건을 충족하는 것으로 규정하고 있다.[25] 이러한 규정은 중소기업들
이 경쟁력 개선을 위한 공동행위는 궁극적으로 경쟁정책상 긍정적일 수
있다는 사고에 따른 것이며,[26] 따라서 독점규제법에 유사한 규정이 없어
도 경쟁정책상 충분히 원용할 수 있는 법리가 될 수 있다.[27] 그러나 이러

---

24) 14.9%의 대리점이 대리점 협회 또는 단체에 참여하고 있는 것으로 조사되었다.
   위의 자료, 20면.
25) 동 규정의 의의에 관하여, Knut Werner Lange hrsg., Handbuch zum deutschen
   und europäischen Kartellrecht, Verlag Recht und Wirtschaft GmbH, 2006, S.
   348(Knut Werner Lange) 및 Michael Kling & Stefan Thomas, Kartellrecht,
   Verlag Franz Vahlen, 2007, 582면 참조.
26) Fritz Rittner & Meinrad Dreher, Europäisches und deutsches Wirtschaftsrecht,
   C. F. Müller, 2008, 477면 참조.
27) 독점규제법 제40조 제2항은 일정한 사유에 해당하고 공정거래위원회에 사전 인가
   를 받은 경우에 부당 공동행위의 규제 대상에서 제외하고, 적용 제외 사유의 하나
   로서 중소기업의 경쟁력 향상(4호)을 규정하고 있다. 이와 같이 독점규제법은 중
   소기업의 공동행위를 사전 인가에 의하여 허용하는 방식을 취하고 있는데, 이러
   한 사전인가 방식의 제도적 실효성에 의문을 제기하고, 독일 경쟁제한방지법에서
   규정하고 있는 것처럼 사후적 평가를 통하여 적용제외를 하는 것의 타당성을 지

한 법리의 적용이 대리점들에게 규제 위험을 감소시킬 수 있지만, 완전히 배제되는 것은 아니며, 따라서 이에 관한 입법적 해결이 필요할 수도 있을 것이다.

대리점들이 협의회 방식으로 단체를 구성하여 대응할 경우에 기존의 다른 법률에 도입된 유사한 제도를 살펴볼 필요가 있으며, 이와 관련하여 「대·중소기업 상생협력 촉진에 관한 법률」(이하 상생법)에 근거하여 운영되고 있는 수탁기업협의회를 참고할 수 있다. 물론 이 과정에서 제도의 의의뿐만 아니라 실제 기능하고 있는 측면에 대한 분석도 필요하다. 상생법 제17조 제1항은 "수탁기업은 위탁기업과 대등한 거래관계를 유지하고 기술정보의 교환 및 공동기술개발 등을 촉진하기 위하여 위탁기업별·지역별·업종별로 수탁기업협의회를 구성할 수 있다", 그리고 동조 제2항은 "국가 또는 지방자치단체는 수탁기업협의회의 활성화를 위하여 필요한 지원을 할 수 있다"고 규정하고 있다. 이상의 규정에 의하여 임의적 조직으로서 수탁기업협의회의 설치 근거가 주어지고, 국가 등에 의한 지원 근거도 마련되었지만, 실질적으로 위탁기업과 수탁기업의 대등력 제고라는 입법 취지가 수탁기업협의회의 활동에 의해서 실현되고 있는지는 지속적으로 주시해야 할 문제이다. 남양유업 대리점들이 본사와 상생협약을 체결하는 과정에서 협의회 회장이 대리점 이익보다 본사의 이익을 반영하고 있는 내용의 협약 체결을 대리점들에게 독려하였던 사건이[28] 시사하듯이, 수탁기업협의회가 제도의 취지에서 벗어나 오히려 위탁기업의 이익에 복무하는 경우도 나타날 수 있으며, 이러한 경우에 협의회의 존재는 열등한 지위에 있는 거래 상대방에게 불이익한 조치를 은폐하는 기능을 할 수도 있다.

그렇지만 이와 같은 협의회의 존재 자체가 일정한 의의를 가질 수 있다

적하는 견해도 있다. 홍명수, "공정거래법상 중소기업정책의 반영에 관한 연구", 법학연구 제53권 제1호, 2013, 445면 이하 참조.

28) CBS노컷뉴스, "남양유업 전직원의 고백 상생협약, 본사를 위한 것", 2017. 8. 22.

는 점을 부인할 수는 없을 것이다. 비록 임의 설립의 형태를 취하고 있지만, 상생법이 명문으로 수탁기업협의회의 설립 근거를 제시하여 동 협의회를 제도화함으로써 위탁기업의 단체 설립 방해 행위를 어느 정도 방지할 수 있고, 수탁기업들의 협의회에 대한 신뢰가 커질 수 있다는 점에서 긍정적인 영향을 미칠 수 있다. 이러한 점에서 대리점의 단체 형식으로 협의회 방식을 취할 경우에, 상생법상 수탁기업협의회와 같이 설립 근거를 대리점법에 직접 두는 것을 적극적으로 고려할 수 있을 것이다. 또한 업무 내용을 법정하는 것에 대해서도 논의가 이루어질 필요가 있다. 상생법상 수탁기업협의회가 취지에 맞는 역할을 실제 하고 있는지에 대해서는 의문이 있으며, 이러한 원인 중의 하나로 협의회 업무가 법정되지 않은 것을 지적할 수 있을 것이다. 이와 같은 업무의 법정은 당해 범위를 넘어서는 업무를 제한하는 한계기능과 법적으로 규정된 업무를 침해하는 것을 방지하는 보장기능을 수행한다. 이러한 맥락에서 협의회가 수행할 업무의 기본 사항을 명시적으로 밝히는 것은 협의회 운영에 의미 있는 기여를 할 수 있다. 따라서 대리점 단체를 협의회 형식으로 두고자 할 경우에, 상생법과 달리 대리점법에서는 대리점 이익 보호에 필수적인 사항을 협의회의 업무 내용으로 법정하는 방안을 검토할 필요가 있다.

또한 대리점 협의회 기능의 실효성을 강화하는 방안으로, EU에서 설립된 공급업자와 대리점주의 자율적인 공동의 분쟁해결 기구로서 SCI(supply chain initiative)를 참고할 수 있다. SCI는 EU 차원에서 유통과정상 불공정거래행위 문제의 해결을 위하여 도입된 것이며,[29] 본질적으로 자율규제체계로서의 성격을 갖고 있다.[30] SCI에는 공급업자와 소매업자가

---

29) EU Commission이 EU 차원에서 특히 식음료 산업을 대상으로 유통과정에서의 불공정 거래를 억제할 목적으로 Supply Chain Initiative를 제안한 것으로, EU Commission, 주 17)의 책, 3-4면 참조.

30) The Supply Chain Initiative는 효율성, 비용대비 효과성, 실효적 통제, 투명성 등 4가지 원칙에 기초하여 분쟁 해결의 자율적 메커니즘으로 제시되었다. 'Rules of Governance and Operations' in https://www.supplychaininitiative.eu/about-

모두 참여하며, 참여 희망 사업자는 수직적 관계에서의 모범적 관행에 관한 기본 원칙을 준수하여야 한다.[31] 이와 같이 공급업자와 소매업자가 모두 참여하는 형태로서 자율적 분쟁해결을 모색하고 있는 유통협의회로서의 SCI는 대리점 협의회가 실질적으로 기능할 수 있는 제도적 방안으로서 유력한 의미가 있다. 즉 특정 산업에 속한 대리점들의 협의회의 범위를 공급업자들도 참여하는 것으로 확대한 후에(대리점협의회-유통협의회), 여기서의 협의를 통하여 표준적인 거래행위를 정하고, 문제가 되는 행위에 대한 자율적 시정을 모색하는 자율적 해결 방안을 상정할 수 있을 것이다.

2. 노동조합 방식

대리점의 집단적 권리를 보장하는 방식의 하나로 근로자의 단결권을 구현하는 노동조합 방식도 고려할 수 있다. 이러한 접근 방식은 근로자들에게 집단적 권리가 인정되었던 역사적 배경에 대한 이해에 기초한다. 근로자의 노동3권은 근대 초기 근로자와 사용자 지위의 대등성이 무너진 상황에서 집단적 권리의 보장 없이 근로조건의 개선과 경제적 지위의 향상을 이루기는 어렵다는 인식이 보편적으로 자리 잡게 됨으로써 형성되었으며, 이러한 권리가 헌법의 기본권으로까지 고양되어(헌법 33조) 제도적 보장이 이루어지고 있다. 즉 헌법상 기본권으로서 노동3권의 제도화는 사용자

---

initiative/rules(접속일자; 2018. 12. 7.).

31) 동 원칙은 ① 서면 계약(written agreements), ② 예측가능성 보장(predictability), ③ 이행 확보(Compliance), ④ 적법한 정보 교환(information), ⑤ 비밀 유지(confidentiality), ⑥ 고유한 위험 전가의 제한(responsibility for risk), ⑦ 부당한 요구의 제한(justifiable request) 등이다. "Vertical relationships in the Food Supply Chain: Principles of Good Practice", proposed by the following core members of the B2B platform(AIM, CEJA, CELCAA, CLITRAVI, Copa Cogeca, ERRT, EuroCommerce, Euro Coop, FoodDrinkEurope, UEAPME, UGAL), p. 3 in https://www.supplychaininitiative.eu/about-initiative/rules(접속일자; 2018. 12. 7.).

와 근로자의 문제가 개별적 해결을 기대하기 어려운 구조적 문제이며, 이러한 문제의 해결을 위해서 집단적 대응을 허용하는 제도적 뒷받침이 필요하다는 인식에 따른 것이다. 공급업자와 대리점 간의 문제도 구조적 측면이 강하며, 따라서 근로자의 집단적 권리에 상응하는 권리를 대리점에게 부여함으로써 대리점 거래의 공정화를 모색하는 것도 하나의 방안으로서 검토할 수 있을 것이다.[32]

대리점에게 노동조합에 준하는 집단적 권리를 부여하고자 할 경우에, 이에 관한 법리적 근거를 어떻게 제시할 수 있는지가 선행적으로 다루어져야 한다. 이러한 논의의 전개에 있어서 우선적으로 부딪치게 되는 문제는, 노동3권은 근로자에게 부여되고 있는 권리인데 독립적인 사업자로서의 지위를 갖고 있는 대리점에게 보호 필요성이 존재한다 하더라도 근로자에게 부여되는 권리를 직접적으로 원용할 수 있는지에 관한 것이다.

이 문제에 대한 접근 방식은 크게 두 가지로 나뉜다. 우선 노동조합의 주체로서 근로자의 범위를 확장하여 대리점주가 이에 포섭될 수 있는 법리를 구축하는 방식을 고려할 수 있다. 이와 관련하여 일본에서 전개되고 있는 논의는 의미 있는 시사점을 제공한다. 특히 세븐일레븐 사건(오카야마현 노동위원회)[33] 등에서 가맹점주를 집단적인 교섭에 의하여 보호되어야 하는 자에 해당한다고 본 것은 주목을 요한다. 이 사건에서 드러난 쟁점들은 노사관계법 연구회의 논의에 집약되었는데, 동 연구회는 노무공급 형태가 다양화되고 있는 상황에서 근로자 판단의 기준 정립이 필요하다는 취지에서 판단 기준을 기본적 판단 요소, 보충적 판단요소 그리고 소극적 판단요소로 구분하여 제시하였다. 기본적 판단요소에는 사업조직에 대한 편입(노무공급자가 상대방의 업무 수행에 불가결 내지 핵심적으로 필요한

---

32) 김기원, 개혁적 진보의 딜레마, 창비, 2015, 27면 이하 참조.
33) 2014. 3. 13. 岡委平成２２年(不)第２号不当労働行為救済申立事件. 이 사건에 대한 소개로서 최석환, "일본 노동조합법상 근로자성 판단의 새로운 기준- 노사 관계법 연구회의 논의를 중심으로 -", 노동법연구 52호, 2014, 348-349면 참조.

노동력으로 조직 내에 확보되어 있는가), 계약 내용의 일방적 정형적 결정
(계약의 체결 태양으로부터 근로조건이나 제공하는 노무의 내용을 상대방
이 일방적·정형적으로 결정하고 있는가), 보수의 노무대가성(노무공급자
의 보수가 노무공급에 대한 대가 또는 그에 유사한 것으로서의 성격을 갖
는가) 등이 해당한다. 보충적 판단요소에는 업무의 의뢰에 응할 의무(노무
공급자가 상대방으로부터의 구체적 업무 의뢰에 대해 기본적으로 응하여
야 할 관계에 있는가), 넓은 의미에서의 지휘감독 하에서의 노무제공 및
일정한 시간적 장소적 구속(노무공급자가 상대방의 지휘감독 하에서 노무
의 공급을 행하고 있다고 넓은 의미에서 해석할 수 있는가, 노무의 제공에
있어 일시나 장소에 관해 일정한 구속을 받고 있는가) 등이 해당한다. 끝
으로 소극적 판단요소에는 현저한 사업자성(노무공급자를 항상적으로 자
기의 계산으로 이익을 얻을 기회를 갖고 스스로의 위험을 감수하며 사업
을 수행하는 자로 볼 수 있는가)이 고려된다.[34] 물론 이상의 기준에 의할
경우에도 모든 대리점에게 근로자로서의 성격이 인정되어 노동조합 결성
이 가능한 것으로 볼 수는 없으며, 개별 요건의 심사에 따라서 가능 여부
가 판단될 것이다. 특히 가맹점이나 대리점은 사업자성을 갖고 있다는 것
을 전제로 추가적으로 근로자성 인정 여부가 문제되는 것이므로 이미 존
재하는 사업자성의 정도 여부가 중요한 쟁점이 되며, 동 기준은 그 정도가
현저할 경우에 근로자성을 부인하는 것으로 하고 있다.

이상의 근로자성 확대에 관한 논의는 유사한 상황이 전개되고 있는 우
리나라에서도 시사하는 바가 크다. 이에 관한 국내에서의 논의는 근로기
준법상 근로자 개념과 「노동조합 및 노동관계조정법」(이하 노조법)상 근
로자 개념의 구별을 쟁점으로 하여 전개되고 있다. 다수의 견해는 양자의
구별을 인정하고, 전자와 후자의 구별을 인적 종속과 경제적 종속을 중시
하는 데서 구하거나[35] 노무급부 과정에서의 종속과 노동시장에서의 종속

34) 최석환, 위의 글, 340-345면 참조.
35) 임종률, 노동법, 박영사, 2014, 34-35면 참조.

을 구별 기준으로 제시한다.[36] 이와 같은 논의 전개는 일본에서의 논의와 유사하게 적어도 노조법상 근로자 개념에 대리점 등이 포함될 수 있는 여지를 주고 있다. 그러나 근로기준법과 노조법상 근로자 개념의 차별적 이해가 법원의 판결에 수용되고 있는지는 명확치 않으며,[37] 이러한 법원의 태도에 비추어 노조법상 근로자 개념에 대리점 등이 포섭될 수 있는지는 의문이다.

이러한 점에서 노조법상 근로자 개념의 확대를 통하여 대리점이 이에 포섭되도록 하는 방식 외에, 대리점 등에게 노동3권에 준하는 권리를 입법적으로 창설하는 방식도 고려할 수 있을 것이다. 앞에서 근로자 개념의 확대 논의는 인적 종속성과는 다른 차원에서 경제적 종속성이 강화되고 있다는 점을 근거로 들었는데, 이는 입법적으로 대리점 등에게 단결권이나 단체교섭권과 같은 집단적 권리를 부여할 수 있는 근거도 될 수 있다.

이와 관련하여 프랜차이즈를 중심으로 프랑스에서 전개된 논의는 참고할 만하다. 현대적 노동관계의 진화 양상에서 임금근로자는 점점 더 자율적인 존재가 되어가는 반면, 자영업자는 프랜차이즈 가맹본부나 대형유통업체 등 경제권력에 점점 더 종속되어 간다. 현대 노동법에 던져진 가장 핵심적인 질문들 가운데 하나는 바로 이 두 가지 모순, 자율적 임금근로자와 종속적 자영업자를 어떻게 포섭할 것인가에 있으며,[38] 프랑스 식 모델

---

36) 강성태, "근로자 개념 문제에 대한 올바른 접근", 판례실무연구 제9권, 2010, 134-135면 참조.
37) 대법원이 근로기준법상 근로자 개념을 기본적으로 인적 종속성에 기초하여 이해한 판결로서 대법원 2006. 12. 7. 선고 2004다29736 판결 참조. 하고 있다. 한편 2014년 대법원 판결(대법원 2014. 2. 13. 선고 2011다78804 판결)에서 근로기준법과 노조법상 근로자 개념의 구별이 처음으로 인정되었지만, 노조법상 근로자 개념에 대한 구체적 판단 기준이 제시되지 않았음을 지적하는 것으로, 윤애림, "'노동조합 및 노동관계조정법'의 '근로자'와 '사용자'", 민주법학 제56호, 2014, 210면 참조.
38) 박제성, "프랜차이즈에 관한 시론 - 지배종속적 상사관계에서 지배종속적 노동관계까지 -", 서울대노동법연구회, 2017, 2-3면 참조.

은 이를 규율하는 별도의 규정을 도입한 예를 보여준다. 구체적으로 프랑스 노동법전 L.7321-1조는 "노동법전의 규정들은 본장에서 규정된 범위 안에서 영업점장에게도 적용된다"고 규정하고 있으며, L.7321-2조는 "영업점장은 다음과 같은 사람들이다. (1) 사업주에 의해 또는 사업주의 동의하에, 고객의 의복이나 기타 물건을 맡아 두거나 또는 고객에게 일체의 서비스를 제공하기 위하여, 사업의 장소 또는 영업점에 고객이 머무르는 동안 고객의 요구에 응대할 책임을 맡은 자로서, (2) 다음 두 경우 중 하나에 해당하는 자, a) 하나의 사업으로부터 독점적으로 또는 거의 독점적으로 일체의 상품을 공급받아 판매하는 직업을 수행하며, 그 사업이 제공하거나 승인한 장소에서 그 사업이 정하는 조건과 가격으로 그 직업을 수행하는 자, b) 하나의 사업을 위하여 주문을 받거나 처리·취급·운반할 상품을 접수하는 직업을 수행하며, 그 사업이 제공하거나 승인한 장소에서 그 사업이 정하는 조건과 가격으로 그 직업을 수행하는 자"라고 규정함으로써 영업점장에 해당하는 구체적인 요건을 제시하고 있다.[39]

이와 같은 규정을 국내 법제도에 도입할 경우 영역적인 문제가 제기될 수 있지만, 대리점거래에서 불공정성 문제는 거래상 지위의 종속성 문제와 밀접히 관련된다는 점에서 대리점법도 이를 수용할 수 있는 타당성을 갖고 있는 것으로 볼 수 있다. 추가되어야 할 논의로서 근로자들에게 주어지고 있는 집단적 권리를 대리점에게 어느 수준까지 허용할지의 문제가, 무엇보다 제도의 실효성 관점에서 논의될 필요가 있다. 단체 결성에 관한 권리가 대등한 교섭력을 이루는데 충분치 않다면, 집단적 차원에서 보다 강화된 권리를 고려할 수 있으며, 우선 대리점 단체에 근로자의 단체교섭권에 준하는 권리의 부여를 상정할 수 있을 것이다. 집단적 권리로서 대리점 단체에 교섭권을 허용하고 공급업자에게 이에 응할 의무를 부과할 경우에, 개별 대리점의 교섭력 한계를 보완할 수 있다. 특히 대리점의 열등

---

39) 박제성 등 8인, 프랜차이즈 노동관계 연구-하청노동연구(I)-, 한국노동연구원, 2014, 107-108면.

한 지위는 수요처가 제한된 상황에서 대리점들 간의 경쟁이 심화되고 있는 구조, 공급업자의 관계가 고착화됨으로 인하여 대리점에게 발생하는 볼모(hold-up) 효과, 실질적으로 대리점의 거래 전환이 가능하지 않은 거래 현실 등에 원인이 있으며, 이러한 상황에서 대리점들이 거래 관계 형성과 유지에 집단적으로 대응할 수 있는 제도를 도입하는 것은 대등한 교섭력을 이루는데 실질적으로 기여할 수 있을 것으로 예상된다. 다만 단체행동권까지 나아가는 것은 입법화 논의 과정에서 공급업자와의 합의에 이르기가 수월하지 않다는 점이나 제도화에 따른 사회적 비용의 부담 등을 고려할 때, 신중하게 접근할 필요가 있을 것이다.

4. 협동조합 방식

협동조합이 갖는 의의는 최근 새롭게 부각되고 있는데, 투자자소유기업모델 중심에서 벗어나 대안적이고 지속가능한 경제 모델로서의 가능성이 주목을 받고 있다.[40] 협동조합은 기본적으로 경제주체 간 협력을 전제하며, 이윤 추구의 경제적 조직체인 기업과는 상이한 메커니즘에 기반하고 있다. 이와 같은 차이는 기존의 기업 모델이 갖는 한계, 즉 경제활동 과정에서 산출되는 부가가치의 불균등한 귀속의 문제나 경제순환 과정에서 불가피하게 발생하는 주기적 불황의 위험을 완화할 수 있는 새로운 모델로서 협동조합을 이해할 수 있는 계기가 되고 있다.

대리점의 집단적 권리를 부여하는 방식으로 협동조합 방식을 고려하는 것은 이와 같은 협동조합의 고유한 의의에 주목한 결과이지만, 대리점 문제의 본질적 해결에 있어서 협동조합이 상정하고 있는 협력 메커니즘이 일정한 기여를 할 수 있다는 점과도 관련된다. 수직적 유통과정에서 대기업 비용 절감의 부담을 유통 사업자에게 전가하더라도, 많은 경우에 다수

---

40) 김형미, "협동조합 제도개선연구회 연구보고서를 펴내며", 한국 협동조합 법제도 개선 연구, (재)iCOOP협동조합연구소, 2017, 5-6면 참조.

의 유통 사업자는 이러한 조건을 두고 경쟁을 할 수밖에 없는 상황에 있게 되며, 결국 불이익한 거래 조건의 수용이 경쟁 과정을 통해서 이루어지게 된다.41) 이러한 상황에서 대리점 간 경쟁 시스템이 협력 시스템으로 전환된다면, 공급업자의 부당한 요구를 경쟁을 통하여 수용하게 되는 관행을 본질적으로 개선하는 효과를 기대할 수 있다.

협동조합은 일정한 사회적·경제적 목적을 달성하기 위하여 모인 사람들의 민주적인 의사결정에 기초하여 기업 방식으로 사업을 하는 단체이다.42) 협동조합의 구성원 측면에서 보면, 구성원인 조합원은 협동조합의 출자, 이용, 운영의 모든 측면에서 주인으로서 조합의 소유자인 동시에 이용자와 운용자가 된다. 이러한 관점에서 미국 농무부(USDA)는 협동조합을 이용자가 소유·통제하고 사업 이익은 사업 이용을 기준으로 공평하게 배분하는 사업체로 정의하고 있으며, 이로부터 이용자 소유 원칙, 이용자 통제 원칙, 이용자 수익 원칙을 도출하고 있다.43) 미국에서 주로 가맹점을 중심으로 조직된 구매협동조합(purchasing cooperative)의 경우처럼, 특히 유통 거래에서 협동조합의 기능은 공급업자까지 포함하여 확장되기도 하는데, 이러한 경우에는 당연히 협력의 범위도 확대됨으로써 유통 과정에서의 분쟁을 예방하는 기능을 할 수도 있다.

현행 법제도 하에서 협동조합에 관한 기본적인 사항은 협동조합기본법에 의하여 규율되며, 각 영역을 대상으로 하는 8개의 협동조합 관련 개별법이44) 구체적인 조직과 기능에 관하여 규정하고 있다. 협동조합기본법

---

41) 상품시장과 노동시장을 연결하여 경쟁 메커니즘의 작동을 설명하고 있는 것으로, Wolfgang Däubler, "Labour Law and Competition", From Labour Law To Socail Competition Law? intersentia, 2014, 57-58면 참조.
42) 송재일, "협동조합에 대한 독점규제법 적용 제외의 근거와 필요성", 한국 협동조합 법제도 개선 연구, (재)iCOOP협동조합연구소, 2017, 36면.
43) 위의 글, 38면 참조.
44) 농업협동조합법, 수산업협동조합법, 엽연초협동조합법, 산림조합법, 중소기업협동조합법, 신용협동조합법, 새마을금고법, 소비자생활협동조합법 등이다.

제2조 제1호는 협동조합을 "재화 또는 용역의 구매·생산·판매·제공 등을
협동으로 영위함으로써 조합원의 권익을 향상하고 지역 사회에 공헌하고
자 하는 사업조직"으로 정의하고 있으며, 일정한 요건을 갖추는 협동조합
의 경우 자유롭게 설립이 허용되는(15조) 자유설립주의에 의하고 있다. 따
라서 대리점들이 협동조합을 구성하는데 법적 제한이 있는 것은 아니다.

그러나 대리점 거래에서 발생하는 문제에 대한 집단적 대응으로서 협동
조합을 고려할 경우에, 설립된 협동조합이 의미 있는 기여를 할 수 있도록
제도적 보완이 필요할 수 있다. 협동조합은 조합 구성원들에 의하여 통제
되지만, 거래상 독립적이고 단일한 거래 주체로 나타나게 되며, 따라서 대
리점 협동조합이 설립된 경우에 공급업자의 거래 상대방은 다수의 대리점
에서 대리점 협동조합으로 바뀌게 되고, 이에 의하여 거래상 지위의 불균
형 문제의 구조적 해결을 기대할 수 있게 될 것이다. 그러나 현실적으로
공급업자가 이러한 거래에 응하지 않을 경우에, 공급업자와 협동조합의
거래를 강제할 방법은 존재하지 않는다. 따라서 대리점 협동조합과 공급
업자가 원활한 거래를 수행할 수 있도록 하는 제도적 방안이 강구될 필요
가 있으며, 협상 의무화를 포함한 규제를 대리점법에 도입하는 것도 고려
할 수 있을 것이다.

한편 협동조합의 행위에 대한 독점규제법의 적용 가능성에도 주의를 기
울일 필요가 있다. 협동조합의 설립은 다수의 경제 주체가 단일한 경제 주
체로 전환하는 의미가 있으며, 이로 인하여 일정한 범위에서 관련 시장 구
조가 경직화될 수 있기 때문에, 독점규제법에 의한 규제 가능성이 주어지
게 될 것이다. 이러한 점에서 일정한 조합의 행위에 대하여 독점규제법의
적용을 제외하고 있는 독점규제법 제118조는[45] 조합 행위에 대한 획일적

---

45) 제118조 본문은 "이 법의 규정은 다음 각 호의 요건을 갖추어 설립된 조합(조합
의 연합회를 포함한다)의 행위에 대하여는 이를 적용하지 아니한다. 다만, 불공정
거래행위 또는 부당하게 경쟁을 제한하여 가격을 인상하게 되는 경우에는 그러하
지 아니하다"고 규정하고, 각 호에 소규모의 사업자 또는 소비자의 상호부조를 목

인 법적용의 문제점을 입법적으로 해결하기 위한 시도로 이해할 수 있을
것이다. 동 규정은 경제적으로 열위에 있는 소규모 사업자들이 단결에 의
하여 보다 유효한 경쟁단위로 나타나는 경우에, 이에 대한 독점규제법 적
용을 제외하는 것이 궁극적으로 소비자 후생 증대로 이어짐으로써 경쟁정
책상 바람직할 수 있다는 입법적 판단에 따른 것이며,[46) 따라서 소규모
사업자로 볼 수 없는 사업자가 일부라도 조합에 참여하고 있는 경우에 독
점규제법 규정의 적용이 배제되지 않을 것이다.[47) 동 규정에서 소규모 사
업자의 범위가 명확한 것은 아닌데, 이에 관하여 대법원은 여기서 소규모
사업자는 "대기업과 대등하게 교섭할 수 있게 하기 위하여 단결할 필요성
이 있는 규모의 사업자라야 한다"고[48) 판시함으로써 소규모 사업자의 일
반적 기준을 제시하고, 또한 구체적 적용에 있어서 시장점유율 50%가 넘
는 단체에 대하여 동 규정을 적용할 수 없다는 입장을 취하고 있다.[49) 이
와 같은 판례의 기준에 의할 경우에 적용제외가 인정되지 않는 대리점 협
동조합도 존재할 수 있다. 또한 일부 공정거래법 위반행위, 즉 조합의 불
공정거래행위와 경쟁제한적 가격 인상 행위에 대해서는 여전히 독점규제
법이 적용된다. 이러한 규정은 소규모 사업자 조합의 행위라 하더라도 동
규정에서 정한 행위를 하는 경우에는, 그로 인한 폐해가 소규모 사업자 조
합 행위를 허용함으로써 얻게 되는 이익보다 크다는 정책적 판단에 따른

적으로 할 것(1호), 임의로 설립되고, 조합원이 임의로 가입 또는 탈퇴할 수 있을
    것(2호), 각 조합원이 평등한 의결권을 가질 것(3호), 조합원에 대하여 이익배분을
    행하는 경우에는 그 한도가 정관에 정하여져 있을 것(4호) 등이 해당한다.
46) 신현윤, 경제법, 법문사, 2010, 137면 참조. 구조적으로 열등한 지위에 있는 중소
    기업에 대해서 경쟁력이 일정 수준에 이를 때까지 독점규제법의 적용을 유보하는
    것은 독점규제법의 목적에 부합하는 것일 수 있다는 것에, Fritz Rittner &
    Meinrad Dreher, 주 26)의 책, 477면 참조.
47) 대법원 2009. 7. 9. 선고 2007두22078 판결.
48) 대법원 2002. 9. 24. 선고 2002두5672 판결; 대법원 2009. 7. 9. 선고 2007두
    22078 판결.
49) 대법원 2006. 11. 24. 선고 2004두10319 판결.

것이다. 그러나 이러한 취지를 긍정하더라도, 제외 범위를 설정하는 기준의 타당성에 대해서는 논의의 여지가 있다. 특히 동 규정은 적용 제외의 예외로서 가격담합에 의한 공동행위를 규정하고 있는데, 공동행위 중에서 가격담합은 경성카르텔로 분류되는 것으로 위법성의 정도가 크고 명확한 것으로 볼 수 있기 때문에 소규모 사업자에 의한 행위라 하더라도 규제 대상이 되는 것이 타당하다는 취지에서 도입된 규정으로 이해된다. 그러나 경성카르텔로 분류되는 공동행위 유형은 가격담합에 한정되지 않으며, 산출량제한, 입찰담합, 시장 분할 등도 경성적 공동행위로 이해되고 있다는 점에서50) 가격담합을 이러한 유형들과 구분하는 경쟁정책적 의의가 뚜렷하게 드러나는 것은 아니며, 입법적으로 상반되는 이익의 형량을 통해 규제기관의 재량에 따라서 적용제외 여부를 결정할 수 있도록 하는 규정 형식을 취하는 것이 타당한 접근 방식일 수 있다.

이와 같이 조합에 대한 적용제외에 관하여 독점규제법 제118조가 규정하고 있지만, 대리점에 의해 설립된 협동조합의 행위에 대한 독점규제법의 적용 가능성은 여전히 남아 있으며, 특히 공급제품의 가격 인하를 추구할 경우에 독점규제법의 적용제외가 허용되지 않는 것은 협동조합의 행위에 상당한 제한으로 작용할 수 있다. 따라서 대리점 협동조합의 설립과 행위에 관한 규정을 대리점법에 도입하여 대리점 거래의 불공정성 문제를 해결하고자 할 경우에, 독점규제법의 적용제외를 인정하는 개정도 병행될 필요가 있다.

V. 결론

대리점거래의 공정화를 위한 노력의 결과로서 2015년 대리점법이 제정

---

50) OECD, Trade and Competition: From Doha to Cancun, 2003, 17-18면.

되었지만, 법 시행 이후에도 대리점 거래에서의 불공정성 문제가 개선된 것으로 보이는 징후는 나타나지 않고 있다. 대리점 거래에서 빈번히 발생하는 불공정행위를 억제하기 위하여 대리점법의 집행 강화와 규제 실효성을 높일 수 있는 방안이 강구될 필요가 있다. 이와 관련하여 대리점거래에서 불공정성 문제는 대체로 공급업자와 대리점 간 거래상 지위의 차이에 기인하며, 따라서 구조적인 문제로서의 성격을 갖고 있다는 점에 주의를 요한다. 따라서 시정 방안에도 이러한 특성이 반영되어야 하며, 공정거래위원회가 2018년 5월 대리점거래 불공정관행 근절대책의 하나로 대리점의 단체적 권리에 의한 협상력 강화를 제시한 것은 시의적절한 것으로 볼 수 있다. 무엇보다 대리점에게 단체적 권리를 부여하는 것은 자율적 문제 해결의 기초를 제공할 수 있다는 점에서도 유력한 의미가 있다.

 그렇지만 이러한 방안의 타당성을 인정하는 경우에도, 구체적으로 어떠한 형식과 내용으로 대리점에게 단체적 권리를 부여할지에 관한 논의가 이어져야 한다. 이를 위하여 우리 법제도 하에 존재하는 다양한 형식의 단체적 권리를 대리점거래의 특성과 불공정한 관행 해소에 기여할 수 있을지의 관점에서 검토하고, 대표적인 세 가지 방식, 즉 협의회, 노동조합, 협동조합의 방식의 적용 가능성을 구체적으로 살펴볼 필요가 있을 것이다.

 협의회 방식은 현행법 하에서 비교적 수월하게 제도화가 가능하며, 특히 공급업자의 참여가 이루어진다면 자율적인 분쟁해결의 기능이 활성화될 수 있다. 반면 자율적인 협의체를 상정한 것이므로 강제적 요소와 결합하기 어려우며, 따라서 실효성 있는 제도로서 기능하는 데 한계가 있을 수 있다. 또한 대리점 간 친목도모나 공급업자에 대한 건의 사항 전달 이상의 기능을 수행할 수 있을지에 의문이 제기될 수 있다. 노동조합 방식은 노동3권에 준하는(특히 단결권과 단체교섭권) 권리를 대리점 단체에 부여하는 방식이다. 이러한 방식은 대리점 보호의 측면에서 강한 효과를 기대할 수 있으며, 종속성 개념의 사회적 변화에 상응하여 대리점과 같이 형식적으로 독립된 사업자라 하더라도 적어도 노조법상 근로자 개념에 포섭될 수 있는 법리가 전개되고 있는 상황은 이와 같은 접근 방식의 타당성을 뒷받침한다. 그러나 현 시점에서 이러한 법리 구성에 일반적인 동의가 주어지고 있지 않은 상황에서 대리점 단체에 단결권이나 단체교섭권을 입법적으로 부여하는 과정에서 반론을 피하기 어려울 것이고, 이러한 점은 제도화의 부담으로 작용할 수 있다. 협동조합 방식은 사업자 간 상호협력이라는 새로운 가치에 기반한 접근방식으로서 기존의 협동조합기본법 등에 존재하는 제도를 대리점에 확장한다는 점에서 제도화의 편의가 있을 것이다. 또한 조합 구성원인 대리점이 소유, 이용, 수익의 주체가 된다는 점에서 자발성을 기대할 수 있고, 공급업자까지 이 시스템에 포함될 경우에 상생 구조로의 진화를 가능하게 한다. 다만 이 역시 대리점의 자율성에 기반하고 있으므로, 거래 불공정성 문제 해결에 실효성 있는 기여를 할 수 있을지에 의문이 제기될 수 있다. 따라서 협동조합과 거래에 응할 의무를 공급업자에게 부여하거나 독점규제법 적용과 관련하여 예외 사유를 법정하는 등의 추가적인 규율이 입법적으로 결합될 필요가 있을 것이고, 그 과정에서 예상치 못한 사회적 비용이 발생할 수도 있다. 이상의 논의에 기초하여 대리점의 단체적 권리의 제도화는 대리점거래의 불공정성 문제의 본질, 대리점 거래의 구조적 특징, 기존 제도의 의의와 적용 가능성, 단체적 권리를 통한 보호 목적과 실현 가능성 등을 종합적으로 고려하여 이루어져야 할 것이다.

16. 「대·중소기업 상생협력 촉진에 관한 법률」(상생법)의 의의와 개선

I. 서론

「대·중소기업 상생협력 촉진에 관한 법률」(이하 상생법)은 기존의 「중소기업의 사업영역보호 및 기업간 협력증진에 관한 법률」을 폐지하는 대신, 이를 대폭 보완한 법률로서 2006년 제정되었다. 법제정 이후 10여년 이상이 경과한 시점에서 동법이 상생협력의 실현과 대·중소기업 관계의 개선이라는 입법 목적에 충분한 기여를 하고 있는지에 의문이 있다.

중소기업 정책은 다양한 관점에서 이루어지며, 중소기업 보호를 위한 국가의 후견적 개입이나 대·중소기업 간 거래의 공정성 확보를 위한 규제뿐만 아니라 이해관계의 양 측면에 있는 대·중소기업의 상생과 협력을 모색하는 것도 중요한 정책 방향의 하나로 제시되고 있다.[1] 상생협력이라는 표제에서 드러나듯이 상생법은 대기업과 중소기업의 공존과 협력을 직접적으로 추구하고 있다는 점에서 다른 중소기업보호 관련 법률들과 구별된다. 즉 상생법은 대기업과 중소기업을 대립적인 위치가 아닌 상생할 수 있는 동반자 관계로 이해하고, 이를 실현하기 위한 주된 방식으로 양 당사자의 자율적 협력에 의존하고 있다.[2] 특히 대기업과 중소기업 간 격차의 심화나 불공정성의 구조화 문제의 해결을 위해 양 측의 협력이 유의미한 해결 방안이 될 수 있다는 인식이 커지고 있는 상황에서 상생법은 이러한

---

1) 이경의, 중소기업정책론, 지식산업사, 2006, 476-479면 참조.
2) 상생법 제정 시 "대기업과 중소기업간 자율적인 상생협력을 제도적으로 지원할 수 있는 확고한 기반을 마련하려는 것"을 제정이유로 밝히고 있다. http://www.law.go.kr/LSW/

정책 실현을 대표하는 법률로서 고유한 의의를 가지며, 이는 상생법 개선 논의에 있어서도 전제되어야 할 것이다.

　이하에서 상생법의 의의와 주요 내용을 검토하고, 나아가 상생법의 개선 방안을 제시할 목적으로 논의를 전개할 것이다. 우선 상생법이 중소기업 보호 법제 나아가 우리나라 법질서에서 갖는 의의를 밝히고(Ⅱ), 상생법의 목적과 기본 구조 및 주요 내용을 살펴볼 것이다(Ⅲ). 이를 토대로 상생법의 구체적인 개선 방안을 제시하고자 한다(Ⅳ).

Ⅱ. 상생법의 의의

1. 대·중소기업 간 격차 문제와 거래 공정화

　중소기업이 국민경제에서 차지하는 중요성은 여러 산업 지표에서 확인할 수 있다. 2015년 기준 전 산업에서 3,604.773개의 사업체 중 중소기업의 수는 3,600,882개로 99.9%를 차지하며, 중소기업 종사자 비중도 90.2%에 이른다.[3] 이를 통해 중소기업이 경제활동의 근간을 이루고 고용의 주된 창출을 담당하고 있음을 확인할 수 있지만, 이에 비하여 매출액 등 성과 측면에서 중소기업이 차지하는 비중은 현저히 떨어진다. 전 산업에서 중소기업의 매출액 비중은 53.9% 그리고 영업이익 비중은 58.1%로 나타나고 있으며,[4] 이러한 수치는 사업체 수 측면에서 0.1%에 지나지 않는 대기업이 국민경제에서 절대적인 비중을 차지하고, 따라서 대기업과 중소기업 간에 상당한 격차가 있음을 시사하는 것이다. 또한 이와 같은 격차는 고착되거나 심화되고 있는 것으로 조사되고 있다. 1998년 대기업과 중소

---

3) 중소기업중앙회, 2017년 중소기업 위상지표, 2017, 2면.
4) 위의 자료, 3면.

기업의 영업이익률은 6.53%와 6.01%이었던 것에 비하여 2010년에는 각각 7.83%와 4.25%로서 양자 간의 차이는 확대되었다.[5]

이러한 현상의 분석에 앞서 중소기업의 사업영위 방식이 전제될 필요가 있다. 우선 중소기업이 완성품 시장에 독자적으로 진출하여 사업을 영위하는 경우에, 중소기업은 대기업과 경쟁하는 관계에 위치하게 된다. 따라서 원칙적으로 양자 간 경쟁이 자유롭고 공정하게 이루어지도록 하는 경쟁정책이 요구되지만, 아울러 중소기업의 경쟁력이 향상될 수 있는 계기를 제도적으로 마련하는 정책이 결합될 필요가 있다.[6]

또한 중소기업은 대기업과 수직적 관련 하에서 사업을 영위하고 있다는 점에도 주의를 기울일 필요가 있다. 전체 중소기업 중 하도급거래에서 하청기업으로 사업을 영위하는 비중은 2011년 기준으로 32.2% 그리고 제조업의 경우에는 48.6%로 조사되었다.[7] 대기업과 중소기업의 거래는 비단 하도급에만 한정되는 것은 아니므로 대기업과 중소기업의 거래 비중은 하청기업을 기준으로 한 하도급거래를 크게 상회할 것이고, 따라서 이러한 조사 결과는 중소기업의 사업 영위에 있어서 대기업과의 거래가 결정적일 수 있음을 보여주는 것이다.[8] 이러한 점에서 대기업과 중소기업의 거래에

---

5) 조덕희, 제조 중소기업의 경영성과 및 경쟁력 실태 분석, 산업연구원, 2012, 20-21면 참조.

6) 구조적으로 열등한 지위에 있는 중소기업에 대해서 경쟁력이 일정 수준에 이를 때까지 경쟁법의 적용을 유보하는 것은 경쟁법의 목적에 부합한다고 보는 것으로, Fritz Rittner & Meinrad Dreher, Europäisches und deutsches Wirtschaftsrecht, C.F.Müller, 2008, 477면 및 권오승, 경제법, 법문사, 2009, 141면 참조.

7) 김선옥·박정수, 우리나라 기업간 거래와 기업의 성과에 관한 연구, 시장경제연구원, 2016, 3-4면 참조.

8) 제조업 분야에서 2010년 이후 수급중소기업의 거래 위탁기업 의존도 추이는 2010 81.2%, 2011 82.5%, 2012 83.2%, 2013 81.8%, 2014 82.1%, 2015 83.7%로서 지속적으로 80%를 상회하고 있는 것으로 조사되고 있다. 이항구, "전속거래 효과와 개선 방안", 하도급거래 공정화를 위한 정책토론회, 중소기업중앙회, 2017, 8면 참조.

서 발생하는 이익 불균형의 문제는 대·중소기업의 격차를 심화시키는 주
된 원인으로 작용할 수 있다. 다음의 〈표 1〉은 삼성전자와 전속협력업체
의 영업이익률을 비교한 것으로서 양자 간에 상당한 편차를 보여준다.

〈표 1〉 삼성전자와 삼성전자 전속협력업체 영업이익률[9]

(단위: %)

	2010	2011	2012	2013	2014	2015
삼성전자	10.97	8.08	13.11	13.77	10.10	9.91
전속협력업체	5.59	3.49	2.99	3.59	3.21	3.30

자동차 산업의 국제 비교를 통해서도 유사한 상황을 확인할 수 있는데,
주요 국가의 자동차 산업에서 완성차업체와 부품업체의 영업이익률 비교
에 관한 〈표 2〉는 우리나라의 양자 간 차이가 가장 큰 것으로 나타나고
있다.

〈표 2〉 주요국가의 자동차산업 기업 간 성과비교(2015)[10]

(단위: %)

	중국	한국	미국	유럽	일본
완성차업체	8.1	9.6	8.2	7.1	6.2
부품업체	7.4	4.4	8.2	8.0	6.3

이상의 〈표 1〉과 〈표 2〉는 대·중소기업 간 격차 해소에 있어서 양자
간에 이루어지는 거래에서 이익 균형의 실현이 핵심적인 과제임을 시사한
다. 이와 관련하여 시장의 자율적 조정 기능이 이러한 불균형 문제를 해결
하는 데 한계가 있다는 점에도 주의를 기울일 필요가 있다. 대기업과 중소
기업 거래의 조건은 양 당사자가 자신의 이익극대화를 추구하는 과정에서

---

9) 위의 논문, 17면 참조.
10) 위의 논문, 15면.

형성될 것이다. 대기업의 입장에서 이러한 과정은 경제적 자원을 내부적으로 조달할 것인지 외부와의 거래를 통해서 할 것인지를 결정하는 것에서 시작된다. Oliver Williamson에 의하면, 기업은 외부적 조달에 의할 경우 발생하는 거래비용(transaction cost)과 내부적으로 조달할 경우의 조직·관리비용(management cost)의 비교를 통하여 구체적인 조달 방식을 결정할 것이고, 아울러 각 비용을 낮추려는 시도가 따르게 될 것이다.[11]

이와 같이 거래비용에 기초하여 구성된 이론은 기업의 선택이 이루어지는 과정에 대한 적절한 이해를 제공하지만, 특히 대기업의 거래비용을 절감하려는 시도는 거래 상대방에게 귀속될 이익의 감소로 이어질 가능성이 크다는 점에도 주의를 요한다. 거래 상대방의 선정이나 거래 조건을 결정하는 거래 과정이 경쟁에 의해 진행될 경우에 효율성을 추구하는 기업의 관점에서 가장 낮은 가격을 선택하는 것은 당연하며, 거래 상대방이 되고자 하는 사업자들의 가격 경쟁은 불가피하다. 이 과정에서 경쟁은 생산비용을 절감하는 혁신을 모델로 상정할 수 있지만, 실제 임금 감축이 1차적인 경쟁 수단이 되고 있다는 지적도 참고할 수 있다.[12] 즉 대기업과의 거래관계를 맺기 위하여 다수의 중소기업 간 경쟁이 전개되고 있는 경우에 대기업의 과도한 요구가 중소기업에게 수용될 가능성이 크며, 이와 같은 상황에서 시장의 자율적 기능이 대기업과 중소기업 간 불공정성 문제를 해결하는 데는 한계가 있을 것이다.

---

11) Oliver E. Williamson, "Antitrust Lenses and the Uses of Transaction Cost Economics Reasoning", Thomas M. Jorde & David J. Teece ed., Antitrust, Innovation, and Competitiveness, Oxford Univ. Press, 1992, 140-141면.

12) Wolfgang Däubler, "Labour Law and Competition", Marc Rigaux, Jan Buelens & Amanda Latinneintersentia ed., From Labour Law To Social Competition Law?, Intersentia, 2014, 57-58면.

2. 상생법의 차별성

거래 공정화를 목적으로 하는 다양한 법률이 존재한다. 우선 거래의 공정성을 규율하는 법률로서 「독점규제 및 공정거래에 관한 법률」(이하 독점규제법)은 제23조에서 불공정거래행위를 규제하고 있다. 동 규제는 행위의 위법성 판단 기준의 하나로 불공정성을 받아들이고 있다는 점에서[13] 거래의 불공정성 규제에 관한 일반법으로서 기능한다. 이 외에도 다양한 거래 공정화 관련 법률이 있으며, 특히 하도급 거래의 공정성을 기하려는 목적으로 제정된 「하도급거래 공정화에 관한 법률」(이하 하도급법)은 원·하청기업 간의 거래에 초점을 맞추어 규제체계를 형성하고 있다. 또한 「대리점거래의 공정화에 관한 법률」, 「가맹사업거래의 공정화에 관한 법률」(이하 가맹사업법), 「대규모유통업에서의 거래 공정화에 관한 법률」 등도 수직적 과정에서 발생하는 거래 불공정성 문제를 다루고 있다.

상생법은 이상의 거래 공정화 관련 법률들과 거래 공정화를 이루려는 목적을 공유하지만, 세부적인 정책 목표나 구체적인 문제 해결의 방식에 있어서 차이가 있다. 거래 공정화 관련 법률은 거래 당사자들 간에 힘의 불균형에 초점을 맞추고, 거래 과정이나 결과에 있어서 불균형을 시정하려는 내용으로 구성되어 있다.[14] 이에 비하여 상생법은 개별 거래의 불공정성을 해소하는 차원을 넘어서 전체 생산·유통 과정에서 발생하는 이익의 공정한 배분을 직접적으로 고려하고 있다.[15] 이러한 차별성은 거래 공

---

13) 독점규제법상 불공정거래행위의 위법성 판단에서 경쟁제한성뿐만 아니라 거래 불공정성도 중요한 기준이 되고 있다. 불공정거래행위 규제가 경쟁질서 개선 측면에서 경제력 집중 억제나 독과점 억제보다도 더 실질적인 중요성을 가질 수 있다고 보는 견해로, 이기수-유진희, 경제법, 세창출판사, 2012, 175면 참조.

14) 공정거래위원회가 제정한 독점규제법상 불공정거래행위 심사지침은 불공정거래행위의 위법성 판단을 경쟁수단의 불공정성에 의하는 유형으로 '부당한 고객유인', '거래강제', '사업활동 방해' 그리고 거래내용의 불공정성에 의하는 유형으로 '거래상 지위남용'을 정하고 있다.

15) 하도급법과 상생법의 비교를 통하여, 전자는 공정한 하도급거래질서 확립을 위하

정화 관련 법률들과 다른 관점에서 대·중소기업 간 발생하는 불공정 문제에 접근하는 방식을 제공한다. 즉 개별 거래의 공정성을 기하기 위한 규제 외에도 대·중소기업 관계를 협력적인 관계로 구성하기 위한 시도는 양자 사이의 불균형 해소를 위한 본질적인 방안으로서 의의가 있다.

또한 상생법은 앞에서 언급한 바와 같이 중소기업과 대기업이 경쟁적인 관계에 위치할 경우에 대한 규율도 포함하고 있다. 대표적으로 중소기업 적합업종 제도가 이에 해당하며, 이로써 중소기업 문제에 대하여 대기업과의 관계에서 수평적인 경우와 수직적인 경우를 아우르는 접근 방식을 취하고 있다는 점도 상생법의 차별적 특성으로 볼 수 있다.

3. 상생법의 제정과 변천 과정

(1) 상생법 제정의 의의

상생법은 「중소기업의 사업영역보호 및 기업간 협력증진에 관한 법률」을 폐지하고, 대체하는 입법으로 2006년 제정되었으며, 대기업과 중소기업 간 자율적인 상생협력을 제도적으로 지원할 수 있는 기반을 마련하는 것을 입법취지로 하였다. 동법 제3조는 정책의 기본 방향으로서 자율성, 상호이익촉진, 공공부문의 선도적 역할의 3원칙을 제시하고 있다. 그리고 대·중소기업 상생협력 추진 기본계획 등의 수립(4조 및 5조), 대·중소기업 상생협력위원회의 설치(6조), 상생협력 성과의 공평한 배분(8조), 대기업과 중소기업 간의 인력교류 확대(10조), 중소기업에 대한 대기업의 자본참여(11조 1항), 공공기관의 중소기업 협력 촉진(19조) 등이 제정 시 상생법의 주요 내용으로 포함되었다.

여 규제를 수단으로 하고 있지만, 후자는 경쟁력 제고와 동반성장을 위하여 상생 촉진을 수단으로 하고 있다는 점을 제시하고 있는 것으로, 서완석, "중소기업의 보호와 대기업과의 상생을 위한 법적 제도에 관한 연구", 상사법연구 제30권 1호, 2012, 55면.

상생법은 중소기업 고유업종 보호제도를 폐지하였다는 점에서 실질적인 의의가 있었다. 중소기업 고유업종 제도는 해당하는 분야에 대기업 진출을 제한하는 것으로서, 무엇보다 인위적인 시장진입 제한이 갖는 비효율성 그리고 중소기업 고유업종 선정이 합리적으로 이루어지지 못할 경우에 경쟁력 없는 기업의 과도한 보호 등이 문제로서 지적되었다.16) 결국 반시장적인 제도를 대신하여17) 인위적인 제한보다는 경제주체 간 협력을 촉진하는 방향으로 전환될 필요가 있다는 사고가 동법 제정의 기초가 되었다.18)

(2) 상생법 개정 과정

동법의 개정은 여러 차례 이루어졌는데, 특히 전술한 실효성의 문제를 개선하기 위한 노력이 지속적으로 법 개정에 반영되었다. 주요 개정을 보면, 2007년 개정에서(2007. 5. 17.) 수탁·위탁거래 과정의 불공정거래 행위 유형이 추가되었고(25조 1항), 수탁기업협의회의 구성 다양화와 협상능력 제고를 위한 개정과(17조) 기술자료 임치제도 도입이(24조의2, 25조 1항 12호 및 13호) 이루어졌다. 2012년 개정에서(2012. 1. 17.) 법의 실효

---

16) 중소기업 고유업종 제도는 기본적으로 경쟁을 제한하는 제도로서 기술개발이나 품질향상을 유도하지 못하고 있다는 지적으로, 김은자, 중소기업 고유업종제도의 문제점과 개선방안, 한국경제연구원, 1998, 57-59면 참조. 또한 동 제도의 문제점으로서 고유업종의 과당경쟁 및 영세성, 고유업종의 낮은 성장성과 혁신성, 고유업종의 국제경쟁력 약화 등을 지적하고 있는 것으로, 이윤보·이동주, "중소기업 고유업종 제도의 실효성에 관한 연구", 중소기업연구 제26권 1호, 2004, 92-93면 참조.
17) 제정법 부칙 제4조에 의하여 중소기업 고유업종 제도는 2006. 12. 31. 이후 소멸되었다.
18) 상생법의 제정 의의를 종래 중소기업을 피동적인 시혜 대상에서 자생적으로 역량을 강화하는 방향으로 정책 전환을 의미한다는 것으로, 오세영, "중소기업 기술역량 확보방안에 관한 연구-기술자료 임치제도를 중심으로-", 고려대학교 석사학위 논문, 2016, 18면 참조.

성을 높이기 위한 조직적 대응으로서 상생정책의 실효성 있는 추진을 위한 민간 자율기구로서 동반성장위원회의 설치 근거와 권한이 법정되었다(20조의2).[19] 2013년 개정에서는(2013. 8. 6.) 대기업 등의 무분별한 골목상권 진입을 억제하기 위하여 대기업 등에 대한 영업의 일시정지 명령제도(34조 3항) 등이 도입되었고, 2014년 개정에서는(2014. 3. 18.) 수탁·위탁거래 실태조사의 실효성을 강화하는 내용의 개정이 이루어졌다(26조 2항).

현 정부가 들어선 이후 2017. 11. 28. 개정에서 상생법 운영의 재정적 뒷받침을 위하여 대·중소기업·농어업협력재단의 사업 범위에 대·중소기업상생협력기금의 관리·운용 업무를 추가하고, 대·중소기업상생협력기금 출연 등에 관한 법적 근거를 마련하였으며(20조의5), 2018. 3. 20. 개정에서 외상매출채권으로 납품대금을 지급하는 상생결제 제도가 도입되었다(2조 8호의2). 또한 2018. 6. 12. 「소상공인 생계형 적합업종 지정에 관한 특별법」이 제정됨에 따라 동법에 의한 지정 시 상생법상 중소기업 적합업종 합의 도출 절차의 종료에 관한 근거 규정이 마련되었다(20조의4 4항).

이상의 상생법 개정 과정은 제도 운영의 실효성 제고가 주된 동인이 된 것으로 볼 수 있다. 동반성장위원회의 설립이나 대·중소기업상생협력기금의 설치는 제도 운영을 조직적·재정적으로 뒷받침하여 실효성을 제고하기 위한 목적에 따른 것으로 볼 수 있다. 또한 지속적으로 현실 거래에서 발생하는 위반행위를 추가하고, 제재를 강화하는 개정이 이어졌으며, 기술탈취와 같이 대기업과의 관계에서 중소기업에게 발생하는 불이익을 방지하기 위한 기술자료 임치제도의 도입 등의 제도적 보완이 이루어졌다. 한편

---

19) 2017년 개정에서(2017. 4. 18.) 동반성장위원회의 적합업종 합의 처리 절차를 마련하고, 신청일부터 1년 이내에 적합업종 합의 도출이 되지 아니하거나 그 합의 내용이 이행되지 아니하는 경우 동 위원회가 중소기업청장에게 사업조정을 신청할 수 있도록 하며, 이러한 사업조정에 대하여 중소기업청장은 사업이양, 사업의 전부 또는 일부에 대한 철수 및 축소, 확장자제 및 진입자제 등의 동반성장을 위한 노력을 3년 이내에서 기간을 정하여 권고할 수 있도록 하는 등 제도의 미비점이 보완되었다(4조 7호, 20조의4 등).

대기업과 중소기업의 거래관계 외에 양자가 경쟁관계로 나타나는 경우에 대한 규율도 강화되었으며, 특히 중소기업 고유업종 제도가 폐지된 이후 중소기업의 사업 활동이 위축되는 것을 방지하기 위하여 적합업종 제도를 도입하고, 제도 운영의 실효성을 강화하는 방향으로 일련의 개정이 이루어졌다. 이러한 과정에서 고유업종 제도가 갖는 인위적 사업 제한의 문제점이 반복된 측면도 있지만, 중소기업이 영위할 수 있는 최소한의 사업영역 확보가 불가피하다는 현실 인식에 따른 것으로 볼 수 있다.

III. 상생법의 체계와 주요 내용

1. 상생법의 목적 및 체계

(1) 목적 및 기본 개념

상생법 제1조는 "이 법은 대기업과 중소기업 간 상생협력 관계를 공고히 하여 대기업과 중소기업의 경쟁력을 높이고 대기업과 중소기업의 양극화를 해소하여 동반성장을 달성함으로써 국민경제의 지속성장 기반을 마련함을 목적으로 한다"고 규정함으로써 동법의 목적이 국민경제의 지속성장 기반인 동반성장의 달성에 있음을 밝히고, 이를 위한 정책 목표로 대기업과 중소기업의 경쟁력 강화와 양극화 해소에 두고 있다. 또한 이러한 목표를 위한 수단으로 중소기업의 일방적 보호가 아닌 상생적 관계의 구축을 제시하고 있다.

상생법 제2조에서 상생협력은 대기업과 중소기업 간, 중소기업 상호간 또는 위탁기업과 수탁기업 간에 기술, 인력, 자금, 구매, 판로 등의 부문에서 서로 이익을 증진하기 위하여 하는 공동의 활동을 말한다(2조 3호). 즉 상생법은 상생협력을 상호 이익의 증진에 기초하여 정의하고 있으며, 따

라서 중소기업 이익을 넘어서 전체적인 이익의 증대를 낳을 수 있는 방향
으로[20] 정책이 추진될 것을 시사한다. 그리고 그 범위에 있어서 대기업과
중소기업 관계에 한정하지 않고 중소기업 간의 관계 등을 포함하고 있다.

또한 동 조에서 수탁·위탁거래는 "제조, 공사, 가공, 수리, 판매, 용역을
업으로 하는 자가 물품, 부품, 반제품 및 원료 등(이하 "물품 등")의 제조,
공사, 가공, 수리, 용역 또는 기술개발(이하 "제조")을 다른 중소기업에 위
탁하고, 제조를 위탁받은 중소기업이 전문적으로 물품 등을 제조하는 거
래"(2조 4호) 그리고 중소기업 적합업종·품목(이하 "적합업종")은 "대·중
소기업 간의 합리적 역할분담을 유도하기 위하여 중소기업의 형태로 사업
을 영위하는 것이 적합한 분야(서비스업을 포함)"(2조 11호)를 의미한
다.[21] 이와 같은 정의는 개념의 명확성을 기한다는 점뿐만 아니라 대기업
과 중소기업이 거래 당사자가 되는 거래관계와 경쟁자로 만나는 경쟁관계
모두를 동법의 규율 대상으로 하고 이를 위한 개념적 기초를 제공하고 있
다는 점에서도 의미가 있다. 한편 거래 공정화의 구체적 대상으로 수탁·
위탁거래를 정의한 것에 의하여 거래 공정화에 관한 하도급법, 대리점법,
가맹사업법 등에 의한 규제와 구별되는 고유한 규제 범위를 갖게 된다. 특
히 상생법상 수탁·위탁거래는 하도급법 규제 대상인 하도급 거래와[22] 마

---

20) 서완석, 주 15)의 글, 51-52면 참조.
21) 이상의 규정 외에도 제2조 제9호의 "기술자료는 물품 등의 제조 방법, 생산 방법,
   그 밖에 영업활동에 유용하고 독립된 경제적 가치가 있는 것으로서 대통령령으로
   정하는 자료를 말한다", 제10호의 "동반성장지수는 대·중소기업 간 동반성장을
   촉진하기 위하여 동반성장의 수준을 평가하여 계량화한 지표를 말한다"는 규정
   등도 주목할 만한 정의 규정이다.
22) 하도급법 제2조 제1항에서 하도급거래는 "원사업자가 수급사업자에게 제조위탁
   (가공위탁을 포함)·수리위탁·건설위탁 또는 용역위탁을 하거나 원사업자가 다른
   사업자로부터 제조위탁·수리위탁·건설위탁 또는 용역위탁을 받은 것을 수급사업
   자에게 다시 위탁한 경우, 그 위탁을 받은 수급사업자가 위탁받은 것을 제조·수
   리·시공하거나 용역수행하여 원사업자에게 납품·인도 또는 제공하고 그 대가를
   받는 행위"를 말한다. 이와 같은 정의에서 하도급거래는 재위탁관계뿐만 아니라
   원사업자로부터 수급사업자에게 바로 위탁이 이루어지는 거래를 포함하고 있으

찬가지로 위탁관계에 기초한 개념으로 제시되고 있다. 다만 하도급법과
달리 건설 전부의 위탁이 제외되는 등 위탁관계의 내용에 차이가 있을 뿐
만 아니라, 하도급법상 하도급거래 정의에 포함되어 있는 재위탁관계가
별도로 규정되어 있지 않다는 점에서 규정 방식에 있어서도 차이가 있다.
그러나 양자는 위탁관계에 기초하고 있다는 점에서 상당부분 중복될 수밖
에 없으며, 상생법 제26조 제1항이[23] 양 법률에 모두 위반되는 것을 전제
로 일정한 조치를 취할 수 있는 것으로 규정하고 있는 것도 양자의 중복
가능성을 염두에 둔 것으로 이해된다.

(2) 상생법의 체계

상생법은 세 가지 측면에서 대·중소기업 상생협력을 위한 제도를 마련
하고, 이를 각 장별로 편제하고 있다. 제3장은 상생협력 촉진을 위한 시책
의 추진에 관하여 규정하고 있다. 또한 제4장은 수탁·위탁거래의 공정화
그리고 제5장은 중소기업의 사업영역 보호에 관하여 규율하고 있는데, 전
자와 후자는 각각 대·중소기업의 수직적 관계와 수평적 관계를 상정하고
있으며, 이로써 대·중소기업관계를 상생협력적으로 구축하기 위하여 양자
를 종합하는 규제체계를 이루고 있다.

며, 규제 대상인 위탁의 내용을 제조, 수리, 건설, 용역위탁으로 한정하고 있다.
김홍석·구상모, 하도급법, 화산미디어, 2010, 17-18면 참조.
23) 상생법 제26조 제1항 "중소벤처기업부장관은 위탁기업이 제21조부터 제23조까지
의 규정, 제25조제1항 또는 제2항을 위반한 사실이 있고 그 위반사실이 「하도급
거래 공정화에 관한 법률」 제3조, 제4조부터 제12조까지의 규정, 제12조의2, 제12
조의3, 제13조, 제13조의2, 제15조, 제16조, 제16조의2, 제17조부터 제20조까지의
규정 또는 「독점규제 및 공정거래에 관한 법률」 제23조제1항에 따른 금지행위에
해당한다고 인정할 때에는 「하도급거래 공정화에 관한 법률」 제25조 또는 「독점
규제 및 공정거래에 관한 법률」 제49조에 따라 공정거래위원회에 필요한 조치를
하여 줄 것을 요구하여야 한다."

2. 상생협력 시책의 추진

(1) 성과공유제 등

성과공유제는 수탁기업이 원가절감 등 수탁·위탁기업 간에 합의한 공동목표를 달성할 수 있도록 위탁기업이 지원하고 그 성과를 수탁·위탁기업이 공유하는 계약모델을 말하며(8조 1항), 상생협력 실현을 위한 핵심적제도라 할 수 있다.[24] 동 제도는 수탁·위탁기업 간에 사전 합의에 따라서계약을 체결하고 향후 성과를 계약에 의하여 공유하는 제도이며, 계약에따라서 성과를 수탁·위탁기업 간에 분배하는 것을 주된 내용으로 한다.동 제도가 적용된 예로서, 일반가구의 디자인 개발에 의한 성과와 관련하여 수탁기업인 신명산업이 위탁기업인 대림산업으로부터 수의계약 보장형태로 보상을 받은 사례, 선박엔진용 터보차저 내재화용 부품 국산화 개발의 성과를 수탁기업인 엘피케이가 위탁기업인 두산엔진으로부터 2년간장기 구매계약의 형태로 보상을 받은 사례 등이 있다.[25]

또한 현황에 대한 파악이 올바르게 이루어질 수 있는 제도적 근거로서대·중소기업 상생협력 실태조사(14조) 규정이 도입되었고, 자율적 개선을촉진하기 위하여 상생협력지수 산정·공표(15조), 상생협력 우수기업 선정·지원(16조) 등의 제도가 마련되어 있다. 상생협력지수는 동반성장지수로 대체될 수 있으며, 동반성장위원회는 동반성장지수를 산정, 공표하고있다.

---

24) 이 외에 대·중소기업 간 기술협력 촉진(9조), 대·중소기업 간 인력교류 확대(10
조), 중소기업에 대한 대기업의 자본 참여(11조), 대기업과 중소기업 간 환경경영협력 촉진(12조), 부당지원행위 면책(13조), 대·중소기업 간 임금격차 완화(18조),공공기관 중소기업 협력 촉진(19조) 등이 상생협력을 촉진하는 제도로서 도입되었다. 이러한 제도는 대·중소기업 간 상생협력에 기여할 수 있는 내용으로 구성되어 있다.
25) 김세훈, "대·중소기업 간 격차 해소 및 동반성장 방향", 외주화연구회 제9차 회의, 2017, 17면 참조.

(2) 동반성장위원회의 설치 및 수탁기업협의회의 조직

상생법은 대·중소기업 상생협력을 촉진하기 위한 대·중소기업·농어업 협력재단 설립 근거를 규정하고 있으며(20조 1항), 동 재단에 대·중소기업 간 동반성장과 관련한 민간부문의 합의를 도출하고 동반성장 문화를 조성 및 확산하기 위한 동반성장위원회의 설치 근거를 마련하고 있다(20조의2 1항). 동반성장위원회의 업무는 동반성장지수의 산정 및 공표에 관한 사항(1호), 적합업종의 합의 도출 및 공표에 관한 사항(2호), 그 밖에 민간부문의 동반성장 추진과 관련하여 위원회가 필요하다고 인정하는 사항(3호) 등으로 법정되어 있으며(20조의2 2항), 또한 적합업종 합의 도출 및 신청 권한을 가진다(20조의4). 이러한 권한에 의하여 상생정책의 실질적인 추진기구로서의 역할이 기대되고 있다. 나아가 상생법 제20조의2 제3항은 정부기관으로부터의 독립성에 관한 명시적 규정을 둠으로써 독자적인 정책 추진 기구로서의 위상을 분명히 하고 있다.

또한 위탁·수탁관계의 불공정성 문제를 자율적으로 해결할 수 있도록 하는 취지에서 수탁기업이 위탁기업과 대등한 거래관계를 유지하고 기술정보의 교환 및 공동기술개발 등을 촉진하기 위하여 위탁기업별·지역별·업종별로 수탁기업협의회를 구성할 수는 근거 규정이 마련되었다(17조 1항).

3. 수탁·위탁거래의 공정화

(1) 의무 부과

위탁기업은 약정서 발급 의무(21조 1항), 납품대금 지급 관련 의무(60일이내 지급 및 어음 지급 시 할인료 지급 의무, 22조), 합리적 검사 의무(객관성, 타당성, 23조) 등을 부담한다. 한편 수탁기업 역시 품질보장 등의 의무를 부담한다(24조).

(2) 기술자료 임치제도

수탁·위탁기업(수탁·위탁기업 외에 단독 또는 공동으로 기술자료를 임치하고자 하는 기업을 포함)은 전문인력과 설비 등을 갖춘 기관으로서 대통령령으로 정하는 기관과 서로 합의하여 기술자료를 임치하고자 하는 기업의 기술자료를 임치할 수 있다(24조의2). 대기업에 의한 중소기업의 기술 탈취는 대·중소기업 관계에서 빈번히 발생하는 불이익 사례에 해당한다. 중소기업이 보유하고 있는 기술에 대한 보호는 특허법뿐만 아니라 독점규제법 및 하도급법에 의해서도 이루어지고 있다. 그러나 특허법에 의하는 경우 당사자가 자신의 기술자료를 노출시키는 것을 선호하지 않을 수 있을 뿐만 아니라 특허제도에 관한 법률서비스 이용에 비용 등의 현실적인 어려움이 존재할 수 있다. 또한 독점규제법상 불공정거래행위로서 기술의 부당 이용이나 기술인력의 부당 채용 규제 그리고 하도급법상 기술자료 제공금지 등의 규제를 통하여 중소기업의 보호가 가능하지만, 거래 관계의 지속을 원하는 중소기업의 입장에서 이러한 규제시스템을 적극적으로 이용하는 데도 한계가 있을 것이다.[26] 이러한 점에서 상생법에 의한 기술자료 임치제도는 중소기업 보호에 실질적인 기여가 있을 것으로 기대된다.

(3) 위탁기업 등의 금지행위

동법 제25조 제1항에서 위탁기업의 금지행위[27] 그리고 제3항에서 수탁

---

26) 오세영, 주 18)의 글, 34-56면 참조.
27) 수탁기업이 책임질 사유가 없는데도 물품 등의 수령을 거부하거나 납품대금을 깎는 행위(1호), 납품대금을 지급기일까지 지급하지 아니하는 행위(2호), 수탁기업이 납품하는 물품등과 같은 종류이거나 유사한 물품 등에 대하여 통상적으로 지급되는 대가보다 현저히 낮은 가격으로 납품대금을 정하는 행위(3호), 물품 등의 제조를 위탁한 후 경제상황 변동 등의 이유로 발주자로부터 추가금액을 받은 위탁기업이 같은 이유로 수탁기업에 추가비용이 드는데도 받은 추가금액의 내용과 비율에 따라 납품대금을 증액하여 지급하지 아니하는 행위(4호), 품질의 유지 또

기업의 금지행위를[28] 규정하고 있으며, 제2항에서 위탁기업은 기술자료에 관한 일정한 의무를 부담하고 유용행위가 금지된다.

집행 측면에서 보면, 중소벤처기업부장관의 법위반사실에 대한 공정거래위원회에 대한 조치 요구(26조), 수탁·위탁기업 간 불공정거래행위 개선 요구 및 공표, 벌점 부과(27조), 법위반기업에 대한 교육명령(28조의2). 중소기업협동조합의 중소기업청장에 대한 분쟁 조정 요청(28조) 등의 제도가 마련되어 있다.

4. 중소기업의 사업영역 보호

중소기업자단체는 다음 각 호의 어느 하나에 해당하는 기업이[29] 사업

는 개선을 위하여 필요한 경우나 그 밖에 정당한 사유가 있는 경우를 제외하고 위탁기업이 지정하는 물품 등을 강제로 구매하게 하는 행위(5호), 납품대금을 지급할 때 그 납품대금의 지급기일까지 금융기관으로부터 할인을 받기 어려운 어음을 지급하는 행위(6호), 물품 등에 흠이 없는데도 정당한 사유 없이 발주물량을 통상적으로 발주하는 수량보다 현저히 감소시키거나 발주를 중단하는 행위(7호), 납품대금을 지급하는 대신 위탁기업이 제조하는 제품을 받을 것을 요구하는 행위(8호), 위탁기업이 수출용으로 수탁기업에 발주한 물품 등에 대하여 정당한 사유 없이 내국신용장 개설을 기피하는 행위(9호), 물품 등의 제조를 의뢰한 후 그 제조된 물품 등에 대한 발주를 정당한 사유 없이 기피하는 행위(10호), 수탁기업이 납품한 물품에 대한 검사를 할 때 객관적 타당성이 결여된 검사기준을 정하는 행위(11호), 정당한 사유 없이 기술자료 제공을 요구하는 행위(12호), 기술자료의 임치를 요구한 수탁기업에 불이익을 주는 행위(13호), 위탁기업이 제1호부터 제13호까지의 규정에 해당하는 행위를 한 경우 해당 수탁기업이 그 사실을 관계 기관에 고지하였다는 이유로 수탁·위탁거래의 물량을 줄이거나 수탁·위탁거래의 정지 또는 그 밖의 불이익을 주는 행위(14호) 등이 이에 해당한다.

28) 위탁기업으로부터 위탁받은 물품 등의 품질·성능 또는 납품기일에 관한 약정을 위반하는 행위(1호), 물품 등의 가격을 부당하게 인상하여 줄 것을 요구하는 행위(2호), 그 밖에 수탁·위탁거래의 질서를 문란하게 하는 행위(3호) 등이 이에 해당한다.

29) 1. 대기업. 2. 대기업이 같은 업종의 여러 소매점포를 직영하거나, 같은 업종의 여러 소매점포에 대하여 계속적으로 경영을 지도하고 상품·원재료 또는 용역을

을 인수·개시 또는 확장함으로써 해당 업종의 중소기업 상당수가 공급하는 물품 또는 용역에 대한 수요를 감소시켜 중소기업의 경영안정에 현저하게 나쁜 영향을 미치거나 미칠 우려가 있다고 인정할 때에는 대통령령으로 정하는 바에 따라 「중소기업협동조합법」 제3조 제1항 제4호에 따른 중소기업중앙회를 거쳐 중소벤처기업부장관에게 사업조정을 신청할 수 있으며, 이때 중소기업의 3분의1의 동의가 요구된다(32조 1항).

중소벤처기업부장관은 제32조에 따른 사업조정 신청을 받은 경우 해당 업종 중소기업의 사업활동 기회를 확보하는 데 필요하다고 인정하면 조정심의회의 심의를 거쳐 해당 대기업 등에 사업의 인수·개시 또는 확장의 시기를 3년 이내에서 기간을 정하여 연기하거나 생산품목·생산수량·생산시설 등을 축소할 것을 권고할 수 있다(33조 1항). 이를 불이행할 경우 공표, 시정명령을 할 수 있다(33조 3항, 4항). 한편 신청 후 심의결과 통보 시까지 일시정지 권고 등의 조치를 취할 수 있다(34조).

한편 제33조에 따른 권고 또는 이행명령의 대상이 되는 업종의 사업 및 그밖에 중소기업에 적합하다고 인정하여 중소벤처기업부장관이 지정하는 업종 및 품목의 사업을 영위하고 있는 대기업 등은 중소기업과의 합리적인 역할 분담으로 산업의 효율성을 증대시키기 위하여 이를 중소기업에 이양하도록 노력할 의무를 부담한다(35조). 또한 상생법은 사업이양 시 중소기업과 대기업에 대한 지원에 관한 규정을 두고 있다(36조, 37조).

공급하는 다음 각 목(직영점형 체인사업과 프랜차이즈형 체인사업)의 어느 하나에 해당하는 사업을 운영하는 경우 이에 속한 체인점포로서 산업통상자원부령으로 정하는 점포, 3. 대기업이 실질적으로 지배하는 중소기업으로서 산업통상자원부령으로 정하는 중소기업.

Ⅳ. 상생법 개선의 제안

1. 수평적·수직적 관계에서 중소기업 이익 보호

(1) 제도의 실효성 제고

문재인 정부의 출범 후 제22조 제5항의 신설에 의하여 상생의 의미가 있는 납품대금 지급 방식의 하나인 상생결제 제도를 도입하고, 제20조의2 제2항 후단 개정에 의하여 적합업종에 관한 합의도출의 원활화를 위해 동반성장위원회가 대기업과 중소기업자단체에 대해 필요한 자료의 제출이나 회의참석을 요청할 수 있는 근거를 마련하는 등의 개정이 이어졌다. 이와 같은 개정이 일정한 기여를 할 것으로 보이지만, 제도 개선의 필요성이 충족된 것으로 보기는 어려울 것이다. 다른 한편으로 상생법에 의한 규제가 오히려 기업의 경쟁력과 궁극적으로 국민경제에 부정적 영향을 미칠 수 있다는 우려에 대해서도[30] 주의를 기울일 필요가 있다. 따라서 상생법 제정 시부터 강조되었던 자율적 기반 위에서 상생협력을 추구한다는 기본 원칙을 유지하면서, 제도의 실효성을 높이는 방안이 강구되어야 할 것이다.

각 제도의 실효성 제고를 위한 개선과 관련하여, 우선 동반성장위원회가 조사·발표하고 있는 동반성장지수는 기업의 인식 제고와 자율적 협력을 촉진한다는 의미에서 의의가 있는 제도이다. 현행 지수의 산정은 공정거래위원회에 의한 공정거래협약 이행평가와 동반성장위원회의 중소기업 체감도 조사를 1대1로 합하여 평가지수를 산정하는 방식에 의한한다. 이 때 중소기업 체감도 조사는 거래관계(40), 협력관계(30), 운영체제(30)를 평가항목으로 하며, 거래관계에서 공정거래, 거래조건, 협력관계에서 자금

---

30) 고인석, "규제입법의 개선 및 합리화 방안", 유럽헌법연구 제18호, 2015, 430면에서는 법과 제도를 만들면서 지나치게 이상적으로 치우치는 경향으로 인하여 현실에 맞지 않는 규제가 만들어지고, 현실적으로 낮은 준수율로 인해 법의 집행이 곤란하게 되는 경우를 규제입법의 실패의 예로 들고 있다.

분야, 연구개발분야, 생산지원분야, 판로분야, 경영관리분야, 인력분야, 운영체계에서 인식 및 비전 공유, 추친체계, 환경조성을 세부 내용으로 하고 있다.31) 이상의 세부 지표의 제시는 기업의 자발적 협력을 유인할 수 있다는 점에서 긍정적으로 볼 수 있지만, 상생협력의 관점에서 본질적인 지표라 할 수 있는 성과이익의 배분 문제를 반영하고, 나아가 기업 내부 구성원들의 근무조건이나 이익 귀속 등의 현황도 고려될 필요가 있다.

제도의 실효성과 관련하여 조직적 측면, 특히 핵심적 역할을 수행하는 동반성장위원회에 대해서도 살펴볼 필요가 있다. 사업자의 자율에 기반하고 있는 상생법의 취지를 반영하여 동반성장위원회는 자율·민간 기구의 형태로 존재하며, 법정된 업무 수행도 본질적으로 보조적 성격을 갖고 있다. 따라서 동반상정위원회가 역할을 수행하는 데는 한계가 있다. 적합업종 합의를 주도적으로 이끌 수 있는 지위를 부여하는 등의 역할 강화에 관한 논의가 필요할 것이다.

상생법상 규제로서 핵심적인 의미가 있는 위탁기업의 금지행위에 대해서도 실효성 측면에서 검토가 요구된다. 동 행위는 독점규제법이나 하도급법에 의하여 이미 규제되고 있는 행위이며, 따라서 동법에 의한 규제가 실질적인 의의를 갖기 위해서는 독점규제법이나 하도급법에 의하는 경우를 넘어서 규제의 실효성이 강화되어야 한다. 이와 관련하여 거래 관계의 지속을 원하는 중소기업의 입장에서 거래 상대방 규제에 적극적이지 못할 수 있으므로 중소벤처기업부의 후견적 개입이 적극적으로 이루어질 필요가 있다. 현재 운영 상황을 보면, 2017년 중소벤처기업부는 수탁·위탁거래를 하고 있는 기업 6000개사를 대상으로 '2016년도 수탁·위탁거래 실태조사'를 실시해 상생법을 위반한 479개사를 적발하고, 기간 내 자진개선한 기업을 제외한 68개사에 대해 개선요구의 조치를 취하고 벌점을 부과하였으며, 하도급법을 동시에 위반한 5개사의 위반 행위에 대해서는 공정거래

31) 동반성장위원회, 2017년도 동반성장지수 평가 결과 발표, 2018. 6. 27., 4면 참조.

위원회에 조치를 요구했다.32) 이와 같은 제도 운영은 긍정적으로 볼 수 있지만, 개선요구 조치가 구속력을 갖지 않는다는 점에서 실효성 측면에서 의문이 있으며, 공정거래위원회에 조치 요구된 사건의 경우 후속 절차에의 참여가 제도적으로 보장되지 않고 있다는 점에도 주의를 기울일 필요가 있다. 이러한 점에서 위반행위 사업자에 대한 규제가 실효성을 가질 수 있는 방향으로의 집행 강화가 논의될 필요가 있으며,33) 공정거래위원회 등에서 진행되는 절차에 중소벤처기업부가 적극적으로 참여할 수 있는 제도, 예를 들어 양 기관의 협의나 이의 제기 절차의 제도의 도입이 적극적으로 검토되어야 한다. 또한 수탁기업의 이익에 중요한 부분을 차지하고 있는 거래의 지속성을 제도적으로 보장하는 방안, 예를 들어 위반행위에 대한 익명 신고 시스템 등이 적극적으로 고려되어야 할 것이다.

(2) 수평적·수직적 측면에서 이익 불균형과 격차 해소의 추진

상생법 운영과 관련하여 수탁·위탁기업 간의 거래상 이익의 불균형과 격차 해소의 관점은 여전히 중요한 의미를 갖는다. 특히 위탁기업과 수탁기업에 속한 근로자들의 임금이나 근로형태 등 근로조건의 현저한 차이는 양자 간 이익 불균형을 징표하며, 이를 시정하는 것은 상생협력의 기본 조건을 충족하는 의미가 있다. 선언적인 것이기는 하지만, 상생법 제18조는 "정부는 대기업과 중소기업 간의 임금격차 완화를 위하여 노사 간 상생협력의 임금교섭 노력을 적극 지원하는 등 필요한 시책을 수립하여 시행할 수 있다"는 규정을 두고 있으며, 동 규정은 임금 등의 격차 해소가 상생법의 정책 실현 범위 안에 위치함을 보여주는 것이다.34)

---

32) 중소벤처기업부, 2016년 수·위탁거래 위법 행위 68개사, 5.3억원 개선요구 조치 (2017. 11. 15.)
33) 요구에 불응하는 사업자에게 벌점 부과나 입찰 제한 등의 간접적 강제가 가능한데, 직접적으로 위반행위를 중지시킬 수 있는 조치 내용이 강구될 필요가 있다.
34) 구체적인 실현 방식의 하나로, 「중소기업 인력지원 특별법」 제27조의2에서 중소

이와 같은 문제 인식은 상생적인 관점에서 중소기업의 이익 증대를 모색하는 것이 개선의 핵심적 과제임을 상기시킨다. 대기업과 중소기업의 관계는 수평적 관계와 수직적 관계로 구분할 수 있으며, 따라서 중소기업의 이익 증대의 문제 역시 두 기본적 관계에 기초하여 논의되어야 한다. 수평적 관계는 대기업과 중소기업 간에 경쟁관계가 존재하는 경우를 의미하며, 특정 상품 시장에서 잠재적 또는 실제적 경쟁이 이루어지는 상황을 전제한다. 이 영역에서는 대기업의 경쟁제한적인 지배력 남용을 규제하여 양자 간 경쟁이 유효하게 이루어질 수 있도록 하는 것뿐만 아니라, 열등한 위치에 있는 중소기업의 경쟁력 향상을 이룰 수 있는 정책의 종합이 필요할 것이다. 상생법상 중소기업 적합업종 제도는 후자에 초점을 맞춘 것으로서 실제 경쟁에서 열위에 있을 가능성이 큰 중소기업에 대한 보호적 관점이 반영된 것으로 볼 수 있다. 이러한 정책의 타당성은 인정되지만, 업종의 보호가 실제 경쟁력 향상으로 이어지도록 주의를 기울일 필요가 있다.[35] 무엇보다 제도적 진입장벽에 안주하는 결과를 방지하기 위한 보완이 요구된다. 예를 들어 접합업종의 심사 시 산업 전체의 경쟁력 향상의 요소를 광범위하게 포함시킴으로써 특정 중소기업의 이익에 치우치지 않도록 하는 것 등을 고려할 수 있으며, 이러한 요구는 중소기업 적합업종 제도의 취지에 부합하는 것이다.

한편 중소기업은 대기업과 수직적인 관계를 맺고 사업을 영위하는 경우가 다수라는 점에서 수직적 거래 관계를 전제로 한 중소기업의 이익 보호와 양자 간의 협력적 관계의 구축은 상생법의 핵심적 과제라 할 수 있으며, 양자 간의 거래가 공정하게 이루어질 수 있도록 하는 것이 중요하다.

기업 근로자의 임금 또는 복지 수준 향상을 위해 사업주와 근로자 간에 성과를 공유하는 제도가 마련되어 있다. 동 제도의 의의와 활용 사례에 관하여, 노민선, "중소기업 임금격차 완화 및 성과공유제 활성화 방안", 외주화연구회 제7차 회의, 2017, 26-28면 참조.

35) 중소기업 보호에서 경쟁력 중시로 전환의 필요성을 지적하는 것으로, 이윤보·이동주, 주 16)의 글, 94면 참조.

독점규제법, 하도급법 등이 이러한 과제를 수행하는 주된 근거가 되지만, 상생법 역시 이에 관한 근거 규정을 두고 있으며, 전술한 것처럼 해당 규정에 근거한 규제가 강화될 필요가 있을 것이다.

그러나 상생법상 규제의 강화만으로 공정한 거래관계가 형성될 것으로 기대하기는 어렵다. 이와 관련하여 Wolfgang Däubler의 다음과 같은 언급, "경쟁은 기업으로 하여금 비용절감을 요구한다. 이는 개선된 조직, 낮은 가격의 원재료 구매, 임금 감액 등을 통하여 달성할 수 있다. 특히 서비스 분야에서 낮은 임금은 시장에서 더 나은 위치를 점하는 주된 수단이다. 혁신은 2차적인 역할을 할 뿐이다"라고 한 지적을 참고할 필요가 있을 것이다.[36] 즉 가격 경쟁이 핵심인 경쟁 시스템 하에 있는 경제주체에게 비용절감을 위한 노력은 불가피하며, 이러한 상황에서 제재를 통한 적법행위의 유인에는 한계가 따를 수밖에 없다. 따라서 경쟁 기능을 보완하거나 적어도 부분적으로 대체할 수 있는 메커니즘이 강구될 필요가 있으며, 이러한 맥락에서 상생법이 제시하고 있는 성과공유제는 새로운 접근 방식으로서 의미가 있다. 이러한 접근 방식은 단지 이익 분배의 관점에서만 이해될 것은 아니다. 현재의 경쟁 양상은 개별 기업 간의 경쟁을 넘어서 최종 완제품 시장에서의 기업을 정점으로 이를 뒷받침하고 있는 네트워크 간의 경쟁 또는 플랫폼 간의 경쟁으로 변화하고 있고, 이러한 상황에서의 경쟁은 네트워크를 구성하는 모든 경제 주체의 경쟁력 강화를 필수적으로 요구하고 있다. 상생협력은 이러한 시장 환경의 변화를 반영한 것으로서, 궁극적으로 산업 전체의 경쟁력 향상에 기여할 수 있다. 이러한 사고 역시 성과공유제의 개선에 관한 논의를 뒷받침하는 근거로서 유효할 것이다.

---

36) Wolfgang Däubler, 주 12)의 책, 57면.

2. 성과공유제의 개선

현행 성과공유제는 당사자 간의 자율에 따른 계약 모델에 기반한 것으로서 자율성 원칙에 충실한 것이기는 하지만, 중소기업의 실제 이익에 부합하는 결과를 낳을 수 있는지는 불명확하다. 제도의 의의에 비추어 동 제도가 적극적으로 활용되고 있는 것으로 보기는 어려우며, 따라서 수탁·위탁기업 간 자율적 계약 모델로 제도화된 동 제도에 의하여 수탁기업이 협력 성과로부터 자신의 이익을 실현할 수 있을지에 의문이 따른다. 또한 성과공유 방식도 거래상 이익을 포함하는 넓은 범위로 인정됨으로써 실질적인 성과공유로 기능할지가 명확하지 않은 측면도 있다.

성과공유제의 운영과 관련하여 제기되는 문제는 세 가지로 집약할 수 있다. 우선 동 제도에 대한 이념적인 문제 제기를 피하기 어렵고, 이에 대한 적절한 대응이 없을 경우에 정책 실현이 순조롭게 이루어지지 않을 수 있다. 과거 초과이익공유제를 두고 벌어진 논란을 돌이켜보면,[37] 제도의 내용보다 제도 자체가 사회주의적 발상이라는 비판과 같은 이념적 논쟁이 주를 이루었다. 초과이익 개념은 잉여가치 개념과 유사하고, 자본과 노동의 관계에서 잉여가치가 자본에 전속적으로 귀속된다는 자본주의에 대한 비판적 사고를 연상시키는 측면이 있다. 물론 초과이익 공유제는 기업 간의 이익 배분의 문제이므로 이러한 사고와는 분명 궤를 달리하는 것이지만, 현실적으로 특정 경제주체에게 실현된 이익을 다른 경제주체와 공유한다는 사고는 이데올로기적 논의를 촉발시킬 수도 있을 것이다. 그러나 전술한 것처럼 대기업과 중소기업이 성과를 공유하는 것은 기여에 대한

---

37) 초과이익공유제는 반자본주의적인 제도가 아니라 자본주의 하에서 충분히 가능한 제도임을 밝히고 있는 것으로, 위평량, "초과이익공유제 검토", 철학과 현실 제89호, 2011, 100-103면 참조. 반면 초과이익공유제가 기업의 혁신과 이윤 동기 활동을 억제하고 기업의 시장가치를 훼손할 것이라는 점을 근거로 동 제도의 문제점을 지적하는 것으로, 김영신, "동반성장지수 및 초과이익공유제의 개념적 오류와 문제점", KERI Insight 11-06, 2011, 7-8면 참조.

정당한 몫에 따른 요청으로 볼 수 있으며, 또한 이러한 배분이 궁극적으로 참가 기업 모두에게 이익이 될 수 있다는 사고도 제도의 근거로서 원용될 필요가 있을 것이다. 이와 관련하여 미국의 경우 자동차제조업의 약 45% 가 부품공급업자들과 성과공유계약(profit-sharing contracts)을 체결하고 있고, 대체적인 분배 비율은 50-50이며, 이때의 성과는 예상 수익과 실제 수익의 차액으로 계산되고 있다. 또한 미국 정부의 계약이나 정부 규제산 업에서 성과공유제는 오랜 기간 활용되어 왔고, 특히 1980년대 이후 급속 히 증가하였으며, 대체로 사업자들은 15%에서 25%정도의 수익공유를 청 구한 것으로 조사되고 있다.[38] 이러한 예는 성과공유제가 특정한 이념이 나 특정 집단의 이익에 편향된 제도가 아님을 시사하는 것이다.

제도의 운영 과정에서 실제적으로 드러나는 문제로서 성과의 불확정성 을 지적할 수 있다. 상호 협력을 통하여 발생하는 성과를 통한 수익 실현 은 장래의 일이며, 때로는 상당 기간을 요할 수도 있다. 이러한 상황에서 현재 여력이 없는 기업이 장래 예상되는 이익의 공유에 적극적으로 나서 기 어려울 것이며, 또한 이익 배분을 성과 이후의 시점으로 할 경우에 중 소기업의 입장에서 수익 배분은 보다 단기에 이루어질 필요가 있는데 이 러한 요구를 적절하게 조정할 수 있는지 그리고 이 과정에서 장래 성과의 예측이 합리적으로 이루어질 수 있는지의 문제가 제기될 수 있다. 또한 실 질적인 문제로서 중소기업에게 주어지는 구체적인 배분을 어떠한 방식으 로 할 것인지도 문제가 된다. 이상의 제도 실현 과정에서 나타날 수 있는 문제를 인지하고, 당사자들이 자율적으로 결정하는 내용에 반영될 수 있 는 법적 근거를 마련하는 것도 성과공유제의 실현을 위하여 핵심적인 과 제가 될 것이다. 예를 들어 배분방식을 경제적 가치가 불확정적인 거래 기 회나 경제적 자원에의 접근 대신 원칙적으로 금액 지급의 방식으로 정할 수 있으며, 이는 중소기업의 지속적인 협력을 유인하는 측면에서도 긍정

---

38) Hui Chen, Supplier Contracts with Profit Sharing, Open-book Costing and Associated Audit Rights, University of Tennessee, 2005, 3면 참조.

적으로 고려될 수 있다. 또한 성과의 실현과 이익 배분 간의 시차에 따른 문제를 최소화하기 위하여 양 당사자가 참여하는 지속적인 모니터링이나 주기적인 협의체의 제도화 또는 성과 배분을 당사자가 자율적으로 정한 미래의 일정 시점으로 유보하는 것이 가능할 경우에 요건을 법정하는 등의 방안이 강구될 필요가 있을 것이다.[39]

이상의 논의가 성과공유제의 실현 가능성을 높이는데 기여할 수 있지만, 제도의 기반이 당사자의 자율성에 있고, 따라서 대기업이 제도 수용에 소극적일 경우에 이를 규제를 통하여 강제할 수 있는 방안을 마련하기가 용이하지 않다는 문제를 피하기 어려울 것이다. 이러한 상황에서 협력이익청구권 제도가 대안으로서 검토될 필요가 있다. 위탁기업과 수탁기업 간의 협력에 의하여 이익이 창출될 경우에, 해당 이익은 위탁기업에 귀속하게 된다. 이때 수탁기업이 거래관계에서 얻은 대가가 창출된 이익의 기여분에 미치지 못할 경우에 잔여분을 청구할 수 있는 권리를 법정하는 것인데, 가치 증대에 기여한 만큼의 대가를 취득하게 하는 것은 경제적 정당성을 가질 수 있을 것이다. 또한 Coase의 사고를 빌린다면 권리관계를 명확히 할 경우에 당사자 간의 자율적 협상에 의하여 경제적으로 효율적인 결과를 낳을 수 있다는 점에서 제도의 의의를 찾을 수도 있다.[40] 제도의 실효성 측면에서 보면, 사전합의 모델의 한계를 피할 수 있으며, 청구권의 가능성이 주어지는 상황은 위탁기업에게 지나친 거래조건의 강요를 억제시키고 수탁기업으로 하여금 적극적으로 협력관계로 나아갈 수 있는 유인이 될 수 있을 것이다.

---

39) 문재인 정부가 제시한 100대 국정 과제에서는, 대·중소기업 상생 협력(27과제)을 위하여 협력이익배분제 모델을 개발하여 기업에 확산시킬 것을 제시하고 있으며, 대·중소기업 임금 격차 축소 등을 통한 중소기업 인력난 해소(41과제)를 추진하고 이를 위한 미래성과공유제의 확산은 중소기업의 대기업 대비 임금격차 축소시킬 것이라는 전망을 제시하고 있다. 대한민국 정부, 100대 국정과제, 2017, 42, 56면 참조.

40) Robert Cooter & Thomas Ulen, Law & Economics, Pearson, 2008, 88-89면.

3. 수탁기업협의회의 권한 강화

상생법 제17조 제1항은 "수탁기업은 위탁기업과 대등한 거래관계를 유지하고 기술정보의 교환 및 공동기술개발 등을 촉진하기 위하여 위탁기업별·지역별·업종별로 수탁기업협의회를 구성할 수 있다"는 규정을 두고 있고, 동조 제2항에서 "국가 또는 지방자치단체는 수탁기업협의회의 활성화를 위하여 필요한 지원을 할 수 있다"고 규정함으로써 국가 등에 의한 지원 규정을 마련하고 있다. 이상의 규정에 의하여 임의적 조직으로서 수탁기업협의회의 설치 근거가 주어지고, 국가 등에 의한 지원 근거도 마련되어 있지만, 실질적으로 입법 취지에서 드러나고 있는 수탁기업의 대등력 제고라는 수탁기업협의회의 목적이 실현되고 있는지는 의문이다. 남양유업 대리점들이 본사와 상생협약을 체결하는 과정에서 지점 대표 대리점 회장이 대리점 이익보다 본사의 이익을 반영하고 있는 내용의 협약 체결을 대리점들에게 독려한 사건에서 확인할 수 있듯이,[41] 대리점 단체의 대표가 대리점의 이익에 반하는 행위를 할 가능성이 상존하는 상황에서 수탁기업 단체의 설립만으로 의도한 목적이 이루어지기를 기대하기에는 한계가 있을 것이다.

따라서 수탁기업과 위탁기업의 대등한 관계 유지가 가능할 수 있는 제도적 보완이 이루어질 필요가 있으며, 이러한 관점에서 개별적 교섭력의 한계를 극복하기 위하여 집단적 권리 행사를 가능하게 하는 제도를 검토할 수 있을 것이다. 근대 초기에 사용자와 근로자 사이의 교섭력의 차이를 보완하기 위하여 근로자의 집단적 권리를 보장하는 제도가 형성되었던 것처럼, 특히 위탁기업과 수탁기업 사이의 불균형이 구조적인 문제라면 이를 시정하는 방안으로 집단적 권리를 부여하는 내용의 제도 도입을 고려할 수 있다. 구체적으로 집단적 권리의 부여를 어떠한 방식으로 구성할지

---

41) CBS노컷뉴스, "남양유업 전직원의 고백 상생협약, 본사를 위한 것", 2017. 8. 22.

그리고 어느 수준에서 권리를 인정할 것인지에 관한 논의가 필요하다.

가능한 방식의 하나로 단지 단체 결성에 관한 권리를 부여하는 방식을 상정할 수 있으며, 이는 현행 상생법상 수탁기업협의회 제도가 취하고 있는 방식이기도 하다. 단체 결성의 법적 근거를 두는 것은 위탁기업에 의한 단체설립 방해를 방지할 수 있는 등의 의미가 있지만, 앞에서 살펴본 것처럼 단체 결성에 대한 권리 부여만으로는 수탁기업의 불이익을 시정하는데 실질적인 도움이 되지 않을 수 있다는 점에서 한계가 있으며, 협의회에 위탁기업의 참여를 의무화하는 등의 제도적 보완이 필요할 것이다.[42] 나아가 수탁기업의 단체에 근로자의 단체교섭권에 준하는 권리의 부여를 고려할 수도 있다. 수탁기업의 열등한 지위는 수요처가 제한된 상황에서 수탁기업들 간 경쟁이 심화되고 있는 구조, 수·위탁관계의 고착화로 인한 수탁기업의 볼모(hold-up) 효과, 수탁기업의 거래 전환 가능성을 기대하기 어려운 거래 현실 등에 원인이 있으며, 이러한 상황에서 수탁기업들이 거래 관계 형성에 집단적으로 대응할 수 있는 제도 도입은 대등한 교섭력을 이루는데 기여할 수 있을 것이다.[43] 또한 상생법이 추구하는 가치인 상생 협력의 관점에서 새로운 접근방식을 모색할 수 있으며, 가능한 방안으로 「협동조합기본법」에 제도화되어 있는 협동조합 방식을 원용하는 것도 고려할 수 있다. 협동조합의 방식을 취할 경우 조합 구성원인 수탁기업이 소

---

42) EU에서 공급업자와 소매업자가 자율적으로 참여하는 분쟁 협의 기구로 설립된 SCI(supply chain initiative)의 경우, 서면계약, 예측가능성 보장, 이행 확보, 적법한 정보 교환, 비밀유지, 고유한 위험의 전가 제한, 부당한 요구의 제한 등의 자율 준수 사항을 마련하고, 이의 위반 시 SCI에서 배제되는 것에 의하여 일정한 통제가 가능하도록 하고 있다. Europäische Kommission, Mitteilung gegen unlautere Handelspraktiken zwischen Unternehmen in der Lebensmittelversorgungskette, 2014, 11-13면 참조.

43) 자영업자는 프랜차이즈 가맹본부나 대형유통업체 등 경제권력에 점점 더 종속되어 가고 있는 현실을 고려하여, 종속적 자영업자 등에게 노동법적 권리의 부여 가능성을 검토하고 있는 것으로, 박제성, "프랜차이즈에 관한 시론 - 지배종속적 상사관계에서 지배종속적 노동관계까지 -", 서울대노동법연구회, 2017, 2-3면.

유, 이용, 수익의 주체가 된다는 점에서 이들의 자발성을 기대할 수 있을 뿐만 아니라, 위탁기업까지 이 시스템에 포함시킬 경우에 상생구조로의 진화를 가능하게 한다는 점도 긍정적인 고려 요소가 될 수 있다.[44] 다만 이 역시 이해관계자들의 자율성에 기반한다는 점에서 제도의 실효성에 의문이 따를 수 있으며, 수탁기업과 위탁기업이 공유하는 이익의 구체적인 제시가 제도 운영에 한계로 작용할 수 있다. 이상의 가능한 방식들의 비교 형량을 통하여 상생법상 수탁기업의 집단적 권리가 제도화될 필요가 있으며, 이는 궁극적으로 상생법이 기초하고 있는 당사자의 자율성 원칙의 측면에서도 긍정적으로 평가될 수 있다.

V. 결론

상생법이 중소기업이나 수탁·위탁거래에서 수탁기업의 보호를 목적으로 한다는 점에 의문은 없지만, 단지 보호 차원을 넘어서 대기업과 중소기업 또는 위탁기업과 수탁기업 간에 상생적 협력의 관계를 지향한다는 점에서 차별성을 갖는다. 이와 같은 상생법의 고유한 의의는 상생법 개선 논의에 있어서도 유지되어야 할 것이다. 또한 대·중소기업의 문제는 수평적 관계와 수직적 관계 양 측면에서 파악되어야 하며, 따라서 문제 해결의 시

---

44) 협동조합은 기본적으로 경제주체 간 협력(cooperation)을 전제하며, 이윤 추구의 경제적 조직체로서 기업과는 상이한 메커니즘에 기반하고 있다. 미국의 예를 보면, 프랜차이즈 가맹점을 중심으로 조직된 구매협동조합(purchasing cooperative)의 경우처럼 유통 거래에서 협동조합의 기능은 공급업자까지 포함하여 확장되기도 하는데, 이러한 경우 유통 과정에서의 경쟁 시스템이 협력 시스템으로 전환될 수 있고, 이로써 대기업의 부당한 요구를 경쟁을 통하여 수용하게 되는 관행을 본질적으로 개선하는 효과를 기대할 수 있다. 송재일, "협동조합에 대한 독점규제법 적용 제외의 근거와 필요성", 한국 협동조합 법제도 개선 연구, (재)iCOOP협동조합연구소, 2017, 36-38면 참조.

도도 양 측면에서 종합적으로 이루어져야 한다는 점에 유의하여야 한다.

문재인 정부가 들어선 이후 일련의 상생법 개정에도 불구하고 개선이 요구되는 사항은 여전히 남아 있다. 특히 중소기업 적합업종 제도는 수평적 관점에서 중소기업의 보호를 위한 것으로서 정당성이 인정되지만, 아울러 중소기업의 경쟁력 향상이 추구되어야 하며, 이러한 관점이 제도 운영의 원칙으로서 전제되어야 한다. 수직적 관계의 규율인 수탁·위탁거래의 공정화와 관련하여 상생법상 규제의 실효성을 제고하기 위한 방안이 강구되어야 하며, 무엇보다 소관부서인 중소벤처기업부가 규제 절차에 참여할 수 있는 권한을 확대하는 것에 관한 논의가 이루어질 필요가 있다.

상생법 개선을 논의함에 있어서 상생법의 기본 목적인 상생협력의 의의가 구현되는 것에도 관심을 기울일 필요가 있으며, 이러한 관점에서 성과공유제의 실현 가능성에 관한 논의가 구체화될 필요가 있다. 성과공유제는 중소기업과 대기업의 협력 과정에서 이익 실현에 기여한 부분에 상응하는 몫이 중소기업에게 주어지도록 하는 것에 제도의 정당성이 있으며, 제도가 적절히 운영될 경우에 궁극적으로 양 당사자 모두에게 이익이 된다는 점이 지속적으로 강조되어야 한다. 당사자의 자율성에 기초하면서도 제도가 실효성 있게 운영되도록 하는 방안으로서 중소기업의 정당한 몫에 대한 청구권을 제도화하는 것, 또한 당사자 자율성의 전제로서 양 당사자 간에 힘의 균형을 제도적으로 뒷받침하기 위하여 수탁기업에게 집단적 권리를 부여하는 것을 적극적으로 검토할 필요가 있다.

17. 상생법상 규제 범위의 개선

Ⅰ. 서론

「대·중소기업 상생협력 촉진에 관한 법률」(이하 상생법)은 「중소기업의 사업영역보호 및 기업간 협력증진에 관한 법률」을 폐지하고, 이를 대폭 보완한 대체 법률로서 2006년 제정되었다. 동법의 제정은 대기업과 중소기업 간 자율적인 상생협력을 제도적으로 지원할 수 있는 확고한 기반을 마련하였다는 점에서 의의를 찾을 수 있을 것이다. 그러나 동법의 제도들이 충분한 실효성을 발휘하고 있는지에 지속적으로 의문이 제기되고 있지만, 드러난 문제점이나 제도적 흠결을 보완, 개선하기 위한 의미 있는 수준의 개정 작업이 이루어지지는 않고 있다.

이러한 문제점의 하나로 상생법의 제도 운영에 있어서 기초가 되고 있는 수탁·위탁거래 개념의 문제를 들 수 있다. 상생법은 제2조 제4호에서 위탁기업과 수탁기업 간의 거래로서 수탁·위탁거래를 정의하고, 이에 기초하여 동 거래에서 발생하는 불공정성 문제를 시정하기 위한 규제나 상생협력의 실현을 위한 정책 프로그램을 제시하고 있다. 즉 수탁·위탁거래는 상생법의 핵심적 개념에 해당한다. 그렇지만 그동안 동 개념이 상생법상 규제나 정책 형성의 기초로서 적절하게 정의되고 있는지, 그리고 이에 의하여 타당하게 규제 범위가 설정되고 있는지에 관한 논의가 충분히 이루어지지는 않았다.

이하에서는 우선 수탁·위탁거래 개념에 기초한 상생법의 규제 대상이 적절한지를 상생법상 규제의 의의와 범위의 측면에서 살펴볼 것이다(Ⅱ). 이어서 수탁·위탁거래의 단일한 개념에 기초하여 거래 공정화를 위한 규제와 상생협력의 정책적 기초를 제시하는 방식이 타당한지, 나아가 규제 범위를 확대할 필요가 있는지, 그리고 필요성이 인정될 경우에 가능한 방식 등에 관하여 상론할 것이다(Ⅲ).

Ⅱ. 현행 상생법상 규제의 의의와 범위

1. 상생법의 목적과 정책 기조

상생법 제1조는 "이 법은 대기업과 중소기업 간 상생협력 관계를 공고히 하여 대기업과 중소기업의 경쟁력을 높이고 대기업과 중소기업의 양극화를 해소하여 동반성장을 달성함으로써 국민경제의 지속성장 기반을 마련함을 목적으로 한다"고 규정하고 있다. 동 규정을 통해 동법의 궁극적 목적이 국민경제의 지속성장 기반인 동반성장의 달성에 있고, 이를 위한 정책 목표가 대기업과 중소기업의 경쟁력 강화와 양극화 해소에 있음을 확인할 수 있다. 아울러 동 규정이 목표의 실현 수단으로 대·중소기업 간 상생협력 관계의 공고화를 제시함으로써 동법의 의의가 중소기업의 일방적 보호가 아닌 대기업과 중소기업의 상생적 관계의 구축에 있음을 명확히 하고 있다는 점도 특기할 만한 것이다.

또한 동법 제2조 제3호는 "상생협력은 대기업과 중소기업 간, 중소기업 상호간 또는 위탁기업과 수탁기업 간에 기술, 인력, 자금, 구매, 판로 등의 부문에서 서로 이익을 증진하기 위하여 하는 공동의 활동을 말한다"고 정의하고 있다. 즉 상생법은 상생협력을 상호 이익 증진의 관점에서 정의하고 있으며, 중소기업의 일방적 이익을 넘어서 대기업을 포함한 전체적인 이익의 증대를 낳을 수 있는 방향으로[1] 정책이 추진될 것을 시사하고 있

---

1) 서완석, "중소기업의 보호와 대기업과의 상생을 위한 법적 제도에 관한 연구", 상

다. 나아가 그 범위에 있어서 대기업과 중소기업 관계에 한정하지 않고 중소기업 간의 관계 등을 포함하고 있다는 점에도 주목을 요한다.

2. 상생법상 규제의 의의

상생법은 대기업과 중소기업의 관계를 수평적 측면과 수직적 측면에서 모두 고려하여 법체계를 형성하고 있다는 점에서 특징적이다. 수평적 관계는 대기업과 중소기업이 경쟁자로 만나는 관계 그리고 수직적 관계는 제조·유통 과정에서 양자가 밸류체인으로 이어지는 관계를 상정한다. 동법의 주요 구성은 제3장에서 상생협력 촉진을 위한 시책의 추진, 제4장에서 수탁·위탁거래의 공정화 그리고 제5장에서 중소기업의 사업영역 보호에 관한 것으로 이루어지고 있는데, 제3장과 제4장은 대·중소기업의 수직적 관계 그리고 제5장은 수평적 관계를 염두에 둔 것으로 볼 수 있으며, 이로써 대·중소기업관계를 상생협력적으로 형성하기 위하여 수평적, 수직적 측면에서 종합하는 법체계를 이루고 있다.

또한 수직적 관계에 대한 규율이 제3장에서 상생협력 촉진과 제4장에서의 거래 공정화를 위한 규제, 즉 협력 증진과 규제로 이원화되고 있는 점에도 주목을 요한다. 전자는 상생법 자체가 대기업과 중소기업의 자율에 기초하고 있다는 점을 반영한 것이며, 후자는 상생법의 실효성 제고를 위하여 규제의 필요성이 있다는 점뿐만 아니라 중소기업에 대한 불공정 행위에 대한 규제에 있어서 일반 경쟁기관인 공정거래위원회 외에 중소기업에 관한 정책을 전담하는 기관이 적절한 규제 담당자가 될 수 있다는 사고가 반영된 것으로 볼 수 있다.[2]

사법연구 제30권 제1호, 2012, 51-52면 참조.

2) 일본 중소기업청설치법 제4조 제7항에서는 중소기업청의 요구에 의하여 공정취인위원회가 독점금지법 위반 사건에 대한 심사를 하도록 하는 규정을 두고 있다. 谷原修身, 獨占禁止法の解說, 一橋出版, 2006, 73면 참조.

3. 수탁·위탁거래의 정의

상생법상 이원화 되어 있는 수직적 관계의 규율에서 구체적인 법적용은 수탁·위탁거래를 대상으로 한다.[3] 상생법 제2조 제4호에서 수탁·위탁거래는 "제조, 공사, 가공, 수리, 판매, 용역을 업으로 하는 자가 물품, 부품, 반제품 및 원료 등(이하 "물품 등"이라 한다)의 제조, 공사, 가공, 수리, 용역 또는 기술개발(이하 "제조"라 한다)을 다른 중소기업에 위탁하고, 제조를 위탁받은 중소기업이 전문적으로 물품 등을 제조하는 거래를 말한다"고 정의하고 있다.[4] 이와 같은 정의는 개념의 명확성을 기한다는 점뿐만 아니라 동법에 의한 구체적인 규제 대상의 범위를 정하고 있다는 점에서도 의미가 있다.

동 규정에서 수탁·위탁거래는 거래 주체와 거래 내용 측면에서 정의되고 있다. 우선 거래 주체와 관련하여 위탁기업에 대해서는 제조, 공사, 가공, 수리, 판매, 용역을 업으로 하는 것 외에 특별한 제한을 가하고 있지는 않다. 반면 수탁기업에 대해서는 중소기업일 것을 요구함으로써 수탁·위탁거래를 대·중소기업 관계의 틀에서 파악할 것임을 명확히 하고 있다. 한편 동 규정은 수탁자인 중소기업이 전문적으로 위탁업무를 수행할 것을 요구하고 있는데, 이러한 규정은 후술하는 다른 거래 공정화 관련 법률에서 규제 대상인 거래를 정의하는 경우에 유사한 예를 찾아보기 어려운 것으로서 이때 요구되는 전문성의 의미에 대해서는 해석상 논의의 여지가 있다. 우선 동법이 대·중소기업 간의 상생을 목적으로 한다는 점을 고려할 때, 여기서의 전문성을 자격 요건으로 이해하여 수탁·위탁거래를 제한해서 볼 것은 아니다. 다만 일반적인 거래에서 부수적으로 나타나는 업무

---

3) 상생협력 시책 추진의 주요 근거가 되는 상생법 제8조는 수탁기업과 위탁기업 간에 상생협력 성과의 공평한 배분에 관하여 규정하고 있다.
4) 동조 제5호는 위탁기업을 "제4호에 따른 위탁을 하는 자" 그리고 제6호는 수탁기업을 "제4호에 따른 위탁을 받은 자"로 정의하고 있다.

위탁의 경우까지 규율 대상에 포함시키는 것은 지나친 확장일 수 있다. 이러한 점에서 동 규정에서 요구하는 전문성은 거래과정에서 부수적으로 수행하는 위탁업무를 배제하려는 의미로 이해하는 것이 수탁·위탁거래를 정의하는 동법의 취지에 부합하는 해석이 될 것이다.

거래 내용 측면에서는 수탁기업에 대한 위탁의 내용을 제조, 공사, 가공, 수리, 용역 또는 기술개발로 제한하고 있다. 이상의 위탁 내용의 열거는 예시적이 아닌 한정적인 것이어서 그 자체로는 중요한 제한으로 볼 여지가 있다. 그러나 열거된 위탁 내용의 범위가 넓고 개방적이어서 거래 내용 측면에서도 특별한 제한이 부과된 것으로 보기는 어려울 것이다. 다만 후술하는 바와 같이 유통 과정에서의 위탁업무 중 중요한 비중을 차지하는 판매 위탁이 제외된 것에는 주의를 기울일 필요가 있을 것이다.

4. 다른 거래 공정화 법률의 규제 대상인 거래와의 구별

(1) 거래 공정화 관련 법률

이상의 규정에 의하여 상생법상 거래 공정화를 위한 규제 대상이 수탁·위탁거래로 정해지고 있으며, 이로써 거래 공정화와 관련하여 거래상 지위남용 행위5) 등의 불공정거래행위를 규제하고 있는 「독점규제 및 공정거래에 관한 법률」(이하 독점규제법)의 특별법에 해당하는 「하도급거래 공정화에 관한 법률」(이하 하도급법),6) 「대리점거래의 공정화에 관한 법

---

5) 독점규제법 제23조의 불공정거래행위의 한 유형으로서 거래상 지위남용 행위의 위법성을 거래불공정성 관점에서 판단하는 것에 관하여, 홍명수, "불공정거래행위의 유형에 따른 위법성 판단- 불공정성을 중심으로 -", 경희법학 제50권 제3호, 2015, 48면 이하 참조.

6) 하도급법 제2조 제1항 "이 법에서 하도급거래란 원사업자가 수급사업자에게 제조위탁(가공위탁을 포함한다. 이하 같다)·수리위탁·건설위탁 또는 용역위탁을 하거나 원사업자가 다른 사업자로부터 제조위탁·수리위탁·건설위탁 또는 용역위탁을 받은 것을 수급사업자에게 다시 위탁한 경우, 그 위탁(이하 "제조등의 위탁"이라

률」(이하 대리점법),[7]「가맹사업거래의 공정화에 관한 법률」(이하 가맹사업법)[8] 등에 의한 규제와[9] 구별되는 고유한 규제 범위를 갖게 되었다.

(2) 하도급법과 구별

거래 공정화에 관한 법률에 의한 규제 대상인 거래 중 하도급법상 하도급거래는 상생법상 수탁·위탁거래와 마찬가지로 위탁관계에 기초하고 있다는 점에서 유사하며, 따라서 양 법에 의한 중복 적용 가능성이 있다는 점에도 주의를 요한다. 상생법 제26조 제1항이[10] 양 법률에 모두 위반되

한다)을 받은 수급사업자가 위탁받은 것(이하 "목적물 등"이라 한다)을 제조·수리·시공하거나 용역수행하여 원사업자에게 납품·인도 또는 제공(이하 "납품 등"이라 한다)하고 그 대가(이하 "하도급대금"이라 한다)를 받는 행위를 말한다."

7) 대리점법 제2조 제1호 "대리점거래란 공급업자와 대리점 사이에 상품 또는 용역의 재판매 또는 위탁판매를 위하여 행하여지는 거래로서 일정 기간 지속되는 계약을 체결하여 반복적으로 행하여지는 거래를 말한다."

8) 가맹사업법 제2조 제1호 "가맹사업이라 함은 가맹본부가 가맹점사업자로 하여금 자기의 상표·서비스표·상호·간판 그 밖의 영업표지(이하 "영업표지"라 한다)를 사용하여 일정한 품질기준이나 영업방식에 따라 상품(원재료 및 부재료를 포함한다. 이하 같다) 또는 용역을 판매하도록 함과 아울러 이에 따른 경영 및 영업활동 등에 대한 지원·교육과 통제를 하며, 가맹점사업자는 영업표지의 사용과 경영 및 영업활동 등에 대한 지원·교육의 대가로 가맹본부에 가맹금을 지급하는 계속적인 거래관계를 말한다."

9) 종래 독점규제법상 불공정거래행위로서 규제되어 왔지만, 별도의 법률을 통하여 규제될 필요성이 있는 것으로 인정되어 거래 공정화를 위한 개별 법률이 제정되었으며, 특히 불공정거래행위의 유형 중 하나인 거래상 지위남용 행위에 관한 특별법으로서 위에서 언급한 하도급법, 가맹사업법, 대리점법 등이 제정되었다. 권오승·홍명수, "경제법학", 학문연구의 동향과 쟁점 제8집, 2018, 751면 이하 참조.

10) 상생법 제26조 제1항 "중소벤처기업부장관은 위탁기업이 제21조부터 제23조까지의 규정, 제25조제1항 또는 제2항을 위반한 사실이 있고 그 위반사실이 「하도급거래 공정화에 관한 법률」 제3조, 제4조부터 제12조까지의 규정, 제12조의2, 제12조의3, 제13조, 제13조의2, 제15조, 제16조, 제16조의2, 제17조부터 제20조까지의 규정 또는 「독점규제 및 공정거래에 관한 법률」 제23조제1항에 따른 금지행위에 해당한다고 인정할 때에는 「하도급거래 공정화에 관한 법률」 제25조 또는 「독점규제 및 공정거래에 관한 법률」 제24조에 따라 공정거래위원회에 필요한 조치를

는 것을 전제로 일정한 조치를 취할 수 있는 것으로 규정하고 있는 것도 양자의 중복 가능성을 염두에 둔 것으로 볼 수 있다.

양자 사이에는 몇 가지 차이점도 존재한다. 우선 앞에서 살펴본 것처럼 수탁·위탁거래는 업무위탁의 수행에 있어서 수탁기업에게 명시적으로 전문성을 요구하고 있다는 점에서, 이와 유사한 규정을 두고 있지 않은 하도급법상 하도급거래와 구별된다. 그러나 이때의 전문성을 거래과정에서 발생하는 부수적인 업무를 배제하려는 취지로 해석하고, 이에 따라서 전문성의 의미를 폭넓게 이해할 경우에, 이러한 제한을 부과하지 않는 하도급법상 하도급거래와 실질적인 차이가 존재하는 것으로 보기는 어려울 것이다.

규제 대상인 위탁의 내용 측면에서 하도급법은 위탁의 내용을 제조, 수리, 건설, 용역의 위탁으로 정함으로써 상생법상 수탁·위탁거래와 차이를 보여주고 있다.[11] 구체적으로 상생법상 수탁·위탁거래에서 위탁의 내용이 제조, 공사, 가공, 수리, 용역, 기술개발인 것과 비교하여 보면, 상생법은 하도급법과 달리 공사와 기술개발을 별도의 위탁 내용으로 포함하고 있는 반면,[12] 하도급법이 명시적으로 규정하고 있는 건설을 위탁의 내용에서 제외하고 있다. 그러나 이와 같은 차이가 실질적인 의미를 갖는 것으로 보기는 어려운데, 공사와 건설 또는 용역과 기술개발은 개념상 중복되는 부분이 크며, 실무적으로 양자의 준별이 가능한지는 의문이다.

또한 하도급법상 하도급거래의 경우 원사업자에 의한 위탁관계뿐만 아니라 재위탁관계까지 포함한다는 것을 명시하고 있다는 점도 두 법률 간에 차이로 볼 수 있다. 이와 같이 하도급법이 최초의 위탁과 다음 단계의 위탁을 모두 포함시키는 기술 방식을 취한 것은 법명에서 명시적으로 언급하고 있는 하도급에 한정하지 않고 원사업자부터 이어지는 도급 관계 전체를 규제 범위 안에 두기 위한 취지로 이해된다. 그러나 상생법의 경우

하여 줄 것을 요구하여야 한다."
11) 김홍석·구상모, 하도급법, 화산미디어, 2010, 17-18면 참조.
12) 하도급법 제2조 제1항은 가공위탁을 제조위탁에 포함되는 것으로 규정하고 있다.

단지 수탁·위탁거래로 정의하는 것만으로 단계적으로 이어지는 위탁관계를 규율 대상에 포섭시킬 수 있기 때문에 하도급법과 달리 단일한 방식으로 정의한 것으로 볼 수 있으며, 이러한 점에서 양 법의 규정 방식에 따른 차이가 규제 범위에 의미 있는 차이로 이어지는 것으로 보기는 어려울 것이다.

양법에서 규율 대상으로 하는 수탁·위탁거래와 하도급거래 사이에 실질적인 차이는 거래 주체 측면에서 찾을 수 있다. 하도급법 제2조 제2항과 제3항은 원사업자와 수급사업자를 정의하고 있으며, 이를 통하여 거래 주체 측면에서 실질적으로 규제 범위를 제한하고 있다. 즉 동조 제2항에 의하여 중소기업자가[13] 아닌 사업자이거나(1호) 중소기업자인 경우에도 다른 중소기업자에 비하여 연간매출액이 많으면(2호) 원사업자에 해당할 수 있고, 제3항에서 수급사업자는 중소기업자에 한정된다. 이에 비하여 전술한 것처럼 수탁·위탁거래에서 위탁기업에는 제한이 없으며, 단지 수탁기업을 중소기업에 한정하고 있을 뿐이다. 따라서 중소기업 간 거래, 심지어 규모가 더 작은 기업이 위탁기업으로서 이루어진 거래도 상생법에 의

---

13) 하도급법 제2조 제2항 제1호에 의하여 중소기업자는 "「중소기업기본법」 제2조 제1항 또는 제3항에 따른 자를 말하며, 「중소기업협동조합법」에 따른 중소기업협동조합을 포함한다." 중소기업기본법 제2조 제1항은 "중소기업을 육성하기 위한 시책(이하 "중소기업시책"이라 한다)의 대상이 되는 중소기업자는 다음 각 호의 어느 하나에 해당하는 기업 또는 조합 등(이하 "중소기업"이라 한다)을 영위하는 자로 한다. 1. 다음 각 목의 요건을 모두 갖추고 영리를 목적으로 사업을 하는 기업 가. 업종별로 매출액 또는 자산총액 등이 대통령령으로 정하는 기준에 맞을 것 나. 지분 소유나 출자 관계 등 소유와 경영의 실질적인 독립성이 대통령령으로 정하는 기준에 맞을 것 2. 「사회적기업 육성법」 제2조제1호에 따른 사회적기업 중에서 대통령령으로 정하는 사회적기업 3. 「협동조합 기본법」 제2조에 따른 협동조합, 협동조합연합회, 사회적협동조합, 사회적협동조합연합회 중 대통령령으로 정하는 자 4. 「소비자생활협동조합법」 제2조에 따른 조합, 연합회, 전국연합회 중 대통령령으로 정하는 자"로 규정하고 있다. 핵심적인 기준인 동항 제1호에 관하여 동법 시행령 제3조 제1항에서 보충하고 있는데, 특히 동항 제1호 나목에 의하여 자산총액이 5천억원 미만일 것이 요구되고 있다.

한 수탁·위탁거래에 해당할 여지가 있다. 이러한 규성 방식의 비교에 의하면, 상생법상 수탁·위탁거래가 하도급법상 하도급거래보다 넓은 범위를 포괄하게 된다.

(3) 대리점법과 구별

거래 공정화 관련 법률 중에서 대리점법의 규제 대상과의 비교도 행할 필요가 있을 것이다. 대리점거래는 유통방식의 하나로서 공급업자에 비하여 유통업자가 갖는 자율성 측면에서 가맹사업거래와 구별되는데, 전자는 후자에 비하여 유통업자가 상대적으로 많은 자율성을 갖는 거래 방식으로 이해된다.[14] 대리점거래는 대리점법 제2조 제1호의 규정에서 알 수 있듯이, 재판매방식과 위탁판매 방식으로 구분할 수 있으며, 대리점법은 두 방식 모두를 규제 대상으로 하고 있다. 재판매방식은 공급업자와 대리점 간의 거래가 판매의 형식에 의하는 것을 말하며, 위탁판매 방식은 양자 간의 관계가 판매의 위임 형식으로 이루어진 것을 의미한다. 상생법상 수탁·위탁거래는 위탁 내용에서 판매는 제외된 채 정의되고 있으므로, 대리점법과 상생법은 규제 대상인 거래가 위탁 행위에 기초한 것은 같지만, 위탁 내용에 판매가 포함되고 있는지에 따른 차이를 보이고 있다.

---

14) 대표적인 유통방식인 대리점 방식(dealership)과 가맹점 방식(franchise)의 구별과 관련하여, 대체로 대리점은 영업의 자율성을 갖는 대신 사업상 위험을 부담하게 되고, 가맹점은 어느 정도 사업의 안정성을 기대할 수 있지만 거래의 특성상 가맹본부에 의한 일정한 구속을 받게 된다는 점에서 차이가 있다고 설명하는 것으로, Mark Applegate, "Franchise vs. Dealer", in http://smallbusiness.chron.com/franchise-vs-dealer 참조.

III. 수탁·위탁거래에 기초한 규제 범위의 문제와 개선 방향

1. 통일적 적용의 문제

(1) 문제의 의의

상생법 제2조 제4호에 의한 수탁·위탁거래는 제4장의 수탁·위탁거래의 공정화와 관련하여 제21조 내지 제28조의 규제 대상이 되지만, 다른 한편으로 제3장의 대·중소기업 상생협력 촉진을 위한 시책 추진에 있어서도 중요한 기초가 되고 있다. 특히 제8조에 의한 상생협력의 공평한 배분은 수탁·위탁거래에서 위탁기업과 수탁기업을 전제하고 있으며, 제17조에서 수탁기업협의회의 구성과 지원에 관한 규정에서 수탁기업도 당연히 수탁·위탁거래에 기초한 개념이다.

이와 같이 수탁·위탁거래는 거래 공정화를 위한 규제 대상뿐만 아니라 상생협력의 정책적 기초로서 활용되고 있다. 그러나 규제 대상을 정하는 것과 상생협력의 정책을 실현하는 범위를 정하는 것은 다른 차원의 문제이며, 따라서 양자를 동일하게 정하는 것이 타당한지는 의문이다. 거래 공정화의 관점에서는 불공정거래행위가 발생하는 거래 유형을 적절히 파악하고, 이를 규제 대상으로 명확히 법정하는 것이 중요할 것이다. 반면 상생협력의 정책 실현의 관점에서는 동 정책의 필요성이 있는 영역과 구체적 대상을 확인하고, 실효성 있는 정책 추진의 기초로서 대상을 확정하는 과정을 거쳐야 한다. 이러한 이해에 비추어 보면, 현재 불공정행위 규제와 상생협력 정책 실현의 대상을 수탁·위탁거래의 단일한 개념에 기초하고 있는 상생법 체계를 각각의 제도적 취지에 부합하는 방향으로 이원적으로 규정하는 방안을 적극적으로 고려할 필요가 있을 것이다.

(2) 규제 대상으로서 수탁·위탁거래의 개선

우선 수탁·위탁거래의 공정화를 위한 규제는 위탁기업이 수탁기업에 대하여 갖는 거래상 우월적 지위를 남용하는 것에 대한 우려에 기초하고 있다는 점을 염두에 둘 필요가 있다.[15] 하도급법이나 대리점법에 의한 규제는 독점규제법상 불공정거래행위 중 거래상 지위남용 행위 규제의 특별법으로서 의의가 있으며, 수탁·위탁거래의 공정화를 위한 규제의 근거를 두고 있는 상생법도 동일한 맥락에서 이해할 수 있을 것이다.

이러한 관점에서 상생법 제2조 제4호에 의한 수탁·위탁거래의 정의가 규제 목적에 충실하게 이루어진 것인지에 대한 문제 제기를 피하기 어려울 것이다. 전술한 것처럼 동 규정에 의하면 중소기업 간 수탁·위탁거래의 경우도 포함되며, 위탁기업이 중소기업인 경우에도 거래상 지위남용에 따른 불공정성 문제가 발생할 수 있으므로, 이러한 규정 태도가 그 자체로 문제되는 것은 아니다. 그러나 수탁·위탁거래에서의 불공정거래는 위탁기업이 수탁기업에 대한 우월적 지위에 연원하는 것이므로, 이러한 관계가 불공정한 행위의 표지로서 법정될 필요가 있다. 예를 들어 하도급법에서처럼 중소기업 간 수탁·위탁거래에 있어서는 위탁기업이 매출액 등의 지표에서 수탁기업에 비하여 클 경우를 요건으로 하거나, 또는 매출액 등이 크지 않을 경우에는 실질적으로 당해 거래 관계에서 거래상 우월적 지위가 인정될 수 있는 경우[16] 등에 한정하여 수탁·위탁거래를 인정하는 방안

---

15) 우리나라 하도급법과 유사한 일본의 「下請代金支拂遲延等防止法」의 제정에 있어서 도급인의 거래상 우월적 지위가 주된 계기가 되었다는 것으로, 若杉隆平, "不公正な取引方法に關する規制(I): 不當廉買及び優越的地位の濫用·下請取引 - 「不公正取引の一般指定」と「下請代金支拂遲延等防止法」の考察 - ", 後藤 晃·鈴村興太郎 編, 日本の競爭政策, 東京大學出版會, 1999, 106면 참조.

16) 이러한 맥락에서 위탁기업과 수탁기업의 상대적 관계에서 전자가 거래상 우월적 지위를 갖게 되는 경우를 상정할 수 있을 것이다. 홍명수, 주 5)의 글, 67면 참조. 이 밖에 위탁기업이 대규모기업집단에 속하거나 다른 대규모회사의 자회사로 존재하는 경우에는 기업 규모가 중소기업에 해당하는 경우에도(자산총액 5천억원 미만) 거래상 우월한 지위가 인정될 여지가 있으나, 이 경우에는 중소기업기본법

을 검토할 수 있을 것이다.

(3) 정책 실현 대상으로서 수탁·위탁거래의 개선

반면 상생협력의 정책 실현의 기초로서 상생법 제2조 제4호에서 규정하고 있는 수탁·위탁거래는 지나치게 제한적인 것일 수 있다. 특히 동법 제8조에 의한 성과공유제는 수직적 연관 하에 밸류체인으로 이어지는 기업 간 성과의 공평한 배분이라는 관점에서 정당성을 인정할 수 있다.[17] 그러나 이러한 관점에서 성과공유의 필요성이 인정되는 범위는 동법 제2조 제4호의 수탁·위탁거래를 넘어서는 것일 수도 있다. 이러한 관점에서 동법 제8조 제1항 제2문은 "이 경우 수탁기업의 범위에는 제2조 제6호에도 불구하고 「중견기업 성장촉진 및 경쟁력 강화에 관한 특별법」 제2조 제1호에 따른 중견기업을 포함한다"고[18] 규정함으로써 정책적 적용 범위를 상생법 제2조 제4호의 수탁·위탁거래 이상으로 확대하고 있다. 성과공유제의 정책적 취지를 고려할 때, 이와 같은 확대의 타당성을 인정할 수 있을 것이다. 나아가 수탁·위탁거래에서 성과공유제의 문제는 기업 규모로 제한해서 볼 것은 아니라는 점에서 현행 규정 이상으로 확대하는 방안, 예를 들어 동법 제2조 제4호의 수탁기업에 아무런 제한을 가하지 않음으로써 모든 형태의 수탁·위탁거래에서 성과공유제를 실현하는 방안도 검토할 수

시행령 제3조 제1항 제2호 가목 또는 나목에 의하여 중소기업에 해당하지 않을 수 있으므로, 중소기업 간 수탁·위탁거래의 문제 자체가 성립하지 않을 수 있다.

17) 위평량, "초과이익공유제 검토", 철학과 현실 제89호, 2011, 100-103면 및 Hui Chen, Supplier Contracts with Profit Sharing, Open-book Costing and Associated Audit Rights, University of Tennessee, 2005, 3면 참조.

18) "중견기업 성장촉진 및 경쟁력 강화에 관한 특별법"상 중견기업은 동법 제2조 제1호에 의하여 다음의 요건을 모두 갖추어야 한다. 가. 「중소기업기본법」 제2조에 따른 중소기업이 아닐 것, 나. 「공공기관의 운영에 관한 법률」 제4조에 따른 공공기관, 「지방공기업법」에 따른 지방공기업 등 대통령령으로 정하는 기관이 아닐 것, 다. 그 밖에 지분 소유나 출자관계 등이 대통령령으로 정하는 기준에 적합한 기업.

있다.

또한 수탁·위탁거래의 직접 당사자에 한정하여 공평한 배분의 문제를 다루는 것에는 한계가 따를 수 있다는 점에도 주의를 기울일 필요가 있다. 구체적으로 완제품 생산 기업이 밸류체인의 정점에 위치하고 있는 상황에서 중간 단계에 있는 사업자들(예를 들어 1차 벤더와 2차 벤더) 간에 수탁·위탁거래가 이루어진 경우에 비용 절감 등의 성과는 완제품 생산 기업에 의하여 최종적으로 실현되고 가장 많은 성과의 몫이 귀속될 수 있으며, 이러한 경우에는 완제품 생산 기업까지 성과 공유의 범위에 포함시키는 것이 타당할 수 있다. 이를 위해서는 수탁·위탁거래와 전후방으로 연결되는 거래의 당사자도 포함하는 방식, 예를 들어 수탁·위탁거래 또는 동 거래와 연결되는 거래의 당사자도 위탁기업 또는 수탁기업으로 볼 수 있는 규정을 추가하는 것도 고려할 수 있다.

한편 성과공유제의 실현에 있어서 주된 방해 요인 중의 하나로 성과의 불확실성 그리고 성과실현에 장기간이 요구되는 반면 수탁기업 입장에서 성과를 위한 비용 지출은 단기간에 이루어지는 시기의 불일치 문제 등이 거론된다는 점에도 주의를 요한다.[19] 이러한 문제의 해결에 있어서 수탁기업의 연구 개발이나 비용 절감 등에 관한 협력이 실질적으로 지속될 수 있도록 위탁기업이 안정적인 계획을 유지하는 것이 중요하며, 경우에 따라서 일정한 사전 지원 프로그램을 제시하는 것도 성과공유제의 실효성 제고 측면에서 의의가 있을 것이다. 그리고 이러한 프로그램 도입의 관점에서도 수탁·위탁거래를 중소기업에 한정하지 않고 폭넓게 파악할 필요가 있을 것이다.

이와 관련하여 「소재·부품전문기업 등의 육성에 관한 특별조치법」(이하 소재부품기업법)에[20] 의한 소재부품기업 지원 제도를 수탁·위탁거래에

---

19) 홍명수, "「대·중소기업 상생협력 촉진에 관한 법률」(상생법)의 의의와 개선에 관한 고찰", 법학연구 제21집 제3호, 2018, 430-431면 참조.
20) 소재부품기업법은 부칙 제2항에 의하여 2021년 12월 31일까지 효력을 갖는 한시

기초한 성과공유제와 결합하는 방안도 고려할 수 있다. 소재부품기업법은 소재·부품 또는 그 생산설비의 제조를 주된 사업으로 영위하는 소재부품 전문기업(2조 2호)에 대한 지원을 제도화한 법으로서,[21] 투자 지원(8조), 기술 지원(10조), 소재부품전문기업의 설립 지원(11조), 인력 양성 지원(12조) 등의 제도를 두고 있다. 이러한 제도가 갖는 의의와 중요성을 부인할 수 없지만, 소재부품산업이 활성화되기 위해서는 해당 소재부품의 수요가 뒷받침되어야 하고, 또한 개발 과정에 이들이 적극적으로 참여하여 협력적인 관계를 구축하는 것이 필수적으로 요구된다. 이러한 관점에서 소재부품기업법이 소재부품 수요 기업의 역할에 관한 충분한 고려를 하고 있는 것으로 보기 어려우며, 이를 보완하는 방안의 하나로 상생법상 성과공유제의 적용을 고려할 수 있다. 즉 위탁기업과 수탁기업이 성과를 공유하는 차원에서 소재부품 개발에 협력하는 관계를 구축할 수 있다. 다만 이 경우에 소재부품의 개발은 기존의 구체적인 수탁·위탁거래를 전제하지 않고 진행될 수 있기 때문에, 잠재적이거나 거래 형성의 가능성이 있는 단계에서의 수탁·위탁거래를 파악할 수 있도록 개방적으로 규정할 필요가 있을 것이다.

(4) 수탁기업협의회 규율에서 수탁·위탁거래의 문제

한편 상생법 제17조에 근거한 수탁기업협의회의 구성과 지원에 관한 규정에서 수탁·위탁거래를 전제한 수탁기업의 범위는, 비록 동 규정이 대·중소기업 상생협력 촉진을 위한 시책 추진의 장(제3장)에 위치하고 있다

법이기 때문에, 제도의 지속성에 관한 논의가 전제되어야 한다.

21) 동호의 소재부품전문기업에 해당하기 위해서는 총매출액중 소재·부품 또는 그 생산설비의 매출액이 차지하는 비중이 대통령령이 정하는 기준에 해당하는 기업(가목) 그리고 「독점규제 및 공정거래에 관한 법률」 제9조제1항에 따른 상호출자제한기업집단에 속하지 아니하거나 상호출자제한기업집단 중 대통령령이 정하는 기준에 해당하는 상호출자제한기업집단에 속하는 기업(나목)의 요건을 모두 충족하여야 한다.

하더라도, 규제 근거로서 수탁·위탁거래의 정의에 상응하는 방식으로 정하는 것이 보다 실효성 있는 접근방식일 수 있다. 일반적으로 수탁기업은 위탁기업과의 관계에서 불공정행위를 경험하더라도 개별 경제주체의 입장에서 거래 종료의 위험으로 인하여 이에 대한 문제제기를 하기가 어려울 것으로 예상된다.[22] 이러한 상황을 고려하여 동 규정은 개별 거래 주체로서 한계를 갖고 있는 열등한 지위의 수탁기업에게 위탁기업과의 거래에서 힘의 대등성을 보완할 목적으로 도입된 것이며,[23] 이러한 지위의 특성이 협의회를 구성하는 수탁기업에 반영될 필요가 있다.

2. 수탁·위탁거래의 확대 문제

이와 관련하여 현행 상생법상 수탁·위탁거래의 정의가 상품의 제조 단계만을 염두에 두고 이루어지고 있다는 점에 주의를 요한다. 그러나 상생협력의 정책적 필요성이나 불공정한 거래의 규제 필요성은 유통 단계에서도 충분히 나타날 수 있는 것이기 때문에, 동법 제2조 제4호의 수탁·위탁거래의 정의에서 위탁의 내용 중 판매 위탁을 포함시키는 방안을 고려할 수 있을 것이다. 유통 과정에서 공급업자와 유통업자 간의 관계는 우리 사회에서 전형적으로 갑질 문제가 나타나는 영역으로 인식되고 있으며,[24] 이에 대한 거래 공정화 관점에서의 규제 필요성은 충분한 것으로 볼 수 있다. 또한 상생협력의 정책적 관점에서도 공급업자와 유통업자 역시 상생협력의 필요성이 존재하는 거래 당사자에 해당하므로, 판매 위탁을 포함하는 수탁·위탁거래의 확대의 타당성을 뒷받침하는 것으로 볼 수 있다.

---

22) EU Commission, Communication Tackling unfair trading practices in the business-to-business food supply chain, 2014, 7면.

23) 홍명수, 주 19)의 글, 432면 이하 참조.

24) 2017년 대통령 선거에서 문재인 후보자의 공약집에서는 "가맹사업, 대규모유통업, 대리점업, 전자상거래 등 고질적인 갑을관계 분야에서의 각종 불공정행위 및 갑질 근절 추진"을 공약으로 제시하였다. 더불어민주당, 정책공약집, 2017, 43면.

이와 같이 수탁·위탁거래의 범위를 판매 영역으로 확대하는 것에 관하여 논의할 경우에, 전자상거래와 같은 새로운 판매방식의 확산과 플랫폼 비즈니스로 대표되는 새로운 거래 환경이 나타나고 있다는 점에도 주의를 기울일 필요가 있다. 특히 인터넷에 기반한 비즈니스의 장으로서 플랫폼은 참여자들이 상호작용하는 일종의 생태계와 같은 공간이며, 이용자들의 지속적인 참여를 핵심적인 요소로 한다. 플랫폼을 운영하는 자는 지속적으로 가치를 제공하는 것에 의하여 이용자들을 유인하고, 적절한 가치배분을 통하여 비즈니스의 기능을 보장하여야 한다. 따라서 플랫폼 운영의 핵심은 이용자들이 원하는 정보가 플랫폼에 집중되고 원활하게 소통될 수 있도록 하는 것이며,[25] 이를 중심으로 플랫폼 간 경쟁이 치열하게 전개되고 있다. 그리고 이러한 경쟁에서 우위에 선 사업자에게 플랫폼은 지배력의 새로운 원천으로 작용하고 있으며,[26] 플랫폼의 하나로 자리 잡고 있는 오픈마켓 시장에서 배타적 거래 행위(다른 오픈마켓에 입점한 사업자에 대하여 자신의 오픈마켓 이용을 제한한 행위)에 대하여 대법원은 이러한 행위 자체는 독점규제법 제3조의2(현행법 5조)에서 규제하는 시장지배적 지위의 남용에 해당할 수 있음을 밝히고 있다.[27] 따라서 공급자와 수요자가 만나는 장으로서 플랫폼을 운영하는 사업자가 공정한 거래에 반하는 행위를 할 가능성은 충분한 것으로 볼 수 있다. 다만 이러한 맥락에서 수탁·위탁거래의 공정화 문제를 다루기 위해서는 다음 두 가지 측면에서 추가적인 논의가 필요할 것이다. 우선 플랫폼 사업자와 여기에 참여하는 공급자 또는 수요자의 관계를 상생법상 수탁·위탁거래의 관계로서 파악할

---

25) 송태원, "인터넷 플랫폼 시장에서 경쟁제한의 우려와 규제방안에 대한 고찰", 경제법연구 제17권 1호, 2018, 108면 참조.

26) Alison Jones & Brenda Sufrin, EU Competition Law, Oxford Univ. Press, 2011, 396-397면.

27) 대법원 2009. 7. 9. 선고 2007두22078 판결. 다만 동 판결에서 대법원은 문제가 된 행위가 단기에 행해진 것이므로 배타적거래로서 남용에 해당하지 않는 것으로 판단하였다.

수 있을지를 구체적인 거래 행태 등의 분석을 통하여 살펴볼 필요가 있다. 또한 플랫폼이 발전해 나아가는 과정에 대해서도 지속적인 주의가 요구된다. 비록 현재 플랫폼이 대기업에 의하여 주도되고 있지만, 공공주도형 또는 소비자참여형 등 플랫폼 운영의 개방성과 공정성이 강조되는 새로운 모델 등이 나타나고 있으며, 이와 같은 플랫폼의 진화가 중소기업이 참여하는 플랫폼 거래에 미칠 영향에 대한 분석도 필요하다.

이상의 논의에 비추어 수탁·위탁거래의 범위를 판매 영역으로 확대하는 것은 전통적인 판매를 상정한 위탁 판매에 한정할 필요가 있다. 그리고 이러한 확대를 시도할 경우에 대리점거래의 공정화를 목적으로 하고 있는 대리점법과의 충돌을 피하기 어렵다는 점도 염두에 두어야 한다. 그러나 하도급법과의 충돌 문제를 상생법 제26조 제1항 등에 의하여 입법적으로 대응하고 있는 것을 참고하여, 유사한 방식으로 이에 대응할 수 있을 것이다.

또 다른 접근 방식의 하나로 수탁기업과 위탁기업 간의 위탁의 내용을 개방적으로 정하는 방식도 고려할 수 있다. 현행 상생법 제2조 4호의 규정처럼 특정한 위탁 내용을 열거하는 방식으로 수탁·위탁거래를 정의하는 것은 끊임없이 변화하고 있는 거래 양상을 적절히 반영하기 어렵다는 한계를 가질 수밖에 없다. 이러한 점에서 거래 변화에 탄력적으로 대응할 수 있도록 하기 위하여, "상품의 제조, 유통 과정에서 업무를 위탁하는 거래"와 같이 개방적으로 수탁·위탁거래를 정의하는 방안을 고려할 수도 있을 것이다.

Ⅳ. 결론

상생법상 거래 공정화를 위한 규제나 성과공유제와 같은 상생협력의 정책 실현은 모두 수탁·위탁거래에 기초하여 이루어지고 있다. 그러나 규제와 정책 실현의 대상이 단일하게 설정되고 있는 것에는 양자의 관점 모두에서 의문이 제기된다. 이러한 문제를 해결하기 위하여, 상생법 제2조 제4호의 수탁·위탁거래의 개념은 거래 공정화 관점에서의 규제에 충실하게 정의하고, 동법 제8조에서 성과공유제의 실현 범위는 더욱 폭넓게 수탁·위탁거래를 파악하여 기초로 삼는 것이 타당한 접근 방식이 될 수 있다. 거래 공정화의 관점에서 상생법 제2조 제4호의 수탁·위탁거래는 거래상 지위 남용행위로서 규제 대상을 정하는 것이므로, 동 개념에 거래상 우월적 지위의 특성을 반영하여 규제의 근거를 명확히 할 필요가 있다. 또한 대기업과 중소기업 간 거래 공정화를 위한 규제와 상생협력의 필요성이 단지 제조 과정에 한정되는 것으로 볼 수는 없으므로, 유통 과정도 규제 대상에 포함되도록 규제 범위를 확장하는 것도 적극적으로 검토할 수 있다. 가능한 방안의 하나로 위탁의 내용으로서 판매 위탁을 추가하는 것을 고려할 수 있을 것이다.

동법 제8조의 성과공유제와 관련하여, 그 기초가 되는 수탁·위탁거래의 범위를 확대할 필요도 존재한다. 즉 현행법은 수탁기업을 중소기업(중견기업까지 확대)에 한정하고 있지만, 수탁·위탁거래에서 발생하는 성과의 공유 문제는 기업 규모 측면에서 구별하여 볼 것은 아니므로, 수탁·위탁거래 일반으로 확장하는 것을 긍정적으로 검토할 수 있다. 나아가 상생법 제8조가 직접적인 수탁·위탁거래에 한정하여 운용되고 있는 것에 대해서도 개선의 여지가 있다. 예를 들어 1차 벤더와 2차 벤더 간에 기술절감과 같은 성과가 발생하였을 경우에 궁극적으로 성과의 실현은 완제품 기업에게 발생할 수 있으므로, 성과공유의 실현 범위 안에 이들을 포함시킬 필요가 있을 것이다. 끝으로 소재부품기업법상 소재부품전문기업 등에 대한 지원 문제도 상생법상 성과공유제의 틀 안에서 검토할 필요가 있다. 소재부품전문기업의 전문성을 제고하고 소재부품 개발의 성과를 내기 위해서는 소재부품 수요 기업의 역할이 중요하며, 특히 제도적으로는 투자비용 지출과 성과의 구체적 실현 사이에 시차를 지원 프로그램을 통하여 보완하는 것이 중요하다. 이를 위한 방안의 하나로 상생법 제8조의 성과공유

제를 원용할 수 있다. 이때 제도의 원활한 적용을 위하여 소재부품기업법
상 기업을 수탁기업으로 하는 경우에는 수탁·위탁계약이 체결되기 전이라
도 잠재적 위탁기업의 개념을 통하여 상생법 제8조의 적용이 가능하도록
하는 방안을 적극적으로 고려할 수 있다.

제4편

규제 산업

18. 유료방송시장 경쟁상황 평가의 개선 방안

I. 서론

방송산업에 경쟁적 요소가 도입되고 있는 상황에서 방송시장의 경쟁 상황은 정책 수립과 추진의 중요한 기초가 되고 있다. 방송산업은 현재도 많은 부분에서 규제산업으로서의 특징을 갖고 있지만,[1] 지속적으로 경쟁적 요소가 도입되어 온 영역이다.[2] 경쟁제한성에 초점을 맞춘 규율은 방송산업에 속한 다양한 시장에 일반적으로 적용되고 있으며, 「독점규제 및 공정거래에 관한 법률」(이하 독점규제법)이 방송산업에서 사업자의 행위를 규제한 사례도 축적되고 있다.[3] 물론 방송산업은 여전히 규제산업으로서의 특징을 갖고 있고, 현행 방송법 등도 방송의 공익적 성격이 반영된 규제체계를 이루고 있다. 그렇지만 산업 내 경쟁적 요소의 확대로 인하여 기존 규제체계의 변화가 계속되어 왔으며, 특히 IPTV와 같은 새로운 형태의 방송서비스의 도입은 경쟁정책적 측면에서 의미 있는 전환을 가져오고 있다. OECD는 IPTV의 보급과 관련하여 "관련 시장에서 점증하는 경쟁 수준에 의하여 방송 규제가 완화될 수 있다"고[4] 하였는데, 이러한 시각에서

---

1) 상품에 내재한 공익적 요소로 인하여 공적 규제가 여전히 타당한 영역으로서 규제산업의 의의에 관하여, Richard J. Pierce Jr. & Ernest Gellhorn, Regulated Industries, West Group, 1999, 11-12면 참조.
2) 주파수의 희소성으로 한정된 주체만이 방송서비스를 제공할 수밖에 없는 구조적 특성은 여론 형성과 같은 사회적 기능의 중요성과 결합하여 방송에 대한 공익적 규제의 주된 근거가 된다. Wayne Overbeck, Major Principles of Media Law, Thomson Wadsworth, 2005, 427-428면 참조.
3) 대법원 2010. 2. 11. 선고 2008두16407 판결(CJ헬로비전 사건), 대법원 2010. 5. 27. 선고 2009두1983 판결(티브로드 사건) 등.
4) OECD, IPTV: Market Developments and Regulatory Treatment, 2007, 6면.

경쟁과 공적 규제는 상호 보완적인 관계로 이해될 수 있을 것이다.

동 언급에서와 같이 방송시장에서 경쟁 수준의 점증적인 증가는 이를 규율하는 법체계에도 영향을 미치고 있다. 특히 2011년 방송법 개정은 명시적으로 경쟁정책을 중요한 정책목표로 수용한 것으로 볼 수 있는데, 동 개정에 의하여 신설된 제35조의5는 효율적인 경쟁체제 구축과 공정한 경쟁 환경의 조성을 위한 방송시장 경쟁상황 평가의 근거를 제시하고 있다.5) 특히 동조 제4항은 방송시장의 경쟁상황 평가를 매해 실시할 것을 규정하고, 이를 국회에 보고할 것을 요구하고 있다. 아울러 동 개정에서는 제85조의2를 신설하여 방송사업자의 행위를 규제하는 근거를 마련하였는데, 이때 금지되는 행위는 "공정한 경쟁 또는 시청자의 이익을 저해하거나 저해할 우려가 있는 행위"를 의미하며, 이로써 공정한 경쟁이 방송 시장에서 방송사업자 행위의 준칙으로 제시되었다.

방송산업에서 경쟁상황 평가에 대한 근거가 마련된 것의 시초는 2008년 「인터넷 멀티미디어 방송사업법」(이하 IPTV법)의 제정이며, 동법 제12조는 공정경쟁의 촉진에 관한 규정을 두었다. 동조 제1항은 정부에게 IPTV사업에서 효율적인 경쟁체제 구축과 공정한 경쟁 환경 조성을 위하여 노력할 의무를 부과하고, 제2항 내지 제5항에서 당해 시장의 경쟁상황 평가를 위한 근거 규정을 두었다. 경쟁상황 평가에 관한 동 규정은 전술한 방송법 제35조의5의 신설에 따라서 방송시장 전반에 대한 경쟁상황 평가에 흡수됨으로써 IPTV법에서 독자적인 경쟁상황 평가 규정은 삭제되었지만, 방송시장의 경쟁상황 평가에 관한 연혁적인 이해를 돕는다. 즉 기간통신망을 보유한 사업자에 의한 IPTV서비스의 제공은 방송시장의 경쟁에 주목을 요하는 계기가 되었으며,6) 결국 2011년 방송법 개정은 방송시장 전

---

5) 김정태, 방송법 해설, 커뮤니케이션북스, 2013, 77면은 동 조항의 신설을 방송시장의 균형성장을 도모한 것으로 이해한다.

6) 김형찬, "통신법상 경쟁활성화 정책의 현황과 과제", 권오승·이원우 편, 공정거래법과 규제산업, 법문사, 2007, 550-552면.

반에 걸쳐 이러한 평가가 필요해졌음을 반영한 것으로 볼 수 있다.

방송법 제35조의5의 신설 이후 동 규정에 따라서 매년 방송시장의 경쟁 상황 평가가 이루어지고, 동 시장에서 정책 결정의 유력한 기초가 되고 있다. 2012년 이후 계속되고 있는 평가는 방송산업을 구성하는 주요 시장을 방송광고시장, 유료방송시장, 방송채널 거래시장, 방송프로그램 거래시장으로 분류하고 있다. 나아가 각 시장별로 구체적인 시장을 획정한 기초 위에 시장의 구조, 행위, 성과 등을 평가하고, 각 시장별로 특유의 쟁점을 현안으로서 다루고 있으며, 유료방송시장의 평가도 이러한 분석 틀에 입각하여 이루어지고 있다. 최근 방송산업은 급격한 변화 과정에 있으며, 거의 모든 산업으로 침투되고 있는 디지털화(digitalization)와 광범위하게 전개되고 있는 융합(convergence)은 방송산업의 근본적인 변화를 낳고 있다. 특히 방송 서비스를 수용하는 방식의 다양화는 전통적인 방송의 경계를 모호하게 함으로써 경쟁 상황에 복잡성을 더하고 있다. 매년 유료방송시장의 경쟁상황 평가에도 이러한 변화가 반영되어야 하며, 여기에 지속적으로 평가의 개선을 논의할 필요성이 존재한다. 이하에서 유료방송시장 경쟁상황 평가의 개선에 관하여 논의하고자 한다. 우선 현재 행해지고 있는 경쟁상황 평가를 살펴보고(II), 구체적인 문제점과 개선안을 제시하는 (III) 순으로 논의를 전개할 것이다.

II. 유료방송시장 경쟁상황 평가 현황

1. 유료방송시장 경쟁상황 평가의 근거와 수행 방식

현재 유료방송시장 경쟁상황 평가는 방송시장의 세분화된 시장의 하나로 행해지고 있다. "2016년도 방송시장 경쟁상황 평가 보고서"(이하 2016

평가서)는 방송산업 가치사슬과 주요 매출이 발생하는 거래관계를 고려하여, 즉 방송콘텐츠 제작-패키징-배급이라는 방송산업 가치사슬의 단계에 따라서 전체 방송시장을 방송광고 시장, 유료방송(가입자) 시장, 방송채널 거래시장, 방송프로그램 거래시장으로 구분하고 있으며,[7] 이러한 분류에 따라서 유료방송시장 경쟁상황의 평가가 이루어지고 있다.

　　방송법 제35조의5 제1항은 방송통신위원회에 방송시장(IPTV 포함)의 효율적인 경쟁체제 구축과 공정한 경쟁 환경을 조성하기 위하여 '방송시장 경쟁상황 평가위원회(이하 평가위원회)'의 설치를 의무화하고 있다. 제2항은 9명의 위원으로 하는 평가위원회의 구성, 제3항은 방송사업자 및 IPTV 사업자에 대한 자료 제출 요청 그리고 제4항은 방송통신위원회가 매년 방송시장 경쟁상황 평가를 실시하고 이를 국회에 보고할 의무에 관하여 규정하고 있다. 동법시행령 제22조는 평가위원회의 심의사항과 구성 및 운영에 관하여 규정하고 있는데, 특히 동조 제1항 제1호는 "방송시장의 경쟁상황 분석 및 평가에 관한 사항"을 심의사항으로 법정하고 있다. 2012년 이후 구체적인 평가 업무는 정보통신정책연구원에서 수행하고 있으며, 매년 12월 평가위원회의 심의를 거쳐 방송시장 경쟁상황 평가의 결과보고서를 제출하고 있다.

2. 유료방송시장의 의의와 시장획정

(1) 유료방송시장의 의의

　　유료방송은 개념적으로 시청자가 일정한 대가를 지불하고 방송서비스를 이용하는 유형의 방송을 말하며, 지상파 방송과 같이 무료로 제공되는 서비스에 대비된다. 서비스 제공이나 이용 측면에서 보면, 지상파 방송의 경우 공적 자원인 특정 주파수를 활용한 전파 방식으로 서비스가 제공되

---

7) 방송통신위원회, 2016년도 방송시장 경쟁상황 평가 보고서, 2016, 25면.

고, 시청자는 특별한 비용 부담 없이 이에 대한 물리적 접근이 가능하다. 또한 방송의 공공적 성격과[8] 보편적 서비스로서의 특성도 무료 방식으로 제공되는 지상파 방송의 의의를 뒷받침한다. 반면 유료방송의 경우 유료 방송사업자는 공적 자원인 전파를 이용하는 대신 방송 제공을 위한 설비를 스스로 구축하고, 기본적으로 이윤 동기가 결합된 상태에서 방송을 제공한다.[9] 이용자도 방송서비스의 이용에 대한 대가를 지불하게 되며, 이러한 점에서 유료방송의 이용자는 보편적 서비스를 향유하는 시청자 보다는 상품을 구매하는 소비자 개념으로 이해하는 것이 보다 적합할 수 있다. 물론 이와 같은 유료방송의 거래관계적 특성으로 인하여 방송으로서의 성격이 완전히 사라진 것으로 볼 수는 없으며, 방송과 이윤 추구의 대상인 상품으로서의 특성이 공존하고, 따라서 여전히 방송의 공공성에 기초한 규제 대상이 되고 있다. 그렇지만 유료방송의 경우 산업적인 특성이 부각되고 있음을 부인하기 어려우며,[10] 이러한 점에서 경쟁상황 평가의 대상으로서 유료방송은 적절한 것일 수 있다.

　현재 소비자를 대상으로 한(B2C) 유료방송의 제공은 세 가지 방식으로 이루어지고 있다. 케이블(SO), 위성방송, IPTV가 이에 해당하며, 이들은 순차적으로 유료방송시장에 진입하였다. 케이블 방송의 경우 유선망을 통하여 방송을 제공하는 것을 말한다. 당해 사업에 관하여 방송법 제2조 제2호 나목은 종합유선방송사업으로 칭하고, 종합유선방송국(다채널방송을 행하기 위한 유선방송국설비와 그 종사자의 총체)을 관리·운영하며 전송·선로설비를 이용하여 방송을 행하는 사업으로 정의하고 있다. 위성방송은 위성에서 전송하는 방송신호를 수신하는 방식으로 이루어지며, 방송법 제

---

8) 주파수의 한정성에 의하여 소수의 주체만이 방송서비스를 제공할 수밖에 없는 구조적 특성과 여론 형성의 사회적 기능 등이 종합적으로 방송의 공익적 성격의 근거가 된다. Wayne Overbeck, 주 2)의 책, 427-428면 참조.

9) 김희경, 유료 방송 산업의 이해, 커뮤니케이션북스, 2015, 17-18면 참조.

10) 2016 평가서, 5-6면.

2조 제2호 다목은 위성방송사업을 인공위성의 무선설비를 소유 또는 임차하여 무선국을 관리·운영하며 이를 이용하여 방송을 행하는 사업으로 정의하고 있다. IPTV는 초고속인터넷 망에서 인터넷 프로토콜을 사용하여 디지털 방식으로 전송되는 방송을 말한다. 이러한 기술적 기반 위에서는 방송과 함께 VOD(주문형 비디오), 웹 브라우저의 이용, VoIP(인터넷 전화, Voice over Internet Protocol) 등의 서비스 결합이 용이하게 이루어질 수 있으며, 따라서 어느 범위까지 IPTV의 기본 요소로 볼 수 있는지가 쟁점이 될 수 있다. 이와 관련하여 OECD는 IPTV를 텔레비전 수상기로 시청할 수 있는 수준(broadcast quality)으로 인터넷 프로토콜에 의하여 전송되고, 선형 또는 비선형 방식의 프로그램 채널로서 제공되는 비디오와 부수적 서비스(audio, text, data)로 정의함으로써[11] 상대적으로 개방적인 이해를 보여주고 있으며, 이러한 태도는 IPTV법 제2조 제1호의 "인터넷 멀티미디어 방송이란 광대역통합정보통신망 등을 이용하여 양방향성을 가진 인터넷 프로토콜 방식으로 일정한 서비스 품질이 보장되는 가운데 텔레비전 수상기 등을 통하여 이용자에게 실시간 방송프로그램을 포함하여 데이터·영상음성·음향 및 전자상거래 등의 콘텐츠를 복합적으로 제공하는 방송을 말한다"는 규정에도 이어지고 있다. IPTV 서비스의 제공은 통신과 방송의 융합을 대표하는 예로 일컬어지며, 이로 인하여 양방향성과 일방성으로 구별되는 전통적인 통신과 방송의 경계가 모호해짐으로써 방송시장의 구조와 경쟁 양상에 큰 변화를 초래할 것으로 예측되었다. 현실적으로는 기존의 초고속인터넷망을 보유하고 있는 통신사업자의 방송 시장 진입이 가능하게 됨으로써 이들이 보유하고 있는 지배력이 방송시장에 전이될 것이라는 우려가 크게 작용하였고, 이는 IPTV법 제12조 제1항 후단의 "다른 사업에서의 지배력이 인터넷 멀티미디어 방송 제공사업으로 부당하게 전이되지 아니하도록 하여야 한다"는 규정으로 구체화되었다.[12]

---

11) OECD, 주 4)의 책, 6-7면.
12) 홍명수, "IPTV 도입에 따른 시장획정에 관한 고찰", 법과 사회 제38호, 2010, 238

전술한 것처럼 이상의 세 가지 유료방송 제공은 유상으로 이루어진다는 점에서 동일하지만, 또한 사업을 영위하는 방식이 가입자를 대상으로 한 유료방송 시장과 프로그램 제공자(PP)와의 방송채널 시장에서 거래를 수행하고 각 거래가 상호 영향을 미치는 구조를 형성한다는 점에서 당해 사업을 영위하는 주체들은 전형적인 '플랫폼사업자'로서의 특징을 갖는다는 점에서도 공통된다. 일반적으로 플랫폼 사업의 요체는 거래 상대방의 수와 거래 대상인 상품의 질과 양이 상승작용을 일으킬 수 있는 메커니즘을 구축하는 데 있다. 이러한 점에서 플랫폼 사업에는 양면시장적 특성이 두드러지며, 동 사업을 영위하는 사업자들의 경쟁 양상도 이러한 특성을 반영하여 이루어지게 될 것이다.[13] 방송시장의 경쟁 상황 평가에 있어서 무엇보다 당해 시장에서 경쟁의 실질을 파악하는 것이 중요하며, 방송법이나 IPTV법에 법정된 사업 분류를 따르기 보다는 실제 경쟁의 양상을 고려한 접근 방식이 유력할 것이다.[14] '2016 평가서' 역시 "방송사업분류체계에 기반한 시장분석의 유효성이 낮아지고 있는 현 상황을 고려할 때 방송사업자 사이의 실질적인 경쟁관계를 바탕으로 경제적 시장범위를 설정하고 이를 중심으로 시장 분석이 이루어지는 것이 적절"하다고[15] 밝히고 있다. 이러한 관점에서 '2016 평가서'가 가입자를 대상으로 SO, 위성방송, IPTV 사업자가 참여하고 있는 유료방송시장을 평가의 대상으로 삼고 있는 것은, 동 시장이 플랫폼적인 특성이 전형적으로 나타나는 양면시장의 한 측면으로서 핵심적인 역할을 수행하고 있다는 점에서 타당성이 인정된다.

면 이하 참조.
13) 홍대식, "온라인 플랫폼 시장과 경쟁법적 쟁점", 경쟁법연구 제34권, 2016, 4면 이하 참조.
14) 방송통신위원회의 평가보고서도 이에 대한 인식을 보여주고 있다. "방송사업 분류체계에 따라 구분된 사업단위를 넘어선 경쟁이 빈번하게 발생함에 따라 시장분석 패러다임의 전환 필요성 역시 커지고 있음." 2016 평가서, 79면.
15) 위의 책, 80면.

(2) 유료방송시장의 시장획정

1) 시장획정 기준과 주요 쟁점

평가보고서는 시장획정과 관련하여 경쟁법에서 형성된 시장획정의 원칙을 따르고 있다. 즉 시장획정이란 시장 내 형성된 상품들의 가격에 대해 서로 의미 있는 수준의 경쟁 제한성을 부과할 수 있는 관련시장을 정의하는 작업으로 크게 '상품 시장'과 '지리적 시장'을 획정하는 것이며, 시장획정의 기본 원리는 소비자가 직면하는 상품 간 대체성으로 이해하고 있다.16) 구체적인 방법론으로서 가상적 독점사업자 심사로서 "작지만 의미 있고 일시적이지 않은 가격 인상(Small but Significant and Non-transitory Increase in Price; SSNIP)" 심사를 제시하고, 임계매출손실분석(Critical Loss Analysis; CLA)을 실제 적용상의 편의가 있는 방식으로 원용하고 있다.17)

이러한 기준에 따른 유료방송시장의 시장획정에서 몇 가지 쟁점이 제기되고 있다. 우선 아날로그 유료방송시장을 디지털 시장과 분리하여 별도로 시장을 획정할지가 문제된다. 전술한 것처럼 유료방송시장에 종합유선방송사업자, 위성방송사업자, IPTV 사업자 등이 존재하고, 각각 케이블TV, 위성방송, IPTV 등을 제공하고 있다. 특히 케이블TV는 기술적 조건에서 중요한 차이가 있는 아날로그 케이블TV와 디지털 케이블TV로 구분할 수 있는데, 상품적 특성 측면에서 아날로그 케이블TV는 전통적으로 방송서비스의 핵심적 요소로 받아들여지는 실시간방송이라는 점에서 다른 디지털화된 유료방송 서비스와 동질성을 갖지만, 다른 디지털 유료방송에서 제공하고 있는 다양한 서비스를 제공하지 못한다. 예를 들어 VOD나 양방향 서비스 등의 제공이 가능하지 않으며, 편성되는 채널 수도 상대적으로 적기 때문에 전체적으로 디지털 유료방송의 열등재로 인식될 여지가 있고,

---

16) 위의 책, 139-140면.
17) 위의 책, 140-141면.

가입자의 선택도 아날로그에서 디지털로 옮겨가는 추세에 있다는 점도 고려되어야 할 것이다. 이러한 특성에 비추어 아날로그 케이블TV를 전체 유료방송에 포함시킬 것인지 또는 별개의 시장으로 분리할 것인지의 판단이 요구된다. 상품 구성 측면에서 보면, OTT(over-the-top) 동영상 서비스를 유료방송서비스와 동일시장으로 획정할지 여부도 중요하다. 개방형 인터넷을 통한 동영상 이용이 점차 확대되고 있고, 이용자 측면에서 보면 기존 방송서비스의 대체재로서 이해될 여지가 있다. 따라서 양자를 하나의 관련시장에 위치시킬 것인지가 논의될 필요가 있을 것이다. 또한 지리적 관련시장 관점에서 종합유선방송사업자에게 부여된 사업구역이 지리적 시장획정으로서 여전히 유효한지, 전국적인 차원에서 지리적 시장획정이 가능한지도 검토되어야 할 문제이다.

2) 구체적 시장획정

'2016 평가서'는 상품별 시장획정과 관련하여 행한 유사성 분석에서 실시간 다채널 방송서비스 제공이라는 점에서 아날로그 케이블TV와 디지털 유료방송 사이에 유사성이 있으나, 화질,[18] VOD나 양방향 서비스, 채널 수 등의 측면에서 양자 사이에 차이가 있는 것으로 판단하였다.[19] 가입자의 상품 유사성에 대한 인식조사는 이러한 상품 분석과는 상이한 결과를 보여주었는데, 구체적으로 2016년 아날로그 케이블TV 가입자의 52.8%는 위성방송을 유사한 서비스로 인식하였고, 58.8%는 디지털케이블과 IPTV를 유사한 서비스로 인식하였다. 이용자 특성 조사에 의하면, 아날로그 케

---

18) 디지털 유료방송의 경우 초고화질(UHD) 서비스가 제공되면서 아날로그 케이블TV와의 화질 차이가 더욱 커진 것으로 분석되고 있다. 한편 일부 아날로그 케이블TV의 경우 8VSB 전송방식에 의하여 고화질의 제공이 가능하며, 평가보고서는 디지털 유료방송의 분석에 있어서 이러한 특성을 일부 반영하고 있다.

19) 한편 이와 같은 비교에서 위성방송의 경우 기술방식상 VOD 제공에 제약이 있지만 방송결합상품인 OTS를 통해 보완이 가능한 점 등이 고려되었다. 2016 평가서, 234면.

이블TV 이용자들은 디지털 유료방송 이용자에 비하여 월평균 절반 수준의 요금을 지불하고 있고, 단체가입 비중이 높으며, OTT 동영상 이용경험은 낮은 것으로 나타났는데, 이러한 이용자 특성은 디지털 유료방송 이용자와 뚜렷이 구분되는 것이다. 수요 대체성에 관한 2016년 조사는 아날로그 케이블TV와 디지털 유료방송 간에 비대칭성이 유지되고 있고, 상호간 경쟁 압력 행사의 정도는 이전의 절반 수준으로 약화된 것으로 나타났다. 이에 대하여 평가보고서는 기존 아날로그 케이블TV 가입자 중 디지털 유료방송을 대체적인 것으로 여겼던 가입자의 상당수가 점차 디지털 유료방송으로 전환 것에 기인하는 것으로 해석하고 있다.[20] 한편 '2016 평가서'는 임계손실 분석이 자료의 불완전성이나 아날로그 케이블의TV의 지역 독점성을 고려할 경우에 유의미한 결과를 제시할 수 없는 것으로 판단하였다.[21] 이상의 분석에 기초하여 '2016 평가서'는 2015년까지 유지한 판단, 즉 유료방송 전체를 단일한 시장으로 획정하고 디지털 유료방송 시장을 별도의 시장으로 분석하던 기존의 입장을 변경하였다. '2016 평가서'는 수요대체성 인식 등에서 유의미한 변화가 발생한 것으로 판단하였는데, 구체적으로 상품 유사성, 이용자 특성, 수요대체성 등에 기초하여 디지털 유료방송시장을 하나의 시장으로 획정하고, 아날로그 케이블TV로 구성되는 아날로그 유료방송시장을 별도의 시장으로 획정하였다.[22]

'2016 평가서'는 OTT 동영상 서비스의 경우 유료방송 서비스에 실질적인 경쟁압력을 제공한다고 보기 어려운 것으로 보았다. 따라서 양자를 단일한 시장으로 획정하지 않았으며,[23] 다만 OTT 동영상 서비스의 중요성을 인정하고 이에 관한 분석을 별도로 수행하였다.

---

20) 위의 책, 234면. 아날로그 케이블TV 가입자 수는 2010. 12. 1,148만명에서 2016. 3. 427만명으로 2010년 대비 37%로 감소하였다.
21) 위의 책, 235면.
22) 위의 책, 234-235면. 2015. 12. 기준 전체 유료방송 가입자 중 아날로그 케이블TV 가입자의 비중은 16.6%이며, 8VSB를 포함할 경우에는 22.1%이다.
23) 위의 책, 235면.

지리적 시장획정과 관련하여, '2016 평가서'는 현재의 시점에서 디지털 유료방송시장의 경쟁 상황이 전국적으로 유사하다고 볼 수 있는지에 회의적이다. 즉 기존 시장획정을 변경하기에 충분한 정도의 변화를 인정할 근거가 부족하다는 이유로 종합유선방송사업자의 사업구역별 시장 획정을 유지하는 것으로 결론을 내렸다. 다만 2016년의 분석에서 디지털 유료방송시장의 지역 간 차별이 약화되고 있다는 점을 지적하고, 향후 법제도의 변화나 지역별 경쟁조건 및 경쟁상황의 동질성에 대한 추가 분석을 통해 변경 가능성이 있음을 지적하였다.24)

3. 유료방송시장의 구조, 행위, 성과의 평가

(1) 유료방송시장의 구조

케이블TV를 아날로그 케이블과 디지털 케이블로 구분하면, 유료방송시장은 아날로그 케이블, 디지털 케이블, 위성방송, IPTV로 구성된다. 2015년 말 동 시장에서 사업을 영위하고 있는 사업자는 SO 90사, 위성방송 1사, IPTV 3사로서 총 94사이다. 지리적 시장획정의 기본 단위가 되는 방송구역은 78개이며, 90개의 SO가 각 구역에서 사업을 영위하고 있다. 전체 SO 중 80사가 5개 MSO에 속해 있으며, 10개 SO가 독립 SO로 존재한다. 아날로그 케이블과 디지털 유료방송을 포함한 전체 유료방송 가입자 수는 2016. 3. 기준 2,863만명이며, 이는 2007. 12. 기준 1,691만명에 비하여 약 69% 증가한 결과를 보여주고 있다. 총 유료방송 가입자 중 아날로그 케이블은 427만명이며, 8VSB를 포함할 경우에는 618만명이다.25) '2016 평가서'는 유료방송시장의 총 매출액을 단계적으로 파악하고 있는

24) 위의 책, 235면.
25) 8VSB 도입이 방송시장에 미칠 영향의 분석에 관하여, 김희경, "유료방송 디지털 전환에서 클리어 쾀과 8VSB 도입에 관한 연구", 한국콘텐츠학회논문지 제13권 제4호, 2013, 27면 이하 참조.

데, 2015년 기준 가입비, 수신료, VOD 이용매출, 기타 요금매출로 구성되는 방송수신료매출액은 약 2조 7,885억원, 방송수신료매출액에 설치비와 단말장치매출액을 더한 가입자매출액은 약 3조 2,870억원, 가입자매출액에 홈쇼핑 송출수수료를 더한 방송사업매출액은 약 4조 7,174억원으로 조사되었다.

구체적인 시장 구조를 보면, 2016. 3. 기준 아날로그 케이블 시장에서 8VSB를 포함할 경우 전국 단위에서 가입자 기준 시장점유율의 분포는 t-broad 24.8, CJ헬로비전 19.9, C&M 5.8, HCN 9.1, CMB 21.7(MSO 81.3), 독립 SO 18.7로 나타났다.[26] 지리적 관련시장의 기초인 방송구역별로 보면, 65개 구역에서 독점이었으며, 경쟁 구조 하에 있는 13개 구역에서 1위 사업자가 70% 이상이 4구역, 50%-70%인 경우가 9구역으로 나타났다. 사업자별 1위 방송구역의 수는 t-broad 21, CJ헬로비전 20, C&M 12, HCN 7, CMB 10 그리고 독립 SO 8이었다.[27]

디지털 유료방송 시장(8VSB 제외)의 경우 2016. 3. 기준 전국 단위에서 시장점유율은 t-broad 7.6, CJ헬로비전 11.4, C&M 7.2, HCN 3.5, CMB 0.8, 독립 SO 3.2, KT 계열 38.0(올레TV 24.2, Skylife 13.8, OTS 5.2), SKB TV 16.1, LGU+TV 12.2로 조사되었다.[28] SO 전체와 IPTV 사업자의 가입자 점유율을 시계열적인 흐름은 〈표 1〉과 같다.

---

26) 2016 평가서, 238면.
27) 위의 책, 241-242면.
28) 8VSB를 포함할 경우에 SO의 점유율은 증가하고, IPTV 사업자의 점유율은 감소하는 것으로 나타나는데, KT 계열 35.0, SKB TV 14.9, LGU+TV 11.2로 조사되었다.

<표 1> 디지털 유료방송 가입자 점유율 추이(2012-2016. 3.)[29]

(단위: %)

	2012	2013	2014	2015	2016. 3.
SO 합계	37.8	36.6	35.9	34.2	33.7
KT 계열	44.0	41.1	39.1	38.0	38.0
SKB TV	10.6	12.4	14.2	15.8	16.1
LGU+TV	7.7	10.0	10.9	12.0	12.2
합 계	100.0	100.0	100.0	100.0	100.0

2015년 방송구역 별 디지털 유료방송 시장의 1위 사업자의 수는 KT 계열 43, t-broad 7, CJ헬로비전 11, C&M 11, HCN 5, 독립 SO 1, 그리고 8VSB를 포함할 경우에는 KT 계열 34, t-broad 7, CJ헬로비전 10, C&M 11, HCN 5, CMB 8, 독립 SO 3으로 조사되었다. 디지털 유료방송시장 (8VSB 제외)의 방송구역별 점유율 분포 구조는 <표 2>와 같다.

<표 2> 디지털 유료방송시장의 구역별 점유율 분포 구조[30]

1위 사업자 점유율	2위 사업자와의 차이						
	-5% (13)	5-10% (12)	10-15% (13)	15-20% (17)	20-25% (10)	25-30% (3)	30%- (10)
20-40%(26)	11	7	7	1			
40-50%(35)	2	5	3	15	9	1	1
50-60%(12)			3	2	1	1	5
60-70%(3)						1	2
70%-(2)							2

이상의 분석에 기초하여 시장집중도(HHI)를 보면, 우선 전국 단위로 할 경우 전체 유료방송시장에서 2015년 HHI는 1,537로 나타났으며, 2010년 1,176. 2011년 1,286, 2013년 1,431, 2014년 1,487로 조사된 것에 비추어

---

29) 2016 평가서, 244면.
30) 위의 책, 247면.

증가 추세 있음을 확인할 수 있다.[31] '2016 평가서'는 이러한 증가 추세가 SO 사업자 수의 감소에 따른 것으로 파악하고 있다. 전국 디지털 유료방송 시장의 경우 HHI는 2015년 2,100이며, 2010년 2,661, 2011년 2,586, 2012년 2,405, 2013년 2,239, 2014년 2,142로 감소하는 추세를 보이고 있는데, 이는 IPTV 사업자의 점유율이 분산되는 경향에 따른 것으로 보인다.[32]

상품별 그리고 지리적으로 획정된 시장을 기준으로 시장집중도를 보면, 아날로그 케이블의 경우 65개 방송구역에서 독점상태이고, 이를 제외한 방송구역에서 HHI가 5,000-6,000에 있는 방송구역은 11, 7,000-8,000에 있는 방송구역은 2로 나타났다.[33] 디지털 유료방송시장(8VSB 제외)에서 방송구역별 HHI 분포를 보면, 2,000-3,000 34구역, 3,000-4,000 35구역, 4,000-5,000 7구역, 6,000-7,000 1구역, 7,000-8,000 1구역으로 조사되었다. 이들 구역의 평균 HHI는 아날로그 케이블의 경우 5,680으로 2014년의 5,337에 비하여 증가하였고, 디지털 유료방송의 경우 3,244로 2014년 3,413에 비하여 감소하였다.[34]

이와 같은 시장 구조는 분석이 행해진 2011년 이후 대체로 지속되고 있는 것으로 보이며, HHI 지수나 사업자 수의 측면에서 주목할 만한 변화는 나타나지 않고 있다. 진입에 있어서 허가와 같은 제도적 제한, 고정비의 구성이 큰 산업적 특성이 발현되는 규모의 경제와 망의 다양한 활용 가능성에 기반한 범위의 경제의 존재, 방송망 등의 필수요소적 성격, 양면시장적 특성 등이 진입장벽으로서의 역할을 할 수 있으며, 따라서 현재의 시장 구조가 향후 지속될 것이라는 예측이 가능하다.[35]

---

31) 위의 책, 251면.
32) 위의 책, 252면.
33) 위의 책, 253면.
34) 위의 책, 254-255면.
35) 위의 책, 257-259면 참조.

(2) 유료방송시장에서 시장행위

유료방송시장에서 경쟁 양상과 관련하여, '2016 평가서'는 주로 가격 측면에서 분석을 수행하고 있다. 상품의 질을 향상시키기 위한 경쟁의 중요성도 있으며, 아날로그 케이블에서 8VSB를 통한 고화질 방송의 제공, 채널의 다양성 확보, 양방향성 제고에 의한 VOD 기능의 향상, 다양한 부가서비스의 결합 등은 이러한 측면에서의 경쟁을 보여주는 예가 될 것이다.

유료방송시장에서 가격 측면에서의 경쟁은 주로 가격 할인 방식으로 이루어지고 있으며, 할인 방식은 크게 유료방송의 단품판매의 경우와 결합판매의 경우로 나누어 볼 수 있다. 단품판매에서 할인율은 약정기간에 비례하는 경향이 있으며, 결합판매의 할인은 단품서비스 요금을 합산한 후 결합 할인율을 적용하는 방식으로 이루어지는데, 일반적으로 결합되는 서비스가 다수이고 약정기간이 길수록 할인율이 커지는 경향을 보여주고 있다. 다음 〈표 3〉과 〈표 4〉는 대표적 SO인 CJ헬로비전과 IPTV 사업자인 KT의 단품서비스(방송)의 약정기간 별 할인율을 보여주고 있다. 또한 〈표 5〉와 〈표 6〉은 두 사업자의 무약정 단품 대비 결합상품 할인율에 관한 것이다.

〈표 3〉CJ헬로비전 양천방송 헬로TV 상품 현황(2016년 12월)[36]

상품명	채널 수	약정기간	이용요금 (단품, 원)	할인율(%)	비고
이코노미HD	95개 (HD 74개)	3년	18,920	9%	
		2년	19,580	6%	
		1년	20,240	3%	
		무약정	20,900	0%	
베이직HD	180개 (HD 144개)	3년	21,725	10%	부가세 포함 (단말기 임대료 포함, 설치비는 무료)
		2년	22,550	7%	
		1년	23,375	3%	
		무약정	24,200	0%	
스탠다드HD	193개 (HD 152개)	3년	24,530	11%	
		2년	25,520	7%	
		1년	26,510	4%	
		무약정	27,500	0%	
프리미엄HD	214개 (HD 161개)	3년	28,270	11%	
		2년	29,480	8%	
		1년	30,690	4%	
		무약정	31,900	0%	

〈표 4〉KT OllehTV 상품 현황(2016년 12월)[37]

상품명	채널 수	약정 기간	이용료	이용료 할인율	장치 임대료	장치 할인율	총비용 합계	합계 할인율	비고
Olleh TV live 10	218개	3 년	13,200	20%	2,200	71%	15,400	36%	부가세 포함
		2 년	14,850	10%	3,300	57%	18,150	25%	
		1 년	15,675	5%	5,500	29%	21,175	13%	
		무약정	16,500	0%	7,700	0%	24,200	0%	
Olleh TV live 12	229개	3 년	15,840	20%	2,200	71%	18,040	34%	
		2 년	17,820	10%	3,300	57%	21,120	23%	
		1 년	18,810	5%	5,500	29%	24,310	12%	
		무약정	19,800	0%	7,700	0%	27,500	0%	
Olleh TV live 15	244개	3 년	20,240	20%	2,200	71%	22,440	32%	
		2 년	22,700	10%	3,300	57%	26,000	21%	

36) 위의 책, 261면.
37) 위의 책, 262면.

상품명	채널 수	약정 기간	이용료	이용료 할인율	장치 임대료	장치 할인율	총비용 합계	합계 할인율	비고
		1 년	24,035	5%	5,500	29%	29,535	11%	
		무약정	25,300	0%	7,700	0%	33,000	0%	
Olleh TV live 25	244개 + 프라임 무비팩	3년	31,680	20%	2,200	71%	33,880	28%	
		2년	35,640	10%	3,300	57%	38,940	18%	
		1년	37,620	5%	5,500	29%	43,120	9%	
		무약정	39,600	0%	7,700	0%	47,300	0%	
Olleh TV live 34	244개 +프라임 무비팩+캐치온 & 캐치온 플러스 + viki	3년	44,000	20%	2,200	71%	46,200	26%	
		2 년	49,500	10%	3,300	57%	52,800	16%	
		1 년	52,250	5%	5,500	29%	57,750	8%	
		무약정	55,000	0%	7,700	0%	62,700	0%	

〈표 5〉 CJ헬로비전의 무약정 단품 상품 대비
결합상품 할인율(2016년 12월)[38]

		단품 방송상품 기간 무약정 요금 대비 할인율					단품 인터넷상품 기간 무약정 요금 대비 할인율					VOIP 기본료 할인
		무약정	1년 약정	2년 약정	3년 약정	4년 약정	무약정	1년 약정	2년 약정	3년 약정	4년 약정	
아날로그 방송+통신 결합상품	아날로그방송 +인터넷전화	0%	0%	0%	0%	0%						50%
	아날로그방송 +인터넷	0%	0%	0%	0%	0%	15%	25%	35%	45%	50%	
디지털 방송+ 통신 결합상품	디지털방송 +인터넷전화	0%	0%	0%	0%	0%						50%
	디지털방송 +인터넷	10%	15%	20%	25%	30%	15%	25%	35%	45%	50%	
	디지털방송 +인터넷 +인터넷전화	10%	15%	20%	25%	30%	15%	25%	35%	45%	50%	50%

38) 위의 책, 263면.

〈표 6〉 KT의 무약정 단품 상품 대비 결합상품 할인율(2016년 12월)[39]

		단품 방송상품 기간 무약정 요금 대비 할인율					단품 인터넷상품 기간 무약정 요금 대비 할인율				VOIP 기본료 할인
		무약정	1년 약정	2년 약정	3년 약정		무약정	1년 약정	2년 약정	3 년 약정	
디지털 방송+ 인터넷	OTV10	0%	8%	8%	33%	라이트	21%	24%	26%	30%	
	OTV12	0%	8%	17%	33%	스페셜	22%	36%	38%	42%	
	OTV15	0%	8%	17%	35%	올레	0%	12%	24%	44%	
	OTV25	0%	8%	15%	31%	기가콤 팩트	0%	13%	25%	40%	
	OTV34	0%	8%	16%	32%	기가	0%	13%	25%	40%	
디지털 방송 + 인터넷+ 시내전화	OTV10	0%	8%	8%	33%	라이트	21%	24%	26%	30%	
	OTV12	0%	8%	17%	33%	스페셜	22%	36%	38%	42%	
	OTV15	0%	8%	17%	35%	올레	0%	12%	24%	44%	
	OTV25	0%	8%	15%	31%	기가콤 팩트	0%	13%	25%	40%	
	OTV34	0%	8%	16%	32%	기가	0%	13%	25%	40%	
디지털 방송 + 인터넷+ 인터넷 전화	OTV10	0%	8%	8%	33%	라이트	21%	24%	26%	30%	인터넷 결합시 1,100원 (33%) 할인
	OTV12	0%	8%	17%	33%	스페셜	22%	36%	38%	42%	
	OTV15	0%	8%	17%	35%	올레	0%	12%	24%	44%	
	OTV25	0%	8%	15%	31%	기가콤 팩트	0%	13%	25%	40%	
	OTV34	0%	8%	16%	32%	기가	0%	13%	25%	40%	

이상의 〈표 3〉 내지 〈표 6〉에 의할 경우에 단품 할인과 결합 할인 모두 2015년에 비하여 큰 변화는 없으며, 두 사업자 간 할인율의 차이는 주로 단품 할인에서 나타나고 있다. 그러나 이 경우에도 비할인 가격의 차이를 고려할 경우에[40] 할인율에 있어서 의미 있는 차이가 존재하는 것으로

---

39) 위의 책, 264면. 스페셜은 2014년 8월 8일자로 신규가입이 중단되었으며, 라이트 상품은 홈페이지에 없는 상태이다. 할인율은 약정할인율과 결합할인율을 합친 총 할인율이다.

40) 위의 책, 231면에 의하면, 디지털 케이블과 IPTV의 방송상품 가격은 IPTV가 약 28% 큰 것으로 나타나고 있다.

판단하기는 어려울 것이다. 다만 결합상품의 할인율은 두 사업자 모두 높게 유지되고 있으며, 이러한 점은 실질적인 가격 경쟁이 이루어지고 있는 징표로 받아들일 수 있다.

사업자의 시장행위와 관련하여 수요 측면에 있는 이용자의 대응력 분석도 중요한데, 이는 공급측면에서 사업자의 지배력을 억제할 수 있는 힘으로 작용할 수 있기 때문에 사업자의 시장행위를 예측하는데 유용한 요소가 될 수 있다. '2016 평가서'가 행한 설문조사 결과를 보면, 유료방송사업자 전환 경험에 대해서 21.8%가 긍정하였으며, 2015년 조사에서 16.7%에 비하여 증가하였다. 전환을 고려하였으나 전환하지 않은 경우는 2015년 40.5%에서 47.1%로 증가한 것으로 나타났다. 전환 경험이 있는 것으로 답한 이용자 중 전환절차가 복잡하지 않다고 응답한 경우는 50.8%로 2015년에 비하여 16.6% 증가한 급격한 개선을 보여주었다. 또한 계약기간 자동연장의 인지에 대하여 2015년 24.1%에서 2016년 29.9%, 가격비교 용이성과 관련하여 가입 당시 가격비교를 한 것으로 조사된 비중은 2015년 38.8%에서 2016년 43.3%, 보조금이나 경품 등의 선별적 마케팅의 영향에 관하여 영향이 컸다는 비중은 2015년 49.7%에서 54.2%로 증가한 것으로 나타났다.[41] 이러한 조사결과는 이용자의 전환이 활발하게 이루어지고 있고, 전환에 필요한 정보 등에 대한 인지도도 상당한 정도에 이르고 있으며, 또한 해당 인지도가 증가하고 있음을 보여주고 있다. 선별적 마케팅의 영향력 증대에 관한 조사도 유료방송사업자들의 경쟁이 이루어지고 있음을 보여주는 예가 될 것이다. 이러한 조사결과는 점차 이용자의 대응력이 강화되고 있고, 이것이 사업자들의 지배력을 억제하고 경쟁촉진적인 방향으로 작용할 것이라는 예상을 가능하게 한다.

---

41) 위의 책, 265면.

(3) 유료방송시장의 시장성과

유료방송시장에서의 시장성과는 시장에서 실질적으로 경쟁이 이루어지고 있는지에 관한 중요한 징표가 될 수 있다. 즉 시장의 구조가 경직적인 경우에도 사업자 간 유효한 경쟁이 전개되고 있을 경우에 초과적인 이윤 획득은 가능하지 않을 것이고, 경쟁시장 수준에 상응하는 시장성과를 보여줄 것이다. 이러한 관점에서 유료방송시장에서의 시장성과는 지배적 사업자의 착취적 남용 수준의 이윤 획득과는 거리가 먼 것으로 조사되고 있다. 다음의 〈표 7〉은 방송사업 영업이익률에 관한 것이다.

〈표 7〉 방송사업 영업이익률(2015년)[42]

(단위: 억 원)

구분	영업매출 (방송)	영업비용 (방송)	영업이익 (방송)	영업이익률 (방송)
t-broad	5,789	4,713	1,076	18.6%
CJ 헬로비전	6,720	6,478	242	3.6%
C&M	4,097	3,352	745	18.2%
HCN	2,153	1,576	577	26.8%
CMB	1,344	1,356	−12	−0.9%
MSO합계	20,102	17,475	2,628	13.1%
독립SO합계	1,737	1,503	234	13.5%
SO합계	21,839	18,977	2,861	13.1%
위성방송	5,496	4,813	683	12.4%
KT	8,304	9,803	−1,499	−18.1%
SKB	5,990	7,545	−1,555	−26.0%
LGU+	4,794	4,895	−101	−2.1%
IPTV 전체	19,088	22,243	−3,155	−16.5%
전체	46,423	46,033	389	0.84%

---

42) 위의 책, 270면. 독립 SO인 제주방송, 하나방송, 아름방송은 자료 미제출로 독립 SO합계, SO합계, 전체에 포함되지 않았다.

〈표 7〉이 보여주는 바와 같이, SO와 위성방송은 10% 이상의 영업이익률을 내고 있지만, IPTV 사업자는 모두 마이너스의 영업이익률을 보이고 있는 상황이고, 가장 높은 영업이익률을 보여주고 있는 SO의 평균 13.1%의 영업이익률도 초과이윤의 획득으로 평가하기는 어려운 수준이다. 따라서 유료방송시장의 시장성과는 경쟁적 시장에 비견되는 것으로 볼 여지가 있다.

SO의 영업이익률을 아날로그 케이블과 디지털 케이블로 세분하여 보면, 대체로 아날로그 부문의 영업이익률이 높은 것으로 나타나고 있다. 다음 〈표 8〉은 이러한 상황에 대한 세부적인 수치를 보여주고 있는데, 이러한 결과는 아날로그 케이블의 제공이 SO에 의해서만 이루어지고 있고, 따라서 디지털 케이블 시장이 보다 치열한 경쟁상황에 있음을 반증하는 것으로 볼 수 있는 근거가 된다.

〈표 8〉 SO 아날로그/디지털 구분 방송사업 수익성 현황[43]

(단위: 억 원)

	아날로그				디지털			
	영업매출	영업비용	영업이익	영업이익률	영업매출	영업비용	영업이익	영업이익률
t-broad	1,925	1,391	534	27.8%	3,864	3,322	542	14.0%
CJ 헬로비전	1,691	1,593	98	5.8%	5,029	4,884	145	2.9%
C&M	665	446	220	33.0%	3,431	2,907	525	15.3%
HCN	672	374	298	44.3%	1,481	1,202	279	18.8%
CMB	1,116	1,106	10	0.9%	227	250	− 23	− 10.0%
MSO 전체	6,069	4,909	1,160	19.1%	14,033	12,565	1,468	10.5%
독립SO	640	511	129	20.1%	1,097	992	105	9.6%
SO전체	6,709	5,420	1,289	19.2%	15,130	13,557	1,572	10.4%

한편 영업적자를 보이고 있는 IPTV 사업자의 수익 구조에 대해서도 분석을 요한다. 다음 〈표 9〉는 IPTV 사업자의 영업이익률의 세분화된 지표에 관한 것이다.

---

43) 위의 책, 272면. 제주방송, 하나방송, 아름방송은 자료 미제출로 독립SO 및 SO전체에 포함되지 않았다.

〈표 9〉 IPTV 사업자 수익성 현황[44]

(단위: 억 원)

		초고속인터넷			방송			초고속인터넷 + 방송		
		2013	2014	2015	2013	2014	2015	2013	2014	2015
KT	영업매출	19,717	19,224	19,391	5,039	6,615	8,304	24,756	25,839	27,695
	영업비용	14,683	16,570	15,354	8,198	9,974	9,803	22,881	26,544	25,157
	영업이익	5,034	2,654	4,037	−3,158	−3,359	−1,499	1,876	−705	2,538
	영업이익률	25.5%	13.8%	20.8%	−62.7%	−50.8%	−18.1%	7.6%	−2.7%	9.2%
SKB	영업매출	8,878	8,324	8,527	3,444	4,517	5,990	12,322	12,841	14,517
	영업비용	4,668	4,719	6,616	6,133	7,327	7,545	10,801	12,046	14,161
	영업이익	4,209	3,605	1,910	−2,689	−2,810	−1,555	1,520	795	355
	영업이익률	47.4%	43.3%	22.4%	−78.1%	−62.2%	−26.0%	12.3%	6.2%	2.4%
LGU+	영업매출	7,419	7,665	7,829	2,766	3,852	4,794	10,185	11,517	12,623
	영업비용	7,996	7,502	7,396	3,899	4,685	4,895	11,895	12,187	12,291
	영업이익	−577	163	433	−1,133	−833	−101	−1,710	−670	332
	영업이익률	−7.8%	2.1%	5.5%	−41.0%	−21.6%	−2.1%	−16.8%	−5.8%	2.6%
IPTV 합계	영업매출	36,014	35,213	35,747	11,249	14,984	19,088	47,263	50,197	54,835
	영업비용	27,347	28,791	29,366	18,229	21,986	22,243	45,576	50,777	51,609
	영업이익	8,666	6,422	6,380	−6,980	−7,002	−3,155	1,686	−580	3,225
	영업이익률	24.1%	18.2%	17.8%	−62.1%	−46.7%	−16.5%	3.6%	−1.2%	5.9%

〈표 9〉에서 알 수 있듯이, IPTV 사업자의 영업이익은 방송 부문에서의 적자를 나머지 부문에서의 이익으로 상쇄하고 있고, 다만 방송 부문에서의 적자 폭은 점차 감소하는 추세에 있음을 보여주고 있다. 이는 방송 부문이 다른 부문보다 경쟁적인 상황임을 의미하는 것이지만, 다른 부문에서의 지배력이 방송 부문으로 전이될 수 있는 여지가 있음을 시사하는 것이기도 하다.

현재 유료방송시장의 시장성과가 경쟁시장에 상응하는지 여부는 유료방송사업자의 ARPU를 통해서도 확인할 수 있다. 〈표 10〉은 유료방송사업자의 월간 ARPU를 보여주고 있다.

---

44) 위의 책, 272-273면.

〈표 10〉주요 유료방송사별 월간 ARPU 현황[45]

(단위: 원)

구분	방송사업매출액 기준			가입자매출액 기준			방송수신료매출액 기준		
	2013	2014	2015	2013	2014	2015	2013	2014	2015
t-broad	15,780	14,957	14,751	9,639	8,884	8,487	7,915	6,773	5,939
CJ 헬로비전	15,007	14,271	14,038	9,417	8,748	8,497	6,883	6,107	5,550
C&M	15,607	15,137	15,724	10,260	9,510	9,488	7,480	6,722	6,492
HCN	13,789	13,447	13,248	8,498	7,977	7,666	6,495	5,821	5,219
CMB	8,470	7,811	7,456	4,870	4,321	3,922	4,719	4,127	3,702
MSO 합계	14,431	13,760	13,635	9,011	8,320	8,019	6,981	6,134	5,558
독립 SO	8,721	10,563	10,997	5,663	6,814	6,907	4,711	5,483	5,350
SO 합계	13,425	13,323	13,284	8,421	8,115	7,871	6,581	6,046	5,530
KT 계열 *	13,529	13,795	14,273	10,865	10,848	11,131	10,613	10,604	10,716
SKB TV	16,287	15,363	15,865	12,811	12,516	12,834	12,582	12,138	12,327
LGU+TV	16,899	16,707	16,646	13,406	14,005	13,461	12,064	12,630	12,030
비 SO 합계	14,515	14,591	15,060	11,584	11,707	11,936	11,181	11,250	11,321
총합계	13,854	13,886	14,154	9,666	9,710	9,862	8,393	8,356	8,366

〈표 10〉에서 방송사업매출액 기준으로 월간 ARPU는 14,154원이고, 대체로 IPTV 사업자의 ARPU가 SO의 ARPU보다 높은 것으로 나타났다. 이러한 수치는 주요 국가들의 방송사업 부문에서의 ARPU에 비하여 낮은 것으로 보이는데, 2014년 기준 OECD 국가들의 유료방송 월간 ARPU 평균은 33.01달러로 조사된 것에 비하여 약 절반 수준에 머무르고 있다. 한편 유료방송사업자의 ARPU 분석에서 방송사업매출액은 가입자매출액에 홈쇼핑 수수료를 더한 것이므로, 양자의 차이는 방송사업매출액에서 홈쇼핑 수수료의 비중을 보여주는 의미도 있다. 2015년 SO 사업자들의 홈쇼핑 수수료가 영업손익에서 차지하는 비중은 약 168.2%이고, 위성방송의 경우 약 128.4%로서[46] 매우 높은 것으로 나타나고 있다. 이러한 수치는 홈쇼핑 수수료를 제외한 영업이익이 적자일 수 있고, 따라서 당해 사업 비중의 중요성을 보여주는 것이지만, 이 역시 유료방송 상품의 본질인 실시간 방송의 수신료 시장이 상당한 경쟁 상황에 있음을 시사하는 것이다.

---

45) 위의 책, 274면. 해당 수치는 2013-2014 기준으로 한 것이다.
46) 위의 책, 276-277면.

4. 주요 쟁점 분석

(1) OTT 동영상 서비스 문제

OTT 동영상 서비스는 초고속인터넷이나 스마트폰의 확대에 따라서 개방형 인터넷을 통한 동영상 제공을 총칭하는 개념이다. 국내외적으로 OTT 동영상 서비스는 급격히 확대되는 추세 있으며, 시장 규모는 매년 비약적으로 커지고 있다. 매출액 기준 2016년 OTT 동영상 서비스 시장 규모는 약 4,884억원으로 2015년의 3,178억원에 비하여 53.7% 성장한 것으로 조사되고 있다. 2016년 기준 매출액 구성을 보면, 광고매출 2,657억원으로 54.4%, 유료방송 수신료 매출 776억원으로 15.9%, 유료콘텐츠 구매 매출 499억원으로 10.2%로 되어 있다. 2015년 기준으로 유료방송시장과 비교하면, OTT 동영상 서비스의 월정액 매출과 유료콘텐츠 구매 매출의 합은 1,071억원으로서 동년 유료방송 수신료 매출(2조 7,885억원)의 3.8% 그리고 유료방송사업자의 VOD 매출(6,380억원)의 16.8% 수준이다. 반면 광고매출은 1,352억원으로서 유료방송사업자의 VOD 광고매출(965억원)의 1.4배에 해당한다.[47] 국내에서는 13개 사업자가 동 서비스를 제공하고 있는 것으로 파악되는데, 대체로 실시간 방송 서비스와 VOD 또는 방송콘텐츠를 제공하고 있으며, tving, pooq, 올레TV 모바일, BTV 모바일, U+HD TV, 유트브, 아프리카TV, 곰TV, 다음TV팟, 판도라TV, 팝콘TV, 에브리온TV, 네이버캐스트 등이 참가하고 있다. 여기에는 기존 IPTV 사업자나 SO 사업자의 계열사가 포함되고 있으며, 주요 포탈 사업자와 검색 서비스를 제공하는 사업자의 계열사도 존재한다.

앞에서 살펴본 것처럼, 현재의 상황에서 OTT 동영상 서비스와 유료방송서비스 간에 하나의 시장으로 획정할 수 있는 대체적 관계를 인정하기는 어려울 것이다. '2016 평가서'는 이와 관련하여 주목할 만한 조사 결과

---

47) 위의 책, 279-280면.

를 보여주고 있는데, OTT 동영상 서비스 이용 이후 유료방송서비스를 계속 사용하는 이용자의 비중이 OTT 동영상 서비스를 유료로 이용한 경우에는 86.1%, 무료로 이용한 경우에는 71.3%로 나타나고 있으며,[48] 이는 이용자가 OTT 동영상 서비스와 유료방송서비스를 보완적인 관계로 인식하고 있음을 반증하는 것이다. 다만 OTT 동영상 서비스 시장이 급속히 확대되고 있으며, 향후 OTT 동영상 서비스와 유료방송서비스의 대체가능성에 대한 질문에 OTT 서비스 유료사용자의 46.2%가 대체가능성이 있는 것으로 답한 결과[49] 등에 비추어 동 시장의 변화와 유료방송 시장에 미칠 영향에 대한 지속적인 주의가 기울여질 필요가 있다.

(2) VOD 서비스 문제

유료방송 서비스 시장에서 VOD 서비스의 비중은 지속적으로 커지고 있으며, 2015년 기준 전체 매출액은 6,380억원으로 전년 대비 12.4%의 성장을 보이고 있다.[50] 전체 유료방송 수신료 매출에서 차지하는 비중도 2013년 17.7%, 2014년 21.4%, 2015년 22.9%로 큰 폭의 성장세를 유지하고 있으며, VOD 매출 부문에서는 IPTV 사업자의 비중이 2013년 67.7%, 2014년 70.0%, 2015년 73.4%로 점차 확대되고 있다.

VOD 서비스 이용자 조사를 보면, 실시간 방송 서비스와 대체관계가 명확히 나타나지는 않으며, OTT 동영상 서비스의 관계에서는 대체로 VOD 서비스가 품질이나 콘텐츠 측면에서 우수한 것으로 인식되고 있다. VOD 서비스 시장의 중요성은 동 시장이 다양한 플랫폼 사업자가 집합하는 시장으로서의 특성을 갖고 있다는 점에 있으며, 동 서비스가 전체 유료방송 서비스에서 독립적인 의의를 갖게 될 경우에는 OTT 동영상 서비스와 같은 인접시장과의 관계가 새롭게 정립될 필요가 있을 것이다.

---

48) 위의 책, 291면.
49) 위의 책, 294면.
50) 위의 책, 296면.

(3) 결합 판매 문제

유료방송 이용자 중 결합상품 가입 방식의 이용자 비중은, 2012년 34.1%, 2013년 37.0%, 2014년 39.6%, 2015년 41.7%로 지속적으로 증가하고 있다. 즉 상품 구매방식으로서 결합 판매의 중요성이 커지고 있으며, 이는 경쟁의 중요한 양상의 하나로 이해될 수 있다.[51] 다음 〈표 11〉은 방송과 통신의 결합상품 가입자 및 시장 상황에 관한 것이다.

〈표 11〉은 결합상품 내에서 방송과 통신의 결합 비중뿐만 아니라 유료방송 내에서의 방송통신 결합 비중이 지속적으로 증가하고 있음을 보여준다. 또한 결합판매에 있어서 IPTV 사업자가 SO 사업자에 비하여 점차 우위에 있는 과정을 시계열적 분석을 통하여 확인할 수 있는데, 이러한 분석결과는 결합판매가 중요한 경쟁 방식으로 되어 가는 상황에서 유료방송사업자들의 경쟁 조건이 동등하지 않을 수 있음을 의미하는 것이다. 다음의 〈표 12〉와 〈표 13〉은 결합판매의 구성과 관련한 일정한 시사점을 제공한다.

〈표 12〉는 방송과 통신의 결합에서 통신은 이동통신을 제외한 결합을 분석한 것인데, 전반적으로 동 유형의 결합판매는 특히 2014년 이후 감소하는 추세에 있음을 보여주고 있다. 반면 〈표 13〉은 이동통신이 포함된 방송통신 결합판매를 보여주고 있는데, 이러한 유형의 결합판매는 지속적으로 성장하고 있으며, 특히 IPTV 사업자와 SO 사업자 그리고 IPTV 사업자 내에서도 이러한 추세가 동일하지 않고 일정한 편차가 있음을 나타내고 있다. 즉 방송통신 결합판매에서 이동통신의 구성상품으로서의 중요성이 부각되고 있으며, 해당 상품에 경쟁력이 있는 사업자가 결합판매전체의 경쟁력을 갖는 상황으로 전개되고 있다. 결합판매가 유료방송시장의

---

51) Helen Kemmitt & John Angel, "Telecommunications Regime in The United Kingdom", Ian Walden ed., Telecommunications Law and Regulation, Oxford Univ. Press, 2012, 113면 참조.

〈표 11〉 방송+통신 결합상품 가입자 및 사업자별 점유율 현황[52]

구분		2010	2011	2012	2013	2014	2015
IPTV 전체	가입자 수	3,093,874	4,120,411	5,515,620	6,788,632	8,112,406	9,186,109
	방송통신 결합 내 점유율	100.0%	65.8%	69.4%	72.3%	74.8%	78.1%
	유료방송 내 점유율	15.2%	19.1%	23.7%	26.7%	29.6%	32.6%
KT	가입자 수	1,591,713	2,335,571	2,974,311	3,476,364	3,873,965	4,204,899
	방송통신 결합 내 점유율	51.4%	37.3%	37.4%	37.0%	35.7%	35.8%
	유료방송 내 점유율	7.8%	10.8%	12.8%	13.7%	14.2%	14.9%
SK군	가입자 수	889,098	922,817	1,320,001	1,787,411	2,319,619	2,780,250
	방송통신 결합 내 점유율	28.7%	14.7%	16.6%	19.0%	21.4%	23.7%
	유료방송 내 점유율	4.4%	4.3%	5.7%	7.0%	8.5%	9.9%
LGU+	가입자 수	613,063	862,023	1,221,308	1,524,857	1,918,822	2,200,960
	방송통신 결합 내 점유율	19.8%	13.8%	15.4%	16.2%	17.7%	18.7%
	유료방송 내 점유율	3.0%	4.0%	5.2%	6.0%	7.0%	7.8%
SO 전체	가입자 수		2,138,189	2,427,226	2,599,183	2,738,772	2,568,959
	방송통신 결합 내 점유율		34.2%	30.6%	27.7%	25.2%	21.9%
	유료방송 내 점유율		9.9%	10.4%	10.2%	10.0%	9.1%
전체 방송통신 결합 가입자 수		3,093,874	6,258,600	7,942,846	9,387,815	10,851,178	11,755,068
전체 결합상품 가입자 수		8,974,033	12,617,917	13,785,525	14,493,334	15,341,447	15,981,718
전체 결합상품 내 방송통신 결합 가입자 비중		34.5%	49.6%	57.6%	64.8%	70.7%	73.6%
전체 유료방송 가입자 수		20,382,000	21,580,000	23,320,993	25,399,625	27,368,396	28,182,171
전체 유료방송 내 방송통신 결합 가입자 비중		15.2%	29.0%	34.1%	37.0%	39.6%	41.7%

52) 2016 평가서, 305면. 결합상품 가입자 수는 결합상품 계약 건 수 기준이고, 유료 방송 가입자 수는 회선 수를 기준으로 하였다.

〈표 12〉 방송+유선 포함 결합상품 가입자 사업자별 현황[53]

구분		2010	2011	2012	2013	2014	2015
KT	가입자 수	1,157,744	1,468,404	1,985,983	2,298,777	2,422,928	2,381,312
	해당 상품 내 점유율	49.5%	29.5%	32.1%	33.7%	35.1%	36.4%
	전체 유료방송 내 점유율	37.4%	23.5%	25.0%	24.5%	22.3%	20.3%
SK군	가입자 수	591,018	573,417	727,047	804,149	725,040	652,813
	해당 상품 내 점유율	25.3%	11.5%	11.7%	11.8%	10.5%	10.0%
	전체 유료방송 내 점유율	19.1%	9.2%	9.2%	8.6%	6.7%	5.6%
LGU+	가입자 수	589,353	802,571	1,054,476	1,128,011	,030,016	956,380
	해당 상품 내 점유율	25.2%	16.1%	17.0%	16.6%	14.9%	14.6%
	전체 유료방송 내 점유율	19.0%	12.8%	13.3%	12.0%	9.5%	8.1%
SO	가입자 수	-	2,138,189	2,425,855	2,582,100	2,722,032	2,556,522
	해당 상품 내 점유율	-	42.9%	39.2%	37.9%	39.4%	39.0%
	전체 유료방송내 점유율	-	34.2%	30.5%	27.5%	25.1%	21.7%
전체	해당 결합상품 전체 가입자 수	2,338,115	4,982,581	6,193,361	6,813,037	6,900,016	6,547,027
	전체 방송통신 결합 내 점유율	75.6%	79.6%	78.0%	72.6%	63.6%	55.7%
	전체 유료방송 내 점유율	11.5%	23.1%	26.6%	26.8%	25.2%	23.2%

---

53) 위의 책, 307면. 결합상품 가입자 수는 결합상품 계약 건 수 기준이고, 유료방송 가입자 수는 회선 수를 기준으로 하였다.

〈표 13〉 이동전화 포함 방송통신 결합상품 가입자 사업자별 현황[54)

	구분	2010	2011	2012	2013	2014	2015
KT	가입자 수	433,969	867,167	988,328	1,177,587	1,451,037	1,823,587
	해당 상품 내 점유율	57.4%	68.0%	56.5%	45.7%	36.7%	35.0%
	전체 유료방송 내 점유율	2.1%	4.0%	4.2%	4.6%	5.3%	6.5%
SK 군	가입자 수	298,080	349,400	592,954	983,262	1,594,579	2,127,437
	해당 상품 내 점유율	39.4%	27.4%	33.9%	38.2%	40.4%	40.8%
	전체 유료방송내 점유율	1.5%	1.6%	2.5%	3.9%	5.8%	7.5%
LGU+	가입자 수	23,710	59,452	166,832	396,846	888,806	1,244,580
	해당 상품 내 점유율	3.1%	4.7%	9.5%	15.4%	22.5%	23.9%
	전체 유료방송내 점유율	0.1%	0.3%	0.7%	1.6%	3.2%	4.4%
SO	가입자 수			1,371	17,083	16,740	12,437
	해당 상품 내 점유율			0.1%	0.7%	0.4%	0.2%
	전체 유료방송내 점유율			0.0%	0.1%	0.1%	0.0%
전체	해당 결합상품 전체 가입자 수	755,759	1,276,019	1,749,485	2,574,778	3,951,162	5,208,041
	전체 방송통신 결합 내 점유율	24.4%	20.4%	22.0%	27.4%	36.4%	44.3%
	전체 유료방송 내 점유율	3.7%	5.9%	7.5%	10.1%	14.4%	18.5%

　　중요한 경쟁 방식이 되고 있음을 고려하면, 이러한 상황 전개는 향후 시장의 변화에 대한 일정한 예측을 가능하게 한다. 유료방송시장에 대한 정책도 이러한 예측에 기초할 필요가 있으며, 무엇보다 결합판매의 동등한 조건을 확보하기 위한 노력이 경주될 필요가 있음을 시사한다.

---

54) 위의 책, 308면. 결합상품 가입자 수는 결합상품 계약 건 수 기준이고, 유료방송 가입자 수는 회선 수를 기준으로 하였다.

III. 결론 - 평가 개선 방안의 제시

1. 시장획정의 문제

'2016 평가서'는 유료방송시장의 시장획정과 관련하여 특히 상품별 시장획정에 있어서 주목할 만한 변화를 시도하였다. 즉 아날로그 케이블 방송을 유료방송에서 분리하여, 디지털 유료방송을 대상으로 시장을 획정하고, 다만 아날로그 케이블 중 8VSB 방식에 의하여 고화질이 가능한 서비스를 부분적으로 포함시켜 분석을 행하고 있다. 유료방송의 시장이 디지털 방식으로 변화되어 가고 있음은 분명하며, 이러한 점에서 아날로그 케이블을 시장획정에서 제외하는 것은 향후 불가피한 것일 수 있다. 그러나 현 시점에서 이러한 분리가 적절한지는 의문이 있다. 우선 여전히 이용자들이 양자를 대체적으로 인식하는 비중이 50% 이상이며, '2016 평가서'가 밝힌 것처럼 유효한 임계손실분석에 의하여 이러한 획정이 뒷받침되지 않고 있다. 상품 분석의 측면에서도 상품으로서의 방송의 핵심은 여전히 실시간 방송이며, 그 외의 서비스는 부가적인 의미를 갖는다는 것도 염두에 둘 필요가 있다. 물론 디지털 유료방송의 중요성은 부인할 수 없지만, 전체적인 유료방송시장의 분석은 여전히 중요한 의미가 있으며, 또한 이러한 분석은 유료방송사업자가 전통적인 케이블망을 보유하고 있는 SO 사업자와 통신사업자인 IPTV 사업자로 이원화되어 있는 상황에서 기존 SO 시장에서의 영향력을 평가하는 지표로서 정책적인 의의도 존재한다.

실시간 방송의 상품구성적 중요성은 OTT 동영상 서비스에 대한 분석에 있어서도 고려될 필요가 있다. OTT 동영상 서비스를 제공하는 사업자 중 tving, pooq, 올레TV 모바일, BTV 모바일, U+ HD TV, 에브리온TV 등 상당수의 사업자는 실시간 방송 서비스를 제공하고 있다. 실시간 방송의 이용 매체가 다변화되고 있는 상황에서 해당 서비스를 중심으로 한 시장 변화에 대한 분석도 필요할 것이다. 즉 OTT 동영상 서비스로서 제공되고 있는 상품을 개별적으로 분석하고, 이를 토대로 인접시장과의 관련성을 파악하는 것이 보다 의미 있는 접근방식이 될 수 있다. 이러한 관점은 VOD 서비스에서도 유효하다. 개별 서비스로 VOD 서비스는 융합 과정에서 방송의 변화를 상징하는 양방향성이 실제적으로 구현된 상품이라 할 수 있으며, 실시간 방송과 구별되는 상품으로서의 특징을 갖고 있다. 또한 다양한 플랫폼을 통하여 상품의 공급과 제공이 양면적으로 이루어질 수 있다는 점에서 보다 주목할 필요가 있으며, VOD 서비스를 중심으로 모든 유형의 플랫폼을 아우르는 분석의 필요성이 존재한다.

지리적 관련시장과 관련하여 '2016 평가서'의 분석은 시장획정과 다소 거리가 있다는 점에서 논의의 여지가 있다. 물론 전국적인 상황에서의 시장분석도 당연히 필요한 것이지만, 다양한 규제기관과 사법부에서 행한 유료방송시장의 지리적 시장획정은 방송구역별로 이루어지고 있으며, 단기간에 이러한 판단에 변화가 있을 것으로 예상하기 어렵다. 따라서 방송시장의 지리적 시장획정에 따른 방송구역별로 시장 상황에 대한 보다 상세한 분석이 필요하며, 이에 대한 분석이 충실히 이루어지지 못한 점을 지적할 수 있다.

2. 이용자 전환의 분석

통신시장에서는 경쟁상황에 대한 중요한 요소 중의 하나로 번호이동성에 대한 분석이 다루어지고 있다. 방송시장에서의 경쟁 평가에 있어서도 실제 가입자가 특정 유료방송사업자에게 고착되어 있는지, 전환 가능성이 실질적으로 주어지고 있는지, 전환이 이루어지는 비중은 어느 정도인지 그리고 전환의 흐름은 어떠한 방향으로 나타나는지에 대한 분석이 필요하다. 이러한 분석은 현재의 시장에서의 경쟁 상황에 대한 유의미한 자료가 될 수 있을 뿐만 아니라, 시장 구조에 대한 합리적인 예측과 정책수립을 가능하게 할 것이다.

3. 결합판매 분석의 강화

결합판매는 현재 유료방송시장에서 가장 주된 경쟁 수단이 되고 있으며, 결합상품의 구성과 관련된 사업자의 능력이 경쟁에 중요한 영향을 미치고 있는 것으로 보인다. '2016 평가서'가 제시한 분석 결과를 통해서도, 특히 이동통신이 방송통신 결합판매의 구성상품으로서 중요한 유인이 되고 있다는 판단을 할 수 있지만, 적절한 정책 수립을 위해서는 보다 상세한 결합판매의 분석이 필요할 것이다. 대표적인 방송통신 결합판매의 구성상품은 유료방송, 유선통신, 이동통신, 초고속인터넷의 네 가지로 볼 수 있으며, 방송을 중심으로 한 결합판매는 2 상품 결합, 3 상품 결합, 4개 상품 결합을 모두 고려할 경우에 총 7개의 상품 구성이 예상된다. 적어도 이들 각각의 결합판매에 대해서는 사업자별로 판매 비중이나 시장에서의 점유율이 분석될 필요가 있으며, 이러한 관점에서 현재의 분석 수준과 내용은 결합판매의 중요성에 비추어 미흡한 것으로 볼 수 있다.

19. OTT에 대한 규제

I. 서론

최근 동영상 시청 방식의 하나로 TV와 같은 전통적인 방식이 아닌 다양한 인터넷 기기를 통하여 동영상을 시청하는 방식이 확산되고 있다. 이른바 OTT(over the top)로 통칭되는 새로운 동영상 콘텐츠 이용 방식은 통신 기술의 발전과 스마트폰으로 대표되는 단말기의 기능 향상에 힘입어 점차 이용도를 넓히고 있으며, 시청되는 동영상 콘텐츠도 다양해지고 있다. 특히 실시간 방송 서비스도 포함되고 있으며, 이러한 상황에서 OTT 서비스에 대한 규제 가능성에 관한 논의도 현안으로 대두하고 있다. 이하에서는 OTT 서비스의 의의와 현황 등을 살펴보고, 이어서 이에 대한 적절한 규제 설계에 관하여 논의하기로 한다.

II. 논의의 배경

1. OTT의 의의

(1) OTT의 개념 및 특징

OTT(over the top)는 TV가 아닌 PC나 스마트폰과 같은 다양한 인터넷 기기를 통해 영상콘텐츠를 시청하는 서비스를 총칭하는 개념으로 사용된다. 기술적 측면에서 OTT는 영상콘텐츠를 셋톱박스 없이 이용할 수 있는 서비스로서 인터넷 프로토콜(internet protocol)을 기반으로 운용되며, TV

가 아닌 인터넷 단말기를 통하여 시청이 이루어진다. 제공되는 콘텐츠 측면에서 영상콘텐츠는 실시간 방송과 VOD(video on demand)로 구분할 수 있으며, 후자는 방송 영상콘텐츠와 영화 등의 일반 영상콘텐츠로 구분할 수 있다. 유료방송서비스로 분류되는 종합유선방송이나 IPTV가 제공하는 서비스도 편성표에 따른 프로그램 채널로서 제공되는 방송서비스와 VOD 등 기타 서비스로 이루어지고 있다는 점에서,[1] 이들과 OTT 간에 콘텐츠 측면에서 서비스의 유사성이 있다.

(2) OTT의 제공 형태

구체적인 OTT의 제공 형태는 크게 세 가지로 파악할 수 있다. 첫째 양방향적(동영상 공유) 플랫폼을 운영하는 경우로서 1인 방송과 같이 시청자가 직접 제작한 영상콘텐츠를 제공하는 형태가 이에 해당하며, 대표적으로 유튜브, 아프리카 TV 등이 있다. 둘째 기존의 방송·통신·포털 사업자 등이 자신의 플랫폼을 확장하여 OTT 서비스를 제공하는 형태도 있다. 방송사업자의 경우 국내 지상파 방송사 연합에 의한 pooq, 종합유선방송 사업자인 CJ 헬로비전의 티빙 등, 통신사업자의 경우 BTV 모바일(옥수수, SKT 계열), 올레TV 모바일(KT 계열), U+모바일tv(LGU+ 계열) 등, 포털사업자의 경우 네이버 캐스트나 다음TV팟 등이 존재한다.[2] 셋째 독립적 플랫폼을 통하여 OTT 서비스를 제공하는 경우로서 넷플릭스(Netflix)나 판도라 TV 등이 이에 해당한다.

---

1) OECD, IPTV: Market Developments and Regulatory Treatment, 2007, 6-7면.
2) pooq과 옥수수는 2019년 9월 지상파 3사와 SKT가 합작한 waave로 통합되었다. 올레TV는 2019년 11월 seezn으로 변경되었다.

2. OTT의 현황과 전망

(1) 국내 OTT 서비스 시장

OTT 동영상 서비스는 급격히 확대되는 추세 있으며, 시장 규모는 매년 비약적으로 커지고 있다. 매출액 기준 2016년 OTT 동영상 서비스 시장 규모는 약 4,884억원으로 2015년의 3,178억원에 비하여 53.7% 성장한 추세를 보이고 있다. 2016년 기준 매출액 구성은, 광고매출 2,657억원으로 54.4%, 유료방송 수신료 매출 776억원으로 15.9%, 유료콘텐츠 구매 매출 499억원으로 10.2%이다. 2015년 기준으로 유료방송시장과 비교하면, OTT 동영상 서비스의 월정액 매출과 유료콘텐츠 구매 매출의 합은 1,071억원으로서 동년 유료방송 수신료 매출(2조 7,885억원)의 3.8% 그리고 유료방송사업자의 VOD 매출(6,380억원)의 16.8% 수준이다. 반면 광고매출은 1,352억원으로서 유료방송사업자의 VOD 광고매출(965억원)의 1.4배에 해당한다.[3]

2016년 기준 국내에서 BTV 모바일(옥수수), 올레TV 모바일, U+ HD TV(비디오 포털), pooq, tving, 에브리온TV(현대 HCN 계열), 네이버캐스트, 다음TV팟, 유트브, 아프리카TV, 곰TV, 판도라TV, 팝콘TV 등 13개 사업자가 OTT 서비스를 제공하고 있으며, 대체로 실시간 방송 서비스와 VOD 또는 방송콘텐츠를 제공하고 있다. 기존 IPTV 사업자, 방송사업자, 포털 사업자 등의 계열사가 주를 이루지만, 독립적으로 플랫폼을 운영하는 독립사업자도 존재하며, 유트브 등 외국 사업자도 서비스를 제공하고 있다.[4] 향후 OTT 시장의 규모는 급격히 확대될 것으로 예상된다. 다음의 〈표 1〉은 2009년부터 2014년까지 주요 미디어의 이용 빈도에 관한 조사 결과이다.

---

3) 방송통신위원회, 2016년도 방송시장 경쟁상황 평가 보고서(이하 2016 평가서), 2016, 279-280면.
4) 넷플릭스(Netflix)는 2016년부터 서비스를 제공하였다.

〈표 1〉 매체 이용 빈도(해당 매체를 주 5일 이용하는 비율)[5]

(단위: %)

	2009	2010	2011	2012	2013	2014
TV	83.9	82.6	81.6	81.4	79.4	78.4
라디오	20.2	16.2	14.8	12.5	11.8	9.5
신문	22.2	18.5	16.5	12.2	10.0	8.2
인터넷	46.2	45.2	44.4	52.6	65.8	70.8
스마트폰						

이와 같은 수치의 변화는 인터넷 및 스마트폰의 급격한 이용 확대와 TV 등 전통적인 미디어 이용도의 감소를 보여주고 있다. 또한 방송 시청 시 선호하는 기기에 대한 설문에서, 집 TV 75.6%, 모바일 13.7%, 컴퓨터 10.8%(20대의 경우 집 TV 59.0%, 모바일 21.0%, 컴퓨터 20% 순)로 나타나고 있다는 점도 참고할 수 있다.[6] OTT 서비스의 이용은 인터넷 기기를 통하여 이루어진다는 점에서 향후 OTT 서비스 이용의 증가가 계속될 것이란 전망을 가능케 한다. 다음 〈표 2〉는 2015년에 제시된 OTT 시장 가치의 평가 및 예측에 관한 것이다.

〈표 2〉 국내 OTT 시장 가치[7]

(단위: 억 원)

	2012	2013	2014	2015	2016	2017	2018	2019	2020	연평균 성장률
OTT	1,085	1,490	1,926	2,587	3,069	4,149	5,136	6,345	7,801	28.0%

---

5) 최진웅, 온라인동영상서비스(OTT)의 쟁점과 과제, 국회입법조사처, 2015, 8면.
6) macromill embrain, 미디어 기기별 TV 시청 행태와 광고 시청 태도, 2015, 7면. 동 조사는 2015. 7. 29. - 2015. 8. 3. 기간에 표본 2,000명을 대상으로 한 것이다.
7) 최진웅, 주 5)의 글, 10면.

(2) 해외 OTT 서비스 시장

해외에서도 OTT의 이용도는 증가하는 추세에 있다. 세계 미디어 시장을 주도하고 있는 미국의 경우 OTT 이용자의 수는 지속적으로 증가하고 있으며, 인터넷 이용자 중 OTT 이용자 그리고 디지털미디어 시청자 중 OTT 이용자의 비중도 마찬가지로 증가하는 추세에 있다.

전세계 OTT 가입자 수는 2017년 401백만 명으로 최근 6년 연평균 54.2% 증가하고 있으며, 전세계 OTT 시장 규모는 2016년 370억 달러로 2010년 61억 달러에 비하여 506.6% 성장한 것으로 나타나고 있다.[8]

〈표 3〉 미국의 OTT 서비스 이용자 현황과 전망(2014-2019)[9]

	2014	2015	2016	2017	2018	2019
이용자(백만명)	173.0	181.0	186.9	191.9	196.2	199.6
증가율	5.6	4.6	3.3	2.7	2.3	1.7
인터넷 이용자 중 비중	68.4	69.7	70.4	70.9	71.5	72.1
디지털미디어 시청자 중 비중	88.4	88.6	88.8	89.0	89.1	89.3

(3) OTT 서비스와 유료방송 서비스의 대체가능성

현재의 시장 상황에서 OTT 서비스가 유료방송 서비스와 동일한 시장으로 획정될 수 있는지가 쟁점이 될 수 있다. 양자는 서비스 내용 측면에서 상당한 유사성을 보이고 있으며, 이는 시장획정 기준으로서 대체가능성을 인정하는 근거가 될 수 있다. 그러나 양 서비스를 이용하는 이용자 행태의 분석에 의하면, 현 시점에서 OTT 서비스가 유료방송 서비스 시장에 실질적인 경쟁압력을 제공하는 것으로 보기는 어렵다. 2016 방송시장

---

8) 이선희, "OTT 셋톱박스 시장 현황 및 시사점", 정보통신방송정책 제30권 제8호, 2018, 3-4면.
9) 최진웅, 주 5)의 글, 7면.

경쟁상황 평가에 의하면, OTT 동영상 서비스 이용 이후 유료방송 서비스를 계속 사용하는 이용자 비중이 OTT 동영상 서비스를 유료로 이용한 경우에는 86.1%, 무료로 이용한 경우에는 71.3%로 나타나고 있는데,[10] 이와 같은 수치는 이용자가 OTT 동영상 서비스와 유료방송 서비스를 보완적인 관계로 인식하고 있음을 시사한다.

그러나 OTT 서비스가 향후 유료방송 서비스를 대체할 수 있을지에 대한 질문에 대하여 OTT 서비스 유료사용자의 46.2%가 대체가능성이 있는 것으로 답한 것은[11] 주목할 만하다. 특히 이러한 변화는 스마트폰의 이용 확대와도 밀접한 관련이 있다. 스마트폰 이용자와 비이용자를 대상으로 각각 스마트폰 이용과 TV의 대체 효과에 관한 설문에서 전자는 32.6%, 후자는 5.0%로 조사되고 있다.[12] 스마트폰이 OTT 서비스 이용의 주된 수단이 된다는 점에서 이러한 응답 비중은 향후 OTT 서비스 시장과 유료방송 시장의 대체가능성이 커질 것이라는 전망을 가능케 하는 것이다. 또한 세대별 스마트폰 이용에 따른 TV 이용시간 감소 인식 비율도 10대 37.6%, 20대 42.4%, 30대 36.5%, 40대 30.1%, 50대 19.3%, 60대 이상 9.6%로 나타나고 있으며,[13] 이와 같이 미래 세대의 인식 비율이 높은 결과 역시 향후 OTT 서비스의 대체가능성이 증가할 것이라는 예측의 근거가 될 수 있다.

---

10) 2016 평가서, 291면.
11) 위의 책, 294면.
12) 방송통신위원회, 2014 방송매체 이용행태 조사, 2014, 88면.
13) 위의 책, 같은 면.

III. OTT 규제에 관한 쟁점

1. 규제체계의 정립 문제

OTT 서비스는 인터넷 프로토콜을 기반으로 방송을 포함한 영상 콘텐츠를 제공하는 서비스이며, 그 자체로 통신과 방송의 융합적인 성격을 가지고 있다. 따라서 OTT에 대한 규제를 통신법 또는 방송법 어느 영역에서 수행할지가 쟁점이 될 것이다.

통신에 대한 규제는 시민들 간 상호 소통이 안정적으로 차별 없이 이루어지는 것에 초점을 맞추는 데 반하여, 방송의 공익적 규제의 근거는 방송의 일방적이고 멀티캐스팅적인 전송(point to multipoint) 특성 그리고 이로부터 연원하는 여론 주도적 기능과 밀접히 관련된다. 특히 공중파로서 방송이 송출되는 것을 전제할 경우에 소수의 주체만이 주파수의 한정으로 인하여 방송서비스를 제공할 수밖에 없는 구조적 특성이 존재한다. 이러한 특성과 여론 형성의 사회적 기능 등이 종합적으로 방송에 대한 공익적 규제의 근거가 될 것이다.[14] 더욱이 통신의 민영화·자유화 이후 통신산업에서 경쟁정책의 중요성이 강조되고 시장에 의한 규율이 확대되고 있는데, 이와 같은 정책의 타당성과 실효성 측면에서 통신과 방송 영역이 동일한 상황에 처한 것으로 보기는 어렵다.[15]

이러한 점에서 OTT 규제체계를 통신법과 방송법 중 어느 영역에 위치시킬 지는 OTT 규제체계의 정립에 있어서 핵심적인 문제라 할 수 있다. 현재의 규제 상황을 보면, OTT 규제에 관하여 특별한 규정이 존재하지는

---

14) Wayne Overbeck, Major Principles of Media Law, Wadsworth Publishing, 2005, 427-428면 참조.
15) OECD는 "(방송의 성격을 포함한) IPTV에 대한 정의가 전통적인 방송 규제가 IPTV에 적용될 필요가 있다는 것을 함축하는 것은 아니며, 오히려 관련 시장에서 점증하는 경쟁 수준에 의하여 방송 규제가 완화될 수 있다는 것을 함축할 수 있다"고 함. OECD, 주 1)의 책, 6면.

않는다. 특히 전송 대상인 영상콘텐츠의 특성을 반영한 서비스의 성격 규정이 법적으로 이루어지고 있지 않기 때문에, 결국 전송 방식에 초점을 맞추어 전기통신사업법상 부가통신서비스로[16] 다루어지고 있다.

이와 같이 통신법에 근거하여 이루어지고 있는 OTT 규제에 관하여, 규제의 적절성 측면에서 다양한 논의가 이어지고 있다. 이에 대한 비판적 논의는 수평적 규제의 필요성을 강조하며, 기존의 방송서비스와 OTT 서비스가 동일한 서비스라는 인식에 기초하고 있다. 즉 OTT 서비스도 내용적으로 유료방송서비스와 유사하며, 이들에 대한 규제가 방송법이나 「인터넷 멀티미디어 방송사업법」(이하 IPTV법)에 근거하여 이루어지고 있는 것처럼 이와 동등한 규제가 OTT 서비스에 대해서도 이루어질 필요가 있음을 지적하고 있다.

반면 OTT에 대한 현행 통신법상 규제를 유지하여야 한다는 입장은 현재 OTT 서비스가 방송서비스를 대체할 수 있는 것으로 볼 수 없으며, 따라서 동일한 규제체계에 위치시키는 것은 시기상조라는 입장을 취한다. 특히 인터넷에 기반하는 OTT 서비스에 대하여 매체의 구조적 특성이 당해 매체에 대한 규제의 기준과 정도의 수준을 결정한다는 매체특성론적 접근방법을 적용할 경우에, 이에 대한 규제 기준과 정도의 수준은 기존의 방송보다 완화되어야 하며, 헌법재판소나 사법부도 이러한 입장을 취하고 있다는 점을 강조하고 있다.[17] 또한 OTT에 대한 통신법에 의한 규제에서 방송법에 의한 규제로 변화는 규제 강화로 이해될 여지가 크며, 이는 국내 OTT 산업을 위축시키고 특히 독립적 플랫폼을 통하여 OTT 서비스를 제공하고 있는 사업자가 성장할 수 있는 여지를 제한할 뿐만 아니라 외국 사업자와의 역차별 문제를 낳을 수 있음을 지적하고 있다.

---

16) 전기통신사업법 제2조 제12호에서 "부가통신역무란 기간통신역무 외의 전기통신 역무를 말한다."

17) 황성기, "OTT 서비스 규제기준에 관한 연구 - 내용적 규제를 중심으로 -", 법학논총 제34권 제1호, 2017, 8면 참조.

2. 추가적 쟁점

(1) 방송사와 OTT 사업자 간 방송콘텐츠 대가 산정 문제

OTT 서비스 시장에서 방송콘텐츠의 의존도는 매우 높은 상황이다. 기존 방송사와 계열관계에 있는 OTT 사업자를 제외한 다른 사업자의 경우 적절한 수준에서 대가를 지불하고 안정적으로 방송콘텐츠를 제공받는 것은 사업 영위의 필수적 조건이 되고 있다.

이에 관한 양 당사자 간의 분쟁은 방송사와 유료방송 서비스를 제공하는 사업자 간 방송콘텐츠 제공 문제의 연장선에 있다. 물론 적정한 제공 대가를 산정하는 것이 중요하지만, 이러한 문제는 지상파 방송의 재송신에 대한 대가 문제, 프로그램 제작자들(PP, program provider)에게 분배되어야 하는 몫의 적정한 산정 등이 복합적으로 관련되는 문제이며, 방송사와 OTT 사업자 간 방송콘텐츠 계약도 이러한 문제를 공유한다.

이러한 문제를 시장에 의한 자율적 해결에 의할지, 정부의 개입을 통하여 해결할지가 선행적으로 논의되어야 할 것이다.

(2) 망 중립성 문제

인터넷을 통한 OTT 이용의 증가는 트래픽 증가로 이어지고 있으며, 이러한 환경의 변화는 망 중립성 문제를 새롭게 부각시키는 계기가 되고 있다. 망 중립성 원칙은 네트워크 사업자와 정부가 인터넷에 존재하는 모든 데이터를 동등하게 취급하고, 사용자, 내용, 플랫폼, 장비, 전송 방식에 따른 차별을 하지 않아야 한다는 원칙을 말하지만, 고용량의 OTT 서비스가 전송되는 경우에 이러한 원칙의 문제는 실질적으로 네트워크 보유자와 서비스의 제공·이용자 간에 비용 분담의 문제로 전환된다. 여기에 통신망을 보유하고 있는 사업자들이 자체적으로 OTT 서비스를 제공하고 있다는 점도 문제의 복잡성을 더하는 요인이 된다. 이와 같은 수직적 구조는 망 중립성 문제가 경쟁사업자를 배제하는 전략으로서 악탈적 가격이나 이윤압착과 같은 지배력 남용의 문제와 관련될 수 있음을 의미한다.[18]

현재 OTT 서비스의 관점에서 망 중립성 원칙의 유지에 관해서는 상반된 입장으로 나뉜다. 네트워크를 보유한 사업자는 트래픽 과부하를 낳는 방송콘텐츠의 대량 소비에 대한 대가의 지불과 추가적 비용에 대한 분담이 필요하다는 입장인 반면, OTT 사업자 입장에서는 트래픽 과부하에 대한 검증이 객관적으로 이루어질 필요가 있고 통신망 이용 현황에 대한 투명성 제고 등이 필요하며, 이러한 요건이 충족되기 전에 망 중립성 원칙의 폐지 내지 완화에 반대하고 있다.

2018년 미국에서 망 중립성 원칙의 포기에서 알 수 있듯이,[19] 엄격한 망 중립성 원칙을 지속적으로 유지하기는 어려울 것으로 보인다. 결국 이 문제는 적정한 대가 산정의 문제로 전환될 가능성이 크며, 이 과정에서 시장지배력 남용에 따른 가격 결정에 대한 적절한 규제가 이루어질 필요가 있다.

(3) 해외 사업자의 진입 문제

해외 OTT 사업자의 국내 시장 진입의 문제는 산업 차원과 규제 차원에서 파악할 필요가 있다. 특히 OTT 시장에서 해외 1위 사업자인 넷플릭스의 국내 시장 진출이 국내 OTT 산업에 미칠 영향에 대한 우려가 존재한다. 해외 OTT 사업자로서는 유튜브 등이 이미 존재하지만, 넷플릭스는 질과 양적 측면에서 콘텐츠의 경쟁력을 갖고 있는 것으로 평가되고 있기 때

---

18) 박민성, "OTT 플랫폼의 진화와 규제 이슈 -수평규제, 중립성, 수직결합을 중심으로-", 정보통신방송정책 제24권 제21호, 2012, 45-47면 참조.

19) 2017. 12. 14. FCC는 망 중립성 폐지를 내용으로 하는 인터넷 자유 회복을 위한 (Restoring Internet Freedom) 명령을 3-2 표결로 통과시켰고, 동 명령은 2018. 4. 23.부터 발효되었다. FCC FACT SHEET, "Restoring Internet Freedom - Declaratory Ruling", Report and Order, and Order - WC Docket No. 17-108 참조.

문에 국내 사업자에 경쟁상 우위를 점할 것이라는 예측이 유력하다.

2016년 넷플릭스의 국내 OTT 서비스가 개시되었고, 2017년 넷플릭스는 종합유선방송사업자인 딜라이브 및 CJ헬로비전과 라이선스계약을 체결하였으며, 특히 이미 OTT 서비스를 제공하고 있던 CJ헬로비전은 OTT 박스에 넷플릭스를 기본 탑재하는 방식으로 넷플릭스의 OTT 서비스를 제공하고 있다. 이러한 상황은 전송 경로의 다양화를 통하여 OTT 시장에서의 점유를 확대하려는 전략적 판단에 따른 것일 수 있지만, 미국에서의 경험을 바탕으로 넷플릭스 서비스의 확대가 기존 방송사업자와의 계약을 종료시키는 코드커팅(code-cutting) 효과에 대한 국내 사업자의 우려를 불식시키려는 시도의 일환으로 볼 여지도 있을 것이다. 넷플릭스의 국내 시장 진입 이후 약 2년이 경과한 시점에서 시장 구조에 눈에 띄는 변화가 나타나고 있지는 않다. 그러나 넷플릭스가 점차 국내 서비스 제공을 위한 콘텐츠를 충원하고 있고, 해외에서 넷플릭스의 유력한 경쟁사업자인 Hulu(최대주주 Walt Disney Company), 아마존 프라임 비디오 등과의 경쟁 상황과 이들의 국내 시장 추가 진입이 예상되고 있으며, 유튜브의 경우 여전히 짧은 (10분 내외) 영상콘텐츠 서비스 시장에서 경쟁상 우위를 차지하고 있다는 점 등을 고려하여 국내 OTT 시장의 경쟁 상황의 변화를 예의 주시할 필요가 있을 것이다.[20]

해외 사업자의 존재와 이들이 시장에 상당한 영향력을 갖고 있는 상황은 OTT 서비스에 대한 규제를 형성함에 있어서도 주의를 기울여야 할 문제이다. 특히 국내 OTT 사업자에 대한 규제가 해외 사업자와 규제 형평의 문제를 야기할 수도 있다. 이는 결과적으로 국내 OTT 사업자의 경쟁력 약화로 이어질 수도 있으며, 나아가 수직적 연관 하에 영상콘텐츠 제작 환경에도 부정적 영향을 미칠 수 있을 것이다.

20) 2017년 2월 기준 국내 OTT 시장점유율은 유트브 66.1, 옥수수 8.7, 네이버 tv 7.4, 비디오 포털 5.8, 올레tv 모바일 4.5, 아프리카 tv 3.5, pooq 2.1, 티빙 1.9 순이다. 넷플릭스의 경우 2018. 8. 기준 약 0.3% 점유율로 추산된다.

(4) 인터넷상 불법·유해 콘텐츠 유통 문제

OTT 성장의 배경이 되었던 기술적 조건의 향상과 플랫폼의 다양화는 영화나 방송콘텐츠 등이 불법적으로 유통될 수 있는 환경을 조성한 측면도 있다. 특히 개인이 자유롭게 영상 콘텐츠를 제공하고 이용할 수 있는 플랫폼의 형성은 불법 콘텐츠 그리고 음란동영상과 같은 유해 콘텐츠가 유통되는 경로를 확충하는 의미가 있다. 궁극적으로는 불법·유해 콘텐츠의 유통 확대는 OTT 산업의 성장에 부정적 영향을 미칠 수도 있다. 2016년 EU의 시청각미디어서비스 지침(Audiovisual Media Services Directive) 개정안도 유튜브와 같은 동영상 공유 플랫폼 서비스에 대한 양속 위반이나 비인도적 행위에 대한 규제를 반영하고 있다.

이에 대한 대응으로 사업자의 자율적 해결을 우선시하는 자율 규제와 사업자에 대한 의무를 법정하고 위반 행위에 대한 규제 강화를 강조하는 법적 규제의 관점이 대립한다. 결국 양 규제 방안을 적절히 수용하고 결합하여 실효성 있는 대응 방안이 모색될 필요가 있을 것이다.

IV. OTT 규제의 개선

1. 비교법적 검토

(1) 미국

미국의 통신법체계에서 이루어지는 규제는 기본적으로 수직적 규제체계를 유지하고 있다. 즉 통신과 방송은 규제체계 상 분리되며, 통신은 네트워크 서비스와 정보서비스로 분류된다.[21] 현행 통신법에서 OTT 서비스

---

21) 이러한 분류는 통신서비스를 계층화한 것으로서 수직적 규제체계의 보완으로 이해될 여지가 있다.

는 정보서비스로 분류되어, 이에 따른 규제를 받는다. 물론 방송서비스와 유사한 특징을 갖고 있으며, 폭발적인 성장을 하고 있다는 점에서 OTT 서비스는 FCC의 주목 대상이 되고 있지만, 별도의 시장 획정을 통하여 현황 분석을 수행하는 외에 방송으로서의 규제 대상에 포함시키고 있지 않다.

그렇지만 OTT 서비스 또는 OVD(online video distributor) 서비스를 방송서비스로 보고, 이를 전제로 한 규제를 할 수 있는지에 관한 논의는 계속되고 있다. 미국 통신법은 우리나라의 유료방송사업자에 해당하는 개념으로 MVPD(multichannel video programming distributor)를 제시하고, 제602조 제13항에서 이를 정의하고 있으며, "케이블, MMDS, 위성TV를 포함하지만 이에 국한되지 않으며, 다채널 비디오 프로그램을 가입자 또는 고객에게 판매하는 자"(The term "multichannel video programming distributor" means a person such as, but not limited to, a cable operator, a multichannel multipoint distribution service, a direct broadcast satellite service, or a television receive-only satellite program distributor, who makes available for purchase, by subscribers or customers, multiple channels of video programming)가 이에 해당한다. 1996년에 도입된 동 규정이 개방적인 형식으로 MVPD를 정의한 것은 이후 기술 변화에 따라서 다양한 방식으로 이루어질 수 있는 다채널 전송사업자를 포섭하기 위한 것으로 이해되며, 이러한 규정 형식은 IPTV 사업자를 특별한 법 개정 없이 MVPD에 포섭할 수 있는 법적 근거가 되었다.

OTT 사업자도 동 규정에 의한 MVPD에 해당하는지가 쟁점이 되었던 Sky Angel 사건에서 FCC는 OTT 사업자인 Sky Angel이 MVPD 해당 요건을 충족하는지가 입증되지 않았다는 이유로 부정적인 입장을 취하였다.[22] 이후 FCC는 OTT 사업자를 MVPD에 포함시키기 위한 시도를 하였는데,

---

22) Media Bureau Seeks Comment on Interpretation of the Terms "Multichannel Video Programming Distributor" and "Channel" as Raised in Pending Program Access Complaint Proceeding, 27 FCC Rcd. 3079 (2012) 참조.

2014년 통신법 제4조에 따른 규칙 제정안 고시에서 MVPD 개념을 온라인 상 다선형 방송 전송자(multiple linear streams of television online)에게 확장할 수 있도록 하는 제안을 하였다.[23] 그러나 트럼프 행정부가 출범한 이후 이러한 시도는 무산된 것으로 보이며, 따라서 OTT 서비스에 대한 기존의 정보서비스로서의 규제가 유지되고 있다.

(2) EU

EU의 경우 통신과 방송 산업에 대한 규제체계는 미국과 달리 전송과 콘텐츠의 수평적 차원에서 형성된다. 즉 모든 형태의 전송 네트워크와 서비스는 전송 단계에서의 규율 대상이 되며, 규제체계 지침(Framework Directive), 보편적 서비스 지침(Universal Services Directive) 등이 전송 단계에서의 규율 원칙을 밝히고 있다. 특히 인허가 지침에서 확인할 수 있듯이, 이 단계에서의 규제는 최소한의 규제를 원칙으로 하며, 경쟁적인 시장 구조를 지향한다.

콘텐츠 단계에서의 규제는 콘텐츠를 시청각미디어 서비스와 정보사회 서비스로 분류하는 것을 전제하며, 이용자 보호를 위하여 전송 단계에서의 규제에 비해 보다 강화된 규제가 이루어지고 있다. 전자에 대해서는 '시청각미디어서비스 지침' 그리고 후자에 대해서는 전자상거래 지침(Electronic Commerce Directive)이 규제의 기본 원칙을 제시하고 있다. 시청각미디어 서비스는 방송 서비스와 주문형 서비스로 세분할 수 있는데, '시청각미디어서비스 지침' 제1조 (e)는 텔레비전 방송(Television Broadcasting) 서비스를 "미디어서비스 제공업자에 의해 프로그램 편성표에 (linear) 따라 동일한 시간에 시청(simultaneous viewing)할 수 있도록 제공되는 시청각미디어 서비스"로 정의하고 있으며, 동 지침 (g)는 주문형

---

23) FCC, NOTICE OF PROPOSED RULEMAKING, Adopted: December 17, 2014 Released: December 19, 2014.

서비스(On-Demand Service)를 "미디어서비스 제공업자에 의해서 선택된 프로그램의 카탈로그 내에서(non-linear) 이용자가 개별적으로 요청한 프로그램을 이용자가 선택한 시간에 볼 수 있도록 미디어서비스 제공업자가 제공하는 시청각미디어서비스"로 정의하고 있다.

이러한 구분은 규제 수준과 내용에 차이를 낳는다는 점에서 실질적인 의의가 있다. 다음 〈표 4〉, 〈표 5〉, 〈표 6〉은 양자 간에 규제 수준의 차이에 관한 것이다.[24)

〈표 4〉 모든 시청각미디어서비스에 공통적으로 적용되는 규제조항들

조 항	규제내용
제3a조	미디어서비스 제공업자, 규제기구, 감독기구의 정보(이름, 지리적 주소, 이메일, 웹사이트 주소) 제공
제3b조	인종, 성별, 종교, 국적에 근거하여 증오를 유발하는 시청각미디어서비스에 대한 수신의 자유 제한 규정
제3c조	시각, 청각 장애인들에 대한 시청각미디어서비스의 용이한 접근
제3d조	저작권 계약 기간을 지난 극영화(cinematographic works) 전송 금지
제3e조	상업적 시청각커뮤니케이션 관련 포괄적 규제사항
제3f조	스폰서 프로그램에 대한 규제사항
제3g조	간접광고와 관련한 규제사항

〈표 5〉 주문형(VOD) 시청각미디어서비스에만 적용되는 규제조항들

조 항	규제내용
제3h조	미성년자에 미치는 영향력과 관련한 규제사항
제3i조	주문형 서비스의 유럽작품 활성화 준수사항

24) 김윤정 외 3인, 융합시대의 효율적인 이용자보호 법체계 개선방안 연구, 한국법제연구원, 2013, 40-41면.

〈표 6〉 텔레비전 방송서비스에만 적용되는 규제조항들

해당조항	규제내용
3조j항	사회적 중요도가 높은 이벤트에 대한 텔레비전 방송의 독점권 규제
3조k항	단신보도에 관한 텔레비전 방송의 독점권 규제
4조~9조	유럽작품의 제작, 유통의 활성화를 위한 규제
10조~20조	텔레비전 광고와 텔레쇼핑에 관한 규제
22조	텔레비전 방송의 미성년자 보호 규제
23조	텔레비전 방송의 반론권 사항

한편 개별 이용자의 요청에 의하여 제공되는 VOD, 특히 유튜브와 같은 개방형 인터넷 동영상 공유 플랫폼 서비스(Video Sharing Platforms)는 정보사회 서비스로 분류되어 '전자상거래 지침'에 의한 규율 대상이 되며, 온라인 서비스 제공자에게 투명성 보장과 정보제공 의무 등의 규제가 부과된다. 결국 이상의 전송에 의하여 이용되는 영상콘텐츠는 EU 통신법체계에서 방송서비스, 주문형 서비스, 정보사회 서비스로 분류되고, 이에 따라서 규제 내용이 결정된다.

'시청각미디어서비스 지침'의 개정안이 2016년 제시되었고, 2018. 11. 6. 최종 심의를 거쳐 2018. 12. 18. 발효되었다.25) OTT 서비스의 급속한 성장에 따른 이용자 행태와 산업의 변화를 반영할 필요성은 동 개정의 주요 동인이 되었다. 동 개정은 2007년 지침이 우선 '시청각미디어서비스 개념을 "미디어서비스 제공업자가 편집권을 갖고 일반 공중에게 정보, 오락, 교육에 관한 프로그램을 제공하는 것을 주된 목적으로 전기통신망을 통해 제공하는 서비스"라고 규정하였던 것을 "미디어서비스 제공업자가 편집권을 갖고 일반 공중에게 정보, 오락, 교육에 관한 프로그램을 제공하는 것

---

25) DIRECTIVE OF THE EUROPEAN PARLIAMENT AND OF THE COUNCIL amending Directive 2010/13/EU on the coordination of certain provisions laid down by law, regulation or administrative action in Member States concerning the provision of audiovisual media services (Audiovisual Media Services Directive) in view of changing market realities, 2018. 10. 12.

을 주된 목적으로(또는 해당 서비스의 주된 목적과 구분되는 별도의 서비스가 일반 공중에게 정보, 오락, 교육에 관한 프로그램을 제공하는 경우에도 포함) 전기통신망을 통해 제공하는 서비스"로 변경하였다. 주목할 것은 동영상 공유 플랫폼 서비스(video sharing platform service)를 다음과 같이 네 가지 요소를 통하여 개념적으로 동 지침에 반영한 것인데, i) 상당한 양의 프로그램 또는 이용자 제작 동영상(user-generated videos)을 보유 하고 있는 서비스로 구성되며, 서비스 사업자는 이에 대한 편집권을 갖지 않음, ii) 콘텐츠 구성은 hosting, displayng, tagging, sequencing 등 전자적 방식(알고리즘)에 따라 서비스 사업자가 결정, iii) 프로그램 또는 UGV 제공 서비스의 주된 목적은 일반 공중에게 정보, 오락, 교육을 제공하는 것, iv) 서비스는 전자커뮤니케이션 네트워크를 통해 제공되어야 함 등이 이에 해당한다. 동 유형의 서비스에 대하여 회원국들은 전자상거래 지침을 침해하지 않으면서 VSP 서비스제공자에 대해, i) 미성년자의 신체적, 정신적, 도덕적 발달을 해칠 수 있는 콘텐츠로부터 미성년자 보호, ii) 성별, 인종, 피부색, 종교, 혈통, 국적, 민족 등에 근거한 폭력 및 증오를 유발하는 콘텐츠로부터 시민을 보호 등의 목적을 적절한 조치를 취할 의무를 부과하고 있다.

이상의 개정은 시장 환경의 변화를 반영한 불가피한 변화로 이해되지만, 시청각미디어 서비스를 방송 서비스와 주문형 서비스 그리고 공유 플랫폼 서비스로 나누고, 이에 따라서 차별화된 규제를 수행하는 규제체계는 유지되고 있다. 이러한 체계에서 OTT 서비스에 대한 일률적인 규제는 가능하지 않을 것이다. 즉 OTT 서비스가 특성상 어떠한 서비스에 해당하는지에 따라서 규제 내용이 결정되며, 최근의 '시청각미디어서비스 지침'의 개정은 규제 공백이 우려되는 동영상 공유 플랫폼 서비스에 대한 대응으로 이해할 수 있다.

2. 방송법 전면 개정(통합방송법)안에 의한 OTT 규제

방송시장이 급격한 변화에 입법적인 대응 필요성에 따라서, 1) 방송의 공적가치 제고, 2) 공정경쟁 확보, 3) 수평규제 체계에 따른 역무-규제 간 일치성 및 형평성 확보, 4) 신규·융합 서비스 활성화, 5) 분산된 방송 관련 법 통합, 6) 개념 및 용어와 방송 현실 간 정합성 제고 등의 원칙에 따른 통합방송법안이 제시되었다.

통합방송법은 방송법, IPTV법 등 매체별로 분리되어 있던 다양한 방송 관련 법률을 통합하면서, 수평적 규제체계로의 전환을 시도하고 있다. 우선 방송서비스를 제공하는 사업자를 지상파 방송사업자와 유료방송사업자로 분류하고, 다시 유료방송사업자는 유선방송사업자, 위성방송사업자 그리고 IPTV 사업자가 포함되는 다채널유료방송사업자와 OTT 사업자를 대표로 하는 부가 유료방송사업자로 구분하고 있다.[26] 한편 방송콘텐츠제공사업자에는 채널사용사업자인 기존의 PP 외에 개인방송이나 MCN(다채널네트워크) 등이 포함된 인터넷방송콘텐츠제공사업자도 포함되는 것으로 하고 있다.

구체적으로 개정안 제2조 제7호 나목에서 부가 유료방송사업자는 "방송을 수신하여 단순히 중계송신(방송편성을 변경하지 아니하는 녹음·녹화를 포함한다. 이하 같다)하거나 또는 인터넷 등 정보통신망에서 방송프로그램을 시청자에게 판매·제공할 목적으로 제11조 제3항의 규정에 의하여 승인을 받은 자"로 정의되며, 동 규정 후단은 전형적으로 OTT 사업자를 대상으로 한다. 또한 개정안 제2조 제8호 나목에서 인터넷방송콘텐츠제공사업자는 "인터넷 등 정보통신망에서 방송프로그램을 시청자에게 판매·제공하는 부가유료방송사업자에게 방송프로그램을 공급·판매할 목적으로 제

---

26) 시청각미디어서비스 지침 개정안에서 동영상 공유 플랫폼 서비스 규정의 도입에 관한 설명으로 황준호·김태오, EU 시청각미디어서비스 지침 개정안의 주요 내용 및 시사점, 정보통신정책연구원, 2016, 9-12면 참조.

11조 제5항에 따라 등록 또는 승인을 받은 자"로 정의되며, 여기서 인터넷 방송콘텐츠제공 서비스는 OTT 서비스를 의미한다.

개정안 제2조 제7호 나목에 의하여 OTT 사업자가 부가 유료방송사업자에 해당하게 되면, 사업을 시작하기 위하여 방송통신위원회의 승인 대상이 되며, 사업 영역에 있어서 각종 심의 대상이 되고, 공정경쟁 촉진 및 금지행위의 적용 대상이 되는 등의 규제를 받게 된다. 이러한 변화는 기존 전기통신사업법상 부가통신서비스의 제공과 관련한 규제와 비교하여, 규제 내용과 수준에 있어서 보다 강화된 것으로 평가할 수 있다.

OTT 서비스에 한정할 경우에 통합방송법안에 대하여 수평적 규제체계로의 전환이 타당하다는 입장에서 긍정적 평가가 가능할 것이다. 반면 비판적인 견해는 국내 OTT 산업이 충분히 성장하지 않은 상황에서 이러한 규제가 산업 자체를 위축시킬 수 있다는 점이나 해외 OTT 사업자에 비하여 규제 형평성 문제를 낳을 수 있다는 점 등 주로 산업정책적 측면에서 제기되고 있다.

OTT 서비스 규제에 관한 통합방송법안에 대해서는 법리적 측면에서도 문제를 제기할 수 있다. 앞에서 살펴본 것처럼, OTT 서비스는 주체 측면에서나 내용 측면에서 일정하지 않으며, 특히 방송서비스로 분류될 수 있는지에 관한 중요한 징표가 되는 서비스가 편성표에 따른 실시간 방송(live streaming)인지 여부에 따라서 해당 서비스가 갖는 정책적 의의는 상이할 것이다.[27] 또한 개방적으로 운영되는 공유 플랫폼 서비스의 경우도 편집권이 사업자에게 귀속되지 않는다는 점에서 방송서비스와 동일하게 볼 수는 없다. 이러한 차이를 고려하지 않고, 일률적으로 부가 유료방송서비스라는 개념 하에 동일한 규제 대상으로 묶는 것은 법리적 타당성을 기

---

27) 실시간 방송 서비스가 차별적인 의의는 1) 표현의 자유가 추구하는 이념 중의 하나인 '이용자의 정보 선택권 보장'의 강화에 기여하는 정도, 2) 실시간 서비스와 비실시간 서비스가 각각 갖는 '편집의 의미'의 차이에 기초하여 판단하여야 한다는 것으로, 황성기, 주 17)의 글, 17-18면 참조.

하기 어려울 것이다.

즉 OTT 서비스에 대한 규제를 방송법 영역에서 수행할 필요성 그리고 방송·통신법 체계에서 수직적 규제체계를 수평적 규제체계로 전환하는 것의 타당성을 인정하더라도, OTT 서비스를 유형화하고 각 유형에 상응하는 규제 설계가 필요하며, 이러한 과정이 간과된 것으로 보이는 통합방송법안에 대해서는 일정한 비판이 가능할 것이다.

Ⅴ. 결론

방송·통신법 영역에서 수평적 규제체계로의 전환은 전송과 콘텐츠를 분리하고, 각 단계에 상응하는 규제가 이루어지는 것을 의미한다. 그러나 수평적 규제체계의 정당성이 인정되더라도 각 단계에서 동일한 규제가 요구되는 것은 아니다. 특히 OTT 서비스의 경우 서비스의 내용이 다양하게 구성되고 있으므로, 각각의 유형에 상응하는 규제 설계가 이루어질 필요가 있다.

이와 관련하여 EU의 '시청각미디어서비스 지침'이 취하고 있는 시청각 미디어 서비스의 분류는 참고할 만하다. 방송 서비스와 주문형 서비스의 구분은 편성표에 따른(linear 방식의) 실시간 방송으로 서비스가 제공되는지에 의하며, 전자에 대해서는 보다 강화된 규제가 이루어지고 있다. 이러한 구분은 단지 편의적인 필요성에 따른 것은 아니며, 편집권이 사업자에게 귀속되어 있는 상황에서 편성표에 의한 실시간 방송은 멀티캐스팅적인 방송의 특징이 명확히 나타나며, 소수에 의한 여론 주도적 기능이 뚜렷이 부각된다. 즉 방송에 대한 공익적 규제의 필요성이 보다 분명하게 나타나는 경우를 방송 서비스로 분류한다는 점에서 정책적 타당성을 인정할 수 있을 것이다. 이러한 점에서 편성표에 따른 실시간 방송 서비스를 제공하는 OTT 서비스에 한정하여 다른 유료방송서비스와 동일 규제 원칙을 적용하는 것이 타당하다.

동일한 맥락에서 OTT 서비스에 대한 일률적인 진입 규제에 대해서도 재고의 여지가 있다. OTT 서비스 중 주문형 서비스나 동영상 공유 플랫폼 서비스에 대해서도 승인과 같은 높은 수준의 진입 제한을 부과하는 것은 비례적 타당성을 인정하기 어려우며, 신고 등의 낮은 수준의 진입규제를 부과하고 양속 위반 행위나 비인도적 행위에 대한 우려는 내용상의 규제로 충분할 수 있다.

전송과 콘텐츠 규제의 분리에 의하여 어느 하나를 대체적인 것으로 볼 것은 아니다. 특히 OTT 서비스와 같은 융합 서비스의 경우에는 양자가 복합적으로 나타날 수도 있다. 동 서비스의 경우 유선, 무선의 인터넷망을 이용하여 영상 콘텐츠의 전송이 이루어지며, 이때 전송에 관한 규제는 여전히 OTT 사업자에게 유효할 수 있다. 이러한 점에서 통합방송법안이 OTT 서비스에 대한 규제를 도입할 경우에도 통신법에 의한 규제는 유지될 필요가 있다.

경쟁정책적 관점에서 OTT 서비스의 성장 추세를 살펴보는 것은, OTT 서비스와 방송서비스가 동일 시장으로 획정되지 않는다 하더라도 여전히 중요하다. OTT 서비스는 서비스 기반(service-based) 경쟁을 촉진하는데 기여하고 있으며, 가격 인하에도 긍정적 영향을 미치고 있다. 다른 한편으로 수직적으로 통합된 사업자의 존재는 OTT 서비스 시장에서도 주의를 요하는 부분이다.[28] 특히 인터넷 운용의 기초가 되는 네트워크를 보유한 사업자가 OTT 서비스를 제공할 경우에, 네트워크 서비스 시장에서의 지배력을 남용할 우려도 있으며, OTT 서비스 시장에서의 경쟁정책을 실현함에 있어서 이와 같은 긍·부정적인 요소들이 종합적으로 고려되어야 할 것이다.

---

28) ITU, Regulatory Approaches Over the Top(OTT) Services, 2016, 19면 참조.

20. 영화산업의 수직적 구조화와 경쟁정책

I. 서론

영화산업은 동적인 영상물로서 영화를 제작하는 단계부터 이를 재현하여 최종적으로 소비하는 과정을 산업적으로 총칭하는 의미로 사용되며, 이로부터 대략적인 산업의 경계가 그려질 수 있다. 나아가 영화산업을 내용적으로 파악하기 위해서는 영화의 의의가 구체화 될 필요가 있을 것이다. 물론 예술의 영역에서 영화의 정의는 그 자체로 논쟁적이며,1) 산업적인 측면에서 이를 반영하는 것이 가능한지에 논란이 있을 수 있지만, 영화의 몇몇 특징적 요소들은 영화를 산업적으로 규정하는데 기초가 될 수 있을 것이다.

영화의 제작은 피사체를 연속적으로 촬영하여 동적인 영상을 만드는 일련의 과정으로 이루어지며, 이때 요구되는 기술적 조건은 동영상을 재현하여 관객이 작품을 향유하는 마지막 단계까지 이어진다. 따라서 영화는 창작자의 자율적 활동 외에 특별한 기술적 장치를 필요로 하지 않는 다른 예술 분야와 구별되며, 이러한 특징은 Horkheimer와 Adorno가 언급한 대량생산과 대량소비가 이루어지는 문화산업의 전형으로서2) 대규모 자본이

---

1) 정태수, 세계 영화 예술의 역사, 박이정, 2016, 8면에서 "영화는 인간이 행동하고 말하는 과정을 화면을 통해 인식에 이르게 하는 예술이기 때문에 인접 예술의 그것과 구별된다"고 한다. 이준일, 영화의 미학 법의 철학, 고려대학교 출판문화원, 2017, 9면에서는 "영화를 오로지 예술의 한 장르로만 묶는 것은 매우 편협하다. 영화는 단지 예술적 표현을 위한 수단에 그치지 않고, 철학적·사상적 표현의 수단이면서도 도덕적·윤리적 표현의 수단이기도 하기 때문이다"고 서술하고 있다.

2) Horkheimer & Adorno는 문화산업을 자본의 이익 실현의 장으로 이해하고, 이에

영화에 결합하는 계기로 작용한다. 또한 영화 제작과 상영에 이르는 과정의 복잡성 그리고 피사체에 활동성을 부여하여 시간적·공간적으로 확장시키고 여기에 다른 예술 영역에서의 결과물을 통합하는 특징으로 인해, 영화는 다수 주체의 협력과 종합을 필수적으로 요구한다.

이와 같은 영화의 특징은 산업적으로 영화의 제작, 유통 과정이 편제되는데 영향을 미치고 있다. 즉 제작 과정에서 다양한 요소의 종합과 기능적 협력의 조직화, 대규모 자본이 투입될 수 있는 메커니즘의 구축, 영화를 재현할 수 있는 기술적 장치와 관객이 향유할 수 있는 공간을 갖춘 상영관의 설립이 이루어지고, 이들 사이를 연결하는 배급망이 형성되었다. 물론 생산자와 소비자 간에 생산·유통 과정이 수직적으로 이어지는 구조는 모든 산업에 공통되지만, 제작·배급·상영의 각 단계가 독자적인 의미를 갖고 상호 영향을 미치는 구조는 다른 산업과 차별성을 가지며, 나아가 수직적 통합화의 강력한 유인으로 작용하고 있다. 영화산업을 구성하는 시장 그리고 각 시장에서 작동하는 경쟁 메커니즘에 대한 이해도 이와 같은 구조적 틀 안에서 이루어질 필요가 있다.

영화산업도 다른 일반 상품시장과 마찬가지로 자원의 효율적 배분과 소비자 후생의 극대화에 대한 이해를 같이한다. 이러한 점에서 경쟁정책이 갖는 중요성은 다를 바 없지만, 영화산업에서 경쟁정책은 보다 복합적인 의미를 갖는다는 점도 염두에 두어야 한다. 무엇보다 문화산업의 전형으로서 예술적 창작물을 상품으로 공급하고 소비하는 영화산업은 효율성뿐만 아니라 다른 가치의 추구를 위해서도 경쟁이 요구되는 영역이다. Kirchner는 미디어산업을 대상으로 경쟁정책이 언론의 다양성 측면에서도 중요성을 갖는다는 점을 지적하였는데,[3] 이러한 사고는 기본권으로 자리

대중이 동화되어 가는 과정을 비판적으로 분석하고 있다. Max Horkheimer & Theodor Adorno, 김유동 역, 계몽의 변증법: 철학적 단상, 문학과 지성사, 2004, 183면 이하 참조.

3) Christian Kirchner, "Zur Ökonomik rechtlicher Probleme von Fusionen und

매김 되고 있는 예술의 자유와 창작의 다양성 보호를 위하여 경쟁이 일정한 기여를 할 수 있으며, 이를 제도적으로 보장하기 위한 경쟁법의 역할을 상기시킨다.

그러나 경쟁정책적 관점에서 영화산업은 규제산업으로서의 성격이 강하며, 그 경우에 일정 부분 규제가 경쟁을 대신한다. 일반적으로 규제산업은 다양한 공익 실현을 목적으로 시장 기능을 대신하는 규제가 허용되고 있는 산업을 의미한다.[4] 예술로서의 영화에 대한 다양한 보호 프로그램은 시장 기능으로 달성하기 어려운 목표 실현과 관련되며, 영화산업을 규제산업으로 파악할 수 있는 근거가 된다. 물론 규제산업적 성격으로 인하여 영화산업에 대한 경쟁정책의 적용이 완전히 배제되는 것은 아니며, 미국 AMC가 "정부가 경제적 규제를 채택할 경우에, 그 경제적 규제와 함께 경쟁법을 가능한 최대한도로 지속적으로 적용하여야 한다. 특히 규제가 경쟁적 목표를 달성하기 위하여 경쟁의 존재나 시장의 힘의 작용에 의존할 경우에 경쟁법은 반드시 적용되어야 한다"고[5] 지적한 것처럼 경쟁법에 의한 규제 가능성이 여전히 남아 있다는 점에 의문은 없다.

이하의 논의는 영화산업에서 경쟁정책상 제기되는 문제와 이에 대한 경쟁법적 규제 가능성에 관한 것이다. 우선 영화 및 영화산업의 의의를 살펴볼 것이며, 특히 영화산업에 존재하는 제작, 배급, 상영 등의 세부시장을 상세히 검토할 것이다(II). 또한 영화산업의 현황과 특히 영화산업의 구조적 특징으로서 수직적 통합화 현상을 분석할 것이다(III). 이에 기초하여 영화산업에 나타나고 있는 경쟁정책상 문제와 이에 대한 규제 가능성을 「독점규제 및 공정거래에 관한 법률」(이하 독점규제법)에 근거하여 검토

Kooperationen auf dem deutschen Pressemarkt", DIW vol. 74, 2005, 34면 참조.
4) Richard J. Pierce Jr. & Ernest Gellhorn, Regulated Industries, West Group, 1999, 11-13면.
5) AMC(Antitrust Modernization Commission), Report and Recommendations, 2007, 338면.

할 것이다. 독점규제법상 규제되는 행위는 크게 공동행위와 단독행위로
나뉘며, 영화 상영시장의 과점화된 구조를 고려할 경우에 공동행위 규제의
중요성을 부인하기는 어렵다.[6] 다만 영화산업에서는 상영시장에 존재하는
시장지배력이 전 산업에 영향을 미치고 있다는 점에서 사업자의 단독행위
에 의한 경쟁제한성 문제가 우선적으로 논의될 필요가 있을 것이다(IV). 이
어서 미국의 Paramount 판결과 대법원 판결을 중심으로 구체적인 규제 사
례를 검토하고(V), 이상의 논의를 종합하여 결론을 제시하고자 한다.

II. 영화산업의 의의

1. 영화의 의의와 상품으로서의 특성

「영화 및 비디오물의 진흥에 관한 법률」(이하 영화비디오법) 제2조 제1
호에서 영화는 "연속적인 영상이 필름 또는 디스크 등의 디지털 매체에
담긴 저작물로서 영화상영관 등의 장소 또는 시설에서 공중에게 관람하게
할 목적으로 제작한 것"을 말한다. 이 정의는 영화의 제작이나 존재 방식
의 핵심적 요소에 기초하며, 특히 디지털화가 진행되고 있는 현상을 반영
하고 있다. 또한 공중에 의한 관람을 영화의 목적으로 명시하고 있는데,
이에 따라서 실제 관람 여부와 무관하게 이를 목적으로 한 경우에는 영화

---

6) 영화산업에 경쟁법을 적용한 선례에 해당하는 미국의 Interstate Circuit 사건은 공
   동행위에 관한 사건이다(Interstate Circuit v. U.S., 306 U.S. 208(1939)). 동 사건
   에서 8개 영화 배급업자들과 주요 영화 상영업자들이 영화관 입장료 책정과 동시
   상영 금지에 관하여 동일하게 행동한 것이 문제되었으며, 연방대법원은 합의의
   존재가 직접적으로 밝혀지지 않았더라도(without the aid of direct testimony) 공
   동으로 하지 않는 한 손해가 될 것이 분명한 요금 책정과 동시상영 포기를 개별
   사업자가 한 것은 합의를 추정할 수 있는 충분한 요소가 된다고 판결하였다.
   Herbert Hovenkamp, Federal Antitrust Policly, West, 2011, 185-186면.

에 해당하게 된다. 한편 법적 관점에서 영화를 재산권적 보호의 기초가 되는 저작물로 명정하고 있다는 점에서도 의의가 있다.

영화비디오법상 정의가 영화의 상품적 특성을 언급하고 있지는 않지만, 영화의 제작과 최종적 소비 형태로서 관람을 정의 규정 안에 포함하고 있다는 점에서 거래 대상이 되는 상품으로서 영화를 전제하고 있는 것으로 볼 수 있다. 영화의 상품적 특성으로 우선 고려할 것은 영화가 콘텐츠의 형태로 존재한다는 것이다.[7] 영화가 매체를 통해서 구현된다 하더라도 영화는 매체라는 물 자체가 아닌, 여기에 담긴 영상정보의 형태로 존재하며, 영화의 제작이 디지털 방식으로 이루어지는 경우 이러한 특성은 더욱 부각된다.

영화가 영상정보를 담은 콘텐츠라는 것은 영화를 정보재로서 볼 수 있는 근거가 되며, 이는 정보를 상품으로 하는 경우 일반적으로 나타나는 문제로서 정보의 불균형 문제가 영화에도 나타날 수 있음을 의미한다. 정보재적 상품의 경우 상품이 제공하는 효용을 소비자가 사전에 알기 어렵고, 공급자가 제공하는 정보에 전적으로 의존할 수밖에 없게 된다. 또한 이를 회피하기 위하여 상품에 관한 정보를 사전에 충분히 제공할 경우 상품으로서의 효용과 가치가 감소하게 되어 거래의 성립이 불가능하게 될 수도 있다.[8] 이러한 특징은 상품으로서 영화를 선택할 때, 정보를 통제하는 위치에 있는 사업자의 영향력이 크게 작용하는 원인이 될 수 있다.

한편 영화는 일정한 공간에서 요금을 지불하고 이용하는 상품이지만, 정보의 형태로 존재하는 상품의 일반적 특징인 공공재적 성격을 영화 역시 부분적으로 갖고 있다. 일반적으로 공공재는 한 사람의 소비로 다른 사

---

7) 문화콘텐츠를 "주체와 객체를 구성요소로 하고, 서비스를 중심으로 주체와 객체 간에 이루어지는 끊임없는 내적 교감이 객체의 감정 변화를 유발시켜, 정신적 고양과 해방감, 카타르시스를 얻게 하는 일종의 커뮤니케이션 툴"로 정의하는 것으로, 박장순, 문화콘텐츠학개론, 커뮤니케이션북스, 2006, 128면.

8) Robert Cooter & Thomas Ulen, Law & Economics, Pearson, 2008, 120-121면.

람의 소비가 줄어들지 않는 비경합성과 적절한 대가를 지불하지 않은 사람을 배제하기 어려운 비배제성의 특징을 지니며, 이로 인해 무임승차의 방지가 곤란하기 때문에 사회적으로 적정한 규모의 생산에 미치지 못하는 과소생산의 문제가 발생한다. 이 문제를 해결하기 위하여 다양한 방안이 강구되고 있으며, 영화 역시 이러한 방안이 적용될 수 있는 상품에 해당한다. 예를 들어 공공 또는 민간부문에서 지원 프로그램이 운영되거나 지식재산권과 같이 창작자의 이익 실현을 제도적으로 보호하기 위한 법제도가 형성되고 있다.9)

또한 영화는 주로 일정한 공간과 기술적 장치가 요구되는 관람의 방식으로 소비됨으로써, 대가를 지불하고 상품을 이용하는 소비자의 선택이 구조적으로 제약되고 있다는 점에도 주의를 요한다. 유통 과정에서 소비자는 자율적으로 상품을 선택하고 대가를 지불하여 구매하는 것이 일반적이지만, 구매자가 아닌 제3자로서 의료기관이 의약품을 선택하는 경우처럼10) 이러한 선택이 제한되기도 한다. 이와 같은 거래 구조에서는 제3자의 선택이 공정하고 구매자의 이익에 부합하는 방향으로 이루어질 수 있도록 하는 거래 환경의 조성이 중요한 정책적 목표가 될 것이다. 물론 상품으로서의 영화 상영시장이 의약품과 같은 완전한 제3자 선택이 이루어지는 시장은 아니지만, 상영사업자에 의하여 관객이 볼 수 있는 영화가 사전적으로 제약되고, 따라서 소비자의 최종 구매 결정이 상영사업자의 상영 편성 안에서 행해질 수밖에 없다는 점은 영화의 거래상 특성으로 주목할 만한 부분이다.

이에 대하여 소비재를 공급하는 대부분의 산업에서 유통 부문의 비중이 커지고 있으며, 최종 소비자가 이에 의존하는 정도가 증가하고 있다는 점이 강조될 수 있다.11) 따라서 영화 상영 시장에서 소비자 선택에 대한 상

---

9) 위의 책, 122-123면 참조.
10) Richard J. Pierce & Ernst Gellhorn, 주 4)의 책, 71면 참조.
11) 유통구조에서 생산자와 소비자를 연결하는 중간상의 존재와 합리적 행동의 원리

영 사업자의 영향력 증대가 영화에 한정된 특별한 현상이 아니라고 볼 수 노 있다. 그렇지만 소비재 상품의 소매 시장에서 경쟁정책상 중요한 고려 대상이 되고 있는 진열에 관한 논의는 상영 사업자에 의한 상영 편성에 주목할 필요가 있음을 시사한다. 경쟁법상 진열의 문제는 양적 또는 질적 으로 불리한 진열 공간을 갖게 되는 경쟁사업자의 배제적 효과 측면에서 제기되며, 이때 당사자 간 합의에 의해 진열이 행해진 경우에도 기본적으 로 경쟁법상 규제 가능성이 사라지지 않는다. 나아가 진열에 따른 행위는 유통 과정에서 효율성 창출과 관련될 수 있으므로, 이러한 가능성까지 고 려하여 경쟁제한적 효과의 종합적 분석이 필요한 것으로 이해된다.12) 상 영 시장에서 상영사업자의 상영 편성은 이상에서 살펴본 일반 상품시장에 서 진열에 비하여 보다 직접적으로 소비자 선택에 영향을 미치는 것이며, 따라서 진열에 대한 경쟁정책적 관심 이상의 주의가 요구되는 행위로 볼 수 있다.

2. 영화산업의 특성

(1) 영화산업의 법적 정의와 포괄 범위

영화비디오법 제2조 제2호에 의하면, 영화산업은 "영화의 제작·활용·유 통·보급·수출·수입 등에 관련된 산업"을 말하며, 영화 제작뿐만 아니라 영화에 관련된 다양한 행위를 포함하는 방식으로 정의되고 있다. 또한 영

를 탐색 비용의 관점에서 설명하는 것으로, Louis Bucklin, 김진성 등 역, 유통경 로구조론, 법경사, 1998, 100면 이하 참조.

12) 진열허용비가 유통과정의 혁신에 기여하고, 상품에 관한 정보를 유통업자에게 제공하며, 특히 유통 상의 위험을 유통업자로부터 제조업자에게 이전하는 효과 를 낳는 점 등의 고려가 반경쟁적 효과와 아울러 고려되어야 한다는 입장을 보 이고 있는 것으로, Kenneth Kelly, "The antitrust analysis of grocery slotting allowances: The procompetitive case", Journal of Public Policy & Marketing Vol. 10 no. 1, 1991, 188-190면 참조.

화산업에 해당하는 행위를 예시적인 방식으로 열거함으로써 영화의 산업적 활용에 관한 새로운 행태를 포괄할 수 있는 형식을 취하고 있다. 따라서 동 정의는 개방적으로 이해되어야 하며, 나아가 산업 간 융합 현상이 일반화되고 있는 상황에서 인접한 산업의 동향도 영화산업에 대한 이해에 영향을 미칠 수 있음을 염두에 두어야 한다.

동법에서 추구하는 진흥의 대상을 '영상문화 및 영상산업'으로 정하고 있다는 점에도 주의를 요한다. 영화에 대한 산업적 접근의 긍정적 의의는 창작자와 일반 대중이 접촉할 수 있는 방식을 확대하고 상호 영향을 미칠 가능성을 보편화하는 데서 찾을 수 있으며,[13] 이러한 관점은 영화산업의 개념에 문화적 가치가 반영될 수 있음을 시사하는 것이다.

(2) 고위험·고수익 산업

영화산업은 전형적인 고위험·고수익 산업에 속한다. 이러한 특징은 영화산업뿐만 아니라 예술적 창작물을 상품으로 취급하는 문화산업 전반에 해당하는 것인데,[14] 제작 단계에서 상품의 가치나 효용에 대한 예측이 쉽지 않으며, 또한 많은 자금이 제작 과정에 소요되고, 사전 예측에 반하는 시장성과가 나타났을 경우에 비용 회수가능성이 크지 않다는 점은 고위험성의 특징이 될 것이다. 반면 영화는 기대 이상의 수익을 창출할 수도 있으며, 상영 방식의 특성상 공급 증가에 따른 추가적인 비용 증가가 미미하기 때문에 수요가 예상 이상으로 증가할 경우 투자 수익률이 매우 커질 수 있다. 또한 고수익과 고위험의 편차가 영화 작품별로 매우 크다는 점도 특징적이다. 이는 영화의 수요 특성에 기인하는 바가 큰데, 정보재적 성격으로 인하여 네트워크 효과가 발휘되어 관객의 편중이 나타날 수 있으며,[15] 작품에 대한 정보가 제한될 수밖에 없는 특성상 관객 수가 중요한

---

13) 이강수, 대중문화와 문화산업론, 나남출판, 1995, 319-321면에서 문화산업의 부정적 측면과 함께 긍정적 측면을 언급하고 있다.

14) Leonard DuBoff & Christy King, Art Law, Thomson/West, 2000, 41면 참조.

상품 정보로 작용하여 밴드웨건 효과를 낳을 수 있다는 점도 영화에 따른 관객의 편차를 심화시키는 요인이 된다.

이러한 고위험·고수익적인 영화산업의 특성으로 인해, 산업 주체는 일반적인 경제적 투자에서 요구되는 비용수익 분석을 넘어서, 창작물로서 상품에 대한 전문적인 판단, 작품의 직간접적 배경이 되는 사회에 대한 이해, 현재 소비자들의 정서와 트렌드에 대한 분석, 위험에 대한 적절한 관리 등을 종합적으로 행할 필요가 있다.16) 나아가 이와 같은 종합적 대응이 산업 구조에 반영될 수도 있다. 특히 영화에 대한 투자 주체는 제작뿐만 아니라 모든 거래 단계에서 위험을 최소화하고, 제작 이후의 배급·상영·부가적 상품 시장 등에서 이익 실현을 구체화하는 데 영향을 미치고자 할 것이며, 궁극적으로 각 단계를 수직적으로 통합하여 위험·수익 관리를 실효성 있게 할 수 있는 구조를 구축할 수도 있다.

(3) 콘텐츠로서의 상품 특성과 시장 확대

영화는 기본적으로 상영을 통한 관람을 목적으로 제작된다. 그러나 상영관을 중심으로 한 전통적인 영화 소비 행태는 다양한 플랫폼의 개발과 디지털화의 확산에 의해 다양해지고 있다. 일반적으로 정보의 형성, 저장, 전송 등이 전자적 부호 방식에 의하게 되는 디지털화는 콘텐츠를 제공하는 다양한 플랫폼 개발로 이어지고 있고, TV 수상기 외에 PC나 휴대폰 등 단말기의 기능 향상과 맞물려 콘텐츠의 소비도 다양한 방식으로 이루어지고 있다.17)

---

15) 동일 그룹 내 구성원의 효용 증대를 상정하는 네트워크 효과는 다른 측면에 위치한 그룹의 효용 증대로 이어지는 교차 네트워크 외부효과를 낳을 수도 있다. Andrew I. Gavil, William E. Kovacic & Jonathan B. Baker, Antitrust Law in Perspective, Thomson/West, 2008, 786-788면.

16) Leonard DuBoff & Christy King, 주 14)의 책, 42면.

17) 특히 스마트폰의 확대가 주목할 만한 것인데, 스마트폰은 통신의 보조 장치인 단말기의 의미를 넘어서 다양한 소프트 프로그램을 실행할 수 있는 기능을 갖추

또한 콘텐츠의 활용이 콘텐츠 자체의 제공에 머무르지 않고, 캐릭터나 내러티브 등 콘텐츠의 내용이나 구성 요소 등의 추가적 상품화를 통해 이루어지고 있다는 점도 최근 경향으로 두드러지고 있다. 영화가 제공되는 플랫폼과 소비 방식이 다양화되고, 또한 영화 자체 외의 캐릭터 등 추가적 상품화가 이루어짐으로써 전통적인 산업 경계를 넘어 영화산업의 외연이 확장되고 있으며, 영화로부터 얻을 수 있는 수익의 기회도 확대되고 있다. 이러한 산업 구조적 변화는 다시 영화의 제작을 포함한 산업 참가자들의 행태에 영향을 미치고 있다.

3. 영화산업의 세부 시장

(1) 투자시장

영화산업은 수직적으로 제작→배급→상영으로 이어지는 구조를 취하며, 제작에 앞서 투자 시장이 가장 선행하는 단계에 위치한다. 영화 제작에 필요한 자본을 조달하는 시장으로서 투자 시장에 대한 법적 규제는 존재하지 않으며, 투자 주체나 조건 등에 제한은 없다. 따라서 제도적으로는 영화 제작에 누구든지 투자를 할 수 있지만, 고수익·고위험의 수익 구조는 투자자를 모집하는데 현실적인 제약이 된다.

영화 제작에 대한 투자는 국내외 배급업자들이 담당하는 전략적 투자, 제작자 스스로 부담하는 자기자본 투자, 투자 수익 자체를 목적으로 행해지는 재무적 투자, 공공부문이 담당하는 공적 투자로 구분할 수 있으며,[18]

고, 지속적으로 기능 향상과 확대가 이루어지는 방향으로 진화하고 있다. 이러한 복합적 단말기로서 스마트폰의 특징은 영화의 새로운 소비 방식의 하나를 제공하는 의미를 갖는다. 홍명수, "스마트폰의 확대에 따른 통신법상 경쟁정책 문제의 검토", 법과 사회 제40호, 2011, 205-210면 참조.

18) 김윤정, 영상콘텐츠 거래 공정화를 위한 법제 연구, 한국법제연구원, 2017, 46면 참조.

이 중에서 주된 투자는 전략적 투자로서 주로 배급을 남당하는 사업자에 의하여 이루어지고 있다. 투자는 영화 기획 단계에서 이루어지며, 일반적으로 투자자는 시놉시스나 초고 형태의 시나리오와 감독, 주연 배우 등 최소한의 참가자들이 포함된 기획안을 대상으로 투자 여부를 결정하게 된다. 영화에 대한 투자 여부를 판단함에 있어 영화 자체 및 관객의 반응에 대한 예측은 쉽지 않으므로, 배급업자에 의한 투자는 영화산업 종사자의 전문성을 활용하는 의미가 있다. 또한 고수익·고위험의 상품 특성상 수직적 연관 하에 있는 각 단계 별로 위험을 관리하는데 유리한 위치에 있다는 점도 배급업자에 의한 투자가 일반화된 원인이 될 것이다.

실제 투자자가 배급업자로 한정되는 경우 투자 조건은 이들의 시장에서의 지위에 영향을 받지 않을 수 없으며, 중요한 거래 조건인 수익분배율, 지식재산권의 귀속, 제작 과정에 투자자의 개입 범위 등에서 불균등한 내용이 반영될 우려가 있다. 이러한 가능성은 후술하는 수직적으로 통합된 구조를 형성한 사업자에 의하여 커질 수 있다.

(2) 제작시장

일반적으로 영화의 제작 과정은 프리프로덕션, 실제 제작(촬영)이 이루어지는 프로덕션 그리고 크랭크업 이후 영화를 완성하는 포스트프로덕션 단계로 진행된다. 프리프로덕션 단계에서는 영화 제작에 참여하는 인적 구성을 갖추는 것이 중요하며, 시나리오 작가, 감독, 스태프, 프로듀서, 배우 그리고 촬영, 조명 등 각종 지원 주체들이 특정한 영화 제작을 위해 조직된다.

제작시장은 두 가지 측면에서 파악할 수 있는데, 우선 영화 제작의 각 부문에 서비스를 제공하는 시장이 존재한다. 영화 제작은 다양한 분야의 협력을 통하여 이루어지며, 시나리오 제공부터 배우의 연기 그리고 촬영, 조명, 미술, 의상, 음향 등 다양한 기술적 지원 주체들이 영화 제작을 위하여 서비스를 제공한다. 제작의 각 부문시장은 일반적인 완제품 시장에 종속되는 요소투입시장에 상응한다. 일반적으로 요소투입시장의 경쟁 기능에 의하여 효율적인 자원배분이 이루어질 수 있는 것처럼, 제작 부문시장에서도 경쟁 기능이 이러한 역할을 담당하며,[19] 경쟁이 제한될 경우에는 서비스 제공자의 이익이 침해될 뿐만 아니라 효율적인 자원 배분의 왜곡이 초래될 수도 있다.

제작시장은 영화의 완성 이후 배급망에 공급하는 시장으로서의 의미도 있다. 전술한 것처럼 배급업자에 의하여 주된 투자가 이루어진 경우에 영화의 공급 조건은 투자 계약에 연계하여 결정되는 것이 일반적이며, 그렇지 않은 경우에는 제작자가 배급업자 또는 영화상영업자와 직접 배급이나 상영에 관한 계약을 체결함으로써 영화를 공급하게 된다.

(3) 배급시장

배급시장은 완성된 영화의 유통시장에 해당한다. 대체로 배급업자는 영화 제작 단계에서 투자 계약을 통하여 제작자로부터 배급권을 확보하게 되지만, 그렇지 않을 경우 별도의 계약을 통하여 배급권을 갖게 된다.

배급권을 갖는 배급업자는 당해 영화의 상영을 위해 영화에 관한 정보와 가치를 공중에게 알리는 광고, 홍보, 시사회 등의 프로그램을 진행하며, 구체적으로 관람이 이루어질 수 있는 상영 계약을 상영사업자와 체결한다. 동 계약에서 수익분배율(부율)이나 상영 시기 등 상영에 관한 조건을 정하게 된다. 개별 영화가 아닌 전체 영화의 상영 프로그램을 운영하는 상영업자 입장에서 배급업자와의 이해가 충돌될 수 있지만, 실제 배급업과 상영업을 통합하고 있는 사업자의 경우 종합적인 이익을 극대화하는 방향으로 조정될 것이다.

---

19) 영화 '내일을 향해 쏴라'의 시나리오에 대한 5개 영화사의 경쟁을 예로 들 수 있을 것이다. 박귀련, 영화산업과 법, 우리글, 2010, 192면 참조.

(4) 상영시장

상영시장은 대부분의 경우에 영화의 소비가 이루어지는 최초(1차 플랫폼)의 시장이며, 다양한 플랫폼이 개발되어 있는 현 상황에서도 매출액 규모에서 가장 큰 시장이다. 배급업자로부터 영화 상영의 권리를 취득한 상영업자는 관객의 관람이 가능한 상태로 영화 서비스를 제공하며, 관객은 입장료를 지불하고 관람의 방식으로 영화를 소비하게 된다.

일반적인 상품시장에서 경쟁은 가격과 품질을 중심으로 이루어지지만, 상영 시장의 실제 경쟁에서 이러한 요소가 크게 작용하지는 않는다. 즉 상영관 별로 상영되는 영화의 차이가 크지 않으며, 가격도 영화 별로 상이하게 책정되지 않는 것이 일반적이다. 따라서 실제 경쟁은 주로 상영에 부수적인 서비스를 중심으로 이루어지고 있다. 한편 상영업자는 상영이 가능한 기술적 장치와 공간을 갖추어야 하며, 이러한 조건의 충족은 상당한 자본을 요하기 때문에 실질적인 진입 장벽으로 작용한다. 또한 현재 상영시장은 멀티플렉스를 운영하는 소수의 사업자에 의하여 재편되어 고도의 시장집중도를 보이고 있다. 이와 같은 집중화된 구조 하에서 상영시장의 경쟁은 멀티플렉스 운영 주체 간의 경쟁으로 전개되고 있으며, 이 역시 신규 사업자의 진입을 제한하는 요인이 될 것이다.

(5) 부가 서비스 시장

다양한 플랫폼의 등장으로 영화를 소비하는 방식은 상영관에서 이루어지는 관람에 한정되지 않는다. 대체로 상영관 이외의 플랫폼은 상영 기간에 연동된 일정 기간의 유예(hold-back) 이후 새로운 플랫폼을 중심으로 이루어지는데, 유료방송 서비스, VOD 서비스, OTT 서비스 등이 이에 해당한다.

좁은 의미에서 영화의 부가서비스 시장은 새로운 형태의 플랫폼을 중심으로 이루어지는 영화의 2차적 소비 시장을 말하지만,[20] 이에 더하여 영화의 캐릭터 등을 상품화하는 것과 같이 추가적으로 발생하는 시장도 넓은 의미에서 부가서비스 시장에 포함된다.

4. 영화산업의 가치 흐름과 수익 구조

최초의 영화 제작 단계에서부터 각 단계별로 부가가치를 더하여 최종적으로 소비자에게 완성된 형태의 영화가 제공되는 가치 흐름이 나타난다. 즉 제작을 통하여 콘텐츠로서의 영화를 완성하는 단계, 완성된 영화를 소비자가 관람할 수 있도록 상영업자에게 유통하는 단계 그리고 최종적으로 영화를 소비하는 상영의 단계 별로 가치가 창출되며, 최종적으로 가치의 총합으로서 완성된 영화 서비스가 소비자에 이르게 된다.

영화산업은 이와 같은 가치의 흐름에 따라서 수직적으로 편제되어 있다. 물론 생산과 유통 과정으로 이루어지는 수직적 구조는 영화산업의 특유한 것은 아니지만, 가치의 흐름에 따른 수익 실현이 최종 단계의 상영시장에서부터 역으로 이루어지는 구조는 다른 산업과 차별성을 갖는다. 즉 영화산업에서는 제작·배급의 각 단계에서 자신이 창출한 부가가치에 대한 대가를 받는 것이 아니라, 최종적인 상영시장에서 획득된 수입을 상영업자와 상류 사업자 간에 배분하는 방식으로 이익이 실현되고 있다. 관객이 지불한 입장료[21) 수익을 상영업자와 배급업자 간에 비율적으로 나누고, 배급업자는 이에 기초하여 제작자와 수익 분배를 하며, 이어서 제작자와

---

20) 2차 플랫폼사업자가 직접 영화를 제작한 경우에(방송사업자나 최근 넷플릭스와 같은 OTT 사업자에 의한 영화 제작) 영화의 1차적 소비 방식으로서 상영 기간을 거치지 않고 직접적으로 영화 서비스를 제공하는 경우도 발생하고 있다. 이러한 경우에 영화의 소비 방식을 순차적으로 나누는 것은 무의미해질 것이고, 전통적인 수익 구조에 대한 이해에도 변화가 필요할 것이다.

21) 입장료는 원칙적으로 상영업자의 자율에 의하며, 2017년 기준 한국영화 평균관람료는 7,925원, 외국영화 평균관람료는 8,058원, 전체영화 평균관람료는 7,989원이었다.

투자자 간 분배가 이루어진다. 현재 부율에 의하면, 입장료 수익 중 영화 발전기금(3%)을 우선 공제하고, 이어서 부가가치세(10%)를 공제한 금액에서 상영업자와 배급업자가 각각 50%를 갖게 된다(서울지역의 CGV와 롯데시네마는 상영업자 45%, 배급업자 55%). 배급사는 분배 받은 금액에서 배급수수료 10%를 공제한 금액을 주된 투자자(메인투자사)에게 지급하고, 메인투자사는 이 금액에서 영화제작에 소요된 총제작비를(순제작비와 P&A 비용) 공제한 금액을 투자자와 제작사에게 배분하는데, 통상 투자자 60%, 제작사 40% 비율이 적용된다.

이와 같은 수익 구조에서 상영업자와 배급업자 간 수익 배분은 전 산업에 참가하고 있는 사업자들의 수익의 규모를 정하게 된다는 점에서 결정적인 의미가 있다. 즉 제작자, 배급업자 등 영화산업의 상류에 위치한 사업자의 최종 상영 시장에 대한 의존도는 심화되고, 영화의 흥행 성패에 따른 위험을 거래 이후에도 여전히 부담하게 된다. 일반적으로 생산·유통 과정에서 단계적으로 이루어지는 거래에 의하여 거래상 위험이 이전되는 것에 비하여, 이와 같은 수익과 위험의 배분 구조는 이례적이며, 영화산업의 고유한 특징을 이룬다.

나아가 영화산업 특유의 수익·위험 배분 구조는 수직적 통합화를 촉진하는 유인이 되고 있다. 특정한 시장에서 지배력을 보유한 사업자는 다양한 경제적 동기로 상하 인접 시장에 진출할 수 있다. 일반적으로 수직적 통합화의 경제적 동기는 비용과 효율성 측면에서 파악할 수 있는데, 생산 또는 유통 과정을 수직화 할 경우에 거래관계에서 불가피하게 발생하는 거래비용이 줄어들 것이고, 안정적인 거래 관계의 확보도 지속적인 사업 활동 보장과 이에 기반한 적극적인 경영 전략의 수립에 도움이 됨으로써 효율성을 제고할 수 있다.[22] 물론 이와 같은 긍정적 효과가 언제나 나타

---

22) 권영주, "수직적 통합 및 분리의 경제적 이유와 사례 분석", 정보통신정책 제15권 제19호, 2003, 18-19면 참조. 또한 수직적 통합의 효율성 효과의 하나로서 상·하에 위치한 사업자에 의한 이중마진의 제거 등을 들고 있는 것으로, 홍형주,

나는 것은 아니며, 거래의 내부화로 인한 탐색비용 등이 줄어드는 대신 내
부 과정의 조직화와 관리 비용이 추가적으로 발생할 수 있고,[23] 후자가
전자를 상회한다면 효율성 측면에서 부정적일 수도 있다. 일반적으로 수
직적 구조의 형성은 이러한 상반된 기대효과를 형량함으로써 이루어진다.
영화산업에서도 이러한 고려가 필요하지만, 나아가 영화산업 특유의 수익
구조와 위험 배분도 영향을 미친 것으로 볼 수 있다. 즉 상품 가치 있는
영화의 확보, 안정적인 수익 창출을 위한 배분 구조의 형성 및 유지, 효율
적인 위험 관리 등은 영화산업에서 수직적 통합화를 촉진한 유력한 요인
이 되고 있다.

III. 영화산업의 현황과 수직적 통합화

1. 영화산업의 현황

(1) 상영시장 현황

영화 소비가 이루어지는 시장인 상영시장은 개별 영화의 흥행과 입장료
총수익 그리고 영화의 제작과 배급에 참가한 사업자들에게 귀속되는 수익
의 규모가 결정되는 시장으로서 영화산업의 핵심적 위치에 있다.

상영시장의 구조를 파악하기 위하여 매출액 기준의 시장점유율 외에,
관행적으로 관객수, 상영관, 스크린, 좌석 등을 기준으로 한 주요 사업자

"기술·미디어·통신 분야의 수직적 기업결합", 경쟁저널 제200호, 2019, 32-33면
참조.
23) Oliver E. Williamson, "Antitrust Lenses and the Uses of Transaction Cost
Economics Reasoning", in Thomas M. Jorde & David J. Teece ed., Antitrust,
Innovation, and Competitiveness, Oxford Univ. Press, 1992, 140-141면 및 권
영주, 주 22)의 글, 20면 참조.

의 점유율 분석이 자주 활용되고 있다. 상영시장에서 특정 사업사의 매출액 비중은 스크린이나 좌석 수 등에 비례하므로, 이와 같은 대체적 분석 방식이 그 자체로 문제될 것은 아니다. 대체로 상영관은 상영사업자의 사업 단위, 스크린은 영화의 상영 단위 그리고 좌석은 관객의 이용 단위로서 의미가 있으며, 각각의 의미에 부합하는 맥락에서 분석 지표로 활용될 수 있을 것이다.

상영관은 지속적으로 복수의 스크린을 가진 상영관을 의미하는 멀티플렉스 형태로 재편되어 왔다. 멀티플렉스는 소비자의 다양한 기호에 맞추어 여러 편의 영화를 동시에 상영할 수 있다는 점에서 관객 유치에 효율적이며, 현재 상영 시장에서 지배적인 상영관 운영 형태로 자리 잡고 있다. 그러나 멀티플렉스의 설립 및 운영에는 거액의 자금이 소요되므로, 이러한 현상은 자금력이 있는 소수의 기업에게 상영관이 편중된 원인이 된 것으로 볼 수 있다. 현재 3대 멀티플렉스 사업자인 CJ CGV, 롯데시네마, 메가박스는 주요 기업집단에 속한 사업자이다.[24]

〈표 1〉은 극장별 시정점유율, 〈표 2〉는 3대 멀티플렉스 합산 상영관, 스크린, 좌석 수의 점유율 그리고 〈표 3〉은 시장점유율 1, 2위 사업자인 CJ CGV와 롯데시네마의 점유율에 관한 것이다. 이상의 자료는 동 시장에서 주요 멀티플렉스를 중심으로 한 시장집중도가 매우 높은 것을 보여주며, 시장집중도를 나타내는 지표의 하나인 HHI 지수는 3,600을 상회하고 있다.[25] 또한 상영 시장에서의 극장 별 시장점유율은 2013년 이후 큰 변

---

24) 롯데시네마는 ㈜롯데쇼핑의 사업부문으로 존재한다. CJ CGV가 속한 CJ그룹과 롯데쇼핑(롯데시네마)이 속한 롯데그룹 그리고 메가박스가 속한 중앙그룹(구 중앙일보그룹)은 2022년 공정거래위원회가 지정한 대규모기업집단에 해당한다(전 2은 상호출자제한기업집단, 후 1은 공시대상기업집단).

25) HHI 지수는 모든 시장참가자들의 점유율 제곱의 합으로 구하며, 위의 자료에는 중소사업자의 개별적 시장점유율이 제시되어 있지 않으므로 정확한 HHI 지수를 구하기는 어려우나, 제시된 자료를 통하여 일정한 수치 이상인 것을 밝힐 수는 있다. 공정거래위원회가 제정한 '기업결합 심사기준' IV. 1. 가.는 HHI 지수가 2,500 이상인 시장은 고도로 집중화된 시장, 1,200-2,500 시장은 집중화된 시장,

화 없이 유지되고 있는데, 이와 같은 매출액 비중은 상영관이나 스크린 등 상영 서비스 제공 시설의 편중에 기인한 것으로 볼 수 있으므로, 향후 시장 구조에 있어서 의미 있는 변화가 발생할 것으로 예측하기는 어렵다.

〈표 1〉 극장 별 시장점유율(2013-2017)[26]

극장		2013	2014	2015	2016	2017
3대 멀티플렉스	CGV	49.5%	50.7%	50.6%	49.7%	48.7%
	롯데시네마	28.4%	28.6%	29.9%	30.1%	30.0%
	메가박스	18.1%	17.4%	16.6%	17.3%	18.3%
	소 계	96.1%	96.7%	97.1%	97.1%	97.0%
기타		3.9%	3.3%	2.9%	2.9%	3.0%

〈표 2〉 3대 멀티플렉스 점유율(2013-2016)[27]

	극장수(전체)/비율	스크린수(전체)/비율	좌석수(전체)/비율
2016	339(417)/79.1	2,379(2,575)/92.4	389,536(421,046)/92.5
2015	311(388)/80.2	2,235(2,424)/92.2	368,858(398,702)/92.5
2014	288(356)/80.9	2,098(2,281)/92.0	342,897(372,361)/92.1
2013	270(333)81.1	1,996(2,184)/91.4	327,299(349,669)/93.6

1,200 미만인 시장은 집중화되지 않은 시장으로 분류하고 있다.
26) 영화진흥위원회, 2017년 한국 영화산업 결산, 2018, 40면 참조.
27) 김윤정, 주 18)의 책, 63면 참조.

〈표 3〉 CJ CGV와 롯데시네마 점유율(2011-2015)[28]

(단위 : %)

	CJ CGV			롯데시네마		
	극장수	스크린수	좌석수	극장수	스크린수	좌석수
2015	33.5	40.2	40.7	27.6	31.1	32.1
2014	35.4	41.6	41.6	28.1	30.6	31.3
2013	34.8	41.3	42.2	28.8	30.1	31.1
2012	35.7	41.2	41.4	26.8	28.4	28.3
2011	36.6	42.0	41.1	23.4	25.6	26.1

(2) 배급시장 현황

영화의 유통부문에 해당하는 배급시장에서 배급업자는 한국 영화의 경우 영화 제작자로부터 배급권을 확보하여 배급을 행하고 외국 영화의 경우 영화를 수입하여 배급하게 되는데, 이른바 직배사로 불리는 외국 배급업자가 국내 상영업자를 대상으로 직접적으로 배급업무를 수행하기도 한다.[29] 국내외 배급업자를 모두 포함하여 배급시장을 살펴볼 경우, 〈표 4〉가 보여주듯이 상영시장에 비하여 시장집중도는 낮은 것으로 나타나고 있다.

---

28) 박경신, "영화상영시장 및 국산영화 배급시장의 동시과점적 수직계열화·독점규제법상 이윤압착 이론의 적용", 홍익법학 제19권 제1호, 2018, 564면 참조.

29) 2017년 기준 배급사업자의 외국영화 매출액 순위는, 1위 월트디즈니컴퍼니코리아(유) 19.3%, 2위 유니버설픽처스인터내셔널(유) 18.6%, 3위 이십세기폭스코리아(주) 12.7%, 4위 워너브러더스코리아(주) 12.6%, 5위 소니픽처스엔터테인먼트코리아 9.1% 등으로 외국 배급사업자가 상위를 차지하고 있다. 영화진흥위원회, 주 26)의 책, 36면 참조.

〈표 4〉 전체 영화 상위배급사 1-10위 시장점유율(2013-2017)[30]

	2013		2014		2015		2016		2017	
	배급사/점유율		배급사/점유율		배급사/점유율		배급사/점유율		배급사/점유율	
1	CJ E&M	21.2	CJ E&M	24.6	CJ E&M	22.5	CJ E&M	17.1	CJ E&M	15.0
2	NEW	18.1	롯데E	11.9	쇼박스	17.0	쇼박스	13.6	롯데E	11.4
3	롯데E	14.6	소니	11.6	디즈니	12.0	디즈니	12.7	쇼박스	10.6
4	쇼박스	13.5	워너	11.3	폭스	9.6	워너	10.6	디즈니	9.4
5	소니	9.7	폭스	9.0	유니버설	8.8	폭스	9.8	유니버설	9.1
6	워너	7.9	쇼박스	7.5	NEW	7.8	NEW	9.3	플러스엠	7.6
7	유니버설	4.9	NEW	7.3	롯데E	7.5	롯데E	7.6	NEW	7.0
8	폭스	4.3	유니버설	2.6	워너	5.8	유니버설	6.9	워너	6.9
9	아이러브	1.4	판씨네마	1.8	CGV아트	2.0	플러스엠	2.9	폭스	6.5
10	씨너스	0.8	CGV무비	1.8	플러스엠	1.3	와우	1.6	소니	4.4
	기타	3.7	기타	10.6	기타	5.8	기타	8.1	기타	12.1

〈표 4〉에서 배급시장은 상영시장에 비하여 사업자의 점유율이 분산된 경향을 보이고 있다. 또한 시장점유율의 변화가 큰 편인데, 영화의 상품적 가치나 소비자의 효용을 만족하는 정도에서 개별 영화마다 편차가 크다는 점이 주된 원인이 될 것이다. 그렇지만 CJ E&M 등 주요 사업자가 유력한 지위에 있는 현상은 지속되고 있고, 2015년 메가박스의 계열 배급 사업자 인 플러스엠이 순위에 든 후 상영 시장에서 멀티플렉스를 운영하고 있는 3대 상영사업자와 계열관계에 있는 배급업자가 모두 배급시장에서도 상위 에 위치하고 있다는 점은[31] 주목할 만하다. 특히 이러한 현상은 한국 영 화에 한정하여 배급시장을 분석할 경우에 두드러진다. 관객 입장에서 한 국 영화와 외국 영화 간에 대체성을 부인하기는 어려우며, 따라서 하나의 시장으로 획정하여 분석하는 것은 충분한 근거를 갖지만, 몇 가지 측면에 서 한국영화 시장에 대한 개별적 분석의 필요성도 존재한다. 우선 한국영

---

30) 위의 책, 44면 참조.
31) 롯데엔터테인먼트는 롯데시네마와 마찬가지로 ㈜롯데쇼핑의 사업부문으로 존재 한다.

화의 경우 영화비디오법 제40조 및 동법 시행령 제19조에 의하여 한국영
화 상영의무 규정의 적용을 받으며, 이와 같은 제한은 법제도상 한국영화
와 외국영화가 동등한 경쟁 조건에 있지 않음을 의미한다.[32] 또한 주요
배급업자는 상영사업자와 수직적으로 관련되어 있고, 이러한 지위가 국내
영화 제작에 영향을 미치고 있는 점에도 주의를 요한다. 배급시장도 이와
같은 한국 영화산업의 구조적 관점에서 살펴볼 필요가 있으며, 이러한 맥
락에서도 한국 영화의 배급시장을 분석대상으로 할 필요성이 있을 것이
다. 〈표 5〉는 2012년부터 2017년까지 한국영화 배급시장에서의 점유율에
관한 것이다.

〈표 5〉 한국영화 배급시장 상위 5배급사 점유율(2012-2017)[33]

	2012			2013			2014		
	배급사	편수	점유율	배급사	편수	점유율	배급사	편수	점유율
1	CJ E&M	27	36.7	NEW	12	29.5	CJ E&M	17	37.2
2	쇼박스	8	21.7	CJ E&M	25	28.1	롯데	16.5	19.7
3	NEW	11	16.5	쇼박스	12	22.9	쇼박스	7.5	14.7
4	롯데E	22.5	15.7	롯데E	16	13.2	NEW	8	11.3
5	필라멘트	3	2.3	아이러브	1	2.4	CGV아트	10.5	3.6
	2015			2016			2017		
	배급사	편수	점유율	배급사	편수	점유율	배급사	편수	점유율
1	CJ E&M	16	40.5	CJ E&M	16	27.4	CJ E&M	13	25.2
2	쇼박스	9	31.5	쇼박스	9	25.3	쇼박스	7	20.5
3	NEW	10.5	14.7	NEW	14.5	17.0	롯데E	8.5	18.0
4	롯데E	8.5	3.9	롯데E	7	7.5	NEW	10	12.6
5	CGV아트	12.5	3.7	워너	1	6.6	플러스엠	7	11.5

32) 동일한 경쟁조건의 존재는 시장지배력 판단의 전제가 된다는 것으로, Barry
Rodger & Angus MacCulloch, Competition Law and Policy in the EU and
UK, Routledge, 2015, 98면 참조.
33) 영화진흥위원회, 주 26)의 책, 35면 참조.

〈표 5〉에서 시장점유율 상위 5위 배급업자의 분포는 〈표 4〉에서 전체 시장의 분포와 비교하여 집중도가 높다. 동 시장에서 2017년 HHI 지수는 1,600 그리고 가장 집중도가 높게 나타난 2015년 HHI 지수는 2,800을 상회하고 있는 것은 시장집중이 고도화된 수준임을 의미한다. 한편 2012년부터 2017년까지 1~4위 배급업자 순위에 대해서는 상반되는 평가가 가능한데, 매년 순위의 변화가 발생하고 있다는 점에서 변동성이 드러나기도 하지만, 다른 한편으로 이에 속한 사업자들에 변화는 없다는 점도 눈여겨볼 부분이다. 이른바 4대 배급업자가 지속적으로 한국영화 배급시장에서 상위에 위치한 것은 각 영화의 작품에 따른 변동성이 큰 특성을 고려할 때 이례적이며, 이러한 현상의 배경에 산업구조적인 원인이 존재할 수 있음을 시사한다.

(3) 제작·투자 시장

영화 제작에는 다수의 사업자가 존재하며, 2014년 기준 475개의 제작자가 영화의 기획 내지 제작에 참여하고 있는 것으로 조사되고 있다.[34] 1년에 개봉까지 이른 영화는 2015년 1,176편, 2016년 1,520편, 2017년 1,621편으로 상승하는 추세이다. 영화의 개봉에는 부가시장에서 상품 가치를 높이기 위하여 극장 상영을 형식적으로 행하는 경우가 포함되는데, 동 유형의 영화는 극장에서 관람 형태로 소비되는 것을 직접적으로 의도하는 것은 아니기 때문에 구분해서 볼 필요가 있으며, 이러한 관점에서 실질 개봉영화와 형식 개봉영화의 분류가 활용되고 있다.[35] 이러한 분류에 따르면 2017년에 개봉된 1,621편의 영화 중 한국영화는 실질 개봉영화 164편, 형식 개봉영화 212편으로 총 376편이 개봉되었으며, 외국영화는 실질 개봉영화 456편, 형식 개봉영화 789편으로 총 1,245편이 개봉되었다.[36] 영

---

34) 김윤정, 주 18)의 책, 47면.
35) 영화진흥위원회, 주 26)의 책, 82면에서는 상영회차 40회 이상을 실질 개봉영화로 분류하고 있다.

화 제작에 들어가는 비용은 크게 순제작비와 P & A 비용(마케팅비 등)으로 대별되고, 이를 합한 것이 총제작비에 해당한다. 〈표 6〉은 2013년 이후 한국영화 제작에 소요된 비용에 관한 것이다.

〈표 6〉 한국영화 개봉작 평균 제작비(2011-2017)[37]

(단위: 억 원)

연도	편수	순제작비	P & A 비용	총제작비
2011	150	15.5	7.2	22.7
2012	174	13.4	6.9	20.3
2013	182	15.0	6.4	21.4
2014	217	14.9	5.2	20.1
2015	232	14.5	5.4	19.9
2016	178	17.1	6.9	24.0
2017	174	19.1	7.3	26.3

〈표 6〉에서 최근 한국영화 평균 제작비는 다소 증가하는 경향을 보이고 있으나, 대체로 20억을 상회하는 수준을 유지하고 있는 것으로 보인다. 그러나 전체 영화를 대상으로 한 제작비 산정은 최근 영화 제작비 지출에 나타나고 있는 양극화 현상을 반영하지 못하고 있다는 점에서 적절한 정보를 제공하는 데 한계가 있다. 따라서 상업적인 기획으로 제작/배급되는 영화를 '상업영화'로 분류하고, 이 중에서 일정한 기준(최대 개봉관 수 300관 이상 또는 순제작비 30억 원 이상)을 충족하는 영화를 상업성이 높은 영화로 구분하여, 이에 해당하는 B군 상업영화와 그렇지 않은 A군 상업영화의 평균 제작비를 구하는 방식이 활용되고 있다.[38] 〈표 7〉은 이러한 방식이 적용된 2015년 이후 제작비에 관한 것이다.

---

36) 위의 책, 29면.
37) 위의 책, 83면.
38) 위의 책, 85면.

〈표 7〉 상업영화 평균 제작비(2015-2017)

(단위: 억 원)

	유형	편수	순제작비	P & A 비용	총제작비
2015	A 상업영화	70	37.4	16.1	53.5
	B 상업영화	55	45.2	19.7	64.8
2016	A 상업영화	78	33.3	13.4	46.7
	B 상업영화	57	43.4	17.4	60.8
2017	A 상업영화	83	38.2	14.6	52.9
	B 상업영화	56	54.5	20.5	75.0

〈표 7〉과 〈표 6〉을 비교하면, 한국영화 중, 특히 B군 상업영화의 경우 제작비가 전체 한국영화 제작비에 비하여 매우 높으며, 또한 영화 제작에 소요되는 총제작비가 영화 작품별로 상당한 편차가 있음을 시사한다. 이러한 상황은 총제작비 규모에 의한 분류에 의하여 보다 명확히 드러난다. 다음 〈표 8〉은 B군 상업영화를 대상으로 지출된 편당 순제작비 기준에 의하여 분류한 것이다.

〈표 8〉 B군 상업영화 순제작비 지출(2016-2017)[39]

구분	2016		2017	
	편수	평균순제작비	편수	평균순제작비
100억 원 이상	4	126억	8	147억
80억 원 이상∽100억 원 미만	6	89억	3	87억
50억 원 이상∽80억 원 미만	9	66억	11	60억
30억 원 이상∽50억 원 미만	14	38억	15	43억
10억 원 이상∽30억 원 미만	13	20억	16	19억
10억 원 미만	11	4.8억	3	5.2억
합계	57	43.4억	56	54.5억

〈표 8〉은 상업영화 안에서도 순제작비의 편차가 크며, 대규모 자본이 소요되는 대작 영화에 편중 현상이 나타나고 있음을 보여준다.[40] 그 원인

---

39) 위의 책, 86면.

으로 우선 지적할 수 있는 것은 수익률이다. 총제작비 기준 수익률은, 2011년 -16.5%를 보인 이후 2012년 15.9%, 2013년 16.8%, 2014년 7.6%, 2015년 4.0%, 2016년 17.6%, 2017년 4.7%로 나타나고 있으며, 특히 B군 상업영화에 대한 별도의 조사가 이루어진 2016년 이후 동 그룹에 속한 영화의 수익률은 2016년 21.8%, 2017년 8.2%로 조사되었다.[41] 이 기간 동안 우리나라 전체기업의 평균 영업이익률이 2011년 4.5%, 2012년 4.1%, 2013년 4.1%, 2014년 4.0%, 2015년 4.7%, 2016년 5.5%인 것과 비교하면,[42] 작품마다 상품 가치의 차이가 큰 영화산업의 특성을 감안하여도 최근 영화산업의 투자수익률은 높은 편임을 확인할 수 있다. 그러나 이와 같은 영화산업의 전체적인 동향 외에도 영화산업에서의 수익률이 영화에 지출된 제작비 규모에 따라서 편차가 크게 나타나는 경향을 보이고 있는 점 그리고 이러한 수치는 최종적으로 상영관에서 개봉한 영화만을 대상으로 한 것이고 처음 영화가 기획되어 개봉에 이르는 작품은 3분의1 수준에도 미치지 못하기 때문에 기획·제작 단계에서 지출된 투자·비용을 모두 고려할 경우 이러한 수익률은 더욱 낮게 파악될 필요가 있는 점도 염두에 둘 필요가 있다. 다음 〈표 9〉는 2016년과 2017년 한국 상업영화의 총제작비 규모에 따른 수익률을 보여주고 있다. 〈표 9〉에서 총제작비가 100억을 상회하는 대규모 자본이 투자된 상업영화가 상대적으로 낮은 제작비가 지출된 상업영화에 비하여 수익률이 높은 것으로 나타나고 있으며, 이러한 상황에서 소수의 영화에 투자가 집중되는 현상은 고수익을 추구하는 투자자의 입장에서 불가피한 선택일 수 있다.

〈표 9〉 한국 상업영화 총제작비 구간별 수익률(2016-2017)[43]

구분	2016				2017			
	A 상업영화		B 상업영화		A 상업영화		B 상업영화	
	편수/BEP 상회편수	평균 수익률	편수/BEP 상회편수	평균 수익률	편수/BEP 상회편수	평균 수익률	편수/BEP 상회편수	평균 수익률
100억 이상	11/9	68.7	11/9	68.7	12/6	32.4	12/6	32.4
80∞100억	7/1	−2.8	7/1	−2.8	7/2	−28.7	7/2	−28.7
50∞80억	11/3	−1.2	11/3	−1.2	18/6	−0.3	18/6	−0.3
30∞80억	9/1	−31.2	9/1	−31.2	9/4	−13.6	9/4	−13.6
10∞30억	19/3	−49.1	12/3	−37.8	13/0	−74.5	8/0	−66.3
10 미만	21/6	−26.0	7/4	7.5	24/5	−9.0	2/1	320.4
전체	78/23	17.6	57/21	21.8	83/23	4.7	56/19	8.2

이러한 현상에 대해 다양한 관점에서 비판적 분석이 가능할 것이다. 대표적으로 영화산업에서 운용될 수 있는 자본의 대부분이 소수의 대작 영화에 집중되는 것은 영화의 다양성에 부정적 영향을 미칠 수 있다. 또한 이러한 현상이 경쟁정책적 관점에서 일정한 우려를 낳을 수 있다는 점에도 주의를 요한다. 영화산업 수익률의 기반이 대작에 집중된 투자에 있을 경우에, 이러한 투자를 용이하게 할 수 있는 주체는 배급시장에서 영향력이 큰 소수의 사업자에 한정될 것이고, 결국 이와 같은 투자와 수익 메커니즘은 영화산업 전체의 집중을 강화시키는 방향으로 작용할 수 있다.

2. 영화산업의 수직적 통합화

(1) 수직적 통합화 현황

영화산업에서 수익률 편차가 큰 것은, 사업자 입장에서 적절한 위험 관리를 통하여 변동 요인을 통제하고자 하는 유인으로 작용하며, 상영시장부터 배급, 제작에 이르기까지 산업의 수직적 구조를 아우르는 통합화가

---

43) 영화진흥위원회, 주 26)의 책, 91면.

전개되고 있다. 특히 현재 상영시장에서 지배적 지위에 있는 상위 1∽3위 사업자는 배급시장 등에 진출하여 수직적 통합화를 이루고 있다.

<표 10> 영화산업 4대 기업 계열사 현황[44]

	CJ	롯데	메가박스	NEW
상영	CJ CGV	롯데시네마	메가박스	씨네스테이션Q[45]
배급	CJ E&M CG CGV CGV아트하우스	롯데엔터테인먼트	플러스엠	NEW 콘텐츠판다
제작	CJ E&M (JK필름)[46]	롯데엔터테인먼트		콘텐츠판다
투자	CJ E&M CGV아트하우스 필라멘트픽쳐스	롯데엔터테인먼트	플러스엠	NEW 콘텐츠판다
부가판권	OCN 채널CGV CJ헬로			콘텐츠판다

<표 10>에서 상영시장 1∽3위에 해당하는 CJ CGV, 롯데시네마, 메가박스는 계열관계에 있는 회사나 별도의 사업부문을 통하여 배급, 제작 부문에 진출하고 있다. 2017년 상위 3사의 상영시장 시장점유율 합계는 97%에 이르며, 이들 사업자에 관련된 배급사에 의한 배급시장 점유율 합계는 전체 영화 배급시장에서 34% 이상이고, 한국영화에 한정할 경우 57.8%이다. 영화산업에서 극장 매출이 차지하는 비중은 절대적이고[47] 또한 가장

---

44) 김윤정, 주 18)의 책, 71면.

45) NEW의 계열사인 멀티플렉스 상영사업자이며, 2017년부터 사업을 영위하고 있다.

46) 영화 '국제시장', '히말라야' 등을 제작한 제작사 JK필름은 2016년 CJ E&M이 주식 51%를 취득함으로써 결합되었다. 그 동안 JK필름이 제작한 영화의 대부분을 CJ E&M이 투자·배급하여 왔는데, 당해 기업결합에 의하여 CJ E&M은 제작 부문에서 보다 강화된 영향력을 갖게 되었다.

47) 영화산업에서 매출액 분포는 2016년 극장 매출 76.7%, 부가시장 매출 18.1%, 해외시장 매출 5.2%이며, 2017년 극장 매출 75.5%, 부가시장 매출 18.7%, 해외시

집중화된 시장구조를 보이고 있다는 점에서 상영시장을 중심으로 수직적으로 통합된 구조가 형성될 것이라고 예측할 수 있으며, 실제 전개되고 있는 양상도 이에 부합하고 있다. 사업자의 수직적 확대에 관하여 긍·부정의 평가를 단정적으로 내릴 수는 없지만, 이와 같은 구조가 심화되고 있는 현상은48) 경쟁정책적 관점에서 주의를 환기시키기에 충분한 것으로 보인다.

(2) 수직적 통합의 경쟁정책적 의의

영화산업은 제작과 유통의 모든 단계에서 다양한 형태의 서비스가 결합되고, 이러한 서비스가 제공되는 모든 시장에서 경쟁이 이루어지고, 시장 참가자에게 공정한 거래의 기회가 제공되는 것이 중요하다.49) 이러한 문제 인식이 구체적이기 위해서는 전체 산업에 영향을 미치고 있는 수직적 통합화에 대한 이해가 뒷받침되어야 한다. 전술한 것처럼 영화산업에서는 상영시장의 지배적 사업자가 상류시장인 배급시장이나 제작시장에도 진출하여 통합된 조직을 형성하고 있다. 이러한 구조 하에서는 경쟁이 제한된 범위에서 이루어질 수밖에 없으며, 그 효과는 개별 시장을 넘어서 산업 전체에 영향을 미칠 수 있다.50) 따라서 영화산업에서 경쟁제한의 문제는 수직적 구조에 초점을 맞추어 다루어질 필요가 있다.

영화산업의 각 단계에 위치한 시장을 비교하면, 소비자와 대면하는 상영시장에서 가장 시장집중도가 높으며, 배급시장에서도 주요 상영업자의 수직적 관련 사업자는 상당한 점유율로 유력한 지위를 차지하고 있다. 제

장 매출 5.8%로 나타나고 있다. 영화진흥위원회, 주 26)의 책, 16면 참조.
48) 2010년대 들어서 메가박스가 플러스엠을 통하여 배급시장에 진출한 것이나, NEW가 씨네스테이션Q를 통하여 상영시장에 진출한 것이 대표적인 예가 될 것이다.
49) 이준일, 주 1)의 책, 570면 참조.
50) 상품시장에서의 경쟁 문제가 노동시장으로 이어지는 종합적 분석을 수행하고 있는 것으로, Wolfgang Däubler, "Labour Law and Competition", Marc Rigaux, Jan Buelens & Amanda Latinne ed., From Labour Law To Social Competition Law?, intersentia, 2014, 57-58면.

작시장에서도 주요 상영사업자는 직접 제작에 참여하거나 투자의 주체로서 동 시장에 일정한 영향을 미치고 있다. 제작 단계에서 가장 핵심적인 시장은 제작 투자가 이루어지는 시장과 배급권이 판매되는 시장이라 할 수 있으며, 두 시장에서의 거래가 단일하게 이루어질 수도 있다. 이러한 시장에서 배급망과 상영관을 동시에 운영하고 있는 사업자의 지위는 유력한 의미를 가질 것이다.

이와 같은 수직적 구조를 전제로 수직적 통합 사업자가 이윤을 극대화하거나 또는 시장에서의 지배력을 유지하기 위하여 취하는 행위가 경쟁제한적 효과를 낳을 가능성을 살펴볼 필요가 있다. 수직적으로 통합된 사업자의 경우 이익 실현을 개별 시장이 아닌 전체 구조의 관점에서 추구할 것으로 예상되며, 특히 경쟁적 시장보다는 상대적으로 가격 견인력이 큰 독과점화 된 시장에서 이윤을 집중시킬 가능성이 크다. 또한 경쟁사업자를 배제하고 자신의 지위를 유지·강화하기 위하여 시장봉쇄적인 행태를 보일 수도 있다. 이 경우에 시장 봉쇄는 수평적 봉쇄와 수직적 봉쇄로 유형화 할 수 있는데, 수평적 봉쇄는 하류에 있는 사업자가 자신과 통합된 사업자와 배타적으로 거래를 하여 상류 사업자의 경쟁자를 배제하는 것이고, 수직적 봉쇄는 상류에 있는 사업자가 통합 사업자의 경쟁자에 대한 거래를 거절함으로써 배제적 효과를 낳는 것을 말한다.[51] 영화산업에서 이를 적용하면, 수평적 봉쇄는 하류에 있는 상영업자가 자신과 통합된 상류의 배급업자와 배타적 또는 유리한 조건으로 거래함으로써 동 배급업자와 경쟁하는 다른 배급업자와의 거래를 제한하는 형태로 나타나며, 수직적 봉쇄는 상류에 있는 배급업자가 자신과 통합된 상영사업자와 거래하면서 동 상영사업자와 경쟁관계에 있는 사업자에 대해서 영화의 배급을 거절하거나 불리한 조건으로 배급하는 것을 의미한다. 결국 영화산업에서 수직적 통합 사업자는 경쟁관계에 있는 다른 배급업자에 의한 영화 상영을 제

51) Richard Whish & David Bailey, Competition Law, Oxford Univ. Press, 2012, 204-205면.

한하거나 경쟁관계에 있는 다른 상영사업자에 대한 배급을 제한하는 방식
으로 경쟁에 영향을 미칠 수 있다.

그러나 이상의 논의는 수직적으로 통합된 구조로부터 이론적으로 도출
된 것이며, 다음 세 가지 측면에서 실제적 고려가 추가될 필요가 있다. 첫
째 수직적 통합 사업자가 이윤 극대화를 추구할 경우에 경쟁사업자의 배
제를 목적으로 하는 행위와 충돌할 수 있으며, 이러한 경우에 이윤 추구적
행위가 우선적으로 나타날 수 있다. 즉 영화시장에서 주된 경쟁 요소 중
하나인 영화 작품으로서의 가치 측면에서 경쟁자가 제작, 배급하는 영화
가 자신의 영화보다 우월할 경우에 자신의 배급, 상영 시장에서 이를 완전
히 배제하기 어려울 수 있다. 둘째 앞에서 살펴본 것처럼 배급시장은 상대
적으로 상영시장보다 시장집중도가 낮기 때문에 동 시장에서 배제적 행위
를 하는 것에 한계가 따를 수 있다. 셋째 수직적 통합 사업자 간에 경쟁에
대해서도 주의를 요한다. 이들의 경쟁이 치열해지는 상황에서는 상호 간
에 배제적 행위를 하는 것이 용이하지 않을 수 있으며, 이들 상호 간의 경
쟁이 시장에 긍정적 영향을 미칠 가능성도 있다. 그러나 수직적 통합 구조
를 갖추지 못한 사업자에 대해서는 이러한 상황이 보다 큰 경쟁제한적 효
과로 나타날 수 있다는 점도 아울러 고려되어야 한다.

IV. 독점규제법에 의한 규제 가능성

1. 시장지배적 지위남용행위로서 규제 가능성

(1) 의의

상영시장에서 소수의 사업자에 의한 지배적 지위가 구축되어 있고 이에
따른 지배력이 전 산업에 영향을 미치고 있는 영화산업의 상황을 고려할

때, 독점규제법상 단독행위 규제로서 시장지배적 지위남용행위에 대한 규제가 갖는 경쟁정책상 중요성을 부인하기 어렵다. 물론 이 경우에도 독점규제법상 규제 근거로서 요구되는 요건을 충족하는지 여부의 판단이 수월한 것은 아니지만,[52] 시장지배적 사업자가 경쟁정책상 특별한 책임을 갖고 있다는 점을 상기한다면, 단독행위 중에서도 시장지배적 지위남용 행위로서의 규제 가능성을 우선적인 검토 대상으로 삼을 필요가 있다.

(2) 관련시장 획정

영화산업에서 시장지배적 지위남용행위 규제 가능성을 검토할 경우에도 관련시장 획정에 관한 논의가 우선할 것이다. 독점규제법 제2조 제4호가 관련시장 획정에서 단계별 기준을 명시하고 있는 것처럼, 영화의 제작부터 상영에 이르기까지 각 단계, 즉 상영, 배급, 제작 단계에서 별도의 시장이 획정되어야 한다는 것에 의문은 없지만, 상품별 또는 지리적 시장획정과 관련해서는 영화 내지 영화산업의 특성과 관련하여 논의의 여지가 있다.

상품별 관련시장과 관련하여 작품 별로 별개의 상품으로 볼 것인지가 문제가 될 수 있다. 모든 영화는 관객에게 소구하는 고유한 내용과 가치를 갖고 있으며, 이를 상품의 요소로서 적극적으로 수용할 경우에 개별 영화마다 별개의 시장으로 볼 여지가 있다. 그렇지만 시장획정의 원칙적 기준인 대체가능성에 의할 경우, 소비자가 가격 등 거래조건의 변화에 따라서 영화들 간에 구매를 전환할 범위 안에 있다면 그 전체를 하나의 시장으로 보는 것이 타당할 것이다. 또한 한국영화와 외국영화를 구분하는 문제가 제기될 수 있다. 한국영화의 경우 영화비디오법 제40조에 의하여 의무적 상영의 적용 대상이 되며, 또한 각종 지원프로그램의 적용을 받는다. 이와

---

52) 대형 스튜디오들에게 독점 혐의를 씌우기 어려웠던 이유는 이들의 영향력이 실제에 비하여 서류상 잘 드러나지 않았기 때문이었다고 언급하는 것으로, J. A. Aberdeen, 라제기 역, 할리우드 전복자들, 명필름문화재단, 2015, 13면 참조.

같은 법제도를 상품별 관련시장 획정에서 고려하여야 하는지가 쟁점이 될 수 있다. 이와 같은 법제도적 조건의 상이는 경쟁에 영향을 미칠 수 있는데, 예를 들어 상영의무를 이행하기 위하여 한국 영화를 상영할 수밖에 없는 경우 한국영화와 외국영화가 동등한 경쟁 조건에 처한 것으로 보기 어려울 것이다. 그러나 이는 법형식적으로만 판단할 문제는 아니며, 현행법상 상영의무 조항이 상영사업자에게 실질적인 제한이 되고 있는지 그리고 이러한 제한이 소비자의 선택에 실질적인 영향을 미치고 있는지 등이 종합적으로 검토되어야 한다. 이에 관한 실증적인 자료가 주어지지 않은 상황에서 별개의 시장 획정에는 한계가 있으며, 소비자의 대체가능성 측면에서 양자를 분리할 수 있는지가 명확치 않다는 점도 염두에 두어야 한다. 끝으로 상품별 관련시장과 관련하여 영화를 소비하는 방식의 다양화를 시장 획정에서 어느 정도까지 고려하여야 하는지도 쟁점이 된다. 기술적 조건의 변화는 영화의 제작, 유통, 소비에 이르기까지 광범위한 변화를 낳고 있다. 극장을 중심으로 한 전통적인 상영 공간에서 관람의 형태로 영화를 소비하는 것 외에 TV, PC, 스마트폰 등 다양한 단말기를 통하여 영화에 접근하는 것이 가능해지고 있다. 이러한 현상은 영화산업 자체에도 의미 있는 변화를 낳고 있으며, 예를 들어 OTT 방식으로 영화를 제공하는 넷플릭스는 봉준호 감독의 영화 '옥자'에 대한 투자·배급을 통하여 상영사업자가 직접적으로 영화 제작에 관여하는 방식으로 사업을 영위하고 있다.[53] 행위 측면에서 보면, 일정한 공간 안에서 영화 관람과 특정한 단말기를 통한 개별적 영화 시청 간에는 영화를 소비한다는 점에서 행위의 유사성이

---

53) 넷플릭스가 새롭게 제시한 플랫폼 비즈니스 모델은 전통적인 기획-제작-유통으로 이어지는 수직적 유통구조를 벗어난 일체적 유통구조로서 넷플릭스 플랫폼 하에 모든 행위자가 통합되는 새로운 형태의 유통 과정을 제시하였으며, 이 모델에서 플랫폼 운영자는 생산과정에 직접적으로 개입한다. 정승애·임대근, "넷플릭스의 초국가적 유통 전략과 그 비판: 콘텐츠 비즈니스 모델과 모순적 로컬라이제이션을 바탕으로", 글로벌문화콘텐츠학회 동계학술대회, 2018, 200-201면 참조.

있으며, 이에 근거하여 영화 서비스가 제공되는 모든 형태를 하나의 시장으로 파악할 수도 있을 것이다. 그러나 이 경우에도 소비자에 의한 대체가능성이 결정적인 기준이 된다. 즉 영화의 소비에 관한 소비자의 인식이 중요하며, 관람의 방식으로 영화를 소비하는 관객이 다른 단말기를 통한 영화 소비 방식을 대체적인 것으로 인식하지 않으면, 양자는 별개의 시장으로 획정되어야 할 것이다. 현재 시점에서 양자를 대체적인 것으로 보는 소비자 인식의 근거가 충분한 것으로 보이지 않으며, 따라서 극장을 중심으로 한 관람 방식의 영화 소비를 상영에 관한 관련시장으로 획정할 수밖에 없을 것이다. 다만 소비자의 인식은 유동적이고, 사회적 환경과 기술적 조건의 변화가 소비자 인식에 끊임없이 영향을 미칠 것이라는 점에서, 향후 상영에 관한 관련시장 획정에 지속적인 주의가 주어져야 할 것이다.[54]

지리적 관련시장 획정도 대체가능성 기준에 의한다. 즉 경쟁 조건이 충분히 동질적인 지역들이 지리적 관련시장으로 획정되며, 따라서 특정한 지역이 다른 지역과 경쟁 조건에서 차이를 보일 경우에 별개의 지리적 관련시장으로 구분될 것이다. 결국 지리적으로 하나의 관련시장으로 획정되기 위해서는 '경쟁조건의 동등성'이 유지될 필요가 있다.[55] 영화산업에 있어서도 이러한 기준이 적용되지만, 특히 상영시장에서는 개별 상영관을 중심으로 대체가능한 범위를 지리적 관련시장으로 획정할 것인지 아니면 전국을 하나의 시장으로 파악할 것인지의 문제가 제기될 수 있다. 이와 관련하여 미국 연방대법원이 Grinnell 사건에서 경보서비스에 관하여 각 지

---

54) 유료방송 서비스 시장의 상품별 관련시장 획정과 관련하여 OTT 동영상 서비스가 아직은 실질적인 경쟁압력으로 작용하고 있지 않다는 것에 근거하여 관련시장 획정에 포함시키지 않은 것에 관하여, 방송통신위원회, 2016년도 방송시장 경쟁상황 평가 보고서, 2016, 235면 참조.

55) Case COMP/C-3/37.792 Microsoft(2004), para. 426-427. 경쟁조건의 동등성을 파악함에 있어서 운송비는 가장 실질적인 고려요소가 된다는 것에 Fritz Rittner, Meinrad Dreher & Michael Kulka, Wettbewerbs- und Kartellrecht, C.F.Müller, 2014, 286-287면 참조. 지리적 관련시장 획정의 중요 요소로서 운송비와 법적 규제를 들고 있는 것으로, Richard Whish & David Bailey, 주 51)의 책, 39면

역 별로 경쟁이 이루어지고 있음에도 불구하고 전국적인 사업계획, 가격
표, 다른 대규모 사업자와의 관계 등을 고려하면서 지리적 관련시장을 미
국 전체로 확정하였던 것을 참고할 수 있을 것이다.56) 물론 수요자가 직
면하는 구체적인 선택가능성보다 공급자의 전체적인 공급가능성이 언제나
우월한 의미를 갖는 것은 아니며, 결국 개별 사건에서 경쟁정책상 문제의
초점이 무엇인지에 따라서 지리적 시장확정에서 우선적으로 고려될 요소
가 결정될 것이다. 이에 의하면, 상영사업자들의 경쟁 양상과 구체적으로
제기되는 경쟁상의 문제를 고려하여 영화 상영시장에서 지리적 시장확정
이 이루어져야 한다. 즉 특정한 지역을 중심으로 경쟁제한적 효과가 문제
되는 경우에는 지역적으로 대체가능한 범위를 지리적 관련시장으로 정하
고, 반면 전국적인 차원에서 전개되고 있는 상영사업자 간 경쟁이 문제가
될 경우에는 전국적으로 시장 범위를 정하는 것이 가능할 수 있다.

(3) 시장지배적 지위 인정

관련시장 획정에 기초하여 시장지배적 지위를 판단할 경우에, 우선 전
국적인 범위의 상영시장에서 주요 3 사업자의 시장지배적 지위를 인정할
수 있다. 동 시장에서 2017년 기준 CJ CGV 48.7%, 롯데시네마 30.0%, 메
가박스 18.3%의 점유율 분포는 3 사업자 모두 독점규제법 제6조의 추정
요건을 충족한다. 물론 이러한 추정은 복멸이 가능한 것이지만, 멀티플렉
스의 전국적인 분포와 수를 감안하면 새로운 사업자가 동 시장에 신규로
진입하는 것이 용이하지 않다는 점, 3 사업자 모두 수직적 구조를 갖추고
이러한 조직이 신규 진입에 진입장벽이 되고 있다는 점57) 그리고 상당 기
간 동안 현재의 시장점유율 분포가 큰 변화 없이 유지되고 있다는 점 등
은 3 사업자의58) 시장지배적 지위를 인정하는 유력한 근거가 될 것이다.

56) 384 U.S. 563(1966), 587.
57) Richard Whish & David Bailey, 주 51)의 책, 184-185면 참조.
58) 독점규제법 제2조 제7호 제2문은 시장지배적 지위의 판단 요소로서 경쟁사업자

반면 배급시장 등 상류시장에서 시장지배적 지위가 인정되는 사업자가 존재하는지에 관해서는 논의의 여지가 있다. 전체영화의 배급시장에서 2013년 이후 점유율 분포는 독점규제법 제6조의 시장지배력 추정 요건을 충족하지 않는다. 한국영화 배급시장으로 한정할 경우에도 상위 3사의 시장점유율 합계는 2012년부터 2017년까지 74.9%, 80.5%, 71.6%, 86.7%, 69.7%, 63.7%로 나타나고 있는데, 독점규제법 제4조의 추정 요건을 충족하는 것은 2013년과 2015년뿐이며, 두 해의 상위사업자 순위도 일치하지 않는다. 이와 같이 변동성이 큰 시장에서 시장점유율에 근거하여 시장지배적 지위를 인정하기는 어려울 것이다. 그렇지만 이와 관련하여 집합적 시장지배력 개념은 의미 있는 시사점을 제공한다. EU에서 집합적 시장지배력 개념은 Società Italiana Vetro v. Commission 사건에서[59] 유럽 1심 법원(CFI)이 "둘 이상의 독립적인 사업자가 특정한 시장에서 경제적 관련성(economic links)에 의하여 통합되어 다른 사업자들에 대하여 집합적으로 시장지배력을 가질 수 있다"고 판시한 것에서 출발한다. 이후 경제적 관련성이라는 개념이 집합적 시장지배력 개념의 핵심적 요소로 논의되었으며, Gencor v. Commission 사건에서,[60] 경제적 관련성은 "약정이나 다른 법적인 관련성이 집합적 시장지배력 개념을 인정함에 있어서 필수적인 것은 아니며, 이러한 관련성의 징표들은 경제적 분석, 특히 당해 시장의 구조적 분석에 기초하여 찾을 수 있다"고[61] 보았다. 나아가 동 개념은 Irish Sugar 사건에서[62] 수평적 관계에서 뿐만 아니라 제조업자와 유통업자 같은 수직적인 관계에서도 경제적 관련성에 기초하여 집합적 시장지배

의 상대적 규모를 제시하고 있다. 메가박스의 시장점유율은 독점규제법 제4조의 추정 요건을 충족할 수 있으나, 상대적 규모 측면에서 1, 2위 사업자에 대하여 열위의 위치에 있다는 점에서 시장지배적 지위가 부정될 수도 있다.

59) Case T-68, 77 and 78/89[1992] ECR II-1403; 5 CMLR 302.
60) Case T-102/96[1999] ECR II-753; 4 CMLR 971.
61) Case T-102/96, para. 45.
62) Case C-497/99R [2001] 5 CMLR 1082.

력이 인정될 수 있다는 것으로 발전하였다. 동 개념을 영화산업에 원용할 경우에 상영시장에서 지배적 지위에 있는 사업자와 계열관계에 있으면서 동시에 상하 인접시장에 위치한 배급 사업자는 집합적 시장지배력의 관점에서 시장지배적 지위가 인정될 수도 있다.

끝으로 수직적 구조 하에 위치한 각 사업자들은 공급과 수요의 양 측면에서 시장 참가자가 될 수 있다는 점에 주의를 요한다. 예를 들어 주요 상영사업자는 상영시장에서 소비자를 대상으로 상영서비스를 제공하는 지위에서 시장지배적 지위가 인정되지만, 또한 배급시장에서는 이러한 지위가 수요 측면에서 나타나게 된다. 독점규제법 제2조 제3호는 수요 측면에서 시장지배적 지위를 명시적으로 인정하고 있으며, 이러한 경우에는 남용의 주체로서 시장지배적 지위가 배급시장의 수요자 측면에서 파악될 것이다.

(4) 남용행위의 구체적 가능성 검토

1) 착취적 남용

착취적 남용은 시장지배적 지위에 기해서 과도한 이득을 취하는 행위를 말하며, 상영시장에서 시장지배적 지위에 있는 사업자들이 우선적인 고려대상이 될 것이다. 이와 관련하여 상영시장에서 시장지배적 사업자는 공급과 수요 양 측면에서 거래를 하고, 각각의 경우에 착취적 남용 가능성이 고려될 수 있다는 것에 주의를 요한다. 먼저 관객을 대면하는 상영시장에서 착취적 남용의 가능성을 인정하기는 어려울 것으로 보인다. 2013부터 2017년까지 영화 평균 관람요금은, 7,271원, 7,738원, 7,895원, 8,032원, 7,989원으로 나타나고 있다. 착취적 남용 수준의 가격을 판단하는 기준으로 비용에 기초한 분석 방식과 유사한 시장에서의 가격 수준을 비교하는 방식이 활용되고 있는데,[63] 어느 기준에 의하여도 남용 수준을 뒷받침하

---

63) Knut Werner Lange hrsg., Handbuch zum Deutschen und Europäischen

는 근거를 찾기는 어렵다. 한편 시장지배적 지위에 있는 상영사업자가 배급업자와 수요자의 위치에서 거래할 경우에도 착취적 남용의 문제가 발생할 수 있다.[64] 영화의 배급과 관련하여 양 당사자 간 기본적인 거래 조건은 부가가치세와 영화발전기금을 공제한 입장료 수익을 상영업자와 배급업자가 각각 50%로 나누는 것인데, 이러한 분배는 배급에 대한 대가로 이해할 수 있으므로 부율이 시장지배적 사업자에게 과도한 이익을 부여하는 방식으로 책정될 경우에 착취적 남용의 관점에서 검토 대상이 될 수 있다. 그러나 이론적 내지 실무적 어려움을 피하기 어려울 것으로 예상된다. 수요 측면에서의 착취적 남용 판단은 공급 측면에서 제시된 기준을 원칙적으로 같이 하지만, 후자가 과도하게 높은 가격이 문제되는 반면 전자는 과도하게 낮은 가격이 문제가 된다는 점에서 기준이 역으로 적용된다는 점에 특징이 있으며, 이를 반영한 구체적 기준이 공정거래위원회 차원에서 제시되거나 실무에 반영된 사례를 찾기는 어렵다. 더욱이 현재의 부율은 고정비율에 의하고 있으며, 이는 정책적으로 결정된 것이라는 점에서 이에 대한 문제제기가 현실적으로 용이하지 않은 측면도 있다.[65] 그렇지만 배급사업자에 대한 수익분배는 다시 배급사와 제작자의 수익분배의 기초가 되는 것이고, 따라서 제작비와 배급비용을 기준으로 지나치게 낮은 가격으로 평가될 수 있는 수익분배는 경쟁정책상 남용으로 평가될 여지는 있다. 따라서 규제기관의 지속적인 주의가 요구되며, 특히 적절한 남용 판단을 위한 기초로서 비용에 대한 추적이 쉽지 않더라도, 거래 대가가 수익분배율로서 상대적으로 정해진다는 것을 고려하여 거래 당사자들의 영업

Kartellrecht 2. Aufl., Verlag Recht und Wirtschaft GmbH, 2006, 459-460면 (Wolfgang Hübschle) 참조.

64) 이 경우에는 거래상 지위남용행위가 문제될 수도 있으며, 이에 관해서는 후술한다.

65) 배급업자와 상영업자를 대상으로 한 2016년 인식조사에서 현 부율 체계의 적정성에 대하여 불공정한 것으로 응답한 비율은 30.6%로 나타났다. 영화진흥위원회, 영화산업 불공정행위 유형분석 및 공정환경 조성을 위한 영화인 인식도 조사, 2016, 101-102면.

이익률 비교 등이 남용 근거로 활용될 수 있을 것이다. 한편 상품으로서 영화의 고위험·고수익의 특성으로 인하여 거래당사자 간 위험의 배분이 대가 산정(부율 결정)에 반영될 수 있으며, 이것이 합리적으로 이루어진 경우에 부율 결정의 부당성이 부인될 수 있다는 점도 아울러 고려되어야 할 것이다.

배급시장에서 시장지배적 지위가 인정되는 경우에, 이들 사업자에 의한 남용이 착취적 관점에서도 검토될 수 있다. 특히 배급사업자가 제작자와 만나는 시장에서 거래 대가의 측면에서 남용이 발생하는 경우가 이에 해당할 수 있다. 앞에서 살펴본 것처럼, 대체로 배급사업자는 완성된 영화의 배급권을 확보하는 대가로 제작비용을 지불하는데, 상영 매출액에서 상영사업자 몫을 제외한 금액에서 배급수수료를 제하고 남은 금액을 일정 비율로(대체로 제작자와 배급사 간 4:6의 비율) 나누는 방식으로 이루어진다. 이러한 분배가 지배적 지위에 있는 배급사업자의 남용에 해당하는지의 판단은 전술한 상영사업자의 부율 관련 남용 판단과 구조적으로 유사하다. 남용의 주체는 수요 측면에서 시장지배적 지위가 인정되는 사업자이며, 따라서 착취적 남용에 해당하는지의 판단에 있어서도 이러한 특성이 반영되어야 한다. 즉 제작에 소요된 비용을 기준으로 지나치게 낮은 대가 산정(분배율 결정)이 남용에 해당하는지가 검토될 수 있으며, 이때 비용 분석 외에 거래 당사자들의 수익 구조, 위험의 합리적 배분 여부 등이 종합적으로 고려되어야 할 것이다.

한편 여기서 거래 대가는 금전적 지급이나 배분액뿐만 아니라, 반대급부로서 제공되는 모든 경제적 이익을 포함하므로, 착취적 남용의 판단은 제작자가 배급사업자에게 대가로서 제공하는 모든 형태의 경제적 이익을 대상으로 하여야 한다. 예를 들어 저작권이나 판권이 투자자로서 배급사업자에게 귀속되는 범위나 기한, 기획·개발 단계에서 지출된 비용 전부의 제작사 부담, 제작에 참여하지 않거나 실질적인 기여가 없는 상황에서 공동 제작자로서의 지분 요구, 각종 수수료나 부대비용의 전가 등은 제작사

에 대한 대가 측면에서 제기되는 문제이며, 착취적 남용으로시 고려 대상
이 될 수 있다.

2) 배제적 남용

배제적 남용은 시장지배적 지위에 기하여 경쟁사업자를 시장에서 배제
하는 형태의 남용을 말하며, 시장지배적 사업자의 행위가 경쟁제한의 효
과 내지 경쟁제한의 우려를 낳는지가 남용 판단의 핵심이 된다. 이에 해당
하는 행위는 다른 사업자의 사업활동 방해의 경우 독점규제법 제5조 제1
항 제3호, 진입 제한의 경우 제4호 그리고 부당 염매나 배타조건부 거래에
의한 경쟁사업자 배제의 경우 제5호 전단 등에 의해 규율될 것이다.

우선 상영사업자의 배제적 남용과 관련하여, 앞에서 다룬 부율 문제가
배제적 남용 관점에서도 다루어질 수 있다. 특히 이 문제는 수직적 통합
사업자의 이윤압착적인 효과를 기대한 가격정책과 관련된다.[66] 일반적으
로 배급계약은 다른 배급사업자에 의한 배급계약으로부터 영향을 받게 되
며, 수직적 통합 구조 안에 위치한 배급사업자와 상영사업자 간에 거래가
상영사업자에게 이익이 편중되는 방식으로 이루어질 경우에 수직적 구조
에서 벗어나 있는 배급사업자는 불리한 조건을 감수할 수밖에 없는 상황
에 처할 수 있다. 이러한 경우에 당해 행위에 대한 남용 평가가 가능할 수
있다.[67]

이 외에 시장지배적 지위에 있는 상영사업자의 다양한 행위가 배제적
남용에 관련될 수 있다. 우선 거래 상대방인 배급사업자에게 경제적 불이
익을 주는 것에 의해 배급시장에서 당해 사업자의 경쟁에 부정적 영향을
미치는 행위를 상정할 수 있는데, 예를 들어 배급사업자에 대하여 VPF(디

---

66) 이윤압착의 법리가 영화산업에서 시장지배적 지위남용 규제 법리로 유효할 것이
    라는 분석으로, 박경신, 주 28)의 글, 587-589면 참조.
67) 홍명수, "EU 경쟁법상 약탈적 가격 규제 법리의 검토와 시사점: France
    Telecom 판결을 중심으로", 법학논고 제59집, 2017, 271면 이하 참조.

지털영사기사용료)의 부담 요구, 무료초대권 비용 분담 요구, 할인권 비용 분담 요구, 마케팅비나 광고비의 전가 등이 이에 해당할 것이다. VPF는 디지털화가 확대되는 과정에서 상영관에 부설된 디지털 상영 시설비용의 일부를 배급사업자에 분담토록 한 것이다. 동 시설은 배급사업자에게도 이익이 되는 것이지만, 이미 상영의 대부분이 디지털 방식으로 이루어지고 있고, 동 시설의 소유가 상영사업자에게 있는 상황에서 시설 완비 이후 상당 기간이 경과하였음에도 여전히 VPF 분담을 요구하는 것은 합리적 근거를 결한 것으로 볼 수 있다.[68] 무료초대권이나 할인권의 비용 부담 문제도 동일한 맥락에서 문제가 될 수 있다. 무료초대권이나 할인권은 상영사업자가 발행하거나 할인 계약의 당사자가 되지만, 관련 비용의 상당 부분은 배급사업자도 부담한다. 물론 무료초대권 등의 발행은 마케팅의 일환이고, 관객 확대로 인한 영화 수익의 증대는 배급사업자와 상영사업자 모두에게 이익이 된다는 점에서 무료초대권 등의 발행에 따른 비용을 배급사업자가 부담하는 것 자체가 문제될 것은 아니지만, 비용 분담이 합리적으로 이루어지지 않은 경우에는 배급사업자의 사업활동 방해로서 남용에 해당할 여지가 있다. 또한 동일한 관점에서 마케팅이나 광고비의 전가나 부당한 분담을 요구하는 것 역시 남용의 관점에서 평가될 수 있을 것이다. 이상의 행위는 상영사업자에 의한 불합리한 비용 부담의 요구에 의하여 배급사업자에게 불이익을 주는 것이고, 특히 동 행위가 수직적 통합 구조 외부에 있는 배급사업자를 상대로 한 경우에 경쟁에 부정적 영향을 미칠 수 있다는 점에서 배제적 남용으로서 규제가 이루어질 수 있다.

상영 사업자의 행위로서 상영 편성에 관한 행위도 배제적 남용의 관점에서 살펴볼 필요가 있으며, 특히 이러한 행위는 사회적 관심을 모으고 있는 스크린독과점 문제와도 밀접히 관련된다. 앞에서 살펴본 것처럼 관객

---

[68] 한겨레, 2013. 10. 28., "필름 없는데 필름값은 내라고?" 참조. 동 기사는 2012년 기준 전국 상영관 중 95%가 디지털상영관으로 전환된 시점에서 배급업자의 VPF 분담 문제를 제기하고 있다.

의 영화 선택권은 상영사업자가 상영하는 영화에 한정될 수밖에 없기 때문에, 상영사업자의 편성이 관객에 정당하게 귀속되는 이익을 침해하는 경우에는 문제가 될 수 있으며, 특히 상영사업자가 시장지배적 지위에 있는 경우에 이러한 편성은 남용으로 평가될 여지가 있다. 또한 상영사업자의 편성의 문제는 배급업자와 거래하는 시장과 관객을 대면하는 시장의 양 측면에서 모두 문제가 될 수 있다는 것에도 주의를 요한다. 우선 상영 편성은 상영사업자와 배급사업자의 관계에서, 특히 배급사업자가 취급하는 영화의 배제적 관점에서 문제가 될 수 있다. 이 경우는 소매점 유통을 통하여 소비자에게 판매되는 일반 재화에서 발생하는 진열의 문제와 구조적으로 유사한 측면이 있다. 진열의 경우에 원칙적으로 시장점유율이 진열을 허용하는 범위의 기준이 될 수 있는데,[69] 유사한 기준을 상영 편성에도 원용할 수 있을 것이다. 그러나 배급업자 또는 배급업자가 취급하는 영화의 배제적 관점에서 상영 편성 문제를 볼 경우에 상영 이전에 해당 영화에 대한 관객의 선호도를 정확히 예측하는 것이 불가능하기 때문에, 합리적인 상영 편성의 근거를 찾기 어렵다는 문제가 뒤따른다. 그렇지만 불리한 상영 편성이 당해 영화를 시장에서 배제할 우려를 낳을 수 있다는 점에서 이에 대한 지속적인 주의가 요구될 것이다. 예를 들어 수직적으로 통합된 배급사업자와 다른 배급사업자 간에 편성의 불균형(자사영화 밀어주기), 관객의 예측 수요와 현저한 괴리가 있는 편성, 관객이 용이하게 영화를 관람할 수 있는 시간대의 의도적 배제(변칙 상영) 등은 배제적 남용의 관점에서 지배적 사업자의 상영 편성을 살펴볼 계기가 될 수 있다. 또

---

69) 시장점유율을 이상의 진열 공간을 요구하지 않으면, 경쟁사업자 배제 효과가 발생하지 않는다고 본 미국 판결로서 R.J. Reynolds Tobacco Co. v. Philip Morris Inc., 199 F. Supp. 2d 362 (M.D.N.C. 2002), aff'd per curiam, 67 Fed. Appx. 810 (4th Cir. 2003) 참조. 또한 시장봉쇄율이 일정 기준(40%) 이하 이거나 진열에 관한 계약이 1년 이내의 단기인 경우에, 반독점법에 의한 규제 가능성을 부인하는 것으로서, Joshua D. Wright, "Antitrust Law and Competition for Distribution", Yale Journal on Regulation Vol. 23, No. 2, 2006, 175-176면 참조.

한 관객을 대면하는 시장 측면에서는 관객의 이익 침해의 관점에서 남용
성 판단이 이루어지며, 법적 근거로는 독점규제법 제5조 제1항 제5호 후
단의 "소비자의 이익을 현저히 저해할 우려가 있는 행위"가 될 수 있다.
동 규정은 소비자 이익을 침해하는 행위가 현저할 경우에만 남용에 해당
하게 되는데, 이와 관련하여 종합유선방송사업자(CJ헬로비전에 속한 3 지
역유선방송 사업자)의 편성권 남용이 다루어졌던 대법원 판결을[70] 참고할
수 있다. 대법원은 CJ헬로비전이 종래 보급형 채널묶음에 속했던 일부 채
널을 고급형 채널묶음으로 바꾸는 채널편성 변경이 시장지배적 지위의 남
용에 해당한다는 공정거래위원회 심결의[71] 취소소송에서, 원심의[72] 판단
을 대체로 유지하면서 당해 심결이 위법한 것으로 판결하였다. 소비자 이
익 침해의 현저성에 관한 원심의 판단을 보면, 채널편성 변경으로 인한 시
청률 감소가 4.90-6.97%에 불과한 점, OCN 등 주요 시청점유율 상위 채
널이 보급형 채널묶음에 남아 있는 점, 고급형으로 전환 비율이 0.69%,
0.07%, 0.29%에 불과한 점, 기존 약정 유지기간을 6개월 이상 부여한 점
등에 근거하여 당해 사건에서의 채널 변경이 현저한 이익 침해에 해당하
지 않는 것으로 판단하였다. 비록 동 판결에서 공정거래위원회의 결정은
번복되었고, 특히 당해 사건에 시청률 감소나 전환 비율의 정도가 현저성
에 이르지 못한 것인지 등에는 의문이 있지만, 동 판결은 채널편성의 변경
이 소비자 이익 침해에 해당한다는 것을 전제하고 있다는 점에서 여전히
시사하는 바가 크다. 즉 동 판결은 상영사업자의 상영 편성을 소비자 이익
침해의 측면에서 파악할 수 있는 선례가 될 수 있다. 물론 채널 편성과 달
리 사전에 소비자의 수요 예측이 곤란한 영화의 특성상 상영 편성에 있어
서 소비자 이익 침해의 구체적 근거를 제시하는 것에 어려움이 따를 것이
다. 이미 상영 중인 영화의 경우 좌석점유율이나 상영 이전 영화의 경우

70) 대법원 2010. 2. 11. 선고 2008두16407 판결.
71) 공정위 2007. 8. 20. 의결 제2007-405, 406, 407호,
72) 서울고등법원 2008. 8. 20. 선고 2007누23547 판결.

예매율 같은 지표 등이 활용될 수 있지만, 이러한 지표 역시 상영사업자에 의하여 조정될 수 있다는 점에서 한계가 있다. 그럼에도 불구하고 소비자의 선호와 상영 편성의 괴리가 현저하게 드러나는 경우에, 이에 대한 남용으로서의 규제 가능성은 충분한 것으로 보아야 한다.[73]

한편 착취적 남용에서와 마찬가지로 배제적 남용에서도 배급업자의 위치에서 시장지배적 지위에 있는 사업자의 남용행위가 문제 될 수 있다. 이러한 행위는 영화제작 시장 또는 투자 시장에서 제작자와의 거래를 통하여 구체화 될 것이다. 전술한 바와 같이 배제적 남용의 판단은 특정한 제작자에 대한 경쟁 제한 효과를 중심으로 이루어지며, 배급시장에서 실질적으로 배제되는지가 판단의 기준이 될 것이다. 다만 현재와 같은 배급시장의 점유율 분포에 비추어 배제 효과나 우려를 입증하는 것이 용이하지 않을 수 있다.

2. 불공정거래행위로서 규제 가능성

(1) 의의

불공정거래행위의 위법성 판단은 다양한 기준에 의하며, 경쟁제한성 외에도 불공정성은 위법성 판단의 중요한 기준의 하나가 되고 있다. 공정거래위원회의 '불공정거래행위 심사지침'은 불공정거래행위의 세부 유형별로 주된 위법성 판단 기준을 제시하고 있는데, 거래거절, 차별적 취급, 경쟁사업자 배제 그리고 거래강제 중 끼워팔기는 경쟁제한성, 끼워팔기를 제외한 거래강제, 부당한 고객유인, 사업활동 방해, 거래상 지위의 남용은 불공정성에 의하는 것으로 하고 있다.[74] 불공정거래행위와 마찬가지로 단

---

73) 이 문제에 관하여 동일영화의 동시상영비율 제한과 같은 입법적 해결을 모색하는 것으로, 김윤정, "스크린 독과점 해소를 위한 영화산업 규제체계의 모색", 경쟁법연구 제39권, 2019, 398-400면 참조.
74) 동 지침에서 불공정성에 의하는 경우를 구체적 판단 기준에 따라서 구분하면,

독행위로서 규제되는 시장지배적 지위남용행위를 비교하면, 후자는 위법성 판단이 전적으로 경쟁제한성에 의하는 것 외에도 시장지배적 지위를 전제한다는 점에서 불공정거래행위와 구별된다.[75] 이러한 특징으로 인해 영화산업에서 불공정거래행위의 규제는 보다 실효성 있는 규제 수단이 될 수 있는데, 특히 거래상 지위남용 등의 불공정성 문제는 수직적 구조화와 같은 구조적 요인에 의하여 심화될 수 있다는 점에서 이러한 접근 방식은 실질적인 의의를 가질 수 있다. 이하에서는 편의적으로 '불공정거래행위 심사지침'의 분류에 따라서[76] 구체적인 규제 가능성을 살펴본다.

(2) 경쟁제한성에 근거한 불공정거래행위의 규제 가능성

경쟁제한성에 기초하여 위법성을 판단하는 불공정거래행위 유형으로 거래거절은 영화산업의 상영, 배급, 제작 모든 단계에서 나타날 수 있다. 행태적으로 공동의 거래거절이나 단독의 거래거절 모두 가능하며, 주로 경쟁제한성에 기초하여 위법성 판단이 이루어진다는 점에서 거래거절로 인하여 시장에서 배제되거나 배제될 우려가 발생하는지에 초점이 모아진다. 공동의 거래거절의 경우 상대방이 시장에서 배제될 가능성이 크므로, 위법성 판단이 상대적으로 용이하게 이루어질 수 있지만, 기타의 거래거절의 경우에는 이에 관한 실질적인 판단이 요구될 것이다. 상영시장에서의 시장점유율 분포도를 고려할 때, 1위와 2위 사업자의 거래거절 행위는 시장지배적 지위남용행위가 적용될 가능성이 크며, 따라서 이 경우에 불

거래상 지위의 남용은 거래내용의 불공정성 그리고 다른 유형들은 경쟁수단의 불공정성에 의한다.
[75] 독점규제법상 규제 대상이 되는 단독행위로서 시장지배적 지위남용행위와 불공정거래행위의 의의와 관계에 관하여, 홍명수, "시장지배적 지위남용행위와 불공정거래행위의 관계와 단독행위 규제체계의 개선", 경쟁법연구 제33권, 2016, 47면 이하 참조.
[76] 대법원은 동 심사지침에 따른 위법성 판단 방식이 아닌 종합적인 방식을 취하고 있는 것으로 보인다(대법원 1998. 9. 8. 선고 96누9003 판결).

공정거래행위가 적용될 가능성은 제한될 것이다. 다만 3위 사업자인 메가박스의 경우 상영시장에서의 시장지배적 지위가 부정될 수 있으며, 이 경우에 불공정거래행위로서의 규제가 실질적인 의미를 가질 수 있다. 이와 관련하여 대법원이 제시한 '유력 사업자' 개념이[77] 활용될 수 있으며, 공정거래위원회에서 다루어진 (주)미디어플랙스의 거래거절 사건은[78] 영화산업에서 나타난 구체적인 예로서 참고할 만하다. 동 사건에서 배급사업자인 (주)미디어플랙스는 2005년 전주지역의 상영사업자인 전주시네마에 대한 영화공급을 거절하였는데, 동 기간 동안 전주지역의 배급시장에서 (주)미디어플랙스의 시장점유율은 23%였다. 영화의 제작, 유통, 상영이 수직적인 구조로 재편되어 있는 영화산업의 특성, 영화배급업자가 유통을 담당하고 있는 영화는 다른 경로로 접근할 수 없다는 점 등에 비추어, 23% 정도의 시장점유율을 갖고 있는 (주)미디어플랙스의 단독의 거래거절행위는 충분히 거래상대방의 사업의 곤란을 낳을 수 있는 것이었고, 공정거래위원회는 당해 거래거절 행위를 부당한 것으로 판단하였다.

영화산업에서 차별적 취급에 따른 규제와 관련하여 '불공정거래행위 유형' 제2호의 세부 유형별로 적용 가능성에 다소 차이가 있을 것이다. 가격차별의 경우, 상영시장에서는 극장요금이 대체로 유사한 수준으로 결정되고 작품에 따라서 상이한 요금이 부과된다 하더라도 비용에 기초하여 판단하는 가격차별에 이러한 행위가 포섭될 것으로 기대하기 어렵다. 배급시장에서도 가격 결정에 해당하는 부율은 정책적으로 고정되어 있는 상황이어서 차별 규제가 적용될 여지를 찾기는 어려울 것이다. 또한 작품마다 비용 구조가 상이할 수밖에 없는 영화의 특성상 제작사와 배급업자의 거래에서 가격차별 문제가 발생할 가능성 역시 크지 않을 것으로 보인다. 현실적으로 가능한 위법 유형은 거래조건의 차별이다. 특히 배급시장에서 상영에 관한 다양한 조건의 부과가 비용적인 근거를 갖지 않고, 또한 특정

77) 대법원 2001. 1. 5. 선고 98두17869 판결.
78) 공정위 2007. 2. 12. 의결 2006독감1297.

배급사업자를 시장에서 배제하는 의도 하에 행해진 경우라면 거래조건 차별에 해당할 수 있으며, 이는 제작시장에서도 유사하다. 예를 들어 예매가 차별적 조건으로 행해지거나 상영 편성에 있어서 차별이 있는 경우에 수요 측면에 있는 상영사업자가 배급사업자를 상대로 거래조건의 차별을 한 것으로 파악할 수 있다. 다만 이 경우에도 당연히 위법성 판단이 요구되며 차별을 당한 사업자가 시장에서 배제되거나 배제될 우려가 있어야 한다. 또한 차별 주체로서 상영사업자가 차별을 정당화 할 수 있는 사유를 제시함으로써 위법성이 조각될 가능성을 배제할 수 없는데, 예를 들어 차별적 조건이 인정되는 경우라도 합리적으로 파악된 예측 수요에 기반한 예매나 상영의 편성은 규제 대상에서 벗어날 수 있다. 차별적 취급의 다른 유형으로 계열회사를 위한 차별은 수직적으로 통합된 구조가 주를 이루는 영화산업에서 특히 주목할 만한 세부유형이다. 예를 들어 계열관계에 있는 배급사의 상영조건과 비계열사의 조건에 차이가 있을 경우에 계열회사를 위한 차별이 문제가 될 수 있다. 다만 대법원 판결에 따르면 계열회사를 위한 위법성 판단에서 경쟁제한성뿐만 아니라 경제력집중도 고려되어야 하며,79) 이러한 기준에 의할 경우에 위법성이 인정될 여지는 줄어들 수 있다. 끝으로 집단적 차별의 경우 '불공정거래행위 유형'에서 정한 행위 요건을 충족한다면, 개별적 차별보다 집단적 차별에 의하여 상대방이 시장에서 배제될 가능성이 커질 수 있기 때문에 상대적으로 위법성 판단이 용이하게 이루어질 수 있다. 비록 공정거래위원회에 의한 규제 사례는 매우 드물지만, 상영시장이 고도로 집중화되어 있는 특성을 갖고 있는 영화산업에서는 주목할 만한 위반유형이라 할 수 있을 것이다. 끝으로 차별적 취급에 대한 정당화 사유로서 경쟁 대응 항변은 영화산업에서 실제적인 문제가 될 수 있다. 경쟁 대응 항변은 경쟁 사업자의 거래 조건에 상응하는 거래조건을 거래상대방이 제시함에 따라서 수동적으로 차별이 이루어진

---

79) 대법원 2004. 12. 9. 선고 2002두12076 판결.

것을 주장하는 것으로서[80] 소수의 기업에 의한 수직적 통합 구조가 누드러지고 있는 영화산업에서 이들 간에 경쟁 대응의 항변의 주장 가능성이 있다. 이러한 항변이 폭넓게 받아들여질 경우에 경쟁 상황을 원용하는 사업자들의 면책 범위가 지나치게 확대될 수 있으며, 이러한 점에서 미국 A&P 사건에서[81] 제시된 경쟁대응 항변의 요건, 즉 판매자는 신뢰할 수 있는 거래상대방으로부터 정보를 얻고, 이를 조사하기 위하여 노력하여야 하며, 거래상대방의 요구에 따라서 가격을 낮추지 않을 경우에 거래 종결의 심각한 위험에 직면하고 있어야 한다는 것을 참고할 필요가 있다.

경쟁사업자 배제에 해당하는 행위 중 부당 염매가 영화산업에서 발생할 가능성은 크지 않다. 이론적으로 염매적인 가격전략이 채택될 가능성을 전적으로 배제할 수는 없지만, 영화산업에서 저가로 서비스를 제공하여 경쟁사업자를 배제하는 것이 유효한 전략이 되기 어렵다는 점에서 이러한 가능성이 구체화 되는 것에 회의적일 수밖에 없다. 이에 반하여 부당 고가매입의 가능성은 달리 평가할 여지가 있다. 동 행위는 수요 측면에 위치한 사업자가 통상거래가격보다 높은 가격으로 구매함으로써 공급자의 경쟁사업자를 시장에서 배제하는 형태로 구체화되며, 상영시장부터 제작시장까지 모두 참여하고 있는 사업자의 경우에 각 단계별로 이러한 가격전략을 취할 가능성은 존재한다. 그러나 창작물로서 개별 영화가 갖는 상품적 가치가 다양할 수밖에 없는 상황에서 고가매입의 기준인 통상거래가격을 상정하는 것이 용이하지 않으며, 또한 경쟁사업자 배제의 효과나 가능성을 입증하는 것에도 어려움이 따른다는 점에서 현실적으로 규제가 이루어질 수 있을지는 의문이다.

비교법적으로 영화산업에서 끼워팔기 규제는 오랜 연혁을 갖고 있다. 미국의 Paramount 판결에[82] 의하여 금지되었던 일괄구매(block booking)

---

80) Ernest Gellhorn & William Kovacic, Antitrust Law and Economics, West Publishing Co., 1994, 445면.

81) Great Atlantic & Pacific Tea Co., Inc. v. FTC, 440 U.S. 69(1979).

도 복수의 상품 구매가 강제되었다는 점에서 끼워팔기로서의 성격을 갖고 있으며,83) 이러한 행위로 인하여 선호되지 않는 상품이 일괄적인 구매에 포함되고, 경쟁사업자가 시장에서 배제될 위험이 발생한다면 규제 가능성이 주어질 것이다. 또한 끼워팔기는 대법원 판결에84) 의할 경우 거래 상대방의 합리적 선택을 침해하는 등의 불공정성 관점에서의 위법성 판단도 가능하다. 이하에서 살펴볼 Paramount 사건에서 문제가 된 관행 중 하나인 일괄구매 방식에서 알 수 있듯이, 영화산업에서 끼워팔기는 대표적인 위법 유형의 하나로 인식되어 왔다. 현재 수직화 된 영화 산업구조에서 하류에 위치한 상영시장의 사업자가 가장 큰 지배력을 갖고 있으므로, 상류에 있는 제작자나 배급사가 끼워팔기를 행할 가능성은 줄어들었지만, 끼워팔기는 영화산업에서 나타날 수 있는 위법 유형으로 여전히 유력한 의미가 있다. 또한 Motion Picture Patents v. Universal Film Co. 사건에서 문제가 되었던 것처럼85) 영화와 영화 외의 다른 상품의 연계 판매가 강제될 수도 있으며, 이러한 경우에 상영시장에서의 지배력이 다른 시장으로 전이될 가능성 등에 초점을 맞추어 규제가 이루어질 수도 있을 것이다.

구속조건부 거래 중 배타조건부 거래는 배급업자가 상영사업자와 거래를 하면서 자신과 경쟁 관계에 있는 배급업자의 영화를 취급하지 않는 것

---

82) U. S. v. Paramount Pictures, Inc., 334 U.S. 131(1948).

83) United States v. Loew's, Inc. 371 U.S. 38(1962)에서 미국 연방대법원은 영화배급업자가 선호되는 영화와 선호되지 않는 영화를 묶어서 TV회사에 제공한 것에 대하여, 각 영화에 대한 개별적인 이용이 가능하고 묶음에 대한 가격과 영화의 개별 가격의 차이가 비용 측면에서 정당화 될 수 있으면 위법하지 않다고 판단하였다.

84) 대법원 2006. 5. 26. 선고 2004두3014 판결.

85) 243 U.S. 502(1917). 동 사건에서 영사시설에 대한 특허권자는 자신이 만든 필름 이외에는 임차인이 사용하지 못하게 하였고, 이러한 조건을 지키지 않은 특허권 임차인에 대하여 영사시설에 대한 특허권을 침해하였다는 이유로 소를 제기하였다. 연방대법원은 끼워팔기를 금지하는 클레이튼법을 원용하면서 원고의 청구를 기각하였다.

을 조건으로 하는 수평적 봉쇄와 배급업자가 자신과 관계있는 상영사업자
에게만 배급하고 상영사업자의 경쟁사업자에 대해서는 배급하지 않는 것
을 조건으로 하는 수직적 봉쇄 형태로 나타날 수 있다. 어느 경우에나 배
급업자와 상영사업자가 계열 관계 등 일정한 관계가 있을 때 이러한 조건
부 거래가 발생할 수 있지만, 이론적 가능성과는 별개로 현실에서 유사한
방식의 거래가 나타나고 있지는 않다. 다만 2018년 개봉한 '치즈 인더트
랩'과 같은 단독 상영 방식은 후자에 해당할 수 있는데, 이 경우 위법성이
인정되기 위해서는 상당한 정도의 시장봉쇄가 일정 기간 지속되어야 한다
는 점에서 동 위반유형에 근거한 규제가 이루어질 가능성은 크지 않은 것
으로 보인다.[86) 거래지역 또는 거래상대방 제한 중 거래지역 제한이 영화
산업에서 발생할 여지는 거의 없지만, 거래 상대방 제한은 다소 가능성이
있다. 동 행위는 배타조건부 거래와 마찬가지로 수직적 구조에서의 거래
제한을 의미하는데, 예를 들어 영화 제작자가 배급업자와 거래하면서 배
급이 특정 상영사업자에게만 이루어지도록 하는 경우를 상정할 수 있다.
그러나 이 역시 현실적으로 발생할 가능성은 크지 않으며,[87) 그 경우에도
시장봉쇄 등에 근거하여 경쟁제한의 효과를 인정하기는 용이하지 않을 것
이다.

(3) 불공정성에 근거한 불공정거래행위 규제 가능성

영화산업에서 불공정성에 의한 불공정거래행위의 규제와 관련하여, 부
당한 고객유인 중 부당 이익에 의한 고객유인은 영화산업에서 나타나고
있는 일련의 관행들을 대상으로 검토할 수 있을 것이다. 예를 들어 상영사

---

86) '치즈 인더트랩'의 관객 수는 영화진흥위원회에 의하면, 2018. 5. 31. 기준
229,005명이다.
87) 상영부터 제작까지 통합된 구조를 이루고 있는 사업자에게서 동 행위가 나타날
수 있지만, 상영 시장에서 3 사업자가 과점적 구조를 이루고 있는 상황에서 이
러한 행위를 통하여 얻을 수 있는 이윤 동기가 합리적으로 예측되지 않는다.

업자가 무료 초대권이나 할인권 등을 발행할 경우에, 이러한 행위가 거래 상대방인 관객의 합리적 선택을 침해하는 경우에 부당 고객유인으로서 규제 대상이 될 수 있다. 이때 제공되는 이익의 크기가 정상적인 거래관행의 범위 안에 있는지가 중요한데, 현재 영화산업에서 행해지고 있는 무료초대권이나 할인권 등의 발행 규모가 정상적인 거래관행을 벗어나는 수준인지를 파악하기는 용이하지 않다. 또한 문화진흥 차원에서 제공되는 할인 혜택 등은 문화정책적인 차원에서 정당성을 갖는 것이기 때문에 정당화 사유로서 검토될 필요가 있을 것이다. 위계에 의한 고객유인의 경우에는 영화 특유의 마케팅 방식이 고려되어야 한다. 영화는 정보재 또는 경험재로서의 성격을 갖고 있으며, 영화에 관하여 다양한 측면에서, 예를 들어 영화의 상품적·예술적 가치뿐만 아니라 창작자나 영화 관계 사업자에 관한 평판 등에 관하여 제공되는 사전 정보의 중요성이 매우 크다. 이러한 정보 제공 행위가 자신이 상영하거나 제작, 배급하는 영화와 특정 시기에 구체적 경쟁관계가 있는 다른 영화에 대하여 오인가능성을 낳을 경우에 위계에 의한 고객유인으로서 규제가 이루어질 수 있다.

거래 강제 중 사원판매의 경우 영화의 배급 방식이나 상영 방식에 비추어 영화산업에서 문제가 될 여지는 크지 않다. 동일한 판단이 사업활동 방해에서도 가능한데, 특히 기술의 부당이전이나 거래처 이전 방해는 기본적으로 제조물의 생산이나 유통을 염두에 둔 행위라는 점에서 영화의 제작, 배급 과정에서 나타날 가능성은 크지 않은 것으로 보인다. 인력의 부당유인·채용은 달리 볼 여지가 있는데, 예술적 행위와 상업적 활동이 결합하는 영화산업의 특성상 전문적인 역량을 갖춘 인력이 산업의 각 단계별로 필요하고,[88] 이러한 인력의 공급이 수요에 미치지 못하는 상황에서

---

[88] 문화산업에서 투자와 생산의 전 영역에서 재능 있는 창작자의 스카우트, 프로모터, PR 담당자 등과 같은 업무를 수행하는 자를 '접촉인'으로 칭하고, 이들의 존재가 문화산업에 종사하는 조직들에게 필수적임을 밝히고 있는 것으로, 이강수, 주 13)의 책, 317면 참조.

는 수요 측면에서 과잉이 나타날 수 있으며, 이것이 다른 사업자에 속한 인력의 부당한 유인이나 채용으로 이어질 수 있다.

상영시장에 위치한 주요 사업자의 지배력이 영화산업 전반에 미치고 있는 현상을 고려할 때, 거래상 지위남용으로서의 규제 가능성은 크다. 동 규제는 법리적으로 거래상 우월적 지위 판단과 이를 부당하게 이용하는 행위 판단의 단계적 구조를 취한다. 거래상 우월적 지위는 상대적으로 파악되며, 거래상대방이 거래를 전환하거나 요구를 회피할 가능성이 실질적으로 주어지지 않을 경우에 인정된다. 영화산업에서 멀티플렉스를 운영하는 주요 상영사업자는 약 97%의 시장점유율을 갖고 있으며, 이들에 의하지 않고 상영 기회를 갖는다는 것은 현실적으로 가능한 것으로 보기 어렵기 때문에 상류에 있는 배급업자 등에 대하여 우월적 지위를 갖고 있다고 볼 수 있으며, 상영시장에 미치지는 못하지만 상당한 정도의 집중을 보이고 있는 배급시장에서 유력한 지위에 있는 일부 배급업자와 영화 제작자의 관계에서도 유사한 판단을 할 수 있을 것이다. 또한 극히 낮은 점유율을 갖고 있는 소수의 상영사업자에 대한 배급업자의 관계에서도 우월한 지위가 인정될 수 있을 것이다.[89] 거래상 지위남용에 해당하는 세부 유형은 구입 강제, 이익제공 강요, 판매목표 강제, 불이익 제공, 경영 간섭 등이며, 이러한 행위는 영화산업에서도 문제될 수 있다. 예를 들어 상영사업자의 배급사업자에 대한 VPF의 부담 요구, 무료초대권이나 할인권 등의 발행에 관한 비용 분담 요구, 마케팅비 또는 광고비 전가 등은 전술한 것처럼 시장지배적 지위남용행위로서 문제될 수 있지만, 불공정거래행위의 하나인 거래상 지위남용행위로서 이익제공 강요에 해당할 수도 있다. 또한 배급업자 등이 영화 제작의 과정에 개입하는 행위가 경영 간섭으로 평가될 수 있다는 점도 유의하여야 할 부분이다. '불공정거래행위 유형' 제6호 마목의 규정은 주로 제조업에 적용되는 것이지만, 영화와 같은 콘텐츠

89) 공정위 2007. 2. 12. 의결 2006독감1297 참조.

의 제작에도 적용될 수 있으며, 이와 같은 행위는 창작의 자유와 같은 예술의 고유한 의의에서 뿐만 아니라 사업적 측면에서 거래 당사자의 이익 침해로서 문제가 될 수도 있다.

(4) 부당지원 행위 및 사익편취 행위로서 규제 가능성

부당지원행위나 사익편취행위는 경제력집중에 대한 우려를 반영한 제도로서, 주요 사업자들이 수직적으로 통합된 구조 하에 사업을 영위하고 있는 영화산업에서도 적용될 가능성이 있다. 특히 계열관계에 있는 복수의 사업자들이 제작, 배급, 상영의 각 단계 별 시장에 참가하고 있는 사업자들의 경우 이러한 규제 가능성이 구체화 될 수 있다. 규제 대상이 되는 지원행위는 가격이나 규모 측면에서 상당히 유리한 조건에 의한 것이어야 하고, 또한 경쟁제한성이나 경제력집중 차원에서 위법성이 인정되어야 한다.[90] 이때 상당히 유리한 조건은 정상적인 거래와의 비교를 통하여 인정될 수 있으며, 특수관계인에 대한 이익 귀속에 초점을 맞추고 있는 사익편취행위의 경우에도 규제 대상의 확정은 정상적인 거래를 상정하는 방식으로 이루어지게 될 것이다. 따라서 작품으로서의 가치가 다양한 관점에서 평가되고, 행위자의 주관에 따른 편차가 클 수밖에 없는 영화의 특성 상 비교에 어려움이 따를 것으로 예상되지만, 이러한 비교가 객관적으로 이루어질 수 있는 경우에 규제가 실질적인 의미를 가질 수 있다.

한편 영화의 제작·배급·상영의 직접적 유통과정에서 벗어나 있지만, 광고 등 부수적으로 발생하는 시장에서 지원행위 등이 문제 될 수 있으며, 공정거래위원회에 의하여 규제된 CJ기업집단에 속한 CGV의 부당지원행위 사건은[91] 이러한 위반행위의 전형을 보여준다. 동 사건에서는 상영사업자

---

90) 최근 고등법원은 특수관계인에 대한 부당한 이익제공행위에 대해서도 부당성이 별도의 규범적 요건으로서 입증되어야 한다는 입장을 취하였다. 서울고법 2017. 9. 1. 선고 2017누36153 판결 참조.
91) 공정위 2016. 10. 21. 의결 제2016-293호.

인 CGV가 스크린광고(극장광고)의 물량 대부분을 계열회사인 재산커뮤니
케이션즈(이하 JC)와 거래한 것이 지원행위에 해당하는지가 문제가 되었
다. CGV는 자사 스크린광고의 대부분을 JC로부터 공급받았으며, 이는 전
체 스크린광 시장의 50%가 넘는 규모로서 현저한 규모에 해당하였다. 또
한 기존 거래와 비교하여 실질수수료를 25% 증액한 조건으로 거래한 것
은 현저히 유리한 조건에 의한 거래로 판단될 수 있었다. 이에 의하여 JC
는 스크린광고 시장에서 50%가 넘는 점유율을 차지하였고, 위반행위 기간
동안 광고대행업을 영위하는 사업자들의 평균 영업이익율 6.73%의 7배가
넘는 50.14%의 영업이익율을 달성하였다. 공정거래위원회는 CGV와 JC의
스크린광고 거래가 지원행위에 해당하고, 동 행위는 JC의 지원 의도에 의
한 것으로서 스크린광고 시장을 봉쇄하는 효과를 낳았다는 점에서 부당성
이 있는 것으로 판단하였다. 특히 부당성 인정과 관련하여 이러한 "지원
행위는 상부시장에서 특정 기업집단이 가지는 지배력을 바탕으로 계열회
사 간의 내부거래를 통하여 하부시장까지 지배력을 확장하는 행위"라고
언급한 것은 영화산업의 수직적 구조에 대한 이해를 보여주고 있다는 점
에서 주목할 만한 것이다.

V. 규제 사례 검토

1. 비교법적 검토 – 미국 규제 사례 검토

(1) Paramount 사건[92]

Paramount 판결은 영화산업에 경쟁법이 적용된 선례로서 미국뿐만 아
니라 경쟁법을 시행하고 있는 다른 나라에도 의미 있는 시사점을 주고 있

---

92) U. S. v. Paramount Pictures, Inc., 334 U.S. 131(1948).

다. 동 사건은 1938년 DOJ(법무부)가 연방지방법원(뉴욕 남부, District of the United States for the Southern District of New York)에 8개 영화사 (movie studios)를[93] 상대로 반독점소송을 제기하면서 시작되었다. 소 제기 당시의 상황을 보면, 8개 영화사는 미국에서 제작되는 영화의 62%를 담당하였고, 1937년부터 1946년까지 미국 영화의 71%를 배급하였다. 또한 상영시장까지 진출한 5대 영화사는 전체 극장의 17%를 차지하고 있었는데, 이들이 소유한 극장은 주로 대도시의 1차 상영관이었으므로 전체 박스오피스 수익의 70%, 전체 배급사 수익의 95%를 차지하였다.[94] 이러한 상황은 영화산업에서 상류에 위치한 제작시장의 주요 사업자들이 수직적으로 이어지는 배급시장과 상영시장으로 지배력을 확장하였음을 의미하며, 구체적으로 시장분할, 자사 영화의 일괄 구매를 요구하는 블록부킹 (block booking), 입도선매(blind selling), 상영기간 등의 일방적 결정, 최저입장료 설정 등의 행위가 나타났다. 이로써 각 단계별 시장에서 독점화 문제가 제기되었다.

DOJ는 8개 영화사들이 행한 영화 제작 시장에서의 독점화, 배급 시장과 상영 시장에서의 거래 제한과 독점화, 제작·배급·상영 시장에서의 수직적 결합이 거래제한과 독점화를 금지하는 Sherman법 제1조와 제2조를 위반한 것이라고 주장하였으며,[95] DOJ와 피심인의 동의명령 안에 대하여 연방지방법원은 동의판결을[96] 내렸다. 동 판결은 주요 영화사들의 상영

---

93) 8개 영화 사업자들은 영화를 제작할 뿐만 아니라 배급과 상영업까지 진출하였던 Paramount, MGM Loew's, RKO, Warner Brothers, 21th Century Fox 등 5개 사업자와 영화 제작과 배급을 행한 Columbia와 Universal 그리고 배급업만을 영위하고 있는 United Artists 등 3개 사업자로 구분할 수 있으며, 전자는 5대 영화사 (Big Five)로 일컬어졌다.

94) 이혁, "영화산업에서의 수직결합 - 파라마운트 사건을 중심으로 -", 경영법률 제 27집 제3호, 2017, 513-514면 및 김윤정, 주 18)의 책, 126-127면 참조.

95) U. S. v. Paramount Pictures, Inc., 334 U.S. 131, 140-141. 한편 DOJ 주장 중에서 - 제작시장에서의 독점화 주장은 연방법원에서 받아들여지지 않았다.

96) 동의판결(consent decree)은 DOJ가 반독점법 위반혐의가 있는 행위에 대하여

부분 확장 금지, 합리적 상영기간-청산-구역 시스템(run-clearance-zone system)의 허용, 극장 간 차별 금지, 5개 이상 작품의 일괄구매 금지를 주요 내용으로 하였다.97) DOJ는 이러한 동의판결이 기존 상영기간-청산-구역 시스템에 미미한 변화를 낳을 뿐이라는 점에서 충분치 않다고 판단하고, 1945년 배급과 제작으로부터 극장을 분리하는 것을 포함하여 수정을 요구하는 두 번째 소를 제기하였다. 연방지방법원은 다음과 같은 사항을 금지하는 내용의 동의판결을 내렸는데, 구체적으로 명시적인 최저입장료, 상영기간-청산-구역 시스템을 유지하는 내용의 합의, 반경쟁적이거나 비합리적인 청산, 경쟁입찰 외의 다른 방식에 의한 영화상영권 부여, 일괄구매, 광범위한 일방적 판매, 극장 간 차별, 자의적 거래거절, 공동관리에 관한 합의, 5대 영화사의 극장사업 확장 등이 금지되었다.98) 이러한 동의판결에 대하여 DOJ뿐만 아니라 피심인 등이 재판신속화법(The Expediting Act of 1903)에 따라서 연방대법원에 상고하였고, 이에 대하여 연방대법원은 몇 가지 측면에서 연방지방법원의 판결에 문제를 제기하며 파기환송하는 판결을 내렸다.99) 연방대법원은 주요 영화사들이 공동으로 운영하는 극장에 대한 이윤 관리에 대한 분석이나 제1차 개봉관 시장에서의 독점력 존부에 관한 분석이 결여된 것을 지적하였고, 특히 연방지방법원의 동의판결에서 핵심적 의미를 갖는 경쟁입찰이 실효성을 가질 수 있는지에 의문을 제기하였다.100) 파기환송심에서는 이상의 연방대법원의 지적을 수용

동의명령 안을 제시하고 이에 대하여 피심인과 협의한 후에 소제기 형식으로 연방지방법원에 제출하여 승인을 받는 방식으로 진행된다. 연방지방법원은 공익에 비추어 심사하며, 형사사건을 제외하고는 수정안을 제시할 수 있다. Michael E. DeBow, "Judicial Regulation of Industry: An Analysis of Antitrust Consent Decrees", Univ. of Chicago Legal Forum vol. 1987 issue 1, 1987, 354-357면.

97) Barak Orbach, "Antitrust and Pricing in the Motion Picture Industry", Yale Journal on Regulation vol. 21 issue 2, 2004, 342-343면 참조.

98) 위의 글, 343-344면 참조.

99) U. S. v. Paramount Pictures, Inc., 334 U.S. 131(1948). 좁은 의미에서 파라마운트 판결은 동 판결을 의미한다.

하여 동의판결을 내렸는데, 최종 판결은 메이저 영화 제작사와 배급사가 입장료 책정에 있어서 직·간접적으로 개입하지 않을 것, 영화상영권 부여는 극장별 그리고 영화작품별로 협상할 것 그리고 상영사업을 영화 제작과 배급업으로부터 분리하여야 한다는 것을 주요 내용으로 하였다.[101]

(2) Paramount 판결의 의의

1) 산업적 의의

Paramount 판결은 최종적으로 상영과 제작·배급을 분리하는 구조적 조치를 포함하고 있었다. 이는 영화산업 구조에 직접적인 변화를 낳았으며, 오늘날까지 미국 영화산업에 불가역적인 영향을 미치고 있다. 이와 같은 구조 변화에 적응하는 과정에서 영화산업에 참가하는 사업자의 행태도 바뀌었는데, 영화의 제작 방식은 대형 제작사가 배우, 감독, 기술인력 등을 보유하고 대량 생산하는 체제에서 작품별로 필요 인력을 조달하는 체제로 전환하였다.[102] 또한 사업적인 측면에서 보면, 수직적 통합이 불가능한 상황에서 각 단계에 위치한 영화 사업자는 거래상 협상력을 높이기 위한 방안을 마련하고, 영화 흥행의 극단적인 편차로부터 불가피하게 발생하는 위험을 전가하거나 회피하기 위한 방식을 강구하였다. 50~60년대 TV의 보급과 같은 외부적 요인으로 인한 영화산업의 쇠퇴기에 직면하여 수익구조를 다양화하기 위한 노력들도 경주되었다.[103] 또한 수직적 통합이 금지

---

100) Barak Orbach, 주 97)의 글, 344면 참조.
101) 위의 글, 344-345면 참조.
102) Phillip Areeda & Louis Kaplow, Antitrust Analysis 4. ed., Little, Brown and Company, 1988, 821면 참조.
103) Barak Orbach, 주 97)의 글, 346-350면 참조. 또한 70년대 특히 영화 '대부'의 개봉과 흥행 성공 이후, Paramount 판결의 주요 내용 중 하나였던 입장료 책정에 있어서 영화 제작사 등의 개입 금지가 실질적으로 형해화 되는 등 동 판결의 의의가 감소되었다는 것에 대한 분석으로, 350면 이하 참조.

된 상황은 각 단계에서 기업결합을 통한 집중화나 영화산업 외부에 있던 대기업의 참여와 같은 현상이 나타나는 배경이 되었다. 특히 주목할 것은 1980년대 이후 수직적 통합화가 재현된 것이다. 물론 이러한 현상은 영화산업의 필요에 따른 것이지만, DOJ가 제시한 일정한 조건의104) 충족이 요구되었으므로 수직적 통합화는 제한된 범위에서 가능하였다. 이러한 점에서 1980년대 이후 영화산업에서 나타난 수직적 통합화를 Paramount 판결 이전의 주요 영화제작사가 수직적 확대를 통하여 배급 및 상영 시장을 지배하던 구조로의 회귀로 볼 수는 없다.

2) 경쟁법상 의의

전술한 것처럼 Paramount 판결에서 법원은 주요 영화사들의 행위가 Sherman법 제1조 및 제2조에 모두 위반한 것으로 보았지만, 특히 주요 영화사들의 수직적 통합이 Sherman법 제2조의 독점화에 해당하는 것으로 판단한 것은 수직적 통합에 대한 경쟁법상 규제의 선례로서 비교법적 중요성이 있다. 법리적 측면에서는 주요 영화사들의 수직적 확장에 대한 경쟁법적 판단이 중요한데, 연방대법원은 수직적 확대가 합법적인 사업상 필요를 충족하기 위한 것이 아니라 경쟁을 제한하거나 억압하기 위하여 산업을 구성하는 세부 시장에 대한 통제권을 얻기 위한 계획에 따른 것이라면 Sherman법 제2조에 반하는 것으로 판단하였다.105) 동 판결은 수직적 확장 자체가 당연위법(per se illegal)에 해당하지 않는다는 입장을 취

---

104) 1980년대 DOJ의 영화산업에서 수직적 통합의 허용은, 다른 극장들의 영화 개봉이나 동등한 계약 조건을 제약하는지, 다른 배급사들이 극장 개봉에 영향을 받는지, 경쟁사들이 수직적 통합을 강요받는 상황인지, 경쟁사들이 이러한 수직적 통합이 어려운 상황인지, 수직적 통합이 필요하지만 현실적으로 어려운 경우에 시장에 대안이 있는지, 수직적 통합을 해도 이를 상쇄하는 긍정적 효과가 있는지 등의 기준에 의한 심사를 통하여 이루어졌다. 김수연, 미국 극장의 수직계열화 현황, 영화진흥위원회, 2016, 3면 참조.

105) U. S. v. Paramount Pictures, Inc., 334 U.S. 131(1948), 174.

한 것으로 이해되며, 이러한 입장에서 수직적 확대가 경쟁법에 반하는지를 판단할 수 있는 기준을 제시하고, 특히 수직적 통합이 창출할 수 있는 지배력 전이 효과에 초점을 맞추고 있는 것은 주목할 만한 것이다.[106] 즉 동 판결에서 제시된 수직적 확대에 대한 독점화 위반 가능성의 판단 기준에 의하면, 시장지배력이 존재하는 시장에서의 지배력이 수직적 확장의 대상인 시장으로 전이될 수 있는 메커니즘이 작동하고 있는지가 중요하며,[107] 이러한 이해는 수직적 통합화가 산업의 주된 흐름이 되고 있는 우리 영화산업에서도 시사하는 바가 크다.

Paramount 판결이 경쟁법 적용에 있어서 의미 있는 시사점을 제공하고 있음을 인정하더라도,[108] 미국 반독점법과 우리나라의 독점규제법의 법체계적 차이(원인금지주의와 폐해규제주의)를 염두에 두어야 한다. 이러한 차이를 전제할 경우에 Paramount 판결은 원인금지주의 하에서 이루어진 반독점 판결로서, 폐해규제주의에 입각해 있는 독점규제법의 규제체계에서도 의의가 있는지에 의문이 제기될 수 있다. 이와 관련하여 다음과 같은 측면이 고려될 필요가 있다. 미국 연방대법원은 Sherman법 제2조를 관련 시장에서 독점력을 보유할 것과 이 독점력이 반경쟁적, 배타적인 수단에 의하여 또는 반경쟁적, 배타적인 목적을 위해서 의도적으로 획득, 유지 또는 활용되었을 것에 기초하여 이해하고 있는데,[109] 이와 같은 미국 연방대법원의 태도는, 원인금지주의와 폐해규제주의가 개념적으로 이해되는 것보다 상당히 접근하고 있음을 보여준다. 즉 미국 연방대법원의 독점화

---

106) Phillip Areeda & Louis Kaplow, 주 102)의 책, 821면 참조.

107) 1940년대 연방대법원은 일정한 시장에서 갖고 있는 지배력을 2차 시장에서 경쟁상 이점으로 활용하는 것에 대하여 부정적 입장을 취하였다는 분석으로 Herbert Hovenkamp, 주 6)의 책, 348면 참조.

108) 예를 들어 저작권을 보유하고 있는 것이 시장지배력을 추정할 수 있는 근거가 될 수 있다고 본 것이나(334 U.S. 131(1948), 158), 특허권 남용 이론을 저작권에도 적용한 것 등을 법리적으로 의미 있는 쟁점으로 지적하는 것으로, 위의 책, 272, 426면 참조.

109) U. S. v. Grinnell Corp., 384 U.S. 563, 570-571(1966).

616 _ 경제법론 V

에 대한 이해는 시장지배적 지위남용 행위에서 배세적 남용과 유사하며, 이러한 맥락에서 Sherman법 제2조 위반행위에 대한 판결은 독점규제법 제5조 제1항에 의한 남용 규제의 관점에서도 참고할 만한 것이다. Paramount 사건에서 주된 쟁점은 제작 시장에서 지배적 지위에 있는 주요 영화사들이 수직적 확대를 통하여 배급 및 상영 시장으로 지배력을 확장한 것이 독점화에 해당하는지에 관한 것이었으며, 이를 인정한 미국 연방대법원 판결은 시장지배적 지위남용행위 중 배제적 남용 행위를 제5조 제1항 제3호에 의한 사업활동 방해행위로서 규제할 수 있는 독점규제법에서도 충분히 의의가 있다.

또한 Paramount 판결에서 위법행위 시정을 위하여 구조적 조치를 취한 것도 눈여겨볼 부분이다. 연방대법원은 수직적으로 통합된 구조 하에서 경쟁입찰과 같은 행태적 조치만으로 경쟁제한의 상황이 개선될 것으로 보지 않았으며, 이에 근거하여 제작 부문의 주요 사업자들이 배급이나 상영 부문에서 사업을 영위하지 못하도록 하는 구조적 조치를 취하였다. 독점규제법상 시정조치로서 구조적 조치를 취할 수 있는 명시적 근거는 제14조 제1항 2호 및 4호에 근거한 기업결합 규제 그리고 제37조 제1항 제2호 및 제4호에 근거한 경제력집중 억제를 위한 규제에 한정되어 있고, 이를 제외한 독점규제법 위반유형에 대한 시정조치는 '기타 필요한 시정조치'와 같은 규정에 근거하여 가능할 수 있을 것이다. 그러나 실무적으로 구조적 조치 위주의 시정조치의 예는 극히 드문데, Paramount 판결에서 수직적 통합을 이루고 있는 사업자를 대상으로 한 행태적 조치의 한계를 지적하고 구조적 조치를 취한 것은 독점규제법상 적정한 시정조치의 운용에 대한 주의를 환기시키는 의미가 있다.

2. 독점규제법 위반 사례 검토

(1) CGV와 롯데시네마의 불공정거래행위 위반 사건

1) 공정거래위원회의 심결

2015년 공정거래위원회는 CGV와[110] 롯데시네마[111] 등이 상영업을 영위하면서 행한 일련의 행위를 차별적 취급과 거래상 지위남용에 해당하는 것으로 하여 불공정거래행위로 규제하였다. 두 사건에서 문제가 된 행위는, 특히 거래상 지위남용의 경우에 구체적 행태에 다소 차이가 있고, 차별 규제의 경우 전자는 계열회사를 위한 차별 그리고 후자는 거래조건 차별로 의율되고 있다는 점에서도 구별된다. 그러나 후자의 차이는 사업 조직 방식에 있어서 CJ는 별개의 독립된 법인이 상영(CGV)과 투자·배급(CJ E&M) 부문을 담당하고 롯데는 동일 법인(롯데쇼핑) 내 별개의 사업 부문에서 상영(롯데시네마)과 투자·배급(롯데엔터테인먼트) 업무를 행하고 있는 차이에 기인한 것이기 때문에, 두 사업자의 행위 자체에 본질적인 차이가 존재하는 것은 아니다.

두 사건을 각각 살펴보면, 먼저 CGV 사건의 경우 공정거래위원회는 위반기간 동안 CJ E&M이 배급권자인 25편의 영화에 대해서 흥행도와 관객실적에 따른 통상의 기준과는 달리 상영회차를 늘리고, 더 큰 규모의 상영관을 배정하고, 홍보효과가 높은 시간대에 극장예고편을 높은 비중으로 편성하였으며, 전단 등의 선전재료물을 현장마케팅에 유리한 장소에 게재한 행위를 거래상 차별에 해당하는 것으로 보고, 이로 인하여 CGV의 계열회사인 CJ E&M은 관람객의 증가로 인한 수익 증대와 배급시장에서 지배력 강화의 이익을 얻게 되었으므로 CGV의 행위는 계열회사인 CJ E&M

---

110) 공정위 2015. 4. 24. 의결 제2015-125호.
111) 공정위 2015. 3. 6. 의결 제2015-070호.

을 현저히 유리하게 하는 차별적 취급행위에 해당하는 것으로 판단하였
다. 동 행위의 위법성 판단과 관련하여, 공정거래위원회는 동 행위가 배급
시장에서의 CJ그룹의 지배력을 강화할 목적에 따른 것으로서 영화 상영
수익의 70~80%가 개봉 후 1달 전후에 회수되는 특성으로 인하여 스크린
수 및 상영 기간 확보가 흥행에 결정적인 상황에서 CGV가 CJ E&M에게
더 많은 상영회차와 더 큰 상영관 등을 배정한 것은 경쟁의 기회가 제한
된 비계열 배급사들이 시장에서 배제될 우려를 낳고 또한 이러한 행위는
왜곡된 흥행율로 이어져 소비자 선택에 왜곡을 초래할 수도 있다는 점에
서 위법성을 인정하였으며, 다른 한편으로 CJ E&M에게 주어진 유리한 거
래 조건이 수직계열화 과정에서 파생된 단순한 차이로 볼 수 없다는 점에
서 수직계열화로 인한 효율성 제고 측면에서 정당화되기 어려운 것으로
보았다.

　CGV의 거래상 지위남용행위로서 불이익 제공과 관련하여, 공정거래위
원회는 상영 시장에서의 지배적 지위 등을 고려하여 CGV가 거래상대방에
게 갖는 거래상 우월적 지위를 인정할 수 있다는 것을 전제하고, 배급사와
사전협의 없이 상영관 인근 상권과 연계하여 개별 상영관별 상영요금 할
인권을 발행하고 수익 감소로 인한 금액을 배급사에게 정산하지 않은 행
위는 상영사업자를 위한 마케팅으로서 배급사에게 이익이 귀속되기 어렵
다는 점에서 손해를 낳는 것이므로, 불이익 제공으로서 거래상 지위남용
행위에 해당한다고 보았다. 또한 CJ E&M의 행위와 관련하여 동 사업자가
배급시장에서의 관객점유율 1위인 점이나 대규모 자본을 필요로 하는 제
작사와의 관계에서 거래상 우월적 지위가 인정된다는 것을 전제로, 동 사
업자가 제작사와 투자 계약 시 투자 금액에 대한 일정 비율(2014년 7%)을
금융비용 명목으로 수취한 것은 제작사에게 분배되는 순이익의 규모를 감
소시키고 해당 금액에 상응하는 위험을 제작자에게 전가시킨 것으로서,
이 역시 불이익 제공에 의한 거래상 지위남용행위에 해당하는 것으로 판
단하였다.

롯데시네마의 행위도 CGV의 행위와 유사하다. 우선 차별에 관한 행위를 보면, 위반행위 기간 동안 개봉영화의 경우 롯데엔터테인먼트 배급 영화보다 흥행예상등급이나 흥행예상순위가 더 높은 다른 배급사 영화 5편에 대하여 평균적으로 롯데엔터테인먼트 배급 영화의 82% 수준의 상영회차를 배정, 상영 중인 영화의 경우 롯데엔터테인먼트 배급 영화보다 주말 관람 객수가 더 많은 다른 배급사 영화에 대하여 롯데엔터 배급 영화 상영회차의 68%에 해당하는 상영회차를 배정, 상영관 크기의 경우 흥행도가 낮은 롯데엔터테인먼트 배급 영화 13편에 더 큰 관을 배정, 영화 홍보에 상당히 중요한 수단인 선전재료물의 경우 롯데엔터테인먼트 배급 영화 12편에 대한 선전재료물을 관람객의 눈길이 가장 먼저 쉽게 가는 위치에 배치하는 등의 행위를 하였다. 공정거래위원회는 이상의 행위가 2011년 1월부터 2014년 3월까지 3년 이상 계속됨으로써 거래상대방이 속한 배급시장에서 경쟁제한의 우려를 낳았으며, 정당화 사유로서 제시된 단일 사업자 내부에서 이루어진 거래라는 주장은 상영 부문과 배급 부문에서 별개의 사업 주체로 사업활동을 영위하고 있기 때문에 받아들일 수 없으며, 한계수익과 한계비용이 일치하는 균형점에서 상영회수가 결정된다고 볼 때 한계비용과 달리 한계수익은 롯데시네마와 롯데엔터테인먼트의 수익을 합산하여 구하게 되고 이러한 관점에서 상영회수는 증가할 수밖에 없다는 주장에 대하여 자사 배급영화를 상영하였을 때의 기회비용을 고려하지 않은 주장으로서 합리성이 결여되어 있다고 지적하면서 결론적으로 문제가 된 행위의 부당성을 인정하였다.

또한 롯데시네마의 할인권 발행과 관련하여 상영 수익은 배급사와 상영관이 부율에 따라 나누므로 할인권에 따른 전체 수익 감소는 배급사가 부율에 따라 받게 되는 수익의 감소로 이어지기 때문에 해당 감소액을 배급사의 손해로 볼 수 있고, 이러한 행위는 배급사가 아닌 상영관의 이익을 위한 것으로 볼 수 있으므로 부당한 불이익 제공으로서 거래상 지위남용에 해당하는 것으로 판단하였다.

2) 취소소송 판결

두 사건 모두 피심인들은 공정거래위원회의 심결에 불복하고 행정소송을 통하여 다투었으며,112) 법원은 공정거래위원회의 심결을 취소하는 판결을 내렸다.113) 두 사건에서 법원의 판단은 유사하게 전개되었는데, 대체로 차별이나 불이익 제공에 관하여 공정거래위원회가 인정한 부분을 받아들이지 않았다.

CGV 사건에서 차별적 취급과 관련하여 법원은 차별적 취급을 인정하지 않거나 인정한 경우에도 현저성을 부인하는 태도를 취하였다. 구체적으로 상영회차와 관련하여 자사 배급영화 '스파이'와 비계열 배급영화 '관상'의 배정 비교, 자사 배급영화 '하울링'·'코리아'와 비계열 배급영화 '세이프하우스'·'어벤져스'·'로렉스'의 배정 비교, 자사 배급영화인 '7광구'나 '타워'의 상영회차 배정 등에 있어서 자사 배급영화의 상영회차 배정이 많거나 상영기간 경과 후 감소폭이 적었던 것에는 흥행 예상이나 추이 등을 고려한 합리적 근거가 있는 것으로 보았다. 상영관 규모와 관련하여 자사 배급영화 '무적자'와 비계열 배급영화 '시라노 연애조작단'의 비교, 자사 배급영화 '스파이'와 비계열 배급영화 '관상'의 비교, 자사 배급영화 '감기'와 비계열 배급영화 '숨바꼭질'의 비교, 자사 배급영화 '늑대소년'·'더 파이브'·'열한시'·'수상한 그녀' 등에 대한 상영관 배정의 분석 등에 비추어 상영관 배정 역시 합리적 근거에 의한 것으로 보고 행위의 존재를 부인하였다. 극장 예고편 편성과 관련하여 법원은 배급시장 점유율이 27.2%인 상황에서 30%정도의 광고를 자사 영화에 할애한 것은 차별에 해당하지 않는 것으로 보았다. 현장마케팅의 차별과 관련하여 영화 '늑대소년', '광해', '설국열차' 등에 대한 유리한 마케팅이 행해진 것은 흥행 예상에 의하여

---

112) 이상의 심결 내용 중에서 CJ E&M이 제작사로부터 금융 비용을 사전에 수취한 행위에 대해서는 더 이상 다투지 않았다.

113) CGV 사건의 경우 서울고등법원 2017. 2. 15. 선고 2015누44280 판결, 롯데시네마 사건의 경우 서울고등법원 2017. 2. 15. 선고 2015누39165 판결.

뒷받침되는 것이므로 차별의 존재가 증명되었다고 보기 어렵고, 비계열 배급영화에 대해서도 현장마케팅이 진행되었다는 점도 지적하였다. 종합적으로 문제가 된 기간 동안 CGV와 메가박스의 CJ E&M 배급영화 상영회차를 비교하면 각각 9%와 8%로서 차이가 크지 않다는 점 등을 고려할 때, CGV의 자사 배급영화와 비계열 배급영화의 차별은 현저한 차별로 보기 어렵다는 입장을 취하였다. 또한 이와 같이 CGV가 행한 차별의 규모와 구체적인 대응 내역 등에 비추어 이러한 행위가 계열회사를 유리하게 할 목적의 행위에 해당하는지 그리고 공정한 거래를 저해하는지에 대해서도 의문을 표하고 있다.

이러한 입장은 롯데시네마의 차별 행위에 대해서도 유사하게 전개되고 있다.[114] 즉 롯데시네마의 경우도 개봉 영화의 상영회차 배정, 상영 영화의 상영회차 배정, 상영관 배정, 선전재료물 배치 등에 관한 차별이 행해졌는지에 관하여 롯데시네마의 자사 배급영화에 대한 유리한 배정 등이 있었다 하더라도 이는 롯데시네마가 분석한 흥행예상 등에 따른 것으로 보이고, 그 결과 다른 상영관과 롯데 배급영화의 상영회차 등에 있어서 차이가 있더라도 흥행예상 등은 일률적으로 이루어질 수 없는 것이므로 그것만으로 차별의 합리적 근거가 있다고 단정하기 어려운 것으로 보고 있다. 또한 상영회차 배정 등에서 차별이 문제가 되고 있는 영화 편수가 롯데시네마가 상영한 전체 영화 편수의 1.9∞9.4%에 불과하다는 점에서 차별이 존재한다 하더라도 현저한 것으로 보기는 어렵다고 판단하였다. 나아가 이상의 행위는 이익극대화의 관점에서 이루어진 행위이고 경쟁 배급사를 배제하려는 의도로 이루어진 행위로 보기 어렵다는 점에서 공정거래

114) 법원은 롯데시네마와 롯데엔터테인먼트가 동일 법인(롯데쇼핑)에 속한 사업부문으로 존재하는데, 거래조건 차별은 비교 가능한 복수의 거래를 전제하므로 동일 법인 내 사업부문 간에는 거래가 존재한다고 볼 수 없으므로 거래조건 차별이 인정될 수 없다는 입장을 취하였다. 이는 공정거래위원회가 동일 법인 내에 속해 있지만 각 사업부문이 별개의 사업주체로 나타나고 있으므로 거래성이 인정된다고 본 것에 대비된다.

저해성을 부인하였다.

불이익 제공에 의한 거래상 지위남용행위에 해당하는지와 관련하여 두 판결 모두 이를 부인하고 있다. CGV 사건의 경우 상영관의 자율에 의한 할인권 발행은 인정하였지만, 이러한 발행이 배급사와의 계약적 근거 없이 행해진 것으로 보기 어렵고, 할인권 발행으로 인한 매출 증대는 상영관뿐만 아니라 배급사에게도 이익이 되며, "수익 증대를 위해 지출하는 비용은 수익이 분배되는 비율에 비례하여 분배되는 것이 타당하므로, 이 사건 할인권 발행 행위와 관련하여 원고와 배급사 간 부율에 따라 비용을 분담하는 것이 반드시 부당한 불이익 제공이라고 보기는 어렵다"고 판단하였다. 이러한 판단은 롯데시네마 판결에서도 동일하게 유지되고 있다.

이상의 논의에 기초하여 CGV 사건과 롯데시네마 사건에서 모두 법원은 차별적 취급과 거래상 지위남용을 부인하고 공정거래위원회의 심결을 취소하는 판결을 내렸으며, 이에 대한 상고는 심리불속행으로 기각됨으로써 최종적으로 확정되었다.115)

3) 판결의 검토

이상의 CGV와 롯데시네마의 행위가 불공정거래행위에 해당한다고 본 공정거래위원회 심결을 취소한 법원의 판결에서 공정거래위원회 판단의 문제점에 대한 지적, 예를 들어 차별행위 판단의 근거가 된 표본의 부족이나 차별 행위가 전체에서 차지하는 비중에 대한 고려가 결여된 것 등의 지적은 참고할 만한 것이다. 그러나 두 가지 행위의 성립 여부에 대한 판단 그리고 아울러 판결에서 제시하고 있는 부당성 판단에 대해서 의문이 있으며, 이에 따른 일정한 문제제기도 가능할 것이다.

차별적 취급에 대한 법원의 판단과 관련하여 상영 시장에서의 주된 경쟁 양상에 대한 이해가 충분히 반영되었는지의 문제를 제기할 수 있다. 일

---

115) 대법원 2017. 7. 11. 선고 2017두39303 판결.

반적으로 상영 수익의 대부분은 개봉 이후 1달 안에 발생하며, 특히 개봉 초기에 관객의 호응을 유발하는 것이 결정적이다. 물론 관객의 영화에 대한 수요는 작품의 완성도 등 영화 자체가 갖는 가치와 사회적 환경 등의 요인에 의하여 결정되지만, 개봉 초기에 관객에게 노출되는 정도는 이러한 수요를 구체화 화는 실질적인 요인으로 작용할 수 있다. 더욱이 판결에서도 언급하고 있는 영화의 경험재로서의 특성에 의하여 상영사업자에 의한 광고 등에 대한 관객 의존도가 높을 수밖에 없으며, 이러한 효과는 개봉 전과 개봉 후 초기에 극대화될 것이다. 이와 같은 맥락에서 영화는 밴드웨건 효과가 나타나는 전형적인 상품이라 할 수 있으며, 초기 관객의 수는 향후 흥행 지표로서 중요한 역할을 수행한다. 따라서 상영회차나 상영관 규모 등에서 자사 배급영화에 대한 유리한 조건의 부여가 차별적 행태로서 경쟁사업자 배제의 실질적 효과를 가질 수 있는 시기는 개봉 전과 초기의 기간이며, 이 기간에 대한 분석이 차별 행위의 존부 및 부당성 판단에서 결정적인 의미를 갖는다. 이러한 관점에서 법원이 동 시기에 나타난 차별적 취급에 의미 있는 비중을 두지 않고 논의를 전개하고 있는 것에 대해서는 비판의 여지가 있다. 또한 이를 구체화할 수 있는 지표로서 유용한 접근 방식으로 이해되는 좌석판매율을 판단 과정에서 적극적으로 활용하지 않은 것에 대해서도 일정한 지적이 가능하다. 여기서 좌석판매율은 특정 영화에 배정된 좌석 수와 이를 구매한 관객 수의 비율을 말하는데, 이 지표는 이윤 극대화를 추구하는 합리적인 경제주체가 한계비용과 한계수입이 일치하는 점에서 공급량을 결정한다는 경제학적 이론을 전제할 경우에 구체적인 의미를 갖는다. 상영관을 통하여 제공되는 서비스의 특성상 추가적 증가에 따르는 비용의 증분은 대체로 일정하고, 또한 영화 별로 유의미한 가격 차이가 존재하지 않기 때문에 공급 증가에 따른 수입 증가의 구조도 유사할 것이다. 이러한 상황에서 이윤 극대화를 추구하는 상영사업자는 각 영화의 좌석판매율을 유사한 수준으로 조정할 것이다.[116] 즉 좌석판매율이 높은 영화에는 상영 배정을 확대하고 좌석판매율이 낮은 영화에는 이를 줄이는 방식으로 조정이 이루어질 것이고, 나아가 개봉 시점에서의 상영 배정도 이러한 예측에 기초하여 행하는 것이 합리적인 경제주체의 행위에 부합한다.

또한 상영 등에 있어서 차별적 취급과 관련하여 상영사업자들의 흥행 추이에 따른 조정 행위를 고려함에 있어서도 일정한 주의가 요구된다. 공정거래위원회의 심결과 법원의 판결에 모두 언급되고 있는 것처럼 CGV와 롯데시네마는 계열관계 또는 동일 법인에 의하여 배급업이 행해지고 있는 수직적으로 통합된 조직을 형성하고 있으며, 이러한 수직적 구조 하에서 수익 극대화를 위한 시도는 배급시장과 상영시장 모두를 고려하여 이루어질 수밖에 없을 것이다. 따라서 상영과 관련하여 당해 사업자 차원이 아닌 영화산업에 참여하고 있는 수직적 통합 주체의 차원에서 흥행 추이를 반영하여 지속적으로 조정한 행위가 차별적 행태를 부인하는 근거로서 곧바로 원용될 수 있는 것은 아니다. 즉 이러한 행위는 개봉 첫 주에 자사 배급영화에 유리한 상영 배정을 하고, 이러한 행위에 따른 구체적 흥행 규모가 예측되는 상황에서 피해를 최소화기 위하여 차별 전략을 수정한 것으로 볼 수도 있으며, 문제가 된 행위에 경쟁사업자 배제의 우려가 발생하였다면 독점규제법상 불공정거래행위로서의 규제 가능성은 충분한 것으로 볼 수 있다.

불이익 제공에 의한 거래상 지위남용에 관한 법원의 판단에 대해서도 일정한 문제 제기가 가능하다. 법원 판단의 핵심은 할인권 발행 등으로 인한 관객 증가는 배급사에게도 이익이므로 수익 증대를 위해 지출하는 비용은 수익 분배비율에 비례하여 분배되는 것이 타당하다는 점에 있다. 이러한 인식은 거래상 지위남용과 관련하여 우월한 지위에 있는 유통 사업자가 상품을 공급하는 사업자와 공동으로 하는 판촉행사 비용을 합리적인

---

116) 물론 이윤 동기와 무관하게 다양성 차원에서 영화를 상영할 수 있으며, 이러한 경우에는 비경제적인 근거에서 배정 원칙이 정해질 것이므로 여기서의 논의 대상에 포함되지는 않을 것이다.

범위에서 분담시킬 경우에 위법하지 않다고 본 공정거래위원회나 일본 공정취인위원회의 판단과 맥을 같이 한다.117) 이러한 판단 기준은 타당한 것이지만, 동 사건에 대한 법원의 판단에서 수익에 대한 적절한 이해가 결여되어 있다는 점은 문제가 될 수 있다. 상영사업자의 수익은 영화 상영으로부터 얻는 수익(입장권 매출액)과 상영관을 운영하면서 제공되는 각종 식품을 포함한 부대 서비스의 제공에 따른 수익으로 구분할 수 있으며, 후자의 비중은 점점 증가하여 전체 수익의 약 40%에 이르고 있는 상황이다.118) 상영관 매장 수익은 영화관에 입장하는 관객이 증가함으로써 비례적으로 늘어날 것이고, 이러한 수익 구조 하에서 할인권 발행 등으로 인하여 발생하는 수익 증가는 상영사업자 입장에서 상영 수익(입장권 매출액)에 한정되지 않는다. 따라서 할인권 발행 등으로 인한 수익 감소가 발생한 상영 매출액 기준으로 부율을 산정할 경우 할인권 발행 등으로 인하여 발생한 전체 수익이 적절히 반영된 것으로 볼 수는 없으며, 이러한 맥락에서 불이익 제공의 존재를 부인한 법원의 판단은 의문을 피하기 어려울 것이다.

(2) 23개 제작사의 '무료초대권발행' 손해배상청구 소송

1) 사건 경과 및 1심 판결

리얼라이즈픽처스(주) 등 23개 영화제작사는 CGV, 롯데시네마, 메가박스 등 대형 멀티플렉스를 운영하고 있는 상영사업자들을 상대로 무료초대권 발행으로 인한 손해배상청구 소송을 제기하였다. 영화제작사들은 상영사업자들의 무료초대권 발행이 독점규제법 제23조 제1항 제4호에 해당하

---

117) 공정위 2001. 5. 25. 의결 제2001-081호. 또한 일본 삼월백화점 사건에 관한 공정취인위원회 심결의 평석으로, 한국공정거래협회, 공정거래 심결사례 국제비교, 박영사, 2003, 301면 이하 참조.
118) 영화진흥위원회, 2015 한국 영화산업 실태조사, 2017, 71면.

는 거래상 지위남용행위로서 위법한 것이고, 이로 인하여 발생한 손해에 대하어 상영사업자들이 배상할 책임이 있다고 주장하였다.[119]

이에 대하여 1심법원은 원고들의 청구의 대부분을 인용하는 일부 승소 판결을 내렸다.[120] 1심법원은 상영사업자의 무료초대권 발행으로 인하여 감소한 수익을 기준으로 부율에 의하여 배급사와 상영사업자가 나누게 되고, 배급사가 취한 몫에서 제작자는 계약에서 정한 비율에 따라 수익을 얻게 되며, 특히 이 과정에서 제작사는 배급수수료를 제한 액수에서 분배를 받게 되므로 무료초대권 발행으로 인한 수익 감소에 직접적인 영향을 받게 되는 것으로 보았다. 또한 상영사업자에 의한 무료초대권 발행이 제작자의 사전 동의가 거의 없는 상태에서 이루어진다는 점도 거래상 지위남용으로서 부당성을 인정하는 근거가 되는 것으로 보았다. 1심 법원은 이에 근거하여 23개 제작자 중 19개 제작자의 손해배상청구를 인용하는 판결을 내렸다.

2) 항소심 및 대법원 판결

동 판결에 대하여 피고 상영사업자들은 항소하였고, 항소심은 1심 판결을 번복하고 원고 패소 판결을 내렸다.[121] 항소심이 주목한 것은 원고인 제작자들과 피고인 상영사업자들 간에 직접적인 거래관계가 존재하는지에 관한 것이었다. 항소심은 양자 사이에 거래관계를 부인하였고, 독점규제법상 거래상 지위남용은 "거래관계의 존재를 우선 전제로 하고 있으며, 우월한 지위를 이용해 거래의 상대방에 대해 불이익을 주는 행위를 불공정행위로 금지하고 있고, 거래관계가 없는 자에 대해서까지 그 적용범위를 확대할 수는 없다"고 판시하였다. 또한 손해의 인정과 관련해서도 원심과

---

119) 예를 들어 청어람이 '괴물'에 대해 2억6700여만원, 명필름이 '광식이 동생 광태'로 1억2000여만원, 아이엠픽쳐스가 '타짜'로 4억8600여만원을 청구하였다.
120) 서울중앙지방법원 2013. 10. 4. 선고 2011가합15266 판결.
121) 서울고등법원 2015. 1. 9. 선고 2013나74846 판결.

다른 판단을 하였는데, 무료초대권 자체는 수익의 감소를 낳지만 이로 인하여 동반 관객 등의 효과로 관객이 증가할 수도 있기 때문에 손해가 발생한 것으로 단정할 수는 없다고 보았다. 또한 저작권 침해에 관한 원고 주장에 대해서도 "배급사와의 계약에서 유료 관객에 한해 상영을 허락했다고 단정할만한 증거가 없다"는 취지로 원고의 주장을 받아들이지 않았다. 항소심은 이와 같은 취지로 원고 패소 판결을 내렸으며, 이에 대한 원고의 상고에 대해서 대법원 역시 항소심이 법리 오해로 판결에 영향을 미친 잘못이 없다는 취지에서 최종적으로 피고인 상영사업자들의 배상 책임을 부인하였다.[122]

3) 판결의 검토

영화제작사들의 무료초대권 발행으로 인한 손해배상청구 소송에서 항소심 및 대법원은 손해배상 청구가 인정되지 않은 주된 근거로서 영화 제작사들과 상영사업자 사이에 직접적인 거래관계가 존재하지 않는다는 점을 들고 있다. 앞에서 살펴본 것처럼 불공정거래행위로서 거래상 지위남용행위는 우월적 지위에 있는 사업자와 그의 거래상대방을 전제하고 있으므로, 거래관계가 존재하지 않을 경우에 규제 대상에서 제외되는 것으로 보아야 할 것이다. 그렇지만 대법원이 손해보험사가 피해차주에게 대차료 등을 지급하지 않은 행위가 거래상 지위남용행위에 해당한다고 본 판결에서[123] 판시한 것처럼, 거래관계를 직접적인 거래관계로 한정해서 볼 것은 아니다. 항소심은 손해보험 사건에서 손해보험사와 피해차주의 관계와 동 사건에서 상영사업자와 제작자의 관계를 동일시할 수 없으며, 특히 후자의 경우 거래관계를 인정할 만한 근거가 없다는 입장을 취하고 있다. 그러나 앞에서 살펴본 것처럼 영화산업에서 상영 수익의 귀속 관계에 비추어

---

122) 대법원 2017. 5. 31. 선고 2015다17975 판결.
123) 대법원 2010. 1. 14. 선고 2008두14739 판결.

상영사업자와 배급업자의 부율에 기반하여 이로부터 최종적으로 제작자가 수익을 얻는 구조가 정착되어 있고, 따라서 무료초대권 발행은 제작자의 이해에 직접적인 영향을 미치므로 거래상 지위남용의 전제로서 양자 사이의 거래관계를 부인하는 것이 타당한지는 의문이다. 오히려 책임보험 관계를 매개로 한 피해차주와 손해보험사의 관계가 수익분배 구조에 기반한 상영사업자와 제작자의 관계와 구조적으로 유사하다는 점에 주목할 필요가 있다.

또한 무료초대권 발행으로 인하여 제작자들에게 손해가 발생하였다고 단정할 수 없다고 판시한 것에 대해서도 검토의 여지가 있다. 손해배상청구에 있어서 손해 산정의 일반 원칙인 차액설은 가해자의 위반행위로 인하여 야기된 상태와 위반행위가 없었을 경우에 가능한 상태와의 비교를 통해 손해의 크기를 파악하는 이론으로서 독점규제법상 손해배상청구에도 원용되고 있다.[124] 이러한 관점에서 무료초대권이 발행되지 않은 상황과 발행된 상황 간의 수익 비교는 단지 무료초대권의 수량을 확인한 것만으로 할 수는 없으며, 관객 변화에 대한 다양한 변수가 종합적으로 고려되어야 한다. 앞에서 살펴본 것처럼 무료초대권의 발행을 통하여 상영사업자가 얻게 되는 이익은 상영관에서 제공하는 식품 등 각종 상품의 판매에 따른 부가수익의 증대도 있으며, 차액설에 따른 종합적인 고려의 범위 안에 무료초대권의 발행으로 집객효과가 발생하고 이로 인하여 증가되는 상영관의 부수적 수익도 포함되어야 한다는 점을 간과한 것에 대한 비판이 가능할 것이다.

---

124) 권오승 등 8인 공저, 독점규제법, 법문사, 2018, 370-373면 참조.

VI. 결론

시장의 관점에서 영화 역시 하나의 상품이지만, 예술작품으로서의 성격을 유지하고 있다는 점에서 다른 상품과 구별되는 특징을 갖고 있다. 이러한 이유로 영화산업에 적용되는 다양한 지원 프로그램이 존재하며, 영화산업은 경쟁을 대신하는 규제가 정당화될 수 있는 규제산업으로서 자리매김 되고 있다. 그렇지만 영화의 제작부터 소비에 이르는 전 과정에 수요와 공급이 만나는 시장이 형성되어 있으며, 규제가 예외적으로 이루어지는 부분을 제외한 나머지 영역에서 독점규제법의 적용은 당연한 것으로 볼 수 있다. 특히 영화산업이 상영시장에서 지배적 지위를 차지하고 있는 사업자에 의하여 수직적 구조로 재편된 상황에서 독점규제법에 의한 규제 가능성은 실제적인 문제로 대두하고 있다.

영화산업의 과점화된 산업구조를 고려할 때 공동행위 규제 문제의 중요성을 부인할 수 없지만, 상영시장에서 지배적 사업자의 존재와 이들의 영향력이 수직적으로 확대되고 있는 상황에서 단독행위에 의한 법위반 가능성에도 충분한 주의가 주어져야 한다. 이와 관련하여 미국의 Paramount 판결은 주목할 만한 것이다. 동 사건에서는 제작 시장에서의 지배적 사업자가 배급·상영 시장으로 지배력을 확대한 것이 문제가 되었으며, 연방대법원은 이에 대하여 Sherman법 제2조의 독점화 금지에 반하는 것으로 판단하였다.

국내 영화산업에서는 상영시장으로부터 상류시장으로 지배력이 확대되고 있다는 점에서 전개되고 있는 양상은 Paramount 판결의 배경이 되었던 당시의 영화산업과 상이하지만, 수직적 구조화를 지향하고 있다는 점에서는 공통되며, 이러한 유사성은 국내 영화산업에서 독점규제법상 시장지배적 지위남용행위의 규제 가능성에 대한 주의를 환기시킨다. 또한 이와 같은 수직적 구조화는 상영시장에서 멀티플렉스를 운영하고 있는 사업자가 관련되는 거래관계의 공정성 문제의 근본적 원인이 될 수 있다는 점

630 _ 경제법론 V

도 간과되어서는 안 된다. 구체적으로 시장지배적 지위남용행위와 불공정
거래행위의 요건의 충족과 세부 유형들에 포섭될 가능성을 확인하고, 또
한 영화산업에서 문제로서 제기되고 있는 행태들, 예를 들어 상영편성이
나 무료초대권 등의 문제에 대한 규제 가능성을 살펴볼 필요가 있다. 이
과정에서 영화산업에 특유한 경쟁 요소나 수익 구조 그리고 영화산업 전
체에 형성되어 있는 수직적 구조에 대한 이해가 뒷받침되어야 하며, 이러
한 관점에서 영화산업에서의 불공정거래행위에 관한 일련의 판결에 대하
여 일정한 문제 제기가 가능할 것이다. 나아가 독점규제법에 의한 규제가
궁극적으로 산업 전반의 구조적 개선으로 이어지기 위해서는 실효성 있는
시정조치에 의해 뒷받침되어야 하며, 이러한 점에서 구조적 시정조치의
수용이 전향적으로 검토될 필요가 있을 것이다.

21. 플랫폼 시대에 언론산업의 변화와 경쟁정책

I. 서론

플랫폼은 디지털화가 진행된 특정 산업을 넘어서 모든 산업에 영향을 미치고 있으며, 경제활동 방식의 패러다임을 바꾸는 전환의 기폭제가 되고 있다.[1] 언론산업도 예외는 아니며, 나아가 이러한 변화를 대표하는 영역으로 자리하고 있다. 언론산업에서의 변화는 대체로 언론 위기의 맥락에서 이해되고 있으며, 그 시작은 인터넷 환경의 도래와 궤를 같이한다. 물론 언론 위기 자체는 인터넷 시대 이전부터 이미 잠복해 있던 것이고, 새로운 환경은 이러한 문제를 드러내는 계기가 되었을 뿐이라는 시각도 가능할 것이다.[2] 그러나 어떠한 이해를 따르든지 간에, 언론의 위기는 산업의 구조적 문제로 구체화 되고 있고, 현재 직면하고 있는 위기가 거대 플랫폼에 의해 증폭되고 있다는 점에 이견은 없을 것이다.

다른 한편으로 언론의 위기는 거대 플랫폼이 경제사회에 미치고 있는 부정적 영향을 대표하는 사례로 언급되기도 한다.[3] 이는 단지 해당 산업

---

1) 플랫폼 시대에 산업의 변화를 파이프 산업에서 플랫폼 산업으로 표현하고 있는 것으로, Sangeet Paul Choudary, "Why Business Models fail: Pipes vs. Platforms", Wired Magazine, 2013.

2) 유용민, "언론 위기 담론에 대한 비판적 고찰: 언론 연구자 심층 인터뷰를 토대로", 언론정보연구 제58권 제2호, 2021, 143-148면 참조.

3) 플랫폼의 부정적 측면으로 거대 플랫폼에 집중된 권력(power)에 의한 민주주의적 가치의 침해, 플랫폼에 장기간 머물게 되는 개인의 수동화, 플랫폼을 중심으로 한 생태계 안에서 다수의 저임금 노동자의 고착화 등의 문제를 언급하는 것으로, Eve Smith, "The techlash against Amazon, Facebook and Google—and what they can do", The Economist, 2018. 1. 20. 및 Nick Srnicek, 심성보 역, 플랫폼 자본주의, 킹콩북, 2020, 82-87면 참조.

의 전반적인 쇠퇴와 같은 산업적인 측면에만 초점을 맞추고 있는 것은 아니다. 사실 특정 산업의 부침은 보다 높은 수익률을 찾아 움직이는 자본 흐름의 측면에서 자연스러운 현상이라 할 수 있고, 이에 대한 산업정책적 접근은 비단 언론산업에 한정되지 않는다. 그럼에도 불구하고 언론산업에 특별한 관심이 주어지고 있는 것은 언론산업의 위기가 우리 사회에서 필요로 하는 언론 기능의 심각한 훼손으로 이어지고 있다는 인식에서 비롯된다. 흔히 민주주의 사회에서 언론은 공적 문제에 관한 사실 보도 및 문제 제기를 통한 의제 설정과 여론의 형성 그리고 시민사회의 감시 기능을 수행하는 데 있는 것으로 이해된다.4) 이러한 기능은 민주주의의 근간이 되며, 이러한 기능이 올바로 발휘되고 있지 못하고 있는 것은 정치사회의 기본 원리인 민주주의에 대한 심각한 도전이 될 수 있다. 우리가 위험으로 인식하는 언론의 기능은 대체로 다양성 모델에 입각한 것이다. 물론 미디어를 기준으로 신문과 방송에 다소 차이가 있지만,5) 신문의 경우 언론사가 자율적으로 경쟁하는 가운데 발생하는 외부효과로서 의견의 다양성이라는 공익적 가치의 실현이 언론 기능의 요체로 이해될 수 있을 것이다.6) 이러한 기능이 원활하게 작동하기 위해서는 자생력 있는 언론사 간의 경쟁구조가 갖추어질 필요가 있으며, 이로부터 경쟁정책적 관점이 유효할 수 있는 계기가 주어진다.

플랫폼 시대에 언론의 위기는 플랫폼의 지배력이 커짐으로써 언론사의 플랫폼에 대한 의존성이 심화되는 양상으로 나타나고 있다. 이러한 상황

---

4) 황성기, "뉴스매개자로서의 포털 뉴스서비스의 언론성 및 법적 책임범위에 관한 연구", 사이버커뮤니케이션학보 제21호, 2007, 23면 참조.
5) 방송의 경우 주파수의 희소성으로 한정된 주체만이 방송서비스를 제공할 수밖에 없는 구조적 특성이 있고, 이는 여론 형성과 같은 사회적 기능의 중요성과 결합하여 방송에 대한 공익적 규제의 주된 근거로 이해된다는 것으로, Wayne Overbeck, Major Principles of Media Law, Thomson Wadsworth, 2005, 427-428면 참조.
6) 임영호, "뉴스제휴평가위원회 도입과 유사언론 논란", Focus on Media 1, 2015, 11면.

에서 양질의 콘텐츠를 중심으로 전개되는 경쟁, 특히 경쟁법의 목적에 부합하는 merits에 의한 경쟁은[7] 왜곡될 수 있으며, 기사 제공이 플랫폼을 통해 이루어지게 됨으로써 언론사의 자생적 기반은 약화될 수 있다. 이러한 문제의 해결 방안으로 언론사의 권리를 강화함으로써 플랫폼의 지배력에 대응할 수 있도록 하는 것을 상정할 수 있고, 이를 제도화하여 저작인접권의 도입이 이루어지고 있다. 언론사 간 경쟁구조를 올바르게 정립하고 플랫폼과의 수익 분배 구조를 개선하기 위한 시도로서 이러한 방안은 의미 있는 것이지만, 실효성이 있는지 그리고 이것으로 충분한지는 살펴볼 문제이다. 또한 현재 전개되고 있는 언론 위기의 문제가 거대 플랫폼의 등장에 있고, 그 지배력에 대한 적절한 통제가 이 문제 해결에 실질적인 방식이 될 수 있다는 점도 염두에 두어야 한다. 또 다른 해결 방안의 하나로 우리나라에서 운용되고 있는 '뉴스제휴평가위원회'에도 주목을 요한다. 동 위원회는 플랫폼과 언론사의 관계를 규율하는 독립기구로서 설치된 것인데, 우리나라에서 전개되고 있는 언론 위기의 특징과 고유한 문제의식을 반영한 것으로 볼 수 있다. 플랫폼에 의해 심화되고 있는 언론의 위기는 글로벌 차원에서 보편적인 것이지만, 네이버, 다음 등 유력한 포털이 주요 기사 플랫폼으로서 역할을 수행하고 있는 한국적 특징은 비교법적으로 독특한 대응 방안을 모색하게 된 배경이 될 것이다. 그렇지만 최근 네이버, 다음 등 주요 포털이 뉴스 공급자인 연합뉴스를 배제한 사건이 시사하듯이, 우리나라에서의 문제가 글로벌 차원에서 나타나고 있는 플랫폼에 대한 언론사의 의존성 심화라는 문제에서 본질적으로 벗어나 있는 것은 아니다. 따라서 이러한 문제 인식에 기초하여 언론사의 플랫폼 의존성으로부터 야기되는 문제의 해결 방안으로서 독립기구에 의한 통제 방식이

---

7) Deutsche Telekom 사건에서 유럽법원은 "자신의 장점(merits)에 의존하는 경쟁의 영역에서 벗어나 다른 방법을 사용하는 것"을 TFEU(EU기능조약) 제102조에 의해 금지되는 지배력 강화에 해당하는 것으로 판시하였다. Deutsche Telekom v. Commission, Case C-280/08 P [2010] ECR I-9555, para. 177.

유효한지를 검토할 필요가 있을 것이다.

　이하에서 저작인접권이나 뉴스제휴평가위원회 제도가 언론산업의 구조적 개선 효과로 이어질지를 특히 경쟁정책적 관점에서 분석하고, 이에 기초하여 경쟁법의 적용이 이러한 문제를 해결하는 데 기여할 수 있는지에 초점을 맞추어 논의를 전개할 것이다. 우선 언론과 경쟁의 관계에 대한 일반적인 고찰을 행하고, 이에 기초하여 플랫폼의 지배력 강화가 이에 미치고 있는 영향을 살펴봄으로써 논의의 기초를 제공하고자 한다(Ⅱ). 이어서 저작인접권 도입에 관하여 논의할 것이다. 특히 선행적으로 저작인접권 도입의 입법화가 이루어진 독일의 상황을 우선적으로 검토하고, 이후 EU 등 여러 나라에서 전개되고 있는 입법 동향을 비롯한 법적 대응을 살펴볼 것이다(Ⅲ). 또한 우리나라 '뉴스제휴평가위원회'의 의의를 분석하고 나아가 동 위원회의 기능이 플랫폼과 언론사의 관계를 바람직하게 정립하는 데 기여할 수 있는 조건 등을 검토할 것이다(Ⅳ). 끝으로 이상의 논의에 기초하여 경쟁정책적 관점에서 가능한 대안을 살펴볼 것이다. 특히 독점규제법의 적용 가능성과 한계를 검토하고, 아울러 플랫폼 구조와 언론산업의 특수성을 고려한 입법적 개선의 방향을 제시하고자 한다(Ⅴ).

Ⅱ. 언론과 경쟁, 플랫폼

1. 언론과 경쟁

(1) 경쟁과 민주주의

　경제 운영의 기본 원칙으로 시장경제를 채택하고 있는 나라에서 경쟁은 핵심적 질서 원리로 이해된다.[8] 시장경제에서 희소 자원의 배분은 시장의

---

8) 권오승·홍명수, 경제법, 법문사, 2021, 46-47면 참조.

자율에 따르며, 시장의 기능은 경쟁 메커니즘에 의해 작동된다. 반면 민주주의는 주권이 국민에 있고, 그 행사가 자유로운 의사의 표현이 보장된 가운데 다수결 방식에 의하는 정치원리를 의미한다.9) 흔히 질서 원리로서 양자의 차이는 '1인 1표'인 민주주의와 '1원 1표'인 시장경제의 비교를 통해서 이해되며, 이와 같은 비교는 양자가 결정 방식에 있어서 쉽게 동화될 수 없는 본질적인 차이가 있음을 보여준다.10)

물론 양자의 밀접한 관련성에 관한 논의, 특히 시장 질서의 기본법으로 인식되는 경쟁법 영역에서 민주주의를 가치적으로 결합시키려는 시도가 없었던 것은 아니다. 예를 들어 Northern Pacific Railway 사건에서 미국 연방대법원은 "셔먼법은 경쟁의 제한 없는 상호 작용이 경제적 자원의 최적 배분, 최저 가격, 최고의 품질 그리고 최대의 물적 진보를 낳을 것이고, 동시에 민주주의적 정치사회 제도의 보장으로 이어지는 환경을 제공할 것이라는 전제에 기초한다"고11) 판시하였다. 동 판결처럼 경쟁법이 경제 영역을 넘어서 정치, 사회 영역과도 관련된다고 볼 경우에, 동법의 목적은 이념적 지향성을 가지며 민주주의의 제도적 기반 형성은 그 목적 실현의 범위 안에 있게 된다. 그렇지만 시카고 학파의 등장 이후 효율성 내지 소비자 후생의 증대를 경쟁법의 목적으로 이해하는 견해가 지배적인 것이 되면서, 경쟁법 영역에서 다른 가치의 수용은 소수의 견해에 머물고 있다.12) 물론 지배적인 견해에서도 정치사회의 기본 원리로서 민주주의가

---

9) 자유주의적 민주주의 모델에 따른 민주주의의 이해에 관하여, 김하열, "민주주의 정치이론과 헌법원리: 자유주의적 이해를 넘어", 공법연구 제39집 제1호, 2010, 165면 이하 참조.

10) 양자의 결합원리로 제시되고 있는 경제민주화는 경제주체 간에 의사결정 권한을 분산하는 의미로 이해되기도 한다. 그러나 이 경우에 민주주의적 결정 방식이 시장의 결정 방식을 어느 범위에서 어느 정도로 대체하여야 하는지가 구체적 과제로 남게 된다. 김문현, "한국헌법상 국가와 시장", 국가, 경제 그리고 공법, 한국공법학회, 2012, 12-13면 참조.

11) Northern Pacific Railway v. U.S., 356 U.S. 1(1958), 4.

12) 김두진, 경제법, 동방문화사, 2020, 9-16면 참조. 이와 관련하여 미국 연방대법원

부정되는 것은 아니겠지만, 경쟁법의 목적으로서 소비자 후생의 증대가 이의 실현과 어떠한 관련을 갖는지 나아가 소비자 후생의 증대를 통한 궁극적 목적으로 민주주의의 실현을 설정할 수 있는지에 관한 논의가 주된 쟁점으로 부각되지는 않는다. 반면 소수의 견해에서, 특히 경쟁법의 목적으로서 분배의 관점을 중요하게 고려하는 입장에서 민주주의는 경쟁법이 추구하는 목적이나 가치와 보다 용이하게 결합할 여지가 있을 것이다. 대표적으로 Kirkwood는 분배적 관점에서 경쟁법 목적을 제시하는 것이 현실적으로 정치적 지지의 확보와 정책 수행의 편의를 높이는 데 기여할 수 있다고 보았다.[13] 이는 민주주의적 의사 결정 과정이 분산화 된 경제 구조 하에서 보다 활성화 될 수 있다는 사고를 반영한다는 점에서 의의가 있지만, 이러한 이해도 경쟁과 민주주의의 관계에 대한 충분한 설명을 제공하지는 않는다.

이와 관련하여 정치질서로서 민주주의의 발전과 경쟁정책의 강화 사이에 일정한 관계가 있다는 경험적 분석은 주목할 만하다.[14] 물론 이러한 분석으로부터 양자 간의 관계나 내적 연관성에 관한 결론이 곧바로 도출될 수 있는 것은 아니며, 더욱이 민주주의가 정착된 고도 산업 국가에서 독과점화가 보편적으로 나타나고 있는 현실은 경쟁과 민주주의 간에 일관

이 반독점 사건을 다룸에 있어서 경제외적인 관심을 배제한 것은 아니며, 이러한 관심은 민주사회에서의 정책결정 과정에서 배제될 수 없다는 지적으로, Herbert Hovenkamp, Federal Antitrust Policy-The Law of Competition and Its Practice, West, 2011. 78면.

13) John Kirkwood, "The Essence of Antitrust: Protecting Consumers and Small Suppliers from Anticompetitive Conduct", Fordham Law Review vol. 81 issue 5, 2013, 2444-2452면 참조. 이 글에서는 경제의 효율성을 증대시키는 것이 아니라 부당하게 획득한 시장지배력을 가진 사업자가 소비자를 착취하는 것으로부터 보호해주는 것이 미국인들이 반독점법을 지지하는 이유가 되고 있다고 분석한다.

14) David J. Gerber, Law and Competition in Twentieth Century Europe, Oxford Univ. Press, 2001, 16-17면 참조.

성 있는 결론의 도출을 어렵게 만드는 요인이 될 수 있다. 그렇지만 많은 나라에서 경제질서 원리로서 경쟁과 정치질서 원리로서 민주주의는 공존하고 있으며, 이러한 상황은 양자가 공통의 가치 기반 위에 있음을 시사하는 것일 수도 있다. 중국의 예에서 볼 수 있듯이,[15] 질서원리로서 경쟁과 민주주의의 동시적 수용을 필연적인 것으로 이해할 수는 없지만, 우리나라를 포함한 다수의 국가에서 양자는 헌법적 차원에서 승인되어 국가 질서의 기본 축을 이루고 있다. 시장경제는 경쟁 메커니즘에 의해 작동하는 자율적 조정을 핵심으로 하며, Maihofer가 적절히 지적하였듯이 자율에 따른 자기 결정은 인간의 존엄을 보호하고 존중할 의무를 부담하는 국가에 대한 정당한 요구로서 구체화 된다.[16] 따라서 시장의 작동 메커니즘으로서 경쟁은 질서원리일 뿐만 아니라 개인의 자기실현을 함의로 하는 기본권으로서 이중적인 의미를 갖는다. 한편 민주주의 역시 인간의 존엄을 지향한다. 모든 국민에게 자유롭고 평등한 정치적 의사결정의 권한을 부여하는 민주주의 방식을 채택하는 목적은 궁극적으로 인간의 존엄을 실현하는 것에 있으며, 이는 정치원리로서 헌법적 정당성의 근거가 된다.[17] 이와 같이 경쟁과 민주주의가 이념적으로 동일한 기반 위에 형성된 것으로 본다면, 양자는 동일한 이념을 상호 밀접한 관련이 있는 각각의 영역에서 실현하기 위한 질서원리로 볼 수 있으며,[18] 각각 경제영역과 정치영역

---

15) 중국 반독점법 제1조는 사회주의 시장경제의 건전한 발전을 촉진하는 것을 동법의 목적으로 규정하고 있다. 이를 중국 반독점법의 특징으로 언급하고 있는 것으로, Alison Jones & Brenda Sufrin, EU Competition Law, Oxford Univ. Press, 2011, 18면 참조.
16) Werner Maihofer, Rechtsstaat und menschliche Würde, Vittorio Klostermann, 1967, 60면.
17) 정병화, "자유주의적 입헌민주주의체제의 헌법적 가치 구성논리와 한계점", 법학논총 제34권 제4호, 2017, 90-93면 참조.
18) 자유적 법치국가질서의 경제적 기초로서 사회적 시장경제를 이해하고, 이념적 차원에서 변증법적 원리(dialektischer Idealismus)를 작용방식으로 제시하고 있는 것으로, Werner Maihofer, 주 16)의 책, 156-160면 참조.

에서 분산화 된 의사결정 구조라는 특징을 공유한다. 이러한 이해에 따르면, 어느 하나의 침해는 공통의 목적인 이념의 실현을 불완전한 것으로 만들고, 결국 다른 영역에서 질서원리의 작동에도 부정적인 영향을 미칠 것이다.[19] 이와 같은 양자의 이념적 동일성과 실현 과정에서의 밀접한 관련성은 양자를 상호조건적인 관계로 파악할 수 있는 근거가 될 수 있다.[20]

(2) 언론산업에서 경쟁의 의의

다른 산업과 마찬가지로 언론산업에서 경쟁은 산업의 핵심적 기능을 담당한다. 비록 해당 산업은 규제산업에 해당하지만, 이러한 영역에서도 자율적 조정 방식으로서 경쟁은 우선하며, 규제는 필요불가결한 범위에서 최종적으로 고려되어야 한다.[21] 그러나 언론산업에서 경쟁이 갖는 의의는 규제산업 일반에 통용되는 경쟁에 대한 기능적 고려를 넘어선다. 이러한 특별한 의의는 민주주의의 기초를 제공하는 언론 고유의 기능에서 비롯된다. 언론은 공적 의제 설정과 감시 기능을 행함으로써 민주주의가 원활히 기능할 수 있는 환경을 조성하는 데 기여한다. 이러한 역할의 수행이 실질적인 것이 되기 위해서는 획일적이거나 권력에 의해 조직화 되지 않은 의견의 다양성이 확보될 필요가 있으며, 경쟁은 이러한 다양성을 보장하는 구조적 수단으로서 유력한 의미가 있다. 앞에서 살펴본 것처럼 경쟁과 민주주의는 이념적으로 공통된 지향점을 갖고 있지만, 언론산업에서의 경쟁은 보다 직접적이고 기능적인 측면에서 민주주의와 관계를 가지며, 언론

---

19) 이러한 내용으로 양자의 관계를 이해하는 것에 의해, 양자를 상이한 층위에 위치시켜 일방적이거나 결정론적인 관계로 이해하는 사고를 피할 수 있게 된다. Louis Althusser, Lenin and Philosophy and other Essays, Monthly Review Press, 1971, 127-128, 143면 참조.

20) 경쟁법을 통한 국가의 시장 개입의 의의는 민주주의 체제의 기반 보장과 같은 상위의 목표에 관련될 수 있다는 것으로, Jörg Philipp Terhechte, 김환학 역, "경쟁의 민주적 기능", 국가, 경제 그리고 공법, 한국공법학회, 2012, 42-43면 참조.

21) Antitrust Modernization Commission, Report and Recommendations, 2007, 338면

에서 경쟁 보호가 갖는 의의도 이러한 관계적 특성에 비추어 고려될 필요가 있다.

언론산업에서 경쟁적 구조는 자생적 기반을 갖춘 다수의 언론사가 존재함으로써 다양한 의견이 표출될 수 있는 환경을 상정한다. 대체로 언론사의 수익은 언론사가 제공하는 뉴스를 이용자가 구독료를 지불하고 이용하는 구독시장과 언론사가 다중과 만나는 장을 활용한 광고시장을 통해서 실현된다. 지역 언론사 또는 중소 언론사를 포함한 다수의 언론사가 자생력을 갖기 위해서는, 해당 시장에서 어느 정도 집중의 완화가 이루어질 필요가 있을 것이다. 이러한 점에서 경쟁제한적 행위를 통제하는 경쟁법이 언론산업에서 일정한 기여를 할 수 있다는 점에 의문은 없다. Kirchner가 지적한 것처럼, 언론사 간 결합은 경쟁을 침해할 뿐만 아니라 언론의 다양성을 해칠 수 있으며,22) 따라서 이러한 행위를 경쟁법에 의해 규제하는 것은 경쟁뿐만 아니라 언론의 다양성을 보호하는 유력한 수단이 될 수 있다. 이러한 점에서 언론산업에서의 경쟁은 시장의 자율적 조정과 언론의 다양성 보장 측면에서 종합적으로 이해될 필요가 있을 것이다.

언론산업에서 경쟁이 갖는 이중적 의의는 해당 산업에서 경쟁법의 적용에도 영향을 미칠 수 있다. 그렇지만 구체적으로 언론산업에서 다양성 측면이 경쟁법 적용에 있어서 어느 정도로 고려될 수 있고, 또한 고려되어야 하는지가 명확한 것은 아니다. 언론의 다양성 또는 민주주의의 기능적 보장을 위한 공익적 가치가23) 경쟁법에 반영될 여지는 주로 위법 판단의 영역에서 찾을 수 있을 것이다. 현행 독점규제법상 단독행위, 공동행위, 기업결합 등의 규제는 주로 경쟁제한성에 초점을 맞춘 위법 판단에 기초하는데,24) 위에서 언급한 다양성 측면을 이러한 판단에 어떻게 반영할지가

---

22) Christian Kirchner, "Zur Ökonomik rechtlicher Probleme von Fusionen und Kooperationen auf dem deutschen Pressemarkt", DIW vol. 74, 2005, 34면.
23) 언론의 다양성은 진정한 민주주의(true democracy)를 위해 필수적이라는 지적으로, Stigler Committee on Digital Platforms, Final Report, 2019, 9면.

추가적 과제로 주어진다. 예를 들어 문제가 된 언론사의 행위 또는 언론사 간 결합이 기존의 독점규제법상 규제 법리에 비추어 경쟁제한성이 없는 것으로 평가되지만, 언론의 다양성을 침해할 우려는 존재할 경우에 독점 규제법에 근거하여 이에 대한 규제가 가능한지와 같은 문제에 대한 해답이 제시될 수 있어야 한다. 이와 관련하여 Stigler 보고서(Stigler Committee on Digital Platforms, Final Report)의 제안은 참고할 만하다. 동 보고서는 언론산업에서 집중도를 평가함에 있어서 전통적인 소비자 후생(consumer welfare) 개념 외에 이와 병행적으로 시민 후생(citizen welfare) 개념의 도입을 제안하고 있다.[25] 동 보고서에 따르면, 기존의 소비자 후생 관점에서는 가격 상승이나 품질 저하 측면에서 행위를 평가하게 되는데, 이러한 접근 방식은 공적 책임을 묻거나 공적 문제를 보고하는 언론 본연의 기능이 발휘되지 못하는 언론 실패(media capture) 문제에 적절히 대응하지 못할 수 있으며, 이러한 한계를 극복하기 위한 방안으로 시민 후생 개념의 도입 필요성이 있다.[26] 그리고 동 개념을 구체화한 정량적 지표로서 주목도(attention share)를 제시하고 있다.[27] 이와 관련하여 동 보고서는 Andrea Prat의 선행 연구를 수용하고 있는데, 이에 의하면 특정 상품이 시장에서 차지하고 있는 비중에 기초한 market share와 달리 주목도(attention share)는 개인의 특정 기사 이용에 기초하여 계산된다.[28] 즉 개인이 특정 기사에 할애하는 시간을 전체 기사에 할애하는 시간으로 나누고, 이를 확장하여 유권자(voter) 전체를 대상으로 한 평균값으로서 주목도가 도출된다.[29] 동 개념으로부터 얻을 수 있는 이점과 관련하여 동 보

---

24) 독점규제법상 위법성 판단과 관련하여, 홍명수, "시장지배적 지위남용행위와 불공정거래행위의 관계와 단독행위 규제체계의 개선", 경쟁법연구 제33권, 2016, 63면 이하 참조.

25) Stigler Committee on Digital Platforms, 주 23)의 책, 184면.

26) 위의 책, 185면.

27) 위의 책, 186-187면.

28) Andrea Prat, "Media Power", 2015, 9면 참조.

고서는 다음의 세 가지를 제시하고 있는데, 이용자에 초점을 맞춤으로서 플랫폼 중립성을 유지할 수 있다는 점,[30] 미디어 캡쳐가 개인의 의견 형성 과정(voting process)에 미치는 영향에 대응할 수 있는 미시적 기반(micro-foundations)을 제공할 수 있다는 점, 기존의 데이터를 활용하여 용이하게 지표를 구할 수 있다는 점 등이 이에 해당한다.[31] 한편 동 지표의 활용과 관련하여 주의해야 할 점으로, 동 지표는 출발점에 불과하며 이를 최종적인 것으로 보아서는 안 된다는 것 그리고 소유권 분산(fragmentation)이 다양성의 유일한 형태는 아니며 공적 지원이 올바른 수단(right tool)일 수 있다는 것 등이 언급되고 있다.[32] 이상의 시민 후생에 기초한 지표는 무엇보다 market share로는 파악하기 어려운, 예를 들어 소수의 의견을 대변하고 있는 특정 언론의 기능과 역할에 대한 이해를 가능하게 한다는 점에서 긍정적이지만, 이와 같은 지표의 현실적 활용 가능성, 특히 경쟁정책적 관점에서 구축된 규제 법리에 수용하는 문제 등에 관한 논의는 여전히 필요할 것이다. 이러한 점에서 Stigler 보고서가 언급하고 있는 규제 사례는 참고할 만하다. 영국의 경쟁법 규제기관인 Competition and Markets Authority(CMA)는 21st Century Fox에 의한 Sky 인수를 허용하지 않았는데, 동 판단은 결정적으로 다양성에 관한 가정적 효과에 근

---

29) Stigler Committee on Digital Platforms, 주 23)의 책, 186면.

30) 특히 특정한 플랫폼에 구애받지 않음으로써 새로운 미디어의 등장이나 융합 현상이 나타나는 상황에서도 적절하게 활용될 수 있다. 위의 책, 186면.

31) 위의 책, 186-187면. 예를 들어 우리나라에서도 「신문 등의 진흥에 관한 법률」 제17조에 근거하여 설치된 '여론집중도조사위원회'가 매년 여론집중도 조사 결과를 발표하고 있으며, 이를 활용할 수 있을 것이다. 동 조사에서는 종이신문, 텔레비전방송, 라디오방송, 인터넷뉴스, 소셜미디어 등 5대 매체 부문별 뉴스와 시사·보도의 이용점유율과 집중도를 산정하고, 이를 기반으로 매체 합산 여론영향력 집중도를 산출하여 발표하고 있다. 여기서 이용점유율은 각 매체 부문을 구성하는 모든 매체사의 이용량(빈도 혹은 시간) 총합에서 특정 매체사·매체계열 이용량이 차지하는 비율을 의미한다. 문화체육관광부, 2019~2021 여론집중도 조사 주요 결과 발표, 2022. 1. 21. 참조.

32) 위의 책, 187면.

거하였으며, CMA는 이러한 판단 과정에서 핵심적 요소로서 주목도 (attention share)와 유사한 언급 비중(share of reference)을 활용하였다.[33] 동 사건이 시사하듯이, 소비자 후생이 개념적으로 효율성에 기초한 것처럼 시민 후생은 본질적으로 다양성 개념에 기초함으로써, 소비자 후생 개념에 따른 접근 방식의 한계를 보완할 가능성을 제공한다. 적어도 Stigler 보고서에서 시민 후생 개념에 기초한 지표(주목도)의 제안은 언론의 고유한 기능에 초점을 맞추고 있다는 점에서 적절한 접근 방식의 하나로 고려될 수 있을 것이다.

2. 플랫폼 시대에 언론과 경쟁

(1) 디지털 경제에서 언론의 변화

디지털 경제로의 변화는 거의 모든 산업에 영향을 미치고 있으며, 언론 산업의 경우에도 기사를 생산, 제공, 수용하는 방식에 있어서 이전 시대와 뚜렷이 구별되는 근본적인 변화가 일어나고 있다.

우선 기사의 주된 수용 방식이 지면이 아닌 단말기로 대체되고 있다는 점이 변화의 핵심이다. 이는 단지 구독 행태의 변화에 머물지 않고, 기사 제공 주체인 언론사가 갖는 고유한 기능에도 변화를 낳고 있다. 원칙적으로 언론사는 기본권적으로 보호되는 편집권을 갖고, 기사의 제공 여부 및 내용뿐만 아니라 지면 전체의 구성과 기사의 배분을 통하여 기사의 가치 및 중요성에 관한 자신의 입장을 제시한다.[34] 이러한 기능을 통하여 언론사는 사회적 의제 설정과 공론의 형성에 있어서 중요한 역할을 수행하게 되는데, 단말기를 통한 기사 수용 방식에서 이러한 기능을 기대하기는 어렵다. 또한 기사 수용자가 기사를 단편적으로 구독하는 행태(atomization)

---

33) CMA, 21st Century Fox, Inc and Sky Plc - A report on the anticipated acquisition by 21st Century Fox, Inc of Sky Plc, 2018, 170-181면 참조.

34) 조재현, "언론의 내적 자유", 공법학연구 제8권 제3호, 2007, 241면 이하 참조.

가 일반화되고 있는데, 이러한 상황에서 언론사는 수용자를 유인하는 것을 우선시하여 기사를 제공할 가능성이 크다.[35]

디지털 경제의 도래는 기사의 공급에도 영향을 미치고 있다. 디지털화는 정보의 생성, 전송, 저장이 디지털 방식으로 이루어지는 것을 의미하는데, 이는 기사를 제공하는 언론사에게 비용을 절감시킬 수 있으며, 따라서 언론사가 보다 용이하게 시장에 진입하는 요인이 될 수 있다. 그렇지만 이러한 환경의 변화는 디지털화에 적극적으로 대응할 여지가 큰 대형 언론사에 유리하게 작용함으로써 집중의 요인이 될 수도 있다.[36]

이상의 경향은 플랫폼을 통한 기사의 제공 방식이 확대됨으로써 더욱 강화되고 있다는 점에도 주목할 필요가 있다. 일반적으로 플랫폼은 서로 다른 목적을 가진 이용자 그룹을 중개하는 과정이 이루어지는 특정한 공간 또는 그 과정에서 제공되는 서비스를 지칭하는 의미로 사용된다.[37] 물론 이용자 그룹 간 중개가 플랫폼에 의해서만 수행되는 것은 아니지만, 특히 디지털 경제에서 온라인에 기반한 플랫폼은 단순한 중개 기능을 넘어서고 있다. 즉 플랫폼을 중심으로 데이터의 집중과 지속적인 창출, 이를 통한 지배력의 구축, 네트워크 효과를 통한 지배력의 확대, 나아가 일정한 생태계의 형성과 같은 현상이 나타나고 있고,[38] 이와 같은 현상은 기사의 제공과 이용이 이루어지는 플랫폼의 경우도 예외는 아니며, 플랫폼의 지배력 확대는 앞에서 언급한 경향을 더욱 강화시키는 요인으로 작용하고 있다.

---

35) Stigler Committee on Digital Platforms, 주 23)의 책, 10면.
36) 위의 책, 9면.
37) "플랫폼은 생산 수단을 소유하지 않고, 연결 수단을 만들어 낸다"고 지적하고 있는 것으로, Alex Moazed & Nicholas L. Johnson, Modern Monopolies: What It Takes to Dominate the 21st Century Economy, Macmillan, 2016, 30면 참조.
38) 홍명수, "플랫폼 중립성의 경쟁법적 의의", 동아법학 제90호, 2021, 112-113면 참조.

(2) 수익 구조의 변화

언론사의 수익은 수용자가 지불하는 구독료와 광고주가 지불하는 광고료로 대별할 수 있는데, 대체로 후자가 절대적인 비중을 차지한다. 양자 모두 기사를 이용하는 그룹의 크기에 영향을 받는데, 특히 언론사의 광고에 있어서는 기사 수용자에게 기사가 노출되는 정도가 중요하다. 디지털 경제는 이와 같은 언론사의 수익 구조에도 일정한 변화를 낳고 있으며, 특히 플랫폼의 성장은 이를 촉발시킨 결정적 요인이 되고 있다.

디지털 환경 하에서 기사의 수용이 플랫폼을 중심으로 이루어지는 비중은 급격히 증가하고 있다. 기사가 수용자에게 전달되는 과정이 플랫폼에 의해 주도되는 비중의 증가는[39] 그 만큼 언론사와 기사 수용자가 직접적으로 만날 수 있는 여지의 축소를 의미한다. 대부분의 언론사는 기사 생태계를 주도할 수 있는 독자적인 플랫폼 구축에 이르지 못하고 있으며, 이러한 상황에서 기사 매개자로서 플랫폼 비중의 증가는 언론사 수익 구조의 위축을 초래하고 있다.[40] 이는 앞에서 언급한 두 시장 모두에서 나타나고 있지만, 특히 후자의 경우에 두드러진다. 전술한 것처럼 광고는 기사의 수용자에 대한 노출의 정도에 좌우되는데, 플랫폼에 의한 기사의 매개로 인해 종래 언론사에 전적으로 귀속되던 광고는 분산될 수밖에 없다. 따라서 분산의 정도만큼 언론사가 취득할 수 있는 광고료는 줄어들 것이고, 이러한 경향에서 벗어날 수 있는 계기를 찾기는 어려운 상황이다.

---

39) 2021년 조사에 의하면, 지난 일주일간 텔레비전, 종이신문, 라디오, 잡지, 인터넷의 이용률은 텔레비전 93.7%, 종이신문 8.9%, 라디오 16.2%, 잡지 2.9%, 인터넷 88.3%로 나타나고 있으며, 앞선 4개의 전통적인 매체가 지속적으로 하락하는 추세에 있는 반면 인터넷은 상승하는 추세를 보이고 있다. 또한 인터넷 기반 매체를 이용하는 비중을 보면, 인터넷 포털 84.5%(모바일 84.0%, PC 33.8%), 메신저 서비스 84.1%, 온라인 동영상 플랫폼 69.7%, SNS 45.4%, 팟캐스트 5.1%로서, 인터넷 포털의 비중이 가장 큰 것으로 조사되었다. 한국언론진흥재단, 2021 언론수용자 조사, 2022, 54-56면 참조.

40) 류시원, "디지털 플랫폼 시대 언론산업의 구조적 경쟁 문제에 대한 정책적 대응의 검토", 선진상사법률연구 제93호, 2021, 70-72면 참조.

(3) 플랫폼 의존성의 심화

플랫폼의 등장 이후 언론사의 수익 구조가 악화되고 있는 것은 언론사가 독립적이고 사회적으로 유의미한 기사 제공자 및 의제 설정자로서 고유한 기능을 지속적으로 수행할 수 있는 자생적 기반이 취약해지고 있음을 의미한다. 앞에서 살펴본 것처럼 이러한 현상이 나타나고 또한 확대되고 있는 것은 주로 기사 매개자로서 플랫폼의 비중이 커지고 있다는 것에 기인한다.

더욱 큰 문제는 이와 같은 언론의 플랫폼에 대한 의존성이 점점 심화되고 있다는 것이다. 글로벌 차원에서 전개되고 있는 일반적 양상을 보면, 플랫폼이 기사 공급자에 대하여 갖는 거래상 지위는 단지 기사를 매개하는 역할에서만 비롯된다고 볼 수 없으며, 대체로 플랫폼의 검색 기능이 우월한 거래상 지위를 강화한다. 플랫폼이 수용자에게 제공하는 검색 서비스는 검색의 결과를 순서적으로 배열하여 제시하는 방식으로 제공될 수밖에 없는데, 이러한 기능은 내용적으로 이미 비교의 함의를 갖고 있는 것이다. 따라서 플랫폼에 의해 제시되는 순위는 검색 서비스를 통해 뉴스에 접근하는 수용자의 행태에 결정적인 영향을 미칠 수 있다.[41]

디지털 경제에서 수용자가 기사에 접촉하는 것을 트래픽으로 이해할 경우, 언론사의 트래픽은 주로 플랫폼을 매개로 이루어지고 있으며, 전술한 것처럼 플랫폼이 제공하는 기사 검색 서비스(또는 추천 서비스)는 수용자의 선택에 결정적인 영향을 미침으로써 언론사가 플랫폼에 의존하는 현상이 발생하고 있다. 이러한 의존성은 다음 두 가지 요인에 의해 더욱 심화될 가능성이 크다. 우선 검색 프로그램의 알고리즘이 전적으로 플랫폼에 의해 만들어지고 있다는 점은 플랫폼의 지배력을 강화하는 요인이 되고 있다. 어떠한 방식과 내용으로 검색 서비스를 제공할지는 원칙적으로 제

---

41) 검색 페이지 상의 링크 순위가 클릭률에 중요한 역할을 한다는 연구 결과를 보여주는 것으로, Google Search (Shopping) Case at. 39740, 2017. 6. 27.

공 주체의 자유에 속하며, 제공 방식을 공식화한 알고리즘의 결정도 이러한 범위 안에 속한 것으로 볼 수 있다. 그렇지만 알고리즘은 플랫폼에 참여하는 기술적 조건의 의미를 넘어서, 일정한 서비스의 제공자와 이용자 사이에서 정보와 가치의 흐름을 제어하는 주된 수단이 될 수 있다는 점도 염두에 두어야 한다. 일반적으로 플랫폼은 거래에 따른 복잡성과 비용을 최소화하여 네트워크 효과 내지 교차 네트워크 효과의 극대화를 추구한다.[42] 이를 위해 플랫폼 참가자들의 상호작용이 단일한 플랫폼 안에서 가능하도록 하는 구조, 특히 이용자들이 콘텐츠를 검색하고 이용하면서 만들어 내는 흐름이 반영되는 양방향적인 정보의 순환구조를 형성하고자 하며, 알고리즘은 이를 실현하기 위한 방식으로 기능한다.[43] 따라서 알고리즘은 플랫폼이 갖는 지배력의 근원이라 할 수 있으며, 이와 같은 플랫폼 지위의 강화는 기사 서비스에 관한 경쟁 양상의 변화를 낳고 있다. 즉 기사 트래픽을 플랫폼에 의존하는 언론사의 경쟁 역시 알고리즘에 따른 노출 기회의 제고에 초점을 맞추어 이루어지고 있으며, 이는 다시 기사 서비스 시장에서 플랫폼의 지배력을 강화하는 방향으로 영향을 미칠 것이다.

또한 기사 수용자에 관련된 데이터 측면에서도 플랫폼에 대한 의존성 심화의 요인을 찾을 수 있다. 디지털 경제에서 플랫폼은 데이터의 생성과 축적이 이루어지는 공간으로서 기능한다.[44] 이러한 상황은 기사 서비스 제공에서도 동일하게 나타나고 있는데, 기사 수용이 플랫폼을 매개로 이

---

42) Nick Srnicek, 주 3)의 책, 51면 및 Geoffrey G. Parker & Marshall W. Van Alstyne, "Two-Sided Network Effects: A Theory of Information Product Design", Management Science 51(10), 2005, 1498면 참조.

43) 김창욱·강민형·강한수·윤영수·한일영, 기업생태계와 플랫폼 전략, SERI, 2012, 37면 및 정승애·임대근, "넷플릭스의 초국가적 유통 전략과 그 비판: 콘텐츠 비즈니스 모델과 모순적 로컬라이제이션을 바탕으로", 글로벌문화콘텐츠학회 동계학술대회, 2018, 200-201면 참조.

44) 데이터 경제(Datenökonomie)에서 데이터의 생성 양상과 중요성에 관하여, Kommission Wettbewerbsrecht 4.0, Ein neuer Wettbewerbsrahmen für die Digitalwirtschaft, 2019, 13면 참조.

루어지게 됨으로써 기사 수용자에 관련된 데이터는 개별 기사의 제공자인 언론사보다 플랫폼에 집중되고 있다. 일반적으로 데이터는 플랫폼 지배력 원천의 하나로 이해되고, 이에 대한 접근의 보장이 경쟁정책적으로 중요한 과제가 되고 있지만,[45] 나아가 이와 같은 데이터의 생성과 축적이 플랫폼을 중심으로 확대됨으로써 이에 기반한 지배력이 더욱 강화되고 지속성을 가질 수 있다는 우려가 뒤따르고 있다. 플랫폼을 매개로 이루어지는 기사 서비스의 공급과 이용에 있어서도 이러한 문제가 전형적으로 드러나고 있다.

Ⅲ. 언론사 저작인접권 도입의 검토

1. 언론사 저작인접권 도입의 배경과 주요 내용

(1) 언론사 저작인접권 도입의 배경

이상에서 살펴본 것처럼 수용자에게 기사를 제공하는 과정에서 플랫폼에 대한 언론사의 의존성은 플랫폼의 지배력이 강화되는 현상과 맞물려 점점 심화되고 있다. 이러한 의존성 심화는 자생력을 갖춘 다수의 언론사가 존재할 수 있는 산업구조의 기반을 침해함으로써 언론 본연의 기능이 제대로 발휘되지 않는 언론의 위기를 증폭시키고 있다.

이러한 문제를 해결하기 위해 여러 측면에서 방안이 강구되고 있는데, 언론사의 권리를 강화하는 것도 유력한 방안의 하나로 고려되고 있으며, 실제 주요 국가에서 입법으로 이어지고 있다. 기사의 공급과 수용이 이루어지는 플랫폼의 구조적 측면에서 보면, 플랫폼과 언론사는 양면시장적

---

45) 홍명수, "플랫폼 규제 개선을 위한 독일 경쟁제한방지법 개정에 관한 고찰 - 시장 지배적 지위남용 규제를 중심으로 -", 동아법학 제94호, 2022, 270-271면 참조.

특성을 갖는 기사 공급 시장에서 만나는 거래 당사자이며,46) 플랫폼 사업자의 우월적 지위는 거래 상대방인 언론사에 부정적인 영향을 미칠 수 있다. 이러한 지위상의 불균형을 해소하는 방안으로 열등한 지위에 있는 언론사의 대응력 강화를 모색할 수 있으며, 이러한 점에서 기사의 제공 주체에게 저작인접권을 부여하는 것은 유력한 의미가 있다.

이와 같은 문제 인식과 해결 논의가 불거지게 된 원인은 글로벌 차원에서 나타나고 있는 거대 플랫폼의 기사 검색 서비스 제공 방식에서 찾을 수 있는데, 특히 검색 화면에서 제시된 기사를 클릭하여 링크하기 전에도 해당 기사의 주요 내용을 알 수 있도록 하는 스니펫(snippet) 서비스는 기사 제공자의 권리 침해 여부에 주의를 환기시키는 계기가 되었다.47) 전술한 것처럼 기사의 구독이 단편화 되어 가고 있는 상황에서 플랫폼 사업자가 제공하는 기사의 스니펫 서비스는 언론사로 이어지는 트래픽을 감소시키는 요인으로 작용할 수 있다. 또한 이러한 서비스는 해당 기사의 핵심적인 부분을 언론사와의 링크 이전에 보여주는 것인데, 이로 인해 언론사는 자신이 생산한 기사가 수용자에게 전달되고 있음에도 불구하고 이에 대한 대가를 취득할 가능성을 잃게 된다. 그렇지만 기존의 저작권이 이러한 상황에서 언론사의 권리 보호에 적절한 수단이 될 수 없다는 점에서 강화된 권리 부여의 필요성이 나타났으며, 이러한 필요에 부응하는 방안으로서 저작인접권의 도입이 적극적으로 고려되었다.48)

---

46) 교차 네트워크 효과는 양면시장에서 한 측면에서 이용자 그룹의 성장이 다른 측면의 이용자 그룹의 증대에 영향을 미치는 효과를 의미하며, 이러한 효과는 양면시장적 특징을 갖는 플랫폼 지배력의 중요한 근거가 된다. 양면시장적 특징을 갖는 시장에서 교차 네트워크 효과에 대한 분석은 필수적으로 요구된다는 것으로, Michael Katz & Jonathan Sallet, "Multisided Platforms and Antitrust Enforcement", The Yale Law Journal Vol. 127, No. 7, 2018, 2159-2161면.
47) 류시원, 주 40)의 글, 71-72면 참조.
48) 국내에서 출판자는 출판기획, 출판편집, 조판, 교정, 제판, 인쇄, 제책 등의 과정을 거치면서 그 결과물인 서적 등을 공중에게 전달하는데, 출판자의 이러한 작업은 실연자, 음반제작자, 방송사업자, 데이터베이스제작자 등의 행위보다 오히

(2) 언론사 저작인접권의 내용 - 독일 저작권법을 중심으로

저작인접권(related/neighbouring rights, verwandte Schutzrechte/ Nachbarrechte)은 저작물의 창작자는 아니지만 저작물을 공중에게 전달하는 데 중요한 역할을 하는 실연자, 음반제작자, 방송사업자 등에게 부여되는 권리를 의미한다.[49] 저작물 창작자에게 저작권이 인정됨에도 불구하고 저작인접권의 도입이 필요하다는 사고는 저작권의 보호만으로 저작 활동이 충분히 활성화되는 데 한계가 있다는 인식에서 출발한다.[50] 따라서 저작인접권은 저작물을 창작한 자는 아니지만 저작물을 소비자에게 전달하는 데 일정한 기여를 하거나 자본을 투자한 자에게 일정한 권리를 보호함으로써 최근의 복제, 전달기술의 발달로 생겨난 이들의 경제적 손실을 보전해 주고자 하는 제도로서 의의가 있다.[51]

따라서 저작인접권 부여에 있어서는 저작물을 공중에게 제공하는 데 중요한 역할을 수행하는지 여부가 결정적 기준이 될 것이다. 이와 관련하여 저작물의 전달이나 이용에 있어서 근본적인 전환이 나타나고 있는 디지털 경제가 도래함에 따라서, 저작인접권 인정 범위에 대한 전통적인 인식의 수정이 불가피하게 되었다는 점에도 주의를 요한다.[52] 언론사에 대한 저작인접권의 부여도 이러한 맥락에서 이해할 수 있을 것이다.

려 훨씬 많은 노력을 필요로 한다는 점에서 저작인접권을 인정하는 취지를 고려한다면 권리부여가 바람직하다고 하는 입장에서 출판자(언론사)의 저작인접권 도입에 관한 논의가 필요하다는 것으로, 정진근, "저작권제도의 역사로부터 바라본 출판권의위상에 관한 소고—저작권 및 저작인접권으로부터 출판권 배제의이유와 타당성—", 경영법률 제32집 제2호, 2022, 385면 이하 참조.

49) 윤선희, 지적재산권법, 세창출판사, 2014, 479면.

50) 국내 저작권법상 저작인접권을 실연자, 음반제작자, 방송사업자에게 부여하는 목적과 언론출판사의 저작인접권을 인정하는 목적이 상충되지 않는다는 지적으로, 최종모·박서윤, "링크의 저작인접권 도입에 관한 고찰 - 언론출판사를 중심으로 -", 문화·미디어·엔터테인먼트법 제13권 제1호, 2019, 167면 참조.

51) 정진근, 주 48)의 글, 376면.

52) 정상조, "정보산업기술의 발전에 따른 저작인접권의 재조명", 서울대학교 법학 제37권 제1호, 1996, 206면 이하 참조.

이와 관련하여 2013년 독일에서 저작권법 개정을 통하여 도입된 언론
사의 저작인접권에 관한 규정은 주목할 만하다. 독일 저작권법
(Urheberrechtsgesetz; UrhG)은 제1장에서 저작권을 규정하고 있으며,
1965년 동법 개정에 따라서 제2장에(70조 이하) 저작인접권에 관한 규정
이 도입되었다. 제2장의 저작인접권 규정에는 저작권 보호와 구별되는 저
작물의 보호(70조, 71조),[53] 사진(Lichtbilder)의 보호(72조),[54] 실연자의
보호(73조), 공연주최자의 보호(81조), 음반제작자의 보호(85조), 방송사업
자의 보호(87조), 데이터베이스 제작자의 보호(87조a), 영화제작자의 보호
(94조) 및 영화 저작물로 보호되지 않는 시퀀스(Bildfolgen und Bild- und
Tonfolgen) 제작자의 보호(95조) 등이 포함되어 있는데, 2013년 개정으로
언론사의 보호에 관한 규정이 추가되었다. 앞에서 저작인접권의 보호 필
요성에 관하여 언급한 것처럼, 저작인접권으로서 언론사 권리의 보호는
저작물에 관한 저작권 보호만으로 언론출판 활동의 보호에 충분하지 않다
는 인식에 기초한다. 따라서 여기서 보호 대상은 지적 창작물에 해당하는
결과물이 아니라 이를 제공하는 데 필수적으로 요구되는 급부의 제공이며,
이에 대한 보호는 급부의 제공 주체인 언론사 권리를 저작인접권으로서
창설하는 방식으로 이루어졌다.[55] 동 개정 이후 언론사에게 저작인접권을
부여하는 규정의 타당성과 실효성에 관하여 논의가 이어졌으며, 특히 디
지털 경제로의 급격한 변화가 이루어지면서 새로운 환경에 부합하는 입법
개선의 필요성이 제기되었다. 이러한 논의의 결과로 2021년 동 규정의 대

---

53) 제70조는 저작권에 보호되지 않지만 학문적 활동의 결과를 반영하고 이전의 판
    과 상당히 다른 내용의 저작물에 적용되며, 제71조는 출판되지 않은 저작물이
    저작권 만료 이후 처음 출판된 유작(Nachgelassene Werke)에 적용된다. Artur-
    Axel Wandtke & Winfried Bullinger hrsg., Praxiskommentar zum Urheberrecht,
    C.H.Beck, 2014, 1188-1190, 1202-1203면 참조.
54) 저작권에 의해 보호되는 사진저작물이 아닌 사진 및 이와 유사한 방식으로 만들
    어진 제작물을 대상으로 한다. 위의 책, 1220-1224면 참조.
55) 위의 책, 1493-1494면 참조.

폭적인 개정이 이어졌다.56)

  독일의 현행 저작권법에서 언론사의 저작인접권에 관해서는 제87조h 이하에서 규정하고 있다.57) 우선 구체적인 권리의 내용과 관련하여 동법 제87조g는 언론출판물이 온라인 방식으로 이용되는 경우에 한정하여 언론사의 저작인접권을 인정하고 있다.58) 동 규정에 의하면 언론사(Presseverleger)는 IT사업자(Informationsgesellschaft)의 서비스를 통하여 언론출판물을 전체적 또는 부분적으로 온라인상 이용하게 하거나 복제하는 것에 관한 배타적인 권리를 갖는다(1항). 이러한 권리는 언론출판물에 포함된 사실의 이용, 개별 이용자에 의한 사적 또는 비상업적 이용, 언론출판물에 대한 하이퍼링크의 설정 그리고 언론출판물의 개별 단어 또는 매우 짧은 발췌문 이용의 경우를 포함하지 않으며(2항),59) 이때 언론사의 권리는 양

---

56) 2021년 저작권법 개정의 이유와 의의에 관하여, https://www.bundesregierung.de/breg-de/suche/ urheberrechtsreform-1845042 참조.

57) 2013년 개정 저작권법 제87조f (1) 언론출판물의 제작자는 언론출판물 또는 그 일부를 상업적 목적으로 공중에 접근시킬 배타적 권리가 있으나, 다만 개별적 단어들 또는 사소한 발췌문이 문제되는 경우에는 예외이다. 언론출판물이 사업상 제작되었다면 사업주를 제작자로 본다. (2) 언론출판물이란 단일 제호 아래 임의의 매체에 정기적으로 공표되고, 제반사정을 감안할 때 뚜렷하게 전형적인 출판이라고 볼 수 있으며 자체광고에 주로 치중하지는 않는 그러한 편집물로서, 보도적 내용의 기고문들을 편집 기술적으로 확정한 것을 말한다. 보도적 내용의 기고문들이란 특히 정보제공, 의견 형성 또는 엔터테인먼트를 위한 기사 및 삽화를 말한다.
    제87조g (1) 제87조f 제1항 제1문에 따른 언론출판인의 권리는 이전될 수 있다. 제31조 및 제33조가 준용된다. (2) 위 권리는 언론출판물의 공표 후 1년이 지나면 소멸한다. (3) 언론출판인의 권리는, 언론출판물에 실린 저작물 또는 이 법률에 따라 보호되는 보호대상의 저작권자나 저작인접권자에게 불리하게 행사될 수 없다. (4) 언론출판물 또는 그 일부에 대한 공중 접근은, 검색엔진의 상업적 제공자, 또는 해당하는 내용을 선별해주는 서비스의 상업적 제공자를 통해 이루어지지 않는 한 허용된다. 그 외 제1부 제6장의 조항이 준용된다.
    제87조h 저작자는 배상 청구에 보조참가할 수 있다.

58) Artur-Axel Wandtke & Winfried Bullinger hrsg., 주 53)의 책, 1496면.

59) 이를 포함시키는 것은 표현의 자유 또는 자유로운 정보의 교환에 관한 자유를

도가 가능하다(3항). 한편 이상의 규정에 의한 언론사의 권리는 일정한 제한을 받는데, 특히 지작자와의 관계에서 이러한 제한이 법정되어 있다(87조h). 즉 언론사의 권리는 언론출판물에 포함된 저작물 또는 저작권법에 의해 보호되는 작품의 저작권자 또는 저작인접권자를 침해하는 방식으로 행사될 수 없다(1항). 또한 언론사의 권리는 다음의 목적으로 행사될 수 없는데(2항), 단지 이용권에 근거하여 언론출판물에 포함된 저작물 또는 이 법에 의해 보호되는 작품에 관한 제3자의 정당한 이용을 금지하는 것(1호) 또는 언론출판물에 포함된 것으로서 이 법에 의해 보호되지 않는 저작물 또는 다른 작품에 관한 제3자의 정당한 이용을 금지하는 것이(2호) 이에 해당한다. 한편 제87조f의 언론출판물에 대한 정의 규정은 실질적으로 언론사의 권리의 범위를 정하는 의미가 있는데, 동조 제1항 제1문에 의하면 언론출판물(Presseveröffentlichung)은 주로 저널리즘적인(journalistischer Art) 저작물로 구성된 것을 말하며,[60] 다른 저작물이나 이 법에 따라 보호되는 작품이 포함될 수 있다. 구체적으로 일반적 또는 특별한 관심에 따른 신문이나 잡지와 같이 일정한 제호 하에 주기적으로 제공되거나 정기적으로 업데이트되는 발행물의 개별 간행물이 이에 해당하며(1호), 뉴스 또는 기타 주제에 관하여 공중에게 알리기 위한 목적에 기여하는 것이고(2호), 동조 제2항에 따른 언론사가 주도하여 그의 편집 책임과 감독 하에 매체로부터 독립적으로 발행된 것이다(3호). 또한 동조 제1항 제2문에 의하여 학문적 또는 학술적 목적으로 출판된 정기학술지는 이에 해당하지 않는다(2항). 이때 언론사는 언론출판물을 제작한 자이고, 언론출판물이 기업에서 제작된 경우에 기업의 사주는 제작자로 간주된다.[61] 한편

침해할 수 있다. 위의 책, 1498면.

60) 저널리즘적인 저작물이란 정보를 전달하거나 의견을 형성하거나 오락을 제공하는 데 사용되는 기사 및 삽화를 의미한다. 위의 책, 1495면.

61) 동 규정에 의해 자연인에 의한 언론출판물의 제작이 배제되지 않는다. 위의 책, 1497면.

제87조에서 이상의 언론사 권리의 소멸 시효는 언론출판물의 최초 발행 후 2년으로 한다.

2. 언론사 저작인접권 도입의 평가

(1) 제도의 타당성 문제

독일 저작권법상 언론사의 저작인접권 도입에 관한 논의는 2013년 개정 이전부터 치열하게 전개되었지만, 입법 이후에도 제도의 타당성 또는 입법 시 충분히 고려되지 않은 문제 등이 쟁점으로 부각되면서 논의가 이어지고 있다.

언론사의 저작인접권에 대해 긍정적으로 평가하는 견해는 무엇보다 보호의 공백에 초점을 맞춘다. 인접 분야인 방송산업의 경우 이미 방송사업자에 대한 저작인접권 부여가 이루어지고 있는 상황에서 언론사에 저작인접권을 부여하지 않는 것은 보호의 공백이 될 수 있으며, 특히 검색엔진에 의한 부당한 남용으로부터 자신을 보호하기 위해 권리의 부여가 필요하다는 입장이다. 앞에서 살펴본 것처럼 디지털 경제로 대표되는 언론산업의 변화된 환경은 언론사의 수익 구조에 부정적으로 작용하고 있으며, 인터넷 사업자가 기사의 플랫폼으로 기능하게 됨으로써 언론사의 판매수익과 광고수익은 급격히 감소하고 있다. 이러한 상황에서 언론사가 자생력을 갖기 위해서는 저작권 외에 추가적인 권리의 부여가 필요하며, 언론사에 대한 저작인접권 부여는 이와 같은 구조적 변화에 실효성 있는 대응이 될 수 있다.[62]

---

62) tagesschau.de, "Fragen und Antworten zum Urheberrecht im Netz: Leistungsschutzrecht - wen betrifft das?", 2012. 8. 30. 또한 언론사의 저작인접권은 언론출판물 발행인에게 출판물의 온라인 이용에 따른 수익을 보장하는 권리로써 언론출판물 발행인을 유지시키는 역할을 한다는 것으로, 계승균·강명수·황선영, 저작인접권 보호 연혁에 관한 분석 연구, 한국저작권위원회,

반면 부정적 입장에서는 기존 저작권으로 언론출판물에 대한 충분한 보호가 이루어지고 있다는 관점에서 논의를 전개한다. 온라인상에서 언론사는 언론출판물을 게재할 권리, 검색에서 배제할 권리 등을 갖고 있으며, 이러한 권리를 통하여 언론출판물에 대한 언론사의 통제가 이루어지고 있으므로 언론사에 대한 추가적인 권리 부여 필요성에 의문을 표한다.[63] 또한 언론사의 저작인접권은 자유로운 인터넷 환경에 역행하는 것일 수 있으며, 블로그와 같은 정보를 전달하는 새로운 매체의 출현 등 환경의 변화도 고려되어야 한다.[64] 나아가 온라인상 정보 유통과 관련하여 기술적인 문제에 대해서도 주의가 필요함을 지적한다. 뉴스를 포함한 온라인상 정보의 제공은 주로 RSS(rich site summary) 방식에 의하며, RSS 프로그램은 다양한 정보를 자동 수집하여 제공함으로써 해당 사이트의 방문 없이도 정보에 대한 접근이 가능하게 한다. 이러한 프로그램을 운영하면서 해당 사이트로부터 사전에 라이선스를 취득하는 것이 필요한데, 이는 기술적으로 과도한 요구일 수 있다.[65]

2021년 저작권법 개정은 거대 플랫폼의 성장과 이들이 언론산업에 미치는 영향력 증대에 대한 우려가 유력한 동인이 되었지만, 또한 언론사 저작인접권 도입 이후 전개되었던 논의도 반영되었다. 앞에서 언급한 언론사의 저작인접권 부여의 부정적 측면에 대한 다양한 지적에도 불구하고 언론사의 권리를 인정하는 기조는 계속되고 있으며, 소멸시효 기간의 확대에서 볼 수 있듯이, 오히려 기존 권리를 강화한 측면이 있다. 이와 같은 입법 태도는 제도 도입 이후 새로운 변화로서 거대 플랫폼이 언론산업을

2019, 411-412면 참조.

63) Stefan Niggemeier, "Lügen fürs Leistungsschutzrecht (1)", Stefan- Niggemeier. de, 2012. 7. 4.

64) Rainer Stadler, "Keine Sympathien für ein Leistungsschutzrecht", Neue Zürcher Zeitung, 2010. 8. 31.

65) Achim Sawall, "Bundesregierung: Leistungsschutzrecht könnte für soziale Netzwerke gelten", golem.de, 2012. 12. 12.

지배하는 현상에 대한 입법적 대응의 결과로 이해되며, 특히 언론사에 부여된 저작인접권이 플랫폼에 대응할 수 있는 실효성 있는 수단이 될 수 있다는 인식이 여전히 유지되고 있음을 보여준다.[66)]

(2) 언론사 저작인접권의 경쟁정책적 의의

언론사의 저작인접권을 인정한 취지가 기사를 매개하는 인터넷 사업자에 대한 경쟁력을 강화하는 것에 있다는 점에서, 제도 도입의 의의를 경쟁정책적 관점에서 검토할 필요도 있다. 동 제도의 도입 이후 인터넷 사업자가 검색 프로그램을 통해 기사를 제공함에 있어서 언론사의 권리 행사가 가능하게 되었으며, 독일의 경우 2013년 이미 주요 플랫폼 사업자의 지위에 있었던 구글의 검색 서비스에 대한 저작인접권 규정의 적용 문제가 현안으로 대두되었다. 구글은 기사 검색 서비스를 제공하면서 기사의 핵심부분을 미리 보여주는 스니펫 방식을 사용하였는데, 이러한 행위는 언론사의 저작인접권을 침해하는 것이기 때문에 언론사의 동의가 요구되었다. 입법 시 기대되었던 변화는 이러한 권리 행사를 통하여 플랫폼에 대한 언론사의 통제가 유보되는 것이었지만, 현실 거래에서 나타난 현상은 이에 부응하지 못하였다. 구글은 검색 프로그램에서 스니펫 방식을 사용하기 전에 언론사에 동의를 무료로 요구하였고, 슈피겔을 비롯한 주요 언론사는 구글의 검색 프로그램에서 배제될 우려로 인해 이러한 사용에 대해 동의하게 되었다.[67)] 이러한 현상은 언론사가 동의를 하지 않을 경우 발생할 수 있는 트래픽 감소를 더 큰 위험으로 인식하고 자신에게 주어진 저작인

66) Sarah Anne Ganter & Peter Maurer, "Von der Medien- zur Netzpolitik? Eine Analyse des Leistungsschutzrechts für Presseverlage in Deutschland", Martin Emmer & Christian Strippel hrsg., Kommunikationspolitik und Medienregulierung in der digitalen Gesellschaft, Reihe Digital Communication Research, 2015, 259-281면 참조.
67) 박희영, "독일 언론출판사의 저작인접권 시행 현황 및 전망", 저작권문화 제255호, 2015, 39면 참조.

접권 행사에 소극적으로 임한 결과로 이해되고 있다.[68]

이상의 독일에서 언론시 저작인접권 도입 이후 전개된 상황은 유사한 입법을 행한 다른 나라에서도 크게 다르지 않은 것으로 나타나고 있다.[69] 이와 같은 전개는 저작인접권 부여가 언론사의 협상력 제고에 기여하는 바가 크지 않다는 것을 보여주는 것이며, 제도의 실효성에 상당한 의문을 낳았다. 그 원인으로서 우선적으로 거론되는 것은 기사를 제공하는 플랫폼의 지배력이 저작인접권으로 통제할 수 있는 수준을 넘어선다는 것이다.[70] 일반적으로 거래 당사자 간에 힘의 불균형이 존재하는 상황에서 열위의 사업자가 가장 우려하는 것은 거래관계로부터 배제되는 것이고, 따라서 거래 상대방의 지위남용에 대한 규제에 적극적인 태도를 취하기 어렵다는 점이 지적된다.[71] 동일한 맥락에서 기사 제공과 관련하여 플랫폼과 언론사의 관계를 이해할 수 있으며, 특히 플랫폼에 대한 언론사의 트래픽 의존도가 점증하고 있는 상황에서 언론사의 저작인접권 행사를 기대하기는 어려울 것이다.

이러한 상황은 기사 제공과 관련하여 언론사의 플랫폼에 대한 협상력을 제고하기 위해 단지 저작인접권 제도의 도입에 그치지 않고 제도적 보완이 추가될 필요가 있음을 시사한다. 이러한 시도는 양 방향에서 모두 이루어질 수 있는데, 우선 언론사의 저작인접권을 강화하는 방안이 고려될 수 있으며, 2021년 독일 저작권법 개정을 중요한 예로 들 수 있을 것이다. 다른 한편으로 플랫폼에 대한 규제 가능성을 확대하는 방안도 모색할 필요가 있다. 거대 플랫폼의 등장 이후 이를 실효적으로 통제하기 위한 다양한

---

68) 유럽 검색 시장에서 구글이 점유율이 90% 이상인 상황에서 이러한 동의가 언론사들의 불가피한 선택이었다는 분석으로, 위의 글, 39면 참조.

69) 예를 들어 독일과 유사한 상황 전개를 보이고 있는 스페인에 관한 분석으로, 류시원, 주 40)의 글, 72면 참조.

70) 위의 글, 72면 참조.

71) EU Commission, Communication Tackling unfair trading practices in the business-to-business food supply chain, 2014, 7면 참조.

시도가 나타나고 있으며, 이에 관한 논의에서 언론산업의 특수성이 고려
될 필요가 있을 것이다.[72]

3. 언론사 저작인접권 제도의 실효성 제고

(1) 입법적 개선 시도

이와 관련하여 독일이나 스페인 등 개별 회원국이 아닌 EU 차원에서
이루어진 입법 시도에 주목을 요한다. 동 지침의 제정에서는 언론사의 저
작인접권에 관해 선행적으로 입법을 수행한 독일이나 스페인 등 주요 회
원국의 제도 현황 등이 중요한 동인이 되었는데, 선행하는 입법 경험을 참
고하여 EU 차원에서 저작인접권의 재설계를 위한 논의가 이어졌다.[73] 그
결과로서 2019년 제정된 저작권지침(Directive on Copyright in the Digital
Single Market)은 제15조에서 언론사의 저작인접권에 관해 규정하였다. 동
조 제1항은 회원국이 언론사에게 정보사회 서비스 제공자(information
society service providers)에 의한 자신의 언론출판물의 온라인상 이용을
위해 2001/29/EC의 2조(복제권, reproduction right) 및 3(2)조(공중이용
권, Right of communication to the public of works and right of making
available to the public other subject-matter)에 규정된 권리를 부여하여야
하며, 동 규정은 개별 이용자의 사적 또는 비상업적 이용, 하이퍼링크 행

---

72) 언론사의 저작인접권 제도의 운영과 관련하여 언론산업에 속한 다양한 이해관계
   자의 이익과 공익적 가치가 형량될 필요가 있음을 지적하는 것으로, Lennart
   Knutzen-Lohmann, Das europäische Leistungsschutzrecht für Presseverleger,
   Nomos, 2021, 215-228면 참조. 여기서는 저작인접권 시행과 관련될 것으로 예
   상되는 경제적 비용으로, 수범자 측면에서 생산비용의 상승과 거래비용의 발생,
   언론사 측면에서 거래비용의 발생, 기사 수용의 감소에 따른 비용, 기사 플랫폼
   사업자의 시장집중도 증가, 중소 언론사의 경쟁상 불이익 그리고 국민경제적 차
   원에서 지식과 정보의 전파 감소, 수용 가능한 언론출판물의 다양성 감소, 기사
   수용자의 검색 비용의 증가 등을 고려되어야 할 요소로 지적하고 있다.
73) 류시원, 주 40)의 글, 74면 참조.

위 그리고 개별 단어 또는 매우 짧은 발췌문에는 적용되지 않는다. 동조 제2항 제1문은 제1항에 따른 권리가 언론출판물에 포함된 저작물 등의 저 작권자 또는 기타 권리 보유자의 권리를 침해하지 않음을 명정하고 있다. 동항 제2문은 저작물 또는 기타 주제가 비독점적 라이선스에 기반한 언론 출판물에 포함되는 경우, 제1항에 규정된 권리는 다른 승인된 사용을 금 지하기 위해 원용될 수 없으며, 제1항에 규정된 권리가 보호 종료된 저작 물 또는 기타 주제의 사용을 금지하기 위해 원용될 수 없음을 규정하고 있다. 제4항은 제1항에 의한 권리의 시효기간을 2년으로 규정하고, 제5항 은 언론출판물에 포함된 저작물의 저자가 정보사회 서비스 제공업자의 언 론출판물 사용에 대해 언론사가 받는 수익으로부터 적절한 몫을 지급받을 수 있음을 명시하고 있다.[74] 이와 같은 규정의 도입은 온라인상 언론출판 물 유통에 관한 공정한 시장을 형성하려는 취지에서 이루어진 것이며, 구 체적으로 플랫폼과 언론사 간 수익 배분 문제가 언론사의 저작인접권 제 도의 기반 위에서 해결될 수 있도록 하였다는 점에서 의의가 있다.[75]

(2) 남용 통제에 의한 보완

이상의 EU 저작권 지침은 회원국의 입법적 수용을 요구하며, 이에 따라 서 독일, 프랑스 등 회원국은 동 지침 상 저작인접권의 내용을 반영한 입 법을 수행하였다. 그러나 전술한 것처럼 이러한 변화가 언론사의 플랫폼 사업자에 대한 협상력 강화에 기여할 수 있음은 분명하지만, 이로써 충분 한 것인지는 여전히 의문이다. 플랫폼이 기사 제공과 관련하여 갖는 지배 력에 의미 있는 변화는 나타나고 있지 않으며, 언론사의 플랫폼에 대한 트 래픽 의존도 계속되고 있다. 이러한 상황에서 언론사가 플랫폼에 대하여

---

74) 제3항에서 지침 2001/29/EC, 지침 2012/28/EU 및 지침(EU) 2017/1564의 제8조 는 준용된다. 한편 동 지침은 다시 2021년 독일 저작권법 개정에 영향을 미쳤다.
75) 심우민, "EU의 뉴스 저작물 보호 입법 - DSM 저작권 지침의 입법학적 함의를 중심으로 -", 유럽헌법연구 제34호, 2020, 128면 참조.

일정한 권리를 주장하고, 이로부터 자생적 기반을 스스로 구축할 것을 기대하기에는 현실적인 한계가 있을 것이다. 특히 플랫폼의 우월한 지위는 언론사의 권리 행사를 방해하는 요인으로서 여전히 작용할 수 있다. 이러한 관계를 적절히 보여주는 예로 프랑스에서 있었던 구글의 행태와 이에 대한 프랑스 경쟁당국의 대응은 많은 시사점을 제공한다.

EU의 저작권 지침의 제정에 따라서 프랑스에서도 지적재산권법의 개정이 이루어졌으며,[76] 동 지침의 내용을 반영한 개정 지적재산권법은 2019. 10. 24.부터 시행되었다. 이와 같은 내용의 동 개정법 시행에 앞서 구글은 언론사들이 제공하는 기사의 무상 이용을 요구하면서 이를 받아들이지 않을 경우 기사의 미리보기 서비스를 제공하지 않겠다는 정책을 발표하였다. 이러한 구글의 정책에 대부분의 프랑스 언론사들은 적극적으로 대응하지 못하였으며, 결국 개정 지적재산권법의 시행 이전에 동법에서 예정하고 있던 대가를 사전에 포기한 채 구글의 기사 무상 이용에 동의하였다. 그렇지만 언론사 등은 구글의 이러한 조치를 프랑스 경쟁당국(Autorité de la concurrence)에 신고하였고, 경쟁당국은 구글의 행위가 경쟁법을 위반한 것인지에 관한 조사를 개시하였다. 경쟁당국은 구글이 언론사에 대해 뉴스의 무상 이용을 요구한 행위가 일반검색 시장에서 시장지배적 지위를 남용한 행위에 해당할 수 있다고 판단하였으며,[77] 특히 구글의 행위가 민주주의 사회의 핵심적 역할을 수행하는 언론 산업에 부정적 영향을 미친

---

76) 프랑스의 지적재산권법(code de la propriété intellectuelle)은 EU 저작권 지침에 따라서 2021년 개정되었는데, 특히 동법 제3장에서 저작인접권에 관한 저작권 지침의 내용이 반영되었다.

77) 프랑스에서 경쟁에 관한 규율은 상법(Code de commerce) 제4장(자유 가격과 경쟁)에 근거하며, 시장지배적 지위남용 행위에 대한 규제는 제L.420-2조에 의해 이루어진다. 동조 제1문은 다음과 같다. "국내 시장 또는 그 시장의 상당한 부분에서 사업자 또는 복수의 사업자가 지배적 지위를 남용하는 것은 금지된다. 거래 상대방이 부당한 거래 조건을 수용하는 것을 거절하는 이유만으로 행하는 판매 거절, 끼워팔기, 차별적 조건에 따른 판매 및 기존 거래관계의 종료는 이에 해당할 수 있다."

다고 지적하였다. 이러한 판단에 기초하여 경쟁당국은 2020. 4. 14. 언론 사들이 구글에게 협상을 요청한 시점으로부터 3개월 내에 컨텐츠 이용에 관하여 성실하게 협상할 것을 주된 내용으로 하는 임시명령을 발하였고,[78] 동 결정은 2020. 10. 8. 파리 항소법원의 판결에 의해서도 지지되었다.[79]

이상의 구글과 언론사 간의 관계에 대하여 프랑스 경쟁당국이 취한 태 도는 언론사의 저작인접권 문제에 경쟁법적 접근이 유효할 수 있음을 시 사한다.[80] 앞에서 살펴본 것처럼 언론사에게 저작인접권을 부여한 취지는 언론사의 권리를 강화하여 플랫폼 사업자에 대한 협상력을 높임으로써 디 지털 환경에서 언론사의 자생력을 강화하려는 것이고, 이는 기사 제공 플 랫폼에서 발생하고 있는 불균형 문제를 원칙적으로 당사자의 자율에 의해 해결하려는 사고에 기반한다. 그러나 저작인접권의 행사가 거래 상대방의 지배력에 의해 형해화 된다면, 자율적 문제 해결의 실현을 기대하기는 어 려울 것이다. 이러한 상황에서 플랫폼의 언론사에 대한 남용 통제는 거래 상 불균형을 완화할 수 있고, 이로써 저작인접권의 행사가 실질적인 것이 될 수 있도록 하는 데 기여할 수 있을 것이다.

---

78) Décision n° 20-MC-01.

79) 이상의 사건 경과에 관하여, 이상윤·류시원, "프랑스 구글(언론사 저작인접권) 사건의 의의와 디지털 시대 경쟁법의 역할에 대한 시사점", 법학논집 제25권 제 2호, 2020, 400-424면 참조. 한편 프랑스 경쟁당국은 2022. 6. 21. 구글이 언론 사와의 협상에 임하라는 경쟁당국의 결정을 수용하여 최종적으로 당해 분쟁이 해결되고 관련 절차가 종료되었음을 밝혔다. Reuters, 2022. 6. 22. "Google resolves French copyright dispute over online content"

80) 프랑스 경쟁당국의 수장인 Isabelle de Silva는 파리 항소법원의 결정은 "대규모 플랫폼들 또는 디지털 사업자들의 잠재적 남용 행위를 막는 데 있어서 경쟁법 틀의 효과성을 증명하였다"고 평가하였다. 이상윤·류시원, 위의 글 424면.

IV. 독립기관에 의한 통제 방식의 유효성

1. 한국적 상황에 대한 이해

플랫폼과 언론사 간 관계를 제3의 독립기관에 의해 규율함으로써 양자 간에 공정한 거래관계를 구축하려는 시도는 우리나라 뉴스제휴평가위원회의 설립 및 운영에서찾을 수 있다. 이와 같은 독특한 규율체계의 도입은 우리나라 기사 플랫폼의 특징적인 양상에 기인한 것으로 볼 수 있다. 물론 글로벌 차원에서 전개되고 있는 언론에 대한 플랫폼 영향력 확대 현상은 우리나라에서도 유사하다. 그렇지만 구체적인 전개 양상에는 다소 차이가 있는데, 가장 두드러진 차이는 우리나라의 경우 플랫폼이 기사 제공에 보다 직접적으로 관여하고 있다는 것이다. 앞에서 살펴본 것처럼 글로벌 차원에서 거대 플랫폼이 기사 제공에 미치고 있는 영향력은 검색 서비스나 추천 서비스를 통해서 이루어진다. 반면 우리나라의 경우 기사 제공에 영향을 미치는 주요 플랫폼은 포털 사업자이며, 포털 서비스를 통하여 기사가 제공되는 것이 일반적이다. 포털은 인터넷 이용자가 웹브라우저를 실행시킨 후 최초로 접속하는 웹사이트를 말하며, 포털 사업자는 인터넷 이용의 경로(bottleneck)를 확보하고자 인터넷 이용자의 다양한 목적에 부응하는 서비스를 종합적으로 제공하고 있다. 이에 해당하는 서비스로서 검색 서비스(search), 이메일 등 커뮤니케이션 서비스(communication), 블로그나 카페 등의 커뮤니티 서비스(community), 뉴스, 웹툰, 동영상 등 콘텐츠 제공 서비스(contents) 그리고 온라인쇼핑 등 전자상거래 서비스(commerce) 등이 대표적이며, 주요 포털사업자들은 이들 모두를 제공하고 있다.[81]

---

81) 공정거래위원회는 이들이 모두 포함된 1S-4C 이용자 시장으로 포털 서비스 시장을 획정하였다. 공정위 2008. 8. 28. 의결 제2008-251호.

주요 포털 사업자는 포털을 통해 이용되는 콘텐츠 중에서 큰 비중을 차지하고 있는 기사 서비스를 제공하고 있으며, 우리나라에서는 해당 서비스를 제공하는 포털이 뉴스 이용에 있어서 절대적인 비중을 차지하는 플랫폼으로 기능하고 있다.[82] 이 외에 뉴스를 제공하는 방식에 있어서도 글로벌 플랫폼과 차이가 있다. 전술한 것처럼 글로벌 플랫폼이 기사 수용에 영향을 미치는 것은 주로 검색 서비스 또는 추천 서비스 방식에 의하며, 플랫폼이 직접적으로 기사를 제공하는 것은 아니다. 그러나 우리나라 포털에 의한 기사 플랫폼의 운영은 검색 서비스에 의하는 것뿐만 아니라, 기사를 포털이 제공 받아서 직접 수용자에게 제공하는 방식이 주를 이루고 있다. 이를 위해 포털은 언론사와 검색 제휴 관계뿐만 아니라 콘텐츠 제휴 관계를 맺고 기사 제공에 관여하는데, 전자는 out-link 방식 그리고 후자는 in-link 방식으로 구분할 수 있다.[83]

포털 사업자가 뉴스 제공과 관련하여 후자의 방식을 취하는 것은 이용자가 플랫폼에 머무는 시간을 확보하려는 의도에 따른 것으로 이해되며, 이를 위해 후자의 경우 포털 사업자는 뉴스 공급자인 언론사에게 일정한 대가(전재료)를 지불한다. 그러나 이와 같은 방식상의 차이에도 불구하고, 국내 포털 사업자에 의한 플랫폼이 뉴스 공급자인 언론사에 대해 영향력을 미치고 있다는 점에서 글로벌 플랫폼과 실질적인 차이는 없다. in-link 방식이든 out-link 방식이든 언론사가 제공한 뉴스의 이용 측면에서 플랫폼의 역할은 커지고 있고, 따라서 포털 사업자의 플랫폼에 대한 언론사의

---

82) 인터넷 포털을 통하여 기사를 수용하는 비율은 모바일의 경우 78.5%, PC의 경우 27.6% 그리고 전체적으로 79.2%로 나타났다. 한국언론진흥재단, 2021 언론 수용자 조사, 2022, 17-18면.

83) 이 외에도 스탠드제휴 형태가 있는데, 언론사 홈페이지의 기사 배치 화면이 그대로 뉴스스탠드 서비스 내에 전송되기 때문에 실시간으로 각 언론사의 편집 가치가 그대로 반영된 기사를 제공하는 포털의 서비스라 할 수 있으며, 이 서비스에 의해 기사 수용자는 언론사의 홈페이지를 직접 방문하지 않아도 언론사의 편집권이 적용된 기사를 수용할 수 있다.

의존성이 심화되는 현상은 글로벌 차원에서 나타나고 있는 현상과 본질적으로 다르지 않다.

2. 독립기관에 의한 통제 방식의 검토

(1) 뉴스제휴평가위원회의 설립과 운영

우리나라에서 이루어지고 있는 온라인상 기사 제공 방식의 특징은 다른 나라와 다소 차이가 있는 접근을 모색하는 요인이 된 것으로 볼 수 있다. 즉 플랫폼으로서 포털 스스로 기사를 제공하고, 이를 위해 언론사로부터 기사를 공급받는 방식은 플랫폼과 언론사 간 거래관계에 직접 초점을 맞추는 계기가 되고 있다. 그리고 이러한 관계가 공정하게 이루어질 수 있도록 하는 방식으로 거래관계의 성립과 지속 여부에 관한 판단을 제3의 다른 기구에 유보하는 방식을 취하였으며, 이는 2015년 뉴스제휴평가위원회(이하 제평위)의 설립으로 구체화 되었다.

제평위는 국내 온라인 뉴스 생태계의 건전한 발전을 위해 설립된 독립기구로서[84] 주요 포털 사업자인 네이버와 카카오에 언론사들이 제공하는 기사의 심사와 평가를 수행하고, 이에 기초하여 양자 간의 관계를 규율하는 권한을 보유하였다. 제평위는 플랫폼과 언론사 어느 한쪽에 편향되지 않은 독립성을 유지하며[85] 공적 기능을 수행할 것으로 기대되고 있지만, 법적 근거가 없는 상황에서 이익이 충돌하는 사적 주체 간의 관계를 규율하는 것으로 인한 제도의 불안정성이 드러날 수도 있다.[86] 그렇지만 이와

---

84) https://help.naver.com/support/contents/contents.help?serviceNo=997& category No=14755

85) 제평위는 한국신문협회, 한국온라인신문협회, 한국인터넷신문협회, 한국방송협회, 한국케이블TV방송협회, 한국언론진흥재단, 한국언론학회, 한국기자협회, 한국YWCA연합회, 언론인권센터, 경제정의실천시민연합, 한국소비자연맹, 대한변호사협회, 한국신문윤리위원회, 인터넷신문위원회 등 총 15개 단체가 2인씩 추천하는 위원으로 구성된다.

같은 규율 방식이 플랫폼 지배력의 통제 수단으로 기능할 가능성은 제공한 것으로 볼 수 있을 것이다.

제평위의 운용 지침인 '네이버·카카오 뉴스 제휴 및 제재 심사 규정'(이하 심사규정)은 제4조에서 포털 사업자와 언론사 간 뉴스 제공(제휴) 방식을 뉴스검색제휴, 뉴스콘텐츠제휴, 뉴스스탠드제휴의 세 가지로 제시하고 있으며, 제평위는 언론사의 제휴 신청에 따른 심사를 통해 제휴의 허용 여부를 결정한다(심사규정 9조). 또한 정기적인 재평가를 수행하며(심사규정 11조), 그 결과에 따라서 포털사업자에 대하여 해당 언론사의 제휴 계약을 해지할 것을 권고할 수 있으며, 이러한 결정에 포털사업자는 구속된다(심사규정 16조 4항).

이상의 포털사업자와 언론사 간 제휴 관계에 관한 제평위의 권한은 언론사에 대한 포털사업자의 지배력을 어느 정도 통제하는 의미를 갖는다. 그러나 여전히 포털사업자가 운영하는 플랫폼에 대한 언론사의 트래픽 의존도가 지속되는 상황에서 제3자의 공적 통제 방식이 지위 불균형에서 야기되는 문제의 온전한 해결을 이룰 것이라는 기대는 섣부른 것일 수 있다.

(2) 연합뉴스 사건의 검토

이러한 상황 인식과 관련하여 포털사업자와 연합뉴스 간에 발생한 계약 해지 사건은 의미 있는 시사점을 제공한다. 제평위는 연합뉴스가 2021년 3월부터 7월까지 송부한 기사 중 약 2,000건의 기사가 '등록된 카테고리 외 전송'(기사형 광고)에 해당하는 것으로 판단하고, 2021. 11. 12. 재평가를 실시하여 국내 주요 포털인 네이버와 카카오에게 연합뉴스와 기사 제

---

86) 제평위의 구성에서 다수는 언론사 내지 언론 종사자의 단체의 추천에 의하는데, 이러한 구성이 이해관계로부터 자유로운 의사 결정을 담보할 수 있는지에 관해 의문이 제기될 수 있다. 임영호, 주 6)의 글, 13-14면 참조. 또한 플랫폼과 언론사의 관계에서 발생하는 다양한 문제를 다룰 수 있는 구성으로서 적절한지의 문제도 제기될 수 있다.

휴 계약을 해지할 것을 권고하는 결정을 하였다. 동 결정에 따라서 네이버와 카카오는 즉각적으로 연합뉴스에 계약 해지를 통보하였다.[87] 연합뉴스는 동월 15일 서울중앙지방법원에 당해 계약해지의 취소를 구하는 소를 제기하고, 아울러 동 계약해지의 효력정지를 구하는 가처분을 신청하였다. 동 법원은 2021. 12. 24. 원고(연합뉴스)의 가처분 신청을 수용하는 결정을 내렸다.[88] 전술한 것처럼 네이버와 카카오가 연합뉴스와의 기사 제휴 계약을 해지한 것은 제평위의 계약해지 권고 결정에 따른 것이었고, 제평위의 결정은 연합뉴스가 송부한 기상 중 일부가 광고형 기사에 해당함으로써 공공성에 반한다는 판단에 기초하였다. 그러나 동 법원의 가처분 인용 결정에서 제평위의 이러한 판단 자체가 의미 있는 쟁점으로 다루어지지는 않았다. 동 법원이 주목한 것은 포털과 연합뉴스 간 계약 해지가 해당 언론사에 미칠 효과의 중요성이었고, 이러한 중요성이 계약 해지의 결정 과정에 충분히 반영되었는지에 관해 회의적인 입장을 취하였다. 구체적으로 동 결정은 "네이버·카카오의 포털서비스가 인터넷뉴스 콘텐츠 시장에서 80% 이상의 이용률을 차지하고 있는 상황에서 제휴계약 해지의 경우 대상 언론매체가 공론의 장에서 상당 부분 퇴출되는 결과를 가져올 수 있다"고 언급하고, 따라서 "제휴계약 해지는 엄격한 실체적·절차적 요건을 갖춰야 한다"는 점을 강조하였다. 구체적으로 "제평위 해지조항은 약관법상 '신의성실의 원칙'을 위반해 공정을 잃은 약관 조항'이나 '법률에 따른 사업자 해지권의 행사 요건을 완화해 부당하게 불이익을 줄 우려가 있는 조항'에 해당한다고 볼 개연성이 충분하다"는 점, "청문절차를 규정하는 다른 제재와 달리 제평위의 제휴 심사 절차의 경우 평가와 해지 절차에 있어 제휴 언론매체의 방어권 보장에 매우 취약하다"는 점 그리고 "연합뉴스도 뉴스평가위 재평가 당시 자신의 입장을 설명하거나 소명기회를 갖지 못했다"는 점 등을 지적하고, 이는 연합뉴스의 가처분을 인용하는

---

87) 한국기자협회, 2021. 11. 18.
88) 이데일리, 2021. 12. 24.

결정의 기초가 되었다.[89]

동 결정에서 법원이 연합뉴스가 제공한 광고성 기사의 공공성 위반을 부정한 것은 아니다. 다만 기사의 트래픽이 절대적으로 포털에 의존하고 있는 상황에서 당해 계약해지가 갖는 의의를 확인하고, 이러한 점이 제평위의 결정 절차에 반영되지 않은 점을 가처분 인용 결정의 주된 근거로 삼고 있으며, 그 과정에서 「약관의 규제에 관한 법률」(이하 약관법) 제8조에서 약관의 무효 사유로 기술된 부당한 해지에 관한 규정을 원용하고 있다.[90] 약관법상 불공정한 약관의 무효화 규정은 상대적으로 우월한 지위에 있는 사업자에 의한 불공정한 계약 내용을 통제하는 의미가 있으며,[91] 뉴스제휴 계약의 당사자인 포털과 언론사의 관계는 이러한 규정이 유효한 계약구조적 특징을 전형적으로 갖고 있다. 이러한 점에서 법원이 계약해지의 부당성을 절차적 측면에서 지적한 것은 타당한 것으로 볼 수 있다.

(3) 제도 개선의 필요성

그렇지만 플랫폼 시대에 언론산업이 처한 상황 및 제평위와 같은 제3자 기관이 제휴계약 해지 여부를 결정할 수 있도록 한 제도적 취지에 대한 이해가 제평위의 권고 결정 및 나아가 법원의 가처분 결정에 충분히 반영되고 있는지는 의문이다. 제평위의 심사를 통해 기사제휴 계약의 성립 및 해지가 이루어지도록 한 것은 포털사업자가 기사를 제공하는 언론사에 대하여 지배력을 남용하는 것을 독립적인 기구에 의해 통제하려는 목적에 따른 것이므로, 계약의 승인이나 해지를 결정함에 있어서 이러한 취지가 적극적으로 고려될 필요가 있다. 그러나 제평위가 판단의 기준으로 삼고 있는 심사규정에서 이러한 고려가 행해질 수 있는 근거는 명확하지 않으

---

89) 동 결정 이후 카카오는 제외한 채 네이버는 본안소송을 위한 제소명령을 신청할 입장을 피력하였다. 미디어스, 2022. 2. 25.

90) 이데일리, 2021. 12. 24.

91) 권오승·홍명수, 주 8)의 책, 588-589면 참조.

며, 법원이 지적한 것처럼 당해 언론사의 퇴출이 갖는 의의에 대한 이해가 판단 과정에서 고려 요소가 된 것으로 보이지 않는다.

비록 계약의 성립, 유지에 관한 판단 권한이 제3자 기관에 유보되어 있다 하더라도, 계약 당사자가 시장에서 배제될 위험에 대한 고려는 거래 의존성이 매우 높은 상황에서 필수적인 것으로 보아야 하며, 이에 대한 결여는 제평위의 권고 결정 및 포털의 계약 해지의 타당성에 의문을 낳는 요인이 된다. 포털 사업자가 제3자 기관의 개입 없이 이러한 결정을 스스로 행한 경우라면, 거래 상대방이 당해 시장에서 배제될 우려는 남용 판단의 핵심적 요소로서 고려되었을 것이다. 이러한 점은 제3자 기관이 계약관계를 결정하는 경우에도 전제되어야 하며, 특히 문제가 되는 행위가 시장에 미치는 영향을 평가함에 있어서 경쟁정책적 관점은 유효한 접근 방식이 될 수 있을 것이다.

V. 경쟁정책의 실효성과 독점규제법의 적용 가능성

1. 독점규제법에 의한 단독행위 규제 가능성

독점규제법상 규제체계는 단독행위와 공동행위 규제로 이원화되어 있으며, 또한 단독행위 규제는 시장지배적 지위남용 행위 규제와 불공정거래행위 규제로 대별할 수 있다.[92] 플랫폼의 경쟁정책상 문제는 플랫폼이 산업 전반에 미치고 있는 지배력에 기인하므로, 언론산업에서 플랫폼에 대한 독점규제법 적용의 문제는 주로 지배적 지위에 있는 특정 플랫폼의 개별적 행위에 초점이 모아질 것이고, 따라서 플랫폼에 대한 시장지배적 지위남용 규제의 적용 문제가 우선적인 검토 대상이 될 것이다.

---

92) 독점규제법 규제체계에 관한 논의로, 홍명수, 주 24)의 글, 49면 이하 참조.

2. 시장지배적 지위 판단

(1) 관련시장 획정

시장지배적 지위남용 규제의 단계적 심사 방식에 따라서 먼저 지배적 지위를 살펴볼 경우에, 국내에서 기사 제공이 이루어지고 있는 플랫폼은 네이버나 카카오와 같은 주요 포털 사업자에 의해 구축되어 있으므로, 이들이 해당 거래 분야에서 지배력을 보유하고 있는지가 검토되어야 할 것이다. 전술한 것처럼 디지털 시대에 언론사의 플랫폼에 대한 트래픽 의존도가 높은 현실에서 지배력의 귀속 주체로 포털 사업자를 상정하는 것은 용이할 수 있다. 그러나 구체적인 남용 규제의 맥락에서 이에 관한 판단은 기사 서비스가 제공되는 시장 획정에 기초하여야 하며, 일반적인 시장 획정 원칙의 적용을 피하기는 어려울 것이다. 시장획정 원칙인 대체가능성을 고려하면, 수용자가 기사에 접근하는 방식은 온라인에 한정되지 않으며, 여전히 전통적인 방식의 지면을 통하여 기사가 수용되는 경우가 존재한다는 점에도 주의를 기울일 필요가 있다. 즉 기사의 온라인과 지면에 의한 수용 간에 대체가능성이 있을 경우에 양자는 단일한 시장을 구성하는 것으로 볼 수 있을 것이다.

현재 기사의 온라인상 수용 방식은 대체로 무료로 이루어지고 있다는 점에서 계량적으로 양자 간 대체탄력성을 구하는 것이 여의치 않을 수 있다. 그렇지만 디지털 환경 하에 다양한 단말기를 통해 이루어지는 온라인 방식의 기사 수용은 전통적인 지면 출판물에 의한 것과 방식상 명확히 구별되고 나아가 전자에 의한 기사 수용의 비중이 확대되고 있다는 점에서 양 방식 간에 대체가능성을 인정하여 하나의 시장을 구성한다고 보기는 어려울 것이다.

(2) 시장지배력 판단

온라인 방식의 기사 서비스로 한정하여 시장을 획정할 경우에 주요 포털의 시장지배력을 판단함에 있어서 온라인상 기사 수용의 구체적 방식에 대한 이해가 요구된다. 일반적으로 온라인상 기사를 제공하는 언론사는 자신의 편집권에 의하여 기사를 편제한 사이트를 구축하고 있으며, 따라서 이에 대한 수용자의 직접적인 접근이 가능하게 되어 있다. 그렇지만 기사 수용은 주요 포털 등의 플랫폼을 경유하는 방식에 의하는 것이 일반적이며, 이들이 제공하는 검색 프로그램이 기사 트래픽에 영향을 미치고 있다. 앞에서 살펴본 것처럼 기사 플랫폼으로서 주요 포털은 검색 제휴 방식, 콘텐츠 제휴 방식, 스탠드 제휴 방식을 병행하고 있으며, 특히 앞의 두 가지 방식은 기사 검색 프로그램을 전제하고 있다는 점에서 공통된 특징을 갖는다. 이와 같은 주요 포털의 검색 기능은 언론사의 의존도를 심화시키는 결정적 요인으로 작용하는데, 주요 포털의 지배력 판단은 이러한 검색 기능을 통하지 않고 언론사 사이트를 직접 방문함으로써 이루어지는 직접적 기사 수용과 포털 검색 기능에 의해 매개되는 기사 수용의 비율로부터 도출될 수 있을 것이다. 이에 관한 유의미한 자료가 제공되지 않는 상황에서 일반적 이용 행태에 관한 분석으로부터 추론은 불가피한 것으로 보이며, 주요 포털의 이용도가 점증하고 있는 점을 고려할 때[93] 기사 제공 서비스 시장에서 이들의 지배력을 인정할 여지는 크다.[94]

[93] 2021년 기사의 포털 이용률은 2020년에 비해 상승한 것으로 나타나고 있다. 모바일을 통한 기사의 포털 이용률은 74.6%에서 78.5%, PC에 의한 포털 이용률은 22.7%에서 27.6% 전체적으로는 75.8%에서 79.2%로 변화하였다. 한국언론진흥재단, 주 82)의 책, 17면.

[94] 2022. 1. 1.부터 2022. 5. 31.까지 뉴스/미디어 분야에서 검색엔진의 점유율은 네이버 57.59%, 구글 33.94%, 다음(카카오) 7.21%, MSbing 0.87%, ZUM 0.35%로 나타나고 있다. 이와 같은 점유율 분포는 포털 간에 상이한 접근이 필요할 수 있음을 시사한다. http://www.internettrend.co.kr/trendForward.tsp. 한편 이와 같은 점유율 분포에 비추어, 시장지배력을 전제하지 않은 불공정거래행위, 특히 거래상 지위남용으로서의 규제 가능성도 고려될 수 있을 것이다.

아울러 주요 포털이 플랫폼으로서 갖고 있는 특징을 지배적 지위의 판
단에 있어서 적극적으로 고려할 필요도 있다. 2020년 이루어진 독일 경쟁
제한방지법 제10차 개정에서는 시장지배적 지위의 고려 요소로서 플랫폼
을 염두에 두고 데이터의 통제나 거래 중개자로서의 지위를 새롭게 도입
하였는데,[95] 이러한 요소들은 기사 플랫폼으로서 주요 포털의 지배력을
판단함에 있어서 참고할 수 있을 것이다.

한편 플랫폼의 지배력을 평가함에 있어서 기사를 제공하는 언론사 시장
구조에 대해서도 주의를 요한다. 디지털화의 촉진은 신규 언론사가 시장
에 진입할 수 있는 비용을 낮추고, 다양한 매체가 기사를 제공할 수 있는
환경을 조성한 측면도 있지만, 주요 언론사의 집중도가 심화되는 현상도
나타나고 있다. 예를 들어 2021년 조사에서 인터넷상 유료 구독자 기준으
로 상위 3 언론사의 비중을 보면, 미국의 경우 구독자의 45% 그리고 영국
의 경우 52%를 차지하는 것으로 나타나고 있다.[96] 이와 같은 집중화 현
상은 디지털 환경 하에서 언론 시장의 구조 문제가 현안으로 대두되고 있

---

95) 경쟁제한방지법 제18조 제3항에 시장에서의 지위를 판단하는 요소로 '경쟁에 관
   련된 데이터에의 접근'(3호)을 추가하였고, 동조에 제3항b를 신설하여 "다면시장
   에서 중개자로서의 지위를 고려하여 시장지배력을 판단하는 요소를 제시하는 규
   정을 도입한 것에도 주목을 요한다. 동 항은 "다면 시장에서 중개자(Vermittler)
   로서 활동하는 사업자의 시장 지위를 평가함에 있어서, 공급 및 판매 시장에 대
   한 접근을 위해 제공하는 중개 서비스의 중요성도 고려하여야 된다"는 규정을
   도입하였다. 관련 규정의 의의에 관하여, Kommission Wettbewerbsrecht 4.0,
   주 44)의 책, 49-50면 참조.
96) 미국의 경우 New York Times 31%, Washington Post 24%, Wall Street Journal
   7% 그리고 영국의 경우 The Telegraph 20%, The Times 19%, The Guardian
   16%로 나타났다. Nic Newman etc., Reuters Institute Digital News Report
   2021 10th ed., 2021, pp. 14-15 참조. 한편 동 보고서에 의하면, 지역 언론사의
   구독자 비중은 미국의 경우 23% 그리고 영국의 3%로 나타났다(이상은 복수 응
   답을 토대로 작성된 조사 결과이다). 우리나라에서는 신문에 관한 이용점유율
   조사에서 상위 3개 언론사의 점유율이 2015년 54.4%, 2018년 53.7%에서 2021
   년 69.1%로 상승하여 이용집중도가 심화된 것으로 나타났다. 문화체육관광부,
   주 31)의 자료, [붙임 2] 참조.

음을 보여준다.97) 이에 대한 언론산업적 측면에서의 논의와 별개로, 수요 측면에 위치한 언론사의 집중화 경향은 기사의 온라인 제공 시장에서 플랫폼의 지배력을 제한할 수도 있다는 점이 고려될 필요가 있을 것이다.

3. 남용 판단

기사 플랫폼의 지배력을 전제할 경우, 이를 남용하는 행위가 시장지배적 지위남용으로서 독점규제법상 규제 대상이 된다는 점에 의문은 없다. 그렇지만 지배력을 갖고 있는 플랫폼으로서 주요 포털의 어떠한 행위가 규제 대상이 되는 남용으로서 규제될 수 있는지가 언제나 명확한 것은 아니다. 종래 시장지배적 지위남용 행위로서 규제되었던 행위를 상기한다면, 기사 플랫폼과 언론사 간의 관계에서 나타나는 문제는 전형적이지 않으며, 따라서 독점규제법에 근거한 기존의 규제 법리에 의해 문제 되는 행위를 포섭하는 것이 용이하지 않을 수 있다.

플랫폼의 남용 가능성은 착취적 남용이나 방해적 남용 모두에서 존재한다. 경쟁시장에서 기대하기 어려운 이익 취득을 내용으로 하는 착취적 남용은 플랫폼 사업자가 참가 사업자로부터 과도한 이익을 취하는 것과 관련된 행위를 남용으로 포섭할 수 있는 근거를 제공하며, 이와 관련하여 앞에서 살펴본 프랑스 구글 사건에서 프랑스 경쟁당국이 언론사의 저작인접권 행사를 저지하는 구글의 행위를 착취적 남용으로 의율한 것은 참고할 만한 것이다.98) 그렇지만 많은 경우 플랫폼을 중심으로 이루어지는 거래에서 해당 플랫폼에 참가하는 것으로부터 배제되는 것이 사업자들에게는 가장 큰 위험이며, 이러한 위험을 구체화하는 플랫폼의 행태는 방해적 남

---

97) Stigler Committee on Digital Platforms, 주 23)의 책, 185면 참조.
98) 이러한 관점에서 동 사건의 의의를 상세히 다루고 있는 것으로, 박세환, "착취남용의 관점에서 온라인 플랫폼 사업자를 규율하는 방안에 대하여", 경쟁법연구 제43권, 2021, 3면 이하 참조.

용으로서 규제될 수 있다.

　방해적 남용에 해당하는 유형으로서 사업활동 방해는 독점규제법 제5조 제1항 제3호에 의해 금지되고, 동법 시행령 제5조 제3항에서 이를 구체화하는 규정을 두고 있다. 특히 동항 제4호는 제1호 내지 제3호에 해당하지 않는 행위를 일반적으로 포섭할 수 있는 개방적인 형식을 취하고 있기 때문에, 플랫폼에 의해 이루어지는 전형적이지 않은 남용 행위를 규제할 수 있는 법적 근거는 주어진 것으로 볼 수 있다. 그렇지만 규제의 실효성 측면에서 이러한 경우에 예상되는 남용 행태에 대한 충분한 이해가 뒷받침될 필요가 있을 것이다. 이와 관련하여 플랫폼에 의존적인 참가 사업자는 플랫폼을 통해 이루어지는 거래가 거절되거나 제한되는 것에 주된 이해를 가질 수밖에 없으며, 이에 영향을 미치는 플랫폼의 일체 행태가 남용 측면에서 검토 대상이 될 수 있다. EU의 '제102조 지침'은 직접적으로 거래를 거절하는 것은 아니지만 일정한 조건을 부과하는 방식에 의한 실질적 거래거절(constructive refusal)에 해당하는 경우로서 부당한 공급 지체, 저품질 상품의 공급, 비합리적인 대가의 요구 등을 제시하고 있다.[99] 물론 이러한 유형이 플랫폼을 염두에 둔 것은 아니지만, 플랫폼을 중심으로 이루어지는 거래를 상정할 경우에도 거래거절 행위의 실질적인 파악에 참고가 될 수 있다. 또한 이와 관련하여 거대 플랫폼을 상정하고 남용 규제를 개선하는 내용으로 이루어진 독일 경쟁제한방지법의 제10차 개정 사항도 참고할 수 있다. 동 개정은 특히 기존 규정에서 남용 행위로 포섭되기 어려운 일련의 행위, 예를 들어 데이터나 네트워크에 대한 접근 거절 또는 네트워크 효과의 독자적 달성 방해 행위를 남용행위로서 새롭게 도입하였는데,[100] 입법적으로 반영된 이러한 행태의 남용성은 독점규제법상 남용 규

---

99) Guidance on Article 102 Enforcement Priorities, para. 78.
100) 제10차 개정은 남용에 관한 경쟁제한방지법 제19조 제2항에 제4호, "거절의 대상이 된 제공과 접근 보장이 전·후방시장에서 다른 사업자의 사업활동에 객관적으로 필요한 것이고 또한 이러한 거절이 객관적으로 정당화되지 않는 이상 당해

제에 있어서도 의미 있는 시사점을 제공한다.

앞에서 살펴본 저작인접권의 권리 행사의 방해나 제3의 기관에 의한 기사제휴관계의 해지 문제도 남용의 관점에서 접근할 수 있을 것이다. 이러한 문제를 단지 양 당사자의 계약적 유효성의 범주 안에서 논의할 것은 아니며, 경쟁법의 범위 안에서 이러한 행위가 언론사의 경쟁에 미치는 영향에 대한 분석과 이에 기초한 남용에 대한 평가가 적절한 접근 방식이 될 수 있다. 이는 언론사의 자생력을 확보함으로써 다양성을 강화하려는 언론의 고유한 기능의 제고에도 기여할 수 있다는 점에서 문제의 본질에 부합한다. 구체적으로 프랑스 구글 사건에서 파리 항소법원은 구글이 사업자들에게 기사의 무상 이용을 사전 동의로서 요구한 것은 착취적 남용에 해당한다고 보면서, 이러한 행위는 법이 언론사에게 허용한 이익을 침해하고 또한 법의 효력을 몰각시키는 것이고,[101] 따라서 경쟁의 정상적인 작동을 왜곡할 우려가 있는 행위로서 경쟁제한 효과를 낳는다고 판단한 것은[102] 주목할 만하다.[103]

한편 연합뉴스 사건에서 가처분 인용 결정을 내린 법원이 디지털 기반의 언론 환경 하에서 당해 제휴관계가 언론사에 미칠 영향에 초점을 맞추

시장에서의 유효경쟁의 배제가 우려될 경우에, 적정한 대가로 상품 또는 용역을 다른 사업자에게 제공, 특히 데이터, 네트워크 또는 그 밖에 인프라시설 등에 대한 접근을 거절하는 것"을 남용 유형의 하나로 추가하였다. 동 규정은 플랫폼 사업자에 대한 남용 규제를 염두에 둔 것으로서, 이와 관련하여 Meinrad Dreher & Michael Kulka, Wettbewerbs- und Kartellrecht, C.F.Müller, 2021, 530면 참조.

101) 경제학적 관점에서 임의규정(default rule)은 당사자들이 해당 상황의 발생 가능성에 대해 실제로 논의했다면 서로 합의하여 계약에 삽입했을 내용으로 구성된 경우에 효율적인 것으로 보며, 따라서 이러한 내용의 임의규정을 일방 당사자가 자의적으로 배제하였을 경우에 효율성을 침해한 것이 된다. Robert Cooter & Thomas Ulen, Law and Economics 6th, Pearson, 2012, 293-294면 참조.

102) 이상윤·류시원, 주 79)의 글, 421-422면 참조.

103) 구글 사건에서 독일 연방대법원은 거래조건이 법에 반하는 것이 남용 인정에 있어서 필수적인 것은 아니지만, 결정적인 이익형량 요소의 하나가 되는 것으로 보았다. BGH v. 23. 6. 2020., Tz. 99.

고 있는 것은 긍정적이지만, 논의의 전개에서 경쟁법적 사고가 적극적으로 반영될 필요도 있을 것이다. 플랫폼에 대한 의존성이 분명한 상황에서 플랫폼에 접근할 수 있는 언론사의 기회를 차단하는 것은 경쟁을 제한하는 행위로서 남용으로 볼 여지가 있다. 당해 계약 해지가 독립적 제3자 기관에 의하여 이루어진 경우에도, 적절한 절차를 거쳐 필수적인 고려 사항이 간과되지 않고 행하여진 것인지에 관한 판단 역시 남용 규제의 틀 안에서 부당성 심사로서 이루어지는 것이 문제의 본질에 부합하는 적절한 접근 방식이 될 수 있다. 즉 결정적인 것은 특정 언론사가 플랫폼이 제공하는 기사의 유통 과정에서 배제될 위험이 있는지 여부이며, 이를 정당화할 수 있는 요소와의 종합적인 형량을 통해 최종적인 결론에 이르게 되는 과정은 언론시장의 상황에 대한 이해와 유리되지 않고 이루어질 수 있다는 점에서 타당성을 갖는다. 그리고 이러한 판단 과정은 앞에서 살펴본 Stigler 보고서의 시민 후생 개념의 수용이 가능한, 동 개념으로부터 도출된 지표의 타당성과 유효성에 관한 논의가 계속되어야 함에도 불구하고, 일정한 계기를 제공할 수 있다는 점에서도 의의가 있다.

VI. 결론

플랫폼의 지배력이 점점 확대되고 있는 상황에서 언론의 위기는 점점 심화되고 있으며, 글로벌 차원에서 보편적인 현상으로 나타나고 있다. 이러한 문제를 해결하기 위한 다양한 시도가 이루어지고 있다. 현재 진행되고 있는 문제의 핵심은 플랫폼에 의해 매개되는 기사의 제공이 주된 방식이 되고 있는 상황에서 플랫폼에 대한 언론사의 의존성이 커지고 있으며, 이로 인해 언론사의 자생적 기반은 약화되고 다양성에 기반한 언론 본연의 기능은 위축될 수 있다는 것이다. 이러한 문제를 해결하기 위해 플랫폼에 대한 언론사의 대응력을 높이거나 플랫폼과 언론사의 관계를 공정성이 보장되는 제3자에 의해 규율하는 방안이 제시되고 있다. 전자는 독일의 선도적인 입법에서 확인할 수 있듯이, 저작권법상 언론사에게 저작인접권을 부여함으로써 플랫폼을 통해 기사를 제공하는 언론사의 플랫폼에 대한 협상력을 제고하려는 취지에서 도입되었다. 후자의 경우는 우리나라에서 시행되고 있는 '뉴스제휴평가위원회'의 운영이 대표적인데, 동 위원회는 독립적인 위치에서 플랫폼과 언론사 간 거래관계의 유지 여부를 결정하며, 이에 의해 플랫폼의 자의적인 지배력 행사가 억제될 수 있다는 인식이 제도 도입의 근거가 되었다. 이와 같은 시도가 문제 해결에 어느 정도 기여할 것으로 기대되고 있지만, 일정한 한계도 드러나고 있다. 이를 보완하기 위해 경쟁정책적 사고에 따른 개입이 적극적으로 고려될 필요가 있다. 현행 독점규제법에서 우선적으로 고려될 수 있는 것은 시장지배적 지위남용 규제라 할 수 있으며, 플랫폼과 언론사 관계에 대한 동 규제는 지배력과 남용 측면에서 플랫폼의 특성 및 언론의 고유한 의의에 대한 이해에 기초하여야 한다. 언론은 정치질서 원리인 민주주의의 기초를 제공하며, 경쟁적 구조는 언론의 다양성을 유지하는 데 핵심적 요소이다. 이와 같은 언론과 경쟁의 내적 연관성은 언론산업에서 경쟁법 적용의 타당성을 뒷받침할 뿐만 아니라, 경쟁법상 규제의 실효성을 기대할 수 있는 근거가 될 것이다.

본문 출처

1. 「경쟁법연구」 제37권, 2018
2. 「동아법학」 제90호, 2021
3. 「법학연구」(경상대) 제27권 제2호, 2019
4. 「법학논고」(경북대) 제59집, 2017
5. 「동아법학」 제94호, 2022
6. 「강원법학」 제58권, 2019
7. 「법학논총」(국민대) 제33권 제3호, 2021
8. 「선진상사법률연구」 제88호, 2019
9. 「경쟁법연구」 제41권, 2020
10. 「명지법학」 제19권 제2호, 2021
11. 「광고판례백선」, 2019
12. 「광고판례백선」, 2019
13. 「명지법학」 제20권 제2호, 2022
14. 「명지법학」 제17권 제2호, 2019
15. 「법학연구」(전북대) 제58집, 2018
16. 「법학연구」(인하대) 제21권 제3호, 2018
17. 「명지법학」 제18권 제2호, 2020
18. 「명지법학」 제16권 제2호, 2018
19. 「명지법학」 제18권 제1호, 2019
20. 「법학」(서울대) 제60권 제4호, 2019
21. 「명지법학」 제21권 제1호, 2022

경제법론 I

경제법론 II